COLONIZAÇÃO SALVÍFICA

OS JESUÍTAS E AS COROAS IBÉRICAS NA CONSTRUÇÃO DO BRASIL (1549-1640)

COLONIZAÇÃO SALVÍFICA

OS JESUÍTAS E AS COROAS IBÉRICAS NA CONSTRUÇÃO DO BRASIL (1549-1640)

LUIZ ANTONIO SABEH

Appris editora

Foi realizado o Depósito Legal na Fundação Biblioteca Nacional, de acordo com as Leis nos 10.994, de 14/12/2004, e 12.192, de 14/01/2010.

Editor Chefe: Vanderlei Cruz
Agente Editorial: Sueli Salles
Capa, Diagramação e Projeto Gráfico: Brenner Silva

Dados Internacionais de Catalogação na Publicação (CIP)
Elaborado por: Josefina A. S. Guedes
Bibliotecária CRB 9-870

Sabeh, Luiz Antonio
S115 Colonização salvífica: os jesuítas e as coroas ibéricas na construção do Brasil (1549-1640) / Luiz Antonio Sabeh - 1.ed. - Curitiba: Editora Appris, 2019.
478p.; 23cm

ISBN 978-85-5507-613-8

1. Jesuítas – Brasil. 2. Evangelização. 3. Colonização - Brasil. I. Título.

CDD 981.03 (22.ed)
CDU 981.65

Editora e Livraria Appris
Fone: (41) 3156-4731
Rua Av. Manoel Ribas, 2265 - Mercês
80810-002 - Curitiba, PR
www.editoraappris.com.br

À César de Carvalho, *in memorian*.

O nascimento, a morte. Entre esses dois limites, tudo o que o homem realiza ao viver normalmente, a religião o marca com seu selo.

(...)

E a vida pública? É preciso relembrar quanto, por natureza, por espírito, por constituição, o Estado ainda está saturado de cristianismo? É preciso relembrar que todos os líderes, no século XVI, desde que refletem sobre o problema político, tendem, por uma inclinação natural, a criar teocracias?

(...)

É preciso que, em sua estrutura profunda, a mentalidade dos homens mais esclarecidos do fim do século XVI e começo do século XVII tenha sido radicalmente diferente da mentalidade dos homens do nosso tempo; é preciso que, entre nós e eles, se tenha passado revoluções.

Lucien Febvre

Agradecimentos

Este livro traz os resultados de quase uma década de pesquisas iniciadas ainda na graduação, na Universidade Tuiuti do Paraná, quando o Prof. Geraldo Pieroni me estimulou a mergulhar no rico universo da evangelização. Em 2005, ele me apresentou as cartas do padre Manoel da Nóbrega e, desde então, meus passos na academia refletem ainda os estímulos e os ensinamentos desse grande mestre e amigo.

Além disso, este livro publica, com correções e melhorias no texto, a minha dissertação de mestrado e da minha tese de doutorado. Esses trabalhos defendi em 2009 e em 2014 na Universidade Federal do Paraná sob a orientação da Profª. Andréa Doré, que teve a sensibilidade de traduzir aquelas que pareciam simples impressões minhas sobre as fontes em importantes argumentos de análise que materializaram minhas pesquisas na pós-graduação.

Por isso, não posso deixar de agradecer aos professores da Universidade Tuiuti do Paraná e da Universidade Federal do Paraná que me acompanharam ao longo da minha trajetória acadêmica. Sou grato, igualmente, aos pesquisadores que estudam o tema deste livro e que sempre foram solícitos à de troca de ideias e de material de estudo. À Célia Tavares tenho uma gratidão especial por ter me acolhido e me ajudado em minhas pesquisas nos arquivos do Rio de Janeiro. À Andréa Doré, Maria Luiza Andreazza e Geraldo Pieroni agradeço, enormemente, pelas orientações, apoio e encorajamento. Sem a ajuda e a competência de vocês, esse estudo não existiria.

Agradeço ao Conselho Nacional de Desenvolvimento Científico e Tecnológico (CNPq) e à Coordenação de Aperfeiçoamento de Pessoal de Nível Superior (CAPES) pelas bolsas destinadas à realização de pesquisas no mestrado e no doutorado que materializaram este estudo.

Sumário

Prefácio

Os jesuítas encarnaram, na compreensão do período colonial no Brasil, o braço religioso da tão repetida fórmula da expansão portuguesa: a cruz e a espada. Objeto já abordado pela historiografia de tão diferentes pontos de vista e a partir das mais variadas questões, a ação da Companhia de Jesus não deixa de merecer e exigir novas abordagens. Para isso contribuem não só sua importância e a amplitude geográfica de sua presença, como o imenso volume de documentos que a administração da ordem e seus missionários produziram.

Neste livro, resultado de cuidadoso trabalho desenvolvido durante o seu mestrado e doutorado, Luiz Antonio Sabeh se debruça inicialmente sobre documentos fundadores da catolicidade do Brasil e busca nas cartas dos primeiros jesuítas aspectos das práticas que se estenderiam por mais de dois séculos, até a expulsão da ordem de todos os domínios de Portugal em 1759. Mesmo somando-se à imensa historiografia sobre o tema, Sabeh percorre em seu livro um fio condutor ainda pouco explorado, um aspecto que, podemos dizer, contingenciou a atuação dos jesuítas ligados ao Padroado português no Brasil nos quarenta anos iniciais: o monopólio da missionação. Cabia aos jesuítas, e somente a eles, evangelizar os naturais da terra. Este momento é o foco da primeira parte da obra. Os primeiros contatos com a população indígena, entre o encantamento e a desilusão, foram pautados pelo pioneirismo, mas também pela constatação de que, sem o poder da Coroa, pouco se poderia fazer pela fé. Neste tema, Sabeh realiza conexões cada vez mais necessárias entre os diferentes espaços de atuação dos portugueses. A missionação na América, na costa africana e na Índia guardou similaridades que este estudo tem o mérito de colocar em diálogo, sobretudo no que diz respeito aos diferentes modos de evangelizar tendo em vista a presença mais ou menos efetiva do poder político e administrativo de Portugal.

A Parte II da obra se dedica ao momento seguinte, enfatizando a uma problemática original sobre a ação jesuíta ao destacar as especificidades do período da União Ibérica. O fio se desenrola com a chegada de outras ordens religiosas, autorizadas por Felipe II de Espanha, o primeiro de Portugal. Os estudos de história colonial não raro ultrapassam os oitenta anos em que a dinastia dos Habsburgo reinou também sobre Portugal como um período de plácida continuidade. O momento da tumultuada sucessão, deixada em aberto pela morte de D. Sebastião em Alcácer Quibir em 1578, e as guerras de Restauração após a aclamação de D. João IV, em 1640, são comumente vistos como momentos de conflitos que abrem e fecham um longo período de normalidade. Há vários aspectos, porém, que ao serem abordados em profundidade, indicam que não foi assim. As pesquisas que efetivamente se debruçam sobre esse período indicam que a permanência de administradores portugueses, conforme definiram as Cortes de Tomar, não blindou as terras que pertenciam a Portugal.

No âmbito administrativo, por exemplo, há iniciativas na Índia e no Brasil de realizar a venda de cargos para obtenção de receita, uma prática já existente na administração espanhola. Houve proibição da circulação de homens e mercadorias entre as possessões originariamente portuguesas e as espanholas, mesmo sob o poder de um mesmo monarca. Na Ásia se proibiu a circulação entre as Filipinas e as fortalezas portuguesas; inclusive de missionários. Na América, a região das minas no Alto Peru e a região de Buenos Aires eram os principais pontos de interesse dos portugueses, vistos como contrabandistas ou potenciais aliados dos holandeses. A legislação é abundante nesse período nos dois contextos.

Um outro tema é o incremento de conquistas territoriais. As conquistas portuguesas e espanholas e o modelo de estabelecimento nessas conquistas foram muito diferentes. Os portugueses não avançaram para o interior do território, por várias razões. Suas feitorias, e vilas, permaneceram restritas ao litoral durante muito tempo. As iniciativas visando o avanço para o interior antecedem a União Ibérica e datam do reinado de D. Sebastião. Sanjay Subrahamanyam, porém, as insere numa "crescente hispanização da concepção portuguesa de império"; ou uma "ocupação à espanhola".

Nos aspectos culturais, amplamente estudados por Fernando Bouza Alvarez para a corte filipina, estão presentes o bilinguismo e o uso mais disseminado de tratados de arbítrio. Um tema bastante rico para o estudo dos dois espaços é igualmente a produção de documentação cartográfica visando conhecer as possessões portuguesas que passaram a integrar o Império espanhol.

Também verifica-se no período, no plano religioso, o fortalecimento da ação do Tribunal da Inquisição. Foi durante a União Ibérica que aconteceram as visitações do Tribunal ao Brasil. Nesse âmbito religioso, as relações são ambíguas, porque espanhóis e portugueses estão juntos como católicos, na luta contra a heresia protestante; mas se afastam quando estão em jogo direitos de soberania sobre territórios na Europa ou fora dela. No campo da missionação, não são poucas, e nem frágeis, as conexões possíveis entre os espaços asiáticos e a colônia Brasil. A própria Companhia de Jesus, por meio das cartas ânuas, fazia circular experiências e exemplos que aproximavam áreas tão afastadas como o Japão e o Amazonas. Por meio dos jesuítas, verifica-se a circulação das crenças proféticas do reino para os espaços coloniais e entre esses, independentemente da metrópole, como Inês Zupanov já salientou.

O livro de Sabeh não só enfrenta o desafio de tratar de forma específica o período da União Ibérica como verticaliza sua análise a ponto de defender que a evangelização, na qual os jesuítas tiveram um papel central, mesmo após o ingresso de outras ordens missionárias, foi fundamental para a "entronização da Casa de Habsburgo no Brasil". Mudanças na administração da colônia, atribuição de novos sentidos às aldeias indígenas, missões nas regiões de fronteira, os contornos da função social dos sacramentos em terras de colonização são alguns dos aspectos discutidos por Sabeh, recorrendo a diferentes tipos de fontes. Neste livro, o leitor não está distante da documentação. Experimenta a estranheza da fonte e é levado com gentileza pelo seu autor a compreender elementos que deram forma – e sentido – a um período tão complexo da história colonial do Brasil. Um período em que, entre outras escalas de análise possível, está a de entender as terras portuguesas na América como uma parte, em muitos aspectos, marginal do então planetário Império espanhol.

Andréa Doré
Curitiba, dezembro de 2016.

Introdução

No dia 8 de maio de 1624, vinte e quatro embarcações holandesas assaltaram Salvador. Diogo de Mendonça Furtado, o governador-geral, conseguiu de prontidão armar três mil homens para defender a capital do Brasil. O bispo empunhou uma espada para "se defender, e ofender, se fosse necessário, ao inimigo".[1] Seu gesto foi acompanhado dos padres seculares e regulares, que percorreram a cidade exortando os moradores, feitos soldados, para que lutassem "até à morte por sua fé e rei, e que vencendo ou morrendo por esta causa sempre venceriam".[2]

No dia seguinte, já cedo as embarcações inimigas começaram a bombardear a cidade. O ataque foi intenso e incessante. Os holandeses tomaram as fortalezas, já noite alta, e cerca de seiscentos homens invadiram a cidade por terra, que tombou nas mãos do inimigo.

Para o padre Antônio Vieira, que narrou o evento, a invasão era um castigo de Deus. Dias antes, um irmão da Companhia de Jesus viu, quando em oração, o próprio Cristo segurando uma espada ameaçando a cidade. Noutra ocasião, novamente teve a visão com Jesus, que apontava lanças contra a igreja da capital da colônia. A ira divina foi confirmada no momento em que as naus holandesas atracaram na entrada da Baía de Todos-os-Santos, porque embora a população tenha desfeito ódios antigos para se unir contra o inimigo, as confissões feitas às pressas antes da invasão revelaram "pecados encobertos com o silêncio de muitos anos, e, na verdade, foi tal a mudança presente que, só pela razão dela, pareceu a muitos conveniente dar Deus este castigo".[3]

Mas, para atestar sua misericórdia e "temperar o rigor do seu castigo",[4] Deus reservou aos inacianos, na ótica de Vieira, a bondade de socorrer a população de Salvador que buscou refúgio nos aldeamentos jesuíticos e que, por quase um ano, foi provida de alimentos e remédios

1 VIEIRA, A. Carta Ânua ao Geral da Companhia de Jesus. 30 de setembro de 1626. *In*: __________. *Cartas do Brasil*. Organização e introdução de João Adolfo Hansen. São Paulo: Hedra, 2003, p. 83.

2 *id. ibid.*, p. 83.

3 *id. ibid.*, p. 83.

4 *id. ibid.*, p. 87.

para o corpo e para a alma. Não só por isso, mas porque os índios cristãos contiveram a entrada dos holandeses no interior da capitania.

Depois de estudarem as forças inimigas, as autoridades da colônia decidiram que o melhor modo de retomar Salvador seria promovendo um cerco por terra. Milícias foram organizadas, trincheiras foram erguidas em locais estratégicos e "em todas essas coisas acudiram os nossos padres e Sua Senhoria com todos os índios das aldeias".[5] Os combates perduraram cerca de onze meses antes que Salvador fosse retomada. E à medida que eram atacados, os holandeses buscavam apoio com os indígenas da região para reaver as forças minadas pelas investidas portuguesas. No entanto, de acordo com Vieira, "nos fez Deus particular mercê que todos os índios da nossa doutrina fossem fidelíssimos"[6] e não apoiassem os invasores. Além disso, engrossaram o contingente militar que expulsou os estrangeiros e que combateu as tribos que se aliaram aos holandeses. Contou Vieira que, nos embates sangrentos que se desenrolaram, os índios "traidores" receberam o castigo divino pela deslealdade para com o rei e sua Santa fé: "resistiram eles ao princípio (...), mas, como as nossas flechas iam guiadas pela razão, sempre acertaram mais e fizeram grande estrago nos inimigos".[7]

Essa história condensa o conjunto de crenças com os quais os colonizadores tentavam organizar a realidade que viviam: para um católico devoto, a investida de um inimigo da sua fé e do seu rei era interpretada como um castigo divino pelos pecados não confessados. Em contrapartida, a vitória sobre eles era lida como a resultante da ação de homens verdadeiramente cristãos e de suas "flechas guiadas pela razão", o que demonstrava a importância dos inacianos na sociedade colonial e da atividade que realizavam: a conversão religiosa era capaz de salvar almas e, ao mesmo tempo, formar o contingente de indígenas que, aliados aos colonizadores, construíam um império cristão.

Em que medida os dogmas católicos organizavam a estrutura mental com os quais os indivíduos liam, avaliavam e agiam em seu mundo? Que papel as crenças religiosas exerciam na organização das sociedades?

Sérgio Buarque de Holanda nos chamou a atenção para o fato de que as visões de mundo, crenças e valores eram ferramentas com

5 VIEIRA, A. Carta Ânua ao Geral da Companhia de Jesus. 30 de setembro de 1626... p. 90.
6 *id. ibid.*, p. 115.
7 *id. ibid.*, p. 115.

as quais os agentes históricos produziam ou transformavam seu tempo e espaço. Em *Visão do paraíso*, nosso historiador demonstrou que o Novo Mundo foi um constructo do imaginário do europeu quinhentista: o fantástico, produto de crenças medievais leigas e devotas, ofereceu um substrato para a leitura daquele mundo incógnito que era a América no século XVI. O prodígio da sua conquista, por isso mesmo, confundia-se com o encontro do Paraíso Terreal, onde a cada descoberta infundia-se ao novo continente o "real" e o "fantástico" do Velho Mundo. Os europeus viam o que queriam ver, ouviam o que queriam ouvir na construção da realidade colonial, movidos pela busca dos elementos que compunham o Paraíso Terrestre e pelas fantasias que suscitavam e alimentavam sua cobiça. Eram, enfim, as crenças que os movimentavam na construção do Novo Mundo.[8]

Estamos nos séculos XVI e XVII, período em que os olhares do homem ibérico sobre os acontecimentos sociais, políticos e culturais passavam pelas lentes da religião; momento em que os dogmas do catolicismo não apenas permitiam ao cristão devoto ler as transformações do seu mundo, como também (e principalmente) ofereciam as ferramentas com as quais eles tentavam transformá-lo.

Um desses instrumentos foi a evangelização, meio através do qual os católicos fervorosos salvavam almas e, ainda, dotavam suas armas com aquela que acreditavam ser a única razão capaz de transformar a realidade do Novo Mundo e do Velho Continente: a estabelecida por Deus e por sua Igreja, a Católica Apostólica Romana. O encontro de povos que não conheciam a fé de Cristo era interpretado como o reencontro com as regiões que Deus havia criado e que haviam se afastado da "civilização". As missões quinhentistas e seiscentistas, nesse sentido, representavam um ambicioso projeto de devolução, ao Reino de Cristo, daqueles que Ele mesmo havia criado, aquilo que Baêta Neves considerou como um plano universalista de integração dos pagãos ao mundo "civilizado": as missões contavam com a associação da Igreja com as Coroas ibéricas e, no processo expansionista dessas, a incorporação territorial significava a conquista espiritual das novas terras, uma homogeneização ideológica dos povos de além-mar baseada nos esteios morais da cristandade europeia.[9]

---

8 Ver, na íntegra, HOLANDA, S. B. de. *Visão do paraíso*: os motivos edênicos no descobrimento e colonização do Brasil. 6 ed. São Paulo: Brasiliense, 1996.

9 Ver NEVES, L. F. B. *O combate dos soldados de Cristo na terra dos papagaios*: colonialismo e

Por isso mesmo, este livro tem a evangelização como tema de estudo e leva em consideração que o termo não se limita ao simples ato de conversão dos não-cristãos. Pelo contrário, toma-o em seu conceito mais amplo, como um processo que abarca todas as atividades apostólicas voltadas à conversão (como a catequese), além de atividades pastorais destinadas à reeducação religiosa e controle das comunidades cristãs, recém-convertidas ou não (tais como a pregação, a administração dos sacramentos, a celebração de missas e da eucaristia, entre outras).[10]

Nesta perspectiva, o conceito de evangelização aqui adotado não implica em um estudo apenas sobre as formas de cristianização dos indígenas que viviam no Brasil nos séculos XVI e XVII. Pressupõe, também, uma cuidadosa análise das ações dos poderes políticos e religiosos voltadas aos ameríndios e colonos e que refletiam um ambicioso plano universalista de construção de um império cristão no orbe; um projeto que, entretanto, não se limitava simplesmente a converter o Novo Mundo, a Ásia e a África ao catolicismo, porque tratava-se de um vasto programa de reforma política e social que envolvia as Coroas ibéricas e a Santa Sé que, ao mesmo tempo em que enfrentava uma realidade em crise por conta das revoluções culturais e religiosas em curso na Europa, visava construir uma sociedade regida por princípios religiosos e submeter as populações conquistadas no além-mar a ela.

Além disso, este estudo considera que a evangelização é um evento de longuíssimo prazo e constituído de processos fragmentados. Antes mesmo do nascimento da Igreja Católica como instituição, a atividade missionária conferiu a principal característica do cristianismo primitivo e, mais tarde, também a identidade da Santa Sé. Foi através da evangelização que a religião do Cristo foi levada da Palestina para a Ásia Menor, o Egito e Europa e que, no século XVI, rompeu as fronteiras europeias, evidentemente, em processos distintos em seus fundamentos (motivações religiosas e políticas, organização, etc.). Em

---

repressão cultural. Rio de Janeiro: Forense Universitária, 1978, pp. 25-43.

10 Ver EVANGELIZAÇÃO. *In*: LATOURELLE, R.; FISICHELLA, R. (dir.). *Dicionário de Teologia Fundamental*. Petrópolis: Vozes; Aparecida: Santuário, 1994, pp. 297-310. Sobre os sentidos que a Igreja Católica empregou ao termo "evangelização" nos documentos de diferentes concílios ver MELO, A. A. de. *A evangelização no Brasil*: dimensões teológicas e desafios pastorais. O debate teológico e eclesial (1952-1995). Roma: Pontifícia Università Gregoriana, 1996, pp. 61-81.

cada período da história do cristianismo, as missões tiveram especificidades próprias do seu tempo e sociedades, mas de um modo geral desempenharam a mesma função: a de expandir a fé católica, uma obra de revelação de Deus aos mortais, o anúncio de Jesus e da salvação oferecida por Ele e sua Igreja. Não por outra razão, além de ter sido o principal elemento difusor do cristianismo, a evangelização também foi a responsável pela propagação dos princípios que transformaram a Igreja primitiva em uma das mais influentes instituições do mundo ocidental e que atuou na formação de boa parte das sociedades da Europa e das colônias ibéricas da Época Moderna.[11]

Desse modo, para vermos na evangelização um processo que contribuiu para a construção do Brasil Colonial, faremos o exercício de identificar os princípios, os mecanismos e as ações que davam forma e vida à atividade missionária da Época Moderna, ou seja, de identificar as especificidades que a diferenciaram de outros processos evangelizadores e que fez dela um motor de formação e transformação social e cultural. Isso porque, no período estudado, as missões católicas exerceram um papel muito importante na conversão e submissão das populações autóctones da América, Ásia e África ao projeto imperial de Portugal, da Espanha e da Igreja de Roma. Particularmente no Brasil, quando a evangelização sofreu a ingerência do poder temporal, assumiu também a função de pacificar[12] tribos ameríndias. A cristianização dos grupos indígenas contrários à presença do colonizador era tida como uma condição *sine qua non* do desenvolvimento material de di-

---

11 Leandro Karnal aponta que o missionarismo é uma das principais características do catolicismo porque todas as épocas de sua história foram de expansão. Nasceu como uma religião mediterrânea, mas, ao se associar ao poder secular romano sob o governo de Teodósio, iniciou sua propagação no continente europeu e, a partir do século XVI, ganhou o mundo. Ver KARNAL, L. *Teatro da fé*: representação religiosa no Brasil e no México do século XVI. São Paulo: HUCITEC, 1998, pp. 19-39. Sobre os processos evangelizadores da história do cristianismo até o século XVI ver At 01-28; e, na íntegra, DANIEL-ROPS. *A Igreja dos apóstolos e dos mártires*. São Paulo: Quadrante, 1988; DANIEL-ROPS. *A Igreja dos tempos bárbaros*. São Paulo: Quadrante, 1991; e DANIEL-ROPS. *A Igreja das catedrais e das Cruzadas*. São Paulo: Quadrante, 1993.

12 O termo "pacificação" foi amplamente empregado pelos poderes temporais e espirituais que atuaram na colonização do Brasil e da América espanhola e significava a transformação de uma tribo indígena, hostil ou não à presença do homem branco, em um pequeno núcleo cristão que, por issmo mesmo, se tornava aliado dos ibéricos no projeto colonizador: atuavam na formação de contingentes militares de defesa e exploração territorial e formavam um contingente de mão-de-obra nas lavouras e demais atividades econômicas e cotidianas da colônia. Como é recorrente o uso do termo na documentação faremos menção a ele sem aspas.

versas regiões da colônia. Mais do que premissa da ação exploratória, porém, a atividade missionária apresentou um imenso potencial de transformação de estruturas sociais e culturais justamente por ter sido respaldada pelas Coroas ibéricas. Iniciada em 1549, foi encabeçada pelas ordens religiosas, pelas irmandades (confrarias) e pelo Santo Ofício da Inquisição, instituições que até 1760 foram os principais agentes da evangelização na sociedade colonial.[13]

Nos séculos XVI e XVII, a evangelização constituía-se de universos bastante específicos, e o fato das ordens religiosas e do Santo Ofício desempenharem funções voltadas a um mesmo fim não implica considerar que essas instituições partilhavam os mesmos interesses e modos de ação. Estudá-la, portanto, requer a escolha de eventos particulares e de agentes específicos.

Assim, enquanto a evangelização é o tema deste livro, a missionação jesuítica no Brasil Colonial é o seu objeto de análise. Afinal, o período colonial não só foi uma fase onde a atividade evangelizadora teve um papel fundamental na tessitura de uma organização social e cultural no Brasil, como foi, igualmente, um momento em que a Companhia de Jesus se apresentou como uma das importantes instituições envolvidas na construção da nascente sociedade.

Antes e depois da publicação da obra de maior referência sobre o tema, a monumental *História da Companhia de Jesus no Brasil*,[14] historiadores de diferentes tradições concordaram que a ordem

---

13 A função de encabeçar a conquista territorial foi a prerrogativa da evangelização em curso no Brasil também durante o período imperial e a primeira fase da República. Somente a partir de meados do século XX é que as missões cristãs se desvincularam dos interesses e da gerência financeira do Estado. No período colonial, o clero regular teve uma posição de hegemonia nesse processo, mas o perdeu no período pombalino, momento em que o clero secular passou a atuar com maior preponderância na conversão dos indígenas e na assistência religiosa aos colonos. Em fins do século XIX, momento em que o governo republicano resolveu colonizar o interior do Mato Grosso e do Amazonas, a atividade novamente voltou às mãos do clero regular. E, pelo fato da Constituição de 1891 instituir o Brasil como um Estado laico, também os protestantes passaram a trabalhar na conversão dos indígenas, entretanto, sem o financiamento do Estado. Ver SABEH, L. A. Missionação jesuítica: reflexões para a definição de um quadro teórico e de um método de análise historiográfica. *Revista História e Cultura*. Franca, v. 3, n. 2, 2014, pp. 277-285.

14 Serafim Leite, historiador e padre jesuíta, publicou a obra em 10 volumes entre 1938 e 1950. Desde então se tornou referência para o tema. O capítulo I do Tomo II difunde aquilo que o autor entendeu como o "plano colonizador de Nóbrega", que influenciou a análise da participação da Companhia de Jesus no período inicial do Governo-Geral feita pela historiografia brasileira, como é possível identificar em vários textos subsequentes à publicação desta obra e que o cita, evidentemente. Esta ideia, no entanto, segue a mesma linha antes defendida por

religiosa foi a que mais atuou, ao lado do poder secular, na formação social, administrativa e econômica do Brasil.[15] Destacaram, também, o singular papel que ela desempenhou no estabelecimento, funcionamento e organização da Igreja na colônia.[16] Nas últimas décadas, a historiografia vem chamando a atenção para a atuação dos inacianos também na criação de uma cultura específica nos trópicos, isto é, seus missionários são apresentados como agentes que promoveram a circulação de elementos culturais ibéricos e ameríndios, a fusão desses elementos e o consequente nascimento de uma cultura que não era nem cristã nem tupi, mas especificamente colonial.[17] Em uma perspectiva complementar, estudos mais recentes têm destacado as dinâmicas sociais e culturais nascidas da evangelização jesuítica. Ao mergulharem nas múltiplas nuanças e nos muitos universos da atividade missionária, trazem à tona a importância que os jesuítas tiveram na transformação das bases sociais, políticas e culturais do Brasil Colonial.[18]

Capistrano de Abreu, que em *Capítulos de História Colonial* (1907) já apontava para o amparo que os jesuítas ofereceram aos governadores-gerais: o trabalho de pacificação dos índios ou de controle das "tribos mansas", fundamentais que eram essas ações para as expedições de exploração da terra. Ver LEITE, S. S.J. *História da Companhia de Jesus no Brasil*. Tomo II. Livro II. Lisboa: Livraria Portugália; Rio de Janeiro: Civilização Brasileira, 1938, pp. 113-139; e ABREU, J. C. de (1853-1927). *Capítulos de história colonial*. Brasília: Senado Federal, Conselho Editorial, 2006, pp. 55-64.

15 Estão de acordo, neste olhar sobre o papel desempenhado pela Companhia de Jesus na colônia, VARNHAGEN, F. A. de (1816-1878). *Historia Geral do Brazil*... Tomo Primeiro. Madri: Imprensa da V. de Dominguez, 1854, pp. 169-293; ABREU, J. C. de. *op. cit.*, pp. 55-197; CALMON, P. *História do Brasil*. Século XVI: as origens. v. I. 2 ed. Rio de Janeiro: Livraria José Olympio, 1963, pp. 192-318; e HOLANDA, S. B. de; PRADO, J. F. de A.; CARVALHO, L. R. de. Livro Terceiro: o advento do homem branco. *In*: HOLANDA, S. B. de (dir.). *História Geral da Civilização Brasileira*. A época colonial: do descobrimento à expansão territorial. v. I. Tomo I. 16 ed. Rio de Janeiro: Bertrand Brasil, 2008, pp. 101-162.

16 Sobre esta abordagem do empreendimento missionário jesuítico no Brasil ver AZZI, R. *A cristandade colonial*: um projeto autoritário. São Paulo: Paulinas, 1987; HOORNAERT, E. *Formação do catolicismo brasileiro (1550-1800)*. Ensaio de interpretação a partir dos oprimidos. Petrópolis: Vozes, 1974; LEITE, S. S.J. *História da Companhia de Jesus no Brasil*...; e LACOMBE, A. J.; CARVALHO, L. R. de. Livro Segundo: vida espiritual. *In*: HOLANDA, S. B. de (dir.). *História Geral da Civilização Brasileira*. A época colonial: administração, economia, sociedade. v. II. Tomo I. 10 ed. Rio de Janeiro: Bertrand Brasil, 2003, pp. 59-102.

17 Nessa perspectiva destacam-se SOUZA, L. de M. e. *O diabo e a terra de Santa Cruz*: feitiçaria e religiosidade popular no Brasil colonial. São Paulo: Companhia das Letras, 1986; GOMES, P. F. *Um herege vai ao paraíso*: cosmologia de um ex-colono condenado pela Inquisição (1680-1744). São Paulo: Companhia das Letras, 1997; VAINFAS, R. *A heresia dos índios*: catolicismo e rebeldia no Brasil colonial. São Paulo: Companhia das Letras, 1995; e RAMINELLI, R. *Imagens da colonização*: a representação do índio de Caminha a Vieira. Rio de Janeiro: Jorge Zahar, 1996.

18 Dentre os estudos que fazem essa abordagem da missionação jesuítica estão AGNOLIN,

Mas, ao nos debruçarmos sobre este objeto de análise, precisamos ter em mente que, da mesma forma que a evangelização não foi um processo contínuo e homogêneo na história do cristianismo, também a ação missionária jesuítica não foi no período colonial da história do Brasil. Desde sua chegada em 1549, até a sua expulsão em 1760, a ordem experimentou diferentes momentos da vida colonial. Sua presença em terras brasílicas, portanto, deve ser estudada a partir de elementos internos e externos que incidiram na evangelização.

No seu empreendimento missionário na porção portuguesa da América há pelo menos três fases estruturantes que, em razão da existência de condicionantes internos e externos à atividade missionária, tiveram características bem peculiares: entre 1549 e 1580, a Coroa portuguesa financiou e gerenciou a evangelização e permitiu que apenas a Companhia de Jesus o clero secular atuassem na cristianização dos ameríndios e na assistência religiosa aos colonos. Entre 1580 e 1640, momento da União Ibérica, os reis da Casa de Habsburgo permitiram que outras ordens religiosas e o Santo Ofício da Inquisição atuassem na evangelização no Brasil, fator que tirou o privilégio jesuítico e, consequentemente, ressoou na estrutura da Província jesuítica do Brasil e na forma como os jesuítas desenvolviam suas atividades. Essa reorganização administrativa e de métodos de conversão ofereceu as bases para os missionários que atuaram entre 1640 e 1760, mas nesse momento a evangelização passou a ser gerenciada não mais pelas Coroas ibéricas, mas pela Sagrada Congregação *de Propaganda*

A. *Jesuítas e selvagens*: a negociação da fé no encontro catequético-ritual americano-tupi (séculos XVI-XVII). São Paulo: Humanitas Editorial, 2007; ASSUNÇÃO, P. de. *A terra dos brasis*: a natureza da América portuguesa vista pelos primeiros jesuítas (1549-1596). São Paulo: Annablume, 2000; BOSI, A. Anchieta ou as flechas opostas do sagrado. *In*: __________. *Dialética da colonização*. São Paulo: Companhia das Letras, 1992, pp. 64-93; EISENBERG, J. *As missões jesuíticas e o pensamento político moderno*: encontros culturais, aventuras teóricas. Belo Horizonte: Editora UFMG, 2000; HANSEN, J. A. A escrita da conversão. *In*: COSTIGAN, L. H. (org.). *Diálogos da conversão*: missionários, índios, negros e judeus no contexto ibero-americano do período barroco. Campinas: UNICAMP, 2005, pp. 15-43; HANSEN, J. A. O nu e a luz: cartas jesuíticas do Brasil. Nóbrega, 1549-1558. *Revista do Instituto de Estudos Brasileiros*. São Paulo, n. 38, 1995, pp. 87-119; KARNAL, L. *op. cit.*; KOK, G. *Os vivos e os mortos na América portuguesa*. Da antropofagia à água do batismo. Campinas: Editora da UNICAMP, 2001; LUZ, G. A. *Carne humana*: canibalismo e retórica jesuítica na América portuguesa (1549-1587). Uberlândia: EDUFU, 2006; PÉCORA, A. *Teatro do sacramento*: a unidade teológico-retórico-política dos sermões de Antônio Vieira. São Paulo: Edusp; Campinas: UNICAMP, 1994; e POMPA, C. *Religião como tradução*: missionários, Tupi e Tapuia no Brasil colonial. Bauru: EDUSC/ANPOCS, 2003.

Fide. A instituição havia sido aprovada pela Igreja Católica em 1622 e estabeleceu regras para a organização das missões, bem como novos métodos evangelizadores que foram, paulatinamente, adotados pelas ordens religiosas. Após muita relutância, a Companhia de Jesus só passou a ser obediente à congregação em 1645. A partir de então, a missionação jesuítica não mais atendia apenas aos interesses dos reis de Portugal e Espanha, que absorviam às suas políticas ultramarinas também os interesses dos inacianos. A evangelização, enfim, passava a ser trabalhada a favor do fortalecimento da Santa Sé em uma Europa dividida pelo protestantismo, e através dela o papado conseguiu imprimir sua forte interferência também no Brasil e nos demais espaços dos impérios ibéricos.[19]

As hipóteses de investigação historiográfica que norteiam este estudo estão contidas nas duas primeiras fases. Entre 1549 e 1580, a atividade missionária da Companhia de Jesus se inseria em um processo amplo de conversão dos domínios ultramarinos lusos e foi ditada por dois fatores comuns a outros espaços de atuação da ordem na África e na Ásia: o ideal de salvação e a relação política estabelecida por Portugal com a região.

Esses dois fatores, acreditamos, podem ser entendidos como elementos que condicionaram a missionação jesuítica no Brasil. Isso porque, no interior da espiritualidade definida no movimento da Contrarreforma, a doutrina da salvação oferecia um princípio de ação aos missionários. Nesse caso, para além de um simples ideal que os motivava, ou de um discurso de legitimação da evangelização, a salvação de almas transfigurou-se como um elemento norteador da construção de estratégias de conversão dos habitantes da Ásia, África e América.

---

19 Voltaremos a discutir a interferência do papado na atividade missionária no Capítulo 7. Os dados relativos à criação, aprovação e características fundamentais da congregação podem ser vistos em ALMEIDA, C. J. D. *Uma infelicidade feliz*: a imagem da África e dos africanos na literatura missionária sobre o Kongo e a região mbundu (meados do séc. XVI – primeiro quartel do séc. XVIII). Dissertação (Doutorado em Antropologia) – Faculdade de Ciências Sociais e Humanas – Universidade Nova de Lisboa, Lisboa, 2009, pp. 181-182; DANIEL-ROPS. *A Igreja da Renascença e da Reforma*. A reforma católica. v. II. São Paulo: Quadrante, 1999, pp. 264-343; HOORNAERT, E. A Igreja Católica no Brasil Colonial. *In*: BETHELL, L. (org.). *História da América Latina*: América Latina Colonial. v. I. 2 ed. São Paulo: Editora da Universidade de São Paulo; Brasília: Fundação Alexandre de Gusmão, 2008, pp. 553-558; e TAVARES, C. C. da S. *Jesuítas e inquisidores em Goa*: a cristandade insular (1540-1682). Lisboa: Roma Editora, 2004, pp. 204-212.

No entanto, embora o ideal de salvação estabelecesse uma lógica de ação aos missionários, a execução dos planos evangelizadores era condicionada pela maior ou menor presença do poder político português na região de atuação dos inacianos, porque Portugal não conquistou nem exercia total influência política e militar em todas as regiões onde os jesuítas atuaram na Ásia e na África até 1580. Em outras palavras, o processo maior do qual as atividades de evangelização no Brasil fazia parte pode ser entendido como um fator que condicionou a execução das estratégias criadas a partir dos preceitos salvacionistas. Por isso, cumpre-nos questionar: em que medida o empreendimento missionário da Companhia de Jesus no Brasil entre 1549 e 1580 refletiu esse processo amplo? Como o movimento maior de difusão do cristianismo contornou as especificidades dessa atividade em terras brasileiras de modo a fazer dela uma ferramenta de construção da sociedade colonial?

Ao se iniciar o período da União Ibérica, como vimos, os inacianos perderam o privilégio na evangelização dos ameríndios. Naquele ano, com a anuência da Coroa espanhola, chegaram ao Brasil os carmelitas e, nos anos seguintes, os beneditinos (1581) e os franciscanos (1585). Em 1646 foi a vez dos capuchinhos iniciarem atividades no sertão de Pernambuco sob a orientação e gerência da Congregação *de Propaganda Fide*. A partir de então, os jesuítas tiveram que dividir espaço com os mendicantes no campo missionário da colônia, e com os inquisidores, já que os monarcas castelhanos promoveram três visitações do Santo Ofício da Inquisição em terras brasílicas entre 1580 e 1640.[20]

Mais do que simples dados de uma história da evangelização no Brasil, esses são indícios de que, a partir de 1580, novos fatores passaram a estabelecer uma nova dinâmica à missionação. Coincidentemente, foi durante a União Ibérica que a Companhia de Jesus passou a atuar em novas áreas da colônia, medida que foi acompanhada tanto por uma significativa reorganização administrativa da Província jesuítica no Brasil quanto por incrementos nos métodos e ferramentas com as quais os missionários atuavam na evangelização.

---

20 Sobre a chegada das ordens religiosas no Brasil a partir de 1580 ver HOORNAERT, E. *A Igreja no Brasil-colônia (1550-1800)*. São Paulo: Brasiliense, 1982, pp. 28-65. A primeira visitação do Santo Ofício no Brasil ocorreu entre 1591 e 1595; a segunda entre 1618 e 1621; e a terceira em 1627. Voltaremos a discutir o tema no Capítulo 4.

Seria esse reacomodação da ordem inaciana uma tentativa de suprir a perda de privilégios que lhes permitia utilizar das políticas lusas voltadas à América para executar suas estratégias de conversão? Ou, em contrapartida, podemos pensar nessas mudanças como uma forma da Companhia de Jesus se ajustar ao elemento religioso da política ultramarina da Casa dos Habsburgo em curso na América espanhola que tinha o objetivo de transformar os nativos em súditos do rei, inserindo-os na nova ordem imposta pelos colonizadores?

É na busca de respostas e esses questionamentos que emerge o objetivo deste livro: a proposta é compreender como os preceitos salvíficos do catolicismo e como o movimento amplo de missionação nos séculos XVI e XVII, articulado às políticas ultramarinas das Coroas ibéricas, incidiram na criação de uma realidade nos trópicos, fazendo da ação evangelizadora inaciana um elemento de construção e transformação da sociedade colonial.

*****

Partimos do pressuposto de que a atuação da Companhia de Jesus na formação do Brasil Colonial, em qualquer período, é melhor compreendida quando lida à luz das bases lançadas em 1549 pelos inacianos que iniciaram a missionação jesuítica em terras brasílicas. Desse modo, as cartas escritas pelos jesuítas, que nos trazem detalhados relatos sobre o andamento das missões e dos elementos internos e externos que as condicionavam, subsidiarão a análise feita na *Parte 1* sobre como a exclusividade dos jesuítas na atividade apostólica e a condição de domínio político de Portugal sobre a colônia circunscreveram a missionação entre 1549 e 1580. Trata-se de epístolas escritas pelos missionários que desde 1542 iniciaram e desenvolveram as primeiras missões da ordem inaciana nos domínios ultramarinos de Portugal. Elas se encontram transcritas em coletâneas organizadas e publicadas no Brasil e em coleções de documentos originais ou fac-símiles depositadas no Real Gabinete Português de Leitura do Rio de Janeiro e na Biblioteca Nacional do Rio de Janeiro.

A *Parte 2*, que traz reflexões sobre a forma como os jesuítas se adequaram à política ultramarina da Casa de Habsburgo dirigida ao Brasil a partir de 1580, baseia-se tanto nas cartas jesuíticas quantos nos documentos normativos da Companhia de Jesus, tendo em vista que eles trazem informações relativas à forma como a ordem passou a organizar a Província Jesuítica do Brasil durante o período da União Ibérica. São documentos originais depositados no *Fondo Gesuitico* da Biblioteca Nazionale Centrale "Vittorio Emmanuele II", em Roma, e que disponibilizamos transcritos em anexo.

Embora esses documentos nos ofereçam um quadro amplo da missionação jesuítica no Brasil dos Filipes, há um relativo "silêncio" no que diz respeito às razões que levaram os inacianos a atuar em determinadas regiões da colônia durante a União Ibérica. Desse modo, para atingirmos nossos objetivos, buscamos apoio também nos documentos produzidos por colonos e autoridades régias que se encontram transcritos em coletâneas organizadas e publicadas no Brasil, em coleções disponíveis na Biblioteca Nacional do Rio de Janeiro e em manuscritos depositados no Archivo General de Indias, em Sevilha.

Para atingirmos os objetivos propostos para a pesquisa, a *Parte 2* também analisa como a missionação jesuítica atuava na entronização da Casa de Habsburgo no Brasil e na transformação de índios pagãos em súditos cristãos. Para tanto, além das cartas e documentos normativos, o material utilizado na evangelização é de suma importância: são catecismos, manuais de confissão, peças de teatro e sermões publicados no Brasil e edições fac-símiles disponíveis na Biblioteca Nacional Digital de Portugal cujo conteúdo, quando avaliado à luz da narrativa epistolar e dos documentos do Concílio de Trento, revelam a relação da atividade missionária com as transformações das bases sociais e culturais da colônia, ou seja, permitem-nos perceber como a evangelização era uma ferramenta de um programa político-religioso encabeçado pelas Coroas ibéricas e pela Santa Sé que visava integrar o Novo Mundo a um sonhado império cristão no orbe.

Munidos dessa documentação, portanto, acreditamos ser possível compreender como as crenças dos ibéricos na salvação de almas e a evangelização, a sua materialização, foram instrumentos capazes de criar ou transformar uma realidade no Brasil Colonial, produzindo-o.

Parte 1
A missionação jesuítica em tempos de privilégio

A missionação jesuítica no Brasil entre 1549 e 1640 é um tema de estudo imerso no amplo universo da evangelização da Época Moderna e, dentro deste, circunscrito ao papel desempenhado pelos missionários subordinados à Assistência de Portugal. Naquele momento, cada unidade administrativa da Companhia de Jesus respondia e dependia de poderes temporais diferentes que, em função de seus interesses, deram características específicas à missionação.[21]

Além dos elementos próprios do seu tempo, o empreendimento missionário da Companhia de Jesus no Brasil constituiu, em suas diferentes fases, de práticas que eram ou continuidades ou redefinições das bases lançadas em 1549 pelos primeiros jesuítas que chegaram à Terra de Santa Cruz. Por isso mesmo, essas fases não podem ser lidas sem a sua visceral ligação com a atividade apostólica do período entre 1549 e 1580, tampouco sem o entendimento do modo como diferentes fatores contribuíram para que a ordem religiosa granjeasse uma privilegiada posição na vida política e cultural do império ultramarino de Portugal.

Esta *Parte 1*, portanto, tem como objetivo refletir sobre as razões que levaram D. João III (1521-1557) a conceder privilégios à ordem jesuítica no empreendimento missionário em seus domínios ultramarinos até o momento em que Filipe II (1556-1598) anexou a Coroa portuguesa à Espanhola em 1580; e, do mesmo modo, refletir sobre a forma como esse privilégio circunscreveu a prática missionária no Brasil.

21 Confira no Anexo II o organograma da hierarquia administrativa da Companhia de Jesus e, no Anexo III, quais eram as Assistências da Companhia de Jesus e as Províncias que compunham as Assistências de Portugal e da Espanha.

Capítulo 1
Uma nova ordem religiosa em Portugal

1.1 Salvação de almas: um compromisso político-religioso

Em seu estudo sobre o papel da religião na estruturação das sociedades, Max Weber explica que a crença na salvação é tão antiga quanto as sociedades humanas, porque ela surgiu do sofrimento humano. A busca de cura dos males individuais ou coletivos originou rituais destinados a evitá-los ou eliminá-los. No interior dos primeiros cultos religiosos, o sofrimento individual também gerou a figura do conselheiro espiritual, que estabeleceu a individualidade na relação entre o homem e o seu deus (ou deuses). Esse sacerdote passou a ser considerado uma encarnação de um ser sobrenatural, ou o seu profeta. Ele detinha, por esta razão, a chave da salvação dos homens.

Segundo Weber, foi na adoração dos profetas que surgiu uma religiosidade fundamentada no mito do salvador. Nas religiões como o confucionismo, hinduísmo, budismo, cristianismo e o islamismo, essas personagens tiveram proporções e formas variadas, mas em todas elas suas profecias desencadearam processos que culminaram no surgimento das "religiões de salvação". A anunciação e a promessa de um ser divino, onipotente e justo, atingiam grandes massas que esperavam pelo fim dos seus males. A promessa religiosa, então, estabeleceu uma ética na religião: uma conduta moral que leva o sujeito à tão esperada salvação, que é a recompensa dos infortúnios da vida e que pode ser atingida neste ou no outro mundo (paraíso). Mas a redenção ganhou significado, de fato, a partir do momento em que foram oferecidas doutrinas que explicassem os motivos da salvação, já que elas deram origem a uma regulamentação ética da conduta humana.

O cristianismo, por isso mesmo, é uma religião de salvação por excelência: ela tem um profeta que conduz seus fiéis ao fim dos seus sofrimentos e uma doutrina que explica os motivos pelos quais os indivíduos precisavam ser salvos. Assim como em outras religiões, o cristianismo tem a profecia como a sua base, enquanto a doutrina é o seu elemento racional. Na religião indiana, por exemplo, a doutrina que leva à salvação é o carma; para os calvinistas é a fé na predestinação; já os luteranos são justificados através da fé, simplesmente; e os católicos encontram a graça redentora na doutrina dos sacramentos da Igreja romana. Nesse caso, a doutrina é o seu elemento racional porque é entendido como o guia para a redenção.[22]

Nosso olhar sobre a religião ainda é condicionado pela ideia iluminista de que os sistemas religiosos são a expressão mística do princípio do bem que, conforme explicou Kant, é inerente ao ser humano tanto quanto o seu pendor àquilo que é mal. De acordo com o filósofo, o estabelecimento da crença em um reino de Deus na Terra seria uma representação filosófica do triunfo do princípio bom sobre o mau, tendo em vista que esse reino estabelece leis éticas que permitem ao indivíduo tornar-se membro de uma comunidade ética, isto é, de uma religião. A doutrina religiosa, nesse caso, é um princípio ético para o crente, mas apenas um elemento simbólico que explica as práticas religiosas àqueles interessados em compreender o comportamento humano e os sistemas religiosos a partir do uso da razão.[23]

Mas, se para esses os princípios teológicos da salvação católica exprimem o dogmatismo da religião cristã, o adorno dos seus rituais, para aqueles que viam na doutrina católica um alicerce existencial e um roteiro de conduta ética, apresentavam-se como o caminho da redenção, a sua mais alta aspiração. Essa crença, então, nos ajuda a compreender porque muitas Coroas partilharam com a Santa Sé a obrigação de conduzir seus súditos à redenção. Ernest Kantorowicz demonstra que, na Europa do século XII, o poder régio era teorizado a partir de tratados teológicos que definiam o monarca como *persona mixta* e *persona germinata*: o primeiro, um ser que combinava faculdades seculares e religiosas, enquanto o outro, um ser tido como humano por natureza, mas divino pela graça. Os dois corpos do rei não implicavam na sua divinização, porque Cristo foi um Deus que se

---

22 WEBER, M. (1864-1920). Religião. *In*: __________. *Ensaios de Sociologia*. Rio de Janeiro: Zahar Editores, 1963, pp. 309-346.

23 KANT, I. (1724-1804). *A religião nos limites da simples razão*. São Paulo: Escala, s/d., pp. 25-140.

corporificou entre os mortais em função de sua natureza divina. Já o monarca não era um Deus, mas a personificação de Cristo na Terra pela graça que Deus lhe concedia para representá-lo no mundo. E, se na tradição bíblica Jesus dedicou-se a salvar os mortais, o rei também se imbuía de sua missão salvífica entre os homens.

Kantorowicz comenta que o tratado que consolidou a teoria foi redigido por um normando anônimo com profundos conhecimentos em Teologia e Direito que agia em defesa da monarquia inglesa na Questão das Investiduras. Seu objetivo não era atribuir aos reis funções religiosas próprias da Igreja, como a aplicação de sacramentos e a nomeação de bispos, por exemplo. Tratava-se de uma tentativa que se mostrou bem sucedida de consagrar o monarca como um homem-Deus, como um mortal que temporariamente adquiria poderes divinos para governar os homens.[24]

O autor do tratado, conforme explicou Kantorowicz, não criou a tradição dos dois corpos do rei. Ele se fundamentou nas teorias nascidas nos concílios realizados na Península Ibérica no século VII, muitos dos quais foram convocados, dirigidos e presididos pelos reis visigodos, os primeiros dentre os povos germânicos a se converterem ao cristianismo. Essas teorias tanto deram forma à tradição católica corrente no Velho Continente quanto circunscreveram a legislação que legitimava o poder régio. Eram, portanto, ideias correntes no meio letrado europeu, mas, como asseverou o medievalista, os tratados do anônimo normando "devem ser utilizados não como reflexo de ideias válidas em seu tempo ou prenúncio do futuro, mas como uma espécie de espelho que aumenta e, com isso, distorce ligeiramente os ideais correntes na era precedente".[25]

O que o historiador quis dizer é que os fundamentos teológicos do poder régio se materializaram de diferentes formas na sociedade: ao serem retomados no século XII para fortalecer a monarquia inglesa na Questão das Investiduras, foram absorvidos e deram corpo à legislação e até à pintura e à escultura que os expressavam. No século XIII, depois de absorverem também tendência das teorias políticas do Direito Romano, deram os contornos do pensamento político da Ingla-

24 KANTOROWICZ, E. *Os dois corpos do rei*: um estudo sobre teologia política medieval. São Paulo: Companhia das Letras, 1998, pp. 48-71.

25 *id. ibid.*, p. 58.

terra da Casa de Tudor e da Casa de Stuart, que governaram a partir de legislações que asseguravam o poder supremo do príncipe e as condições humano-espirituais que legitimavam essa condição do "rei acima da lei", de homem imaculável eleito por Deus para instituir e preservar o bem comum.[26]

O que se depreende dessa análise é que o ideal de salvação, mais que uma simples crença, era um princípio motivador do homem na relação com seu meio e na transformação da sua realidade. Desde a formulação da soteriologia católica, os sacramentos foram consolidados como os únicos caminhos pelos quais os católicos atingem a salvação. Nos primórdios do cristianismo, a redenção do homem era expressa na relação pessoal Cristo-Verbo e criatura, isto é, através do conhecimento que o sujeito adquire das leis morais do Cristo contidas no Evangelho. Os teólogos pré-agostinianos, no entanto, instituíram os sacramentos como os veículos que levam a redenção de Deus aos homens. Cipriano, no século III, influenciava-se pelo contexto cultural romano que exaltava o valor das instituições e teorizou a salvação cristã fundamentada no binômio institucional Cristo-Igreja, e não pessoal: "fora da Igreja não há salvação". A Igreja, a partir de então, passou a ser apresentada aos fiéis como local de salvação, e seus sacramentos como as instituições salutares.[27]

Pelo fato de apenas os sacerdotes da Santa Sé poderem administrar os sacramentos, os monarcas da tradição da *persona mixta* e da *persona germinata*, assim como seus herdeiros, se compromissavam em materializar as bases teóricas do seu governo em práticas políticas. E os reis taumaturgos deram exemplos bastante característicos nesse sentido. Marc Bloch explica que os monarcas da Inglaterra e da França tocavam os enfermos para curar suas escrófulas. No esforço de identificar a origem da prática, o historiador encontrou relatos que atribuíam um milagre de cura a um rei merovíngio do século VI. No entanto, o toque das escrófulas nasceu como rito no século XII: na França, foi criado pelos reis da Dinastia Capetiana e, na Inglaterra, pelos reis da Dinastia Angevina.

---

26 KANTOROWICZ, E. *op. cit.*, pp. 72-124.

27 Sobre a questão ver GROSSI, V.; SESBOÜÉ, B. S.J. Graça e justificação: do testemunho da Escritura ao fim da Idade Média. *In*: SESBOÜÉ, B. S.J. (dir.). *História dos dogmas*: o homem e sua salvação. Tomo 2... pp. 229-274.

O milagre do toque ocorria em uma cerimônia voltada à ostentação da benevolência e da essência divina dos monarcas e era consentida, assistida e legitimada pelas autoridades religiosas. Ademais, não se tratava de qualquer doença que os reis tinham o poder de curar: o milagre ocorria, especificamente, no toque de escrófulas. Diferente de enfermidades como a lepra, comum naquela época, os abscessos e as fístulas que surgiam mais comumente no pescoço dos enfermos eram de origem inflamatória, portanto, o próprio organismo tratava de combater e uma boa alimentação acompanhada de anti-inflamatórios naturais contribuía para a completa recuperação. Como dificilmente a doença levava à morte, em poucas semanas o toque atestava o poder de cura dos reis.[28]

A escolha da doença não foi aleatória, assim como não foi o período em que o rito foi construído. No século XII, a dinâmica do sistema feudal havia fragilizado sobremaneira o poder régio, e é sugestivo que "a capacidade de curar não era pessoal, exclusiva; era faculdade de sua função: somente enquanto o rei era taumaturgo".[29] Tanto é que os teóricos da época indicavam que essa faculdade era hereditária, assim como as prerrogativas de governo do monarca.

Eficiente estratégia, evidentemente, mas que não deixava de ser construída a partir de referências contidas no imaginário dos súditos. Bloch lembra que "hoje temos o direito de sermos mais céticos ou mais críticos que eles".[30] Os homens daquela época, porém, acreditavam piamente no poder de cura de Jesus e dos santos católicos, assim como nos relatos bíblicos que apresentavam os reis como homens eleitos que assumiam, na Terra, as capacidades salvíficas de Cristo. Lembremos, o ritual foi construído no mesmo momento em que o normando anônimo teorizou os fundamentos teológicos do poder régio: assim como Jesus, o Salvador, os reis ofereciam a cura para os males da sociedade. Em uma época em que poucas pessoas tinham uma noção vaga da origem de uma doença que desfigurava os enfermos, e que as pessoas sem instrução lhe atribuía à vontade de Deus, recorrer ao seu emissário, o rei taumaturgo, era o único remédio para o mal que

---

28 BLOCH, M. *Los reyes taumaturgos.* Estudio sobre el carácter sobrenatural atribuido al poder real, particularmente en Francia e Inglaterra. 2 ed. México: FCE, 2006, pp. 93-119.

29 *id. ibid.,* p. 111. Tradução nossa.

30 *id. ibid.,* p. 118. Tradução nossa.

as acometiam. Se assim não fosse, segundo Bloch, o rito do toque não teria servido para transmitir e consolidar a imagem do poder supremo dos reis após as reformas religiosas e durante o ápice do Absolutismo na França e na Inglaterra.[31]

Em um plano mais profundo, os fundamentos teológicos do poder régio baseados na faculdade salvífica dos monarcas os comprometeram com as obrigações aparentemente próprias da Igreja de difundir e proteger a fé cristã. São conhecidas as ações de Carlos Magno (742-814) que resultaram na propagação da religião católica na Europa, assim como é conhecido o envolvimento dos monarcas da Inglaterra, da França e do Sacro Império Romano Germânico no embate com os turcos na tentativa de se conquistar Jerusalém.

Na Península Ibérica, esse mesmo espírito de guerra santa das Cruzadas também motivou a retomada da Hispânia, que havia sido ocupada pelos muçulmanos no século VIII. Na região, as faculdades seculares e religiosas dos monarcas exerceram um papel essencial na construção e execução de ações político-religiosas que deram os contornos à Reconquista e, principalmente, aos reinos que nasceram naquele processo. À medida que os muçulmanos eram expulsos e que eram proclamados o nascimento de novas monarquias, a Igreja sacralizava os seus soberanos. A divinização, ao mesmo tempo em que comprometia esses monarcas em continuar com a Cruzada peninsular, instaurava uma forte identidade católica nas monarquias de Leão, Castela, Navarra, Aragão e Portugal.[32]

Isso explica porquê o reino de Portugal nasceu católico. Em 1140, Afonso Henriques, então governador do condado portucalense, usou o título de rei de Portugal após o movimento de unificação e reconquista do território dominado pelos mouros. E não parece ter sido por outra razão que a Igreja Católica atribuiu origem divina a Afonso Henriques e o sacralizou; e que, em retribuição, o monarca proclamou vassalagem ao papa e ofereceu suas terras ao patrimônio de São Pedro. Manobras políticas, se quisermos, mas que não deixaram de pro-

31 BLOCH, M. *op. cit.*, pp. 400-475.

32 Ver BARUQUE, J. V. *La Reconquista*. El concepto de España: unidad y diversidad. Madrid: Espasa Calpe, 2006, pp. 83-140; e GUZMÁN, A. A. El episcopado y la guerra contra el infiel en las Cortes de la Castilla Trastámara. *In*: SORIA, J. M. N. (dir.). *La monarquía como conflicto en la Corona Castellano-leonesa (c. 1230-1504)*. Madrid: Sílex, 2006, pp. 253-265.

vocar um profundo impacto na identidade da nação que nascia. Para um povo que acreditava que seu príncipe era predestinado desde o nascimento a libertá-los do jugo muçulmano, a sacralização de Henriques não tornava apenas a Coroa portuguesa católica, como também imbuía seus súditos de um sentimento de povo eleito que trabalharia pela defesa da nação e da fé de seu rei, daí Riolando Azzi afirmar que "não era (...) apenas a dinastia lusitana a ser considerada sagrada, por escolha e predestinação divina. Ao fundar o trono, Deus escolhera o próprio povo. Na predileção pela monarquia, Deus fizera também a opção pelos lusitanos".[33]

Em análise complementar, José Caldas considerou a entrega das terras portuguesas ao patrimônio de São Pedro como uma ação de reverência moral e de caráter religioso, algo comum ao tempo e circunstâncias políticas em que o fato ocorreu. Isso porque o papa, para além de representar um poder político na Península Ibérica, era a personificação de um princípio espiritual. Ao transformar Portugal em uma espécie de feudo pontifício, o primeiro rei legitimou seu "ato popular que o transform[ou] de *dux portugallensis* em *rex* (...). Era preciso, [afinal], que o árbitro de todos os potentados da terra, intitulando-se com particular e imediato poder sobre as Espanhas, se pronunciasse a respeito dum facto da maior importância".[34]

Nascia, assim, uma estreita relação de fidelidade entre a nova Coroa e a Santa Sé, onde o povo lusitano, e não somente o monarca, passava a gozar de uma proteção espiritual oferecida pelo Vigário de Cristo nas suas futuras incursões contra os infiéis.[35] E a Cruzada, fosse ela na península ou para além das fronteiras da Europa, ressoou não

---

33 AZZI, R. *op. cit.*, p. 61.

34 CALDAS, J. *História da origem e estabelecimento da Bula da Cruzada em Portugal, desde a sua introdução no Reino em 1197, até a data da última reforma do seu Estatuto Orgânico em 20 de setembro de 1851*. Coimbra: Coimbra Editora, 1923, p. 41.

35 No século XIII, o termo "infiel" era empregado para designar o indivíduo que conhecia a fé cristã, mas que negava seus princípios e dogmas para professar qualquer outra religião que os cristãos considerassem falsa ou deformada. Por isso, o mesmo termo era usado para fazer menção aos muçulmanos, tanto os da Península Ibérica quanto os do Oriente Médio. Já o termo "pagão" era usado para nomear os povos que não conheciam a religião cristã e que, de acordo com a doutrina católica da salvação, deveriam ser convertidos. Nesse período, tanto os infiéis quanto os pagãos eram considerados como "gentios", já que, em termos teológicos, a palavra era genérica e usada para referenciar qualquer povo não cristão, obedecendo o emprego dado por Paulo de Tarso ao termo: o não judeu a ser convertido à fé do Salvador. Como os termos são recorrentes na documentação analisada, não usaremos aspas na citação dos mesmos.

apenas na religiosidade fervorosa do povo lusitano, sua característica mais destacada, como também na configuração de suas fronteiras e de sua atuação no mundo.

Entre fins do século XII e meados do século XIII, a cúria romana promulgou diversas bulas que estimulavam os lusitanos a lutarem contra os inimigos da fé católica presentes na Península Ibérica, fossem eles os reis que a Igreja considerava como apóstatas ou os sarracenos, também conhecidos como infiéis espanhóis.[36] Ainda no século XIII, outros documentos pontifícios estenderam a Cruzada peninsular à Palestina, já que faziam o chamado do povo lusitano a unir forças com as monarquias católicas na luta pela conquista do Santo Sepulcro.[37]

Com a promulgação de sucessivas bulas, a Igreja, mais que persuadir os portugueses a participarem de projetos de seu interesse, legitimou seu compromisso político-religioso de completar a Reconquista. E foi justamente esse sentimento cruzadístico que permeava o movimento que os lançou ao mar, o que deu origem ao processo que, mais tarde, ficou conhecido como a expansão ultramarina portuguesa.

---

36 Em 10 de abril de 1197, o papa Celestino III, na Bula *Cum auctores et factores*, concedeu para aquele que combatesse o rei de Leão (considerado um ostentador das apostasias e seguidor da superstição dos "bárbaros") os mesmos benefícios eclesiásticos que a Igreja de Roma oferecia aos homens que levantavam armas em defesa da cristandade na Espanha e em Jerusalém. Gregório IX, com as Bulas *Cupientes christicolas* e *Cum carissimus in Christo*, (respectivamente de 21 de outubro de 1234 e 18 de fevereiro de 1241), outorgou as mesmas indulgências cedidas àqueles que socorriam a Terra Santa aos portugueses que apoiassem D. Sancho II (1233-1248) na luta contra os sarracenos. O teor dessas bulas é discuto em CALDAS, J. *op. cit.*, pp. 37-44.

37 Além de os breves papais preverem as conhecidas indulgências, também solicitavam, entre outras coisas, a pregação da Cruzada pelo clero local, a soltura de criminosos para integrarem o exército de Cristo e a responsabilidade da Coroa de sustentar os cavaleiros e de arcar com os demais gastos materiais necessários à empresa. Em muitos casos, devido à dificuldade do reino em financiar as campanhas, algumas bulas foram dirigidas às autoridades eclesiásticas portuguesas impondo a entrega de suas esmolas ao monarca, bem como dos bens obtidos por usura, rapina ou outros meios ilícitos que, na guarda dos priores, não haviam sido solicitados pelos seus legítimos donos. José Caldas inventaria e analisa dez bulas papais relacionadas à Cruzada portuguesa na Palestina em CALDAS, J. *op. cit.*, pp. 45-58.

1.2 Os sentidos espirituais e materiais da expansão portuguesa

A expansão portuguesa, desde o seu início, enfeixou sentidos espirituais e materiais. Juntos, esses fatores fizeram do alargamento territorial um processo gradativo que acabou por despontar naquilo que conhecemos como império marítimo desde a publicação do, hoje clássico, *The Portuguese seaborne empire* de Charles R. Boxer.[38] São sugestivas, nesta perspectiva de análise, as propostas de Luís Filipe Thomaz e António Manuel Hespanha para o estudo da expansão portuguesa. O primeiro salienta que

> as soluções adoptadas pelos Portugueses (...) foram fruto de uma sucessão de compromissos, mais do que da concretização de um plano preconcebido. Os seus elementos eram demasiados complexos para serem facilmente visíveis aos observadores contemporâneos.[39]

Igualmente, Hespanha indica que

> o primeiro fato que deve ser realçado é a inexistência de um modelo ou estratégias gerais para a expansão portuguesa. Existem, evidentemente, vários tópicos usados incidentalmente no discurso colonial para justificar a expansão. Um deles era a ideia de cruzada e de expansão da fé. Mas, a par dele, vinha o do engrandecimento do rei ou o das finalidades do comércio metropolitano ou, mais tarde, de população. No entanto, esse conglomerado não era harmônico, sendo que cada tópico levava frequentemente a políticas diferentes ou mesmo opostas. Aparentemente, o equilíbrio dos vários mudava com os tempos e com os lugares.[40]

---

38 A obra foi publicada em 1969 na Inglaterra.

39 THOMAZ, L. F. R. A "política oriental" de D. Manuel I e suas contracorrentes. *In*: __________. *De Ceuta a Timor*. 2 ed. Lisboa: Difel, 1998, p. 205.

40 HESPANHA, A. M. A constituição do Império português. Revisão de alguns enviesamentos correntes. *In*: FRAGOSO, J.; BICALHO, M. F.; GOUVÊA, M. de F. (orgs.). *O Antigo Regime nos trópicos*: a dinâmica imperial portuguesa (séculos XVI-XVIII). Rio de Janeiro: Civilização Brasileira, 2001, p. 169.

A ideia de “projeto” da expansão pode ser assim entendida como tomadas de decisões, por parte de sucessivos reis, que lhes eram possíveis a partir das diferentes realidades políticas, econômicas e culturais encontradas tanto no reino quanto na África, Ásia e América. E essas ações eram sobremaneira influenciadas pelos fatores (religioso e comercial) próprios do processo de alargamento e com características peculiares a cada rei de Portugal.

Os portugueses se lançaram ao mar no século XIII motivados por um sentimento cruzadístico de combate aos mouros. A navegação costeira levava-os à costa da Barbaria e ao Estreito de Gibraltar, regiões onde lutavam com os muçulmanos. Esse ideal, no século XIV, ainda mantinha-os no oceano, cuja empresa passou a interessar aos nobres. De acordo com Luís Filipe Thomaz, alguns poucos objetivavam obter cargos nas praças do Algarve de Além-Mar, e os demais buscavam o enriquecimento com a pilhagem e mercês régias por seus atos contra os muçulmanos. Quando da tomada de Ceuta, em 1415, a mesma ideologia que outrora encorajou a Reconquista fazia-se presente, sendo, no parecer de Thomaz, “mais um derradeiro episódio da história medieval que o primeiro episódio da moderna”.[41]

Em meados do século XV, o sentimento de Cruzada levou os portugueses para além dos mares do Mediterrâneo e do Atlântico Norte. Em suas primeiras aventuras marítimas, o infante D. Henrique (1394-1460) concentrou seus esforços e rendas em investidas no Estreito de Gibraltar e nas costas de Granada e Barbaria. Essas incursões visavam o corso à navegação muçulmana, mas também o encontro de cristãos com os quais os portugueses pudessem comercializar, bem como o contato com o reino de Preste João. Desde a Baixa Idade Mé-

41 THOMAZ, L. F. F. R. Expansão portuguesa e expansão europeia – reflexões em torno da gênese dos Descobrimentos. *In*: __________. *De Ceuta a Timor*... pp. 28-29. De acordo com o historiador, a tomada de Ceuta, para muitos estudiosos, é um fato que assinalou ao início da expansão, portanto, um marco inicial de um império que se ensaiava. Contrário a essa ideia, Thomaz salienta que ela tende a nos induzir a uma conclusão apressada de que a conquista de Ceuta foi pensada já como uma política imperial dos reis lusitanos, fato que os documentos da época apontam em sentido contrário. Pelo fato da cidade estar no extremo norte da África, ela era um ponto estratégico para o controle do comércio no Estreito, mas também para assegurar futuras invasões ao Marrocos. Isso porque, além do sentimento de Cruzada, a empreitada na região também visava a conquista do norte africano. O projeto tinha a concorrência da vizinha Castela, que se considerava a herdeira legítima do Marrocos, porque parte da região havia pertencido aos Visigodos antes de os muçulmanos conquistarem a Península Ibérica no século VIII.

dia, os lusitanos acreditavam na existência desse rei-sacerdote cristão cuja crença atribuía-lhe um uma vitória contra os muçulmanos e o domínio de uma região próxima ao rio Nilo. Por isso, encontrá-lo seria nodal para a formação de um bloco cristão de defesa e ataque contra os infiéis. No entanto, como explicou Charles R. Boxer, o empreendimento marítimo de busca desse reino mítico requeria o dispêndio de uma vasta quantia de recursos, muitos deles de particulares. Assim, a notícia da existência de ouro em pó ao sul do Saara encorajava a realização da empresa[42], daí Thomaz considerar que as investidas lusas na região objetivavam também o encontro de cristãos com os quais se pudesse comercializar, já que os lusitanos entendiam que os lucros advindos do comércio poderiam financiar novas expedições de busca do Preste João.[43]

É comum encontrarmos, na historiografia, a menção de que a expansão portuguesa nasceu com um caráter comercial, e que as razões do seu impulso primeiro foi a tentativa dos lusitanos de buscar especiarias no Oriente através de uma rota alternativa à do Mediterrâneo. Os estudos de Luís Filipe Thomaz e de Charles R. Boxer, no entanto, indicam que o aspecto comercial da exploração ultramarina desdobrou-se do sentimento de Cruzada: paralelamente às investidas no norte da África e no sul da Península Ibérica, D. Henrique enviou, em 1422, expedições de exploração no Atlântico na tentativa de envolver Marrocos pelo sul.[44] Após doze anos de tentativas foi transposto o Cabo Bojador, limite do mundo para além do qual se acreditava existir grandes monstros e um mar revolto de que marinheiro algum poderia voltar. Essa conquista foi fundamental, porque depois de uma malograda tentativa de invadir Tânger, em 1437, o Infante foi orientado pela Coroa a não intervir em Marrocos através do Mediterrâneo. Assim, ele passou a concentrar seus

---

42 BOXER, C. R. *O império marítimo português, 1415-1825*. São Paulo: Companhia das Letras, 2002, pp. 31-53.

43 THOMAZ, L. F. F. R. Expansão portuguesa e expansão europeia... pp. 1-41.

44 O mapa mais utilizado nesse período era ainda o confeccionado por Ptolomeu (c. 90-168 d.C.), que não indicava a existência de grande parte da África Ocidental, consequentemente das regiões mais ao sul, como a África Central, a África Oriental e a África Meridional. Por isso, o Infante acreditava ser possível envolver Marrocos pelo sul em um ataque surpresa, desde que ele explorasse um oceano ainda desconhecido e temido. Além disso, o mapa unia o continente africano ao asiático, o que tornaria impossível a chegada dos portugueses à Índia através do Atlântico. Esse é um dos indícios que desdiz a visão tradicional de que, desde o início, o objetivo das Grandes Navegações fosse a chegada à Índia através do Atlântico.

esforços na exploração da costa atlântica da África e, em 1441, já além do Bojador, entrou em contato com populações africanas. Aos poucos, os portugueses estabeleceram uma relação pacífica com esses, porque o comércio mostrava-se mais seguro e rendoso que o corso. Assim, um ano mais tarde iniciou-se o comércio de escravos, que ajudou a financiar novas viagens ao longo da costa ocidental africana. Em 1447, o marfim passou a ser negociado, seguido da malagueta em 1456. Em 1460 incrementou-se à exploração ultramarina a produção de açúcar e de cereais nas ilhas da Madeira e do Açores.[45]

Como se observa, as ações de D. Henrique transformaram a expansão devido às formas que, paulatinamente, as navegações tomaram. As investidas além-mar, que desde o século XIII foram norteadas por um movimento caracterizado como prolongamento natural da Reconquista, começaram a ganhar outros sentidos. Isso não quer dizer, entretanto, que eles excluíram o religioso, mas sim que se somaram a ele: à medida que os portugueses revelavam um novo mundo à Europa, a Santa Sé estreitava ainda mais sua relação com a Coroa. Em 1455, por exemplo, o rei Afonso V (1438-1477) recebeu a bula *Romanus Pontifex*, que reconhecia as conquistas de Portugal sobre os muçulmanos e conferia seu direito de reivindicar outras regiões devido à natureza apostólica do empreendimento. Um ano depois, o mesmo rei recebeu a bula *Inter Coetera* que, além de reiterar os privilégios já adquiridos, concedeu a jurisdição eclesiástica, ao administrador e mestre da Ordem de Cristo (que era o infante D. Henrique), sobre as terras conquistadas e todas aquelas que viessem a ser apossadas. Em 10 de abril de 1457, Afonso ainda recebeu a bula *Te scire volumus*, que solicitava o socorro dos portugueses. O pedido era para conter, pelo mar, a invasão

45 As ilhas Atlânticas foram reconhecidas em expedições paralelas à do Infante. A Madeira foi apontada em 1419; em 1439, os lusitanos chegaram aos Açores, e as ilhas do Cabo Verde começaram a ser exploradas em 1460. Por serem despovoadas, incrementou-se à exploração ultramarina a produção de açúcar, na Madeira, e cereais, nos Açores. Tanto essa atividade quanto o comércio com os africanos eram praticadas, em sua maior parte, por grupos particulares que pagavam um quinto dos rendimentos à Coroa, mas o reino controlava o comércio de escravos e ouro em pó através da Casa da Guiné e Mina. Em 1444 criou-se a Companhia de Lagos, que gerenciava os negócios ultramarinos. Sobre as ações de D. Henrique no ultramar e a primeira etapa da expansão portuguesa nos séculos XIV e XV ver, além dos citados textos de Thomaz e Boxer, CAMPOS, P. M.; HOLANDA, S. B. de. As etapas dos descobrimentos portugueses. *In*: HOLANDA, S. B. de (dir.). *História Geral da Civilização Brasileira*. A época colonial: do descobrimento à expansão territorial. v. I. Tomo I... pp. 33-42.

dos turcos na Hungria. Depois dessa, outras bulas foram promulgadas para garantir os privilégios espirituais para os lusitanos que combatessem os habituais infiéis presentes no continente africano.[46]

Mais tarde, já no reinado de D. João II (1481-1495), o Tratado de Tordesilhas mediado pelo papa Alexandre VI em 1494 também demonstrou a intervenção da Igreja nos assuntos políticos e econômicos de Portugal e Espanha em razão do fator religioso que impulsionava a empresa ultramarina. Afinal, os Reis Católicos haviam se lançado ao mar na década de 1480 com o intuito de ocupar ilhas no Atlântico, uma mostra de que começavam a concorrer com os portugueses em uma atividade que se mostrava lucrativa.[47]

As incursões marítimas da Espanha não acenavam para uma simples concorrência comercial, mas sim para uma estratégia de buscar uma fonte de renda que havia sido perdida quando da tentativa dessa Coroa de consolidar seu poder político-religioso no cenário ibérico e, principalmente, no europeu. Ocorria que boa parte das especiarias que entrava na Espanha era fornecida por Granada, que tinha declarado vassalagem a Castela em 1246 e que, no século XV, passou a pagar seus tributos com especiarias. Porém, a partir de 1455, Castela passou a promover incursões contra o reino mouro e, após a formação da Espanha em 1462, Fernando II e Isabel I intensificaram sobremaneira as investidas sobre Granada, tanto por razões estratégicas de efetivação do poder da nova monarquia quanto pelo compromisso de completar a Reconquista.

É muito provável, então, que Cristóvão Colombo tenha sido financiado pelos Reis Católicos para identificar e controlar rotas e potentados africanos e asiáticos com os quais pudessem comercializar, uma maneira de recuperar o abastecimento de especiarias antes feito por Granada. E, como se sabe, foi nesse processo que Colombo revelou à Europa a existência do continente americano, o que excluiu a dependência da Espanha das especiarias granadinas. E não parece ter sido coincidência que 1492 foi o ano em que Colombo chegou à América e que a Coroa espanhola definitivamente ocupou o último reduto mouro na Península Ibérica, completando, enfim, a Cruzada peninsular.[48]

---

46 O conteúdo destas bulas foi comentado por AZZI, R. *op. cit.*, pp. 15-112; BOXER, C. R. *O império marítimo português, 1415-1825*... pp. 31-53; e CALDAS, J. *op. cit.*, pp. 45-58.

47 Ver ELLIOTT, J. H. A conquista espanhola e a colonização da América. *In*: BETHELL, L. (org.). *História da América Latina*: América Latina Colonial. v. I... pp. 135-148.

48 Ver BARUQUE, J. V. *op. cit.*, pp. 163-187; GUZMÁN, A. A. *op. cit.*, pp. 287-294.

Para além de representar uma manobra diplomática da Santa Sé para conciliar os interesses de Portugal e Espanha na expansão, ou mesmo para garantir e legitimar a soberania dos ibéricos na empreitada frente às outras monarquias europeias, a relação entre Igreja e Coroas ibéricas expressa no Tratado de 1494 revelava que o fenômeno expansionista e as transformações sociais, políticas, econômicas e culturais daí advindas não podiam ser lidas sem as lentes de um catolicismo fervoroso. Essa visão de mundo formava a base das estruturas mentais com as quais os europeus católicos liam, avaliavam e agiam em seu mundo, tanto é que os privilégios que a Igreja concedia aos povos pioneiros das Navegações não eram apenas materiais, mas, sobretudo, espirituais. Isso não só comprometia portugueses e castelhanos a fazerem da expansão um instrumento de combate aos inimigos da cristandade, como também consolidava os fundamentos religiosos dessas monarquias.

A instituição do Padroado pode ser vista como a expressão máxima dessa relação de fidelidade que fez de Portugal uma monarquia essencialmente católica e, consequentemente, da expansão um movimento que aliava com perfeita compatibilidade os sentidos materiais ao religioso.[49] O Padroado foi definido como "o direito de administrar os assuntos religiosos no ultramar, concedido pela Santa Sé aos reis de Portugal".[50] D. Henrique, por exemplo, além do Padroado da Ordem de Cristo, em 1456 recebeu um segundo sobre as novas terras conquistadas, bem como sobre os territórios que viesse a conquistar. Durante o reinado de D. João II (1481-1495), os dois Padroados foram unidos pela Coroa e, mais tarde, a administração direta da Ordem de Cristo pelo monarca foi confirmada através de bulas promulgadas entre 1514 e 1551, período coincidente, respectivamente, à criação das dioceses do Funchal, na Madeira, e da Bahia.[51]

Na prática, o regime regalista representava, de acordo com Riolando Azzi, muito mais que uma simples obrigação assumida por

49 Tanto a instituição do Padroado quanto a expansão tiveram especificidades em Portugal e em Castela, mas analisaremos apenas as relativas ao reino português pelo fato delas oferecerem inteligibilidade ao nosso objeto de estudo.

50 PADROADO. *In*: SILVA, M. B. N. da (dir.). *Dicionário da história da colonização portuguesa no Brasil*. Lisboa: Editorial Verbo, 1994, p. 606.

51 Sobre a questão ver PADROADO. *In*: VAINFAS, R. (dir.). *Dicionário do Brasil Colonial (1500-1808)*. Rio de Janeiro: Objetiva, 2000, pp. 466-467, e PADROADO. *In*: SILVA, M. B. N. da (dir.). *op. cit.*, p. 606.

Portugal em relação às atribuições religiosas próprias da Igreja. Era, pois, um "instrumento mais efetivo através do qual a Santa Sé comprometeu os monarcas portugueses em sua missão religiosa".[52] A instituição, nesse sentido, transfigurou-se como uma expressão máxima da relação de fidelidade entre Portugal e a Santa Sé porque, para os portugueses, administrar os assuntos religiosos no além-mar não apenas demonstrava o apoio do papado à expansão ultramarina, como também a incumbência de defender e difundir o catolicismo, principalmente no século XVI, momento em que e Igreja de Roma preocupava-se com assuntos religiosos e políticos da Europa.

Charles R. Boxer defende a ideia de que a Igreja Católica, a partir de 1514, passou a se preocupar mais com assuntos terrenos que propriamente espirituais: o engrandecimento de suas famílias, com a política europeia, com a ameaça dos turcos no Mediterrâneo e nos Bálcãs e, após 1517, com a ameaça protestante. Dispensar forças com a propagação do cristianismo além das fronteiras da Europa, portanto, pouco lhe interessava, daí muitos papas terem apoiado as Coroas ibéricas nessa empreitada, o que significava, para elas, financiar e manter a Igreja e suas missões em troca do privilégio de controlá-las. Consecutivamente, Portugal e Castela receberam, entre 1452 e 1514, bulas que estabeleciam direitos, deveres e privilégios para o patrocínio e estabelecimento de missões na África e na América. Isto significou a concessão de amplos poderes a essas Coroas, já que o Padroado colocava o clero regular e secular sob seu controle. Nesse regime, o clero passava a ser integrante do corpo remunerado de funcionários régios, e as monarquias recebiam o direito de financiar e de organizar as missões em troca do privilégio de controlá-las.[53]

Esse amplo poder político-espiritual legitimado pela Santa Sé parece ser a explicação para a insistência dos reis portugueses na Cruzada em um momento em que outras monarquias católicas haviam desistido definitivamente do projeto de conquistar Jerusalém. D. Manuel (1495-1521), do mesmo modo que herdou a intenção de D. João II (1495-1521)[54] de controlar o comércio nos mares asiáticos, herdara

52 AZZI, R. *op. cit.*, p. 21.

53 Ver BOXER, C. R. *A Igreja militante e a expansão ibérica*: 1440-1770. São Paulo: Companhia das Letras, 2007, pp. 84-116.

54 D. João II é tido como o monarca que deu feições modernas à expansão portuguesa. *El-Rei*

igualmente o seu sentimento cruzadístico. Afinal, como bem observou Luís Filipe Thomaz, esse

> confronto que desde o século VII se dá no Mediterrâneo não é meramente o choque entre duas religiões, mas a rivalidade entre dois blocos políticos, culturais e econômicos, organizados cada um em torno de seu credo. E é inegável que é esse credo o fecho da abóbada da sua solidariedade intrínseca. Lutar pela religião não é, pois, lutar por algo de ideal exterior à sociedade, mas pelo elemento central da sua própria individualidade cultural – logo, pela sua subsistência como entidade coletiva. Esse espírito de cruzada tinha mais que em qualquer outra parte hipóteses de manter a vitalidade na Península – onde estava ainda incompleta a Reconquista, cuja imagem era na consciência nacional dos estados dela originados elemento relevante.[55]

Assim, além da consolidação da sua política ultramarina na Ásia, D. Manuel pretendia reservar ao povo lusitano a honra de vencer os inimigos do cristianismo e, assim, materializar no corpo político e

---

incrementou os investimentos das navegações e trouxe para a Coroa o papel diretor, orientador e executor da empresa ultramarina, anteriormente realizada por particulares (e ensaiada pela Coroa com D. João I, em 1425). Suas investidas na Ásia aventaram a possibilidade de que aquele continente seria um filho próspero do reino português. A viagem de Bartolomeu Dias (1487), que tinha como objetivo a busca das especiarias orientais, abriu caminho para que D. Manuel continuasse o projeto, e foi justamente no seu reinado que os portugueses se estabeleceram na Ásia e, paulatinamente, se transformaram nos maiores distribuidores de especiarias daquele continente. Mas, a política ultramarina de D. João II ainda entrelaçava sentidos comerciais e espirituais. Do mesmo modo que o monarca enviou Pero da Covilhà a Ormuz, Goa, Calecut e a Sofala para comercializar especiarias, mandou, por outro lado, Afonso de Paiva à África em busca do reino mítico do Preste João. Esse continente, afinal, era tido como uma via de passagem para as Índias, onde estavam as especiarias, mas também o Preste João. Em suas linhas de ação, então, D. João enviou expedições de penetração no interior do continente africano objetivando, ao mesmo tempo, assegurar um trato diplomático com os potentados de ouro e chegar, enfim, ao reino de Preste. Também, contribuiu para a criação de centros cristãos naquele continente: tem-se, nesse ínterim, a conversão do Congo, em 1491, o batismo de outros reis na foz do Senegal e o envio de diplomatas para persuadir reis do Benim e São Jorge da Mina à aderirem ao cristianismo para se criar, com eles, uma relação de parentesco espiritual com Portugal. Sobre a política ultramarina de D. João II ver THOMAZ, L. F. F. R. O projecto imperial joanino (tentativa de interpretação global da política ultramarina de D. João II). *In*: __________. *De Ceuta a Timor*... pp. 149-167; THOMAZ, L. F. F. R. A evolução da política expansionista portuguesa na primeira metade de quatrocentos. *In*: __________. *De Ceuta a Timor*... pp. 43-147; e BOXER, C. R. *O império marítimo português, 1415-1825*... pp. 31-53.

55 THOMAZ, L. F. F. R. Expansão portuguesa e expansão europeia... p. 11.

social português a identidade católica dos seus súditos e de seu reino. Contudo, o sentimento de Cruzada que permeou suas ações no ultramar não estava restrito apenas à Reconquista. Era um projeto mais ambicioso que, mesmo antes do reinado de D. João II, envolvia toda a nação lusitana e se fez sentir na literatura da época. Duarte Galvão,[56] por exemplo, considerava D. Manuel o monarca eleito por Deus para destruir o islã e eregir o Quinto Império em Terra. O autor da *Chronica DelRey D. Affonso Henriques* enxergava na expansão à Ásia indícios de uma profética Cruzada manuelina, já que o rei havia conquistado em dois ou três anos o que seus antecessores não haviam conseguido em setenta anos de esforços. No prólogo de sua obra, "deregido aho serenissimo, e muito Poderoso Principe ElRey D. Manoel nosso Senhor",[57] Galvão menciona que a conquista do Oriente trazia benesses "nom sómente para convertimento de muitos infiéis, mas ainda para desfazimento, e destruimento da Mahometica seita". Era tamanha a importância deste último feito que a chegada à Índia marcava "hos começos, e proseguimentos de seus maravilhosos effeitos"[58] para a religião cristã.

Luís Filipe Thomaz indica que, além da literatura, a ambição do projeto manuelino pode ser evidenciada em suas ações políticas e em seus títulos. O historiador percebeu que, na origem e nos contornos desse projeto, os títulos de "Senhor da Conquista" e "Rei dos Mares" refletiram sua aspiração de receber o título de "rei dos reis", ou seja, de "imperador" no sentido medieval do termo: exercer a suserania sobre outros reinos. Queria, pois, transformar-se no imperador do quinto império profetizado por Daniel. Nesse anseio, o rei

> se baseia em uma visão do profeta Daniel (7, 1-14) que ele mesmo interpreta (7, 15-28): quatro impérios se sucederão sobre a Terra antes de que se estabeleça o reino dos santos do Altíssimo, o império messiânico definitivo e eterno. Toda a exegese cristã concorda em ver nos quatro impérios o dos Assírios, dos Persas, dos Gregos e dos Romanos; portanto, não poderia haver outro entre este último e a chegada da era messiânica.[59]

---

56 Duarte Galvão era cronista e diplomata português na Etiópia à época dos Descobrimentos.

57 GALVÃO, D. (1435-1517). *Chronica DelRey D. Affonso Henriques*. Transcrita do original por Miguel Lopes Ferreyra. Lisboa: Officina Ferreyriana, 1726. Disponível em http://purl.pt. Acesso em 04/07/2008, p. i.

58 As duas citações referem-se a *id. ibid.*, p.iii.

59 THOMAZ, L. F. F. R. A ideia imperial manuelina. *In*: DORÉ, A.; LIMA, L. F. S.; SILVA, L. G.

De acordo com o historiador, o título de "Senhor da Conquista" significava o pagamento de páreas, que era uma espécie de tributo que aludia a uma forma de vassalagem. Foi utilizada, principalmente, com os reis muçulmanos dominados pela força, mas incluía o estabelecimento de laços de parentesco espiritual, como ocorreu no Congo, em 1491. O rei de Portugal seria, assim, "rei dos reis". Não queria, pois, um império colonial, na acepção moderna do termo que aponta para um domínio territorial. D. Manuel intentava o domínio de regiões da costa do Oceano Índico e Oriente Próximo muçulmano visando o domínio de rotas marítimas. E, junto ao título de "Senhor da Conquista", o de "Rei dos Mares" assinalou o aspecto econômico da empresa ultramarina, pois que visava a garantia do direito da navegação em direção às Índias frente aos demais reis católicos, além de eliminar os mouros do comércio asiático e controlar a navegação nos mares orientais.[60]

Os dois títulos, como se nota, traziam as imbricações de sentidos da expansão portuguesa. Embora o fator econômico fosse de fundamental importância à empresa, D. Manuel intentava, ainda, a destruição do islã e a recuperação de Jerusalém. Sua política ultramarina, portanto, circunscreveu-se a um aspecto acentuadamente religioso, já que o seu projeto imperial confundia-se com uma nova Cruzada: as incursões para o Oriente visavam lançar bases para, futuramente, os lusitanos retomarem os locais sagrados do catolicismo romano.

Como se pode observar, a expansão portuguesa paulatinamente estreitou as relações entre Igreja e Coroa. Mais que isso, apresentou-se como um fator anterior à Reforma Protestante que contribuiu para o processo de confessionalização de Portugal, evento consolidado durante o reinado de D. João III. Se considerarmos que a relação entre os poderes político e religioso fora estabelecida já no século XII quando do nascimento do reino, e que o cristianismo representava desde aquela época um elemento definidor da identidade dos portugueses, podemos dizer que essa associação, na Época Moderna, representava uma mudança no sentido que o cristianismo exercia na

---

(orgs.). *Facetas do Império na história*: conceitos e métodos. São Paulo: HUCITEC, 2008, p. 43.

60 Sobre o projeto imperial de D. Manuel ver THOMAZ, L. F. F. R. A ideia imperial manuelina... pp. 31-96; THOMAZ, L. F. F. R. A "política oriental" de D. Manuel I e suas contracorrentes... pp. 189-206; e THOMAZ, L. F. F. R.; ALVES, J. S. Da cruzada ao Quinto Império. *In*: BETHENCOURT, F.; CURTO, D. R. (orgs.). *A memória da nação*. Lisboa: Livraria Sá da Costa Editora, 1991, pp. 81-165.

razão de ser do povo e da Coroa: ele deixava de sugerir uma Cruzada peninsular voltada à expulsão dos mouros da Península Ibérica para ser um evento global, uma ferramenta de construção de um império cristão no orbe.

Mas, o mais importante a se entender é que, durante o reinado de D. Manuel, não era a intenção da Coroa portuguesa fazer novos cristãos, mas encontrar os cristãos que os lusitanos acreditavam ali existir e, uma vez chegando ao reino mítico do Preste João, formar um bloco coeso de defesa e ataque contra os mouros. Entretanto, ao chegarem à Índia, os lusitanos identificaram erroneamente que os hindus eram cristãos. A fim de que fosse possível a formação do pretendido bloco militar, viram-se obrigados a "reconduzir" aquele povo à ortodoxia da fé de Cristo, já que suas estranhas práticas religiosas eram consideradas como heresias.[61] A busca por cristãos no Oriente, portanto, tinha por finalidade a execução de um projeto imperial que se traduziu como a tentativa de se erigir o Quinto Império messiânico. Ela não pode ser confundida, então, com a evangelização da Época Moderna, porque somente quando o sentimento de Cruzada se transformou é que a missionação apareceu como elemento constitutivo das políticas ultramarinas dos reis portugueses. Isso ocorreu, de fato, durante o reinado de D. João III em função das profundas transformações sofridas no império de Portugal e na Europa. E foram justamente essas mudanças que possibilitaram, e caracterizaram, a missionação jesuítica no século XVI, notadamente até 1580.

1.3 Um império em tempos de reformas

Do projeto imperial ao colonial

Em 1521, ano em que D. João III foi coroado, Portugal enfrentava uma séria escassez de alimentos gerada por intempéries. Além disso, a peste havia causado um grande número de mortes e o reino carecia de

61 Sobre a questão ver THOMAZ, L. F. F. R. A "política oriental" de D. Manuel I e suas contracorrentes... pp. 189-206.

instrumentos práticos para a manutenção da empresa marítima. A organização militar portuguesa, que ainda trazia características medievais, era incapaz de solucionar um problema que acompanhou D. João III (e D. Manuel) durante todo o seu reinado: o corso e a pirataria.[62]

Esse cenário, somado às diferentes realidades e jogos de interesses que envolviam os portugueses e os povos de além-mar, colocaram a D. João III questões cujas resoluções marcariam as relações da Coroa com seus domínios ultramarinos. Suas reformas visaram, sobretudo, a racionalização da administração e a dinamização da empresa marítima, e para tal *El-Rei* assentou suas ações na transferência para a iniciativa privada dos financiamentos da empresa marítima, na territorialização da possessão americana e na concentração de esforços no domínio de rotas marítimas tidas como estratégicas para a manutenção do império.

A transferência da exploração comercial para a iniciativa privada se deu em função do ônus da Coroa em financiar expedições de defesa no oceano Atlântico e no Índico. No primeiro, a ação corsária e pirata exigia tanto a manutenção de grupos de escoltas para as naus mercantes vindas do Oriente como a construção de fortalezas em terra e de expedições de patrulhamento do litoral das regiões visadas por Francisco I (e depois de 1547, por Henrique II) da França. Assim, com o auxílio de particulares, D. João III fomentou a ocupação das ilhas atlânticas e do Brasil com o intuito de recuperar o comércio de produtos que entraram em declínio em outras regiões e de assegurar o desenvolvimento de novas áreas de produção de açúcar. Particularmente no Brasil, havia também a preocupação de garantir sua posse efetiva com o povoamento.[63]

Na outra ponta do império, além da dificuldade de se manter expedições de defesa das rotas comerciais no Índico, os turcos otoma-

---

62 Sobre este cenário em Portugal quando da ascensão de D. João III ver BUESCU, A. I. *D. João III (1502-1557)*. Lisboa: Círculo de Leitores, 2005, pp. 86-106.

63 De acordo com Charles Boxer, D. João III não se preocupou tanto em povoar as ilhas atlânticas porque elas eram habitadas por portugueses que iniciaram a agricultura na região no reinado de D. Manuel, e por escravos e crianças judias que foram deportadas de Portugal na década de 1490. Na ilha da Madeira e Cabo Verde se praticava o comércio de escravos para o trabalho na agricultura, e o seu desenvolvimento ofereceu uma solução para a porção portuguesa da América quando da ameaça francesa. Ver BOXER, C. R. *O império marítimo português, 1415-1825...* pp. 98-104.

nos expandiam concomitantemente para os Bálcãs, o Mediterrâneo Oriental e Ásia. A relação entre eles e os portugueses começava a deixar de circunscrever-se apenas ao fator religioso, pois, além de sufocar a cristandade ocidental, os turcos começavam a se transformar em um poderoso adversário do Estado da Índia com o domínio de regiões asiáticas. O perigo da concorrência na empresa marítima levou Portugal a ocupar ou criar cidades estratégicas de onde os funcionários régios pudessem recolher taxas alfandegárias e impostos. Era, pois, uma forma de manter e dinamizar a empresa marítima no Oriente, o que delegou grande importância a cidades já conquistadas por seus antecessores, como Goa, por exemplo.[64] Assim, ao mesmo tempo em que o reino minimizava os gastos com a administração das rotas comerciais, ganhava com os rendimentos derivado do comércio realizado por particulares. Os beneficiados dessa política eram, em sua maioria, nobres que recebiam direitos comerciais. Muitos deles, pela inexperiência no trato mercantil (ou por não quererem arriscar seu cabedal em negócios incertos), repassavam seus direitos a terceiros, os mercadores.[65]

Juntas, as iniciativas de D. João III no Atlântico e no Índico assinalaram o momento em que o começou a ocorrer a sobreposição do sentimento comercial ao cruzadístico medieval da expansão: ao beneficiar nobres com direitos comerciais, paulatinamente os valores de honra pela dedicação ao rei ganhavam um sentido extremamente comercial, que valorizava as mercês. Ademais, a nova relação que se estabeleceu com a América e com algumas cidades no Oriente marcava a transformação de um projeto imperial para um projeto colonial assentado na ocupação territorial.[66]

---

64 Chaul e Baçaim foram ocupadas, respectivamente, em 1521 e 1534. Em meados do século XVI Macau também foi gradualmente ocupada, e a cidade de Nagasaki foi construída pelos portugueses no litoral japonês em 1543.

65 Em geral, os mercadores eram antigos soldados que haviam deixado o serviço régio para atuar no sistema mercantil na Ásia, diferentemente daqueles que se aventuraram a explorar as ilhas Atlânticas e a América.

66 De acordo com Sanjay Subrahmanyam, o processo de passagem do projeto imperial para o colonial sugere que D. João III se influenciou, em sua reforma no império, no modelo de exploração adotado pela Espanha na América. Ver SUBRAHMANYAM, S. *O império Asiático Português 1500-1700*. Uma História Política e Econômica. Lisboa: Difel, 1993, pp. 151-164. Voltaremos a discutir essa influência da Espanha sobre as reformas de D. João III. Sobre o império asiático à época de D. João III, bem como o quadro de crise por ele enfrentado, ver COSTA, J. P. O. e; RODRIGUES, V. L. G. *Portugal y Oriente*: el proyecto indiano del Rey Juan. Madri: Editorial MAPFRE, 1992; BUESCU, A. I. *op. cit.*, pp. 224-234; THOMAZ, L. F. R. Os

Uma apreciação geral da reforma joanina no império não abarca, evidentemente, as questões que envolveram diferentes tomadas de decisões nos mais diversos domínios na África Oriental e na Ásia. Cada local trazia questões intrínsecas às relações estabelecidas pelos seus antecessores com os locais, pelo uso da força ou não. Ademais, em muitos lugares, a permanência dos portugueses dependia também da adoção de medidas práticas que atendessem aos interesses locais em manter ou criar alianças com os lusitanos. Entretanto, se primarmos por um aspecto geral que marcou suas reformas, fica evidente que, tanto na Ásia, África ou América, elas não estavam dessassociadas de medidas administrativas amplas que objetivavam uma maior eficácia da administração imperial: a centralização do poder.

Na América, o Governo-Geral foi instituído em fins de 1548 com o intuito, entre outros, de corrigir a administração descentralizada das capitanias-donatarias adotada em 1530. Este último sistema minimizava os gastos da Coroa com a empresa colonizadora, no entanto, a delegação de poder aos donatários causava conflitos e permitia o abuso jurídico por parte dos colonos.[67]

Nas ilha dos Açores, em 1534, as cidades de Angra e Terceira também foram escolhidas como centros administrativos, e receberam a função de aplicar a justiça, fiscalizar o comércio marítimo e organizar a vida religiosa. Naquele ano, a cidade de Angra foi elevada a sede de bispado, e os bispos dispunham da função de executar decisões régias.[68]

Outros exemplos de centralização de poder envolveram os domínios lusos na costa ocidental africana. Em São Tomé, D. João III elevou os investimentos para o cultivo da cana-de-açúcar e a produção de açúcar cresceu vertiginosamente em seu reinado. Consequentemente, o comércio de cativos desenvolveu-se a ponto de a ilha tornar-se um entreposto distribuidor de escravos para a fortaleza de São Jorge da

---

portugueses nos mares da Insulíndia no século XVI. *In*: __________. *De Ceuta a Timor*... pp. 567-590; e SUBRAHMANYAM, S. *op. cit.*, pp. 127-149.

67 Estão de acordo, neste entendimento do Governo-Geral, COUTO, J. *A construção do Brasil*: ameríndios, portugueses e africanos, do início do povoamento a finais de quinhentos. Lisboa: Edições Cosmos, 1998, pp. 207-235; e FAORO, R. *Os donos do poder*: formação do patronato político brasileiro. v. 1. 13 ed. São Paulo: Globo, 1998, pp. 31-72. O assunto será retomado no Capítulo 3.

68 Sobre as políticas de D. João III nos Açores, ver LEITE, J. G. R. Aspectos da política joanina com reflexos nos Açores. *In*: *D. João III e o Império*. Actas do Congresso Internacional comemorativo do seu nascimento. Lisboa: Centro de História de Além-Mar, 2004, pp. 197-203.

Mina, para as Índias e Lisboa.[69] O desenvolvimento material da região também exigiu do monarca a construção de novas políticas para a administração de São Jorge da Mina (que recebia cativos diretamente de São Tomé) e para sua relação de diplomacia com o reino do Congo (que oferecia o contingente humano escravo para São Tomé, juntamente com Angola). Em 1529, *El-Rei* dirigiu um Regimento à fortaleza africana que previa a contenção de fraudes e abusos ali existentes por parte dos funcionários régios. Os novos capitães enviados ao domínio foram encarregados de assegurar um clima de confiança com os informantes locais, que repassavam à Coroa dados que pudessem alicerçar novas estratégias econômicas a serem desenhadas para a região. Quanto ao reino do Congo, com a intensificação do comércio negreiro, D. João III passou a se corresponder com D. Afonso I (título de batismo do rei congolês) para manter e reforçar a relação diplomática já existente entre as Coroas. O monarca lusitano mostrava disposição para conter os excessos cometidos pelos traficantes de escravos e buscou exercer maior influência na vida cultural do Congo levando nobres locais para serem educados em Portugal.[70]

Na Ásia, D. João III reorganizou a atuação dos governadores da empresa asiática que residiam em Goa desde 1510, ano em que a cidade foi conquista por Afonso de Albuquerque. Este governador havia trabalhado na construção de uma rede de fortalezas entre Quíloa e Cananor, na costa leste da Ásia, onde D. Manuel concentrou seus esforços entre um conflitante jogo de interesses de portugueses e dos reis locais para traçar as redes de feitorias que compreenderiam os domínios lusos no local.[71] Desta feita, os grupos de particulares que atuavam na região passaram a gozar de uma liberdade de ação, assim

---

69 Conferir, sobre a questão, MATOS, A. T. de; PINHEIRO, L. da C. A ilha de São Tomé no reinado de D. João III. *In*: *D. João III e o Império*... pp. 435-451.

70 Essas questões são discutidas por BALLONG-WEN-MEWUDA, J. B. La politique africaine de D. João III, roi de Portugal (1521-1557). Le Regimento de São Jorge da Mina et la Lettre au roi du Congo (1529). *In*: *D. João III e o Império*... pp. 273-286. O autor comenta que o Regimento previa o pagamento de 60 gramas de ouro, ou qualquer outra mercadoria que pudesse interessar aos africanos que fornecessem informações relativas a questões militares ou comerciais da região.

71 Esse foi um caso, por exemplo, em que a instalação de feitorias era cedida pelo governo local para os lusitanos. É a relação de suserania entre o rei português e os africanos e asiáticos de que falou Luís Filipe Thomaz em THOMAZ, Luís Filipe F. R. O projecto imperial joanino (tentativa de interpretação global da política ultramarina de D. João II)... pp. 165-166.

como os sucessores de Albuquerque, que tomavam decisões político-administrativas para depois informarem a Coroa, dada a grande distância entre Goa e Lisboa. No reinado de D. João III, entretanto, Martim Afonso de Souza foi nomeado vice-rei em 1542 por ser um homem de confiança do monarca. Em sua juventude, Martim havia sido pajem do então príncipe D. João; mais tarde chefiou as ações de exploração da América na década de 1530 e, diante da liberdade de atuação dos vice-reis na Ásia, "o seu governo representa uma tentativa (...) de regresso a uma concepção de império mais centralizado".[72]

A centralização do poder e as demais medidas que dinamizavam a empresa ultramarina podem ser entendidas como um reflexo da opção de D. João III por uma nova forma de governar diante de um cenário de crise. Ângela Barreto Xavier explica que, nessa busca, o monarca encontrou uma referência na *respublica*, em sua economia de poderes e divisão das funções. Este era um caminho apresentado pelo contexto político e cultural do Velho Continente da década de 1520 e que inspirava outros monarcas como Carlos V, Francisco I e Henrique VIII. Para o rei de Portugal, a inspiração advinha do modelo imperial romano, onde os espaços de conquistas eram reorganizados: conquistava-se para possuí-lo, administrá-lo racionalmente e submeter as populações ao seu Direito, língua e religião. Neste modelo de império, a figura do príncipe era exaltada como *pater patrie*, ou seja, um soberano filósofo, rodeado de conselheiros, pai e pastor dos seus súditos.[73]

Ana Isabel Buescu, em análise semelhante, apontou que as propostas de D. João III para o enfrentamento da crise seguiam a tendência das teorias políticas vigentes na Península Ibérica e que eram fortemente influenciadas por São Tomás de Aquino (1204-1274). O teólogo defendia que a monarquia era a melhor forma de governo porque acreditava que toda realização humana deveria se aproximar da natureza: no mundo natural o universo era iluminado por um sol e as abelhas seguiam um rei. Assim, o melhor governo para um povo seria aquele de uma pessoa apenas. Em sua analogia, Deus governava o mundo natural e tinha na Terra o rei para representá-lo na regência dos homens.[74]

---

72 SUBRAHMANYAM, S. *op. cit.*, p. 134.

73 XAVIER, Â. B. Aparejo e disposición para se reformar y criar otro nuevo mundo. A evangelização dos indianos e a política imperial joanina. *In*: *D. João III e o Império*... p. 790.

74 AQUINO, T. de. *Opúsculo sobre el gobierno de los príncipes* (*De Regimine Principum*). Livro

Dessa crença na monarquia, segundo Buescu, nasceu uma concepção corporativa da sociedade que, também por analogia, tinha a cabeça como um centro dispensador de ordenação e comando do bem comum. Evidentemente, ela era representada pelo rei, e o restante do corpo pelos seus súditos que, de acordo com sua posição na hierarquia social, auxiliavam o soberano em seu governo. E para emanar o bem comum para a sociedade portuguesa, D. João III aumentou o quadro de funcionários e oficiais que administravam a sua nova e complexa rede institucional baseada em conselhos e tribunais. Ao seu lado, consequentemente, cresceram a burocracia e os gastos reais, que se desenvolveram em desarmonia com a arrecadação fazendária. Esta última, portanto, destoava dos crescentes benefícios e regalias cedidos aos funcionários régios que atuavam no além-mar e nas 27 (antes de 1536, apenas 6) comarcas de Portugal.[75]

Não se pode concluir, seguramente, se as reformas no império marítimo tenham decorrido apenas da necessidade de assegurar a renda para este novo e complexo aparelho administrativo ou se este último nasceu da tentativa de se garantir a manutenção da empresa marítima. Afinal, ela era a mais importante fonte de renda da Coroa, e mantê-la poderia garantir o incremento das instituições que deram as características "modernas" da expansão. Isso quer dizer que, além das reformas no império, era preciso preparar o reino como o centro ordenador e controlador das atividades ultramarinas,[76] mas, independentemente de qualquer afirmação em quaisquer desses sentidos, fato é que as ideias tomistas ofereceram aos portugueses respostas para o plano político da sociedade lusa.

I, cap. II da edição conjunta com o Tratado de la Ley e o Tratado de La Justiça. Tradução e introdução de Carlos Ignácio González. México: Editorial Porrúa, 1975. *ap*. BUESCU, A. I. *op. cit*., pp. 182-183.

75 BUESCU, A. I. *op. cit*., pp. 181-223.

76 Em investigação micro-analítica, Amélia Polônia estuda os processos ocorridos na Vila do Conde, em Portugal, que corrobora esta ideia. As reformas ocorridas no local apontam, de um lado, para a eliminação dos poderes senhoriais ali existentes; de outro, para fazer da Vila um centro naval que oferecesse recursos materiais e humanos para a exploração comercial e para a defesa dos domínios no Atlântico. Ver POLÓNIA, A. A construção do Império começa na Metrópole. Estratégias joaninas de consolidação de infraestruturas comerciais e navais. O caso de Vila do Conde. *In*: *D. João III e o Império*... pp. 251-271.

Da Cruzada à missionação

Analisadas em um contexto mais amplo de reformas, as medidas político-administrativas de D. João III demonstram que o intuito da Coroa portuguesa não era apenas racionalizar a administração, mas sim infundir um novo modelo de sociedade para enfrentar não só os seus problemas internos, mas também e sobretudo aqueles que o contexto lhes impunha: a excomunhão de Martinho Lutero, a guerra entre Castela e França, a chegada dos castelhanos no México e a expansão do Império Otomano abalavam as estruturas da Europa católica e colocavam praticamente todo o Velho Continente em efervescência política.[77]

Ainda, D. João III assumiu a direção de um império-rede baseado em feitorias alocadas na África, América e Ásia e que formava um novo e extraordinário mundo para os europeus. Evento correlato e interdependente do Renascimento, da Revolução Científica e das Reformas Religiosas, as "descobertas" contribuíam para que também as bases culturas do mundo ocidental sofressem profundas mudanças.

A expansão das Coroas ibéricas havia revelado ao Ocidente cristão um novo e extraordinário mundo habitado por seres não menos fantásticos. Os povos de além-mar eram classificados à luz das concepções teológicas definidas por Tomás de Aquino, que na *Suma Teológica* havia mencionado a existência de dois tipos humanos além do cristão: o herege e o pagão. O primeiro era aquele que negava a religião de Jesus e que, portanto, poderia ser punido ou compelido a abandonar seu erro; já o pagão era entendido como aquele que ignorava a fé de Cristo porque não a conhecia, mas que, em razão disso, deveria ser persuadido a aderir à religião cristã.[78]

Já no reino de D. Manuel, grandes pensadores portugueses, teólogos em sua maioria, apontavam para a necessidade de se executar a atividade apostólica na conquista territorial, uma vez que a abertura do mundo era interpretada como uma obra de gesta nacional e de afirmação da vontade divina. Por acreditarem ser um povo eleito, os por-

77 Este cenário externo a Portugal quando da ascensão de D. João III pode ser visto em BUESCU, A. I. *D. João III (1502-1557)*... pp. 86-106.

78 AQUINO, T. de. *Suma Teológica*. Tomo VII. Madri: La Editorial Católica, 1959. 2-2, q. 6 e 10. *ap*. EISENBERG, J. *As missões jesuíticas e o pensamento político moderno*: encontros culturais, aventuras teóricas. Belo Horizonte: Editora UFMG, 2000, p. 66.

tugueses entendiam que a conquista de novas terras não podia estar desassociada daquilo que estava previsto nas Sagradas Escrituras: de um lado, o combate aos infiéis (judeus e muçulmanos); de outro, a conversão dos povos de além-mar que não conheciam a fé do Cristo. Assim, do mesmo modo que a expansão ultramarina consolidava como profético o livro *Gênesis*, que dizia que cedo ou tarde todos os povos da Terra conheceriam a fé cristã, também retomava a evangelização como obra fundamental dos cristãos devotos.[79]

É sugestivo o fato de D. Manuel ter se correspondido com os reis cristãos da Europa dando notícia do achamento da terra de Vera Cruz após o retorno da frota de Cabral para Lisboa. Na carta de posse oficial do Brasil, vemos um interessante aspecto quando Sua Alteza se referiu a uma terra "a qual pareceu Nosso Senhor milagrosamente quis que se achasse";[80] e no modo semelhante como Pero Vaz de Caminha referiu-se ao local que, querendo *El-Rei* aproveitá-la, "dar-se-á nela tudo, (...) porém o melhor fruto que dela se pode tirar (...) será salvar [sua] gente. E esta deve ser a principal semente que Vossa Alteza em ela deve lançar".[81]

Na ótica dos portugueses, porém, Santa Cruz não havia sido o primeiro sucesso promovido pela ação do Criador. D. Manuel enviava cartas para Roma e Paris, de onde eram levadas para outras partes do continente europeu, oferecendo descrições das terras de além-mar e de seus habitantes. A maneira como eram retratados os povos da Ásia, África e América fazia com que os humanistas entendessem aqueles espaços como passíveis de se estabelecer reinos cristãos.[82]

---

79 Sobre o impacto da expansão portuguesa nas formas de se pensar e conceber o mundo ver BARRETO, L. F. *Os descobrimentos e a ordem do saber*: uma análise sociocultural. Lisboa: Gradiva, 1987, pp. 52-54; e DIAS, J. S. da S. *Os descobrimentos e a problemática cultural do século XVI*. 3 ed. Lisboa: Editorial Presença, 1988, pp. 48-52.

80 CARTA de D. Manoel aos Reis Católicos. *ap*. HOLANDA, S. B. de. O descobrimento do Brasil. *In*: __________ (dir.). *História Geral da Civilização Brasileira*. A época colonial: do descobrimento à expansão territorial. v. I. Tomo I... p. 51.

81 CAMINHA, P. V. de. Carta a el-rei D. Manoel (1 de maio de 1500). *In*: INÁCIO, I. C.; LUCA, T. R. de (orgs.). *Documentos do Brasil Colonial*. São Paulo: Ática, 1993, p. 38.

82 Sobre a questão, conferir BARRETO, L. F. O orientalismo conquista Portugal. *In*: NOVAES, A. (org.). *A descoberta do homem e do mundo*. São Paulo: Funarte/Companhia das Letras, 1998, pp. 273-291. O autor comenta que naquele momento os relatos sobre os povos orientais, vistos como um povo exótico, tinham boa aceitação entre os leitores europeus.

Não por coincidência, na literatura da expansão, a conversão dos infiéis e dos pagãos passou a ser um argumento que tornava legítima a empresa marítima.[83] As publicações, de um lado, traziam a constante unitária de uma identidade ideológica expressa no valor militar e guerreiro das navegações; de outro, reforçavam o papel da Igreja e das nações católicas de combater as heresias e de alargar o mundo cristão. De acordo com Luís Felipe Barreto, no interior das práticas desenvolvidas por atividades próprias das navegações surgiram projetos de exigência racional que buscavam, no empirismo, a absoluta perfeição e diferença frente à certeza dedutiva. O rigor científico, principalmente o matemático,[84] visava superar a condição artesanal da técnica e materializou-se em uma série de publicações custeadas pela Coroa. Formavam, por esta razão, um programa de conhecimento mais prático do que teórico que buscava o aperfeiçoamento e a solução de problemas relativos à náutica, à cartografia, à construção naval e às práticas médicas.

Concomitantemente, a Santa Sé apoiou, junto à Coroa, a publicação de obras que possibilitaram a criação de um conjunto informativo sobre religião, política, botânica, zoologia, mineração, economia, entre outros saberes acerca das civilizações encontradas no além-mar. Essas descrições fundamentavam-se no método etnográfico absorto na leitura etnocêntrica, ou seja, as desigualdades tecnológicas, culturais e sociais entre as civilizações, tomadas como elementos de discernimento da condição humana, constituíram-se não somente como princípios da diferença, mas como a avaliação do homem europeu, cuja identidade civilizacional baseava-se nos esteios morais da religiosidade. Assim, nessa leitura do "novo", do então descoberto, a ideologia militar e a doutrina religiosa confundiam-se para cumprir uma função avaliativa dos valores do ser (e dever ser) político e moral cristão.[85]

---

83 Na literatura da expansão destacam-se, entre muitos, o teatro de Gil Vicente, a história de Damião de Góis, as poesias de Luís de Camões e as crônicas de Zurara, João de Barros e Diogo do Couto.

84 Janice Theodoro interpretou a racionalidade matemática como o rompimento de uma dimensão mítica do espaço. Ao passo que esse conhecimento viabilizou o aperfeiçoamento das técnicas de navegação, e um melhor desempenho das naus em alto mar (dada a possibilidade de uma localização mais precisa, a partir da longitude e latitude, com medidas mais precisas da distância entre os povos), contribuiu com o trabalho dos cartógrafos e influenciou os artistas contemporâneos das navegações a desenvolverem a perspectiva. A busca do efeito visual na arte pretendia a representação do espaço como uma simulação perfeita da realidade. Ver SILVA, J. T. da. *Descobrimentos e colonização*. São Paulo: Ática, 1987, pp. 37-49.

85 BARRETO, L. F. *Os descobrimentos e a ordem do saber*... pp. 09-54. Tanto os textos

As publicações resultantes do fenômeno de abertura do mundo, como se observa, abarcavam as manifestações culturais das "novas" sociedades pela ótica religiosa dos portugueses, o que, evidentemente, não poderia extrair o teor doutrinal da literatura da expansão. No parecer de José V. de Pina Martins, a associação entre o pensamento cristão e um projeto racional e experimental das navegações foi possível porque havia, desde o início do século XVI, a presença de humanistas portugueses em muitas partes da Europa difundindo as "maravilhas" do mundo que descortinavam. Da mesma forma, havia pensadores espanhóis, italianos, flamengos, franceses e germânicos ensinando nas universidades de Portugal. Eram teólogos, filósofos e filólogos que se esforçavam em associar o pensamento greco-latino à doutrina cristã. Assim, a razão e a ciência, baseadas na experiência, ofereciam novos instrumentos intelectuais para a leitura do mundo que se apresentava à Europa.[86]

O que se observa nessa associação entre fé e razão nos escritos da expansão é que o conhecimento daí originado expressava as consequências que a re-dimensão geográfica promovia na consciência de existência do povo lusitano, da sua relação com o "outro", com o exótico, com o selvagem, com o infiel: as navegações apresentavam um novo mundo que, enfim, dava-se a apresentar ao mundo (europeu); a humanidade (Católica Apostólica Romana) começava a ganhar um novo sentido, principalmente a atuação do homem nela. À medida que se expandia o limite da Terra, expandia-se o horizonte humano no sentido de nela viver, se relacionar.

Percebemos, assim, que o mundo que se definia através dos "descobrimentos" era aquele resultante da fusão do mundo científico dos navegadores, cartógrafos e matemáticos com o profético ensaiado pelos teólogos. E, à medida que os ibéricos os exploravam, confundiam-se ainda mais, porque de um lado tornavam possível o encontro de um esperado Paraíso na Terra; por outro, promoviam a destruição de mitos e a explosão de crenças, aquilo que Bartolomé Bennassar

---

científicos como os doutrinários e ideológicos publicados pela Coroa e pela Igreja marcaram o uso da língua portuguesa em detrimento do latim a fim de atingir um número cada vez maior de leitores.

86 MARTINS, J. V. de P. Descobrimentos portugueses e Renascimento europeu. *In*: NOVAES, A. (org.). *op. cit.*, pp. 185-189.

chamou desforra do imaginário.[87] E isso explica porque Jean Delumeau considerou o período em que D. João III governou como o século da idade dourada da utopia: ao mesmo tempo em que ocorriam revoluções científicas e filosóficas, o encontro com o mundo físico tal como ele é passou a exigir a busca de novas construções imaginárias para a humanidade lidar com esse novo e extraordinário mundo. A nascente visão matemático-físico-racional de mundo fez com que o homem do Renascimento deixasse de sonhar apenas com o Paraíso, como fazia o homem medieval, para sonhar com o Paraíso Terrestre. Mas, mais que isso, permitiu que ele empregasse os novos recursos técnicos e científicos para encontrá-lo.[88]

Os imperativos desse mundo novo fizeram com que a expansão ultramarina retomasse a evangelização como a tópica de sua conquista. Além disso, outros eventos contribuíram enormemente para que a missionação se transformasse, efetivamente, em uma ferramenta capaz de atuar naquele mundo em transformação: as reformas religiosas, culturais e científicas que, iniciadas por volta do século XIV, atingiram sua fase mais acentuada durante o reinado de D. João III.

No limiar do século XVI, a Igreja romana contava com um corpo ineficiente, em todas as esferas hierárquicas, para conduzir os fiéis à vida pregada pelo Evangelho. Ao mesmo tempo, o desenvolvimento da imprensa e a presença de professores italianos em grandes universidades europeias possibilitaram que filósofos humanistas difundissem suas teses por todo o continente. O espírito que envolvia o *studia humanitatis* fazia com que seus entusiastas tentassem enxergar o homem e o mundo sem as lentes do dogmatismo religioso. Do mesmo modo que eles propunham novas funções para a Filosofia (na tentativa de romper com os métodos e temas de estudo da Escolástica), também lançavam novos olhares sobre a Justiça (a partir da revisão das interpretações que os escolásticos faziam do Direito Romano), sobre o Estado (oferecendo diretrizes de conduta aos governantes na gerência do bem público) e sobre a Educação (incentivando o ingresso do estudo humanista na grade curricular dos centros de formação intelectual dos governantes a fim de que esses adquirissem as virtu-

---

87 BENNASSAR, B. Dos mundos fechados à abertura do mundo. *In*: NOVAES, A. (org.). *op. cit.* pp. 83-93.

88 DELUMEAU, J. *A civilização do Renascimento*. Lisboa: Edições 70, 2004, pp. 287-315.

des necessárias para o bom governo). No âmbito da religião nasceram textos que traziam novas abordagens sobre a exegese e comentários bíblicos. Eram estudos que visavam recuperar o contexto histórico das doutrinas com o objetivo de explicá-las a partir dos elementos que lhe eram particulares, e não para delas extrair argumentos que legitimassem as lições e os artigos de fé, como faziam os escolásticos. Esses estudos, que versavam principalmente sobre os princípios teológicos da salvação e sobre o Novo Testamento, fundamentavam-se em novas e sistemáticas traduções dos textos bíblicos originais escritos em grego e em hebraico.[89]

Pelo fato dos humanistas entenderem que viviam um momento de crise e que precisavam rever os conceitos que regiam o comportamento do homem e a vida em sociedade, não tardou para que grandes pensadores começassem a questionar o estado de penúria moral do clero. Daí resultou tanto os ferrenhos ataques literários dirigidos à Igreja quanto propostas de inovação do sacerdócio e das práticas religiosas. Os adeptos da *Devotio Moderna*, por exemplo, propunham reformas que preparassem o clero para o exercício pastoral e que estimulassem a pregação apostólica para reaproximar a Igreja do seu rebanho. Embora o movimento religioso já existisse desde fins do século XIV, a sugestão de o indivíduo meditar, interiorizar os preceitos religiosos do cristianismo e o difundir pela multidão leiga não só se apresentava como uma via de enfrentamento da crise, como retomava a evangelização enquanto expressão primordial da identidade católica.[90]

Entre os entusiastas da *Devotio Moderna* estavam Lutero, Calvino, Inácio de Loyola, entre outros. O que tornava suas propostas diferentes, além do tempo e do espaço onde ocorreram, eram o teor e a intensidade com que sugeriam mudanças. Enquanto Loyola reunia-se com companheiros na França para estudar a fundação de uma nova

---

89 Sobre as características do humanismo do século XVI, assim como a migração do humanismo Quatrocentista da Itália para o norte da Europa nos séculos XV e XVI, ver REALE, G.; ANTISERI, D. *História da filosofia*: do humanismo a Kant. v. II. São Paulo: Paulus, 1990, pp. 16-318; e SKINNER, Q. *As fundações do pensamento político moderno*. São Paulo: Companhia das Letras, 1996, pp. 213-281.

90 Sobre a crise institucional da Igreja de Roma, na época medieval e moderna, ver DELUMEAU, J. *A civilização do Renascimento*... pp. 107-132; VAINFAS, R. *Trópico dos pecados*: moral, sexualidade e Inquisição no Brasil. Rio de Janeiro: Nova Fronteira, 1997, pp. 07-45; e TAVARES, C. C. da S. *Jesuítas e inquisidores em Goa*: a cristandade insular (1540-1682). Lisboa: Roma Editora, 2004, pp. 84-91.

ordem religiosa, Lutero e Calvino colocavam em xeque os dogmas católicos e negavam a autoridade papal, daí Ronaldo Vainfas considerar que protestantes e católicos partilhavam de um passado comum que havia afastado os cristãos dos preceitos morais da vida religiosa. O historiador observou que

> os intelectuais de inícios do século XVI mostravam-se sobremodo inquietos com a decadência da cristandade, e desejavam com ardor aproximar a humanidade de Deus, qualquer que fosse a luta a ser travada com o Demônio. Tal foi a substância do Humanismo Cristão e, consequentemente, a da Reforma e da Contrarreforma, do que resultou um vasto e ambicioso programa de evangelização de massas em todos os domínios da vida social e religiosa.[91]

Nesta contenda de almas, as reformas nasceram de um mesmo processo de longa duração da renovação do cristianismo. A mudança que Lutero propunha, entretanto, marcaria singularmente as reformas institucionais da Santa Sé. O padre agostiniano publicou, em outubro de 1517, suas 95 teses para protestar contra os abusos materiais e morais exercidos pela Igreja de Roma. Frente ao declínio da vida monástica (decorrente da venda de indulgências, da má distribuição dos sacramentos e do descaso com os locais de culto), Lutero percorreu as regiões das atuais Alemanha, Suécia, Dinamarca, Noruega e França pregando uma doutrina que reivindicava reformas na Igreja, principalmente de cunho doutrinal. Entre elas, o padre defendia a ideia de que a salvação do homem não deveria ser buscada com obras ou pagamentos, e esta foi a questão central do seu rompimento com a Igreja romana.

Na tradição cristã, como vimos, o homem só é salvo quando recebe os sacramentos. O batismo, por exemplo, justifica o pecado original porque os teólogos pré-agostinianos haviam instituído a Igreja e os seus sacramentos como os veículos que levam a redenção de Deus aos homens. Entendia-se que, se Jesus vivia na Igreja, ela era, então, a via de salvação dos homens. A salvação do homem para Lutero, entretanto, encontrava sua origem na doutrina que elaborou acerca da justificação do pecado original. A indulgência oferecida pela Igreja era

---

91 VAINFAS, Ronaldo. *Trópico dos pecados*... p. 09.

uma forma de justificação do pecado pela obra, e Lutero entendia que, se o homem recebera uma graça de Deus, a justificação do seu pecado se daria por sua fé em Cristo, simplesmente, e não conquistada com o pagamento, à Igreja, de bens materiais. Nesse sentido, sua concepção da justificação do pecado rompia com a tradição dos teólogos latinos de que a Igreja e seus sacramentos eram instituições de salvação.[92]

Embora Lutero não tivesse o intuito de fundar uma nova religião, mas sim reformar a Igreja romana, acabou por romper com o papado ao negar a sua autoridade. Os princípios do protestantismo residiam, pois, na anulação do celibato, na negação ao culto a Nossa Senhora e santos, bem como do uso do latim nas missas e dos sacramentos, com exceção do batismo e da comunhão. Suas teses, quanto a este último aspecto, apontavam para o fato de que os fiéis não precisavam da Igreja para conquistar sua redenção.

Os dissidentes, nesse sentido, agravavam o quadro de crise institucional da Igreja. No longo processo de renovação do cristianismo, as teses protestantes de Lutero, Calvino, Zwinglio, entre outros, evidenciavam a necessidade urgente de transformações na estrutura religiosa do Velho Continente. A pauta das discussões entre os teólogos e eruditos, reformados ou não, era a salvação da humanidade. Como ela poderia ser salva? Qual igreja estava mais apta a garantir a sua redenção?

Com o rompimento de muitos clérigos que traziam propostas radicais para a inovação do cristianismo e da estrutura organizativa da Igreja, e com o consequente aumento da circulação de doutrinas protestantes e de ideias humanistas na Europa, a Santa Sé trabalhou sobremaneira na criação ou reativação de mecanismos que agiam a favor da manutenção da cristandade. Ao convocar o Concílio Ecumênico em Trento, a Igreja de Roma se preocupou mais com a reafirmação do que com a inovação dos pontos fundamentais de sua doutrina que haviam sido definidos no Concílio de Niceia em 325 e em concílios ocorridos ao longo do século XIII, um período de grandes reformas eclesiásticas. Por formarem a base de sua fé, e por serem necessários à legitimidade

92 Sobre a doutrina luterana da criação, e sua leitura da justificação, ver, respectivamente, LADARIA, L. A criação do céu e da terra. *In*: SESBOÜÉ, B. S.J. (dir.). *História dos dogmas*: o homem e sua salvação. Tomo 2... pp. 35-85; e GROSSI, V.; SESBOÜÉ, B. S.J. Graça e justificação... pp. 275-311.

e sustentação de sua estrutura institucional, esses preceitos eram considerados indiscutíveis.[93]

Os dogmas católicos reafirmados em Trento passaram a ser defendidos pelos filósofos e teólogos que detinham o controle das universidades europeias. A vanguarda intelectual dos escolásticos, ao lado da atuação do clero secular, do clero regular e da Inquisição, formavam os instrumentos de evangelização voltados à re-cristianização de uma Europa em crise. E essas, não por coincidência, eram as mesmas ferramentas das monarquias católicas que, mesmo antes da Reforma Protestante estourar, já trabalhavam para consolidar um programa político-religioso capaz de lidar com as mudanças em curso.

1.4 A salvação na órbita de um novo mundo: a evangelização como elemento constitutivo da política ultramarina de D. João III

Também de Tomás de Aquino vieram as referências para D. João III enfrentar um mundo em efervescência. O monarca encontrou na proposta de governo dos escolásticos um caminho para resolver os problemas da ocasião e, principalmente, para preparar Portugal para lidar com um mundo novo que se desenhava. Essa proposta havia nascido de um embate ideológico travado com os humanistas (e um pouco mais tarde com os reformadores) que visava definir um novo modelo de sociedade frente a abertura do mundo e as revoluções científicas e religiosas em curso.

Na Península Ibérica, as modernas teorias políticas baseavam-se nas teses tomistas que defendiam um Estado fundamentado no Direito Natural. Ao teorizar a monarquia como a melhor forma de go-

---

93 O Concílio de Trento foi realizado em três períodos distintos, já que suas sessões foram interrompidas por razões das mais diversas. O encontro ecumênico foi finalizado em 4 de dezembro de 1563 sob a presidência do papa Pio IV. Sobre o nascimento do protestantismo e sobre as definições dos dogmas católicos ao longo da história da Igreja ver, respectivamente, DANIEL-ROPS. *A Igreja da Renascença e da Reforma*... pp. 265-342; SESBOÜÉ, B. S.J. (dir.). *História dos dogmas*: o homem e sua salvação. Tomo 2...; e SESBOÜÉ, B. S.J. (dir.). *História dos dogmas*: os sinais da salvação. Tomo 3. São Paulo: Edições Loyola, 2005.

verno no século XIII, Aquino apontou que Deus governava o mundo natural e tinha na Terra o rei para representá-lo na regência dos homens. Igualmente, defendeu que o universo era regido por uma hierarquia de leis, onde a lei positiva (aquela criada pelos homens para o governo da república) só era considerada genuína e legítima se estivesse em harmonia com a lei natural (aquela transmitida por Deus através das Escrituras). Nesse caso, para Santo Tomás, as leis da monarquia deviam ser inspiradas nas Sagradas Escrituras e na moral católica.[94]

Para um reino e um povo considerado eleito por Deus para defender e difundir o cristianismo, as teses tomistas permitiam lidar com a crise e, ao mesmo tempo, consolidar um programa governativo voltado a criar uma sociedade regida por princípios cristãos, daí Quentin Skinner entender que a escolha pelo tomismo, na Europa do século XVI, originou uma "república secular ao mesmo tempo nova, sistemática e conscientemente ortodoxa".[95]

Este modelo de Estado, de acordo com Paolo Prodi, teria nascido de um processo de confessionalização. O historiador italiano explica que o crescimento do protestantismo na Europa obrigou a Igreja a encontrar formas de trabalhar na reeducação religiosa da cristandade. Como esse trabalho implicava também na sua reeducação social, a cúria romana adotou a forma de um Estado com estrutura administrativa sistematicamente organizada e racionalizada e, ainda mais, entrelaçou seus dispositivos jurídicos e administrativos aos das monarquias católicas. O intuito da Santa Sé, segundo Prodi, não era apenas fortalecer seus mecanismos de governação, mas atuar, ao lado do poder secular, na construção de uma *societas perfecta*. Por partilharem do mesmo ideal salvacionista, e por se inspirarem nas mesmas bases teóricas (tomistas), papado e Coroas ibéricas agiriam tanto na definição dos princípios de ação dos indivíduos na sociedade quanto no controle de suas consciências. Dessa aliança, então, teriam nascido as "monarquias confessionais" da Época Moderna, onde o príncipe representava o poder político e religioso da sociedade.[96]

---

94 A concepção tomista de Estado fundamentado no Direito Natural é discutida por SKINNER, Q. *op. cit.*, pp. 414-443.

95 *id. ibid.*, p. 422.

96 Ver PRODI, P. *The papal Prince*. One body and two souls: the papal monarchy in early modern Europe. Cambridge: CUP, 1987; e PRODI, P. *Christianisme et monde moderne*. Cinquante ans de recherches. Paris: Seuil/Gallimard, 2006, pp. 101-109.

Nosso olhar sobre a associação dos Estados europeus com a Igreja romana esteve fortemente influenciado por uma concepção quase que ainda iluminista de que a religião está circunscrita ao círculo doméstico dos seres humanos e que, portanto, leva-la ao plano social seria uma questão de irracionalidade. Partindo dessa prerrogativa, a historiografia de matriz positivista consolidou a ideia de que a união de forças dos poderes políticos e religiosos foi uma opção de Portugal e Espanha durante as revoluções científicas, culturais e religiosas em curso: no momento em que o Renascimento e a Reforma Protestante promoveram a divisão da Europa em blocos, as monarquias ibéricas fizeram a opção pela Contrarreforma, isto é, pela defesa da Igreja Católica e, sobretudo, pela continuidade de uma visão de mundo teocêntrica que corporificava o obscurantismo dos valores e regras sociais e, principalmente, a intolerância com que os poderes políticos e religiosos agiam no controle da sociedade.[97]

Esta leitura não está distante daquela feita pela historiografia que operou com um conceito marxista de poder e que nos fez entender, por muito tempo, que essa associação entre Igreja e Coroas ibéricas resultou de um estratagema que visava a legitimação de seus poderes: ameaçada por uma burguesia em ascensão, a temente nobreza recorreu às ferramentas coercitivas da Santa Sé para manter o controle da vida política e social.[98]

---

97 Essa é uma ideia muito presente, ainda, nos livros didáticos brasileiros. E nessa interpretação positivista é bastante evidente a influência da crítica de Voltaire à intolerância religiosa. Quando da definição do seu *Tratado sobre a tolerância*, o iluminista criticou aquilo que ele entendeu como a forma "fanática" da Companhia de Jesus de atuar na defesa dos valores e regras que condicionavam a política e a vida em sociedade. Era, portanto, uma crítica à intolerância que, para Voltaire, precisava ser banida do meio social para que a tolerância pudesse imperar. Assimilada pelos metódicos, que entendiam que os fatos conduziam a interpretação da histórica, a tese de Voltaire contornou as explicações sobre o declínio político e econômico de Portugal e Espanha nos séculos XVII e XVIII: coincidentemente, isso ocorreu depois que aquelas monarquias recorreram à Companhia de Jesus e a outras instituições da Igreja Católica como ferramentas governativas, isto é, depois de fazerem a opção pela Contrarreforma no século XVI, o que fez delas entidades políticas "cegas", "atrasadas" e intolerantes se comparadas às outras monarquias europeias do período. Sobre a crítica de Voltaire à intolerância ver, na íntegra, VOLTAIRE (1694-1778). *Tratado sobre a tolerância*: a proposito da morte de Jean Calas. 2 ed. Introdução, notas e bibliografia de Rene Pomeau. São Paulo: Martins Fontes, 2000.

98 Esse olhar foi consolidado quando da circulação do conceito de "hegemonia" de Antonio Gramsci, que defendeu que o Estado se vale de agentes de poder político e militar para estabelecer sua hegemonia, mas que também combina suas formas de poder a dispositivos

Entretanto, é preciso considerar que, no século XVI, a religião oferecia um conjunto de crenças, valores e regras com as quais os indivíduos liam, avaliavam e agiam em seu mundo. Entre os muitos aspectos de sua influência na vida dos europeus, Lucien Febvre destacou que, enquanto hoje existe um clima cristão em nossa sociedade, no Quinhentos o cristianismo era o próprio ar que se respirava: "era uma atmosfera na qual o homem vivia sua vida, toda a sua vida – e não apenas sua vida intelectual, mas também sua vida privada de atos múltiplos, sua vida pública de ocupações diversas, sua vida profissional, qualquer que fosse seu âmbito".[99] Isso quer dizer que, no foro íntimo, o indivíduo até podia tentar se ver livre das amarras morais de uma fé que ele não tinha a escolha de praticar ou não. Na esfera pública, porém, sua vida era ditada pelos ritos e cerimônias religiosas que atuavam involuntariamente sobre ele,[100] o que torna compreensível a proposição de Serge Gruzinski de que o catolicismo, no século XVI, "era mais um modo de vida do que um conjunto bem definido de crenças e rituais: englobava a educação, a moral, (...) a sexualidade, as relações de casamento, ritmavam a passagem do tempo e os momentos fundamentais da vida".[101]

O que se quer dizer é que, de fato, houve uma união dos poderes políticos e religiosos na Europa. Porém, quando nos debruçamos sobre as visões de mundo e as crenças e teorias que o sustentavam compreende-se que esse entrelaçamento não decorria simplesmente de uma busca do poder por ele mesmo. Ela ocorreu porque, na Época Moderna, os fundamentos do ordenamento social, jurídico e político eram tomados também da religião. Na Península Ibérica, a matriz das

---

mais suaves que permitam aos indivíduos reconhecerem sua supremacia. Isso quer dizer que o Estado utiliza-se de outras instituições que trabalham na educação e na assistência como uma forma de disseminar as práticas sociais adequadas à conservação da hegemonia do Estado. O filósofo definiu o conceito de "hegemonia" em GRAMSCI, A. *Cadernos do cárcere*. v. III. 3 ed. Rio de Janeiro: Civilização Brasileira, 2002. Perry Anderson, historiador marxista, lançou outra explicação ao artifício da nobreza de centralizar o poder nas mãos de um monarca que governava por um "direito divino": conter não a burguesia em ascensão, mas sim as massas insatisfeitas e reacionárias às medidas governativas que efetivavam o governo absolutista na Europa. Ver ANDERSON, P. *Linhagens do Estado absolutista*. São Paulo: Brasiliense, 2004, pp. 15-41.

99 FEBVRE, L. *O problema da incredulidade no século XVI*: a religião de Rabelais. São Paulo: Companhia das Letras, 2009, p. 292.

100 *id. ibid.*, pp. 291-306.

101 GRUZINSKI, S. *O pensamento mestiço*. São Paulo: Companhia das Letras, 2001, pp. 93-94.

diretrizes morais e filosóficas que norteavam a vida pública e a vida privada era o catolicismo, e os mecanismos que as Coroas ibéricas usavam para o disciplinamento da sociedade eram aqueles oferecidos pela Igreja romana. Do mesmo modo que esse conjunto ideológico dava consenso à natureza confessional dos governos ibéricos, também definiam objetivos religiosos para o programa governativo de Portugal e Espanha.

Richard Morse, refutando a ideia de que as monarquias ibéricas se furtaram a aderir às revoluções científicas e ao Humanismo, explica que a adesão pelo tomismo se deu pelo fato de que a cultura, na região, tinha uma rigorosa orientação teológica que, dentro das universidades, integrava os propósitos das Coroas. Desse modo, o pensamento tomista prevaleceu na Península Ibérica porque apresentava uma visão do universo coerente e hierárquica. Baseada nas leis eterna, natural e divina, unia a teologia especulativa e a filosofia racional, um equilíbrio entre razão e fé, natureza e graça. Era, pois, um pensamento que estabelecia uma associação perfeita entre a Igreja, tida como corpo místico, e a Coroa, corpo político e moral da sociedade.[102]

José Nieto Soria, por seu lado, entendeu que os fundamentos tomistas de governo originaram, na região, um sistema político corporativo que, na prática, funcionava com uma rede de colaboradores nem sempre com interesses concordantes e com um aparelho jurídico-administrativo centrífugo.[103] O historiador explica que entre Portugal e Espanha havia diferenças na organização administrativa e na condução de algumas políticas. No entanto, pelo fato de governarem a partir dos mesmos princípios, predominava as semelhanças entre essas monarquias: além da burocratização do Estado e da adoção de medidas centralizadoras, ambas inseriram a Igreja no plano governativo e na estruturação das bases ideológicas da monarquia.[104]

A associação dos poderes políticos e religiosos na Península Ibérica, portanto, além de ser uma escolha lógica que dava consenso

102 MORSE, R. M. *O espelho de próspero*: cultura e ideias nas Américas. São Paulo: Companhia das Letras, 1988, pp. 29-44.

103 António Manuel Hespanha também partilha desse olhar sobre o governo corporativo de Portugal da Época Moderna em HESPANHA, A. M. Depois do Leviathan. *Alamanack braziliense*. São Paulo, n. 05, maio 2007, pp. 55-66.

104 NIETO SORIA, J. M. Las monarquías castellana y portuguesa a fines del medievo: algunas perspectivas para una historia comparativa. *História*: Questões & Debates. Curitiba, n. 37, 2002, pp. 11-36.

aos governos confessionais da região, oferecia condições primorosas para aquelas Coroas enfrentarem os problemas que as revoluções em curso lhes colocavam. E em Portugal, as medidas adotadas por D. João III nesse embate deixaram bastante evidente que a monarquia lusa também adotou o programa de construção da *societas perfecta* de que falou Paolo Prodi.

Os estudos de Ângela Barreto Xavier corroboram essa tese. Ao apontar que D. João III buscava referência na *respublica* em suas reformas político-administrativas, a historiadora explicou que os acontecimentos que se processavam e efervesciam a Europa pediam que o príncipe fosse, além de um *pater patrie*, também um vigário de Deus: justo e prudente, uma combinação dos "modelos bíblicos com os modelos clássicos e aristotélico-medievais do bom governante, um super-príncipe, quintessência da comunidade política".[105] Nesse sentido, complementa Xavier, as mudanças promovidas pelo monarca combinavam elementos *romanitas* e *christianistas* que pretendiam equacionar problemas políticos, sociais e culturais não só de Portugal, mas também da Europa e do Novo Mundo. No seu reinado, Portugal assistiu a uma crescente produção textual teológica e moral que anunciava, de um lado, a construção de uma sociedade cristã; e, de outro, a constituição de medidas político-administrativas que visavam a racionalização da administração e a homogeneização da sociedade. Elas dependiam, por seu caráter e natureza, de uma aliança entre o poder político e religioso, uma vez que visavam a criação de instrumentos para a formação de súditos (reforma educacional), bem como de instrumentos voltados para a fixação de uma norma social e da manutenção da ortodoxia religiosa (restabelecimento do Santo Ofício da Inquisição, a criação da Mesa da Consciência e Ordens, a reestruturação das dioceses e o novo papel atribuído aos bispos, entre outros).[106]

De fato, foi no reinado de D. João III que teve início uma profunda reforma educacional e religiosa, em Portugal, que se expressou na Segunda Escolástica. Em 1527, a Coroa estimulou e custeou a formação de teólogos na Universidade de Paris. Seu reitor, o português Diogo de Gouveia (c. 1471-1557), era defensor da teologia escolástica

---

105 XAVIER, Â. B. Aparejo e disposición para se reformar y criar otro nuevo mundo... p. 790.

106 *id. ibid.,* pp. 783-805; e XAVIER, Â. B. *A invenção de Goa*: poder imperial e conversões culturais nos sécalos XVI e XVII. Lisboa: Imprensa de Ciencias Sociais, 2008, pp. 41-65.

e de um catolicismo firmemente contrário à "heresia luterana" e às ideias de Erasmo de Roterdã (c. 1465-1536), que defendia, além de uma reforma na Santa Sé, a tradição católica do livre arbítrio. Uma década mais tarde, D. João III re-fundou a Universidade de Coimbra transferindo para essa cidade a Universidade de Lisboa. O rei participou não apenas da escolha das suas instalações físicas, como também do seu reitor, seus mestres e, evidentemente, foi eleito protetor da Universidade. Muitos dos mestres escolhidos eram exatamente seus alunos bolsistas da década anterior, além de pensadores da renomada Universidade de Salamanca, como o teólogo frei Martinho de Ledesma e o canonista Martín Azpilcueta Navarro.[107]

Intimamente relacionada a essa reforma educacional, como à reforma administrativa em curso, em 1532 o rei português criou a Mesa da Consciência e Ordem. Seu intuito era intervir diretamente nas decisões eclesiásticas, principalmente para resolver os conflitos decorrentes da imbricação das jurisdições seculares e eclesiásticas e da arrecadação de tributos religiosos. Além disso, *El-Rei* interviu junto ao papado para garantir a nomeação de cardeais entre os membros da família real e promoveu a divisão das grandes dioceses para reorganizar os seus espaços de atuação e, principalmente, para transformá-las em um organismo mais efetivo de controle das atividades religiosas do clero e da religiosidade praticada pelos súditos.[108]

O que se observa nessas reformas é que elas não estavam dessassociadas do intuito de D. João III de fixar uma norma social eficiente à homogeneização da sociedade e à formação de súditos, já que disto

---

107 Essa reforma educacional promovida por D. João III é discutida em BUESCU, A. I. *op. cit.*, pp. 198-200.

108 Para se ter uma ideia da amplitude dessa reforma, quando da ascensão de D. João III havia treze dioceses em Portugal e domínios: Braga, Porto, Lamego, Viseu, Guarda, Coimbra, Lisboa, Évora, Silves, Ceuta, Tânger, Safim e Funchal. Na década de 1540, a diocese de Évora foi elevada a arcebispado, e em 1545 foram criadas as de Leiria e Miranda. Quatro anos mais tarde surgiu a de Portalegre e, com a participação da Cúria Romana nas decisões, foram criadas novas dioceses no além-mar, como a de Cabo Verde (1533), Angra do Heroísmo, São Tomé e Goa (1534), seguidas da Bahia (1550) e Malaca (1557). A diocese de Goa tinha a jurisdição sobre as comunidades cristãs que compreendiam o espaço entre o Cabo da Boa Esperança e a China, o que reservou à entidade do Funchal, criada em 1514, sua ascensão a metropolita. Ver BUESCU, A. I. *op. cit.*, pp. 192-197; CARDIM, P. A diplomacia portuguesa no tempo de D. João III. Entre o império e a reputação. *In*: *D. João III e o Império*... pp. 627-660; e MATTOSO, J. (dir.). *História de Portugal*. No alvorecer da Modernidade (1480-1620). v. III. Lisboa: Editorial Estampa, 1997, pp. 146-148.

dependia o dispêndio de forças em uma agressiva intervenção nas instituições de ensino e na criação de instrumentos voltados à manutenção da ortodoxia religiosa. Atentas às transformações do seu tempo, e às necessidades que este lhe impunha, as reformas joaninas imprimiam a Portugal e seu império novos sentidos. E talvez o principal deles fosse o novo lugar que o cristianismo passava a ocupar na empresa ultramarina enquanto ideal impulsionador, mas sobretudo enquanto política prática de sua construção e manutenção: ao deixar de lado a busca do reino mítico de Preste João, o elemento religioso da expansão transformou-se em missionação, porque o abandono do projeto de conquista do Marrocos, além de assinalar a renúncia da conquista de Jerusalém, apontava para os imperativos salvacionistas da vigilância dos heréticos e da missão evangelizadora de fazimento de novos cristãos.

E essas, observemos, além de configurarem políticas voltadas à construção de uma *societas perfecta*, eram as prerrogativas governativas de um monarca herdeiro da tradição da *persona mixta* imbuído de uma missão salvífica. Não por outra razão, Pedro Cardim explica que, na ocasião, a força ordenadora que dava forma ao corpo social português emanava de um *corpus* literário que definia os termos jurídicos e administrativos do bom governo e, ao mesmo tempo, atribuía obrigações religiosas às monarquias de tal forma que política e religião eram indissociáveis. Os tratados jurídicos e os moralizantes indicavam a salvação da humanidade como o principal compromisso da Coroa. A soteriologia católica, nesse caso, oferecia a base teórica do programa político ibérico e definia como modelo, para o monarca e para os súditos, um homem colaborativo que colocava o bem do todo acima do bem pessoal.[109]

Isso explica porque a evangelização foi retomada como a principal ferramenta para a execução do programa de transformação da sociedade lusa e de reconstrução do império. Como a doutrina católica da salvação indicava que apenas o clero podia aplicar os sacramentos (as vias redentoras oficialmente instituídas), a Coroa portuguesa precisava criar condições para materializar, em medidas práticas, o seu compro-

109 CARDIM, P. Religião e ordem social. Em torno dos fundamentos católicos do sistema político do Antigo Regime. *Revista de História das Ideias*. Coimbra, n. 22, 2001, pp. 133-175. No artigo, o historiador analisa, particularmente, o caso português, embora possamos estender a análise à Espanha por conta dos princípios que norteavam o governo de ambas as monarquias.

missão salvífico. E como era através da missionação que os sacerdotes da Igreja levavam os sacramentos para os mais recônditos cantos do orbe recém desvelado, a evangelização foi reativada em seu conceito amplo, isto é, como um processo que abarcava as atividades apostólicas voltadas à conversão dos pagãos, além de atividades pastorais destinadas à reeducação religiosa e controle das comunidades cristãs.[110]

Mais do que um simples ritual, a aplicação dos sacramentos estabeleciam uma lógica de ação aos sacerdotes católicos responsáveis pela evangelização na Europa e no Novo Mundo. Enquanto missionários ofereciam o batismo aos povos tidos como pagãos, pregadores e inquisidores trabalhavam na reeducação religiosa persuadindo cristãos-novos e cristãos dissidentes a buscarem uma nova salvação através da prática da confissão e do sacramento da penitência.[111]

Por isso mesmo, a evangelização não pode ser vista apenas como um instrumento voltado ao fortalecimento da Igreja romana diante de sua crise institucional agravada pelo avanço do protestantismo na Europa. Tanto quanto isso, ela era um elemento capaz de cumprir a missão salvífica de que os católicos se consideravam portadores, porque adotar os mecanismos salvíficos da Santa Sé não significava apenas cumprir com os compromissos estabelecidos pelo Padroado, mas consolidar os fundamentos religiosos de um governo confessional.

Isso não quer dizer que os ibéricos colocaram o governo de suas monarquias nas mãos da Igreja, mas sim que Portugal, Espanha e Igreja Católica governaram a partir de um mesmo princípio político e regras morais. Ainda, a partir do momento em que as monarquias católicas aderiram ao programa de transformação de uma realidade política, social e religiosa em crise, consequentemente também adotaram os mecanismos de cristianização oferecidos pela Santa Sé, já que eles funcionavam também como instrumentos de intervenção em uma sociedade em transformação.

---

110 Retome, a esse respeito, a discussão feita na Introdução.

111 Veremos nos próximos capítulos que, ao reafirmar a função salvífica dos sacramentos, o Concílio de Trento deu a eles uma importância que transcendia a simples religiosidade, já que passaram a exercer um importante papel prático no ordenamento social. O batismo, por exemplo, assinalava a primeira salvação (justificação do pecado original). Já a penitência significava a reconciliação com Deus daquele indivíduo que foi batizado e que voltou a pecar, daí seu papel de reeducação religiosa. Ver APOSTOLADO V. S. (org.). *Documentos do Concílio Ecumênico de Trento*. 1º Período (1545-1547): Sessões V, VI e VII. Direção de Carlos Martins Nabeto e tradução de Dercio Antonio Paganini. Disponível em http://www.veritatis.com.br/doutrina/documentos-da-igreja. Acesso em 21/12/2012.

Um exemplo disso é que as Coroas ibéricas enviaram representantes do seu clero às seções do Concílio de Trento, e é sugestivo que os documentos do encontro tenham feito diversas menções a eles. Já na bula convocatória foi mencionada a necessidade da participação dos reis cristãos no movimento de defesa do catolicismo e de salvação do seu rebanho, porque estes tinham "obrigação para com Deus, por todos os benefícios que tem recebido de Suas mãos".[112] Do Concílio, os cleros português e castelhano levaram as resoluções de uma fé reformada para seus reinos. Em Portugal, elas foram confirmadas em 12 de setembro de 1564 através de alvará de D. Sebastião (1557-1578). No entanto, enquanto as bases da fé eram discutidas, seu antecessor instaurou o Santo Ofício no reino para, de acordo com Geraldo Pieroni, salvaguardar a precisão dogmática e pastoral, e a fé e a educação religiosa do povo lusitano, daí o historiador considerar que "Portugal foi tridentino antes do Concílio de Trento".[113]

Considerando que o Concílio de Trento foi, em boa medida, uma reafirmação dos dogmas católicos, pode-se considerar que muito do que se estabeleceu nos seus encontros já era praticado e defendido por instituições e pessoas partidárias de um cristianismo ortodoxo. E a afirmativa é sugestiva à luz de outra questão já comentada, a análise de Ângela Barreto Xavier acerca das reformas políticas de D. João III. Como vimos, para equacionar os problemas do seu tempo, as medidas político-administrativas adotadas pelo monarca se fundamentavam na criação de instrumentos para a formação de súditos, para a fixação de uma norma social e para a manutenção da ortodoxia religiosa.[114] Para tanto, além da criação da Mesa da Consciência e Ordens e da reestruturação das dioceses, foi restabelecida a Inquisição, e isso explica sua atuação no dispositivo punitivo português.

O Santo Ofício da Inquisição foi restabelecido na Península Ibérica em 1478 após a solicitação dos reis católicos Fernando de Aragão e Isabel de Castela feita ao papa Sisto IV. Os monarcas motiva-

---

112 APOSTOLADO V. S. (org.). *Documentos do Concílio Ecumênico de Trento*. 1º Período (1545-1547): Bula Convocatória do Concílio... p. 05.

113 PIERONI, G. *Os excluídos do Reino*: a Inquisição portuguesa e o degredo para o Brasil Colônia. Brasília: Editora da Universidade de Brasília; São Paulo: Imprensa Oficial do Estado, 2000, p. 204.

114 XAVIER, Â. B. Aparejo e disposición para se reformar y criar otro nuevo mundo... pp. 783-805.

vam-se pela perseguição aos marranos, designação dada aos judeus e mouros convertidos forçadamente ao cristianismo que manifestavam sinais de retorno às suas antigas religiões. Tal fato indica que a salvaguarda dos preceitos da fé católica, na Península, antecedeu o Concílio de Trento. A religião, afinal, imprimia a identidade do povo e das monarquias ibéricas, e zelar pela religião católica era parte de uma proposta que buscava a manutenção da unidade social. Assim, o Santo Ofício entrelaçou-se aos dispositivos punitivos da Coroa para manter a ortodoxia da fé, e a perfeita associação entre a monarquia e a Santa Sé marcou, de acordo com Francisco Bethencourt, uma ruptura entre a Inquisição Medieval e a Moderna: "pela primeira vez, assistia-se ao estabelecimento de uma ligação formal entre a jurisdição eclesiástica e a jurisdição civil".[115]

A iniciativa dos vizinhos castelhanos apresentou a D. João III a possibilidade de incrementar suas reformas em Portugal, e em 1536 o funcionamento da Inquisição foi oficializado no reino com o mesmo intuito de manter a "ordem religiosa e social por meio da correção de delinquentes e pecadores".[116] Em Portugal, a Inquisição associou-se aos dispositivos jurídicos da Coroa para realizar as práticas punitivas, fator que fazia do Santo Ofício mais um braço da sua justiça.[117] Sobre a instituição em Portugal, Pieroni destacou que,

> uma vez oficialmente instalada, a Inquisição desenvolveu-se a ponto de se tornar uma verdadeira burocracia, uma das

---

115 BETHENCOURT, F. *História das Inquisições*: Portugal, Espanha e Itália – séculos XV-XIX. São Paulo: Companhia das Letras, 2000, p. 18.

116 PIERONI, G. *Os excluídos do Reino*..., p. 12.

117 Nesse caso, a Inquisição realizou um papel que seria desempenhado pela justiça secular apenas no século XVIII, conforme indica estudo de António Manoel Hespanha. O autor afirma que, no século XVI, o Direito português era voltado ao fomento da figura do rei como dispensador da justiça e da graça (perdão), característica que minimizava o seu teor prático de intervenção normativa e disciplinar das condutas desviantes. O Direito em Portugal, segundo Hespanha, somente veio a desempenhar um papel normativo prático, de fato, em meados do século XVIII. À frente do governo lusitano, Pombal promoveu mudanças jurídicas com características do despotismo iluminista: a *justiça* foi substituída pela *disciplina* com medidas de racionalização da prática jurídica, que visavam tornar a Coroa em um centro exclusivo de poder e ordenação social. Baseado em dados oferecidos por fontes, o autor certificou-se do significativo aumento da prática punitiva no reino do período pombalino. Ver diferentes passagens de HESPANHA, A. Da "Justitia" à "Disciplina": textos, poder e política no Antigo Regime. *In*: *Boletim da Faculdade de Direito de Coimbra*. Estudos em homenagem ao professor doutor Eduardo Correia. Coimbra: Universidade de Coimbra, 1989.

> mais importantes de Portugal. O Santo Ofício foi, inegavelmente, um Estado dentro do Estado. É por essa razão que seus Regimentos estão de acordo com as Ordenações reais. A Igreja e a Monarquia estavam unidas na mesma luta contra os desvios sociais, políticos e religiosos.[118]

Essa conveniente associação entre os poderes políticos e religiosos mantinha a exclusividade católica na Península, tanto que o principal alvo dos inquisidores, na Espanha como em Portugal, eram os cristãos-novos.[119] E foi justamente esse papel desempenhado pelo Santo Ofício que exprimiu seu caráter salvífico diante do longo movimento de renovação do catolicismo, que coincidiu com as reformas político-religiosas das Coroas ibéricas: a vigilância contra os pecadores, que recorria ao castigo e à catequização, caracterizou a atuação da Inquisição como uma instituição responsável por reintegrar à sociedade católica os seus dissidentes. Referindo-se à atuação do Santo Ofício em Portugal, Geraldo Pieroni destacou que "o motivo essencial que justificava a punição daqueles que infringiam a lei divina era a salvação de suas almas, ainda que para isso fosse necessário excluí-los do corpo social".[120]

Sanjay Subrahmanyam explica que os espanhóis ofereceram outras alternativas para D. João III incrementar suas reformas em Portugal no início da década de 1540. Inspirado na recente reestruturação político-social-cultura espanhola, o monarca luso promoveu a entrada do Humanismo e do Renascimento e introduziu, no reino e no império, as mesmas instituições políticas e religiosas empregadas pela Espanha em sua reforma.[121] Uma delas, além da Inquisição, era outra ferramenta de cristianização oferecida pela Santa Sé: o clero regular.

Em 1524, Carlos V havia iniciado um vasto programa evangelizador na América espanhola que, encabeçado pelas ordens religiosas,

---

118 PIERONI, G. *Os excluídos do Reino*... p. 13.

119 Além da perseguição aos cristãos-novos, em sua maioria descendentes de judeus e mouros, a Inquisição conseguiu garantir a exclusividade católica na Península Ibérica também perseguindo os "simpatizantes" do protestantismo. Basta lembrarmos dos processos que o célebre humanista português Damião de Góis teve que enfrentar antes de ser condenado, pelo crime de heresia protestante, pelo Santo Ofício português. Ver PAIVA, J. P. "Católico sou e não luterano": o processo de Damião de Góis na Inquisição (1571-1572). *In*: SERRÃO, J. V. (coord.). *Damião de Góis*: um humanista na Torre do Tombo. Lisboa: IAN/TT, 2002, pp. 20-42.

120 PIERONI, G. *Os excluídos do Reino*... p. 12.

121 Ver SUBRAHMANYAM, S. *op. cit.*, pp. 151-164.

era voltado à sistemática cristianização e submissão dos ameríndios ao projeto colonizador. Os missionários (e a partir de 1571 também os inquisidores) atuavam com afinco não apenas na conversão dos não-cristãos, mas sobretudo no policiamento de condutas e no disciplinamento das consciências, aquilo que Adriano Prosperi entendeu como uma conquista espiritual baseada no controle da consciência individual, premissa básica de uma doutrinação coletiva desejada pelas monarquias confessionais.[122]

Tendo como referência esse ingrediente da política ultramarina de Carlos V, D. João III passou a empregar a missionação no reino e no trato colonizador na Ásia, África e América. No entanto, entre as muitas diferenças entre a evangelização empreendida nos dois impérios estava o fato de que o monarca espanhol estimulou várias ordens religiosas a atuar na sua porção da América. Já o português permitiu que apenas uma delas atuasse na conversão dos nativos de seus domínios ultramarinos: a recém criada Companhia de Jesus.

1.5 A Companhia de Jesus, do reino para o mundo

No início da década de 1540, D. João III começou a organizar e financiar as primeiras missões oficiais que visavam a evangelização dos povos de além-mar. A execução desse projeto foi reservada à Companhia de Jesus, ordem religiosa que havia sido criada anos antes e que era a única autorizada a atuar nos domínios ultramarinos de Portugal. Chama-nos a atenção, nesse processo, o fato da Coroa portuguesa ter escolhido uma ordem que ainda não tinha experiência missionária em detrimento de outras que já haviam acumulado conhecimentos teóricos e práticos na evangelização de além-mar, como a ordem franciscana, a dominicana e a agostiniana, por exemplo.

O que explicaria, então, essa predileção do monarca luso pelos inacianos?

---

122 PROSPERI, A. *Tribunali della coscienza*. Inquisitori, confessori, missionari. Turim: G. Einaudi, 1996, pp. 600-649.

Escapam às fontes do período muitos elementos e informações pontuais que poderiam responder essa questão de modo objetivo. No entanto, considerando o ambiente de reformas políticos-culturais que banhava a Europa católica, podemos encontrar essas respostas na essência da ordem que nascia: seu intento salvífico, que respondia tanto ao apelo das monarquias católicas quanto da cúria romana de que houvesse congregações religiosas dispostas a trabalhar a favor do fortalecimento moral da Igreja e da autoridade papal e, principalmente, na execução do programa de construção da pretendida *societas perfecta*.

Em 1539, Inácio de Loyola apresentou à cúria romana a *Fórmula do Instituto*, documento que apresentava os fundamentos da ordem religiosa a fim de que o papado analisasse e aprovasse o seu funcionamento. Loyola sugeria a criação de uma congregação disposta a romper com o monasticismo, uma inovação da vida religiosa inspirada na *Devotio Moderna*, movimento religioso que Inácio conheceu durante um longo período de recuperação de sua saúde. Ele comandava uma guarnição militar castelhana quando, em 1521, foi gravemente atingido. Durante sua recuperação, Inácio passou a maior parte do tempo na biblioteca da casa de seus pais, onde entrou em contato com a *Fábula Dourada*, obra de Jacopo da Voragine que tratava da vida dos santos, e com a *Vida de Cristo*, de Ludolfo da Saxônia.

Estes textos despertaram sua vocação religiosa e, recuperado, adotou a vida religiosa. No monastério beneditino de Montserrat, na Catalunha, Loyola conheceu o *Livro de Exercícios para a vida espiritual*, obra de inspiração na *Devotio Moderna* escrita por Cisneros e que propunha a realização de dez dias de meditação como preparação para a confissão, exigência do abade para que o noviço vestisse o hábito beneditino. De Montserrat, o ex-militar foi para Manresa onde, baseado nos exercícios de Cisneros, iniciou a redação dos seus *Exercícios Espirituais*. Era mais um manual para a prática de exercícios diários de oração com a finalidade de orientar o leitor na busca da santificação pessoal, conceito básico do movimento religioso em questão.[123]

---

123 LOYOLA, I. de (1491-1556). Autobiografía. *In*: IPARRAGUIRRE, I.; DALMASES, C. de (orgs.). *Obras Completas de San Ignacio de Loyola*. Edicion Manual. Madrid: La Editorial Catolica, 1952. pp. 31-37. Loyola redigiu seus *Exercícios Espirituais* entre 1521 e 1524. Sobre a influência da *Devotio Moderna* na criação da Companhia de Jesus ver EISENBERG, J. *op. cit.*, pp. 31-46; e

Diferente do texto de Cisneros, os *Exercícios Espirituais* de Loyola sugeriam quatro semanas de práticas espirituais para esta preparação, que ele definiu como

> qualquer modo de examinar a consciência, de meditar, de contemplar, de orar vocal e mentalmente, e outras operações espirituais (...). Chamam-se exercícios espirituais diversos modos de a pessoa (...) buscar e encontrar a vontade divina na disposição de sua vida para sua salvação.[124]

No entanto, não era apenas o tempo de preparação que diferenciava os *Exercícios Espirituais* de Inácio de Loyola dos demais livros de mesmo teor. O seu manual de salvação apresentava uma dupla finalidade: a de salvar a alma do praticante e a do próximo. Isso porque, depois de conquistar a própria salvação mediante a prática dos exercícios espirituais, o indivíduo estaria apto a trabalhar pela redenção de seus semelhantes. Nesse caso, a evangelização, que implica na salvação do *evangelizado*, se daria apenas mediante a própria salvação do *evangelizador*, pois primeiro ele iria meditar e interiorizar os preceitos da fé cristã para só depois difundi-la pela multidão leiga; daí Serafim Leite considerar que Loyola estabeleceu um novo conceito para a vida religiosa: enquanto a inserção em uma ordem religiosa presumia o afastamento do mundo para a imitação da vida de Jesus, "Santo Inácio integra a sua Ordem no mundo e faz dela uma campanha para a conquista do mundo".[125] Ou, como o próprio fundador destacou, "o fim da Companhia não é somente ocupar-se, com a graça divina, da salvação e perfeição das almas próprias, mas, com esta mesma graça, esforçar-se intensamente por ajudar a salvação e perfeição das do próximo".[126]

Tão logo terminou a redação dos *Exercícios Espirituais*, Inácio peregrinou até Jerusalém e, em 1524, já em Barcelona, começou a pregar seus exercícios. Como o ex-militar não tinha formação para tal, foi preso pelo Santo Ofício e, após 64 dias de prisão, foi liberado. Os inqui-

---

TAVARES, C. C. da S. *op. cit.*, pp. 91-93.

124 LOYOLA, I. de. *Exercícios Espirituais*. Apresentação, tradução e notas do Centro de Espiritualidade Inaciana de Itaici. 2 ed. São Paulo: Edições Loyola, 2002, pp. 09-10.

125 LEITE, S. S. J. *História da Companhia de Jesus no Brasil*. Tomo I. Livro I. Reedição da primeira edição de 1938. São Paulo: Edições Loyola, 2004, p. 07.

126 LOYOLA, I. de. *Constituições da Companhia de Jesus e normas complementares*. Anotações da Congregação Geral XXXIV (1995). São Paulo: Edições Loyola, 1997, p. 40.

sidores consideraram que a doutrina que ele pregava era ortodoxa, mas orientaram o devoto a concluir sua formação em Teologia antes de voltar a difundi-la. Por isso, em 1528 Loyola foi para Paris a fim de concluir sua formação e lá reuniu um grupo de praticantes dos seus exercícios: Pedro Fabro, Francisco Xavier, Diogo Laines, Afonso Salmeron, Simon Rodrigues e Nicolau Bobadilha. Influenciados pelo autor dos *Exercícios Espirituais*, e pelo ar do humanismo devoto e da *Devotio Moderna* que pairava sobre a cidade, decidiram ir à Terra Santa para converter os infiéis, mas não conseguiram levar a cabo a viagem. A fim de reverterem a censura papal de atuarem em Jerusalém, os adeptos da nova sociedade entregaram, enfim, a *Fórmula do Instituto* à cúria romana.[127]

O documento, já sabemos, sugeria a criação de uma ordem que inovava a vida religiosa, mas o intento salvífico da congregação era voltado à conversão dos turcos muçulmanos, ou seja, trazia reminiscências do sentimento de Cruzada ainda presente nos católicos mais fervorosos. No entanto, se a criação da ordem jesuítica não foi pensada para oferecer amparo à Contrarreforma, a sua aprovação pela Santa Sé o foi. Ao ser entregue, a *Fórmula* foi analisada por uma comissão de cardeais que, estabelecida para a Reforma Católica, discutia medidas amplas para a renovação do catolicismo. Inicialmente, a comissão deu alguns pareceres negativos, principalmente nos aspectos relativos à aplicação dos sacramentos. Iniciou-se, então, um longo debate para ajustar os fundamentos da nova ordem. A discussão contou, além das posições de teólogos, com recomendações positivas de D. João III, Carlos V e Francisco I com relação ao funcionamento da Companhia de Jesus. Em 27 de setembro de 1540, então, a ordem religiosa de Loyola foi aprovada através da bula *Regimini Militantis Ecclesiae*.[128]

O texto da *Fórmula* subsidiou a escrita da bula em questão. Pequenas alterações nesta última, entretanto, revelam que a cúria romana aproveitou o intento salvífico da ordem jesuítica para aprová-la de acordo com seus interesses. Os dois documentos trazem o termo *militare Deo sub vexillo crucis*, que em português significa "soldado de

---

127 Ver LOYOLA, I. de. Autobiografía... pp. 53-111; LEITE, S. S.J. *História da Companhia de Jesus no Brasil*. Tomo I. Livro I... pp. 03-07; e O'MALLEY, J. W. *Os primeiros jesuítas*. São Leopoldo: Editora UNISINOS; Bauru: EDUSC, 2004, pp. 45-84.

128 O tema é discutido em IPARRAGUIRRE, I. Introducción para las Constituciones de la Compañía de Jesús. *In*: IPARRAGUIRRE, I.; DALMASES, C. de (orgs.). *Obras Completas de San Ignacio de Loyola*... pp. 341-367.

Deus sob a bandeira da cruz".[129] Mas, se para Loyola e seus companheiros a frase significava (na *Fórmula do Instituto*) a peregrinação à Jerusalém, para a Igreja (na *Regimini Militantis Ecclesiae*) era a sugestão de uma congregação militante que trabalharia na defesa e propagação da fé, como pedia o momento. Mesmo porque, a nova ordem fazia votos de obediência ao papa, o que permitia à Santa Sé verter a disposição dos jesuítas de ganhar o mundo ao seu programa de intervenção em uma realidade em crise e de conquista espiritual do Novo Mundo. A bula, nesse sentido, enfatizava que

> assim fiquem obrigados, quanto estiver na nossa mão, a ir sem demora para qualquer região aonde nos quiserem mandar, sem qualquer subterfúgio ou escusa, quer nos enviem para entre os turcos ou outros infiéis, que habitam mesmo que seja nas regiões que chamam Índias, quer para entre hereges ou cismáticos, quer ainda para junto de quaisquer fiéis.[130]

Assim, ao aprovar o funcionamento da Companhia, e exigir que seus membros "sem qualquer subterfúgio ou escusa"[131] embrenhassem-se nas Índias para a evangelização dos seus naturais, a Igreja oferecia mais um instrumento à disposição dos reis católicos imbuídos da missão de propagar e defender a fé de Cristo. Tal manobra estreitou ainda mais a relação de fidelidade dessas instituições para que, unidas, fossem mais eficazes ao garantir a conversão dos pagãos e a ortodoxia do catolicismo.

Embora a nova ordem religiosa só tenha recebido permissão para atuar na América espanhola em 1566, ainda em 1540 ela recebeu o chamado para se instalar em Portugal. Simão Rodrigues e Francisco Xavier foram os dois dos seis jesuítas que D. João III solicitou a Roma para trabalhar na evangelização em Portugal e seus domínios. Em 1541, Xavier foi enviado para Goa e Simão continuou o trabalho apostólico no reino quando, em 1542, foi confirmado Provincial da

129 Esta constatação é feita por O'MALLEY, J. W. *op. cit.*, p. 75.

130 CARTA Apostólica Regimini militantis Ecclesiae, dada em 27 de setembro de 1540, ou Fórmulas do Instituto da Companhia de Jesus aprovadas e confirmadas pelo Sumo Pontífice Paulo III. *In*: LOYOLA, I. de. *Constituições da Companhia de Jesus e normas complementares*... pp. 24-25. Além das Constituições, esta edição traz documentos relativos à aprovação e confirmação da Companhia de Jesus pelos papas Paulo III e Júlio III, bem como o prefácio da primeira edição das Constituições escrita, provavelmente, pelo jesuíta Pedro de Ribadeneira.

131 *id. ibid.*, p. 24.

Companhia de Jesus em Portugal. Sob seu cuidado, a ordem expandiu e galgou uma posição invejável no reino: o monarca português confiscou bens de outras ordens religiosas e os transferiu para os inacianos, e ainda lhes concedeu isenção de impostos no comércio que praticavam para a manutenção de suas missões. Além disso, D. João criou condições para que os jesuítas inserissem-se no campo educacional lusitano. Nas universidades, os padres faziam com que a escolástica restringisse o pensamento científico à ciência náutica e domesticasse a mentalidade humanista corrente na Europa para justificar o programa político-religioso da Coroa; e nos colégios da Companhia de Jesus eram preparados os missionários que atuavam nas atividades apostólicas do reino e no além-mar.[132]

Essa mesma posição de proeminência da Companhia de Jesus em Portugal era vista também no império. Quando os jesuítas chegaram ao Brasil em 1549, já havia membros da ordem nos domínios portugueses na Ásia e África. Em Goa, os missionários haviam chegado em 1542, de onde percorreram regiões do continente asiático e do africano que ou já tinham ou viriam a ter importância estratégica para a manutenção do império. Foi nesse movimento que os inacianos atingiram o Japão (1549) e a China (1552), por exemplo. Já no continente africano, chegaram no Congo em 1547, um ano depois no Marrocos e, em 1555, na Etiópia. Dessas regiões, os "soldados de Cristo" percorreram parte significativa das costas oriental e ocidental da África e, até 1580, tiveram a exclusividade na conversão dos autóctones asiáticos, africanos e americanos, enquanto o clero secular restringia sua ação apenas à assistência espiritual dos colonos lusos naquelas regiões.[133]

Diante desse quadro, podemos levantar algumas hipóteses para entender a escolha de D. João III pela Companhia de Jesus não ape-

---

132 Em quatro anos, Simão Rodrigues admitiu 64 jesuítas em Portugal. Quanto à expansão dos colégios da ordem, em 1547 foi fundado o colégio de Coimbra, seguido do de Évora (1553), Braga e Porto (1560), Bragança (1561), Angra e Funchal (1570). Ainda no plano educacional, os jesuítas responsabilizaram-se pelas universidades de Coimbra (1555) e Évora (1559). Sobre o período inicial da Companhia de Jesus em Portugal ver ASSUNÇÃO, P. de. *Negócios jesuíticos*: o cotidiano da administração dos bens divinos. São Paulo: Editora da Universidade de São Paulo, 2004, pp. 87-147; TAVARES, C. C. da S. *op. cit.*, pp. 100-104; e diferentes passagens de PALOMO, F. *Fazer dos campos escolas excelentes*: os jesuítas de Évora e as missões do interior em Portugal (1551-1630). Lisboa: Fundação Calouste Gulbenkian, 2003.

133 A atuação da Companhia de Jesus no império português entre 1542 e 1580 será analisada no Capítulo 2.

nas como a ordem responsável pela evangelização de Portugal e domínios de além-mar, mas principalmente como instrumento de execução de um ambicioso programa governativo. Vista (a escolha) sob esta perspectiva, a inovação da vida religiosa proposta por Inácio de Loyola pode ser entendida como uma de suas principais razões, uma vez que o novo modelo de vida devota da ordem jesuítica atendia às aspirações salvíficas de D. João III que circunscreviam suas reformas político-religiosas. E a carta que o monarca escreveu a Duarte da Costa, então governador do Estado da Índia, é bastante sugestiva nesse sentido:

> O fruto, que os Padres de Jesus com sua doutrina, virtude, e bom exemplo fazem em toda cousa do serviço de Nosso Senhor, e salvação das almas é tão grande, que se deve muito estimar, granjear, e favorecer sua Companhia, e conservação, e porque os que estão nessas Partes tenho entendido, que vão obrando, e obram os mesmos efeitos, pareceu-me devida cousa encomendar-vo-los muito, posto que tenha por muito certo, que tereis disso muito grande cuidado por ser cousa de tal qualidade, e de tanto meu contentamento.[134]

O documento, ao mesmo tempo em que reforça esta hipótese, nos permite também presumir que outras razões estavam envoltas à predileção do monarca pela nova ordem religiosa. Entre elas, a possibilidade da Coroa de participar da delineação das diretrizes da atividade evangelizadora e, acima de tudo, de controlar a ação da congregação responsável por sua execução. Não só a participação de D. João III nos debates relativos à aprovação da Companhia de Jesus é um forte indicativo dessa proposição, como também o fato da cúria romana ter alterado o sentido do funcionamento da ordem na bula *Regimini militantis Ecclesiae*, ou seja, ao aprová-la, a Santa Sé colocou a nova congregação a serviço da expansão da fé, processo encabeçado pelas monarquias ibéricas. E embora o fato da Companhia de Jesus ter feito voto de obediência ao papa possa ser interpretado como uma condição imposta à Loyola para a aprovação da Sociedade de Jesus, para D. João III pode ter sido uma mostra de disposição de uma nova

---

134 CARTA a Duarte da Costa, de 1554. *In*: LEITE, S. S.J. *Cartas dos Primeiros Jesuítas do Brasil*. V. II. São Paulo: Comissão do IV Centenário da Cidade de São Paulo, 1954, p. 36. *ap*. ASSUNÇÃO, P. de. *Negócios jesuíticos*... p. 153.

ordem religiosa que, carente de apoio e legitimação, estava disposta a obedecer também os monarcas que financiavam a evangelização em um momento em que ela passava a fazer parte de um importante programa político.

Foi, portanto, com condições de privilégio frente outras ordens religiosas que a Companhia de Jesus se estabeleceu em Portugal e, de lá, ganhou o mundo. Iniciava-se, assim, o empreendimento missionário da ordem jesuítica nos domínios ultramarinos de Portugal, uma ação que implicava a execução de um amplo projeto reformista.

Capítulo 2
Missões condicionadas no Império português

2.1 Organizando a missão

Quando a Companhia de Jesus iniciou suas atividades nos domínios de Portugal, a ordem (tampouco a Igreja e a própria Coroa portuguesa) não tinha um plano previamente delineado para a atividade evangelizadora. Quando os primeiros jesuítas desembarcaram no Oriente e no Novo Mundo, eles não contavam com nenhum documento régio ou institucional que lhes oferecesse normas de ação ou que ditasse os limites da atividade apostólica. Isso fez com que a evangelização fosse construída a partir de tomadas de decisões possíveis diante das mais distintas realidades políticas, sociais e culturais que os missionários encontraram.[135]

Diante da dimensão do evento, e dos desafios que a empreitada colocava, Inácio de Loyola organizou a Companhia de Jesus a partir de uma sólida estrutura hierárquica: cada missão era materializada e representada por uma casa ou colégio; um conjunto de missões com afinidades linguísticas e geográficas constituía uma Província; e um grupo de Províncias ligadas por fatores geográficos e políticos formava uma Assistência. As missões do continente americano estavam ligadas a duas Assistências: enquanto a Província do Brasil (e mais tarde a Vice-Província do Maranhão) era uma das muitas que formavam a Assistência de Portugal, as demais Províncias jesuíticas da América formavam a Assistência da Espanha.[136]

---

135 Como é possível apreender nas cartas jesuíticas, no máximo os missionários chegavam aos domínios ultramarinos portando cartas de D. João III que sugeriam a acolhida dos padres e o favor do poder secular à atividade evangelizadora. Havia, também, Regimentos dirigidos às posses ultramarinas que faziam menções à importância da evangelização, mas que não definiam seus objetivos, princípios, regras e limites.

136 Sobre a estrutura administrativa da Companhia de Jesus ver LOYOLA, I. de (1491-1556).

No além-mar e na Europa, as atividades dos jesuítas eram ditadas por um padre Superior de Missão,[137] que devia obediência a um padre Provincial, como era chamado o responsável pela administração de uma Província da Companhia de Jesus. Dessa, o Provincial acompanhava o andamento das várias missões em seu território e, por seu turno, devia obediência ao Superior Geral da Companhia, que residia em Roma. Da cidade, ele chefiava todas as Províncias e, também, as missões da Itália, Sicília, Alemanha e França. Em seu auxílio, o Geral contava com a ajuda dos Assistentes e dos Visitadores. Esses primeiros eram consultores de assuntos relativos às Assistências que representavam, enquanto que os Visitadores tinham um posto hierárquico acima dos Provinciais em função de responsabilidade do cargo que exerciam: percorriam as Províncias para identificar problemas, resolver conflitos e orientar as ações dos missionários nos mais distintos espaços do globo.[138]

Esta era, resumidamente, a hierarquia que garantia o funcionamento das missões da Companhia de Jesus nos domínios ultramarinos de Portugal. Organizadas com o apoio da Coroa portuguesa, elas contaram, também, com documentos normativos da ordem, com as diferen-

---

Constituições da Companhia de Jesus e normas complementares. Anotações da Congregação Geral XXXIV (1995). São Paulo: Edições Loyola, 1997, pp. 205-251.

137 Os Superiores de Missão eram escolhidos ainda no período de formação na ordem. A preparação iniciava-se com a provação e instrução espiritual durante um período de dois anos. Aprovado nesta etapa, os candidatos faziam votos de castidade, pobreza e obediência, e decidiam se tornariam irmãos ou escolásticos. Se irmãos, dedicar-se-iam aos trabalhos temporais (de jardinagem, carpintaria, entre outros) nos colégios da Companhia de Jesus. Se escolástico, iniciavam longos períodos de estudos em Filosofia e Teologia. Terminada a formação, realizavam os *Exercícios Espirituais* completos (quatro semanas) para, então, fazer novamente o voto de castidade, pobreza e obediência. Nesse momento, o candidato ainda tinha que escolher entre ser um coadjutor espiritual ou um jesuíta. Se escolhesse a segunda opção, faria mais um voto de obediência ao papa, obediência esta uma necessidade para a atuação nas missões. Desse grupo de jesuítas, geralmente seleto, saiam os primeiros Superiores de Missão. Sobre as exigências do noviço para o ingresso na Companhia de Jesus ver LEITE, S. S.J. *História da Companhia de Jesus no Brasil*. Tomo I. Lisboa: Livraria Portugália; Rio de Janeiro: Civilização Brasileira, 1938, pp. 03-17; e WRIGHT, J. *Os jesuítas*: missões, mitos e história. Rio de Janeiro: Ediouro, 2006, pp. 50-69.

138 Confira nos Anexos II e III a composição da hierarquia e estrutura administrativa da Companhia de Jesus nos séculos XVI e XVII. Sobre o tema ver, também, O'MALLEY, J. W. *Os primeiros jesuítas*. São Leopoldo: Editora UNISINOS; Bauru: EDUSC, 2004, pp. 86-102. O pesquisador indica que, no século XVI, as primeiras Províncias da ordem foram as de Portugal, Castela e Índia. Em 1553 foram fundadas as do Brasil, Itália (sua jurisdição não abrangia Roma, que era a sede da Companhia) e Aragão. Três anos mais tarde passaram a funcionar as Províncias da Sicília, França, Andaluzia e Etiópia.

tes experiências missionárias vividas pela Igreja ao longo de sua história e, sobretudo, com as próprias experiências que os jesuítas viviam em diferentes cenários e que eram trocadas através da correspondência.

Por estarem presentes em quatro continentes, os jesuítas baseavam suas ações nos documentos normativos produzidos pela cúria jesuítica, e o principal deles era as *Constituições da Companhia de Jesus*. Ele orientava o desenvolvimento espiritual do inaciano e ditava normas institucionais sobre a admissão, o voto de pobreza, o exame e os motivos de dispensa dos noviços; a formação dos admitidos; as atribuições do Geral da Companhia; a catequização das crianças; e o modo de vestir, de celebrar missas, entre outras atribuições dos padres e irmãos inacianos.[139]

Ocorre que esses documentos normativos não existiam quando os missionários se espalharam pelo mundo na década de 1540. Inácio de Loyola iniciou a redação das *Constituições* em 1547 e as promulgou em 1552. O padre continuou a revisar e retocar o documento até sua morte em 1556, e essa versão final circulou em manuscrito até 1558, quando finalmente foram impressas as primeiras *Constituições* em latim.[140] Desse modo, até 1558, os missionários se valiam do *Exame*, um manual que ditava quem devia entrar na Companhia e o que era a ordem até que ficassem prontas suas *Constituições*, ou seja, um documento que trazia informações como a sua finalidade e normas básicas. Mas, como ele não previa resolução para os mais complexos problemas encontrados pelos missionários, era a correspondência que exercia o fundamental papel de orientar o andamento das missões.[141]

Em 1547, o padre Juan de Polanco[142] publicou uma circular que instituía a obrigatoriedade de se escrever cartas e explicando

---

139 Ver LOYOLA, I. de. *Constituições da Companhia de Jesus e normas complementares*... pp. 71-251. O documento ainda está em vigência e a ele são integradas normas complementares estabelecidas nas Congregações Gerais da Companhia de Jesus.

140 Ver LEITE, S. S.J. *História da Companhia de Jesus no Brasil*. Tomo I. Livro I. Reedição da primeira edição de 1938. São Paulo: Edições Loyola, 2004, pp. 04-05.

141 Por ser um documento informativo que oferece aos candidatos uma visão geral da Companhia de Jesus, o *Exame* transformou-se na introdução das *Constituições* com o título *Primeiro Exame Geral que se há de propor a todos os que pedirem a admissão na Companhia de Jesus*. O documento pode ser visto em LOYOLA, I. de. *Constituições da Companhia de Jesus e normas complementares*... pp. 39-70.

142 Juan de Polanco, na ocasião, era secretário pessoal de Inácio de Loyola, o fundador e o primeiro Geral da ordem. Confira no Anexo IV a lista dos padres Gerais da Companhia de Jesus entre 1540 e 1645.

as razões pelas quais os jesuítas deveriam escrevê-las. Entre elas, o crescimento externo da ordem, porque mostrando o bom trabalho seriam angariadas doações ou noviços; e o crescimento do escritor, pois nas cartas ele deveria demonstrar sua vocação, humildade e diligência, atributos essenciais para inspirar os irmãos que as lessem. Por isso, quando da formação, os missionários eram instruídos das normas de redação de cartas, já que elas tinham finalidades definidas: edificar e informar.[143]

As chamadas "cartas principais" eram cartas de edificação que traziam informações bastante detalhadas sobre o cotidiano das missões, além de dados sobre o modo de vida dos nativos, sobre as casas jesuíticas e sobre as características físicas e climáticas da terra. Ainda, também tinham a função de dar mostra da ajuda celeste na atividade missionária. Por isso, as cartas que chegavam do ultramar eram vertidas para o latim e enviadas às outras missões jesuíticas espalhadas pelo mundo para serem lidas a um público amplo, normalmente durante a ceia.

Para a Companhia de Jesus, essa forma de escrita permitia que tantos os membros da ordem quanto os leigos lessem as cartas. Isso porque, como eram impessoais, visavam dar mostra de exemplo e estímulo aos demais jesuítas. Ao mesmo tempo, objetivavam fazer uma espécie de propaganda da ordem para fomentar a vocação religiosa de leigos e conseguir ajudas perenes para as missões, como Juan de Polanco havia orientado. Em razão disso, a cúria jesuítica alterava os sentidos das cartas de acordo com a recepção: eram retirados os trechos que não comprometessem a edificação do leitor, principalmente se elas fossem publicadas em forma de livro para um público amplo.[144]

---

143 Em 1560, Manoel da Nóbrega, então Provincial do Brasil, deu conta da chegada desta circular ao Brasil e disse ao Superior de Portugal que todos os seus padres cumpririam à risca o que se pedia. Ver NÓBREGA, M. da. Ao P. Geral Diogo Láinez. Da Baía, 30 de Julho de 1560. *In*: LEITE, S. S.J. (org.). *Novas cartas jesuíticas (de Nóbrega a Vieira)*. São Paulo: Companhia Editora Nacional, 1940, p. 89. Em razão da obrigatoriedade de escrever cartas, os jesuítas produziram uma quantidade impressionante delas. A ordem foi zelosa no registro de boa parte dessas cartas que estão presentes na *Monumenta Historia Societatis Jesu*, publicação composta por 80 volumes que conta a história da Companhia de Jesus em todas as regiões em que atuou no mundo da Época Moderna.

144 Em 2006 foi publicada, no Brasil, uma edição de cartas de edificação escritas pelos missionários que atuaram no Brasil Colonial e que entrou em circulação na Europa no início da década de 1550. Trata-se de HUE, S. M. (org.). *Primeiras cartas do Brasil (1551-1555)*. Rio

Evidentemente, não eram publicadas ou enviadas para as demais missões as chamadas "anexas", epístolas que tratavam de assuntos relativos aos problemas das missões e que deveriam ser escritas separadamente e anexadas às "cartas principais". Essas eram as cartas de negócio que levavam aos Gerais da Companhia de Jesus dúvidas quanto à administração e o funcionamento da ordem no além-mar, bem como questões doutrinais que surgiam no trabalho evangelizador. Por isso, a responsabilidade em escrevê-las era, normalmente, dos padres Superiores de Missão e dos Provinciais. Por ser um instrumento privado de comunicação, era utilizada pelos jesuítas para tratar de assuntos políticos e, principalmente, para substituir a visita pessoal da cúria jesuítica em todas as missões.[145]

Mas, independentemente do modelo das cartas, pode-se considerar que, no início da missionação, foram as cartas que orientaram as ações dos inacianos diante dos mosaicos étnicos e culturais encontrados na Ásia, África e América. Elas não só ajudaram a definir um *modus procedendi* na evangelização comum a todos esses espaços como também contribuíram para a redação das *Constituições*. E, mesmo depois de publicado esse que era o principal documento normativo da Companhia de Jesus, manteve-se a obrigatoriedade de escrita das cartas, uma vez que o relato da vivência em mundos incógnitos e a

---

de Janeiro: Jorge Zahar, 2006. Comparando algumas cartas publicadas nesta edição com as de outras coleções é possível identificar as alterações que essas sofreram, como a retirada de pequenos trechos.

145 As questões relativas à instituição epistolar da Companhia de Jesus são discutidas em ASSUNÇÃO, P. de. *Negócios jesuíticos*: o cotidiano da administração dos bens divinos. São Paulo: Editora da Universidade de São Paulo, 2004, pp. 225-288; CASTELNAU-L'ESTOILE, C. de. *Operários de uma vinha estéril*: os jesuítas e a conversão dos índios no Brasil – 1580-1620. Bauru: Edusc, 2006, pp. 72-76; EISENBERG, J. *As missões jesuíticas e o pensamento político moderno*: encontros culturais, aventuras teóricas. Belo Horizonte: Editora UFMG, 2000, pp. 46-58; GAMBINI, R. *O espelho índio*: os jesuítas e a destruição da alma indígena. Rio de Janeiro: Espaço e Tempo, 1988, pp. 69-71; HANSEN, J. A. O nu e a luz: cartas jesuíticas do Brasil. Nóbrega, 1549-1558. *Revista do Instituto de Estudos Brasileiros*. São Paulo, n. 38, 1995, pp. 87-119; HANSEN, J. A. A escrita da conversão. *In*: COSTIGAN, L. H. (org.). *Diálogos da conversão*: missionários, índios, negros e judeus no contexto ibero-americano do período barroco. Campinas: Editora da UNICAMP, 2005, pp. 15-43; LONDOÑO, F. T. Escrevendo cartas. Jesuítas, escrita e missão no século XVI. *Revista Brasileira de História*. São Paulo, v. 22, n. 43, 2002, pp. 11-32; LUZ, G. A. *Carne humana*: canibalismo e retórica jesuítica na América portuguesa (1549-1587). Uberlândia: EDUFU, 2006, pp. 55-57; MOREAU, F. E. *Os índios nas cartas de Nóbrega e Anchieta*. São Paulo: Annablume, 2003, pp. 52-57; e POMPA, C. *Religião como tradução*: missionários, Tupi e Tapuia no Brasil colonial. Bauru: EDUSC/ANPOCS, 2003, pp. 81-84.

troca de informações entre os missionários permitia ao generalato da ordem identificar as peculiaridades da missionação nas regiões onde atuavam, assim como os elementos comuns de um empreendimento que ocorria em quatro continentes.

Além das cartas, os inacianos se apoiavam nas obras de teoria da evangelização elaboradas a partir da renovação da vida religiosa promovida por Francisco de Assis e Domingos de Gusmão no século XII. Alguns de seus seguidores fizeram da pregação uma ação fundamentada em doutrinas que mesclavam teses teológicas, científicas e políticas, caracterizando-a, pela primeira vez na história da Igreja, por seu rigor científico. Os franciscanos Roger Bacon (1214-1294) e Raimundo Lúlio (1232-1315), assim como o dominicano Tomás de Aquino (1225-1274), dedicaram parte de seus estudos para firmar a evangelização como um ideal cristão. Suas obras ofereciam tanto argumentos legitimadores da atividade quanto orientações teológicas para os missionários atuarem diante dos infiéis e dos pagãos, comumente chamados de gentios. Nos séculos XIII e XIV, textos como a *Suma contra os gentios*, *Razões da fé contra os sarracenos* (ambas de Tomás de Aquino), *Aspecto geográfico da Terra Santa* (Roger Bacon) e *Ars generalis* (Raimundo Lúlio) eram leituras obrigatórias para sacerdotes cristãos que percorriam a Europa pregando e, principalmente, para aqueles que seguiam as rotas comerciais italianas para chegar à Ásia e ao norte da África.[146]

No século XVI, esse conjunto doutrinário também constituía a principal base teórica dos inacianos porque lhes oferecia um princípio de ação que, aliás, era o mesmo que norteava a Reforma Católica: o dogma da salvação. A tradição católica indicava que os evangelizadores só conquistariam a salvação dos indivíduos quando a eles oferecessem os sacramentos. Dentre eles, o batismo tinha uma maior preponderância porque, além de oferecer a redenção para o pecado original, assinalava a entrada oficial do fiel na Igreja. O *Decreto sobre a Salvação* editado no Concílio de Trento, por exemplo, informava que a salvação "não se pod[ia] conseguir, depois de promulgado o Evangelho, sem o batismo, ou sem o desejo de ser batizado".[147]

---

146 Sobre os processos evangelizadores de franciscanos e dominicanos na Ásia e no norte da África nos séculos XIII e XIV ver DANIEL-ROPS. *A Igreja das catedrais e das Cruzadas*. São Paulo: Quadrante, 1993, pp. 536-575.

147 APOSTOLADO V. S. (org.). *Documentos do Concílio Ecumênico de Trento*. 1º Período

Essas orientações encontravam respaldo nos escritos de Tomás de Aquino, que sugeriam a necessidade dos sujeitos manifestarem o desejo de serem cristãos antes de receberem o sacramento. Isso porque a doutrina definia que, uma vez batizados, os indivíduos ficavam obrigados a agir de acordo com os princípios do catolicismo, e o retorno ao pecado representava o rompimento da fidelidade estabelecida com Cristo e sua Igreja através do sacramento primeiro.[148] Assim, a fim de evitar essa falta, o teólogo indicou que a persuasão era o instrumento justo da conversão dos pagãos. Por serem definidos como inocentes do pecado de negar a fé de Cristo por não conhecê-la, mas herdeiros do pecado dos seus antepassados, eles deveriam ser persuadidos a abraçarem a religião cristã para serem salvos através do batismo.[149]

As instruções salvíficas ditadas por Tomás de Aquino e corroboradas pelas resoluções tridentinas deixam evidente que, de acordo com a tradição católica, seria através da persuasão que um missionário despertaria a vontade de um gentio de receber o batismo. Além disso, a orientação era para que eles fossem evangelizados somente quando manifestassem o desejo de receber o sacramento. Este era o momento da catequese, que para os missionários significava uma preparação dos catecúmenos ao recebimento da instituição salutar. A doutrina ainda indicava que somente a partir do momento em que os catecúmenos demonstrassem conhecer os princípios do catolicismo é que poderiam ser batizados, ou seja, convertidos e, consequentemente, salvos do pecado original.[150]

(1545-1547): Sessão VI. Direção de Carlos Martins Nabeto e tradução de Dercio Antonio Paganini. Disponível em http://www.veritatis.com.br/doutrina/documentos-da-igreja. Acesso em 21/12/2012, p. 02.

148 O *Cânon XX sobre a Salvação* previa a excomunhão daquele que dissesse que "o homem salvo (...) não é obrigado a observar os mandamentos de Deus e da Igreja, (...) como se o Evangelho fosse mera e absoluta promessa de salvação eterna sem a condição de guardar os mandamentos". Ver *id. ibid.*, p. 1º Período (1545-1547): Sessão VI... p. 09.

149 AQUINO, T. de. *Suma Teológica*. Tomo VII. Madri: La Editorial Católica, 1959. 2-2, q. 6 e 10. *ap*. EISENBERG, J. *op. cit.*, p. 66. É importante ressaltar que, em 1567, o papa Pio V (1566-1572) declarou o teólogo como o Doutor da Igreja. Dentre as preocupações da Santa Sé na Reforma Católica estava a formação intelectual do clero baseada na escolástica. Por isso, as obras do teólogo foram reeditadas, tais como o *Catecismo*, o *Breviário*, o *Missal* e a *Suma Teológica*. Nascida com um espírito reformador, a Companhia de Jesus formava seus membros a partir dos escritos tomistas. Sobre a questão ver COSTA, C. J. A racionalidade jesuítica na educação dos índios brasileiros (século 16). *Em aberto*. Brasília, v. 21, n. 78, dezembro 2007, pp. 99-101.

150 O *Decreto sobre a Salvação* explica que a salvação através do batismo significa a

Avaliando os aspectos gerais da missionação jesuítica no Império português entre 1542 e 1580,[151] é notório que a doutrina da salvação estabeleceu uma lógica de ação na evangelização, o que não implicou, necessariamente, em uma uniformidade na atividade da ordem nas diferentes regiões da Ásia, África e América. Isso porque a execução dos planos evangelizadores obedecia a outra lógica que não a da soteriologia católica: a relação que Portugal estabelecia com as regiões onde os missionários atuavam. Assim, enquanto os preceitos salvíficos orientavam a definição de um *modus procedendi*, a efetivação dos planos traçados para a conversão era condicionada pela maior ou menor presença oficial da Coroa portuguesa nas regiões onde os missionários atuavam. E a compreensão desses elementos condicionantes da missionação jesuítica nesse período de privilégio emerge exatamente quando colocamos a ação dos inacianos nos domínios portugueses em comparação com a evangelização realizada em regiões onde a Coroa portuguesa não havia exercia domínio político efetivo, mas apenas estabelecido relações diplomáticas.

2.2 A missionação jesuítica em áreas de dominação portuguesa

A primeira experiência dos jesuítas fora das fronteiras da Europa ocorreu em Goa, importante domínio ultramarino de onde os portugueses organizavam ações militares e econômicas no Estado da Índia. Os missionários chegaram ao local em maio de 1542 sob o comando de Francisco Xavier, um dos companheiros de Inácio de Loyola que fez parte da fundação da Companhia de Jesus. Além de sua importância na vida religiosa de Portugal, o cargo de Superior das Missões no Oriente lhe dava a autoridade de iniciar a evangelização na cidade

---

conversão dos adultos, porque "com aquele arrependimento que devem ter antes de serem batizados (...), [devem] começar uma vida nova e observar os mandamentos de Deus". Ver APOSTOLADO V. S. (org.). *Documentos do Concílio Ecumênico de Trento.* 1º Período (1545-1547): Sessão VI... p. 02.

151 A avaliação foi feita com base nas cartas escritas pelos missionários que atuaram no Brasil e em algumas regiões da África e Ásia. Elas serão citadas ao longo do texto.

com o batismo em massa e, muitas vezes, forçado, modo que rompia completamente com os preceitos estabelecidos pela doutrina católica da salvação.

Os jesuítas sob o comando de Xavier o obedeciam nessa prática, mesmo quando não estavam de acordo com ela. António Criminal, por exemplo, escreveu a Loyola em 1545 acusando a pressa em se batizar a população local. O padre informou o Geral que já havia consultado o mestre do colégio de São Paulo em Goa sobre a questão, mas que não teve um parecer positivo. Criminal disse que, mesmo citando São Tomás de Aquino (que indicava a necessidade de seis meses para se fazer um cristão prudente) e o teólogo dominicano Silvestre Prierias (que recomendava 40 dias de preparação do catecúmeno, reproduzindo o tempo da Quaresma), recebera a resposta de que agindo desta forma não batizaria ninguém. Assim, ele pedia a orientação de Loyola sobre como proceder no batismo, que era aplicado

> sem ensinar coisa alguma, pois eles chegam e dizemos que queremos que sejam cristãos; ao fim da prédica, quando se predica, rapidamente os baptizamos (...). Dizemos quatro ou três palavras na terceira pessoa declarando-lhes que coisa devem crer, declaramos os mistérios da cerimônia do baptismo, e isto sempre com intérprete.[152]

A pesquisadora Maria Odete Soares Martins entendeu que a opção de Xavier pelo batismo em massa decorria de uma posição teológica sua de que era preciso primeiro batizar um grande número de pessoas para depois catequiza-las, uma forma que privilegiava a quantidade e não a qualidade doutrinal da conversão. Sua opção, no entanto, causou a reação tanto da Igreja quanto da Coroa portuguesa, instituições que se mostraram preocupadas em adaptar a evangelização em Goa aos princípios teológicos do batismo. Antes de falecer em 1552, Xavier foi advertido por Inácio de Loyola sobre a necessidade de preparação dos indivíduos antes do batismo, como pedia a doutrina. Essa mesma preocupação foi manifestada por D. Catarina (mãe de D.

---

152 CRIMINAL, A. Carta a Inácio de Loyola de 07 de outubro de 1545. *In*: REGO, A. da S. *Documentação para a história das missões do padroado português do Oriente (Índia)*. v. 3. Lisboa: Agência Geral das Colônias, 1947, pp. 171-172. *ap*. TAVARES, C. C. da S. *Jesuítas e inquisidores em Goa*: a cristandade insular (1540-1682). Lisboa: Roma Editora, 2004, p. 115.

Sebastião) em 1562, quando do seu pedido de melhor preparo dos catecúmenos na região. Cinco anos mais tarde foi a vez do 1º Concílio Provincial de Goa demonstrar esse desassossego. Indicando que as pessoas deveriam manifestar o livre desejo e convicção de serem batizadas, foi solicitado um melhor preparo da população antes da aplicação do sacramento.[153]

O ajuste da prática de aplicação do batismo à doutrina católica, entretanto, ocorreu apenas em 1568, quando D. Sebastião instruiu D. Luís de Ataíde (então vice-rei da Índia) para que Goa e cada fortaleza portuguesa tivesse um "pai dos cristãos". O cargo de *Pater christianorum* havia sido oficializado por um Alvará Régio de 1532 e concedia ao nomeado a função de vigiar os novos cristãos para que estes não voltassem aos antigos preceitos. Visando a manutenção da ortodoxia do catolicismo, o documento também concedia as prerrogativas de julgar e castigar os recém-batizados, além do livre acesso aos troncos e galés à procura de pessoas que quisessem aderir ao cristianismo e a fiscalização do que era ensinado aos catecúmenos em qualquer ambiente.[154]

Considerando, então, que a decisão da Coroa portuguesa de manter um "pai dos cristãos" nos domínios asiáticos ocorreu somente depois falecimento de Francisco Xavier, é possível relacionar a prática do batismo em massa assumida por Xavier não ao seu posicionamento teológico, mas sim à relação que Portugal estabelecia com Goa: a Coroa lá exercia um domínio político efetivo, e a proposição fica evidente diante do estado em que se encontrava a região quando da chegada dos inacianos.

Os jesuítas desembarcaram em Goa juntamente com Martim Afonso de Souza, novo vice-rei do Estado da Índia que levava instruções de enfeixar o poder em suas mãos. Uma vez no Oriente, encontraram entre os portugueses e os nativos um corpo sacerdotal de 100

153 MARTINS, M. O. S. *A missionação nas Molucas no século XVI*: contributo para o estudo da acção dos jesuítas no Oriente. Lisboa: Centro de História de Além-Mar, 2002, pp. 263-270.

154 Ver ARAÚJO, M. B. O "Pay dos Christãos": contribuição para o estudo da cristianização da Índia. *In*: *Actas do Congresso Internacional de História Missionação Portuguesa e encontro de culturas*. v. II. Braga: CNCDP, 1993, pp. 305-324. Os "pais dos cristãos" atuaram apenas em locais em que Portugal exercia jurisdição efetiva, como em Goa e nas fortalezas de Baçaim e Ceilão. Lembremos que em muitas regiões os portugueses exerciam jurisdição apenas dentro das fortalezas. Fora delas valiam as leis dos reis mandantes das regiões. Ver MARTINS, M. O. S. *op. cit.*, pp. 267-270.

padres seculares que desde 1534 atuava sob as ordens de uma diocese cuja jurisdição abrangia a cristandade presente entre o Cabo da Boa Esperança e a China. No entanto, o modo de vida no local era incompatível com a ortodoxia de uma religião em pleno processo de reforma: além da má conduta de muitos portugueses, existia a prática pública de cultos hindus por parte da população local. Essa realidade refletia tanto o clima de tolerância instituído no primeiro momento da cristianização de Goa, iniciado com Afonso de Albuquerque em 1510, como a carência de vocação e a má formação religiosa do clero goês. A estreita convivência dos padres e da população leiga com a diversidade cultural da região contribuiu para uma aceitação de práticas tidas pela Santa Sé como heréticas, como a bigamia, a sodomia, entre outras. Muitas vezes, as discussões sobre essas questões desencadearam uma série de conflitos entre os jesuítas e o clero secular e resultaram em graves denúncias de que padres seculares tinham mancebas, roubavam e não sabiam aplicar os sacramentos. Houve até mesmo um caso em que um padre se fez passar por Jesus Cristo.[155]

Assim, como medidas de defesa e propagação da fé cristã, os jesuítas utilizaram o batismo em massa e recorreram a métodos muitas vezes violentos para eliminar práticas religiosas consideradas heterodoxas. Com o apoio do poder secular, os evangelizadores cuidaram da destruição de templos hindus, da perseguição aos sacerdotes locais e da queima de livros de outras religiões que não fossem a católica. Nos locais onde havia templos sagrados hindus, após sua destruição os inacianos levantavam uma cruz para indicar o local onde seria construída uma igreja. Ainda, quase vinte anos após a chegada da Companhia de Jesus em Goa, foi a vez do Santo Ofício da Inquisição se instalar na cidade, o que aumentou significativamente a intolerância religiosa com o combate ao "gentilismo".[156]

Em seu estudo sobre a cristianização de Goa, Célia Cristina Tavares entendeu que esse método de ação dos agentes religiosos de-

---

155 Sobre essas denúncias ver TAVARES, C. C. da S. *op. cit.*, pp. 104-110. Esse texto também oferece o panorama do estado em que Goa se encontrava quando da chegada dos inacianos. Sobre este tema ver, também, SUBRAHMANYAM, S. *O império Asiático Português 1500-1700*. Uma História Política e Econômica. Lisboa: Difel, 1993, pp. 77-112.

156 Sobre a atuação dos jesuítas e do Santo Oficio da Inquisição em Goa ver TAVARES, C. C. da S. *op. cit.*, pp. 87-140 e XAVIER, Â. B. *A invenção de Goa*: poder imperial e conversões culturais nos séculos XVI e XVII. Lisboa: Imprensa de Ciências Sociais, 2008, pp. 75-80.

monstrava a chegada dos ideais da Contrarreforma nos domínios lusos no Oriente e seu consequente recrudescimento na vida religiosa da região. A violência na evangelização, então, deve ser entendida no contexto das mudanças pelas quais a Europa passava e que incidiram nas mudanças promovidas por D. João III no Império português. Ângela Barreto Xavier fez uma leitura semelhante desse processo e acrescentou que a ação jesuítica e do poder régio marcaram o início da ousada reforma joanina que abarcava seus territórios de além-mar na tentativa de adequá-los a uma concepção de um império inspirado no modelo romano da Época Antiga e que vinha sendo ensaiado pelos vizinhos castelhanos. As medidas adotadas nesse sentido exigiam da Coroa, de um lado, a dinamização da administração para garantir a viabilidade econômica de seus domínios; de outro, a formação de súditos com a cristianização da população nativa.[157]

De fato, é bastante evidente que, durante o reinado de D. João III, as mudanças processadas na sua política ultramarina ressoaram na Ásia, marcando o começo de um novo momento da cristianização em Goa. A partir de 1542, o comportamento das autoridades civis e eclesiásticas passou a refletir as reformas joaninas, e foi com a ordem inaciana que, de fato, começou a interferência no modo de vida local. Francisco Xavier, afinal, representava uma instituição extremamente zelosa às determinações da Igreja tridentina de que se buscasse a ortodoxia da fé católica. Nesse caso, o espírito reformista da Companhia de Jesus, aliado ao poder político, explica o porquê da opção do padre pelo batismo em massa: por serem dominados pelos portugueses, os naturais não precisavam manifestar o desejo de serem cristãos, muito menos viver sob o controle dos missionários para levar uma vida cristã depois de batizados. A persuasão, que ascenderia a vontade dos nativos pelo batismo, era substituída pela força bruta; já a ortodoxia da fé praticada pelos novos cristãos era garantida pela punição, fosse aquela prevista pelas *Ordenações* portuguesas ou pelo Santo Ofício da Inquisição.

---

157 Ver, respectivamente, TAVARES, C. C. da S. *op. cit.*, pp. 87-140; e XAVIER, Â. B. *A invenção de Goa...* pp. 75-80.

2.3 A missionação jesuítica e o parentesco espiritual

Esse modelo de evangelização aplicado pelos jesuítas em Goa contrastou significativamente com aquele adotado pelos mesmos missionários em regiões onde não havia o efetivo domínio político e militar português. A falta de uniformidade na ação dos missionários, também identificada por outros pesquisadores, corrobora com nossa premissa de análise de que foi a relação que a Coroa portuguesa estabeleceu com determinada região que condicionou os resultados da presença dos jesuítas no ultramar. Célia Tavares, por exemplo, observa que, na Ásia, não houve uma uniformidade na atuação dos jesuítas porque eles estavam divididos em dois grupos: um que utilizava métodos violentos na evangelização, como em Goa; e outro que atuou como mediador cultural, cujo método evangelizador, para além do uso da força, previa o domínio das línguas locais e a dedicação nos trabalhos assistenciais, antes realizados pelos sacerdotes asiáticos. Mesmo sob o controle do Superior das Missões no Oriente, este grupo atuou fora dos muros de Goa, onde os portugueses não haviam dominado politicamente, mas apenas estabelecido relações diplomáticas para que se levasse o catolicismo e se realizasse o comércio de especiarias.[158]

A ausência de uniformidade na missionação na Ásia, África e América também é apontada por João Paulo de Oliveira e Costa. Segundo o historiador, onde havia a presença de autoridades régias portuguesas, o modelo de conversão tendia a ser "excessivamente ocidentalizador". Já nas regiões onde não havia o domínio político dos lusitanos, "foram ensaiadas numerosas abordagens inovadoras" [159] de acomodação cultural, aquilo que, para Adone Agnolin, seria o fator diferenciador das missões na Índia, Japão e China da ocorrida na América: "as próprias missões cristãs dependiam, antes que da própria ordem religiosa (...), da (...) ordem criada pelas armas dos espanhóis e portugueses".[160] Onde o poder das monarquias ibéricas não estava

---

158 TAVARES, C. C. da S. *op. cit.*, p. 128.

159 As duas citações referem-se a COSTA, J. P. de O. e. A diáspora missionária. *In*: MARQUES, J. F.; GOUVEIA, A. C. (orgs.). *História religiosa de Portugal*: Humanismo e Reformas. v. 2. Lisboa: Círculo de Leitores, 2000, p. 279. *ap*. TAVARES, C. C. da S. *op. cit.*, p. 128.

160 AGNOLIN, A. *Jesuítas e selvagens*: a negociação da fé no encontro catequético-ritual americano-tupi (séculos XVI-XVII). São Paulo: Humanitas Editorial, 2007, p. 221.

presente, portanto, a adaptação dos inacianos à cultura local "tornava-se o meio necessário para obter o fim de 'ganhá-los a Cristo'".[161]

A ideia de que a presença ou não do poder temporal foi o fator determinante da falta de uniformidade na ação missionária está em harmonia com a consideração de John Thornton de que os missionários chegaram em alguns domínios lusos com uma concepção inclusiva da religião: os evangelizadores entendiam como comportamento aceitável um modo de vida cristão e o reconhecimento da Igreja Católica como a única e verdadeira igreja de Cristo, dirigida pelo Papa. No entanto, a conversão dos nativos ao catolicismo era indicada através de uma simples declaração da fé. Bastava que o novo cristão, em confissão, reconhecesse a existência de um só Deus, a ressurreição de Jesus Cristo e a existência de um além-vida no paraíso assegurado pelo comportamento baseado nos ensinamentos do Salvador. A existência de termos similares nas línguas locais a Deus e alma, por exemplo, indicaria que os nativos tinham conhecimento desses elementos da cosmologia religiosa europeia. Mateus Cordoso, um jesuíta em atividade no Congo, no século XVII, contou em sua *História do Reino do Congo* que os africanos sabiam da existência do verdadeiro Deus, mas que não tiveram a oportunidade de conhecer Jesus Cristo antes do contato com os europeus.[162] Nesse sentido, o conceito inclusivo da religião, segundo Thornton, indica que os missionários aceitavam aspectos culturais locais na prática do catolicismo, desde que esses não fossem contrários aos preceitos cristãos. Bastava, portanto, uma manifestação exteriorizada da fé para os convertidos serem considerados cristãos.[163]

Essas abordagens de mediação cultural foram amplamente utilizadas nas missões desenvolvidas pela Companhia de Jesus em regiões onde Portugal não dominava política e militarmente, mas que tinham importância estratégica para a manutenção do império. Tanto da Província jesuítica de Goa quanto da de Portugal, os jesuítas organizaram expedições para expandir a atividade apostólica na Ásia, África e América. Com exceção deste último local, os missionários procuraram estabelecer missões em regiões onde a Coroa portuguesa ou deseja-

161 AGNOLIN, A. *Jesuítas e selvagens*... p. 227.

162 CORDOSO, M. *História do Reino do Congo*. Edição moderna editada por Antônio Brásio, do original de 1624. Lisboa, 1969. *ap*. THORNTON, J. The development of an African catholic church in the kingdom of Kongo, 1491-1750. *Journal of African History*. n. 25, 1984, p. 152.

163 Ver THORNTON, J. *op. cit*., pp. 152-153. O autor analisa, especificamente, o processo de transposição do catolicismo no Congo, que será discutido a seguir.

va criar (Japão e China, por exemplo) ou já havia criado uma relação diplomática baseada no parentesco espiritual. Agindo nesse sentido, de Goa os jesuítas iniciaram atividades na costa do Malabar (no lado ocidental da Índia, entre Goa e o cabo Camorim) e na costa da Pescaria em 1548; ainda naquele ano chegaram ao Ceilão e ilhas Molucas; em 1549, atingiram o Japão e, em 1552, a China; ainda de Goa, em 1560 os missionários tentaram estabelecer missões nos reinos africanos de Gamba e Monomotapa (este último à margem sul do rio Zambeze). A partir da Assistência de Portugal, os jesuítas organizaram importantes missões na África: em 1548 chegaram ao Congo e, um ano depois, ao Marrocos. Em 1555 iniciaram atividades na Etiópia e, em 1564, em Angola.[164] Nesses locais, como veremos, as missões foram condicionadas pela ausência do domínio efetivo de Portugal, experiências que contrastaram com a atuação da Companhia de Jesus em Goa.

A missionação na costa da Pescaria

A costa da Pescaria localiza-se no Extremo Sul da Índia, e entre seus habitantes destacam-se os paravas, casta de mergulhadores e pescadores de pérolas dispersa em pouco mais de sessenta vilarejos ao longo da costa de Tamil Nadu (no golfo de Manaar, entre o Extremo Sul da costa do Coromandel e a ilha de Ceilão, atual Sri Lanka). Em 1532, os líderes da comunidade procuraram os portugueses que estavam em Cochim para pedir proteção contra os mercadores muçulmanos que disputavam uma zona de pesca e exploração de pérola. Miguel Vaz, bispo de Cochim, ofereceu ajuda em troca da conversão dos naturais ao cristianismo.[165]

---

164 Em dez anos de atividades no Oriente, Francisco Xavier viajou pelo continente asiático e estabeleceu missões na costa da Pescaria, Cochim, Meliapor, Malaca, Molucas e Japão. Ainda, tentou estabelecer uma missão na China, mas lá faleceu em 1552. Até 1601 as atividades nesses locais foram orientadas pelo Superior das Missões no Oriente, que residia em Goa. As datas de chegada dos inacianos nessas diferentes regiões foram colhidas a partir do cruzamento de dados contidos nas cartas jesuítas que serão citadas ao longo do texto, assim como na bibliografia pertinente à missionação jesuítica na África e na Ásia.

165 Conferir DORÉ, A. As atuações no Reino do Congo e na Costa da Pescaria: aproximações para o estudo do Império Português no século XVI. *In*: DORÉ, A.; LIMA, L. F. S.; SILVA, L. G. (orgs.). *Facetas do Império na história*: conceitos e métodos. São Paulo: HUCITEC; Brasília: CAPES, 2008, pp. 237-240.

A conversão dos nativos ao catolicismo oferecia uma saída para a Coroa lusa exercer influência para além das feitorias, ou seja, o parentesco espiritual permitia o estabelecimento de alianças e a criação de áreas de influência portuguesa no interior do continente. Nesse sentido, usar o catolicismo como moeda de troca permitia a tessitura de um império baseado numa rede (sem territorialização), e esta fundamentada na solidariedade religiosa. O cristianismo, nesse caso, foi proveitoso para os portugueses e os locais, assim como o islamismo havia sido interessante para grupos de comerciantes do sudeste asiático, no século XV, quando sua região passou por um processo de islamização. Não por outra razão, Andréa Doré considerou que, na costa da Pescaria, como no Congo, "a conversão ocorreu em grandes contingentes quando a rede cristã podia trazer ganhos também às comunidades locais".[166]

A missionação jesuítica na costa da Pescaria, portanto, foi organizada a partir da passagem de Francisco Xavier em um local sem domínio efetivo da Coroa portuguesa e, principalmente, onde a cristianização havia sido iniciada pelo clero secular em um processo que inseria-se em uma verdadeira relação de interesses que transcendiam a simples religiosidade. A missão teve como Superior Henrique Henriques, que lá chegou em 1548. A única carta escrita pelo padre de que dispomos não nos permite identificar se a lógica da missionação se processou a partir dos preceitos dogmáticos da salvação (da aplicação do batismo, portanto). No entanto, deixa evidente que a missão, ali, foi condicionada pela ausência do poder político lusitano.

Diante do espírito de reforma política e religiosa que envolvia as ações de D. João III no Oriente, o estabelecimento de missões jesuíticas em regiões como a costa da Pescaria pode ser visto sob dois prismas: se por um lado permitia a Portugal usar novamente o cristianismo como ferramenta de ampliação de seu império e de manutenção de relações diplomáticas já existentes, para os jesuítas significava trabalhar a favor de um ideal que nenhum interesse político, econômico ou militar poderia suplantar: à salvação das almas que viviam em áreas com potencial diplomático para a Coroa portuguesa somava-se a necessidade imperiosa de trazer, à ortodoxia, o catolicismo praticado em regiões convertidas entre fins do século XV e o início do XVI.

---

166 DORÉ, A. As atuações no Reino do Congo e na Costa da Pescaria... p. 242.

Entretanto, como usar a força bruta na evangelização, como ocorria em Goa, se a legislação portuguesa não vigorava naqueles locais e se, principalmente, a conversão violenta e a vigilância intolerante pudessem colocar em xeque as relações políticas e econômicas já estabelecidas e que eram tão importantes para a manutenção do império?

Em função das limitações do poder político, jurídico e militar de Portugal naquelas regiões, os inacianos seguiam um padrão de conduta baseado nas referências históricas e teóricas da evangelização. Em geral, os recursos persuasivos de mediação cultural significavam o rígido respeito aos princípios teológicos da salvação católica que, baseados em Tomás de Aquino, exigiam o uso da persuasão para convencer os pagãos a aderirem voluntariamente ao cristianismo. Por isso, ao chegarem a uma região, primeiramente os missionários buscavam identificar as estruturas sociais e as relações de poder estabelecidas, bem como mapear os principais pecados cometidos por parte da população local e, se houvessem, também pelos portugueses que lá residiam. Feita esta identificação, os padres trabalhavam pela eliminação dos entraves colocados à evangelização, sempre identificados como "males da terra".

Nas cartas jesuíticas do período entre 1542 e 1580 (e mesmo posterior), é bastante evidente o uso da metáfora da frutificação da vinha do Cristo. O termo "fazer-se fruto" foi usado com frequência pelos jesuítas que atuaram nos domínios ultramarinos de Portugal na Ásia, África e América e aludia à possibilidade ou não da salvação dos gentios. Como bem observou Guilherme Amaral Luz, "fazer algum fruto significa, sempre, trazer almas para a Glória, e lavrar na vinha do Senhor significa sempre trabalhar para que se produza algum fruto".[167]

O uso dessa metáfora explica porque os inacianos identificavam os entraves à evangelização como "males da terra". Antes de uma semeadura, era fundamental se preparar a terra, ou seja, eliminar suas "ervas daninhas". Isso significava que os entraves à evangelização precisavam ser eliminados a fim de se "fazer algum fruto" na atividade apostólica. Assim, ao serem identificados os "males da terra", os jesuítas agiam em duas frentes: desenhavam estratégias para combate-los, visando construir um ambiente favorável à conversão; e, ao mesmo tempo, usavam os mais diferentes recursos persuasivos para despertar a vontade dos locais pelo batismo.

---

167 LUZ, G. A. *op. cit.*, p. 75.

Um recurso bastante utilizado foi a conversão dos "principais da terra", nome dado pelos inacianos às pessoas com proeminência política, religiosa ou social cuja conversão pudesse garantir a consequente cristianização de grandes massas ou, no mínimo, de grupos detentores de poder. Na costa da Pescaria, Henrique Henriques informou a conversão de Manuel Coutinho, um desses "principais", e esperava que em breve sua esposa, filho, sogro, sogra e demais parentes fossem batizados.[168]

Esse método era inspirado no sucesso de procedimento semelhante aplicado na conversão dos reinos "bárbaros" da Europa. Entre os séculos V e VII, a Igreja desenvolveu as missões pontifícias, que eram obras missionárias onde os próprios papas trabalhavam na conversão dos reis. A estratégia se mostrou extremamente eficiente porque um número ínfimo de evangelizadores garantiu a cristianização de inúmeras pessoas. Além disso, porque instituiu o cristianismo como religião de Estado, fator que auxiliou na sua propagação e fortalecimento das instituições que o representavam.[169]

Justamente por ser eficiente, os padres da Companhia de Jesus utilizaram-se fartamente dessa técnica também em outras regiões da Ásia (e, veremos, também da África e até no Brasil) ligadas ao Império português pelo parentesco espiritual. Francisco Perez, quando de sua estada em Malaca, comentou que havia batizado um sacerdote lo-

---

168 HENRIQUES, H. Copia de vna carta que embio de la Índia el padre Enrique Enriquez, de la compañia de Iesu al padre maestre Simon preposito de la dicha cõpañia em Portugal, y alos hermanos de Iesu de Coimbra, tresladada de Portugues en castelhano. Recebidas el año de M.D.L.I. *In*: GARCIA, J. M. (org.). *Cartas dos jesuítas do Oriente e do Brasil, 1549-1551*. Edição fac-similada. Lisboa: Biblioteca Nacional, 1993. Os documentos dessa coleção não são numerados. A carta em questão é o primeiro de dois documentos da obra. Foi escrita em Cochim em 12 de janeiro de 1551.

169 A conversão dos reinos "bárbaros" não só consolidou o poder da Santa Sé na Europa como criou um elemento difusor do cristianismo: os reis (e seus sucessores). Ao abraçarem a fé de Cristo, eles se comprometiam a trabalhar na difusão da nova religião, e para isso contavam com todo o aparelho de Estado. Carlos Magno (742-814) foi um bom exemplo. O rei dos francos usou o ideal cristão para justificar suas campanhas expansionistas que levaram à criação do império carolíngio. A cada conquista, o monarca se apresentava aos conquistados como testemunha e arauto de Cristo, e usava o terror para converter as massas "pagãs". Uma vez consolidado seu império, o monarca colocou milhares de missionários, monges em sua maioria, para propagar o cristianismo em seus domínios. Ver DANIEL-ROPS. *A Igreja dos tempos bárbaros*. São Paulo: Quadrante, 1991, pp. 09-61 e pp. 189-252. A respeito dessa forma de atuação dos inacianos em áreas de parentesco espiritual do Império português ver MARTINS, M. A. de M. *Contacto de culturas no Congo português*: achegas para o seu estudo. Lisboa: Junta de Investigações do Ultramar, 1958, p. 112.

cal (chamado de ioques), que se fez cristão de boa vontade juntamente com sua esposa e seus dois filhos.[170] Sucesso maior atingiu João da Beira nas Molucas (Ternate). O padre informou que o rei de Maluco era o principal das ilhas e, persuadido, tinha manifestado o desejo de batizar um de seus filhos. Os inacianos queriam batizar o primeiro, que era príncipe, porque assim "esta cierto cõuertirse todo el reyno, y las mas ilhas o quasi todas, que ay en estas partes".[171] O padre informou, também, que era difícil converter a população que vivia nas proximidades da fortaleza portuguesa nas ilhas, porque nela havia muitos mouros e ritos e seitas gentias, e também porque os muçulmanos perseguiam aqueles que abraçavam o cristianismo. Consciente da dificuldade de anular a liderança que os sacerdotes islâmicos exerciam no local, o jesuíta passou a atuar em "províncias de gentis" distante 50 ou 60 léguas da fortaleza, e na região converteu três chefes locais. Em seu parecer, eles eram mais "dóceis" por estarem longe dos mouros e entre eles se fazia "mucho fruto bautizando adultos, y niños, y dotrinandolos siempre en cosas de nuestra fe, y quitandoles los malos costumbres de sus idolatrias".[172] Já Gaspar Barzeu não teve sucesso em Ormuz, onde estava a mando de Francisco Xavier. O padre relatou que estava prestes a batizar o rei local, e consequentemente mais de dois mil mouros, mas foi impedido pelos doutores da "seita maometana". Estes teriam ameaçado o rei dizendo que incentivariam seus homens a abandonar o reino caso ele se convertesse ao cristianismo.[173]

---

170 Ver PEREZ, F. Carta para os irmãos da Companhia de Jesus do Camorin, escrita em Malaca em 26 de novembro de 1550. Trata-se da segunda das quatro cartas que compõem o documento "Copia de vnas cartas del padre mestre Frãcisco, y del padre M. Gaspar, y otros padres dela compãnia de Iesu, que escrirvieron de la India a los hermanos del colegio de Iesu, de Coimbra. Tresladadas de Portugues en Castellano. Recebidas el año de M.D.Lj". *In*: GARCIA, J. M. (org.). *Cartas dos jesuítas do Oriente e do Brasil, 1549-1551*...

171 *id. ibid.*, f. 01v.

172 BEIRA, J. da. Carta para o reitor do Colégio de Goa, António Gomes, escrita em Ternate, nas ilhas Molucas, em 25 de fevereiro de 1550. Trata-se da quarta carta do documento "Copia de vnas cartas del padre mestre Frãcisco, y del padre M. Gaspar, y otros padres dela compãnia de Iesu, que escrirvieron de la India a los hermanos del colegio de Iesu, de Coimbra... *In*: GARCIA, J. M. (org.). *Cartas dos jesuítas do Oriente e do Brasil, 1549-1551*... f. 01.

173 Ver BARZEU, G. Carta para os irmãos da Companhia de Jesus de Coimbra, escrita em Ormuz em 24 de novembro de 1550. Trata-se da terceira carta que compõe o documento "Copia de vnas cartas del padre mestre Frãcisco, y del padre M. Gaspar, y otros padres dela compãnia de Iesu, que escrirvieron de la India a los hermanos del colegio de Iesu, de Coimbra... *In*: GARCIA, J. M. (org.). *Cartas dos jesuítas do Oriente e do Brasil, 1549-1551*... ff. 01-11v.

Dentre os "principais da terra", os sacerdotes eram um alvo em potencial dos inacianos em função da influência que exerciam sobre a população local. Não só por isso, mas sobretudo porque eram vistos como "males da terra" a serem combatidos, já que as doutrinas que pregavam eram tidas como falsas e, consequentemente, perniciosas ao cristianismo. Assim, os jesuítas utilizavam como recurso persuasivo também a "disputa", ou a "prática", método que consistia na realização de um debate público com esses indivíduos.

A estratégia foi bastante conveniente para o padre Gaspar Barzeu em Ormuz. Por conviver com turcos, árabes, persas e europeus de diversas religiões, travava as "disputas" principalmente com os mouros e com os judeus de Portugal e Castela presentes na Ásia. Barzeu conta que, com a vitória nessas disputas, muitos maometanos, homens e mulheres, teriam o procurado para receber a água do batismo. O jesuíta, então, realizava a cerimônia com pompa e aproveitava o ensejo para fazer pregações públicas. Tanto as "disputas" como as pregações garantiram ao padre, como ele informou, o controle de um pequeno grupo que aprendia a doutrina cristã, fazia os exercícios espirituais e o exame de consciência, e ajudava nas missas diariamente.[174]

Nas "disputas", o objetivo dos missionários era demonstrar à audiência que a religião católica era a única verdadeira e legítima e, assim, convencê-la a aderi-la. Mas, embora parecesse ser simplesmente uma estratégia para anular a influência que os sacerdotes exerciam sobre a população local, tratava-se também de uma forma de convencer os próprios religiosos a se converterem ao cristianismo pois, seguindo a lógica da conversão dos "principais da terra", os jesuítas também desejavam que, uma vez batizados, usassem sua influência local para converter muitas outras pessoas à fé do Cristo.

O sacerdote batizado por Francisco Perez em Malaca, por exemplo, esteve em "prática" com o padre durante seis meses antes de aceitar o sacramento que assinalava sua conversão ao cristianismo, daí o missionário considerar que "por gracia de dios se haze mucho fruto en (...) tener algumas platicas con los gentiles, judios y moros, muchos de los quales vienen en conocimiento de nuestra santa fe".[175]

---

174 Ver BARZEU, G. Carta para os irmãos da Companhia de Jesus de Coimbra, escrita em Ormuz em 24 de novembro de 1550... ff. 01-11v.

175 PEREZ, F. Carta para os irmãos da Companhia de Jesus do Camorin, escrita em Malaca em

Henrique Henriques também utilizou a "disputa" na costa da Pescaria com os gentios e os sábios mouros. Segundo o padre, a vitória mostrava a verdade da fé cristã e muitos nativos abandonavam suas "seitas" para abraçarem a religião católica. Dentre esses, o padre escolhia os "bons cristãos" que auxiliavam nas atividades evangelizadoras: pregavam aos demais e, quando necessário, chamavam os jesuítas para admoestar aqueles que cometiam algum mal à religião cristã com suas condutas. Henriques se espantava com a obediência e o amor que tinham pelos missionários, além da dedicação que prestavam no ensino das orações na língua local e em latim, o que ajudava os demais a abandonar os "ídolos"[176] dos pais. Eram eles, também, que escreviam na língua local sobre a encarnação de Jesus Cristo e que auxiliavam Henriques a percorrer a região em suas pregações. Para o padre, "era grandissima consolacion para mi alma ver estos hombres enteder algumas cosas de la fe, y creer las por las señales exteriores que veya".[177]

Tal como ocorreu com o padre Gaspar Barzeu em Ormuz, a "disputa" havia permitido a Henrique Henriques formar um pequeno contingente de "bons cristãos", cujo uso na evangelização foi outro recurso bastante usado pelos jesuítas. No início das atividades, o auxílio desses cristãos nativos era de grande valia para a Companhia de Jesus até que chegassem novos padres de Portugal para se expandir as missões no além-mar. Em muitas regiões, principalmente onde os muçulmanos exerciam maior influência, os jesuítas contavam com o auxílio da Coroa portuguesa para a formação desses bons cristãos, que oferecia aos convertidos alimentos, terras, roupas, ou mesmo a isenção de impostos, a concessão de cartazes e a nomeação para cargos administrativos nas fortalezas lusitanas.[178]

As palavras de Henriques revelam, ainda, uma grande inquietação advinda do amparo dos "bons cristãos": a tradução. Mesmo que

---

26 de novembro de 1550... f. 01v.

176 Os inacianos chamavam de ídolos as figuras humanas adorados pelos nativos.

177 HENRIQUES, H. Copia de vna carta que embio de la Índia el padre Enrique Enriquez, de la compañia de Iesu al padre maestre Simon preposito de la dicha cõpañia em Portugal, y alos hermanos de Iesu de Coimbra, tresladada de Portugues en castelhano... f. 03.

178 Os cartazes eram uma espécie de salvo-condutos oferecidos pelos portugueses a quem desejava realizar o comércio nas rotas controladas pelo reino luso. Evidentemente, a Coroa oferecia esse e outros benefícios também para criar uma relação de "vassalagem" com os locais. De qualquer forma, os "beneficiados" acabavam mostrando lealdade aos padres da Companhia, já que eles representavam, também, a Coroa portuguesa. Ver, sobre essa questão, MARTINS, M. O. S. *op. cit.*, pp. 258-263.

o padre considerasse que os sinais exteriores fossem um indicativo da conversão dos paravas, ele se preocupava com a atividade dos intérpretes, que não conseguiam, em muitos casos, declarar os preceitos fundamentais do cristianismo. O problema levou Henriques, o padre Paulo e os irmãos Baltazar e Ambrosio a aprender a língua (falar, ler e escrever) para poder pregar aos nativos.[179]

Embora esta preocupação tenha nascido, aparentemente, da experiência missionária de Henriques, o padre já havia sido informado por Francisco Xavier da necessidade de aprender a língua. Xavier via no domínio das línguas locais uma hábil ferramenta para a conversão, e deste desassossego nasceu uma política de tradução que se transformou, talvez, na mais importante forma de atuação baseada em métodos de mediação cultural como recurso lá onde faltava a força bruta. É o que demonstra, por exemplo, a análise de Inês Zupanov dos instrumentos simbólicos utilizados na evangelização empreendida pelos jesuítas na costa da Pescaria.

Segundo a historiadora, os evangelizadores utilizaram-se fartamente de uma política de tradução na conversão dos paravas. A elaboração de gramáticas, catecismos e manuais de confissão nas línguas locais era essencial para a atividade missionária, mas, no século XVI, a tradução aludia a um ideal de tradução cultural que implicava a garantia de soberania dos portugueses no ultramar. Esse ideal havia sido difundido por João de Barros, que em 1540 publicara sua *Grammatica da Língua Portuguesa* e defendia que a conquista linguística era a única das conquistas que aspiravam à imortalidade. Diante da possibilidade de permanência das palavras e dos costumes portugueses na África e Ásia, a *Grammatica* representava uma bem elaborada defesa da política linguística dos portugueses em um momento de expansão: uma perfeita alusão à crença de que o português estava predestinado a ser a língua do Quinto Império terreno e, também, a língua em que o cristianismo seria difundido. Barros vangloriava-se em relatar que quatro príncipes do Malabar, e mais cinquenta e sete mil almas estrangeiras, já haviam se convertido à fé de Cristo porque tinham aprendido a língua portuguesa. Os jesuítas, entretanto, fizeram a opção por

179 Essas questões são relatadas em HENRIQUES, H. Copia de vna carta que embio de la Índia el padre Enrique Enriquez, de la compañia de Iesu al padre maestre Simon preposito de la dicha cõpañia em Portugal, y alos hermanos de Iesu de Coimbra, tresladada de Portugues en castelhano... ff. 03-11.

> um modelo fácil de comunicação ou tradução, a fim de transferirem verticalmente (hierarquia social) e horizontalmente (por filiações de casta) a mensagem cristã. Ainda que um projecto cristão 'imperial' fosse o objectivo e a intenção de todos os esforços missionários, sem uma conquista militar e um controlo político, o projecto lingüístico idealizado por Barros (...) não era susceptível de ser aplicado no campo missionário tâmul.[180]

Isso porque, diante de povos totalmente distintos culturalmente dos europeus, os inacianos entendiam ser necessário aprender a língua local para nela realizar a atividade missionária. Assim, Francisco Xavier escreveu o primeiro catecismo português, que foi impresso em Goa em 1556. Posteriormente, foi traduzido para o tâmul, malaio, japonês, entre outras línguas com as quais Xavier entrou em contato. Mesmo que os paravas apresentassem uma adesão ao cristianismo com a exposição dos sinais exteriores da fé (o que indicava um relativo sucesso do catecismo), Xavier preocupou-se com os problemas de tradução advindos, segundo o jesuíta, da sua deficiência no conhecimento da língua tâmul. Daí ter ele estimulado outros missionários a aprofundarem seus estudos nesse idioma, como Henrique Henriques, que também escreveu outro catecismo e mais um livro de tradução tâmul/português para o uso dos demais missionários.

Henriques, quando nomeado Superior de Missão, promulgou uma norma que proibia os inacianos de falarem o português. Em fins de 1570 já havia missionários com sólido conhecimento do idioma local, e dez anos mais tarde, com as linhagens locais dominantes patrocinando a produção literária, assistiu-se a um crescimento de impressões desse material.[181]

Após a morte de Henriques, o jesuíta italiano Roberto Nobili, em 1606, passou a dirigir a Missão de Madurai, na região da costa da Pescaria. Este missionário promoveu algumas mudanças no princípio da vertibilidade da tradução de Henriques, o que levou os inacianos a

---

180 ZUPANOV, I. G. Do sinal da cruz à confissão em Tâmul: gramáticas, catecismos e manuais de confissão missionários na Índia Meridional (séculos XVI-XVII). *In*: HESPANHA, A. M. (org.). *Os construtores do Oriente português*. Porto: CNCDP, 1998, p. 164.

181 Sobre este aspecto da atuação de Xavier e de Henriques na costa da Pescaria, ver ZUPANOV, I. G. *op. cit.*, pp. 159-162; e TAVARES, C. C. da S. *op. cit.*, pp. 128-130.

reescreverem as orações e a literatura básica da religião católica, substituindo o tâmul por conceitos sânscritos ou bramânicos. Nobili os consideravam mais sofisticados, pois eram falados por soberanos da dinastia *Nayakas* e pelos sacerdotes locais. Ademais, este jesuíta alegava que tais conceitos ofereciam menos risco à ocorrência de palavras ambíguas que pudessem não expressar os verdadeiros sentidos do catolicismo. Seu método, por esta razão, ficou conhecido como *accommodatio*. Rapidamente foi aplicado no Japão e na China, e seu princípio básico

> consistia em encontrar, no seio da própria cultura, os elementos que poderiam depois ser usados como significantes para os referentes cristãos. Assim, se o tipo mais elevado de sacrifício se chamava *puja* em sânscrito e em tâmul, o seu equivalente cristão, a missa, assumiria o nome local, mas teria um significado cristão.[182]

Apesar de criticado por essas mudanças, Nobili seguiu uma tendência dos inacianos em atividade na China e na corte mongol. Ali, respectivamente, o mandarim e o persa eram considerados os idiomas mais adequados para se transmitir a mensagem do Cristo. Entre todos os idiomas indianos, o sânscrito era tido pelo padre como o mais apto para tal finalidade. Afinal, a utilização das línguas locais na atividade missionária não era uma recomendação das autoridades seculares portuguesas de Goa, e a insistência nesse método rendeu aos jesuítas sérias acusações. Uma delas foi a de que os padres da Companhia de Jesus não ensinavam a língua portuguesa para os nativos (e até mesmo os impediam de conhecê-la) para exercer maior influência sobre os naturais do que as autoridades goesas.[183]

Célia Tavares, em análise complementar à de Zupanov, indica que muito da crítica feita às inovações de Nobili decorreu do fato dele ser italiano, diferente de Henriques, que era português. Entretanto, para além das diferenças de ação refletirem a formação dos padres baseada nas especificidades culturais dos seus países,

> parece ser mais proveitoso entender que a existência de métodos diferenciados do trabalho de cristianização desenvol-

182 ZUPANOV, I. G. *op. cit.*, p. 162.
183 *id. ibid.*, pp. 155-165.

> veu-se em função do maior ou menor apoio da Coroa portuguesa, ou onde havia um significativo aparato administrativo lusitano, que trabalhava em associação com os objectivos missionários e fazia prescindir de estratégias engenhosas de mediação cultural.[184]

O uso das línguas locais nas pregações e na redação de catecismos na Ásia serviu de referência para algumas estratégias de conversão adotadas na América portuguesa, como veremos. À luz dos métodos persuasivos utilizados pelos inacianos em regiões ligadas ao Império português pelo parentesco espiritual, não resta dúvida que esta técnica evangelizadora foi um resultado das experiências da mediação cultural decorrentes da ausência do poder temporal lusitano na costa da Pescaria. Esta ideia reforça-se com o estudo realizado por Lourdusamy sobre a atuação dos jesuítas na costa da Pescaria. O pesquisador afirma que, na região, o aprendizado da língua representou um contato mais profundo entre os portugueses e os paravas, e que resultou em trocas culturais. Ali, o cristianismo apresentou-se como um elemento de articulação entre esses povos e de integração de uma nova cultura. A escrita de catecismos, de dicionários tâmul/português, de livros de confissão, além da tradução de livros da vida dos santos e de Cristo, é entendida por Lourdusamy como uma primeira tentativa dos inacianos em latinizar os elementos religiosos dos paravas convertidos na década de 1530.[185]

Além do domínio das línguas locais, os missionários esforçaram-se em estabelecer ritos e festas religiosas que transporiam os ritos e festas das religiões locais. No entanto, nesse empenho os missionários acabaram por aceitar o que Lourdusamy chamou de "indianização dos rituais e adorações", ou seja, a utilização de elementos da cosmologia das religiões locais na assimilação dos elementos do catolicismo. Nesse conjunto de ação esteve, ainda, o trabalho dos jesuítas na construção de imagens cristãs, como as igrejas, em que os missionários infundiam os elementos da cultura portuguesa em matérias visíveis. Erguidas em momentos e lugares diferentes ao longo

184 TAVARES, C. C. da S. *op. cit.*, p. 140.

185 LOURDUSAMY, A. S.J. Characteristics of the portuguese missionary activity in the meeting of cultures. *In*: *Actas do Congresso Internacional de História Missionação Portuguesa e encontro de culturas*. v. III. Braga: CNCDP, 1993, pp. 497-509.

da costa da Pescaria, traziam o modelo arquitetônico português.[186] Os elementos culturais portugueses foram disseminados também com a tecnologia marítima e a circulação de moedas portuguesas na região, o que indica, para o historiador, que a contribuição dos portugueses para a cultura Tamil não se limitou aos aspectos religiosos.

Em perspectiva de análise semelhante à de Lourdusamy, Serge Gruzinski percebeu que, na missionação empreendida pelos franciscanos no vale do México, a conversão dos naturais significava a salvação de suas almas e, também, sua integração ao novo sistema político e civilizacional imposto pelos conquistadores, porque a fé era o denominador comum dos súditos do rei e dos silvícolas. Assim, ao utilizarem elementos da cultura europeia para infundir o catolicismo na região fizeram com que nascesse uma cultura híbrida, com elementos locais e europeus: a cristianização, então, teria causado a ocidentalização do Novo Mundo.[187]

Na costa da Pescaria, esse processo ocidentalizador pode ser observado na concessão de privilégios que os portugueses faziam aos paravas convertidos: a participação no comércio; a proteção militar contra os rivais Nayakas e muçulmanos; além de outros privilégios sociais que ofereciam não somente *status* aos novos cristãos, mas que auxiliavam na assimilação e absorção da cultura lusitana e, ainda, desenvolvia nos nativos um sentimento de pertencimento e lealdade à Coroa portuguesa. Este sentimento, segundo Lourdusamy, foi o mais sensível elemento de identificação, no plano político, dos conversos nativos do Tamil Nadu com os portugueses.[188] E, podemos acrescentar, também uma perfeita expressão da solidariedade católica na constituição de um império marítimo.

O exame de Lourdusamy, em suma, concorda com a ideia de que a busca de termos no idioma tâmul similares aos elementos da religião católica foi parte de um conjunto amplo de ação missionária. Na costa da Pescaria, o cristianismo apresentou-se como um elemento de articulação e integração cultural, isto é, como um método evange-

---

186 Foram construídas igrejas em Tuticorin (1582), Kottar (1543), Tutoor (1616) e Punnaikayal (1551). Ver LOURDUSAMY, A. S.J. *op. cit.*, p. 496. O autor também indica a construção de igrejas em Mylapore, Manapad, Palayakayal e Uvari, mas não indica as datas.

187 GRUZINSKI, S. *O pensamento mestiço*. São Paulo: Companhia das Letras, 2001, pp. 93-110.

188 LOURDUSAMY, A. S.J. *op. cit.*, pp. 493-509.

lizador adequado lá onde a dominação política e militar lusitana não chegou, diferentemente do que ocorrera no Japão. Lá, como veremos, os jesuítas enfrentaram tanto a ausência do poder político de Portugal quanto a falta de interesse dos nipônicos de aderir a fé de Cristo como forma de estabelecer alianças com os portugueses.

Os inacianos no Japão

A missionação jesuítica no Japão teve início em 1549 com a chegada de Francisco Xavier. Diferentemente do que ocorreu na costa da Pescaria, nenhum processo de evangelização empreendido pelo clero secular precedeu a missão da Companhia de Jesus. Assim, inicialmente Xavier identificou o modo de vida dos japoneses para só depois desenhar as estratégias de evangelização para a região.

Em carta enviada para o colégio de São Paulo, em Goa, o padre mencionou que os homens estimavam muito suas armas (espadas e punhais) e não toleravam nenhuma injúria ou palavra dita com desprezo. Era assim que zelavam por sua honra e de sua família, que era mais valorizada do que a riqueza material. Um indicativo disto, segundo Xavier, era o fato de pessoas nobres casarem com outras de castas mais baixas. Outro aspecto que chamou a atenção do jesuíta foi o nível de instrução formal, ou seja, a maioria da população sabia ler e escrever, o que, para Xavier, era um ponto favorável para o ensino das coisas de Deus.[189] Ainda, pelo fato de serem pessoas limpas, educadas, letradas e que faziam o uso da razão, eram consideradas "constantes", ou o oposto do que Xavier havia identificado nas regiões por onde passou, onde os "infieis (...) saõ gente muito barbara & ignorante, & isto com terem mediocres letras, & muitas virtudes".[190]

---

189 Conferir XAVIER, F. Carta para o colégio de São Paulo em Goa, escrita em Cangoxima em 05 de novembro de 1549. Trata-se da primeira carta que compõe o documento "Copia de vnas cartas del padre mestre Frãcisco, y del padre M. Gaspar, y otros padres dela compãnia de Iesu, que escrirvieron de la India a los hermanos del colegio de Iesu, de Coimbra... ff. 01-11v.

190 XAVIER, F. Carta do Padre Mestre Francisco, o primeiro da Companhia que foy â India, e Iapam; para o padre Mestre Simão Provincial de Portvgal: escrita em Goa a XX de ianeiro, de 1549. *In*: GARCIA, J. M. (org.). *Cartas que os padres e irmãos da Companhia de Iesu escreuerão dos Reynos de Iapão & China aos da mesma Companhia da India, & Europa, des do anno de 1549 atè o de 1580*. Edição fac-similada da edição de Évora, 1598. Tomo I. Maia: Castovila Editora, 1997, f. 01. Os documentos dessa coleção são paginados por folhas (f. 01, 01v, 02,

Essa diferença entre os japoneses e os demais povos da Ásia levou muitos outros missionários a manifestarem entusiasmo e otimismo na conversão do Japão, que era tida como uma terra "aparelhada" para receber o cristianismo: "da carta do padre Cosme Torres, saberão o muito que o Sñor obra em aquella terra, e o grande aparelho que ha, & prudencia & constancia daquella gente, & boa vontade do Rei & principes della, para se prantar em toda ella nossa santa feê".[191]

Embora a condição intelectual dos japoneses fosse tida como um fator positivo para a evangelização, Xavier informou que a população local adorava ídolos, que eram homens antigos que viveram como filósofos; e tinham seus padres, chamados de bonzos, homens que viviam, aos olhos do jesuíta, em pecado público por terem mulheres e filhos. Xavier, então, se manifestou sobre os bonzos como sendo um grande problema à evangelização porque os naturais tinham muita obediência a esses sacerdotes que, quando repreendidos pelos jesuítas, riam com desprezo e continuavam difundido seus graves pecados entre a população. Mesmo sendo um problema, o padre advertiu que os bonzos eram gentis e queriam bem aos padres. Faziam muitas perguntas sobre Deus e se admiravam com o fato dos missionários andarem mais de seis mil léguas para falar sobre Ele: "nosotros no pretendemos differencias con ellos, ni por su temor auemos de dexar de hablar de la gloria de dios y dela saluacion de las almas".[192]

A ressalva de Xavier sobre os bonzos pode ser entendida como a indicação de um mal da terra a ser combatido, mas na ausência do poder secular português, os inacianos sabiam que deveriam e precisavam usar meios de persuasão adequados àquela realidade. O irmão Pedro da Companhia de Jesus, por exemplo, contou que travou "disputa" com um bonzo e, por vencê-lo, aquele e os demais sacerdotes disseram para os locais que "tudo o que pregamos he mentira, &

02v...) e de forma sequencial a todas as cartas.

191 BRÃDAM, A. Carta para os Irmãos da Companhia de IESV, com hum capitolo tirado d'outra carta escrita em Goa, a 23 de Dezembro, de 1554 annos. *In*: GARCIA, J. M. (org.). *Cartas que os padres e irmãos da Companhia de Iesu escreuerão dos Reynos de Iapão & China aos da mesma Companhia da India, & Europa, des do anno de 1549 atè o de 1580*... f. 30. Os termos "gente polida & de razão", além de "há aparelho pela gente ser capaz de razão" são constantes nas cartas dos missionários que atuaram no Japão.

192 XAVIER, F. Carta para o colégio de São Paulo em Goa, escrita em Cangoxima em 05 de novembro de 1549... f. 12.

que não sejam paruos, porque os enganamos".[193] O jesuíta completou a história informando que foram apedrejados pelos bonzos e só não se machucaram porque tiveram a proteção dos fidalgos locais.[194]

Além das "disputas", os jesuítas iniciaram o estudo da língua local com apenas quarenta dias de estadia no Japão. Francisco Xavier colocou os padres e irmãos que o acompanharam na viagem para aprender a língua, e "Paulo, nuestro charissimo hermano trasladara en su lengua fielmente todo lo que es necessario para la saluacion de sus almas".[195] O irmão Pedro contou que, quando de sua estada no Japão entre 1552 e 1553, identificou que na cidade de Yamánguchi havia mais de 1500 cristãos que sabiam de cor as coisas de Deus. O motivo? O padre Cosme de Torres já sabia a língua e o irmão Duarte da Silva estava aprendendo e dentro de um ano a saberia; e havia um menino japonês que sabia a língua portuguesa e lia a vida de Cristo para os demais.[196]

É possível perceber que, somado às recomendações de Xavier, os princípios teológicos da salvação ofereceram aos missionários recursos de persuasão para a conversão dos japoneses; recursos esses que previam, por sua natureza suasória, o uso da mediação cultural, tal como ocorria em outras regiões ligadas ao Império português pelo parentesco espiritual. Ao narrar o início das atividades na ilha, o irmão Arias Brandão informou que, com a concessão de um "principal", os jesuítas construíram um colégio onde rezavam missas, praticavam os exercícios espirituais e, principalmente, despertavam a vontade dos nativos de serem cristãos. Quando alguém manifestava tal desejo, primeiro os padres lhes doutrinavam para depois batizá-los, "y este es el modo que aca se tiene con la gentilidad que primero an de saber la doctrina que los baptizem".[197] Do mesmo modo que Brandão, o irmão

193 ALCACEUA, P. Carta para os irmãos da Companhia de IESV de Portugal, escrita em Goa, no anno de 1554. Conta alguñas cousas de Iapam, do anno de 52 & 53 que la esteue. *In*: GARCIA, J. M. (org.). *Cartas que os padres e irmãos da Companhia de Iesu escreuerão dos Reynos de Iapão & China aos da mesma Companhia da India, & Europa, des do anno de 1549 atè o de 1580*... f. 25.

194 *id. ibid.*, f. 25-25v.

195 XAVIER, F. Carta para o colégio de São Paulo em Goa, escrita em Cangoxima em 05 de novembro de 1549... f. 15.

196 ALCACEUA, P. Carta para os irmãos da Companhia de IESV de Portugal, escrita em Goa, no anno de 1554... f. 27v.

197 BLANDÕ, A. Carta que escriuio de Goa alos padres y hermanos dela cõpañia de Iesus em Portugal (23/12/1554). Trata-se de carta que compõe o documento "Copia de Vnas Cartas

Gonçalo Fernandez informou que em três dias "fez passante de seiscentos christãos depois de instruydos, & cathequizados".[198]

Obedecendo aos preceitos da doutrina católica da salvação, o padre Luís Fróis revelou o uso da pregação como um meio de despertar a vontade dos japoneses de serem cristãos. Desse seu modo de agir resultou o batismo de um fidalgo da corte de Mioxindono, que "andou muitos dias ouuindo antes de se fazer christaõ",[199] e pouco depois de batizado levou mulher e filhos para serem salvos com a água e com a doutrina cristã. Atuando também nesse sentido, o mestre Melchior apontou a utilização de meninos órfãos de Portugal no Japão como meio de persuasão dos nativos e de salvação de suas próprias almas:

> los niños que lleuamos con nosotros a Iapon para aprender la lengua y officiar los officios diuinos se exercitan assi enel exercicio delas virtudes como del estudio, las fiestas solemnizan en la yglesia mayor con canto de Organo que era cosa enesta tierra desacostumbrada, es para loar mucho a Dios ver el feruor y desseo que lleuan de padecer muchos trabajos en Iapon por la honra de Dios.[200]

---

de algunos padres y hermanos dela compañia de Iesu que escriuieron dela India, Iapon, y Brasil alos padres y hermanos dela misma compañia, en Portugal trasladadas de portugues en castellano. Fuerõ recebidas el año de mil y quinhentos y cincuenta y cinco. Acabaronse a treze dias del mes de Deziember. Por Ioan Aluarez. Año M.D.L.V". *In*: MACHADO, D. B. (org.). Noticias das sagradas missioens Executadas por Varões Apostolicos na China, Japaõ e Etiopia. Collegiadas por Diogo Barbosa Machado, Abbade da Igreja de Santo Adriaõ de Sever, e Academico da Academia Real. Tomo I. Compreende do anno de 1555, até 1693, f. 10. A paginação dessa coleção também é feita por folhas e de forma sequencial a todas as cartas.

198 FERNANDEZ, G. De hua do irmão pera hum irmão do Colegio da Cõpanhia de IESV de Coimbra, escrita em Goa, no primeiro de Dezembro de 1560. *In*: GARCIA, J. M. (org.). *Cartas que os padres e irmãos da Companhia de Iesu escreuerão dos Reynos de Iapão & China aos da mesma Companhia da India, & Europa, des do anno de 1549 atè o de 1580*... f. 72.

199 FRÓIS, L. Carta do padre Luis Frões do Sacáy, a quatro de Outubro de 1568. *In*: GARCIA, J. M. (org.). *Cartas que os padres e irmãos da Companhia de Iesu escreuerão dos Reynos de Iapão & China aos da mesma Companhia da India, & Europa, des do anno de 1549 atè o de 1580*... f. 250v.

200 MELCHIOR, M. Carta que scriuio de Malaca alos padres y hermanos dela compañia de IESV de Portugal (03/12/1554). Trata-se de carta que compõe o documento "Copia de Vnas Cartas de algunos padres y hermanos dela compañia de Iesu que escriuieron dela India, Iapon, y Brasil alos padres y hermanos dela misma compañia, en Portugal trasladadas de portugues en castellano"... *In*: MACHADO, D. B. (org.). *op. cit.*, f. 18. No Capítulo 3 veremos que a pregação, a conversão de crianças, o uso de meninos portugueses órfãos nas missões, bem como a ostentação dos ritos católicos eram recursos persuasivos usados também no Brasil, o que nos permite considera-los como "políticas evangelizadoras", tal como a "disputa", o uso dos "bons cristãos", a tradução e o domínio dos idiomas locais.

Este modo de atuação foi reforçado a partir de 1570, ano em que Francisco Cabral substituiu Cosme de Torres no cargo de Superior da Missão do Japão. Cabral intensificou o trabalho de conversão de crianças e de homens nobres ("principais da terra"), o que traria a conversão das pessoas sob suas influências; ordenou que o método de catequese se aproximasse ao máximo dos costumes japoneses, o que exigia maior domínio da língua local; e passou a exigir grande preparação dos catecúmenos antes do recebimento do batismo para evitar a confusão do cristianismo com as crenças locais. O historiador Léon Bourdon aponta que havia a necessidade de se ensinar os preceitos da religião cristã antes do batismo porque a preparação dos catecúmenos não era apenas dogmática, mas moral: a conduta dos candidatos ao sacramento tinha que ser baseada nos mandamentos de Deus e da Igreja, e esses tinham que romper com seus costumes e crenças e não podiam mais obedecer a seus parentes, mas somente os mestres jesuítas. Entre a população adulta, o uso da penitência (confissão) assegurava aos jesuítas o controle de suas condutas baseadas nos dogmas católicos, principalmente daqueles que se casavam.[201] Como se observa, além de estarem em sintonia com a doutrina católica da salvação, as estratégias evangelizadoras usadas na região eram os recursos persuasivos de mediação cultural que substituíam a força bruta na evangelização.

A nova fase da missão empreendida por Francisco Cabral no Japão seguia, desde a supervisão de Cosme de Torres, num clima de entusiasmo. Uma década mais tarde, entretanto, o bom ânimo dos missionários deu lugar a inquietações advindas das dificuldades em se converter os japoneses. Dentre essas, o visitador da Companhia de Jesus que percorreu a região, Alexandre Valegnano, apontou a dispersão da cristandade em diversos "reinos gentios". Além da dificuldade em exercer o controle nesses locais, o costume dos japoneses de

---

201 Sobre as ações de Francisco Cabral no Japão, entre 1570 e 1581, ver BOURDON, L. *La Compagnie de Jésus et le Japon*: la fondation de la mision japonaise par François Xavier (1547-1551) et les premiers résultats de la prédication chrétienne sous le supérioritat de Cosme de Torres (1551-1570). Lisbonne: Fondation Calouste Gulbenkian; Paris: Centre Culturel Portugais, 1993, pp. 599-634; e diversas passagens de RIBEIRO, M. T. P. B. *A nobreza cristã de Kyûshû*. Redes de parentescos e acção jesuítica. Dissertação (Mestrado em História) – Programa de Pós-Graduação em História dos Descobrimentos e da Expansão Portuguesa (séculos XV-XVIII) – Universidade Nova de Lisboa, Lisboa, 2006.

serem extremamente dependentes dos seus senhores impedia que a população prestasse obediência aos jesuítas. Valegnano reconhecia que muitos desses senhores permitiam que os padres da Companhia pregassem em seus domínios e, também, que seus súditos se convertessem, mas de modo algum permitiam que o bispo de Goa exercesse jurisdição sobre eles.[202]

Analisar apenas esses aspectos da missionação jesuítica no Japão não abarca, evidentemente, a sua totalidade, mas nos permite compreender quais eram os pontos comuns da lógica e da dinâmica em que se processaram as primeiras missões da Companhia de Jesus no Império português entre 1542 e 1580. E vista sob esta perspectiva, as dificuldades apontadas por Valegnano na conversão dos japoneses decorreram da falta de interesse dos nativos de aceitarem o parentesco espiritual como forma de estabelecer alianças com os portugueses, fator que explica, também, o fato dos missionários usarem a persuasão para despertar o desejo pela religião cristã: além de esta ser uma necessidade apontada por Tomás de Aquino à conversão dos pagãos, foi um recurso adequado lá onde a dominação política e militar de Portugal não chegou. Não obstante, o desinteresse dos nipônicos ao catolicismo rendeu a expulsão dos jesuítas em 1614, e em 1639, de todos os portugueses que lá estavam.[203]

---

202 Conferir VALEGNANO, A. Carta do Visitador pera o Illustrissimo, & Reuerendissimo senhor dom Theotonio de Bragança Arcebispo de Euora, de Arima a 15 de Agosto de 1580. *In*: GARCIA, J. M. (org.). *Cartas que os padres e irmãos da Companhia de Iesu escreuerão dos Reynos de Iapão & China aos da mesma Companhia da India, & Europa, des do anno de 1549 atè o de 1580*... ff. 477v-479.

203 José Manuel Garcia aponta que em 1587 o cristianismo foi proibido de ser praticado no Japão, mas a religião continuou a ser professada. Porém, com o advento da dinastia Tokugawa, em 1603, a religião ocidental passou a ser duramente repreendida. Por visar um governo centralizador, os representantes da dinastia viam o cristianismo como um elemento de fragmentação e desestabilização social e cultural. Assim, em 1614 foi promulgado um édito de expulsão dos missionários católicos, mas os religiosos passaram e entrar clandestinamente na ilha com o auxílio dos comerciantes lusos. Tal insistência causou grandes massacres de cristãos em 1638; e em 1639, todos os portugueses foram expulsos e proibidos de retornarem ao Japão. Ver GARCIA, J. M. *Ao encontro dos Descobrimentos*: temas de História da Expansão. Lisboa: Editorial Presença, 1994, pp. 113-115.

A primeira missão da Companhia de Jesus no reino do Congo

O interesse da população local em aderir ao cristianismo foi um fator que incidiu diretamente na ação dos jesuítas nas regiões onde Portugal não exercia domínio político e militar efetivo, e a missionação no Congo reflete a questão. Ali, as atividades se processaram em situação semelhante à da costa da Pescaria, pois os inacianos chegaram à região em um momento em que o processo de cristianização já havia sido iniciado e obedecia, assim como na região asiática, à solidariedade religiosa que auxiliou na constituição de um império-rede sem territorialidade.

O primeiro contato estabelecido entre portugueses e congoleses se deu em 1483 durante a viagem de Diogo Cão. Inicialmente, criou-se uma relação pacífica, tendo o capitão levado jovens locais para o reino português a fim de educá-los na religião e civilização europeias. O reflexo dessa formação se fez sentir em 1491, quando o rei congolês, na ocasião Nzinga-a-Nkuwu, aceitou o batismo juntamente com seu filho e chefes por ele escolhidos. Nesse momento, embaixadores do ManiCongo foram para a Europa e solicitaram padres para a conversão dos congoleses e ofereceram o seu povo como súditos de Portugal em troca de apoio militar contra reinos vizinhos. O rei do Congo foi receptivo com os portugueses porque a aristocracia local tinha o interesse de usar o cristianismo contra linhagens rivais, e os portugueses, além do intuito evangelizador, interessavam-se por metais e escravos, importantes que eram para a empresa ultramarina.[204]

Seu filho, D. Afonso I, assumiu o poder em 1509 após a vitória na disputa pelo trono e mostrava ser um cristão devoto, já que era um estudioso dos textos bíblicos, propagava o catolicismo em seu reino e era aliado comercial da Coroa portuguesa. Seu comportamento, portanto, permitiu que D. Manuel estabelecesse a relação de parentesco espiritual com o reino africano, o que significava, também, a criação de um elo de influência política. Em seu Regimento de 1512, o monarca lusitano propôs uma reestruturação social, política e cultural para o Congo, mas sua aceitação foi parcial: o reino manteve suas formas de organização tradicionais, seu sistema jurídico e comercial. Os portu-

204 Ver DORÉ, A. As atuações no Reino do Congo e na Costa da Pescaria... pp. 233-237.

gueses, por seu lado, conseguiram criar o cargo de conselheiro do rei, o que lhes dava a condição de participar de decisões administrativas. No plano cultural, os congoleses incorporaram alguns ritos das cortes ibéricas e nomenclaturas de acordo com a hierarquia local; os nobres passaram a usar trajes ocidentais nos encontros festivos da corte; e os batizados adquiriam nomes portugueses.[205]

Quando do início da missionação jesuítica, em 1548, o Congo era governado por D. Diogo I (1546-1561). Em 1546, Lisboa recebeu a notícia de que D. Diogo havia expulsado seu representante do clero secular, D. João Batista. Em carta dirigida a D. João III, o rei congolês alegou que o bispo auxiliar[206] tinha pouco zelo em realizar as pregações e as missas, e tratava os congoleses com desleixo:

> e por vermos tall primçypio, a pouqua doutrina que fazia, tam pouqua que nem pregaçam, nem estaçam, nem exempro, nem vigitaçam, nem comsolaçam, se pode com verdade dizer que feyto deyxa nem fizese, pello qual ho espidimos amtes que maes mall com sua estada se recreçese.[207]

A ausência de uma autoridade religiosa no Congo causou preocupações à Coroa portuguesa. Sendo o Congo um "reino cristão" que fornecia escravos para a empresa ultramarina, a notícia da existência de riquezas minerais na região a serem exploradas aumentava sua importância. D. João III, então, intercedeu junto ao padre Simão Rodrigues, Provincial da Companhia de Jesus em Portugal, para que uma missão jesuítica fosse enviada ao reino africano.[208]

---

205 Sobre o primeiro contato entre portugueses e congoleses, ver, além do citado texto de Doré, SOUZA, M. de M. e. *Reis negros no Brasil escravista*: história da festa de coroação de Rei Congo. Belo Horizonte: Editora UFMG, 2002, pp. 71-76; SOUZA, M. de M. e. Reis do Congo no Brasil colonial. *In*: VENTURA, M. da G. A. M. (coord.). *Os espaços de sociabilidades na Ibero-América (sécs. XVI-XIX)*. Lisboa: Edições Colibri, 2004, pp. 151-163; e CRUZ, M. A. P. da; LUCENA, M. M. G. C. de. O antigo Reino do Congo. Tradição e mudança. *In*: VITORIANO, J. M.; CRUZ, M. A. P. da; LUCENA, M. M. G. C. de. *História da África Ocidental*. Lisboa: ISCSP, 1998, pp. 253-263.

206 D. João Batista tinha o cargo de bispo auxiliar no Congo, já que o clero secular do reino era legalmente subordinado ao bispo de São Tomé.

207 DIOGO, D. Carta do rei do Congo a D. João III (25/02/1547). *In*: BRÁSIO, A. (org.). *Monumenta Missionaria Africana*. África Ocidental (1532-1569). v. II. Lisboa: Agência Geral do Ultramar, 1955, p. 156.

208 Sobre a questão conferir ALMEIDA, C. J. D. A primeira missão da Companhia de Jesus no reino do Congo (1548-1555). *In*: *D. João III e o Império*. Actas do Congresso Internacional

Em 1548 chegaram os primeiros jesuítas no Congo. Os padres Cristóvão Ribeiro, Jacome Dias e Jorge Vaz, além do irmão Diogo do Soveral,[209] encabeçaram a primeira missão na região, que teve vida curta (durou até 1555). Carlos Almeida aponta que os jesuítas partiram de Portugal com informações de que no Congo havia um rei cristão dedicado à salvação dos africanos, mas não foi preciso muito tempo para os missionários desvelarem um cenário diferente do que imaginavam: muitos elementos da religião cristã haviam sido assimilados com a cosmologia da religião local. D. Afonso havia incorporado os rituais cristãos aos cultos da sua religião no intuito de reforçar sua posição política. Quando da ascensão do seu neto D. Diogo, o batismo já tinha incorporado em seu ritual a ingestão de sal para a proteção contra bruxas e feiticeiras; as missas, por seu lado, representavam uma cerimônia em que o rei congolês e os membros do seu kanda recebiam a benção dos seus antepassados, e as celebrações eram assistidas somente por aqueles que levavam oferendas.[210] Ou seja, o catolicismo no reino africano era lido e praticado à luz de suas tradições fortemente arraigadas.

De fato, ao se iniciar a atividade evangelizadora, de um lado Jorge Vaz indicou com entusiasmo o batismo de 2700 almas, a construção de igrejas e de uma escola de ler e escrever.[211] Por outro, Cristóvão Ribeiro e Jácome Dias denunciaram a falta de doutrinação e o desamparo espiritual da terra, além de apontarem que a antropofagia e a poligamia eram os principais males a serem eliminados para que se fizesse algum fruto no ManiCongo.[212]

---

comemorativo do seu nascimento. Lisboa: Centro de História de Além-Mar, 2004, pp. 866-868.

209 A indicação é feita em JOÃO III, D. Carta ao rei do Congo, recommendando-lhe quatro jesuítas que mandava ao seu reino. 09 d'agosto de 1547. *In*: ACADEMIA R. das S. de L. *História do Congo (Documentos)*. Lisboa: Typographia da Academia, 1877, pp. 83-84.

210 ALMEIDA, C. J. D. A primeira missão da Companhia de Jesus no reino do Congo (1548-1555)... pp. 880-882. De acordo com o autor, o kanda era uma linhagem ou um grupo baseado na consanguinidade ou interesses afins. Dos kandas principais se escolhiam os candidatos ao trono do Congo.

211 VAZ, J. Carta do padre Jorge Vaz (01/08/1548). *In*: BRÁSIO, A. (org.). *Monumenta Missionaria Africana*. África Ocidental (1532-1569). v. II... pp. 183-185. Não há a indicação do destinatário, como algumas das outras cartas dessa coleção.

212 Conferir RIBEIRO, C. Extracto de uma carta do padre Cristóvão Ribeiro (31/07/1548). *In*: BRÁSIO, A. (org.). *Monumenta Missionaria Africana*. África Ocidental (1532-1569). v. II... pp. 177-178; e DIAS, J. Extracto de uma carta do padre Jácome Dias (01/08/1548). *In*: BRÁSIO, A. (org.). *Monumenta Missionaria Africana*. África Ocidental (1532-1569). v. II... pp. 179-182.

Além de questões doutrinais, eram constantes as queixas sobre o tratamento que os portugueses recebiam no Congo. Jorge Vaz escreveu a Francisco de Barros de Paiva, então capitão de São Tomé, informando que o rei do Congo não queria ouvir as pregações, proibia os padres de ensinarem a fé para as mulheres e não consentia que fosse realizada uma missa pela alma de D. Afonso.[213] Pouco depois, o capitão escrevera a D. João III acusando D. Diogo de maus tratos. Entre os portugueses leigos presentes no reino africano, Paiva indicou que alguns tiveram suas fazendas confiscadas, outros foram presos sem cometerem crime algum, e muitos foram espancados pela guarda real. Mas o rei cometia outro agravo, "agora tocamdo no eclesyastico e nas cousas da cristandade que he obrigado fauorecer", que era o tratamento dado aos jesuítas. De acordo com o capitão, os padres, "que nem omras nem Interese buscão por Repremderem cousas pruvicas do pouo", foram obrigados pelo rei a "decer dos pulpetos e deytar fora da ygreja e que não pregasem".[214]

Por estas razões, Paiva relatava os acontecimentos na intenção de obter orientação sobre como proceder diante daqueles fatos, mas o monarca luso recebia mútuas acusações de desrespeito. D. Diogo, em carta escrita a D. João, explicou que os portugueses mal tratados foram aqueles que o acusaram de roubo depois de serem resgatados em um combate (e por isso alguns mereceram castigo); e que os padres da Companhia de Jesus foram expulsos da igreja e proibidos de pregar porque Jorge Vaz apontou o dedo para ele (o rei) e sua filha durante a missa para repreendê-los de seus pecados, o que era um grave desacato em público.[215]

Diante desse cenário envolto em querelas políticas e religiosas, as cartas enviadas pelos jesuítas reforçavam a necessidade de uma in-

213 VAZ, J. Carta do padre Jorge Vás ao capitão de São Tomé (11/02/1549). *In*: BRÁSIO, A. (org.). *Monumenta Missionaria Africana*. África Ocidental (1532-1569). v. II... pp. 228-230.

214 As queixas e as três citações referem-se a PAIVA, F. de B. de. Carta de Francisco de Barros de Paiva queixando-se a D. João III do mau procedimento de D. Diogo, rei do Congo, tinha para com os portuguezes, e principalmente para com os ecclesiasticos, porque além do pouco acatamento que tivera para com o bispo, chegára a mandar descer do pulpito e sair da egreja os padres da companhia por estigmatisarem os males do povo, etc. – 18 de fevereiro de 1549. *In*: ACADEMIA R. das S. de L. *op. cit.*, p. 94.

215 DIOGO, D. Carta do rei do Congo D. Diogo, queixando-se a D. João III do procedimento dos Jesuitas, que do pulpito abaixo o insultavam, e nomeadamente do padre Jorge Vaz, etc. – 10 de março de 1550. *In*: ACADEMIA R. das S. de L. *op. cit.*, pp. 99-101.

tervenção da Coroa portuguesa na administração local para que fosse viável o desenvolvimento da ação missionária. Na mesma epístola enviada ao capitão de São Tomé, Jorge Vaz sugeria que, pelas atitudes do rei,

> muy neçessario pareçe ser que elRey nosso Senhor acuda cõ rigor a estas cousas, pois o tratalos sua alteza atee aguora cõ tãtos mimos e regalos, os tem postos no cume da soberba, por que creia v. m. que não tomaõ as cousas de s. a. com pay e senhor que os estaa criando cõ tantos regalos, mas tomam nas como de pessoa inferior; e daquy lhes vê porê os pees por cima de tudo.[216]

A conduta de D. Diogo incomodava os inacianos porque as dificuldades da evangelização partiam do próprio soberano, que era apresentado, nas epístolas, como um homem instável e cujas ações não tinham objetivos ou orientações guiadas pela razão. Este seu comportamento se refletia nos seus súditos[217] e, diante da situação, os inacianos passaram a defender a ideia de que a subjugação dos gentios ao rei lusitano seria premissa fundamental para a conversão e correção da fé praticada pelos novos cristãos. Além dos padres, o capitão de São Tomé deixou transparecer que partilhava da opinião, embora estivesse ciente da impossibilidade de intromissão do monarca luso na administração congolesa. Na mesma carta que enviou para D. João III, em que relatou os maus tratos de D. Diogo, o capitão escrevera que

> todas estas cousas quis lembrar (...) a vossa alteza, porque soubesse, não avemdo êmêda, como tão façilmente poderá dar o castigo; e por que sey ê verdade que as jentes naturães destas partes não fazem nûqua de si rezão senão por temor e ynteresse, que dos outros cõprimêtos e boas maneiras são eles muyto esquecidos.[218]

---

216 VAZ, J. Carta do padre Jorge Vás ao capitão de São Tomé (11/02/1549)... p. 229.

217 Sobre a questão, conferir ALMEIDA, C. J. D. A primeira missão da Companhia de Jesus no reino do Congo (1548-1555)... pp. 874-879.

218 PAIVA, F. de B. de. Carta do capitão de São Tomé a D. João III (18/02/1549). *In*: BRÁSIO, A. (org.). *Monumenta Missionaria Africana*. África Ocidental (1532-1569). v. II... p. 237. Trata-se da mesma carta deste padre já citada, no entanto, esta apresenta o trecho citado que foi suprimido da carta da outra coleção.

A Coroa portuguesa não interveio na questão e os incidentes com D. Diogo levaram os inacianos a partirem do Congo para São Tomé até que tivessem condições políticas para retomarem suas atividades naquele reino.[219] Em 1552, o jesuíta Cornélio Gomes escreveu a Inácio de Loyola para lembrá-lo da necessidade de se restabelecer a missão, porque teve informações que o rei seria deposto e em seu lugar assumiria um favorável aos inacianos: "El rey que a de soceder mediante la gracia diuina, es todo nuestro, lo que mucho estimamos por prouecho suyo y honrra de Dios; y lo que más es quiere el rey y cardenal que tomemos aquel reyno á nuestro cargo".[220]

Apesar da confiança nesse acontecimento, e principalmente de ter o controle da vida espiritual do Congo, os jesuítas não puderam usufruir de tal condição para retomarem suas atividades no local. D. Diogo não foi deposto e reinou até 1561, mas Cornélio Gomes foi designado, ainda em 1552, ao cargo de Superior da Missão.[221] Tal fato pode ser entendido como uma tentativa de reorganizar a missionação diante da impossibilidade de subjugação dos congoleses ao rei português.

Em seis meses de atividades, o padre relatou que apenas um menino e três escravos moribundos foram batizados, "y la razon desto es por el probable peligro de se tornar á las costumbres antiguas los que no tuvieron estos médios, como lo tenemos experimentado en este reino".[222] Pelo fato dos jesuítas não poderem usar a força bruta na conversão, como ocorria em Goa, o perigo de os batizados retornarem a praticar seus antigos costumes foi o mesmo motivo que levou Cornélio a orientar o padre Frutuoso Nogueira a não oferecer o "Santo Batismo" a ninguém que não tivesse sido primeiramente catequizado

219 Em carta para D. João III, D. Diogo indica que os missionários foram para São Tomé depois do incidente na missa, e que Jorge Vaz não permitia que os padres sob seu comando retornassem para o Congo. Ver DIOGO, D. Carta do rei do Congo D. Diogo, queixando-se a D. João III do procedimento dos Jesuitas, que do pulpito abaixo o insultavam, e nomeadamente do padre Jorge Vaz, etc... p. 100.

220 GOMES, C. Carta do padre Cornélio Gomes a Santo Inácio (18/07/1552). Por comisión del P. Mestre Mirón. *In*: BRÁSIO, A. (org.). *Monumenta Missionaria Africana*. África Ocidental (1532-1569). v. II... p. 275.

221 Sua nomeação é apontada em documento sem autoria da Companhia de Jesus: NOVA missão dos jesuítas ao Congo (1552). *In*: BRÁSIO, A. (org.). *Monumenta Missionaria Africana*. África Ocidental (1532-1569). v. II... pp. 277-278.

222 GOMES, C. Carta do padre Cornélio Gomes a um padre de Portugal (29/10/1553). *In*: BRÁSIO, A. (org.). *Monumenta Missionaria Africana*. África Ocidental (1532-1569). v. II... p. 296.

e instruído na fé. Quanto às crianças, os jesuítas deveriam saber se os pais eram já cristãos ou gentios. Se cristãos, os inacianos tinham que acompanhar o que ensinavam a seus filhos sobre a doutrina, justamente para não haver o risco das crianças voltarem aos costumes dos pais. Daí nasceu o projeto de Cornélio para a construção de um colégio destinado a, aproximadamente, seiscentas crianças filhas de "principais da terra".

Nessa tentativa de reorientar a missionação, além da necessidade de grande preparo dos congoleses ao batismo, Cornélio apresentou outros dois problemas à evangelização. Um se devia às constantes doenças e mortes de missionários; e o outro era um velho e conhecido entrave às atividades: a atitude de D. Diogo. O rei ainda proibia seus súditos de irem à igreja, não abandonava suas idolatrias, cometia pecados públicos e, quando repreendido pelo jesuíta, "se puso tan cruelmente contra el Provisor y clérigos, que non les quiere ver ni consentir en sus muros".[223]

Experimentando o mesmo problema dos missionários que foram para o Congo em 1548, Cornélio também acreditava que a sujeição fosse o melhor remédio para aquele mal, principalmente porque o rei não reconhecia a autoridade dos portugueses:

> Creo, Padre mio, que á uno de muchos males le tengo miedo, y es que ninguna sujecion quiere tener al Provisor, ni á la Iglesia, ni á Dios, como esté em muchos publicos pecados, y ni quiere dar que se sujeta (...). Y de esta mala raiz de su desobediencia le nace no obrar en él ninguma virtud (...), porque ninguna cosa quiere que conozcan de él que le sujeta, y paréceme que dejará antes de usar de estos remedios necesarios que mostrar sujeccion y tener necesidad.[224]

---

223 GOMES, C. Carta do padre Cornélio Gomes a um padre de Portugal (29/10/1553)... p. 306. Entre os pecados públicos cometidos por D. Diogo estava a poligamia. O rei tinha várias concubinas, muitas delas suas parentes, como informa outro documento sem autoria: A missão dos jesuítas no Congo (1553). *In*: BRÁSIO, A. (org.). *Monumenta Missionaria Africana*. África Ocidental (1532-1569). v. II... pp. 311-320. Almeida comenta que o parentesco era um elemento de organização social, e a prática de casar-se com várias mulheres garantia uma coesão social, pois consolidava alianças entre os kandas. Para o rei, significava estender essa aliança a linhagens de onde tradicionalmente se escolhiam os sucessores reais. A prática da poligamia, que antes era consentida pelo clero secular, passou a ser duramente reprimida pelos jesuítas, mas coibi-la requeria a intromissão em uma estrutura de poder fortemente enraizada em tradições. Ver ALMEIDA, C. J. D. A primeira missão da Companhia de Jesus no reino do Congo (1548-1555)... pp. 874-879.

224 GOMES, C. Carta do padre Cornélio Gomes a um padre de Portugal (29/10/1553)... pp.

No entanto, enquanto a intervenção de Portugal não chegava, o padre procurou se aproximar do monarca para melhor instruí-lo na fé cristã. Mesmo que tenha conseguido manter uma boa relação com D. Diogo, este ainda se mostrava intransigente quanto à aceitação de alguns preceitos relativos aos sacramentos da Santa Sé e protagonizou episódios de escândalos morais ao se casar com uma de suas concubinas.[225] E foi justamente o desgaste dessa relação a razão apontada pelos jesuítas para o fim da Missão do Congo. No momento em que Inácio de Loyola recomendou ao Provincial de Portugal (então o padre Diogo Miró) que reunisse seus consultores e oferecesse um parecer e ordem às atividades do Congo,[226] Cornélio já estava em regresso a Portugal. Ao chegar, alegou que não pôde fazer fruto e remediar o rei e o reino, e colocava-se à disposição do Geral para ir à Índia, Japão, Etiópia ou Brasil.[227] Diogo Miró explicou que "la causa de su venida fué porque en ninguna manera pudo hazer fruto en aquellos negros, por el rey serle muy contrario (...) y si assí no lo hiziera, corría peligro de su vida sin ningún prouecho".[228]

A visão dos missionários, baseada na profunda e inequívoca relação entre assuntos políticos e religiosos, não lhes permitia identificar outras causas para o insucesso da evangelização no Congo. Não sabiam os jesuítas que, ao iniciarem suas atividades no reino africano, as limitações do poder luso se refletiriam em suas próprias limitações

---

306-307.

225 Informações contidas em documento sem autoria: MISSÃO do padre Cornélio Gomes no Congo (1554). *In*: BRÁSIO, A. (org.). *Monumenta Missionaria Africana*. África Ocidental (1532-1569). v. II... pp. 356-366. Segundo Carlos Almeida, os missionários não conseguiram impedir um dos casamentos de D. Diogo, cuja cerimônia foi realizada, em 1552, de acordo com o ritual cristão. Ver ALMEIDA, C. J. D. A primeira missão da Companhia de Jesus no reino do Congo (1548-1555)... pp. 877-878.

226 Ver LOYOLA, I. de. Carta de Santo Inácio ao padre Mirão (20/02/1555). *In*: BRÁSIO, A. (org.). *Monumenta Missionaria Africana*. África Ocidental (1532-1569). v. II... p. 370. Miró respondeu ao Geral que tinha informações que Cornélio regressara a Portugal com dois dos três meninos órfãos que levara consigo, e o motivo do retorno era a desavença com D. Diogo. Ver MIRÓ, D. Carta do padre Mirão a Santo Inácio (05/08/1555). *In*: BRÁSIO, A. (org.). *Monumenta Missionaria Africana*. África Ocidental (1532-1569). v. II... p. 371.

227 GOMES, C. Carta do padre Cornélio Gomes a santo Inácio (04/091555). *In*: BRÁSIO, A. (org.). *Monumenta Missionaria Africana*. África Ocidental (1532-1569). v. II... pp. 374-376. O padre indicou, nesta missiva, que Frutuoso Nogueira e um dos meninos órfãos morreram no Congo por motivo de doença.

228 MIRÓ, D. Carta do padre Diogo Mirão a Santo Inácio (05/09/1555). *In*: BRÁSIO, A. (org.). *Monumenta Missionaria Africana*. África Ocidental (1532-1569). v. II... p. 377.

na missionação. Diante da realidade que experimentaram no local, os padres não concebiam a conversão sem um domínio efetivo de Portugal, ou seja, não poderia haver incompatibilidade entre missão e poder político luso na região. Carlos Almeida compartilha desta ideia e acrescenta que a relação de tensão dos jesuítas com D. Diogo orientou o planejamento de outras missões na África. A de Angola, por exemplo, menos de uma década depois, se fazia sob um discurso em que a subjugação do povo africano era premissa para o sucesso da atividade evangelizadora: "pareçe quasi impossiuel auerse de fazer nada nestes gentios, em quanto naõ forem gouernados del Rei de Portugal".[229]

John Thornton lembra que a leitura apressada e despretensiosa da relação de tensão entre os jesuítas e D. Diogo levou muitos cientistas sociais e historiadores a duvidarem de uma conversão genuína do Congo e, consequentemente, do completo estabelecimento da religião cristã no interior da sociedade congolesa após a ascensão de D. Afonso. De acordo com o autor, esses pesquisadores encontraram nas fontes indícios de que o catolicismo foi aceito não como uma nova religião, mas como um culto sincrético que concordava mais com os cultos da religião local do que com a cosmologia cristã. Deve-se considerar, entretanto, segundo o autor, que os missionários, e mesmo os observadores leigos, não tinham o intuito de compreender a infusão de elementos da religião local no catolicismo europeu, mas sim de apontar se as práticas religiosas eram consideradas ilícitas, ou heterodoxas, como fizeram os jesuítas da malograda missão de 1548-1555.[230] Afinal, quando do primeiro contato com o cristianismo, em 1491, aquele povo não sabia o que significava o cristianismo. Como bem observou Manuel Alfredo Martins, Nzinga-a-Nkuwu não sabia que o batismo exigia o abandono da poligamia e dos cultos tradicionais, e muito menos que o sacramento representava a destruição dos feitiços e a aceitação de regras contrárias aos hábitos arraigados. Foi por esta razão que os primeiros convertidos voltaram aos seus antigos costumes e, nesse retorno, mesmo com a chegada dos jesuítas (e mais tarde dos capuchinhos), "o cristianismo não passava de um verniz superficial a cobrir as concepções tradicionais, profundamente enraizadas".[231]

229 GOUVEIA, F. de. Carta do Padre Francisco de Gouveia ao Geral da Companhia (1-11-1564). *In*: BRÁSIO, A. (col. e anot.). *Monumenta Missionaria Africana*. Lisboa: Agência Geral do Ultramar, I Série, 1953, v. XV, doc. nº. 85, p. 231. *ap*. ALMEIDA, C. J. D. A primeira missão da Companhia de Jesus no reino do Congo (1548-1555)... p. 888.

230 THORNTON, J. *op. cit*., pp. 147-151.

231 MARTINS, M. A. de M. *op. cit*., p. 115.

Temos, a exemplo dessa concepção, a primeira tentativa de conversão em Moçambique empreendida pelos jesuítas. Em 1560, os padres Gonçalo da Silveira e André Fernandes, acompanhados de um irmão da ordem, saíram de Goa em direção a Tanga, capital do reino de Gamba. Ao chegarem, os padres foram bem recebidos e logo batizaram cerca de 450 pessoas. Entre eles estavam o rei, suas mulheres, filhos e demais nobres ligados ao monarca. Para os jesuítas, a receptividade daquele povo era uma demonstração de aceitação da fé cristã. No entanto, os missionários não sabiam, também, que foram confundidos com os albinos. Os nativos acreditavam que depois da morte os espíritos iam para a água, e que alguns voltavam pelo mar reencarnados nos albinos, uma categoria de mágicos. Assim, pelo fato dos jesuítas não conseguirem produzir magia que fizesse chover, o rei recorreu ao método tradicional. Houve, então, mútua acusação de feitiçaria, o que rendeu a expulsão dos inacianos de Tanga, em 1562. Nesse interregno, Silveira havia deixado o irmão e o padre Fernandes na região para batizar o rei de Monomotapa, à margem sul do rio Zambeze. Ali, no entanto, sua "incapacidade" de trazer a chuva lhe rendeu a morte.[232]

Conclui-se, diante desses episódios, que não se trata de considerar se ocorreu ou não a sincera conversão do Congo ao cristianismo, mas sim de entender que o catolicismo foi apreendido na região a partir das estruturas mentais dos africanos. E nessa apreensão, a fé que praticavam, evidentemente, dava mostra aos jesuítas de uma fé heterodoxa, algo inadmissível em um momento de reforma religiosa na Europa. Assim, pelo fato de os missionários não chegarem como representantes de um rei conquistador, como em Goa, tiveram que aceitar um sincretismo religioso, o mesmo comportamento observado na costa da Pescaria. No caso do Congo, o que se observa é que houve um esforço dos jesuítas em eliminar as práticas religiosas consideradas heterodoxas, mas encontraram a resistência do próprio rei congolês porque muitas delas representavam estratégias de governação. Desprovidos da legislação lusitana que previa o uso da força na evangelização, os missionários viram-se limitados a denunciar aquilo que viam como erros e crimes cometidos contra o catolicismo.

232 Conferir o estudo de FELICIANO, J. F. Os encontros e desencontros das Missões. Uma leitura sociológica sobre o Leste Africano no século XVI. *In*: *Actas do Congresso Internacional de História Missionação Portuguesa e encontro de culturas*. v. II... pp. 67-76.

Entretanto, qualquer interferência do rei português na resolução dos problemas apontados pelos inacianos poderia levar ao rompimento de uma relação diplomática estabelecida também por interesses que transcendiam a religiosidade.

A essa forma de se entender a primeira missão jesuítica no Congo soma-se a proposição de Thornton de que houve uma possível permissão, por parte do clero, da ocorrência de práticas religiosas sincréticas no Oriente. Tanto na China quanto na costa do Malabar ocorreu a fusão dos elementos católicos com o confucionismo e o hinduísmo, respectivamente. Os novos ritos oscilavam entre considerações heterodoxas e ortodoxas, dentro de um jogo político entre as ordens religiosas presentes nesses locais: no caso chinês, os jesuítas identificavam os ritos como práticas ortodoxas, opiniões que se confrontavam com as considerações dos franciscanos de que os asiáticos praticavam um catolicismo heterodoxo. Para Thornton, os inacianos mantinham essa posição porque assim seria mais fácil a aceitação da religião cristã por parte da população local.[233] Essa discussão, iniciada em fins do século XVI, desenrolou-se ao longo do século seguinte sobre a designação de "querela dos ritos malabares e chineses", um amplo debate teológico acerca das manifestações religiosas cristãs no Oriente que envolvia as ordens religiosas, a Santa Sé e o Santo Ofício da Inquisição. A intransigência dos inacianos em mudar de opinião, entretanto, desembocou em um sério conflito entre a ordem e o papado no século XVIII.[234]

As opiniões contrárias das ordens religiosas sobre as práticas católicas estiveram presentes também no Congo a partir do século XVII.[235] As divergências recaíam sobre manifestações como a feitiçaria (consultas feitas aos líderes religiosos, que exerciam funções sociais associadas à magia e medicina), ora tida como uma prática pagã, ora como herética. Era, enfim, uma tentativa de definir a religião praticada no além-mar em termos teológicos onde o clero regular, mais do que o secular, esforçou-se em controlar as funções religiosas e em suprimir

233 THORNTON, J. *op. cit.*, pp. 154-155.

234 Sobre as querelas dos ritos malabares e dos ritos chineses ver BOXER, C. R. *O império marítimo português, 1415-1825*. São Paulo: Companhia das Letras, 2002, pp. 242-261.

235 Em 1618 o rei congolês, então Álvaro III (1614-1622) negociou com Roma o envio do clero regular. Assim, em 1619 os jesuítas restabeleceram a missão no local, e em 1645 chegaram os primeiros capuchinhos italianos. Ver THORNTON, J. *op. cit.*, p. 164.

práticas que não eram aceitas na Europa e que foram identificadas, com outra roupagem, no Oriente e no Novo Mundo.[236]

Nesse jogo político entre as ordens religiosas no Congo é possível identificar um conjunto fragmentado que operou na evangelização, conversão e tentativa de afirmação da religião cristã na região. Desse conjunto, interessa-nos perceber que a primeira missão da ordem inaciana foi condicionada à relação que a Coroa lusitana estabelecia com o reino africano, fator que, para Thornton, levou os missionários a serem tolerantes com as práticas sincréticas do catolicismo. Não obstante, a limitação dos padres nos assuntos temporais do reino africano não lhes permitiu assegurar, de forma contundente, por uma das determinações da Santa Sé (mais tarde assegurada pelo Concílio de Trento): separar as manifestações da fé católica de outras manifestações menos ortodoxas, ao contrário do que ocorreu na porção espanhola da América, por exemplo.

Thornton aponta, nos seguintes termos, a diferença entre a missionação portuguesa no reino africano e a espanhola empreendida no Novo Mundo: os primeiros chegaram na África com uma "concepção inclusiva da religião", enquanto os espanhóis aplicaram um "conceito exclusivo da religião" na América.[237] O clero regular a serviço da Espanha esforçava-se em compreender a cosmologia das religiões ameríndias a fim de eliminar suas crenças. A intenção era evitar confusão na assimilação do cristianismo e assegurar que não houvesse nenhuma identificação entre os deuses da pré-conquista com o Deus cristão. As palavras-chave da espiritualidade católica eram as espanholas, e não as das línguas locais. Mesmo que com o passar do tempo os evangelizadores tivessem que aceitar um sincretismo religioso, teoricamente mantiveram uma postura rígida e intolerante, forçando os naturais a aceitar inteiramente uma nova cosmologia religiosa. Não obstante, a conversão era sempre colocada em dúvida e apenas era considerada

---

236 Conferir THORNTON, J. *op. cit.*, pp. 163-164.

237 O historiador indica que a concepção exclusiva da religião também foi aplicada em Portugal e Castela quando da conversão dos judeus nos séculos XV e XVI. Os cristãos-novos estavam sempre sob suspeita e a simples atitude de colocar uma camisa limpa na sexta-feira poderia assinalar para um retorno ao antigo preceito. Ou seja, não importava de fato como os cristãos-novos aceitavam a religião católica: as práticas judaizantes, duramente reprimidas pelo Santo Ofício da Inquisição, forneciam sempre motivos plausíveis para que os cristãos-novos não tivessem seus direitos civis reconhecidos. Ver THORNTON, J. *op. cit.*, p. 153.

verdadeira quando os nativos deixassem de lado seus elementos culturais, revelando que, para os americanos, a aceitação do cristianismo era um ato de submissão aos europeus e, de certo modo, um fator de inserção na nova sociedade estabelecida pelos conquistadores.

O historiador explica que a diferença entre a concepção inclusiva e exclusiva da religião está relacionada à forma como os missionários chegaram às terras de além-mar: no Congo, chegaram como convidados de um rei recém convertido ao cristianismo; no México e Peru, por outro lado, como conquistadores,[238] ideia que corrobora a premissa de que foi a relação que as Coroas ibéricas estabeleceram com os locais onde estavam os missionários que condicionou a evangelização. E na análise da atuação da Companhia de Jesus nos domínios ultramarinos portugueses, como vimos, a questão fica bastante evidente. Interessa ressaltar, no entanto, que a concepção exclusiva da religião aplicada na América espanhola não é visualizada de forma ampla a partir da atuação dos inacianos na região, já que o rei castelhano permitiu a chegada dos jesuítas no local apenas em 1566, como veremos adiante.

Ora, à semelhança da missionação jesuítica na costa da Pescaria, esses eram recursos de mediação cultural. No caso da América espanhola, então, podem ser entendidos como meios considerados eficazes que os franciscanos encontraram para combater a poligamia, a idolatria, entre outros pecados combatidos pela Igreja em vias de reforma. Pelo fato dos missionários chegarem como conquistadores, podiam fazer tanto o uso da força como atuarem como mediadores culturais, e a adoção de um ou outro método só podia ser feita de acordo com a relação que as Coroas ibéricas mantinham com as regiões onde atuavam os missionários. Na América espanhola, os padres podiam usar a força e outros meios de persuasão porque a Espanha havia dominado a região política e territorialmente. Em contrapartida, Portugal não podia intervir diretamente em alguns locais (como no Congo, costa da Pescaria e Japão), o que exigia que os jesuítas utilizassem métodos persuasivos não violentos (atuação como mediação cultural). Mesmo porque, nesses locais o cristianismo era o elo de uma relação diplomática baseada na solidariedade religiosa que interessa-

238 THORNTON, J. *op. cit.*, pp. 152-154.

va para os nativos (que conseguiam auxílio na defesa de suas regiões e a inserção nas redes de comércio) e para os portugueses (que assim mantinham um império-rede sem territorialidade no Oriente).

Esse modo de missionação comum entre as ordens religiosas revela que o uso da persuasão e da força eram técnicas próprias da expansão da cristandade. Estava, segundo Gruzinski, na lógica da modernidade. Referindo-se à atuação dos franciscanos na América hispânica, o autor comenta que

> a originalidade das formas que vimos surgir no México indígena do século XVI não pode ser dissociada daquilo que não podemos evitar chamar de "modernidade" da Espanha conquistadora e do império de Carlos V. Sabe-se que, apesar do precedente mouro, foi na Nova Espanha que a Igreja e o Estado lançaram a colossal empresa de sujeição de grandes populações a uma 'polícia', um gênero de vida uniforme, e foi também lá que a prática impôs uma definição precisa do casamento cristão, uma pedagogia da confissão em grande escala, e onde, ainda, a Coroa se desvencilhou de formas feudais.[239]

A modernidade de que fala o historiador é explicada por Richard Morse. O pesquisador entendeu que as formas que os reinos ibéricos tomaram no século XVI foram frutos das posições que assumiram diante das revoluções religiosas e científicas que se processaram na Europa. A opção que fizeram pelo tomismo-aristotélico lhes ofereceu uma visão de mundo moderna para o momento, e a escolha pela tradição católica, em detrimento da protestante, atendia à conservação da moral e das formas de conceber a realidade, características do seu povo desde a Idade Média. Nesse caso, era uma "modernidade conservadora", já que a tradição católica, depois do passado de sujeição aos árabes, viu-se obrigada a elaborar rigorosas "fontes de orientação e julgamento a que deveria responder a ação humana"[240] diante do protestantismo. No que diz respeito à cura das almas, os jesuítas encabeçaram uma nova direção espiritual que as revoluções colocavam ao seu tempo. Segundo Morse, a Companhia de Jesus era "um velho

---

239 GRUZINSKI, S. *A colonização do imaginário*: sociedades indígenas e ocidentalização no México espanhol, séculos XVI-XVIII. São Paulo: Companhia das Letras, 2003, p. 113.

240 MORSE, R. M. *O espelho de próspero*: cultura e ideias nas Américas. São Paulo: Companhia das Letras, 1988, p. 44.

vinho de espiritualidade bíblica vertido numa garrafa nova". Os *Exercícios Espirituais* do seu fundador não se traduziam, como se presumia, como um manual a todos os bons cristãos, mas sim como um guia para os médicos espirituais. Aqueles que decidiam operar pela manutenção do catolicismo e salvar almas à moda da Igreja de Roma ingressaram em uma ordem religiosa cujo fundamento baseava-se numa analogia ao serviço militar; analogia esta "totalmente moderna na era do surgimento dos Estados nacionais".[241]

Com características modernas, portanto, a Companhia de Jesus compartilhou com outras ordens religiosas métodos de evangelização inspirados no dogma católico da salvação e, particularmente, nos princípios tomistas de combate aos hereges e pagãos, tipos humanos que deveriam ter suas almas salvas no embate das reformas religiosas em curso na Europa. Em outras palavras, os missionários extraíam do Velho Continente as matrizes teóricas para a leitura, intervenção e tentativa de transformação de sociedades que, mesmo distintas étnica e culturalmente, eram vistas de forma homogênea como um bloco à espera da salvação. E foram exatamente esses métodos, comuns a outros espaços de atuação da Companhia de Jesus e também condicionados à relação estabelecida por Portugal, que orientaram o empreendimento missionário dos jesuítas no Brasil entre 1549 e 1580.

241 As duas citações referem-se MORSE, R. M. *op. cit.*, p. 46.

Capítulo 3
Semeando um novo mundo: a organização e o desenvolvimento da Missão do Brasil em tempos de privilégio (1549-1580)

3.1 Governo-Geral: uma proposta secular e eclesiástica para a Brasil Colonial

Em 29 de março de 1549 chegaram à Província de Santa Cruz os primeiros jesuítas designados à Missão do Brasil. Sob o comando de Manoel da Nóbrega, os padres Leonardo Nunes, Antônio Pires e João Azpilcueta Navarro, além dos irmãos Vicente Rodrigues e Diogo Jácome, aportaram na Baía de Todos-os-Santos juntamente com Tomé de Sousa, primeiro governador-geral da Terra de Vera Cruz.

Assim como havia ocorrido em Goa, a missão na região americana teve início em um momento de reforma que buscava a dinamização da administração. O novo sistema criado para a América em fins de 1548, o Governo-Geral, nasceu como uma medida reparadora das capitanias-donatarias adotadas por D. João III nos primeiros anos da década de 1530. Este último sistema visava o desenvolvimento de novas áreas de produção de açúcar e a garantia da posse efetiva do Brasil frente às invasões de outros povos europeus. Isso porque, quando do achamento do território, Portugal tinha suas atenções voltadas ao comércio na Índia. Apenas algumas regiões da costa americana foram ocupadas para dar apoio às expedições que ali faziam escala e a extração da sua riqueza, como o pau-brasil, foi cedida pela Coroa a grupos particulares de cristãos-novos. Em 1530, entretanto, a ameaça corsária fez com que o monarca luso estabelecesse uma nova medida colonizadora para a região. Nomeado Governador da Terra do Brasil, Martim Afonso de Souza (o mesmo que doze anos mais tarde seria enviado como governador do Estado da Índia) saiu de Portugal encarregado de explorar o litoral brasileiro e iniciar o cultivo de açúcar. Em 1534, então, foram criadas as capitanias-donatarias a serem controladas por particulares, medida que reduzia os gastos da Coroa com a empresa ultramarina. Destarte, não fora hábil esse sistema para conter as incursões inimigas e os abusos jurídicos cometidos pelos donatários. Os conflitos entre os colonos demonstraram a fragilidade da administração descentralizada das capitanias e, com exceção de Pernambuco, o sistema não produziu o efeito desejado pelo reino, uma vez que a ocupação do vasto território americano não se mostrava atrativa para a iniciativa privada.[242]

Até a instituição do Governo-Geral, o território estava precariamente povoado por portugueses. A estimativa é de que existissem entre 3.000 e 4.000 colonos e cerca de 10.000 africanos cativos na região. Nas diretrizes do novo sistema administrativo, portanto, povoar o Brasil obedecia à sua valorização econômica no interior da empresa marítima e à sua ocupação e domínio efetivo.[243]

Há um consenso na historiografia brasileira de que a finalidade do Governo-Geral era enfeixar o poder nas mãos do soberano português. Para povoar definitivamente a região, e nela incrementar a produção açucareira, os governadores-gerais deveriam trabalhar pela integração de suas regiões e, para isso, receberam atribuições militares, administrativas, jurídicas e eclesiásticas: eram comandantes das tropas lusas na região; cuidavam dos assuntos fazendários; aplicavam as penas previstas pelas Ordenações; e assessoravam, nomeavam e fiscalizavam as autoridades religiosas em terras brasílicas.[244]

---

242 Sobre a questão, conferir SCHWARTZ, S. B. *Segredos internos*: engenhos e escravos na sociedade colonial, 1550-1835. São Paulo: Companhia das Letras, 1988, pp. 30-35; e COUTO, J. *A construção do Brasil*: ameríndios, portugueses e africanos, do início do povoamento a finais de quinhentos. Lisboa: Edições Cosmos, 1998, pp. 207-235.

243 Os dados sobre a quantidade de colonos no Brasil são oferecidos em MARCÍLIO, M. L. A população do Brasil Colonial. *In*: BETHELL, L. (org.). *História da América Latina*. A América Latina Colonial. v. II. São Paulo: Editora da Universidade de São Paulo; Brasília: Fundação Alexandre de Gusmão, 1999, pp. 311-338. Já os números da população escrava pode ser visto em KLEIN, H. S. A demografia do tráfico atlântico de escravos para o Brasil. *Estudos Econômicos*. v. 17, n. 2, maio/agosto 1987, pp. 129-149.

244 Estão de acordo, nesta perspectiva de análise, ABREU, J. C. de (1853-1927). *Capítulos de história colonial*. Brasília: Senado Federal, Conselho Editorial, 2006, pp. 55-64; CALMON, P. *História do Brasil*. v. I. 2 ed. Rio de Janeiro: Livraria José Olympio, 1963, pp. 214-216; HOLANDA, S. B. de. A Instituição do Governo-Geral. *In*: __________ (dir.). *História Geral da Civilização Brasileira*. A época colonial: do descobrimento à expansão territorial. v. I. Tomo I. 16 ed. Rio

Embora exista a consideração de que o Governo-Geral (por razões próprias da dinâmica social e política da região ao longo do período colonial) nunca tenha conseguido cumprir seu papel de centralização política efetivamente,[245] fato é que sua proposta inicial estava em perfeita sintonia com o novo modo de governar adotado por D. João III: imbricava sentidos políticos e religiosos sob a inspiração das ideias tomistas, e tal fator é apreendido no texto do Regimento de Tomé de Sousa. O documento é iniciado com uma dimensão política dos intuitos administrativos do Governo-Geral e menciona que,

> Eu, o rei, faço saber a vós, (...) que vendo eu quanto serviço de Deus e meu é conservar e enobrecer as capitanias e povoações das terras do Brasil e dar ordem e maneira com que melhor e mais seguramente se possam ir povoando, para exalçamento da nossa Santa Fé e proveito de meus reinos e senhorios, e dos naturais deles, ordenei ora de mandar nas ditas terras fazer uma fortaleza e povoação grande e forte, em um lugar conveniente, para daí se dar favor e ajuda às outras povoações e se ministrar justiça e prover nas coisas que cumprirem a meu serviço e aos negócios de minha fazenda e a bem das partes (...).[246]

Povoar as capitanias, construir fortaleza e prover a justiça na região são indicativos do intuito de D. João III de garantir a manutenção do seu domínio. Este, no entanto, não estava desassociado da sua obrigação de exaltar a fé, medida que garantiria a preservação do bem comum dos seus súditos. Para isso, era necessário também converter os naturais:

> Porque a principal coisa que me moveu a mandar povoar as ditas terras do Brasil, foi para que a gente delas se convertesse à nossa Santa Fé Católica, vos encomendo muito que pratiqueis com os ditos capitães e oficiais a melhor maneira que para isso se pode ter; e de minha parte lhes direis que lhes agradecerei muito terem especial cuidado de os provocar a

de Janeiro: Bertrand Brasil, 2008, pp. 123-132; e FAORO, R. *Os donos do poder*: formação do patronato político brasileiro. v. 1. 13 ed. São Paulo: Globo, 1998, pp. 137-141.

245 Ver HOLANDA, S. B. de. A Instituição do Governo-Geral... pp. 138-141.

246 REGIMENTO de Tomé de Sousa de 17 de dezembro de 1548. *In*: INÁCIO, I. C.; LUCA, T. R. de (orgs.). *Documentos do Brasil Colonial*. São Paulo: Ática, 1993, p. 50.

> serem cristãos; e, para eles mais folgarem de o ser, tratem bem todos os que forem de paz, e os favoreçam sempre, e não consistam que lhes seja feita opressão, nem agravo algum; e, fazendo-se-lhes, lhe façam corrigir e emendar, de maneira que fiquem satisfeitos, e as pessoas que lhes fizerem, sejam castigados como for justiça.[247]

A conversão dos indígenas era premissa fundamental para o rei garantir a manutenção e a harmonia do seu domínio para que este fosse, enfim, povoado, aquilo que Ângela Barreto Xavier aponta no caso da evangelização em Goa: os missionários eram instrumentos das reformas políticas, culturais e religiosas promovidas por D. João III no reino e em seus domínios; essas reformas, por seu turno, combinavam elementos *romanitas* e *christianistas* com o intuito de reorganizar os espaços conquistados por Portugal: não era preciso apenas possuí-los, mas administrá-los racionalmente e submeter suas populações ao seu Direito, língua e religião, obedecendo à construção de um modelo imperial inspirado no romano da época antiga mesclado com as necessidades surgidas da reforma religiosa pela qual passava a Europa no século XVI.[248] Não obstante, Guilherme Amaral Luz afirma que a conversão dos ameríndios legitimaria a proposta de D. João para a América e, nessa ação, se revelam as teorias neoescolásticas sobre a "guerra justa" presentes no Regimento: estabelecer a paz com os nativos e usar-se do "direito de guerra" apenas contra as tribos indígenas que sobrepujassem o direito dos lusitanos de se fixar na terra para explorá-la economicamente ou para pregar o Evangelho. Isso significa que o monarca luso absorveu, em suas diretrizes políticas para a América, as teses do teólogo espanhol Francisco de Vitória sobre a liberdade dos índios e de sua conversão pacífica. Suas ideias circularam na Europa durante a década de 1530 e defendiam que os indígenas eram seres racionais e que sua conversão deveria respeitar seu arbítrio, principalmente porque a bula *Sublimis Deus*, de 1537, já havia assegurado a existência de suas almas. Nesse caso, a força seria utilizada apenas quando estes colocassem em risco a integridade da *respublica*.[249]

---

247 REGIMENTO de Tomé de Sousa de 17 de dezembro de 1548... p. 51.

248 Ver XAVIER, Â. B. *A invenção de Goa*: poder imperial e conversões culturais nos séculos XVI e XVII. Lisboa: Imprensa de Ciências Sociais, 2008, pp. 41-65.

249 Ver LUZ, G. A. *Carne humana*: canibalismo e retórica jesuítica na América portuguesa

As teses de Vitória estavam em sintonia com o princípio tomista de conversão do pagão, onde a persuasão era tida como o instrumento para despertar seu desejo pelo batismo. E é sugestivo, nesse sentido, que D. João III tenha dito aos colonos, no Regimento, que "agradecerei muito terem especial cuidado de os *provocar* a serem cristãos". Agindo nesta perspectiva, Tomé de Sousa iniciou a reforma joanina na América juntamente com os padres da Companhia de Jesus.

3.2 A persuasão e a preparação dos gentios ao batismo

Entre 1549 e 1580, a Companhia de Jesus foi a única ordem religiosa autorizada pela Coroa portuguesa a trabalhar na evangelização dos ameríndios. Esse período de privilégio coincidiu com o estabelecimento e franco desenvolvimento das missões jesuíticas na colônia e, ainda, com a consolidação de sua influência na estrutura de poder da nascente sociedade: colonização e evangelização se configuraram como faces de uma mesma moeda.

Desde o início de suas atividades, os jesuítas percorreram diversas regiões da Terra de Vera Cruz e, além de iniciarem a evangelização dos nativos, identificaram vários problemas práticos que diziam respeito também à conjuntura colonizadora. De um modo geral, dentre as realizações dos inacianos na construção da nascente sociedade esteve a fundação da cidade do Salvador em 1549, ano em que Nóbrega percorreu as capitanias de Pernambuco e as do Sul (que atualmente correspondem à região Sudeste brasileira). Naquele ano, o padre mandou missionários para as capitanias de São Vicente, Ilhéus, Espírito Santo e Porto Seguro para iniciarem as atividades evangelizadoras com as tribos indígenas daquelas regiões.

A Missão do Brasil, em 1550, recebeu de Portugal os padres Afonso Braz, Manoel de Paiva, Francisco Pires e Salvador Rodrigues. Em 1553, os missionários fundaram a vila de Todos os Santos (atual

(1549-1587). Uberlândia: EDUFU, 2006, pp. 107-112. Voltaremos a discutir o tema no Capítulo 4.

cidade paulista de Santos), em São Vicente, e receberam os sete missionários que chegaram com o segundo governador-geral D. Duarte da Costa. Entre esses estavam o padre Luiz da Grã e o irmão José de Anchieta. Naquele mesmo ano, a Companhia de Jesus criou a Província do Brasil, e Nóbrega foi nomeado o Provincial.

Em 1554, ano da fundação do colégio de São Paulo, havia 26 missionários no Brasil: 4 na Bahia, 2 em Porto Seguro, 2 no Espírito Santo, 5 em São Vicente e 13 em Piratininga. Dois anos mais tarde foram fundados os colégios para a formação de padres em Piratininga e na Bahia. Mem de Sá, em 1558, assumiu o Governo-Geral no Brasil, momento em que os portugueses enfrentavam fortes resistências das tribos indígenas no Espírito Santo, Ilhéus, Bahia e Pernambuco. Nesses levantes, causados por guerras intertribais ou por guerras entre nativos e colonos, os jesuítas auxiliaram o governador atuando como pacificadores dos ameríndios, e os casos mais notáveis foram a guerra contra os Aymorés, em Porto Seguro (1560); e a pacificação dos Tamoyos no Rio de Janeiro (1565).[250]

Em 1560, ano em que a ordem contava com aproximadamente 40 missionários no Brasil, Luiz da Grã assumiu o posto de Provincial e recebeu mais dois irmãos enviados de Portugal. Naquele mesmo ano, Nóbrega prestou auxílio espiritual à tropa de Mem de Sá que destruiu o forte Coligny, fator que sete anos mais tarde contribuiria para a completa expulsão dos franceses da baía de Guanabara. Em 1565, José de Anchieta foi ordenado padre e, em 1566, os inacianos receberam o Visitador da Companhia de Jesus Ignácio de Azevedo, que levou consigo mais três padres, três irmãos e dois noviços para integrar a Missão do Brasil.

Manoel da Nóbrega, que mesmo não tendo o cargo de Provincial ainda exercia forte influência nas atividades da ordem, faleceu em 1570. Foi enterrado em São Sebastião do Rio de Janeiro, cidade que o padre havia auxiliado Estácio de Sá a fundar e onde foi criado um colégio da Companhia de Jesus. Nesta última década de exclusividade na missionação, o padre Anchieta foi nomeado Provincial (1577) e supervisionou

---

250 Dentre esses 26 missionários estavam Matheus Nogueira, Pero Corrêa e Antônio Rodrigues, portugueses presentes na colônia que foram admitidos como irmãos na Missão do Brasil. É possível identificar, nas cartas jesuíticas, também a admissão de cinco jovens irmãos que auxiliavam na catequese como intérpretes, mas não há a indicação se eram indígenas ou órfãos enviados de Lisboa. Eram eles Manoel de Chaves, João de Souza, Simão Gonçalves, Domingos Pecorella e Fernão Luis.

as atividades de 137 missionários (entre padres, irmãos e noviços) até o momento em que Filipe II da Espanha (ou Filipe I de Portugal) colocou fim ao privilégio jesuítico na missionação nos trópicos.[251]

O envolvimento dos jesuítas na lide colonizadora levou a historiografia brasileira a considerar, por muito tempo, que a evangelização não passou de um estratagema de conquista territorial. Mesmo porque, visto *a posteriori*, de fato o empreendimento missionário da Companhia de Jesus contribuiu significativamente para o desenvolvimento de uma colônia que, em 1549, ainda germinava.[252] Mas, para além de levarmos em conta os reflexos práticos da ação missionária no plano político e social do Brasil, precisamos compreender os fatores que impulsionavam uma empresa que visava, sobretudo, a conquista espiritual da nova terra.

Um exercício de comparação entre a atividade jesuítica no Brasil e aquelas desenvolvidas na Ásia e na África nesse período de privilégio nos permite afirmar que a missionação nos trópicos foi singular. Isso porque, a porção portuguesa da América, assim como Goa, era uma região ocupada e dominada politicamente por Portugal. No entanto, os jesuítas recorreram muito mais àquelas estratégias persuasivas empregadas em regiões ligadas ao império pelo parentesco espiritual do que à força bruta. Em outras palavras, a missionação no Brasil seguiu a mesma lógica de ação baseada nos preceitos históricos e teóricos da evangelização empreendida na Ásia e na África.

Não obstante, desde o início das atividades na Terra de Vera Cruz, os jesuítas organizaram as missões de modo muito semelhante ao que estava ocorrendo em outras missões do Império português. Além de acompanharem as expedições militares de reconhecimento promovidas pelo Governo-Geral, os missionários também formavam duplas para adentrar em regiões ainda não exploradas pelos colonos, principalmente o interior do continente. As cartas escritas por Nóbre-

251 Esses dados sobre a Missão do Brasil entre 1549 e 1580 foram obtidos a partir do cruzamento de informações contidas nas fontes, que serão citadas ao longo deste Capítulo 3, e em PEIXOTO, A. Synopse da Historia do Brasil e da Missão dos Padres Jesuítas, de 1549 a 1568. *In*: NAVARRO, A. e outros. *Cartas avulsas, 1550-1568*. Belo Horizonte: Itatiaia; São Paulo: Editora da Universidade de São Paulo, 1988, pp. 47-64; e PEIXOTO, A. Missão Jesuítica ao Brasil de 1549 a 1568. *In*: NAVARRO, A. e outros. *op. cit.*, pp. 65-73.

252 Retome, a esse respeito, a discussão historiográfica sobre a missionação jesuítica no Brasil feita na Introdução.

ga nos mostram que a escolha dos locais a serem desbravados levava em consideração não a indicação dos governadores-gerais, mas sim aquelas feitas por colonos e ameríndios convertidos que apontavam à existência de tribos indígenas que, em função de seus hábitos, eram consideradas mais fáceis de serem convertidas.[253]

Essas expedições evangelizadoras autônomas (isto é, sem a sua associação àquelas promovidas pela Coroa), tinham o apoio das autoridades régias porque, por um lado, o Governo-Geral também fundamentava-se em diretrizes religiosas; por outro, porque interessavam à Portugal também em função dos resultados práticos que a conversão dos nativos produziam à lide colonial: promovia a pacificação dos indígenas resistentes à presença do homem branco e garantia um mapeamento do território em processo de ocupação, o que norteava a abertura de novas áreas produtivas e mesmo a definição de novas políticas colonizadoras.

Com a liberdade de embrenharem-se na colônia, portanto, os inacianos contatavam os grupos indígenas que ainda não haviam entrado em contato com os portugueses. Ao estabelecerem um contato seguro com uma tribo, os padres faziam a avaliação do seu estado material, humano e, principalmente, espiritual. A observação do modo de vida ameríndio não tinha um intuito meramente etnográfico, mas sim de identificação das estruturas sociais e das relações de poder existentes nas tribos. Assim, ao mesmo tempo em que reconheciam os "principais da terra", mapeavam também os "males da terra" para, enfim, definirem a estratégia evangelizadora mais adequada àquela realidade. Em muitos casos, como veremos, os missionários levavam em conta também o modo de vida dos colonos e do clero secular que, na ótica dos jesuítas, constituíam entraves à missionação.

Para iniciarem a pregação das coisas de Deus, e da Igreja, os inacianos precisavam, fundamentalmente, aprender a língua local. De acordo com Nóbrega, os missionários foram orientados, ainda em 1549, a viver nas aldeias[254] para aprendê-la e nela doutrinar os indígenas, e o

---

253 A exemplo ver NÓBREGA, M. da. (1517-1570). Aos Padres e Irmãos (1551). *In*: __________. *Cartas do Brasil, 1549-1560*. Belo Horizonte: Itatiaia; São Paulo: Editora da Universidade de São Paulo, 1988, p. 115.

254 Em nosso estudo, as palavras "aldeia" e "aldeamento" serão correntes e adotaremos os seguintes critérios de grafia: quando "aldeia" aparecer com a letra inicial minúscula, tratar-se-á de uma aldeia criada pelos próprios indígenas e onde os padres ou não atuavam ou pretendiam atuar tomando para eles a sua administração. Quando a palavra aparecer com a letra inicial maiúscula expressará o sentido de "aldeamento", isto é, de uma aldeia ou criada pelos

próprio padre já havia trabalhado "por tirar em sua língua as orações e algumas práticas de Nosso Senhor e não posso achar língua que m'o saiba dizer, porque são eles tão brutos que nem vocábulos têm".[255]

Como se observa, o então Superior da Missão do Brasil deu início a uma estratégia evangelizadora que viria a ser usada por Xavier na Ásia anos depois, em 1556, certamente em função da troca de experiências missionárias através das cartas. Mesmo antes do aprendizado de idiomas locais ser transformado em uma importante política da Companhia de Jesus na Ásia, Luiz da Grã (que exercia o cargo de Provincial do Brasil) instituiu, em 1560, o curso obrigatório da língua brasílica para todos os missionários da ordem, quaisquer que fossem suas posições hierárquicas. O padre João de Mello confirmou a obrigatoriedade do estudo da "arte da língua brasílica que compoz o irmão Joseph", e que dentro de um ano todos, sem exceção, deveriam falar o idioma.[256]

Os jesuítas também buscavam o auxílio de intérpretes para realizar pregações e missas na aldeia onde se aprendia a língua, como fazia Azpilcueta Navarro na Bahia, em 1550. O clérigo informou que, com a ajuda dos "línguas" havia traduzido alguns artigos da fé como a criação do mundo, a encarnação, os mandamentos da Lei e orações, especialmente o Padre Nosso.[257] Seu superior, na ocasião Nóbrega, indicava com orgulho o fato de Navarro ser o mais adiantado no aprendizado da língua e comparava sua destreza com a de Xavier na Ásia.[258]

---

jesuítas ou por eles administrada. Isso porque, na documentação, os missionários faziam essa diferenciação para indicar se se tratava de uma "aldeia-missão" (aldeamento) ou um núcleo de povoamento nativo. A fim de evitar a excessiva repetição da palavra "aldeamento", também faremos menção e esse núcleo evangelizador como "aldeia jesuítica" ou simplesmente como Aldeia (sem o uso das aspas).

255 NÓBREGA, M. da. Ao Padre Mestre Simão Rodrigues de Azevedo (1549). *In*: __________. *op. cit.*, p. 73.

256 Citação e informação oferecidas em MELLO, J. de. Carta que escreveu para o Padre Gonçalo Vaz, preposito da casa de S. Roque da Companhia de Jesus em Lisboa, do Brasil aos 13 de Setembro de 1560. *In*: NAVARRO, A. e outros. *op. cit.*, p. 279. A "arte da língua brasílica" eram os manuscritos de José de Anchieta que foram impressos em Coimbra, em 1595, como "Arte de Grammatica Brasilica". O padre Ruy Pereira indicou que era obrigatório uma hora de estudo diário da língua. Ver PEREIRA, R. Carta aos Padres e Irmãos da Companhia na Província de Portugal, da Bahia a 15 de Setembro de 1560. *In*: NAVARRO, A. e outros. *op. cit.*, p. 296.

257 NAVARRO, J. de A. Extracto de uma carta da India do Brasil a 28 de Março de 1550. *In*: NAVARRO, A. e outros. *op. cit.*, p. 76. O padre prometeu enviar esses escritos para os irmãos de Coimbra em 1551. Ver NAVARRO, J. de A. Carta da cidade do Salvador do anno de 1551... p. 97. Cartas subsequentes não acusam se eles chegaram a Portugal.

258 NÓBREGA, M. da. Ao Padre Simão Rodrigues (1550). *In*: __________. *op. cit.*, pp. 103-105.

As pregações seguiam uma estratégia muito bem elaborada por Nóbrega. Uma vez que os missionários adquiriam conhecimento suficiente da língua em uma aldeia, iniciavam-se as visitas regulares a outras circundantes, e em cada uma delas os jesuítas comiam e dormiam. Muitas vezes, a pregação era feita à noite. No momento de descanso dos indígenas, iniciava-se uma conversa em tom familiar aos nativos para ser anunciado o reino do Céu. Era nesse momento que os padres convidavam as crianças a aprender a ler e escrever e, conjuntamente, conhecer a doutrina cristã.[259]

Além das pregações, os inacianos também realizavam "disputas" com os "principais da terra". Assim como travavam debates com os bonzos e mestres muçulmanos no Oriente, no Brasil esse era um recurso para anular a influência que os sacerdotes exerciam sobre as tribos. Nóbrega relatou uma dessas "disputas" com um caraíba na Bahia. Considerado o vencedor, o padre afirmou que mostrou aos demais índios que o "falso santo" estava errado. Redimido, ele pediu para ser batizado sob a promessa de deixar de ensinar "coisas demoníacas" nas aldeias.[260]

Nas aldeias, os inacianos procuravam persuadir principalmente os "principais da terra" e as crianças, como era feito em outras áreas de atuação da Companhia de Jesus na Ásia e na África. Quanto aos primeiros, esperava-se que, num primeiro momento, esses abandonassem os costumes tidos pelos padres como contrários aos preceitos católicos e, assim, servissem de exemplo para os seus.[261] Já as crianças, Nóbrega comentou que muitos pais ficavam contentes com o fato dos filhos serem educados pelos padres e, bem doutrinados e "acostumados em virtude", seriam "firmes e constantes", diferentemente dos genitores. Assim, eram construídas casas para se ensinar as crianças, e em muitos momentos esse foi o meio mais indicado para melhor converter os ameríndios.[262]

---

259 NÓBREGA, M. da. Ao Dr. Navarro, seu Mestre em Coimbra (1549). *In*: ___________. *op. cit.*, pp. 91-93.

260 Ver NÓBREGA, M. da. Ao Dr. Navarro, seu Mestre em Coimbra (1549)... p. 95. Adiante veremos que as "disputas" eram usadas também no combate a outros "males da terra" identificados pelos inacianos no Brasil.

261 Houve um caso em que os jesuítas permitiram que o "principal" de uma aldeia se sentasse à mesa na hora das refeições. Em retribuição, o homem passou a ajudar os padres na evangelização. Ver NÓBREGA, M. da. Ao Padre Mestre Simão Rodrigues de Azevedo (1549)... p. 74.

262 Ver NÓBREGA, M. da. Aos Padres e Irmãos (1551)... pp. 114-115; e NÓBREGA, M. da. Ao

Nas casas para os meninos, além de evangeliza-los, os jesuítas esperavam formar alguns "soldados de Cristo", e com os indiozinhos eram colocados os filhos dos portugueses que viviam no "sertão" com os indígenas.[263] Algumas crianças auxiliavam os missionários ensinando a doutrina para os mais velhos da aldeia. Normalmente, essa tarefa era designada aos filhos dos indígenas, porque as crianças mestiças trabalhavam como "línguas" (intérpretes) e acompanhavam os padres nas empreitadas de entrada no sertão.[264]

Charles Boxer observa que a utilização dos nativos na catequese foi um recurso comum dos jesuítas na Ásia, África e América. Além de suprir a carência de missionários, sempre em número reduzido no além-mar, os padres esperavam formar também um clero secular nativo na esperança de que pudessem ser úteis na evangelização. No entanto, a questão – que envolveu a Santa Sé, as Coroas ibéricas e demais ordens religiosas ao longo da época Moderna – foi motivo de intensos debates envoltos em preconceito racial. Muitos europeus, inclusive jesuítas, consideravam os asiáticos, africanos e ameríndios inferiores e incapazes para o sacerdócio, o que fez com que muitos domínios ultramarinos não tenham conseguido contar com um clero nativo, e é sintomático que muitas ordens, principalmente a Companhia de Jesus, tenha utilizado meninos órfãos de Lisboa em suas atividades evangelizadoras nos espaços ultramarinos.[265]

No Brasil, esses órfãos atuavam principalmente na persuasão dos ameríndios, porque "com seus cantares attrahem os filhos dos Gentios e edificam muito os Christãos"[266] durante as missas. Nas festas religiosas, os meninos entravam na cidade cantando em português as cantigas de glória ao Senhor, como ocorreu na procissão encomenda-

---

Padre Mestre Simão (1552). *In*: __________. *op. cit.*, p. 137.

263 "Sertão" era o nome dado ao interior do continente americano. Nóbrega comentou que em dois anos de atividades muitos meninos já haviam sido recolhidos, mas a esperança era de que se recolhessem todos, principalmente em Pernambuco, local em que eram muitos os "mestiços" vivendo nos "bárbaros" costumes dos indígenas. Ver NÓBREGA, M. da. A' El-Rei [D. João III] (1551). *In*: __________. *op. cit.*, pp. 123-124.

264 Dados oferecidos em NÓBREGA, M. da. Aos Padres e Irmãos de Portugal (1559). *In*: __________. *op. cit.*, p. 179; e NÓBREGA, M. da. Aos Padres e Irmãos (1551)... pp. 114-115.

265 Ver BOXER, C. R. *A Igreja militante e a expansão ibérica*: 1440-1770. São Paulo: Companhia das Letras, 2007, pp. 11-53.

266 NÓBREGA, M. da. Aos Padres e Irmãos (1551)... p. 115.

da por Simão da Gama e Bastião da Ponte que antecedeu as cerimônias de batismo e casamento em São Paulo, em 1559.[267]

Junto com as pregações, "disputas" e os trabalhos realizados pelos meninos, a exteriorização do culto religioso também era utilizado como um poderoso recurso persuasivo pelos jesuítas. As missas eram realizadas com o coro dos meninos e as procissões com músicas, danças portuguesas e com as ruas adornadas com ramos desde a entrada da cidade até a igreja. Nos dias de festas religiosas, ou nas celebrações de casamentos e batismos, esse ritual ostentador atraía os índios que, ao final, pediam a conversão ao cristianismo.[268] Eles ficavam espantados, de acordo com Nóbrega, "de ver a majestade com que entramos e estamos, e temem-nos muito, o que também ajuda".[269]

Uma vez que os silvícolas manifestassem o desejo de serem cristãos, iniciava-se um novo processo no trabalho evangelizador. Obedientes à resolução do Concílio de Trento relativa ao batismo, os jesuítas não ofereciam o sacramento simplesmente com a manifestação da vontade do indivíduo, porque era necessário "ser[em] primeiro instruidos na Fé",[270] como lembrou o padre Navarro. Começava, portanto, a catequese, que em termos doutrinais representava o exercício de preparação ao batismo. E para os missionários, os catecúmenos se mostravam aptos a receber o sacramento quando abandonavam seus "maus costumes", e José de Anchieta foi enfático, nesse sentido, ao mencionar que os nativos de Piratininga "importunam muito por o santo batismo, mas tem-se muito aviso de não batizá-los até haver deles muita experiência".[271] O padre se referia ao perigo de se batizar os indígenas e estes voltarem a cometer seus antigos pecados, daí Nóbrega explicar a D. João III o motivo pelo qual os jesuítas não batiza-

---

267 Caso relatado em NÓBREGA, M. da. Aos Padres e Irmãos de Portugal (1559)... p. 182.

268 Ver, como exemplo dessas festas religiosas, NÓBREGA, M. da. Ao Padre Mestre Simão (1549). *In*: __________. *op. cit.*, p. 86.

269 NÓBREGA, M. da. Ao Padre Mestre Simão Rodrigues de Azevedo (1549)... p. 75. O padre Navarro também contou que, depois de uma procissão na Bahia, os nativos que dela participaram manifestaram o desejo de serem cristãos e prometeram ser firmes na fé e viver conforme os ensinamentos dos padres. Ver NAVARRO, J. de A. Carta da cidade do Salvador do anno de 1551... p. 98.

270 NAVARRO, J. de A. Carta da cidade do Salvador do anno de 1551... p. 99.

271 ANCHIETA, J. de (1534-1597). Aos Padres e Irmãos da Companhia de Jesus em Portugal, de Piratininga, 1555. *In*: __________. *Cartas*: informações, fragmentos históricos e sermões. Belo Horizonte: Itatiaia; São Paulo: Editora da Universidade de São Paulo, 1988, p. 82.

vam em massa, como em Goa: "porque não nos parece bem baptisar muitos em multidão, porque a experiência ensina que poucos vêm a lume, e é maior condemnação sua, e pouca reverência do Sacramento do Baptismo".[272]

São várias as menções, nas cartas jesuíticas, à necessidade dos gentios se mostrarem aptos para serem batizados. Em 1549, por exemplo, Nóbrega mencionou que 100 almas já haviam recebido o sacramento porque eram aquelas mais seguras para isso, e havia cerca de 600 ou 700 catecúmenos prontos para recebê-lo porque estavam preparados em tudo, e "desta maneira ir-lhes-ei ensinando as orações e doutrinando-os na Fé até serem hábeis para o batismo".[273] Em 1557, há nova menção de Nóbrega à preparação para o batismo quando do seu relato das atividades dos padres Navarro e Antonio Pires. Eles percorriam as aldeias onde havia escolas, e o "trabalho que se com elles leva é dispol-os e fazel-os capazes do baptismo, para que quando parecer bem, dar-lh'o".[274] E o próprio Navarro confirma a prática: ao relatar suas atividades, disse que visitava as aldeias para "ensinar a doutrina christã e fazer christãos os que estiverem aptos para receber o sacramento do Baptismo".[275]

Aplicar o batismo, como se observa, exigia um longo processo de preparação, diferentemente do simples ato sacramental oferecido aos recém-nascidos filhos de cristãos ou aos mouros e africanos escravizados. Para a Igreja, as crianças nasciam impuras porque eram descendentes de Adão, portanto, herdeiras do seu pecado.[276] Como não tinham a "idade da razão" para manifestar o desejo pelo batismo, reservava-se a elas os sacramentos da Eucaristia, tanto que o Concílio

---

272 NÓBREGA, M. da. A' El-Rei D. João (1552). *In*: __________. *op. cit.*, p. 135.

273 NÓBREGA, M. da. Ao Padre Mestre Simão Rodrigues de Azevedo (1549)... p. 72. Sobre a questão, conferir também NÓBREGA, M. da. Ao Dr. Navarro, seu Mestre em Coimbra (1549)... p. 92; e NÓBREGA, M. da. Ao P. Luiz Gonçalves da Câmara. Do sertão de S. Vicente, 31 de Agosto de 1553. *In*: LEITE, S. S.J. (org.). *Novas cartas jesuíticas (de Nóbrega a Vieira)*. São Paulo: Companhia Editora Nacional, 1940, p. 51.

274 NÓBREGA, M. da. Quadrimestre de Janeiro até Abril de 1557, ao Padre Ignacio. *In*: __________. *op. cit.*, p. 158.

275 NAVARRO, J. de A. Carta da cidade do Salvador do anno de 1551... p. 99.

276 Sobre a questão, ver APOSTOLADO V. S. (org.). *Documentos do Concílio Ecumênico de Trento*. 1º Período (1545-1547): Sessão VI. Direção de Carlos Martins Nabeto e tradução de Dercio Antonio Paganini. Disponível em http://www.veritatis.com.br/doutrina/documentos-da-igreja. Acesso em 21/12/2012, p. 01.

de Trento enfatizou que a comunhão não era para ser dada às crianças antes que elas atingissem a "idade da razão",[277] e que seria excomungado aquele que perguntasse à criança, quando ela chegasse a tal idade, se elas consideravam como boas as promessas que seus padrinhos fizeram em seu nome quando do batismo.[278] Já para o batismo dos escravizados exigia-se, além da simples aspersão da água batismal, a aceitação do indivíduo com idade superior a 10 anos. Não havia a necessidade de sua preparação porque o reino português se valia de documentos pontifícios que não obrigavam o mesmo processo imposto ao batismo dos pagãos. O Breve *Pro Parte Tue*, de Júlio II, por exemplo, concedia a D. Manuel a utilização do trabalho de infiéis desde que fosse para o proveito da propagação da fé católica, ou seja, somente poderiam ser escravizados para conhecerem a fé de Cristo e, assim, serem salvos.[279] Em oposição à orientação da Santa Sé de administrar o batismo aos mouros e africanos que desembarcassem no porto de Lisboa,[280] as *Ordenações* de D. Manuel consideravam a decisão do escravo, com mais de 10 anos, de não receber o batismo. Embora o documento obrigasse os senhores a batizar seus "negros da Guiné", a pena de perdê-los não seria aplicada caso a decisão do cativo fosse tomada diante de testemunhas e de um padre. Os filhos dos escravos, entretanto, precisavam ser batizados mesmo sem o consentimento próprio ou dos pais.[281]

Embora não haja muitas referências dos inacianos sobre os africanos escravizados presentes no Brasil, o padre Antonio Pires fez menção, em 1552, às atividades religiosas praticadas com a "escravaria de Guiné" em Pernambuco. Presentes na capitania desde 1532, participavam de uma confraria do Rosário, frequentavam as missas e as festas religiosas, aprendiam a doutrina e ouviam as pregações do jesuíta.

277 Ver *id. ibid.*, 3º Período (1562): Sessão XXI... p. 02.

278 Ver APOSTOLADO V. S. (org.). *Documentos do Concílio Ecumênico de Trento*. 1º Período (1545-1547): Sessão VII... p. 03.

279 BREVE *Pro Parte Tue* (31/01/1508). *In*: BRÁSIO, A. (org.). *Monumenta Missionaria Africana*. África Ocidental (1500-1569). v. II. Lisboa: Agência Geral do Ultramar, 1963, pp. 29-30.

280 Normativa contida na BULA *Eximie Deuotionis* (07/08/1513). *In*: BRÁSIO, A. (org.). *Monumenta Missionaria Africana*. África Ocidental (1500-1569). v. II... pp. 62-64. O documento instituiu que o vigário da Igreja de Nossa Senhora da Conceição, da Ordem de Cristo, deveria batizar, como dito, os mouros e negros que chegassem ao porto de Lisboa.

281 Ver ORDENAÇÕES do Senhor D. Manuel, Liv. IV, Título XCIX: "Batismo dos escravos da Guiné" (24/03/1514). *In*: BRÁSIO, A. (org.). *Monumenta Missionaria Africana*. África Ocidental (1500-1569). v. II... pp. 69-70.

Pires não indicou a forma como haviam sido batizados porque, provavelmente, já haviam recebido o sacramento quando do desembarque nos portos da colônia ou de Portugal.[282]

De qualquer modo, a distinção na aplicação do batismo dos pagãos fica bastante evidente quando Anchieta alertou sobre os cuidados que os missionários deveriam ter antes de administrar o sacramento também para os moribundos,[283] ou seja, da necessidade de ter o seu consentimento para isto. E todo o cuidado que os inacianos demonstravam ter para oferecer o batismo aos nativos revela que os recursos persuasivos, em muitos casos, foram úteis para que os ameríndios manifestassem o desejo de aderir o catolicismo, "mas deixar seus costumes lhes parece áspero".[284] Entendiam os missionários que esta dificuldade que os indígenas tinham de se manterem firmes nos ensinamentos da fé decorria dos "males da terra".

3.3 Os males da terra

O convívio com os indígenas e o labor na lide colonial revelavam aos jesuítas problemas que inviabilizavam a evangelização. Na lógica da vinha do Cristo, esses entraves eram os "males da terra" que impossibilitavam a colheita de bons frutos. Os inacianos entendiam que muitos dos costumes indígenas, a presença de "feiticeiros" nas tribos e a conduta desviante de aventureiros portugueses e do clero secular dificultavam a conversão dos nativos. A esses "males", somava-se a pobreza material da terra, ou seja, a condição humana e material de cada capitania onde os missionários desenvolviam suas ações.

---

282 PIRES, A. Carta de Pernambuco de 5 de Junho de 1552. *In*: NAVARRO, A. e outros. *op. cit.*, pp. 149-150.

283 Ver ANCHIETA, J. de. Ao Padre Geral, de S. Vicente, a 1 de Junho de 1560. *In*: ________. *Cartas*: informações, fragmentos históricos e sermões... p. 155. Exemplos semelhantes desta indicação podem ser vistos em NAVARRO, J. de A. Carta da cidade do Salvador do anno de 1551... pp. 96-97; e CORREIA, P. Carta de S. Vicente, 18 de Junho de 1554. *In*: LEITE, S. S.J. (org.). *op. cit.*, p. 172.

284 NÓBREGA, M. da. Aos Padres e Irmãos (1551)... p. 114.

Os costumes indígenas

Manoel da Nóbrega foi quem chefiou a maioria das "expedições de reconhecimento" que resultaram no desenvolvimento da evangelização nos trópicos. Por isso, foi um dos primeiros jesuítas a informar que os grupos indígenas da costa brasileira eram aqueles conhecidos como Goyanazes e Carijós. Havia ainda os Gaimares (mais tarde identificados como Aymorés), que viviam no interior do continente e não tinham nenhuma comunicação com os colonos. Esses foram descritos como fortes e temidos pelas armas e adornos que usavam no corpo: arcos, tacapes e pedaços de pau e pedra na boca e nariz "à maneira de demônios".[285]

Os nativos que se comunicavam com os portugueses, segundo o padre, eram os tupiniquins e os tupinambás. Eram, então, os índios "mansos" da Bahia que tinham alguns hábitos dignos de nota: viviam em concórdia e amor, dividiam seus alimentos, não juntavam riquezas materiais e, mais importante, não adoravam coisa alguma e nem conheciam Deus. Apenas tinham um "falso" conhecimento do dilúvio e de São Tomé, e chamavam aos trovões de "Tupane", que era coisa divina para eles. Assim, os padres não tinham vocábulo mais conveniente para apresentar-lhes Deus: "Pae Tupane". E isso seria fácil, conforme Nóbrega, porque eram tão incultos que acreditariam em qualquer Deus que lhes fosse apresentado, mas contar a "verdade" sobre o dilúvio era difícil em razão dos poucos vocábulos da sua língua.[286]

Evidentemente, as observações de Nóbrega sobre as crenças ameríndias decorriam de sua visão de mundo etnocêntrica e da falha de comunicação, problema comum nos momentos iniciais da atividade

---

285 NÓBREGA, M. da. Informação das Terras do Brasil (1549). *In*: __________. *op. cit.*, p. 98. A maioria das tribos que ocupava o litoral atlântico na América, quando da chegada dos europeus, pertencia à família linguística tupi-guarani. Esse grupo transitava entre a orla atlântica do Amazonas e o Rio Grande do Sul, e nas margens dos rios Paraná, Uruguai e Paraguai. Alguns pontos do litoral, no entanto, eram ocupados por outros grupos que não pertenciam à família tupi-guarani. Eram chamados de "tapuias", como os Charrua, que viviam na foz do rio da Prata; os Goitacá, na foz do Paraíba; os Aimoré, do sul da Bahia e norte do Espírito Santo; e os Tremembé, que ocupavam uma estreita faixa entre o Ceará e o Maranhão. Ver HEMMING, J. Os índios do Brasil em 1500. *In*: BETHELL, L. (org.). *História da América Latina*. A América Latina Colonial. v. I. *op. cit.*, pp. 101-102; e KOK, G. *Os vivos e os mortos na América portuguesa*. Da antropofagia à água do batismo. Campinas: Editora da UNICAMP, 2001, pp. 17-18.

286 NÓBREGA, M. da. Informação das Terras do Brasil (1549)... pp. 98-102.

missionária. Os tupinambás nutriam a crença na Terra sem Mal, local de morada do "pai grande". Este era o demiurgo que, depois de criar o Céu e a Terra, as destruiu com fogo. A Terra sem Mal era também o local de morada do seu filho Monan, criador da chuva e da agricultura, que os tupinambás celebrizavam como "Sumé". E na comunicação deficitária entre os missionários e os nativos, os inacianos interpretaram a crença na Terra sem Mal como uma falsa noção do dilúvio, e Sumé como uma falsa ideia do apóstolo cristão São Tomé.[287]

Por mais que essas impressões sobre os indígenas tenham causado certo entusiasmo nos missionários em função da facilidade em lhes ensinar as coisas da fé, esses grupos indígenas tinham costumes que eram, para os cristãos, graves pecados. Um deles era o "apetite sensual", que os levava a terem relações sexuais com parentes, e os homens a terem várias mulheres, que as largavam quando julgavam conveniente.[288] Para Luiz da Grã, este apetite não lhes permitia ter honestidade, isto é, pudor relacionado ao sexo. Porém, em seu parecer, o maior dos pecados era o grande "apetite" dos ameríndios pela vingança, "em que consiste sua honra", e o apetite pela bebida, já que consumiam uma espécie de vinho inebriante feito de raízes e de frutas, geralmente em cerimônias de preparação para a guerra.[289] João de Azpilcueta Navarro também observou esse costume como um grande mal, acrescentando que os índios viravam feras quando bebiam. Embriagados, matavam os estrangeiros que encontrassem pelo caminho ou colocavam fogo nas casas onde esses residiam.[290]

Para Navarro, esses "males" decorriam do fato de não haver, entre os índios, um superior: "têm tal lei entre si que, recebendo menor injuria dos Christãos, se juntam todos a vingal-a".[291] Desse fator

---

287 Sobre essas crenças ameríndias ver VAINFAS, R. Do milenarismo idolátrico ao sabá tropical: a demonização das santidades brasílicas nos escritos jesuíticos (séculos XVI e XVII). *In*: COSTIGAN, L. H. (org.). *Diálogos da conversão*: missionários, índios, negros e judeus no contexto ibero-americano do período barroco. Campinas: Editora da UNICAMP, 2005, pp. 47-49.

288 Ver NÓBREGA, M. da. Ao Dr. Navarro, seu Mestre em Coimbra (1549). *In*: ________. *op. cit.*, pp. 90-91.

289 Citação e informação contidas em GRÃ, L. da. Carta a Santo Inácio. Da Baía, 27 de Dezembro de 1553. *In*: LEITE, S. S.J. (org.). *op. cit.*, p. 163.

290 NAVARRO, J. de A. Carta da cidade do Salvador do anno de 1551. *In*: NAVARRO, A. e outros. *op. cit.*, p. 96.

291 NAVARRO, J. de A. Carta escripta de Porto Seguro a 24 de Junho de 1555. *In*: NAVARRO, A. e outros. *op. cit.*, p. 176.

decorria também o mais abominável dos costumes gentílicos: a antropofagia. Nóbrega contou que era a vingança e o ódio que os movia à guerra, e não a avareza, como entre os europeus. Quando os índios capturavam um contrário, davam-no às suas mulheres e o conservavam por algum tempo para, com cerimônia solene, comê-lo. Quando ocorria de matarem um adversário durante o combate, também o dividiam e o comiam ainda no afã da batalha. Era nisto que "consist[ia] toda a sua honra (...), [era] esta a sua felicidade".[292]

Além da poligamia, do vício da bebida e da antropofagia, Luiz da Grã também acusou o nomadismo (embora não tenha usado este termo) como um grande mal. O padre reclamou para Inácio de Loyola que os silvícolas da Bahia e de Piratininga ficavam em uma aldeia durante três ou quatro anos, que era o tempo de duração de suas casas. Quando essas ficavam velhas, queimavam toda a aldeia, se juntavam e iam embora. Esta prática, para Grã, mostrava como os nativos eram inconstantes na vontade: ao partirem, esqueciam tudo o que lhes tinha sido ensinado, o que impedia a colheita de bons frutos na vinha do Cristo.[293]

A inconstância dos silvícolas é tema corrente nas epístolas e em escritos de observadores leigos que a apontaram como consequência dos nativos serem fracos na memória e indolentes na vontade de abraçar a fé de Cristo, como, aliás, é possível perceber nas palavras de Luiz da Grã. O antropólogo Eduardo Viveiros de Castro deu especial atenção ao tema e observou que, de um modo geral, essas duas potências da alma, a memória e a vontade, anunciavam a dificuldade de conversão porque delas originavam, aos olhos dos europeus, um modo de vida bárbaro e pecaminoso entre o gentio. Assim, a inconstância acabou por ser uma das principais características atribuídas aos ameríndios, um caráter estereotipado do selvagem no imaginário europeu que justificava a dificuldade de sua cristianização. No entanto, concluiu o pesquisador, aquele comportamento identificado como inconstância, antes de tudo "era o resultado da adesão profunda [dos indígenas] a um conjunto de

292 NÓBREGA, M. da. Ao Dr. Navarro, seu Mestre em Coimbra (1549)... p. 90.

293 Ver GRÃ, L. da. Carta a Santo Inácio. De Piratininga, 7 de Abril de 1557. *In*: LEITE, S. S.J. (org.). *op. cit.*, p. 183; e GRÃ, L. da. Carta a Santo Inácio. Da Baía, 27 de Dezembro de 1553... pp. 164-165.

crenças"[294] da religião tupi-guarani que os missionários identificavam simplesmente como "maus costumes". Não entendiam os jesuítas, portanto, que a conduta dos indígenas decorria de sua arraigada vivência em uma cultura baseada na sociologia da troca: as relações sociais eram ditadas na cessão e no recebimento de benefícios materiais e, para além desses, não-materiais (valores como a honra). Para os tupis aderirem o cristianismo, então, precisavam receber algo dos portugueses, mesmo que fosse vantagens dos jesuítas e dos governadores-gerais em troca da manifestação de sinais exteriorizados da fé dos europeus.[295]

Adone Agnolin, por seu lado, entendeu que o principal entrave à conversão apontado pelos jesuítas era a ignorância dos indígenas. Segundo o pesquisador, a missão quinhentista fundamentava-se no preceito cristão da "profissão de fé", ou seja, na crença de que a é a fé que realiza o homem. Nesta doutrina, a única forma de converter um indivíduo é transmitindo-lhe a "fé na fé" porque, se se entende que a religião faz o homem, é a fé que produz o cristão. Partindo dessa premissa, os missionários encontraram uma grande dificuldade em traduzir os pontos fundamentais do cristianismo para a língua tupi-guarani quando da redação de catecismos. Afinal, eles entendiam que o idioma falado pelos ameríndios era a "língua da falta" (das letras R, F e L, principalmente), o que refletia a "bestialidade" daquele povo. Desse modo, a evangelização teve como ponto de partida a instrução, ou seja, a preparação para a conversão; e nesta preparação, os jesuítas tinham que se embrenhar na dimensão social dos nativos para transformá-la: identificar seus "maus costumes", e corrigi-los, fazia da missão mais um projeto civilizador do que puramente evangelizador.[296]

Não se pode perder de vista que civilizar, mais do que a causa da conversão, era o efeito da preparação para o batismo baseada na salvaguarda dos preceitos salvíficos do catolicismo tridentino: aplicava-se o sacramento da salvação àquele que tinha abandonado o modo

---

294 VIVEIROS DE CASTRO, E. O mármore e a murta: sobre a inconstância da alma selvagem. *In*: __________. *A inconstância da alma selvagem* – e outros ensaios de antropologia. São Paulo: Cosac Naify, 2002, p. 192.

295 VIVEIROS DE CASTRO, E. *op. cit.*, pp. 183-264.

296 AGNOLIN, A. *Jesuítas e selvagens*: a negociação da fé no encontro catequético-ritual americano-tupi (séculos XVI-XVII). São Paulo: Humanitas Editorial, 2007, pp. 395-400. Vale lembrar que os primeiros catecismos na língua tupi foram impressos na Europa na última década do século XVI.

de vida antigo a favor da conduta ditada pelos princípios da fé católica. O que leva a um entendimento da evangelização como um meio de civilizar o selvagem é o fato da inconstância e da ignorância atribuídas aos ameríndios terem surgido da avaliação europeia sobre o seu modo de vida. Ignorantes também eram os europeus no sentido de não conhecerem as estruturas que compunham as sociedades tribais, principalmente os sistemas religiosos que as regiam. Acreditava-se que os silvícolas eram bárbaros e ignorantes porque, evidentemente, não viviam a partir das premissas de civilização correntes na Europa.[297] Pero Magalhães Gândavo, por exemplo, percebeu, quando de sua passagem pelo Brasil, que

> a lingua deste gentio toda pela Costa he, huma: carece de tres letras – *scilicet*, não se acha nella F, nem L, nem R, cousa digna de espanto, porque assi não têm Fé, nem lei, nem Rei; e desta maneira vivem sem Justiça e desordenadamente.[298]

A observação de Gândavo, mais que uma informação etnográfica, era um apontamento à necessidade de transpor à terra o ideal e os valores ibéricos. Teorizada também por seus contemporâneos, como Gabriel Soares de Souza, Duarte Gomes Solis e Frei Vicente do Salvador, a ausência de fé, lei e rei na América justificava o seu povoamento e a obrigação missionária e civilizadora dos portugueses: os benefícios do cristianismo, como redentor d'alma para além da vida, e a justiça régia, como fator de ordenamento social, eram entendidos como indispensáveis para a domesticação dos silvícolas.[299] Daí decorreu a interpretação de Ronald Raminelli de que os europeus, a partir dos seus valores, religião e costumes, avaliavam o "outro" com inferioridade para dar-lhes uma condição humana que legitimava qualquer ação civilizadora. Em sua análise, a representação do índio feita pelos missionários e leigos europeus primeiro garantiu a inserção do indígena no imaginário europeu; depois, legitimou a sua subjugação, ou seja,

---

297 Sobre a concepção de civilização corrente na Europa Moderna ver ELIAS, N. *O processo civilizador*: uma história dos costumes. v. 1. Rio de Janeiro: Zahar Editora, 1994, pp. 23-27. Esse conceito será discutido no Capítulo 4.

298 GÂNDAVO, P. de M. *Tratado da terra do Brasil e história da província de Santa Cruz*. Belo Horizonte: Itatiaia; São Paulo: Editora da Universidade de São Paulo, 1980, p. 52.

299 Ver GIUCCI, G. *Sem fé, lei ou rei*: Brasil 1500-1532. Rio de Janeiro: Rocco, 1993, pp. 206-214.

"a imagem do índio foi construída segundo os interesses dos colonizadores, ao sabor das disputas pelo controle da nova terra".[300]

Se se entender os relatos jesuíticos simplesmente como um discurso, há de se considerar que as falhas de comunicação, para ambas as partes, causavam profundas confusões de interpretação: de um lado, aqueles nativos que se submetiam às ordens dos missionários não desejavam, via de regra, abraçar o cristianismo, mas sim gozar dos privilégios e, de certo modo, da proteção que os padres ofereciam aos catecúmenos, aquilo que Viveiros de Castro considerou como uma conduta baseada na sociologia da troca. De outro lado, os inacianos tiravam suas conclusões sobre as populações ameríndias a partir de sinais exteriores ou de termos da língua tupi semelhantes à portuguesa, e um bom exemplo foi a observação de Nóbrega da "falsa" noção do dilúvio e de São Tomé. As manifestações exteriorizadas da fé também levavam os inacianos a crerem em uma sincera aceitação do cristianismo por parte dos nativos. No entanto, quando estes voltavam a viver a partir de seu modo tradicional, evidentemente davam mostra de inconstância.

A atenção a essa consideração leva-nos a entender que, para além de os relatos serem parte de um discurso político de legitimação da dominação, era uma retórica possível dentro de suas estruturas mentais. Assim entendendo os relatos jesuíticos, Guilherme Luz os considerou a "identificação de 'gentilidades' compartilhadas com outros povos, de modo que se p[udesse] mapear os domínios de Satã sobre o mundo".[301] Nesse caso, as particularidades das diversas nações indígenas eram anuladas e a todas elas eram projetados um mesmo modo de vida, ou melhor, "um núcleo comum de pecados"[302] a serem eliminados com a ação evangelizadora. E não foi por outra razão que Luiz da Grã admitiu que a inconstância dos nativos deixava-o receoso em batizá-los: de acordo com o padre, perdia-se em pouco tempo o trabalho de muitos anos dos missionários, pois os pais levavam consigo os índios que já eram cristãos e os catecúmenos, e "tudo nestas partes é mais tolerável que estas mudanças, com que tudo se perde".[303]

300 RAMINELLI, R. *Imagens da colonização*: a representação do índio de Caminha a Vieira. Rio de Janeiro: Jorge Zahar, 1996, p. 164.

301 LUZ, G. A. *op. cit.*, p. 90.

302 *id. ibid.,* p. 90.

303 GRÃ, L. da. Carta a Santo Inácio. De Piratininga, 7 de Abril de 1557... p. 183.

Os "feiticeiros"

"Feiticeiro" era a denominação dada, pelos jesuítas, aos sacerdotes da religião tupi-guarani: os pajés, ou xamãs. Assim como em outras áreas de atuação dos inacianos na Ásia e na África, os líderes religiosos eram tidos como um mal a ser combatido em função da influência que exerciam em seu meio social. Afinal, a religiosidade que anunciavam incidia em um modo de vida que, aos olhos dos missionários, eram graves pecados que deveriam ser eliminados para que a conversão dos naturais fosse viável.

Nas tribos indígenas do Brasil, os pajés viviam isolados em uma choupana e eram procurados pelos índios em função dos poderes supra-humanos a eles atribuídos: detinham as faculdades de cura e proteção, inclusive contra os espíritos malignos que, na crença ameríndia, traziam infortúnios para suas vidas. Os pajés de maior reputação recebiam a denominação dos nativos de "pajé-uaçu", ou "caraíbas". Eles percorriam as aldeias e suas visitas eram esperadas com entusiasmo.[304] Conforme relatou Nóbrega,

> de certos em certos annos vêm uns feiticeiros de mui longes terras, fingindo trazer santidade e ao tempo de sua vinda lhes mandam limpar os caminhos e vão recebel-os com dansas e festas, segundo seu costume; e antes que cheguem ao logar andam as mulheres de duas em duas pelas casas, dizendo publicamente as faltas que fizeram a seus maridos umas ás outras, e pedindo perdão dellas.[305]

---

304 Conforme explicou José de Anchieta, os indígenas chamavam os portugueses de "caraíba" pelo fato deles terem chegado de longe e por cima das águas. John M. Monteiro observou que, em geral, a designação de "caraíba" era utilizada pelos missionários para se referirem a esses "profetas ambulantes". Glória Kok, por seu lado, observou que os indígenas utilizavam o termo "caraí" para se referirem àqueles que tinham habilidade, destreza ("cara") e perseverança ("y"), daí os portugueses recém-chegados ao Brasil serem, também, chamados de caraíbas pelos indígenas. Ver ANCHIETA, J. de. Informação do Brasil e de suas Capitanias (1584). *In*: __________. *Cartas*: informações, fragmentos históricos e sermões... p. 340; MONTEIRO, J. M. As populações indígenas do litoral brasileiro no século XVI: transformação e resistência. *In*: PAULINO, F. F. (coord.). *Brasil*: nas vésperas do mundo moderno. Lisboa: CNCDP, 1991, p. 127; e KOK, G. *op. cit.*, pp. 35-37. A questão é abordada também em VIVEIROS DE CASTRO, E. *op. cit.*, p. 201.

305 NÓBREGA, M. da. Informação das Terras do Brasil (1549)... p. 99.

Para os inacianos, os "feiticeiros" exerciam forte influência negativa entre os nativos porque "se fazem santos, (...) prometem saúde e vitória contra os inimigos",[306] ou seja, fingiam ter "santidade", fator que anulava o prestígio dos padres naquelas aldeias. Isso ocorria porque, além de prometerem saúde, os caraíbas anunciavam a Terra sem Mal, uma espécie de paraíso da cosmogonia religiosa tupi-guarani. Naquele lugar, acreditavam os silvícolas, podia-se viver com os antepassados sem que fosse necessário trabalhar em busca de alimentos: eles viriam por si só enquanto todos festejavam, e ninguém envelheceria:

> Em chegando o feiticeiro com muita festa ao logar, entra em uma casa escura e põe uma cabaça, que traz em figura humana, (...) e mudando sua propria voz (...) lhes diz que não curem de trabalhar, nem vão á roça (...) e as frechas irão ao matto por caça (...) e que hão de matar muitos dos seus contrarios, (...) e que as velhas se hão de tornar moças (...), e outras cousas similhantes lhes diz e promette, com que os engana, de maneira que crêm haver dentro da cabaça alguma cousa santa e divina, que lhes diz aquellas cousas, as quaes crêem.[307]

Talvez o principal incômodo dos jesuítas com os "feiticeiros" fosse o impacto de suas ações nas dinâmicas das aldeias. Isso porque, a religiosidade que anunciavam incidia sobre o comportamento e a organização social das tribos indígenas. Acredita-se que a migração dos ameríndios do interior do continente para o litoral, bem como o percurso inverso, tenha se originado da busca da Terra sem Mal. Assim, além de causarem o nomadismo, os conselhos espirituais também preservavam demais tradições, como as guerras intertribais e, principalmente, a relação dos tupi com o mundo sobrenatural:[308]

---

306 NÓBREGA, M. da. Aos Padres e Irmãos (1551)... p. 114.

307 NÓBREGA, M. da. Informação das Terras do Brasil (1549)... p. 99. A mesma cerimônia de recebimento dos "feiticeiros", e do conteúdo que anunciavam, pode ser visto em NAVARRO, J. de A. Carta escripta de Porto Seguro a 24 de Junho de 1555... p. 173.

308 Sobre a Terra sem Mal conferir MONTEIRO, J. M. *Negros da terra*: índios e bandeirantes nas origens de São Paulo. São Paulo: Companhia das Letras, 1994, pp. 24-28; e VAINFAS, R. *A heresia dos índios*: catolicismo e rebeldia no Brasil colonial. São Paulo: Companhia das Letras, 1995, pp. 50-69.

> acabando de fallar o feiticeiro, começam a tremer, principalmente as mulheres, (...) que parecem demoninhadas (...), e nisto lhes persuade o feiticeiro que então lhes entra a santidade; e a quem isto não faz tem-lh'o a mal. Depois lhe offerecem muitas cousas e em as enfermidades dos Gentios usam tambem (...) de muitos enganos e feitiçarias (...). Em suas guerras aconselham-se com elles.[309]

Por terem o poder de preservar tradições, ou seja, manter nos indígenas os seus "maus costumes", os "feiticeiros" eram tidos como os "móres contrarios que cá temos". Para a atividade missionária, tão grave quanto essa capacidade eram as mentiras que propagavam: "fazem crer algumas vezes aos doentes que nós outros lhes mettemos em corpo facas, tesouras, e cousas similhantes e que com isto os matamos".[310] Tal fato, de acordo com Navarro, era prejudicial ao rito batismal dos moribundos, porque os pajés difundiam que, se os índios repetissem as palavras dos padres, morreriam,[311] daí Viveiros de Castro ter apontado que os caraíbas foram "os grandes popularizadores da letalidade do batismo".[312]

Aventureiros e degredados

Muitos dos homens que iam para a América eram os aventureiros que, no parecer de Sérgio Buarque de Holanda, se diferenciavam do trabalhador: este prezava as dificuldades a vencer e não o triunfo a ser alcançado. Devido o seu lento, persistente e pouco compensador esforço, sabia tirar proveito do insignificante; evitava o desperdício; e suas ações, sempre envoltas a um valor moral positivo, visavam a estabilidade e a paz. Já o aventureiro não primava pela moral. Irresponsabilidade, vagabundagem, audácia e outros vis sentimentos eram próprios de sua ética, o que fazia do aventureiro um tipo humano que ignorava as fronteiras e os processos intermediários do seu objetivo

309 NÓBREGA, M. da. Informação das Terras do Brasil (1549)... pp. 99-100.

310 As duas citações referem-se NÓBREGA, M. da. Informação das Terras do Brasil (1549)... p. 100.

311 NAVARRO, J. de A. Carta da cidade do Salvador do anno de 1551... p. 96.

312 VIVEIROS DE CASTRO, E. *op. cit.*, p. 201.

final; ou seja, aquele que colhia o fruto sem plantar a árvore, que fazia dos obstáculos um trampolim para seus projetos ambiciosos.[313]

Junto com os aventureiros, emigrantes voluntários, outro grupo em número muito superior era enviado para o Brasil, os "desterrados da mais vil e perversa gente do Reino".[314] Estes degredados, de acordo com Geraldo Pieroni, desempenharam importante papel nas políticas portuguesas de povoamento do território durante o século XVI. Eram delinquentes de toda sorte, pobres ou nobres que colocavam em risco a ordem social e espiritual do reino luso. Banidos pelos poderes temporal e eclesiástico, formaram um grande contingente que auxiliou no seu povoamento durante as primeiras expedições coloniais (1500-1530), no período das capitanias-donatarias (1534-1549) e, sobretudo, nas primeiras décadas do Governo-Geral (1549-1580).[315]

Para os jesuítas, esses homens ofereciam um grande problema às atividades de evangelização em função do seu modo de vida. São várias as observações de desvios de conduta dos cristãos[316] em todas as capitanias por onde os missionários passaram. De um modo geral, os inacianos acusavam os comportamentos considerados como pecados, como a mancebia, a blasfêmia, a luxúria e os vícios do jogo e da bebida. Além disso, preocupavam-se com aquelas ações tidas como

---

313 HOLANDA, S. B. de. *Raízes do Brasil*. 26 ed. São Paulo: Companhia das Letras, 1995, pp. 43-46.

314 NÓBREGA, M. da. A Santo Inácio de Loiola. De S. Vicente, 25 de Março de 1555. *In*: LEITE, S. S.J. (org.). *op. cit*., p. 60.

315 PIERONI, G. *Vadios e ciganos, heréticos e bruxas*: os degredados no Brasil-colônia. 3 ed. Rio de Janeiro: Bertrand Brasil, 2006, pp. 123-128. O autor comenta que, do final do século XVI em diante, esse grupo perdeu sua importância na política de povoamento da América, tornando-se um contingente pouco considerável frente à população formada por colonos portugueses, pela população nativa e africana, além daqueles que nasciam da relação entre esses grupos. Vale lembrar que o degredo foi prática comum no reino português e esteve a serviço de uma política de povoamento dos domínios de além-mar. As primeiras legislações do século XIII já previam o desterro de vadios e delinquentes para os coutos, regiões de Portugal despovoadas que tinham valor estratégico para as guerras com a vizinha Castela. Com a expansão lusa nos séculos XV e XVI incrementou-se o degredo para os domínios ultramarinos, principalmente nas áreas africanas de comércio de escravos e nas ilhas atlânticas desabitadas. A partir do século XVII, porém, o local de degredo era escolhido pela Coroa de acordo com a necessidade de recurso humano, onde quer que fosse. Ver SOUZA, T. R. de. Carreira, escalas e o serviço penal ao serviço do Império. *In*: *A carreira da Índia e as rotas dos estreitos*. Actas do VIII Seminário Internacional de História Indo-Portuguesa. Lisboa: Centro de História de Além-Mar, 1998, pp. 597-609.

316 Nas cartas, os jesuítas se referiam aos portugueses como "cristãos" para diferenciá-los dos "gentios", isto é, os indígenas não batizados.

imorais e incompatíveis com a lide colonial, já que esta também era inspirada por motivações religiosas. Os inacianos acusavam, por exemplo, que muitos portugueses enganavam os chefes tribais para comprar índios, que eram vendidos como escravos em outras capitanias. E quando os pais não vendiam seus filhos, os aventureiros partiam para o salteamento. Outra denúncia comum era a de que os donos de índios escravizados não os levavam às missas e, ainda, permitiam que seus filhos nascidos da relação com suas escravas mancebas vivessem nos costumes indígenas.[317]

A repreensão que os jesuítas faziam ao modo de vida e ao salteamento praticado pelos colonos foi causa de grande dissensão entre esses dois grupos. Para os inacianos, a conduta dos portugueses causava o ódio dos índios contra os cristãos, o que colocava em xeque a credibilidade dos padres frente aos indígenas. Nesse caso, o comportamento dos portugueses comprometia os recursos persuasivos utilizados para despertar o desejo dos ameríndios pelo batismo porque, invariavelmente, tais recursos estavam baseados na conquista da confiança dos indígenas.[318]

Citar os inúmeros relatos sobre o modo de vida dos colonos, mesmo que sucintamente, tomaria boa parte do espaço nesta análise do empreendimento missionário dos jesuítas nos trópicos. Seria uma mostra, entretanto, da gravidade e do grau de dificuldade que os desviantes colocavam à evangelização. Em síntese, porém, os padres alegavam que a cobiça era a força motriz dos pecados cometidos por aqueles que deveriam, com exemplo e boas obras, auxiliar na salvação das almas. Os oficiais enviados pelo rei, segundo Nóbrega, estavam mais interessa-

---

317 Ver, a esse respeito, NAVARRO, J. de A. Extracto de uma carta da India do Brasil a 28 de março de 1550... p. 75; NAVARRO, J. de A. Carta aos Irmãos de Coimbra. De Porto Seguro, 19 de Setembro de 1553. *In*: LEITE, S. S.J. (org.). *op. cit.*, p. 156; NÓBREGA, Manoel da. Ao Padre Mestre Simão Rodrigues de Azevedo (1549)... p. 74; NÓBREGA, M. da. Ao Padre Mestre Simão (1549)... pp. 81-83; NÓBREGA, M. da. Informação das Terras do Brasil (1549)... p. 98; NÓBREGA, M. da. Ao Padre Simão Rodrigues (1550)... pp. 109-110; NÓBREGA, M. da. A' El-Rei [D. João III] (1551)... p. 124; e NÓBREGA, M. da. A Thomé de Sousa (1559). *In*: ________. *op. cit.*, p. 209.

318 Em 1550, por exemplo, quando os padres chegaram a Ilhéus e Porto Seguro, constataram que os "cristãos" viviam apartados da verdade, sem ciência da lei e praticavam desacatos e assassinatos. Ainda, chamavam os índios de cães, faziam-lhes todo tipo de mal e só tinham a intenção de os enganar e roubar, "e dahi vem o pouco credito que gozam (...) entre os Gentios". Ver NÓBREGA, M. da. Ao Padre Simão Rodrigues (1550)... p. 108.

dos em obter ouro do que almas para Cristo: queriam acabar o serviço que lhes cabia e levar seu ordenado para Portugal, onde estavam seus familiares. Pelo fato de não terem estima pela terra e sua gente, causavam medo entre os indígenas, que abandonavam suas roças. Quando os inacianos convenciam os nativos a voltarem às suas terras, os lusitanos diziam a eles que os jesuítas queriam tê-los juntos para melhor matá-los. Assim, os nativos levavam os filhos já doutrinados, e os que ficavam não eram batizados pelo risco de também irem embora, fosse por vontade própria ou pela necessidade de fuga.[319]

A punição, medida plausível para se evitar a ocorrência dos crimes seculares e eclesiásticos cometidos pelos portugueses, muitas vezes era difícil de ser aplicada porque os ouvidores-gerais tinham a opinião de que havia a necessidade de testemunhas brancas que confirmassem os crimes, pelo menos três ou quatro. Quando punidos, promoviam a discórdia na terra: faziam injúrias ao governador e causavam a sublevação dos índios mais hostis, colocando-os contra o poder secular e os jesuítas. Em suma, Nóbrega citou São João Batista para lamentar que, enquanto trabalhava para tirar os pecados do mundo, os portugueses "por todos os modos que podem, os mettem na terra, seguindo a bandeira de Lúcifer homicida e mentiroso desde o principio do mundo".[320] Eram, por esta razão, a "infernal raiz", da qual "nasce darem-se pouco os Christãos pela salvação dos escravos que têm do Gentio, deixando-os viver em sua lei, sem doutrina nem ensino, em muitos peccados".[321]

O clero secular

O clero secular, que poderia auxiliar os inacianos a levarem os colonos à ortodoxia do catolicismo, praticava os mesmos atos "abomináveis" dos portugueses errantes. Ainda no início das atividades, Nóbrega foi enfático ao dizer que "certo é muito necessário haver homens *qui quoarent Jesum Christum solum crucifixum*", porque havia clérigos

319 Ver NÓBREGA, M. da. A' El-Rei D. João (1552)... p. 134; e NÓBREGA, M. da. Para o Provincial de Portugal (1557). *In*: __________. *op. cit.*, p. 172.

320 NÓBREGA, M. da. A Thomé de Sousa (1559)... p. 197.

321 As duas citações referem-se a NÓBREGA, M. da. A Thomé de Sousa (1559)... p. 198.

no Brasil, "mas é a escória de que lá vem". Assim, enfaticamente recomendou que "não se devia consentir embarcar sacerdote sem ser sua vida muito aprovada, porque estes destroem quanto se edifica".[322]

Este perfil do clero secular, para os jesuítas, era o motivo de insucesso das suas atividades. Em Pernambuco, por exemplo, "havia (...) mui pouco cuidado de salvar almas"[323] porque os clérigos da terra tinham o ofício de demônios, e não de sacerdotes: além de terem mancebas, pregavam publicamente aos homens que eles podiam pecar com suas escravas porque elas eram como cães. Nóbrega relatou que, quando da chegada dos inacianos na capitania, os seculares foram repreendidos e um pediu perdão publicamente, mas os demais não apareceram em público de tão escandalosos que eram seus pecados: absolviam sacramentalmente os amancebados e não ofereciam a comunhão há mais de vinte anos para os pecadores. Em pregações dirigidas ao clero local, o padre os lembrou das leis de Deus e, de acordo com o jesuíta, as coisas da fé lhes pareciam novidade. Na Bahia a situação era semelhante e foi a causa apontada para o pouco fruto colhido pelos inacianos no local.[324] Nóbrega chegou a dizer que restava aos jesuítas encomendar a terra a Deus "porque (...) todos são para estorvar o serviço de Nosso Senhor, e um só se não acha para favorecer o negocio de salvar almas".[325]

Assim como na relação entre os jesuítas e os colonos, a repreensão dos inacianos ao comportamento desviante do clero secular criou um clima de tensão entre os grupos. As desavenças, que começaram com pequenas inquirições que os padres faziam sobre as faculdades dos jesuítas de administrar os sacramentos, ganharam maiores proporções em episódios como a querela entre Nóbrega e o bispo Sardinha.[326]

A dissensão entre eles teve início quando o bispo ordenou que os inacianos visitassem as capitanias, e Nóbrega, então o Superior da Missão do Brasil, logo perguntou ao Provincial de Portugal se os

---

322 As citações referem-se a NÓBREGA, M. da. Para o Padre Mestre Simão (1549). *In*: __________. *op. cit.*, p. 77.

323 NÓBREGA, M. da. Para os Irmãos do Collegio de Jesus de Coimbra (1551). *In*: __________. *op. cit.*, p. 119.

324 Ver NÓBREGA, M. da. Aos Padres e Irmãos (1551)... p. 116; NÓBREGA, M. da. Para os Irmãos do Collegio de Jesus de Coimbra (1551)... pp. 119-120; e NÓBREGA, M. da. A' El-Rei [D. João III] (1551)... pp. 123-124.

325 NÓBREGA, M. da. A Thomé de Sousa (1559)... p. 196.

326 A exemplo ver NÓBREGA, M. da. Ao Padre Simão Rodrigues (1550)... p. 111.

seus padres deveriam prestar obediência ao prelado. Em seguida, o bispo reprovou publicamente as penitências públicas que os padres da Companhia de Jesus faziam. Nóbrega e os seus ficaram horrorizados pelo fato da ordem ser pública: se suas obras o eram, as penitências também deveriam ser. De acordo com Nóbrega, Sardinha também desprezou a Companhia de Jesus durante uma pregação dirigida aos amancebados: ao orientar que os pecadores esperassem mulheres do reino para casar, contradisse as determinações dos jesuítas para que eles se unissem em matrimônio com as mulheres da terra. Além disso, o bispo proibiu que os inacianos realizassem missas aos escravos nas casas jesuíticas e prometeu que enviaria um padre para este fim, porém, não cumpriu a promessa. Nóbrega ainda reclamou que os padres seculares que chegaram com o bispo não edificavam a terra, porque antes tudo era feito de graça "e agora vêem outro modo de proceder".[327] Em seu parecer, o bispo também tinha dado mal exemplo para os padres seculares por não ter punido convenientemente um vigário da cidade que havia tido "paixões". Esse até tinha sido preso por isso, mas o bispo o soltou depois de 10 ou 12 dias. A frouxa punição, na ótica do jesuíta, fez com que o vigário tivesse outras "paixões" com um cabido e um cônego. Sardinha até mandou prendê-los, mas ficaram apenas seis dias no cárcere.[328]

Em suma, para Nóbrega, o bispo "leva outros modos de proceder com os quais creio que não se tirarão pecados e se roubará a gente de quanto dinheiro puderem ganhar, e se destruirá a terra".[329] E seus padres seguiam seu mau exemplo: absolviam os amancebados e orientavam os colonos a continuarem pecando. Já a população, que via que o bispo queria apenas amealhar fortuna, passou a ter descrédito pelas coisas da fé. Essa foi a razão para que o Superior da Missão do Brasil fosse enfático em atribuir ao bispo a culpa pela má relação entre os inacianos e o clero secular. E essa dissensão tomou vulto tamanho que o inaciano chegou a considerar que se não fossem os governa-

---

327 NÓBREGA, M. da. Ao P. Simão Rodrigues, Provincial de Portugal. Da Baía, 10 de Julho de 1552. *In*: LEITE, S. S.J. (org.). *op. cit.*, p. 31.

328 Ver NÓBREGA, M. da. Para o Padre Provincial de Portugal (1552). *In*: ________. *op. cit.*, p. 129; e NÓBREGA, M. da. Ao P. Simão Rodrigues, Provincial de Portugal. Da Baía, 10 de Julho de 1552. *In*: LEITE, S. S.J. (org.). *op. cit.*, pp. 30-33.

329 NÓBREGA, M. da. Ao P. Mestre Simão Rodrigues. De S. Vicente, Dominga da Quinquagesima de 1553 [12 de Fevereiro]... p. 35.

dores, e os "principais da terra" que favoreciam seus missionários, os padres seculares teriam tirado suas vidas.[330]

Além da desavença entre Nóbrega e Sardinha, outro episódio ocorrido em 1558 contribuiu para que os inacianos consolidassem a concepção de que o clero secular era um dos "males da terra" a ser combatido. Naquele ano, um vigário tirou a doutrina da cidade da Bahia dos padres da Companhia de Jesus e tomou as terras deixadas por Diogo Álvares, o Caramuru, à ordem religiosa. De acordo com Nóbrega, o clérigo falsificou a assinatura do falecido e foi admoestado fraternalmente, mas ele amotinou seus padres contra os de Nóbrega.[331]

Não fosse apenas o choque com os inacianos, as intrigas que o clero secular promovia entre os indígenas causavam também a desestabilização da harmonia na terra e, consequentemente, na evangelização. A estabilidade, pois, era buscada pelos inacianos como forma de preparação dos ameríndios ao batismo, e dela dependia o sucesso da conversão, na ótica jesuítica. Houve um caso em que um sacerdote incitou a briga entre dois "principais", causando a morte de um deles. Porém, o mais grave ocorreu na Bahia, quando um clérigo não recebeu benefícios materiais de um "principal da terra" e desejou-lhe a morte. O homem acreditou tanto que adoeceu e, antes de falecer, mandou os filhos vingarem sua morte. Nesse desforço, segundo Nóbrega, iniciou-se uma guerra dos índios na Bahia contra os portugueses.[332]

Conforme o entendimento dos inacianos, com essas e outras más ações do clero secular resultava-se, enfim, uma vida espiritual em penúria no Brasil: "não há paz, mas tudo ódio, murmurações e detrações, roubos e rapinas enganos e mentiras; não há obediência nem se guarda um só sacramento de Deus e muito menos os da Egreja".[333]

---

330 O tema é discutido também em NÓBREGA, M. da. Aos Padres e Irmãos (1551)... p. 116; e NÓBREGA, M. da. Ao P. Mestre Simão Rodrigues. De S. Vicente, Dominga da Quinquagesima de 1553 [12 de Fevereiro]... pp. 35-36.

331 NÓBREGA, M. da. Apontamentos de coisas do Brasil. Da Baía, 8 de Maio de 1558. *In*: LEITE, S. S.J. (org.). *op. cit.*, pp. 84-85. Esta carta, ao que tudo indica, é a mesma de NÓBREGA, M. da. Para o Provincial de Portugal (1557)... As duas trazem as mesmas informações, mas a carta da primeira coleção citada tem quatro páginas a mais que a da segunda coleção.

332 Conferir NÓBREGA, M. da. Ao Padre Mestre Simão (1549)... p. 81; e NÓBREGA, M. da. Ao Padre Simão Rodrigues (1550)... p. 108.

333 NÓBREGA, M. da. A Thomé de Sousa (1559)... p. 194.

A pobreza da terra

A pobreza material da Terra de Vera Cruz também despertou a reação dos jesuítas porque a questão dizia respeito à manutenção da atividade missionária, nem sempre socorrida materialmente pela Coroa portuguesa. Em 1557, quase uma década depois do início das atividades evangelizadoras, Nóbrega lembrou o Provincial de Portugal que esperava encontrar uma maneira de manter as casas dos meninos em Salvador. De acordo com o padre, os missionários viviam das esmolas da cidade, e como a maioria da população era pobre, as contribuições eram insuficientes; além disso, o rei não havia feito nenhuma doação para a manutenção das casas, e nem mesmo a venda de ornamentos e cálices das igrejas garantiu recursos suficientes para o sustento de todos os catecúmenos.[334]

Certamente, os relatos sobre a pobreza das capitanias do Brasil poderiam apresentar um quadro um pouco (ou bastante) diferente da real situação vivida pelos padres. Afinal, ao escreverem as cartas, davam mostra das dificuldades, das vitórias alcançadas no embate com os "males da terra" e de milagres que mostravam a ajuda celeste na atividade apostólica. Nesse caso, além de usarem nas epístolas a edificação como forma de auxiliar na renovação do espírito dos homens de fé, os missionários usavam também a persuasão como um recurso que garantisse o respaldo dos superiores da ordem e das autoridades portuguesas aos seus pedidos.[335]

Por isso, além de Nóbrega, os demais jesuítas que atuavam na porção lusa da América engrossaram o coro das lamentações sobre a pobreza das capitanias do Brasil. João de Azpilcueta Navarro, por exemplo, mostrou que em 1551 a carência de recursos da Bahia impossibilitou a construção de um colégio em Salvador. Um ano mais tarde, Nóbrega informou que a igreja da cidade havia caído porque era de taipa e erguida pelas mãos dos padres sem a ajuda dos moradores. Em 1557, 1558 e 1559, o padre voltou a comentar que não havia meninos

334 NÓBREGA, M. da. Para o Provincial de Portugal (1557)... p. 172.

335 Diferentes exemplos da utilização da edificação como recurso persuasivo podem ser vistos em JACOME, D. Copia de outra [carta] para os Padres e Irmãos do Collegio de Coimbra, 1552. *In*: NAVARRO, A. e outros. *op. cit*, p. 128; NÓBREGA, M. da. Ao P. Simão Rodrigues, Provincial de Portugal. Da Baía, 10 de Julho de 1552... p. 27; e NÓBREGA, M. da. A' El-Rei D. João (1552)... p. 135.

nos colégios por falta de alimentos para sustentá-los, e por isso devia o rei parar de mandar pessoas pobres para a região.[336] Por não terem condições materiais para se fixarem na terra, muitos "foram forçados a se tornar [para Portugal] ou morrerem de bichos".[337]

Os padres informaram que contavam com o auxílio dos pais dos catecúmenos que viviam nos colégios. Eles trabalhavam na produção de alimentos nos arredores dos colégios e ajudavam nas atividades domésticas. Em algumas regiões, a natureza era abundante e os missionários não se preocupavam com a carência. Porém, as guerras entre indígenas e colonos causavam a escassez, e a população branca, em função da extrema pobreza, não podia socorrer os missionários nesse sentido. Enquanto Afonso Braz mencionava que as terras de Porto Seguro eram as mais férteis e abundantes em caça e pesca,[338] Nóbrega acusava a falta de mantimentos em São Vicente, fator que levou os padres a ensinarem apenas os filhos dos "principais".[339] Anchieta também se referiu a esta capitania apontando que nela não havia nem moradores suficientes para compor uma expedição de exploração da região a partir de Piratininga.[340] Por ser precariamente povoada, a capitania foi invadida pelos franceses.[341]

A carência material da incipiente colônia era apontada como uma das motivações para a participação dos jesuítas em assuntos temporais. Além de praticarem atividades econômicas, os missioná-

---

336 Conferir NAVARRO, J. de A. Carta da cidade do Salvador do anno de 1551... p. 98; NÓBREGA, M. da. Para o Padre Provincial de Portugal (1552). *In*: __________. *op. cit.*, p. 132; NÓBREGA, M. da. Quadrimestre de Janeiro até Abril de 1557, ao Padre Ignacio... pp. 161-162; NÓBREGA, M. da. Apontamentos de coisas do Brasil. Da Baía, 8 de Maio de 1558... p. 80; e NÓBREGA, M. da. Ao P. Geral, DiogoLáinez. Da Baía, 30 de Julho de 1559. *In*: LEITE, S. S.J. (org.). *op. cit.*, pp. 88-90.

337 NÓBREGA, M. da. Apontamentos de coisas do Brasil. Da Baía, 8 de Maio de 1558... p. 78.

338 BRAZ, A. Carta mandada do porto do Espirito Santo do anno de 1551. *In*: NAVARRO, A. e outros. *op. cit.*, p. 114.

339 NÓBREGA, M. da. Ao P. Mestre Simão Rodrigues. De S. Vicente, Dominga da Quinquagesima de 1553 [12 de Fevereiro]. *In*: LEITE, S. S.J. (org.). *op. cit.*, p. 35. Nóbrega contou também o caso de Ilhéus e Porto Seguro, onde os índios fizeram cerco aos cristãos e esses se viram obrigados a pedir a ajuda do governador, pois comeram apenas laranja durante o cerco. Ver NÓBREGA, M. da. A Thomé de Sousa (1559)... pp. 212-213.

340 ANCHIETA, J. de. De Piratininga, em 15 de Novembro de 1579, ao Capitão Jeronimo Leitão, em S. Vicente. *In*: __________. *Cartas*: informações, fragmentos históricos e sermões... p. 278.

341 A capitania mais povoada, segundo os padres, era a de Pernambuco. No entanto, como era maior o número de portugueses na região, maiores eram os pecados da terra em função da má conduta daqueles homens. Ver NÓBREGA, M. da. Aos Padres e Irmãos (1551)... p. 115.

rios usavam o trabalho escravo e tinham roças e gado nos colégios. Nóbrega informou Simão Rodrigues, Provincial de Portugal, que usava "escravas fêmeas" porque eram elas que sabiam fazer a farinha e, principalmente, para que não andassem em pecado com os "escravos machos". Enquanto os homens caçavam, pescavam e produziam alimentos, as mulheres cuidavam da alimentação e realizavam os trabalhos domésticos.[342]

Em 1552, a participação dos jesuítas em assuntos temporais causou alguns escândalos na colônia. Naquele ano, os missionários da Companhia de Jesus se recusaram a dar dízimos aos padres seculares. Esses acusaram os inacianos de terem terras e escravos e que, portanto, podiam dar a contribuição. Em função das insinuações, Nóbrega ordenou que seus padres mostrassem publicamente que nada pertencia a eles, mas sim aos meninos dos colégios. Obrigou, igualmente, que quando estivessem em Salvador, comessem com os criados do governador; que fizessem uma só refeição (antes eram duas); e saíssem de todos os negócios temporais, deixando-os para os leigos. Na ocasião, o bispo sugeriu que os jesuítas deixassem o colégio da Bahia para acabarem os escândalos, mas Nóbrega não o fez até ter informações de Portugal sobre como proceder na questão. Ao pedir a opinião do seu superior, lembrou-o que não era possível sustentar as casas sem a participação dos seus padres nos assuntos temporais, e que era de fundamental importância que a manutenção do colégio fosse regida por um padre da Companhia de Jesus.[343]

Esse caso em particular corrobora a tese sustentada por Célio Juvenal Costa de que a participação dos jesuítas em assuntos temporais, ao que pese todas as críticas, deve ser entendida como um conjunto de ações práticas que visavam o planejamento, a organização e a execução da atividade missionária no ultramar. Essa participação, portanto, refletia a racionalidade mercantil da expansão portuguesa na racionalidade jesuítica, baseada nos mecanismos do Padroado.[344]

---

342 NÓBREGA, M. da. Ao Padre Mestre Simão (1552)... p. 139. O padre informou que promoveu o casamento entre os escravos a fim de que vivessem em conformidade com a doutrina cristã.

343 NÓBREGA, M. da. Ao Padre Mestre Simão (1552)... pp. 139-141.

344 Ver COSTA, C. J. *A racionalidade jesuítica em tempos de arredondamento do mundo*: o império português (1540-1599). Tese (Doutorado em Educação) – Programa de Pós-Graduação em Educação – Universidade Metodista de Piracicaba, Piracicaba, 2004.

A iniciativa de Nóbrega de afastar seus padres dos assuntos temporais se tornou regra em 1556, ano em que os jesuítas receberam as *Constituições da Companhia de Jesus*, que proibia seus membros de possuir bens temporais. O documento instituiu que os admitidos deviam ter as qualidades da obediência e da pobreza. Esta última, por ser entendida como a "sólida muralha da vida religiosa", não permitia que os missionários tivessem renda alguma, o que exigia que sua subsistência fosse garantida através de esmolas. As casas e igrejas da ordem também não podiam ter bens materiais, mas somente móveis, dinheiro, livros, roupas e alimentos.[345]

O fato é que, quando as *Constituições* determinaram que os inacianos devessem viver apenas das esmolas, a pobreza da terra agravou ainda mais a situação da atividade missionária. Desse modo, os inacianos entendiam que combater esse mal, e os demais existentes na terra, era premissa fundamental para que se criasse um ambiente favorável à evangelização.[346]

Para eliminar esse e outros "males da terra", os jesuítas entendiam como necessária a adoção de medidas que viabilizassem o trabalho apostólico, e isso demonstra que, de um lado, a Companhia de Jesus tinha um projeto amplo de salvação de almas nas regiões abertas ao mundo pela monarquia portuguesa; por outro, não contava com um projeto peculiar a cada espaço: as ações práticas da missio-

---

345 Ver LOYOLA, I. de (1491-1556). *Constituições da Companhia de Jesus e normas complementares*. Anotações da Congregação Geral XXXIV (1995). São Paulo: Edições Loyola, 1997, pp. 173-182. Essas regras foram alteradas pelas *Normas Complementares das Constituições da Companhia de Jesus*, documento que absorveu decretos das Congregações Gerais realizadas ao longo do século XX e que foi oficialmente promulgado na Congregação XXXIV de 1995.

346 Na carta em que Loyola foi avisado da chegada do documento ao Brasil, o Geral encontrou também alguns comentários tecidos por Nóbrega sobre a manutenção de casas e colégios: o jesuíta estava em São Vicente desde 1554 e informou que iria para a Bahia a fim de construir uma casa para os órfãos que chegaram de Lisboa. Quando estivesse pronta, Nóbrega apartaria os meninos e demais índios e daria o cargo desses e dos seus bens temporais "a quem delles tenha cuidado, ficando-nos o ensinal-os e doutrinal-os somente". Isto seria feito a exemplo do que acontecera em São Vicente, cuja casa não recebia esmolas suficientes para o seu sustento e "obrigava-nos a cousas que não eram do nosso Instituto". Assim, ao chegar à região, o missionário proibiu a participação dos padres em assuntos temporais e os meninos da casa foram levados para a povoação dos seus pais. Lá foi construída uma casa e igreja e os jesuítas passaram a doutrinar também os pais e as mães, que sustentavam a casa com seus mantimentos. Ver NÓBREGA, M. da. Para o Padre Ignacio [de Loyola] (1556). *In*: __________. *op. cit.*, pp. 150-155.

nação foram construídas de acordo com as necessidades de cada local e baseadas, fundamentalmente, na relação que Portugal estabelecia com a região onde estavam os missionários.

É nessa perspectiva de análise da evangelização empreendida pela Companhia de Jesus que se revelam, na Missão do Brasil, os reflexos do processo amplo de missionação nesse período de privilégio. Feita a identificação dos "males da terra", os padres poderiam utilizar a força na conversão em um espaço dominado politicamente pela Coroa portuguesa, como ocorria em Goa. À época, entretanto, Portugal ainda não havia disponibilizado para sua posse americana um efetivo militar suficiente para que os inacianos pudessem se valer somente da força bruta na conversão e, principalmente, para zelar pela ortodoxia da fé praticada pelos novos cristãos. Para se ter uma ideia, a expedição de Tomé de Sousa contava com três naus e um efetivo aproximado de 1000 pessoas. Entre essas estavam a tripulação, seis jesuítas, cerca de 300 funcionários régios (entre homens de armas e homens de diversos ofícios), 280 colonos e 400 degredados.[347]

Diante da imensidão do território da colônia, e da resistência de muitas tribos indígenas à presença do colonizador, esses números representavam uma ocupação ainda incipiente e que necessitava, sobretudo, que os nativos fossem transformados em súditos da Coroa portuguesa a fim de atuarem, também, no processo colonizador. Desse modo, era imprescindível que as estratégias de conversão fossem baseadas também no uso da persuasão, segundo os preceitos tomistas de conversão do pagão.

3.4 As boas sementes

Para compreendermos as especificidades da evangelização no Brasil em tempos de privilégio é fundamental atentarmos para uma das características essenciais dos missionários jesuítas: a plasticidade, isto é, a capacidade de se adaptarem às realidades políticas, sociais e

347 Esses dados podem ser confrontados em CALMON, P. *História do Brasil*. v. I... pp. 220-221; e PIERONI, G. *Vadios e ciganos, heréticos e bruxas*... p. 37.

culturais dos locais onde estavam inseridos para nelas buscar, em suas múltiplas nuanças, um meio de operar e desenvolver suas atividades. Ainda, precisamos considerar a imensa permeabilidade dos inacianos nas estruturas de poder que promoviam a colonização e a construção de um império cristão no orbe.

Isso quer dizer que, embora a utilização de métodos evangelizadores comuns a outras áreas de atuação da Companhia de Jesus na Ásia e África fosse tida como *conditio sine qua non* para o desenvolvimento da evangelização no Brasil, o combate aos "males da terra" não seria restrito apenas ao uso da força e da persuasão. Valendo-se do intuito da Coroa portuguesa de incrementar a ocupação de seu domínio americano, e do domínio político efetivo de Portugal na região, os jesuítas recorreram à justiça e às políticas delineadas à Terra de Vera Cruz para criar um ambiente favorável à salvação de almas.

Em outras palavras, a relação que Portugal estabelecia com o Brasil oferecia aos inacianos um recurso que pouco ou nada tinham a seu dispor nas missões em regiões ligadas ao Império português pelo parentesco espiritual: as "boas sementes" que, bem cultivadas, podiam gerar "bons frutos" na vinha do Cristo.

A função prática dos sacramentos nos espaços de influência dos inacianos

No Brasil, uma das primeiras medidas adotadas pelos inacianos foi exercer influência sobre algumas aldeias onde pudessem controlar as condutas dos indígenas para prepará-los ao batismo e, da mesma forma, policiar os batizados para que não voltassem a cometer pecados:

> As mais novas da terra, haverá muitos que as dirão a Vossa Alteza; o que me a mim occorre dizer é que vai tudo em crescimento, assim no espiritual como temporal; alguns se fazem christãos, depois de muito provados, e vai-se pondo em costume de, ou serem bons christãos, ou apartarem-se de todo da nossa conversação; e os que se agora baptisam os apartamos em uma aldeã, onde estão os Christãos, e têm uma egreja e casa nossa, onde os ensinam.[348]

348 NÓBREGA, M. da. A' El-Rei D. João (1552)... p. 135.

Inicialmente, essas aldeias eram escolhidas estrategicamente entre uma cidade (ou vila) e as tribos para que os padres pudessem socorrer tanto aos indígenas de aldeias circundantes quanto aos colonos. Esses espaços de controle podem ser entendidos como uma espécie de quartel general das atividades missionárias em cada capitania: os índios que manifestavam o desejo pelo batismo eram levados para essa aldeia e ali aprendiam os preceitos do cristianismos. O cotidiano era ditado pelos padres e a passagem do tempo controlada pelas atividades religiosas, como as missas, sermões noturnos, confissões, entre outras.[349]

Nas aldeias, os sacramentos da Igreja desempenhavam seu sentido salvífico e assumiam, também, funções práticas. Entre as sete instituições salutares reafirmadas no Concílio de Trento (batismo, confirmação, comunhão, penitência ou confissão, extrema-unção, matrimônio e ordem), o batismo, a confissão e o matrimônio tinham maior preponderância nas atividades evangelizadoras.

O Concílio de Trento buscou a mesma referência utilizada na elaboração da doutrina do batismo para a reafirmação da penitência. Tomás de Aquino havia definido o sacramento como um instrumento doutrinal de salvação, respeitando o duplo fim dos sacramentos: "aperfeiçoar o homem no que diz respeito ao culto de Deus, segundo a religião da vida cristã, e depois ser remédio para as deficiências causadas pelo pecado".[350] O encontro ecumênico preservou essa característica, na *Doutrina do Santo Sacramento da Penitência*, ao estabelecer a necessidade da contrição (arrependimento), da confissão e da absolvição mediante a prática da penitência imposta pelo padre. Em um momento em que a Igreja objetivava reformar mais os costumes do que sua doutrina, a confissão atendia ao propósito de policiar a conduta dos fiéis para, a qualquer desvio, serem reconduzidos à ortodoxia da religião.[351]

---

349 A primeira casa (aldeia) dos jesuítas na Bahia, de 1549, acolhia 200 catecúmenos e contava com o auxílio de cinco escravos e de um soldado que já fazia os exercícios espirituais. Ali também fizeram uma igreja para ensinar os novos cristãos. Ver NÓBREGA, M. da. Ao Padre Mestre Simão (1549)... pp. 83-84. Sobre o cotidiano nas aldeias ver ANCHIETA, J. de. Ao Padre Geral, de S. Vicente, a 1 de Junho de 1560... p. 162.

350 AQUINO, T. de. *Suma Teológica*. Tomo III. São Paulo: Edições Loyola, 2003, q. 65, a. 1. Para a definição de Aquino do sacramento da penitência ver *id. ibid.*, q. 84, a. 1, ad. 1, 2, 3.

351 APOSTOLADO V. S. (org.). *Documentos do Concílio Ecumênico de Trento*. 2º Período (1551-1552): Sessão XIV... pp. 01-07. Veremos, no Capítulo 7, que a confissão foi amplamente usada pela Santa Sé na normatização social na Europa (tanto que circunscreveu a prática de instituições como o Santo Ofício da Inquisição) e pela Companhia de Jesus no Brasil dos Filipes.

No que diz respeito ao matrimônio, o concílio reforçou seu teor dogmático de união legítima, monogâmica e indissolúvel, onde os esposos ficavam obrigados a imitar o ato simbólico de submissão da Igreja a Cristo. Entre outros, ficou proibido o casamento entre parentes sob a alegação de que eles eram contraídos por ignorância do casal; vedou-se o casamento daqueles que haviam fornicado antes de receber o sacramento, bem como para aqueles que tivessem demonstrado a união ilegítima em público, ou seja, que não tiveram "pública honestidade".[352]

No parecer de Baeta Neves, o concílio consolidou o sacramento como um núcleo que estabelecia, no plano moral, um comportamento do ser cristão, tanto que para um eclesiástico havia o sacramento da ordem, que também simbolizava sua união com Cristo e sua Igreja.[353] Ronaldo Vainfas, em parecer análogo, percebeu que sacramento permitia à Santa Sé combater a ocorrência de ritos populares de casamento na Europa cujas práticas haviam dado espaço para Lutero considerar o matrimônio como mera necessidade física. No entanto, mais do que reafirmar seu teor dogmático diante da negação protestante, subjetivamente o encontro ecumênico pretendia transforma-lo em um poderoso instrumento de controle da vida dos fiéis a partir do seu seio familiar.[354]

Se para a Europa os sacramentos ganhavam a função prática de formação moral da cristandade, para as missões quinhentistas transfiguraram-se em "um traço distintivo do catolicismo":[355] ofereciam a salvação e a civilização do pagão. Conforme entendeu Baeta Neves, tendo a Igreja dividido o mundo em três categorias (cristão, herege e pagão), o batismo dava a cristandade a quem o recebia, marcando, então, o seu "nascimento social, espiritual e religioso".[356] Se tornasse a pecar, lhe era oferecida nova purificação através da confissão. Ao ser atribuída uma pena ao pecado cometido, o indivíduo não só era salvo como era reintegrado ao corpo social. Igualmente, o matrimônio

---

352 Ver *Decreto de Reforma do Matrimônio* em APOSTOLADO V. S. (org.). *Documentos do Concílio Ecumênico de Trento.* 3º Período (1562): Sessão XXIV... pp. 01-20.

353 Ver NEVES, L. F. B. *O combate dos soldados de Cristo na terra dos papagaios*: colonialismo e repressão cultural. Rio de Janeiro: Forense Universitária, 1978, p. 74.

354 VAINFAS, R. *Trópico dos pecados*: moral, sexualidade e Inquisição no Brasil. Rio de Janeiro: Nova Fronteira, 1997, pp. 11-12.

355 NEVES, L. F. B. *op. cit.*, p. 73.

356 *id. ibid.*, p. 73.

livrava o pagão de pecados como a poligamia e o incesto, e concomitantemente inseria-o na instituição da família, núcleo de uma vivência pautada na moralidade cristã.[357]

De igual maneira, Adone Agnolin entendeu a conversão como missão civilizadora porque os sacramentos, no seu parecer, funcionavam como uma ferramenta de negociação simbólica/cultural que visava a integração dos nativos à ordem social trazida de Portugal. Nesse sentido, o batismo exigia a transformação cultural do ameríndio, o que significava sua inserção em um espaço onde deveria abandonar completamente os "velhos costumes demoníacos".[358] Mas, por ser inconstante na vontade, a confissão era utilizada como um remédio espiritual, tanto quanto social, porque oferecia a renovação da sua nova identidade cultural em detrimento daquela abandonada com o batismo. O matrimônio, nesse caso, era utilizado como uma espécie de prevenção da prática de pecados, já que, na América, o casamento foi, por excelência, um elemento de normatização da sexualidade indígena: "trata-se, de fato, de combater a *prática* de uma sexualidade profundamente enraizada nos costumes (...) e constituída (...), aos olhos dos missionários, por excessos".[359]

O entendimento da praticidade dos sacramentos como meio de civilizar os indígenas associa-se perfeitamente à proposição de Ângela Barreto Xavier de que a cristianização dos domínios lusos (especificamente a Índia, caso por ela analisado) era um instrumento de uma reforma política em que os nativos deveriam ser transformados em súditos do rei luso. Mais do que uma simples propagação da fé, para a autora, a evangelização era um meio de concretização da reforma imperial joanina caracterizada pela reconstituição dos seus domínios ultramarinos: uma homogeneização que implicava a submissão dos territórios ao aparelho burocrático, jurídico e cultural de Portugal.[360]

Nesta perspectiva, os sacramentos desempenharam, de fato, um papel civilizador do indígena. No Brasil, entretanto, as cartas dos missionários demonstram que sua função prática funcionava também para os colonos: assim como transformavam "bárbaros sel-

357 NEVES, L. F. B. *op. cit.*, pp. 73-77.
358 AGNOLIN, A. *Jesuítas e selvagens*... p. 307.
359 *id. ibid.*, p. 331.
360 XAVIER, Â. B. *A invenção de Goa*... pp. 64-80.

vagens" em "súditos mansos", ofereciam uma conduta moral reta aos colonos, necessário que era este comportamento à conversão dos nativos e, principalmente, para enquadrar a terra aos princípios reformistas da Igreja tridentina, que Nóbrega chamou de "nova Egreja que o Senhor quer fundar".[361]

Aproximando o sentido teológico e a função prática da confissão, por exemplo, os jesuítas usavam o sacramento como meio de eliminação dos pecados, por duas razões: a penitência pública era uma forma de exemplificação aos demais índios batizados; e o conhecimento dos pecados mais cometidos lhes daria condições de elaborar estratégias para sua prevenção. Para bem realizar a confissão, em 1552 o padre Nóbrega perguntou aos teólogos de Portugal se os inacianos poderiam utilizar intérpretes na confissão dos ameríndios, porque a Igreja exigia que ela fosse realizada na intimidade do sacerdote e do fiel.[362] Oito anos mais tarde, Anchieta comprovou a realização da confissão com o auxílio de intérpretes e indicou a necessidade de ter a confissão até mesmo dos moribundos que haviam sido batizados: "a' confissão e mais sacramentos têem muita reverência, e tanto, que muitas vezes afirmam os enfermos que se lhes abrandam as dóres depois da confissão".[363]

A orientação dos missionários, no entanto, era para que em todas as capitanias usassem a pregação para lembrar a todos da necessidade da penitência e, do mesmo modo, conseguir a confissão regular dos índios e dos portugueses, principalmente daqueles que não mais frequentavam o confessionário com a regularidade que os padres desejavam.[364] A partir da exposição das faltas cometidas pelos fiéis, os padres adotavam medidas auxiliares para tornar a confissão uma prática frequente e, de igual maneira, evitar a ocorrência dos pecados mais comuns. Conforme indicou Nóbrega, em uma aldeia de São Vicente "foram tão proveitosas estas confissões, que enxergamos muita emen-

361 NÓBREGA, M. da. Ao Padre Mestre Simão (1549)... p. 79.

362 NÓBREGA, M. da. Ao Padre Mestre Simão (1552)... p. 137.

363 ANCHIETA, J. de. Ao Padre Geral, de S. Vicente, a 1 de Junho de 1560... p. 160. Charles Boxer indica que o uso de intérpretes na confissão foi comum também nas missões asiáticas e africanas. Pelo fato de muitos missionários não dominarem perfeitamente as línguas locais, recorriam aos intérpretes e, a partir do século XVII, aos manuais de confissão, textos que traziam as perguntas que os curas deveriam fazer ao fiel e as respostas mais prováveis que receberiam destes. Ver BOXER, C. R. *A Igreja militante e a expansão ibérica*... pp. 59-60.

364 Ver SÁ, A. de. Carta de Pernambuco pera os Padres e Irmãos de Portugal da Companhia de Jesus, de 8 de Setembro de 1563 annos. *In*: NAVARRO, A. e outros. *op. cit.*, p. 428.

da de seus vicios e maus costumes"; e como a maior parte desses era o "vicio da carnalidade", o padre tratou de prepará-los para o casamento.[365] Braz Lourenço, por seu lado, criou uma confraria de caridade no Espírito Santo: os portugueses filiados, quando revelavam em confissão suas faltas mais graves (porque comumente confessavam os vícios menores), pagavam determinada quantia em dinheiro. No entanto, se fossem denunciados por outrem, pagavam o dobro. O principal objetivo do padre era inibir a prática da mancebia, tanto que o dinheiro das multas era revertido para a realização do casamento das órfãs.[366]

Para os inacianos, o casamento não era utilizado apenas para eliminar a prática da poligamia entre os nativos. Pretendiam, também, evitar a ocorrência do concubinato praticado pelos colonos. Ao chegar em Pernambuco, Nóbrega encontrou muitos portugueses que, mesmo sendo casados em Portugal, tinham filhos com as indígenas. Valendo-se de sua influência junto ao rei e ao governador-geral, o padre ordenou que buscassem suas esposas no reino e mandou construir uma casa para recolher as mulheres indígenas, que passaram a viver sob os cuidados dos missionários à espera de um bom casamento.[367]

Essas mulheres, normalmente, eram casadas pelos padres com os solteiros lusos que tinham menos recursos materiais. Os de maior projeção social, no entanto, quando repreendidos pela prática da mancebia alegavam que não tinham mulheres brancas na terra com quem pudessem casar. Assim, entre 1549 e 1552, Nóbrega solicitou diversas vezes o envio dessas mulheres, mesmo que fossem aquelas "que lá têm pouco remédio de casamento", porque no Brasil, "ainda que fossem erradas, (...) casarão todas mui bem, com tanto que não sejam tais que de todo tenham perdido a vergonha a Deus e ao mundo".[368]

---

365 Citação e informação contidas em NÓBREGA, M. da. Quadrimestre de Janeiro até Abril de 1557, ao Padre Ignacio... p. 160.

366 São duas as cartas que falam da "confraria da caridade" de Braz Lourenço: ANCHIETA, J. de. Quadrimestre de Maio a Setembro de 1554, de Piratininga. *In*: __________. *Cartas*: informações, fragmentos históricos e sermões... pp. 46-47; e GONÇALVES, A. Carta da casa de S. Pedro do Porto Seguro do Brasil, pera o Padre Diogo Mirão, Provincial de Portugal, escripta a 15 de Fevereiro de 1566. *In*: NAVARRO, A. e outros. *op. cit.*, p. 500.

367 NÓBREGA, M. da. Para os Irmãos do Collegio de Jesus de Coimbra (1551)... p. 120. O padre observou que, enquanto aguardavam o casamento, as mulheres melhor doutrinadas poderiam também auxiliar na catequese pregando nas aldeias.

368 As duas citações referem-se a Ver NÓBREGA, M. da. Ao Padre Mestre Simão (1549)... p. 80. O padre relatou que para Pernambuco não era preciso o envio de mulheres porque havia

Neste especial pedido, o padre revelou a dupla e indissociável importância do casamento para os inacianos: primeiro, zelar pelo sacramento do matrimônio como forma de eliminação dos apetites sensuais causadores da fornicação, do incesto, do adultério e concubinato; segundo, de promover um povoamento orientado na instituição da família que, sagrada para os clérigos, era também um núcleo de ordenamento comportamental para os leigos, como comentado. Não obstante, esta medida, e o discurso que a embasava, se assemelhava ao que havia ocorrido em Goa na década de 1510.

Em 1509, Afonso de Albuquerque foi enviado à Ásia para substituir D. Francisco de Almeida no cargo de governador do Estado da Índia. Na ocasião, Almeida era "ainda um vice-rei flutuante, governador de um Estado sem território, com o convés da sua nau por capital".[369] Homem próximo ao rei, Albuquerque compartilhava dos intentos cruzadísticos de D. Manuel, que via na conquista da Índia uma forma de se lançar bases para uma futura incursão à Terra Santa. Uma vez na Índia, passou a defender a ideia de que era preciso conquistar regiões definitivas à Coroa para, então, executar o plano de conquista de Jerusalém. Atuando nesse sentido, primeiramente Albuquerque conquistou a cidade de Goa, em 1510; um ano mais tarde Malaca, no sudeste asiático; e, em 1515, Ormuz, no Golfo Pérsico. Assim, ele compôs uma rede de fortalezas e feitorias que constituíam os domínios lusos na Ásia.

Após essas conquistas, Albuquerque se instalou em Goa e confiscou as terras pertencentes aos muçulmanos que também disputavam a cidade, diminuiu as taxas que estes haviam imposto aos hindus, nomeou alguns nativos para cargos administrativos, cunhou moedas e, mais importante, deu início a uma política de diplomacia e tolerância com relação à população hindu: era complacente com suas tradições e religião.[370]

---

lá muitas filhas de portugueses com as nativas que viviam apartadas à espera de casamento, de que já se falou. Em Porto Seguro, os homens pobres se casavam com as indígenas, mas se fossem mandadas as órfãs de Lisboa, os bons e ricos homens dariam bons dotes para o casamento. Ver NÓBREGA, M. da. Ao Padre Simão Rodrigues (1550)... p. 109; NÓBREGA, M. da. A' El-Rei [D. João III] (1551)... p. 126; e NÓBREGA, M. da. A' El-Rei D. João (1552)... p. 133.

369 THOMAZ, L. F. F. R. Estrutura política e administrativa do Estado da Índia no século XVI. *In*: ___________. *De Ceuta a Timor*. 2 ed. Lisboa: Difel, 1998, p. 213.

370 As ações de Afonso de Albuquerque na Ásia, assim como sua trajetória de vida de uma forma geral, podem ser vistas em SANCEAU, E. *A vida e a época de Afonso de Albuquerque*. Lisboa: Verbo, 1976; e THOMAZ, L. F. F. R. A ideia imperial manuelina. *In*: DORÉ, A.; LIMA,

Naquele momento, o governador passou a estimular uma política de casamentos mistos com a dupla finalidade de conversão das mulheres locais e como forma de manter definitivamente os portugueses na cidade, fundamental que a era para o desenvolvimento da empresa asiática. Em carta a D. Manuel, Albuquerque narrou a tomada de Goa e as medidas subsequentes à sua conquista. Entre elas estava o casamento de algumas muçulmanas cativas, "mulheres alvas e de bom parecer" e quistas por homens "limpos e de bem".[371] Aproximadamente quatrocentas e cinquenta almas receberam terras e mais coisas necessárias para ali viverem:

> Goa podeis nela ordenar e fazer todo o que quizerdes; (...) e espero em Nosso Senhor, segundo os homens que estão casados nesta terra e folgão de viver nela, que os mesmos lavradores serão os portugueses, os quais são casados já aqui muitos.[372]

A política de casamentos promovida pelo governador era uma tentativa de assegurar a presença lusa na região e, a longo prazo, o recrutamento para defesa da região dominada, uma vez que havia a ameaça constante de cercos. Esta ideia se reforça quando Albuquerque comentou que o pagamento feito em mercadoria era um bom estímulo para os homens casarem-se e fixarem-se na Ásia: recebiam armas, cavalos, alimentos, vestes e, dependendo do indivíduo, até mesmo pequenos navios, como os quatro casados que receberam um para patrulhar a costa goesa.[373]

Mesmo que a política tenha entrado em declínio em fins de 1512, devido à falta de recursos da Coroa para estimular o casamento, ela desempenhou um papel fundamental dentre o conjunto de ações de Albuquerque na Ásia. Os homens que o governador casava, em geral, passavam a exercer funções de oficiais (ferreiro, carpinteiro, etc.) e

---

L. F. S.; SILVA, L. G. (orgs.). *Facetas do Império na história*: conceitos e métodos. São Paulo: HUCITEC; Brasília: CAPES, 2008, pp. 57-63.

371 As duas citações referem-se a ALBUQUERQUE, A. de (1462-1515). Carta de 22 de dezembro de 1510 ao rei D. Manuel. *In*: __________. *Cartas para El-Rei D. Manoel I*. Selecção, prefácio e notas de António Baião. Lisboa: Sá da Costa, 1942, p. 10.

372 ALBUQUERQUE, A. de. Carta de 22 de dezembro de 1510 ao rei D. Manuel... p. 12.

373 Esses dados são oferecidos em ALBUQUERQUE, A. de. Carta de 1 de abril de 1512 ao rei D. Manuel. *In*: __________. *op. cit.*, p. 44; e ALBUQUERQUE, A. de. Carta de 3 de dezembro de 1513 ao rei D. Manuel. *In*: __________. *op. cit.*, p. 124.

auxiliavam na lide expansionista da Coroa portuguesa, o que lhes deu considerável *status* entre os portugueses. Ser casado era uma forma de se diferenciar daqueles portugueses que iam à Índia como soldados e que, depois de cumprirem seu serviço régio, queriam voltar para Portugal ou permaneciam na Ásia a depender da caridade dos nobres.[374]

As mulheres hindus e muçulmanas eram o ponto-chave desta política. Albuquerque reprovava a sua retirada da cidade para serem vendidas porque, segundo ele, "eu nunca dei mulher a nenhuma pessoa, senão com condição que se a quizesse casar, que lhe daria alguma cousa por ela, e que ninguém as não tirasse de Goa sem minha licença".[375] Sua atitude demonstra não apenas seu controle sobre os casamentos realizados em Goa, como também um outro aspecto subjacente ao tema: o fator religioso, expresso como uma estratégia de conversão das mulheres hindus ao cristianismo e no zelo pelo sacramento do matrimônio.[376]

O casamento, assim como no Brasil, foi utilizado como forma de ordenamento das práticas sociais já que, com o matrimônio, vinham as premissas comportamentais baseadas na moralidade cristã. O elemento religioso do casamento em Goa, portanto, não estava dessassociado do caráter mais amplo de ocupação definitiva dos espaços asiáticos, situação semelhante do que viria a ocorrer no Brasil. Mesmo que Albuquerque e Nóbrega tenham seguido para o ultramar em momentos distintos, as regiões onde atuaram viviam situações análogas: a necessidade de ocupação e de moldar os comportamentos dos portugueses a partir da moral católica estabelecida com o casamento. Considerada a diferença temporal e conjuntural em que esses agentes atuaram, a comparação dessas experiências deixa evidente que, naqueles espaços, o matrimônio oferecia um comportamento moral

---

374 O governador se queixou desses portugueses que não tinham afeição à terra e às coisas da Coroa, porque normalmente tinham que realizar serviços régios por um período de três anos e faziam o possível para voltar ao reino. Ver ALBUQUERQUE, A. de. Carta de 3 de dezembro de 1513 ao rei D. Manuel... p. 139.

375 ALBUQUERQUE, A. de. Carta de 1 de abril de 1512 ao rei D. Manuel... p. 74.

376 Ao lado da união matrimonial, o governador buscou outros meios de converter a população local, como ocorreu em Cochim, onde ordenou um homem casado a ensinar as crianças locais a ler e escrever a partir de "cartinhas" enviadas pelo rei português para aquela finalidade. Segundo Albuquerque, havia aproximadamente cem moços "filhos de (...) homens honrados; são muito agudos e tomam bem o que lhe ensinam e em pouco tempo, e são todos cristãos". Ver ALBUQUERQUE, A. de. Carta de 1 de abril de 1512 ao rei D. Manuel... p. 41.

a ser seguido pelos cristãos e definia as posições e as funções que os casados ocupariam nas nascentes sociedades coloniais. Não por outra razão, Nóbrega revelou ao rei português que o recolhimento das moças na casa de Pernambuco, "além de outros muitos proveitos, (...) disto a gloria de Nosso Senhor resultará e a terra se povoará em temor e conhecimento do Creador".[377]

Para realizar os casamentos no Brasil, entretanto, os padres deveriam tomar alguns cuidados, como faziam antes de lhes oferecer o batismo: tinham que convencer os portugueses de que suas escravas não ficariam forras com o casamento. Ao relatar suas atividades, Antonio Pires informou que realizou muitos casamentos de escravos em Pernambuco, e "casar-se-iam muitos mais, si acabassem de crer seus senhores que não ficam fôrros",[378] motivo que levou Nóbrega a pedir para o rei o envio de uma provisão que declarasse não ficarem forras as escravas com o casamento, o que seria válido também para São Tomé e outras partes onde havia fazendas com escravos.[379]

Outra dificuldade alegada pelos jesuítas era o fato dos indígenas contraírem união de forma ilegítima perante a doutrina da Igreja: casamentos consanguíneos ou sem "publica honestidade" (mancebia). Esses eram os maiores impedimentos dos inacianos em colocá-los em estado de graça, "e por isso não lhe ousamos a dar o Sacramento do Baptismo, pois é forçado a ficarem ainda servos do peccado".[380] Atentos ao risco, era costume dos padres primeiro realizarem o casamento para depois batizá-los. Se estivessem firmes na fé, entretanto, batizavam o homem e a mulher juntos e em seguida casavam-nos "com as admoestações daquilo que o verdadeiro matrimônio reclama".[381]

Em função destes impedimentos ao casamento, Nóbrega solicitou a Luiz da Câmara, em 1553, que o papa desse a faculdade aos inacianos de aplicar o sacramento do matrimônio aos índios de São

377 NÓBREGA, M. da. A' El-Rei [D. João III] (1551)... p. 125. Uma comparação ampliada das ações de Albuquerque e Nóbrega na política de casamento foi feita em SABEH, L. A. O sacramento do matrimônio: salvação e povoamento dos domínios de Portugal na Ásia e América (século XVI). *Ars Historica*. Rio de Janeiro, v. 1, n. 2, julho/dezembro 2010.

378 PIRES, A. Carta da capitania de Pernambuco, aos Irmãos da Companhia, de 2 de Agosto de 1551. *In*: NAVARRO, A. e outros. *op. cit.*, p. 107. O padre indica que esses escravos e escravas eram indígenas que, quando da chegada dos missionários, já se encontravam na condição de cativos e realizavam trabalhos nas lavouras de Pernambuco.

379 NÓBREGA, M. da. A' El-Rei [D. João III] (1551)... pp. 125-126.

380 NÓBREGA, M. da. Para o Padre Ignacio [de Azevedo] (1556). *In*: __________. *op. cit.*, p. 148.

381 NÓBREGA, M. da. Ao Dr. Navarro, seu Mestre em Coimbra (1549)... p. 92.

Vicente que, amancebados, queriam se casar com as mulheres com quem tinham filhos. No entanto, essas moças eram suas irmãs, e por isso não podiam se casar pelo grau de consanguinidade. Em 1554 e 1556, Anchieta e Nóbrega voltaram a pedir o relaxamento das leis da Santa Sé para casá-los, pelo menos os casais consanguíneos de segundo grau. A mesma autorização pediram para unir em matrimônio os mestiços e cristãos mancebos e adúlteros.[382]

Ocorria, no entanto, que os sacramentos da confissão e do matrimônio eram administrados aos índios que estavam nos espaços onde os jesuítas exerciam influências, mas não o controle efetivo sobre suas vidas. As aldeias onde ficavam as igrejas e casas jesuíticas estavam sujeitas à inconstância dos indígenas, que poderiam deixar o local tanto pela vontade quanto pela influência dos caraíbas, aventureiros e do clero secular; e à pobreza da terra, já que, quando as casas eram transformadas em colégios da Companhia de Jesus, passavam a ser sustentadas pela Província Eclesiástica da ordem (de Portugal ou do Brasil, a partir de 1553), que dependia de esmolas da Coroa portuguesa.[383] Sendo assim, os missionários entendiam que o combate aos "males da terra" seria mais eficaz se os inacianos fizessem uso da condição política estabelecida por Portugal com o Brasil, ou seja, usar-se da justiça temporal e do intuito de povoamento do território americano.

A justiça e a ideia de subjugação

No Brasil, a condição de domínio político efetivo de Portugal permitia aos inacianos estabelecer uma estreita relação de solidariedade com os governadores-gerais, que recebiam também funções eclesiásticas necessárias para o desenvolvimento das atividades de evangelização. Ainda no início da missionação, Nóbrega teceu elogios à conduta de Tomé de Sousa, ao seu ouvidor-geral e ao Provedor-mór

382 NÓBREGA, M. da. Ao P. Luiz Gonçalves da Câmara. Do sertão de S. Vicente, 31 de Agosto de 1553... p. 53; ANCHIETA, J. de. Quadrimestre de Maio a Setembro de 1554, de Piratininga... p. 55; e NÓBREGA, M. da. Para o Padre Ignacio [de Azevedo] (1556)... p. 148. Nesse pedido, os inacianos mostravam perfeita sintonia com as resoluções que o Concílio de Trento definiria para a reforma do matrimônio apenas em 1562.

383 Nota-se que, quando ainda eram casas, essas células de evangelização no meio da aldeia eram sustentadas pelos indígenas ou pelos escravos enviados pela Coroa.

da Fazenda.[384] O governador, disse o clérigo, "eu o tenho por tão virtuoso e entende tão bem o espírito da Companhia, que lhe falta pouco para ser della",[385] assim como D. Duarte e Mem de Sá, que demonstraram o mesmo zelo e virtude na subjugação dos índios da Bahia.[386] Ao infante D. Henrique, Nóbrega falou que Mem de Sá era abençoado tanto por evitar a implantação da heresia da Alemanha e as de Calvino trazidas pelos franceses quanto por trabalhar pela eliminação de todos os vícios e pecados cometidos por índios e colonos na Bahia.[387]

Os elogios de Nóbrega aos governadores refletiam a mútua assistência desses homens a favor da construção do Brasil. De um lado, os jesuítas prestavam auxílio às autoridades régias: percorreram a costa com Tomé de Sousa para identificar a situação material e espiritual das capitanias, em 1551; e auxiliaram D. Duarte e Mem de Sá nas diversas sublevações ameríndias e na guerra de defesa contra a invasão francesa. De outro, os governadores aplicavam a justiça a favor da conversão dos nativos.[388]

Embora o contingente do poder temporal no Brasil fosse reduzido, a aplicação da justiça se mostrava eficiente à evangelização porque os inacianos podiam usar o castigo público como forma de instituir o medo. No século XVI, essa era uma prática comum nas monarquias europeias que trabalhavam para consolidar a centralização do poder. A fim de persuadir e constranger seus súditos a aderirem seus programas governativos, e mesmo para imprimirem sua concepção de justiça e suas imagens de pai e pastor, os monarcas tornavam o ritual punitivo em cerimônia solene. A aplicação de penas, enquanto exemplo, deveria ser pública e era traduzida em verdadeiros espetáculos munidos de

---

384 NÓBREGA, M. da. Ao Padre Mestre Simão (1549)... p. 87.

385 NÓBREGA, M. da. Para o Padre Provincial de Portugal (1552)... p. 131. Nesta carta, o padre sugeriu que Tomé de Sousa continuasse no Brasil após o fim do seu governo, porque era um homem virtuoso e zeloso às coisas da fé. Se isto não fosse possível, devia o rei mandar um governador casado, e que viesse com mulher e filhos para ser preservado tudo o que Tomé de Sousa havia construído em matéria de religião. Ver, também, sugestão feita ao rei em NÓBREGA, M. da. A' El-Rei D. João (1552)... pp. 134-135.

386 NÓBREGA, M. da. Apontamentos de coisas do Brasil. Da Baía, 8 de Maio de 1558... p. 81.

387 NÓBREGA, M. da. Ao Infante Cardeal [D. Henrique] (1560). *In*: __________. *op. cit.*, pp. 221-226.

388 Ao percorrer as capitanias com Tomé de Sousa, Nóbrega obedeceu a ordem de D. João de deixar um padre em cada uma delas. Ver NÓBREGA, M. da. Aos Padres e Irmãos (1551)... p. 116.

um compêndio de fazer morrer, suplicar e pedir perdão: as agressões físicas atrozes, os suplícios e gritos de dor causados pela morte lenta do criminoso causava medo entre os expectadores e, assim, exerciam a função pedagógica do exemplo. E quando havia o perdão do soberano, o ato piedoso lhe garantia uma imagem de pai para seus súditos.[389]

Este ritual punitivo estava devidamente previsto nas leis portuguesas e a pedagogia do medo era prerrogativa de ação dos poderes civis e eclesiásticos. Em sua análise dos procedimentos punitivos do Santo Ofício da Inquisição portuguesa, Geraldo Pieroni chamou a atenção para a poderosa capacidade que essa política exercia na normatização da sociedade.[390] E no Brasil era justamente essa a função da "emenda" daqueles que cometiam crimes civis e eclesiásticos: traduzia-se em um recurso persuasivo capaz de normatizar condutas e imprimir a identidade política dos colonizadores. No parecer de Nóbrega, castigar os nativos conforme a justiça *Del-Rei* era um recurso útil porque "por amor é mui difficultosa a sua conversão, mas, como é gente servil, por medo fazem tudo".[391]

A asserção se evidencia tanto na frase de Nóbrega quanto nos procedimentos que levavam à punição. Primeiramente, os jesuítas utilizavam a pregação para admoestar os indivíduos com a leitura das penas do Direito, ou travavam "disputas". Em geral, eram alvos dos debates os "feiticeiros" e os padres seculares. E caso os infratores não se emendassem, seus nomes eram levados ao ouvidor-geral, que os punia conforme a gravidade da falta. Há que se considerar, ainda, o perfil da maioria dos homens que recebiam o castigo: pajés, blasfemadores públicos e ameríndios que, depois de batizados, voltavam aos seus "antigos costumes", ou seja, pessoas que desestabilizavam a relação entre os jesuítas e seus catecúmenos.[392]

---

389 A esse respeito ver BURKE, P. *A fabricação do rei*: a construção da imagem pública de Luís XIV. 2 ed. Rio de Janeiro: Zahar, 2009, pp. 27-50; e LARA, S. H. Introdução. *In*: __________ (org.). *Ordenações Filipinas*: livro V. São Paulo: Companhia das Letras, 1999, pp. 19-44.

390 PIERONI, G. *Os excluídos do Reino*: a Inquisição portuguesa e o degredo para o Brasil Colônia. Brasília: Editora da Universidade de Brasília; São Paulo: Imprensa Oficial do Estado, 2000, pp. 11-19.

391 NÓBREGA, M. da. Quadrimestre de Janeiro até Abril de 1557, ao Padre Ignacio... pp. 158-159.

392 Ver NÓBREGA, M. da. Ao Padre Mestre Simão (1549)... pp. 80-81; e NÓBREGA, M. da. Aos Padres e Irmãos de Portugal (1559)... pp. 184-185 e pp. 189-190.

As punições dadas a esses indivíduos eram as mais variadas. Iam desde a disciplina em público (penitência), o cárcere e até mesmo a pena de morte. Por ter tirado a vida de um cristão, um indígena foi colocado à boca de uma bombarda e estilhaçado em público. A severa punição, segundo Nóbrega, colocou medo nos nativos e, principalmente, nos aventureiros lusos que, depois do ocorrido, não foram mais às aldeias causar os "escandalos que aos Indios davam, andando pelas suas terras".[393]

Os inacianos entendiam que a aplicação da justiça trazia benefícios à conversão dos ameríndios, mas, por ter apenas a capacidade de instituir o medo, ainda não era eficiente para coibir a instabilidade decorrente das ações dos portugueses e "feiticeiros", principalmente quando estes incitavam os indígenas a desobedecerem aos jesuítas e a guerrearem entre si ou contra o poder temporal. Porém, a impunidade dos colonos foi apontada como uma das grandes causas do clima de tensão entre os nativos e os portugueses: os missionários alegavam uma enorme dificuldade em submeter os portugueses às penas do Direito porque a punição destes dependia de testemunhas brancas, e o clero secular e demais colonos costumavam não contribuir com a delação dos seus pares. Desse modo, o quadro se agravou de tal modo que nos primeiros anos da década de 1550 estouraram violentas revoltas ameríndias que colocaram em risco a integridade física dos missionários e das autoridades régias na Bahia. Esses episódios foram usados pelos padres como argumentos para convencer a Coroa portuguesa, a Santa Sé e a cúria jesuítica de que era necessário subjugar os nativos para convertê-los e, principalmente, para que a própria colonização fosse consolidada.

As cartas jesuíticas sugerem que a troca de experiências entre os missionários que atuavam no Brasil com aqueles que labutavam na América espanhola começou a germinar a ideia de subjugação dos índios, fator que faria da justiça temporal um meio mais eficaz para se conseguir a salvação das tribos "bárbaras" e "ferozes", ou mesmo para proteger as "mansas" da ação dos colonos. Em 1550, Nóbrega lembrou

393 NÓBREGA, M. da. Ao Dr. Navarro, seu Mestre em Coimbra (1549)... p. 94. Para relatos sobre a aplicação de penas como a penitência e o cárcere ver NÓBREGA, M. da. Aos Padres e Irmãos de Portugal (1559)... pp. 180-181; e NÓBREGA, M. da. Quadrimestre de Janeiro até Abril de 1557, ao Padre Ignacio... pp. 158-159. Ambas as sentenças foram aplicadas a "feiticeiros".

o Provincial de Portugal que seria necessário existir um "protetor dos índios", isto é, indivíduo que teria um cargo remunerado para castigar os malfeitores que viviam nas Aldeias e defender os que fossem de paz. Seria, então, a criação de um posto semelhante à dos "pais dos cristãos" que atuavam nas fortalezas portuguesas na África e na Ásia. Na verdade, o padre queria apenas formalizar algumas práticas correntes nas primeiras experiências de aldeamento, pois que já havia informado seus superiores que em Porto Seguro havia separado os nativos batizados dos demais catecúmenos e que havia ordenado que Diogo Álvares cuidasse dos índios cristãos "como pae e governador".[394]

Porém, a fim de conquistar um estatuto jurídico aos aldeamentos, em 1555 Nóbrega fez menção ao exemplo paraguaio, onde os índios eram "o mais maduro fruto para se colher"[395] por serem reduzidos pelos castelhanos. O padre comentou com Loyola que recebia cartas dos castelhanos pedindo ajuda naquela missão, mas ele não podia ir enquanto não tivesse licença da Companhia e do imperador "do qual somos importunados".[396] Um ano mais tarde, os índios da Bahia levantaram guerra contra os portugueses[397] e, em 1557, o clérigo comentou que os índios da Bahia tinham a condição "mais de féras bravas que de gente racional" e sugeriu que os inacianos tivessem as mesmas condições que os missionários e os colonos tinham no Paraguai: "o Capitão e os principaes da terra, tendo todo o favor e ajuda necessária para bem empregar nossos trabalhos assim entre os Christãos como Gentios".[398]

O afloramento da tensão entre indígenas e colonos na Bahia, em 1558, fez com que Nóbrega, na condição de Provincial, pedisse enfaticamente que os índios fossem sujeitados aos portugueses para que vivessem segundo a lei natural. Os nativos, segundo o padre, matavam e comiam os cristãos barbaramente e tomavam muitas naus e fazendas. E apesar de o rei ter enviado governador e justiça à terra, a brutali-

394 NÓBREGA, M. da. Ao Padre Simão Rodrigues (1550)... p. 104.

395 NÓBREGA, M. da. A Santo Inácio de Loiola. De S. Vicente, 25 de Março de 1555... p. 58. Nóbrega certamente fez referência à atividade missionária dos franciscanos, que haviam ensaiado assentamentos indígenas no Paraguai. Isso porque os inacianos só começaram a atuar efetivamente na região, como veremos no Capítulo 6, em 1588.

396 NÓBREGA, M. da. A Santo Inácio de Loiola. De S. Vicente, 25 de Março de 1555... p. 59. O padre fez menção à predileção do monarca castelhano pelo trabalho dos franciscanos e dominicanos.

397 Conferir NÓBREGA, M. da. Para o Padre Ignacio [de Azevedo] (1556)... pp. 147-149.

398 As duas citações referem-se a NÓBREGA, M. da. Para o Provincial de Portugal (1557)... p. 174.

dade com que os índios atacavam causava medo entre os colonos que, ao buscarem refúgio nas fortalezas (como em outros domínios lusos ameaçados pelos mouros, lembrou Nóbrega), não desenvolviam suas atividades e, consequentemente, a capitania.[399]

O incômodo do padre com a situação de desordem que a reação indígena havia causado refletiu no teor de sua sugestão:

> se o gentio fosse senhoreado ou despejado, como poderia ser com pouco trabalho e gasto, e teriam vida espiritual conhecendo a seu criador e vassalagem a S. A. e obediência aos cristãos e todos viveriam melhor e abastados e S. A. teria grossas rendas nestas terras. (...) Este gentio é de qualidade que não se quer por bem, senão por temor e sujeição, como se tem experimentado (...). Sujeitando-se o gentio, cessarão muitas maneiras de haver escravos mal havidos e muitos escrúpulos, porque terão os homens escravos legítimos, tomados em guerra justa, e terão serviço e vassalagem dos índios e a terra se povoará e Nosso Senhor ganhará muitas almas e S. A. terá muita renda nesta terra.[400]

Para Nóbrega, portanto, sujeitar o gentio traria benesses para todos: para a Companhia, porque poucos missionários teriam o total controle sobre os índios; para os nativos, porque teriam vida espiritual e seriam escravizados apenas de forma legítima, ou seja, pelo direito de "guerra justa"; para os colonos, que poderiam obter o serviço dos índios sem precisar escravizá-los, mantendo, assim, uma relação pacífica com os nativos; o reino português, já que a paz advinda da sujeição favoreceria o desenvolvimento das atividades e, consequentemente, renda; e, por fim, o exemplo da Bahia teria tamanho estrondo que os índios das outras capitanias facilmente se sujeitariam.[401]

Como a maior parte das autoridades régias estava concentrada na Bahia, a subjugação das tribos em aldeamentos protegidos por uma legislação começou a ser ali ensaiada quando Duarte da Costa tomou algumas medidas que apareceram em forma de normas no Regimento de Mem de Sá. Nesse documento, os índios da capitania

---

399 NÓBREGA, M. da. Apontamentos de coisas do Brasil. Da Baía, 8 de Maio de 1558... pp. 75-77.

400 NÓBREGA, M. da. Apontamentos de coisas do Brasil. Da Baía, 8 de Maio de 1558... pp. 76-78.

401 *id. ibid.*, pp. 75-79.

ficaram proibidos de ter mais de uma mulher; estavam impedidos de comer carne humana; deviam pedir licença ao governador antes de fazer guerra contra as tribos contrárias; deviam andar vestidos, principalmente aqueles que já eram cristãos; não podiam consultar seus "feiticeiros"; deviam ficar nas terras repartidas e cedidas a eles para que não mudassem para outras partes, como de costume; e, a qualquer desobediência, estariam sujeitos às penas das *Ordenações* portuguesas, assim como os portugueses que lhes fizessem algum mal.[402]

Mem de Sá complementa que concedeu às Aldeias um estatuto semelhante aos das cidades coloniais: elas deveriam ter tronco e pelourinho e um meirinho para a aplicação da justiça. De acordo com seu *Estatuto da Aldeia*, esse meirinho deveria ser indígena e subordinado aos padres e deveria punir crimes como roubo, brigas, bebedeira, adultério e até ausência não justificada na catequese. Já os crimes tidos como mais graves, como antropofagia e homicídio, deveriam ser julgados por um juiz nomeado pelo próprio governador-geral.[403]

Essa primeira experiência de Aldeia ocorreu apenas em três povoações indígenas já existentes, mas foi o suficiente para Nóbrega considerar o êxito da medida: os índios já não saiam da aldeia sem pedir licença e os padres tinham que saber aonde iam para evitar que eles comessem carne humana ou se embebedassem em outras tribos, "e si algum se desmanda, é preso e castigado pelo seu meirinho e o Governador faz delles justiça como de qualquer outro Christão e com maior liberdade".[404] Tomando como referência o caso baiano, Anchieta considerou que em São Vicente "não ha dúvida, que se acharia muito fruto neles se estivessem juntos, onde se pudessem doutrinar", já que a experiência mostrava que os índios "aprendem mui depressa a doutrina e rudimentos da Fé, e dão muito fruto, que durará em quanto houver quem os traga a viver naquela sujeição que temos".[405]

Por ter mostrado resultados eficientes no combate aos "males da terra" (à salvação de almas, portanto), a subjugação acabou por

402 *id. ibid.*, p. 79.

403 SÁ, M. de. Estatuto da Aldeia de 1558. *ap.* LEITE, S. S.J. *História da Companhia de Jesus no Brasil*. Tomo II. Livro II. Reedição da primeira edição de 1938. São Paulo: Edições Loyola, 2004. pp. 245-251.

404 NÓBREGA, M. da. Aos Padres e Irmãos de Portugal (1559)... p. 179.

405 As duas citações referem-se a ANCHIETA, J. de. Ao Padre Geral, de S. Vicente, a 1 de Junho de 1560... p. 160.

transformar a aldeia jesuítica: deixou de ser uma área onde os missionários tinham apenas influência sobre os ameríndios e passou a ser um espaço de controle efetivo de suas condutas porque regulado por leis e normas estabelecidas pelos poderes temporais e eclesiásticos da colônia. O aldeamento, assim, paulatinamente se consolidava como uma peça-chave da atividade missionária e da colonização.[406]

Recursos materiais e contingente humano

Assim como a condição de domínio político efetivo de Portugal permitiu aos inacianos usarem a justiça temporal a favor da conversão, o intuito da Coroa de povoar seu domínio americano abriu espaço para os missionários recorrerem ao pedido de contingente humano e de recursos materiais como uma forma de combater aqueles "males da terra" que a justiça civil não podia eliminar.

Comparado à extensão territorial do Brasil quinhentista, e à quantidade de índios com os quais os inacianos não conseguiram estabelecer contato, o número de missionários nos trópicos era considerado sempre reduzido e limitado. Assim, os jesuítas fizeram inúmeras solicitações de padres da Companhia de Jesus e, mesmo com a chegada deles, a quantidade era tida sempre como insuficiente para acudir os silvícolas e os portugueses, ou para obedecerem à determinação régia de sempre haver um padre da ordem nas expedições de entrada no "sertão". Por esta razão, os inacianos pediam também o envio de meninos órfãos de Portugal para serem ou educados para a vida religiosa ou preparados para a lide colonial aprendendo ofícios diversos.[407]

A Companhia de Jesus enviou alguns órfãos de Lisboa para o Brasil, mas poucos tinham vocação religiosa. No entender de Anchie-

---

406 A função do aldeamento na estruturação da evangelização e da colonização do Brasil será discutida de modo circunstanciado no Capítulo 6.

407 Para os pedidos de envio de missionários ver NÓBREGA, M. da. Ao Padre Mestre Simão (1549)... p. 82; NÓBREGA, M. da. Ao P. Simão Rodrigues, Provincial de Portugal. Da Baía, 10 de Julho de 1552. *In*: LEITE, S. S.J. (org.). *op. cit.*, p. 27; NÓBREGA, M. da. A' El-Rei D. João (1552)... p. 135; e JACOME, D. Copia de outra [carta] para os Padres e Irmãos do Collegio de Coimbra, 1552... p. 128. Para os pedidos de envio de meninos órfãos ver NÓBREGA, M. da. Ao P. Luiz Gonçalves da Câmara. De S. Vicente, 15 de Julho de 1553... p. 50; e GRÃ, L. da. Alguns capitulos de uma carta pera o padre doutor Torres de 22 de Setembro de 1561. Recebida a 5 de Março de 1562. *In*: NAVARRO, A. e outros. *op. cit.*, p. 318.

ta, porque na colônia não havia um ambiente para fazê-los firmes na fé. Em Pernambuco, por exemplo, a sensualidade das índias levou os meninos de Lisboa a fugiram para o "sertão" para fornicarem com as índias das tribos ainda "selvagens".[408] Desse modo, os padres procuraram admitir jesuítas no Brasil, fossem portugueses em estada na região ou os órfãos da terra, mestiços ou indígenas, política semelhante adotada em outros espaços de atuação dos inacianos, como observou Boxer.[409] Como entre esses também havia poucos propensos ao sacerdócio, Nóbrega e Anchieta sugeriram o envio dos mestiços e indígenas para a Europa, onde poderiam ser preparados para a Companhia de Jesus sob a alegação de que no Velho Continente havia menos ocasião para o pecado.[410] Anchieta foi contundente ao demonstrar a importância da boa preparação dos órfãos, porque eram eles os principais intérpretes, mas os "ruins destroem o edificado";[411] como igualmente relatou Navarro: "desejam muito ser religiosos e alguns foram admittidos na Companhia como peritos na lingua brasilica e outros recusados por não serem idoneos".[412]

Pode-se associar esta preocupação dos inacianos em aumentar o número de missionários no Brasil à condição de penúria moral do clero secular da terra. Os jesuítas entendiam que, se os seculares acudissem às necessidades religiosas dos colonos, eles poderiam concentrar seus esforços na conversão do gentio. No entanto, os inacianos não abriram mão de resolver o problema apenas com o aumento do seu quadro institucional, pois procuraram instituir um aparelho eclesiástico no Brasil com o pedido de um bispo e até mesmo de inquisidores. A esperança dos padres era que a presença de um bispo dinamizasse a justiça com a inserção do seu braço eclesiástico no Brasil e, dessa forma, neutralizasse a influência negativa exercida pelos sacerdotes e pelos colonos sobre os nativos.[413]

---

408 ANCHIETA, J. de. Ao Padre Mestre Inacio de Loiola, Preposito Geral da Companhia de Jesus, de Piratininga, Julho de 1554. *In*: __________. *Cartas*: informações, fragmentos históricos e sermões... p. 77.

409 BOXER, C. R. *A Igreja militante e a expansão ibérica*... pp. 11-53.

410 ANCHIETA, J. de. Ao Padre Mestre Inacio de Loiola, Preposito Geral da Companhia de Jesus, de Piratininga, Julho de 1554... p. 78; e NÓBREGA, M. da. A Santo Inácio de Loiola. De S. Vicente, 25 de Março de 1555... p. 59.

411 ANCHIETA, J. de. Ao Padre Mestre Inacio de Loiola, Preposito Geral da Companhia de Jesus, de Piratininga, Julho de 1554... p. 78.

412 NAVARRO, J. de A. Extracto de uma carta da India do Brasil a 28 de Março de 1550... p. 78.

413 Sobre esses pedidos ver NÓBREGA, M. da. Ao Padre Mestre Simão (1549)... p. 83; e NÓBREGA, M. da. Ao Padre Simão Rodrigues (1550)... p. 111.

Sabemos que o bispo foi enviado ao Brasil em 1551, mas houve uma séria desavença entre ele e Nóbrega que, como vimos, estava envolta em uma acirrada disputa pela autoridade religiosa da Bahia. Diante desse acontecimento, Nóbrega solicitou ao padre Simão Rodrigues que "incenda carvões sôbre a sua cabeça para que nos ame" a fim de que todos os moradores da Bahia ganhassem com a paz entre eles.[414] Caso Sardinha fosse intransigente nesse sentido, seria conveniente o Provincial de Portugal autorizar a Companhia de Jesus a dirigir as atividades a partir de São Vicente, porque nas outras capitanias não iriam fazer nada além do que ensinar os meninos. E pelo fato de São Vicente ficar longe da Bahia, Nóbrega solicitou o envio de um inaciano com ordem de bispo para ordenar irmãos, crismar e fazer outras coisas que pertenciam à ordem episcopal.[415]

Afora a disputa de autoridade, Nóbrega e Sardinha travaram discussões quanto a questões doutrinais que o jesuíta colocou em debate entre os letrados de Portugal. A esses, o inaciano perguntou se poderiam ficar juntos nas missas os índios e os portugueses, porque a separação causava escândalo entre os nativos. Além disso, consultou se os missionários podiam realizar a confissão com o auxílio de intérpretes, coisa nova na cristandade; se poderiam, nas celebrações religiosas, tocar instrumentos indígenas e cantar cantigas em suas línguas, bem como pregar batendo no peito como faziam os "principais da terra" quando queriam a atenção dos seus; se poderiam cortar o cabelo dos meninos como o costume dos demais índios para que a semelhança causasse simpatia e afinidade entre catecúmenos e gentios; se poderiam aplicar os sacramentos e permitir a entrada na missa daqueles que andavam nus; e se era lícito fazer guerra contra o gentio que não guardava a "lei da natura".[416]

Um outro "mal da terra" não seria possível de ser combatido com a justiça: a pobreza da terra. Em 1549, os missionários encontraram uma região extremamente carente de recursos materiais indispensáveis para a atividade missionária. Tão logo se instalaram na terra, os padres começaram a pedir vacas e escravos ao rei porque, em mui-

414 Solicitação e citação constantes em NÓBREGA, M. da. Ao P. Simão Rodrigues, Provincial de Portugal. Da Baía, 10 de Julho de 1552... p. 33.

415 NÓBREGA, M. da. Ao P. Mestre Simão Rodrigues. De S. Vicente, Dominga da Quinquagesima de 1553 [12 de Fevereiro]... p. 36.

416 NÓBREGA, M. da. Ao Padre Mestre Simão (1552)... pp. 141-142.

tas capitanias, os moradores não podiam lhes ajudar a manter as casas da Companhia de Jesus. Para as atividades corriqueiras requisitaram ferramentas, sementes e livros, além de estanho lavrado para a confecção de caldeirões e tachos necessários para o preparo da farinha. Às igrejas, foram solicitados sinos, relógios e ornamentos como batistérios, imagens de santos e crucifixos. As novas igrejas careciam também de outros utensílios como cálices, pedras d'ara, retábulos, missais, vestimentas frontais, toalhas, entre outros.[417]

Embora esses pedidos nos pareçam simples, são um indicativo de que a extrema carência material da colônia apontava, para os inacianos, que a evangelização dependia de uma terra aparelhada materialmente. Não obstante, a esses pedidos de objetos simples, gado e escravos seguiam-se solicitações de maior soma. Em 1553, por exemplo, Nóbrega pediu para o mestre Simão Rodrigues intervir junto ao papado para que os jesuítas recebessem as terras deixadas por Álvaro de Magalhães. Afinal, o colono havia deixado sua fazenda em testamento para a Companhia de Jesus, mas o núncio baiano a havia requerido.[418]

Desses pedidos de bens materiais e escravos sobressaia outra necessidade: o aparelho humano da terra. Os padres entendiam que se a terra fosse definitivamente ocupada pelos portugueses, a evangelização teria um êxito maior do que o batismo dos moribundos que, na maioria dos casos, era o que se podia fazer onde os silvícolas não estavam subjugados.[419]

Inicialmente, foram solicitados homens de ofícios (carpinteiros, ferreiros, etc.) que construíssem casas, colégios e igrejas. Nóbrega lembrou que esses deveriam já chegar ao Brasil com o dinheiro do ser-

---

417 Conferir NÓBREGA, M. da. Ao Padre Mestre Simão (1549)... pp. 85-86; NÓBREGA, M. da. A' El-Rei [D. João III] (1551)... p. 126; NÓBREGA, M. da. Apontamentos de coisas do Brasil. Da Baía, 8 de Maio de 1558... p. 84; e GRÃ, L. da. Alguns capitulos de uma carta pera o padre doutor Torres de 22 de Setembro de 1561... *op. cit.*, p. 318.

418 Ver NÓBREGA, M. da. Ao P. Mestre Simão Rodrigues. De S. Vicente, Dominga da Quinquagesima de 1553 [12 de Fevereiro]... p. 37.

419 Os padres chegaram a manifestar o desejo de que fosse encontrado ouro no Brasil para que Portugal criasse uma política de povoamento efetivo da colônia. A questão pode ser vista em GRÃ, L. da. Carta a Santo Inácio. Da Baía, 27 de Dezembro de 1553... p. 162; NAVARRO, J. de A. Carta aos Irmãos de Coimbra. De Porto Seguro, 19 de Setembro de 1553... p. 158; NAVARRO, J. de A. Carta escripta de Porto Seguro a 24 de Junho de 1555... p. 172; ANCHIETA, J. de. Aos Padres e Irmãos da Companhia de Jesus em Portugal, de Piratininga, 1555... p. 87; e NÓBREGA, M. da. A Santo Inácio de Loiola. De S. Vicente, 25 de Março de 1555... p. 60.

viço, porque mesmo que o rei mandasse alvará para o pagamento, o governador não teria recursos para tal. Além dos oficiais, foram solicitados tecelões para se aproveitar o algodão da terra e um petitório de roupas para que os irmãos de Coimbra não recebessem a triste notícia de que, "por falta de algumas ceroulas deixa uma alma de ser cristã e conhecer seu Criador e Senhor e dar-lhe glória".[420] Para a capitania de São Vicente, Nóbrega solicitou o envio de moradores e não de soldados. O padre defendia a ideia de que o estabelecimento de colonos na região permitiria a construção de uma cidade que, se feita em local estratégico, acudiria as capitanias de São Vicente e Espírito Santo e promoveria a defesa da colônia contra as invasões estrangeiras.[421]

Ao fazerem seus pedidos, os inacianos lembravam da necessidade desses homens serem casados, o que "muito viria a proposito para a paz e a conversão dos Gentios".[422] Pediam, igualmente, que viessem com suas famílias para o Brasil. Se isto fosse feito, os padres entendiam que viriam para se fixar definitiva na terra, teriam afeição a ela e aos nativos, e assim contribuiriam à sua conversão. Essa, pois, era uma clara intenção de mudar o perfil dos colonos e de se evitar a ocorrência de práticas heterodoxas no Brasil, principalmente a mancebia. E dos pedidos daí advindos talvez o mais importante tenha sido o de mulheres brancas para o casamento.[423]

3.5 Fizeram-se frutos?

Na lógica da vinha do Cristo, a colheita de bons frutos no Brasil dependia, invariavelmente, que a Coroa portuguesa, a Santa Sé e a cúria jesuítica dessem respaldo aos pedidos de "boas sementes". E, de um modo geral, as cartas escritas pelos missionários nos dão conta de que muitas dessas solicitações foram atendidas. Evidentemente, as fontes acenam para uma pequena fração desse universo, já que muitas

---

420 NÓBREGA, M. da. Ao Padre Mestre Simão Rodrigues de Azevedo (1549)... p. 74. Sobre este tema ver, também, NÓBREGA, M. da. Ao Padre Mestre Simão (1549)... p. 85.

421 NÓBREGA, M. da. Ao Infante Cardeal [D. Henrique] (1560)... p. 227.

422 NAVARRO, J. de A. Extracto de uma carta da India do Brasil a 28 de Março de 1550... p. 79.

423 Ver NÓBREGA, M. da. Ao Padre Mestre Simão (1549)... p. 85.

epístolas se perderam com o tempo e, ainda, muitos assuntos eram tratados pessoalmente.[424]

O uso da persuasão nesses pedidos nos mostrou que a ideia de subjugação foi materializada na atividade jesuítica nesse período de privilégio. Entre outras coisas, porque as autoridades régias viabilizaram a aplicação da justiça nas aldeias, o que permitia aos inacianos usarem tanto recursos persuasivos de mediação cultural quanto a força bruta na evangelização: enquanto os sacramentos exerciam a função prática de promover um ordenamento social, a instituição do medo com as punições públicas garantiam a normatização nos aldeamentos. E, aliás, foi justamente a conquista de um estatuto jurídico que permitiu às aldeias jesuíticas se transformarem em um espaço de controle dos missionários sobre a população nativa, o que fez deles um elemento central da evangelização e da colonização, como veremos adiante.

No que diz respeito aos pedidos de reforço do contingente humano, há evidências de que a cúria jesuítica estimulou significativamente o crescimento da evangelização nos trópicos. São vários os missionários que deram conta da chegada de padres e irmãos de Portugal ao Brasil e, como vimos no início deste capítulo, em 1580 a Província jesuítica do Brasil contava com 137 missionários, ou seja, um crescimento de 131 pessoas em 31 anos de atividade.[425]

Os superiores da Companhia de Jesus atenderam também as solicitações de envio de órfãos de Lisboa. Em 1551, há a indicação da chegada dessas "boas sementes" no Brasil, porém, a quantidade não foi informada. Em 1555, há a indicação de que 18 ou 20 meninos ór-

---

424 A resolução de muitos problemas era discutida pessoalmente com os Visitadores, que eram enviados de Portugal ou Roma com certa regularidade ao Brasil (veja no Anexo IV a relação dos Visitadores do Brasil entre 1549 e 1640). Antes de ocorrer a primeira visitação da Companhia de Jesus na colônia, em 1566, houve um caso em que Nóbrega, então Provincial do Brasil, enviou um padre a Portugal para levar informações à cúria jesuítica que não podiam ser discutidas nas cartas. Tratava-se de Leonardo Nunes, que não cumpriu a viagem por conta do naufrágio da nau em que viajava. Nunes faleceu em 30 de junho de 1554. Ver NÓBREGA, M. da. A Santo Inácio de Loiola. De S. Vicente, 25 de Março de 1555... pp. 56-57.

425 Ver NAVARRO, J. A. Extracto de uma carta da India do Brasil a 28 de Março de 1550... p. 79; NÓBREGA, M. da. Ao P. Geral Diogo Láinez. Da Baía, 30 de Julho de 1560. *In*: LEITE, S. S.J. (org.). *op. cit.*, p. 91; e ANCHIETA, J. de. Carta Ânua da Província do Brasil, de 1581, dirigida a Cláudio Acquaviva. Bahia, 1º. de Janeiro de 1582. *In*: __________. *Cartas*: correspondência ativa e passiva. 2 ed. São Paulo: Edições Loyola, 1984, p. 304.

fãos aportaram na colônia. Um ano depois, foi a vez da chegada de 7 ou 8 meninos da Casa de Lisboa, que levaram provisão de Loyola para a construção de uma casa destinada a eles na Bahia. E houve até mesmo a indicação do recebimento de meninos que, segundo Nóbrega, não tinham sido solicitados. De acordo com o padre, eles eram muito pobres e haviam desembarcado como degredados e com a determinação da Coroa para que ficassem sob os cuidados dos inacianos e do governador-geral.[426]

Considerando que muitos desses meninos não tinham vocação religiosa, as propostas de admissão de jesuítas no Brasil ou de envio de mestiços à Europa para a preparação ao sacerdócio também foram respaldas pelos poderes civis e eclesiásticos de Portugal. A esse respeito, Nóbrega mencionou o envio de dois mestiços para o colégio de Coimbra a fim de que fossem educados e retornassem como membros da Companhia de Jesus. Ainda, entre 1549 e 1568 ocorreram 45 admissões de jesuítas na colônia. Desse total, apenas dois eram padres, sendo os demais irmãos, ou seja, coadjutores espirituais que realizavam ofícios diversos nas casas e nos colégios e, nos aldeamentos, auxiliavam na catequese atuando informalmente como "pai dos cristãos". Rodrigo de Freitas foi um deles: era um leigo que, depois do falecimento da mulher e da sogra, foi admitido na ordem em, provavelmente, 1558. A partir de então, passou a cuidar tanto dos catecúmenos quanto dos assuntos temporais do colégio da Bahia.[427]

A atuação dos jesuítas no estabelecimento de um aparelho eclesiástico na colônia teve um relativo sucesso. Embora a primeira visitação do Santo Ofício da Inquisição ao Brasil tenha ocorrido em 1591

426 Ver NÓBREGA, M. da. Aos Padres e Irmãos (1551)... p. 115; NÓBREGA, M. da. Ao Padre Mestre Simão (1552)... p. 138 (aqui há a indicação da chegada dos meninos degredados); NÓBREGA, M. da. A Santo Inácio de Loiola. De S. Vicente, 25 de Março de 1555... p. 59; e NÓBREGA, M. da. Para o Padre Ignacio [de Loyola] (1556)... pp. 151-152. Há mais informações sobre os órfãos enviados de Lisboa e os recolhidos na terra em NÓBREGA, M. da. Ao P. Geral Diogo Láinez. Da Baía, 30 de Julho de 1560... pp. 88-90; NAVARRO, J. de A. Extracto de uma carta da India do Brasil a 28 de Março de 1550... p. 78; e PIRES, A. Carta da capitania de Pernambuco, aos Irmãos da Companhia, de 2 de Agosto de 1551... p. 110.

427 Sobre o envio dos mestiços a Portugal ver NÓBREGA, M. da. A Santo Inácio de Loiola. De S. Vicente, 25 de Março de 1555... p. 59. As cartas que analisamos não apontam o retorno desses mestiços ao Brasil. Sobre as admissões de jesuítas no Brasil ver PEIXOTO, A. Missão Jesuítica ao Brasil de 1549 a 1568... pp. 70-73. Dos 43 irmãos, 13 vieram a se tornar padres. Sobre Rodrigo de Freitas ver NÓBREGA, M. da. Apontamentos de coisas do Brasil. Da Baía, 8 de Maio de 1558... p. 87.

(portanto, sem vínculo com o pedido feito por Nóbrega), a solicitação de envio de um bispo foi atendida. D. Pero Fernandes Sardinha aportou em Salvador em 1551. Ao acusar a sua chegada, Nóbrega apontou ao Provincial de Portugal que o prelado era um homem zeloso e benigno, pois mostrava amor e sensibilidade às coisas da Companhia de Jesus. Por isso, acreditava que ele não faria algo "que prejudi[casse] a nosso Instituto e bem da Companhia".[428] No entanto, logo o inaciano percebeu que aquela semente não era a de um bom fruto, mas sim de uma erva daninha, porque a sua chegada deu início a uma querela envolta em disputa de autoridade e em questões doutrinais que causaram graves perturbações ao desenvolvimento da evangelização nos trópicos.

Mesmo que a instalação de uma estrutura eclesiástica no Brasil não tenha surtido o efeito desejado pelos jesuítas, o fato é que o envio de um bispo nos revela a forte permeabilidade e influência da Companhia de Jesus nas estruturas de poder que engendravam a colonização. Tanto é que, diante da querela com o prelado, os inacianos lograram êxito em suas solicitações de intervenção das autoridades religiosas de Portugal no caso. As cartas apontam, por exemplo, que a mudança de Nóbrega da Bahia para São Vicente foi autorizada e, partir de 1553, as atividades dos inacianos passaram a ser controladas pelo padre daquela capitania. Quanto as questões doutrinais, sabemos que elas foram respondidas em 1556, porém, pessoalmente por Luiz da Grã, que foi ao encontro de seu superior em São Vicente. Naquele ano, Nóbrega voltou para a Bahia em função do retorno do bispo para Lisboa, que morreu na viagem. Com sua partida, o inaciano lembrou o Provincial de Portugal da urgência em se enviar outro bispo "para pôr tudo em seu logar".[429] E em 1559 chegou um novo bispo, D. Pedro Leitão, que Luiz da Grã considerou ser homem virtuoso e favorável a tudo o que era necessário para a conversão dos indígenas e para a salvação das almas.[430]

No que diz respeito aos pedidos de recursos materiais são muitas as indicações do recebimento de objetos, escravos e gado para

---

428 NÓBREGA, M. da. Para o Padre Provincial de Portugal (1552)... p. 129.

429 NÓBREGA, M. da. Aos Padres e Irmãos de Portugal (1559)... p. 190.

430 Sobre o encontro de Nóbrega e Grã ver NÓBREGA, M. da. Para o Padre Ignacio [de Azevedo] (1556)... pp. 147-149. Nesta carta, Nóbrega informa seu superior em Portugal que Grã havia levado as respostas dos teólogos, porém, infelizmente, não aborda nenhum ponto relativo a elas. Sobre a chegada de D. Pedro Leitão ver GRÃ, L. da. Alguns capitulos de uma carta pera o padre doutor Torres de 22 de Setembro de 1561. Recebida a 5 de Março de 1562... p. 319.

o sustento das igrejas e colégios da Companhia de Jesus. Nóbrega agradeceu seus superiores por ter recebido os livros e ornamentos para as igrejas, bem como os escravos enviados pelo rei. Embora o padre não tenha indicado a quantidade, em 1561 relatou que o colégio de São Vicente tinha um rebanho de 100 cabeças, todas oriundas das 7 ou 8 iniciais, e que a Companhia recebera doação de terra para a criação desse gado.[431]

Para a manutenção dos inacianos, a Coroa portuguesa concedeu muitos benefícios. Em 1552, por exemplo, D. João III promulgou um alvará que ordenava os colonos a darem mantimentos e vestuário mensalmente para os missionários. Em função tanto da pobreza da terra quanto da determinação de 1556 da cúria jesuítica de que os padres não poderiam participar dos assuntos temporais do Brasil para prover seus colégios, um novo documento régio de 1557 ordenou o pagamento de dinheiro e de alimento anualmente a todos os padres da Companhia de Jesus em atividade na região. Mais generoso que os alvarás anteriores, entretanto, foi o de 1564, que previa a redízima de todos os dízimos da colônia para a manutenção das casas e colégios da Companhia de Jesus, o que promoveu um expressivo desenvolvimento das atividades da evangelização nos trópicos. Juntamente com os alvarás, em 1579 os padres também se beneficiaram de uma autorização papal para aforar todas as terras da Companhia no Brasil, desde que a renda fosse utilizada estritamente na manutenção de seus colégios. Assim, os jesuítas não mais precisariam estar à frente de negócios e com isso evitariam escândalos, já que a participação dos missionários em assuntos temporais era um ponto que gerava severas críticas dos colonos e dos opositores da ordem jesuítica no Brasil e no Império português.[432]

---

431 Ver NÓBREGA, M. da. Ao Padre Simão Rodrigues (1550)... p. 111; NÓBREGA, M. da. Para o Padre Provincial de Portugal (1552)... pp. 129-130; NÓBREGA, M. da. Ao P. Francisco Henriques. De S. Vicente, 12 de Junho de 1561. *In*: LEITE, S. S.J. (org.). *op. cit.*, pp. 96-97; e NÓBREGA, M. da. Ao mesmo, do mesmo lugar e data. *In*: LEITE, S. S.J. (org.). *op. cit.*, pp. 98-99 (assim nomeou a carta Serafim Leite. Foi enviada para Francisco Henriques e é datada de 12 de junho de 1561).

432 Ver NÓBREGA, M. da. Ao Padre Mestre Simão (1552)... pp. 138-139; e MERCURIANO, E. Cópia de uma de N. P. para o P. Provincial José de Anchieta. Roma, 19 de agosto de 1579. *In*: ANCHIETA, J. de. *Cartas*: correspondência ativa e passiva... pp. 296-297. Há uma cópia do Breve de Gregório XIII nesta carta. Na historiografia há também a menção ao apoio financeiro da Coroa, do papado e da cúria jesuítica à missionação jesuítica no Brasil em CARVALHO, L. R. de. Ação missionária e educação. *In*: HOLANDA, S. B. de (dir.). *História Geral da Civilização*

Também as solicitações de contingente humano foram atendidas pela Coroa portuguesa. E dos pedidos realizados pelos jesuítas nesse sentido, talvez o mais importante tenha sido o de mulheres brancas para o casamento. Em 1561, Luiz da Grã fez referência à chegada de órfãos e órfãs de Lisboa: os meninos, segundo o padre, os colonos pediram para a lide militar; e as mulheres, para o casamento.[433]

Nesse caso, Portugal fez a opção de enviar as filhas de funcionários régios mortos em serviço que eram abrigadas em instituições de caridade mantidas pelo reino. Em estudo sobre a função da população marginal lusitana na constituição e manutenção do Império português, Timothy Coates aponta que, ao oferecer dotes para as órfãs casarem, a Coroa estimulava o desenvolvimento colonial, já que o casamento garantia a presença lusitana no além-mar a longo prazo a partir dos descendentes advindos de suas famílias. Proteger essas mulheres, então, satisfazia determinações sociais urgentes em Portugal e assegurava a presença de uma elite portuguesa nos domínios lusos.[434]

De fato, as órfãs enviadas ao Brasil viviam no Recolhimento de Nossa Senhora da Encarnação, instituição lisboeta de amparo às órfãs de funcionários régios e protegida por D. João III desde 1543. Afonso Costa identificou a chegada de 18 delas em momentos distintos: 9 em 1551, na armada de Carvalhal; 3 na armada que trouxe Duarte da Costa, em 1553; e 6 em 1558, junto com Mem de Sá. Já Pedro Calmon indicou a chegada de mais duas moças em 1552, o que totalizaria 20 órfãs que, casando nos trópicos, deram origem a poderosas famílias do Brasil.[435]

Embora a quantidade de mulheres seja ínfima se comparada à chegada de colonos, aventureiros, degredados e africanos escravizados, é preciso considerar que a constituição de famílias de elite no Brasil foi um fator importante ao desenvolvimento da colônia. Sendo

---

Brasileira. A época colonial: do descobrimento à expansão territorial. v. I. Tomo I... pp. 160-161; e PEIXOTO, A. Synopse da Historia do Brasil e da Missão dos Padres Jesuitas, de 1549 a 1568... p. 54.

433 GRÃ, L. da. Alguns capitulos de uma carta pera o padre doutor Torres de 22 de Setembro de 1561... p. 319.

434 COATES, T. J. *Degredados e órfãs*: colonização dirigida pela Coroa no império português, 1550-1755. Lisboa: CNCDP, 1998.

435 COSTA, A. As órfãs da Rainha. *Revista do Instituto Histórico e Geográfico Brasileiro*. v. 190, 1946, pp. 105-155; e CALMON, P. *História do Brasil*. v. I... pp. 233-234.

assim, o número de órfãs não diz respeito a um possível povoamento promovido pelos inacianos, mas sim às estruturas por eles lançadas para se criar no além-mar uma sociedade à imagem e semelhança da portuguesa: católica, baseada na instituição da família e nos demais valores ibéricos fundamentados na religiosidade. Fazer do Novo Mundo um novo Velho Continente, pois, era premissa para o sucesso da evangelização e da colonização.

Este mesmo raciocínio é aplicado aos pedidos de "bons cristãos" para a ocupação do território americano. Em 1549, estima-se que vivessem cerca de 3.000 colonos na região, número que saltou para 20.000 em 1570 e 30.000 em 1580. A população escrava, por sua vez, dos estimados 10.000 passaram a 40.000. Evidentemente, a Coroa lusa já fomentava o povoamento do território americano, e atribuir este aumento populacional aos pedidos dos inacianos seria incorreto. Mesmo porque, não é possível identificar se os colonos que vieram para o Brasil entre 1549 e 1580 tinham o perfil desejado pelos jesuítas, porque os pedidos de homens de bem para a terra confrontavam-se com a necessidade da Coroa de atender também aos interesses materiais do seu domínio americano, ou seja, era necessário permitir a ação de colonos que, muitas vezes, tinham sua experiência baseada em um império-rede, sem apego a terra. À vontade de se estabelecerem em uma nova região, esses homens sobrepunham o desejo de fazer uma riqueza a ser gozada no reino, e não no Brasil.[436]

Entretanto, há que se considerar que as informações que os padres passavam sobre cada capitania também auxiliavam o reino a desenhar as estratégias de povoamento e desenvolvimento material de cada uma delas. Sendo assim, o que é importante observar desse processo não é o quão efetivo os pedidos jesuíticos foram para o fortalecimento econômico do Brasil ou para o aumento de sua população, mas sim a influência que eles tiveram no alinhamento da colônia às diretrizes político-religiosas que norteavam a construção do Império português. Além disso, esse modo de atuação em um período de privilégio nos revela que os missionários recorreram à estrutura jurídica

436 Para os dados sobre a população de colonos ver MARCÍLIO, M. L. *op. cit.*, pp. 311-338. Já os dados sobre a população escrava foram colhidos em KLEIN, H. S. *op. cit.*, pp. 129-149. Segundo o autor, o número de 10.000 cativos foi estimado no período entre 1531 e 1575, e o de 40.000, no período entre 1576 e 1600. De 1601 a 1625, este número teria passado para 100.000 africanos escravizados no território.

e administrativa do império e se embrenharam nas políticas portuguesas desenhadas para a América a fim de elaborarem e executarem as estratégias de conversão dos ameríndios. Tal fato demonstra que combater os "males da terra" com as "boas sementes" foi uma especificidade da missionação jesuítica nos trópicos: a associação dos sentidos espirituais e materiais dos pedidos e da política de subjugação dos nativos muito bem revela que os inacianos objetivavam criar medidas práticas para o desenvolvimento da região como forma de criar condições favoráveis à salvação de almas. Nesse caso, o motivo essencial que movia os missionários contribuía, também, para a construção do Brasil: tratava-se, por isso mesmo, de uma colonização salvífica.

Parte 2
Refazendo a missão, reconstruindo a colônia: os jesuítas nas fronteiras

Com a união das Coroas ibéricas em 1580, os jesuítas perderam o privilégio de atuar na evangelização dos domínios ultramarinos de Portugal. Naquele ano, com a anuência da Coroa espanhola, foram para a Terra de Vera Cruz os carmelitas e, nos anos seguintes, os beneditinos (1581) e os franciscanos (1585). Em 1646 foi a vez dos capuchinhos iniciarem atividades no sertão de Pernambuco sob a orientação e gerência da Congregação *de Propaganda Fide*. A partir de então, os jesuítas tiveram que dividir espaço com os mendicantes no campo missionário da colônia.[437]

Sendo a evangelização dependente e condicionada pelo poder temporal, a chegada de outras ordens religiosas no Brasil a partir de 1580 não pode ser vista simplesmente como um dado da história da evangelização em terras brasílicas: os fatores possíveis que explicam o fim do privilégio jesuítico no trabalho apostólico são importantes elementos de compreensão dos novos sentidos que a missionação tomou durante a União Ibérica, momento em que a adaptação da Companhia de Jesus a uma nova realidade política era uma necessidade vital para a continuidade de suas atividades na região. Por isso, esta *Parte 2* tem como objetivos refletir sobre as razões que colocaram fim ao privilégio jesuítico na missionação e compreender como a reorganização da atividade jesuítica, entre 1580 e 1640, refletia novos ditames políticos da Casa de Habsburgo no Brasil e que função ela assumiu na construção do Brasil dos Filipes.

437 Ver HOORNAERT, E. *A igreja no Brasil-colônia (1550-1800)*. São Paulo: Brasiliense, 1982, pp. 28-65.

Capítulo 4
Os sinais da mudança: o fim do privilégio jesuítico na atividade missionária no Brasil Colonial

4.1 A campanha anti-Filipe II dos jesuítas de Portugal

A compreensão dos fatores que explicam o fim do privilégio jesuítico na evangelização nos remete a um importante episódio do processo que levou à anexação da Coroa portuguesa pela Espanha. Em razão dos seus protagonistas, o fato pode ser elencado como uma das principais razões para a abertura promovida por Filipe II no campo missionário dos domínios ultramarinos que pertenciam a Portugal: a campanha anti-Filipe II encabeçada pelos jesuítas na crise sucessória de 1580 em Portugal.

Com as mortes de D. Sebastião (1554-1578) e de D. Henrique I (1578-1580), a Coroa portuguesa passou a ser reivindicada por D. Catarina, duquesa de Bragança; D. Antônio de Portugal; e D. Filipe II, rei de Espanha. Jacqueline Hermann explica que antes de ser instaurada uma situação política de instabilidade e incerteza em Portugal, Filipe II já acompanhava de perto os movimentos que se desenrolavam na corte portuguesa. Em 1565, ano em que D. Antônio contrariou o desejo do cardeal D. Henrique (seu tio e futuro rei) de ser ordenado sacerdote para que pudesse assumir o arcebispado de Évora, o monarca espanhol intercedeu a favor de D. Antônio, que era seu primo. O episódio, segundo Hermann, permitiu Filipe II intervir em um negócio do reino luso não apenas na condição de mediador em um assunto de família, mas principalmente como um articulador político entre as duas Coroas, porque "encontrava a brecha perfeita para interferir diretamente nas questões internas da corte portuguesa, agindo como um conselheiro generoso e magnânimo".[438]

438 HERMANN, J. Um rei indesejado: notas sobre a trajetória política de D. Antônio, Prior do

Mais tarde, D. Antônio veio a exercer cargos importantes no reinado de D. Sebastião. Assim, a intervenção a favor do primo anos antes permitiu a Filipe II tê-lo como um informante privilegiado sobre os assuntos políticos da Coroa de Portugal. Porém, com a morte do *Desejado*, D. Antônio fez uma das maiores forças a ser enfrentada pelo monarca Habsburgo na disputa pelo trono português. Com o apoio de muitos nobres reivindicou a Coroa portuguesa e, mesmo assediado pelo primo a cedê-la a se favor em troca de benefícios, declarou guerra a Filipe. Em julho de 1580, quando D. Antônio se proclamou rei, Filipe II invadiu Portugal e obrigou o então D. Antônio I a fugir e a protagonizar um reinado efêmero.[439]

Porém, D. Antônio não foi a única força que o monarca espanhol teve que enfrentar para anexar a Coroa de Portugal. Quando foi aberta a disputa pela sucessão dinástica, tanto o clero secular quanto o regular apoiaram a ascensão de um português ao trono. No entanto, mais do que apoiar D. Antônio ou D. Catarina, eles iniciaram um movimento para incitar os lusitanos contra Filipe II, e os líderes da campanha foram os padres da Província jesuítica de Portugal.

Estudos historiográficos indicam que o clero português tinha uma série de regalias quando do início da crise sucessória. Entre eles, um dos mais importantes era o exclusivismo de naturalidade na ocupação dos principais cargos da Igreja em Portugal e na gerência da estrutura eclesiástica nos domínios portugueses do Oriente. Ainda, o documento *Concórdia de 1578*, assinado por D. Sebastião, assegurava direitos conquistados pelos eclesiásticos junto à Coroa e ao papado: além de amplos poderes jurídicos e privilégios fiscais, o clero estava isento de reverter parte de sua renda à Coroa, diferentemente do que ocorria no reino vizinho. Conforme a indicação de José Soria, desde o século XV, Castela se preocupou em intervir e controlar os assuntos eclesiásticos, enquanto o clero português conseguiu manter significativa autonomia na definição de diretrizes fiscais e jurídicas para a atuação da Igreja em solo luso.[440]

Crato. *Revista Brasileira de História*. São Paulo, v. 30, n. 59, 2010, p. 147.

439 Ver HERMANN, J. Um rei indesejado... pp. 143-155.

440 NIETO SORIA, J. M. Las monarquías castellana y portuguesa a fines del medievo: algunas perspectivas para una historia comparativa. *História*: Questões & Debates. Curitiba, n. 37, 2002, pp. 27-28. Sobre a situação do clero português no século XVI, e a campanha antifilipina que será discutida adiante, ver ASSUNÇÃO, P. de. *Negócios jesuíticos*: o cotidiano da administração

Como vimos, dentre todas as ordens religiosas e o clero secular luso, os jesuítas tinham maior influência e poder: eles eram confessores dos reis portugueses e haviam alcançado uma posição invejável na corte. Além disso, tinham influência política, o domínio das universidades, privilégios fiscais e bens, muitos deles transferidos de outras ordens religiosas a mando da própria Coroa e da Santa Sé. Mas, a expressão máxima desse poder talvez estivesse mesmo na exclusividade dos inacianos de atuarem na conversão dos nativos nas missões de além-mar, o que reservava ao clero secular a função de prestar assistência religiosa aos colonos.

Diante da possibilidade de ascensão de um monarca espanhol a um trono que era, ao mesmo tempo, o propagador e o escudo da Companhia de Jesus, os inacianos iniciaram um movimento antifilipino na disputa pela sucessão dinástica. Eles usavam o púlpito para incitar o povo a reclamar o trono a um natural, velando a campanha contra Filipe II sob a forma de uma defesa de coroação de um português. Os pregadores recorreram à difamação da Casa de Habsburgo e à propagação de boatos de que D. Sebastião voltaria da África, já que sua morte não havia sido confirmada. Mais tarde, como é sabido, o boato viraria a profecia do sebastianismo que revestia o movimento político de rejeição ao governo Habsburgo em Portugal.[441]

O clero secular e membros das ordens religiosas também engrossaram o coro antifilipino. O primeiro grupo temia perder a totalidade de suas rendas e o exclusivismo de naturalidade. Já o segundo receava ser equiparado ao clero regular espanhol, que era subordinado juridicamente ao poder secular e dependente de sua gerência financeira.

Por ser a tribuna eclesiástica uma arma difícil de ser combatida, o corpo diplomático de Filipe II passou a negociar com nobres e com mercadores portugueses para fazer frente à disputa da sucessão dinástica. Muitos deles estavam ou já envolvidos ou ainda interessados na lide colonial e não viam com bons olhos a atuação dos jesuítas, que agiam

---

dos bens divinos. São Paulo: Editora da Universidade de São Paulo, 2004, pp. 87-147; BOUZA, F. *D. Filipe I*. Lisboa: Círculo de Leitores, 2005, pp. 111-122; e PALOMO, F. Para el sosiego y quietud del reino. En torno a Felipe II y el poder eclesiástico en el Portugal de finales del siglo XVI. *Hispania*. Revista Española de Historia. Madri, v. 64, n. 216, 2004, pp. 63-93 (o documento A *Concórdia de 1578* é estudado neste artigo, p. 69).

441 Sobre o tema ver HERMANN, J. *No reino do desejado*: a construção do sebastianismo em Portugal (séculos XVI e XVII). São Paulo: Companhia das Letras, 1998.

contra a política mercantilista baseada na exploração da mão de obra escrava de alguns povos de além-mar, principalmente a de ameríndios. Portanto, eles constituíam um grupo de apoio importante não somente a favor do monarca espanhol, mas principalmente contra os eclesiásticos portugueses. Visando ainda anular o poder de ação dos religiosos no púlpito, os diplomatas espanhóis garantiram ao alto clero luso a manutenção dos privilégios adquiridos e assegurou que honraria o intento salvífico dos portugueses favorecendo a propagação da fé no Oriente.

Filipe II venceu a disputa pelo trono português e as Cortes de Tomar garantiram a situação fiscal do clero português, assim como seus direitos de atuação jurídica e o exclusivismo de natureza na ocupação de cargos da Igreja em Portugal e seus domínios. Em 1581, o monarca concedeu perdão público aos padres seculares, dominicanos, carmelitas, jerônimos e agostinhos por terem defendido a coroação de um português, mas não aos jesuítas. Aliás, o então Filipe I de Portugal não só deixou de conceder clemência aos membros da Companhia de Jesus como interferiu junto ao papa com o intuito de rever os privilégios que os inacianos haviam conquistados da Coroa portuguesa. Paulo de Assunção indica que o rei não conseguiu anular tais benefícios, mas também não criou oportunidades para que a ordem aumentasse seu poder político em Portugal e domínios de além-mar.[442]

4.2 O elemento religioso da política ultramarina espanhola

Considerando o vulto que a dissensão entre os jesuítas portugueses e a Coroa espanhola havia tomado, seria lógico pensar que Filipe II teria promovido a abertura do campo missionário no Brasil como uma forma de retaliar a Companhia de Jesus. Entretanto, há elementos importantes que precisam ser considerados na compreensão desse

---

442 Sobre as investidas dos reis Habsburgo sobre a Companhia de Jesus ver ASSUNÇÃO, P. de. *Negócios jesuíticos*... pp. 124-125; BOUZA, F. *op. cit.*, pp. 179-193; e VALLADARES, R. *Castilla y Portugal en Asia (1580-1680)*. Declive imperial y adaptación. Lovaina: Leuven University Press, 2001, pp. 29-35.

fato. No momento em que Portugal foi anexado à Coroa espanhola, a Casa de Habsburgo já tinha um projeto imperial consolidado. Filipe II era o herdeiro de um monarca que havia alterado significativamente o cenário político europeu. Com a conquista da capital asteca em 1521, Carlos V formou um império cujo território era oito vezes maior que Castela e que abrigava cerca de um quinto da população mundial. Embora o imperador tenha transferido o governo do Sacro Império Romano a seu irmão Fernando em 1558, ele confiou a seu filho, em 1556, parte considerável de seu território (Espanha, Holanda, parte da Itália e o Novo Mundo, chamado de Índias), o que garantiu a Filipe o título de "Rei de Espanha e das Índias" e o governo de uma monarquia com bases jurídicas, eclesiásticas e econômicas já estabelecidas.[443]

O alicerce desse organismo político havia sido construído, em parte, através da execução de um vasto programa religioso que foi incrementado na expansão ibérica para substituir os primeiros modelos civilizadores implementados no Novo Mundo. O método colonizador adotado em 1492 pelos espanhóis na *Hispaniola*, atual Ilha de São Domingos, se diferenciava daquele usado na África e na Ásia pelos portugueses baseado em um império-rede sem territorialidade, isto é, nas feitorias e no controle de rotas comerciais. Estava, conforme o parecer de John Elliot, em sintonia com a forma criada pelos lusitanos para a exploração das ilhas atlânticas (e mais tarde do Brasil). Como a Madeira e os Açores eram despovoados, ao invés das feitorias primou-se pela ocupação territorial e pelo desenvolvimento de atividades econômicas para não perder o novo domínio para outras nações.[444]

Esse modelo de "ocupar para não perder" havia sido adotado pelos espanhóis nas décadas de 1480 e 1490 quando da ocupação das Ilhas Canárias. O mesmo ocorreu na *Hispaniola*, que era intensamente povoada, o que pedia não só a ocupação da terra como também a sua inserção à ordem estabelecida pelos conquistadores. Como apontou um historiador espanhol do século XVI, "sem colonização não há uma boa conquista, e se a terra não é conquistada, as pessoas não serão convertidas. Portanto, o lema do conquistador deve ser colonizar".[445]

---

443 Sobre a questão ver ELLIOTT, J. H. A Espanha e a América nos séculos XVI e XVII. *In*: BETHELL, L. (org.). *História da América Latina*: América Latina Colonial. v. I. 2 ed. São Paulo: Editora da Universidade de São Paulo; Brasília: Fundação Alexandre de Gusmão, 2008, pp. 283-337. Entre 1516 e 1555, Carlos de Habsburgo governou com sua mãe, Joana I. Até 1556 foi Carlos I de Espanha e Carlos V do Sacro Império Romano-Germânico.

444 ELLIOTT, J. H. A conquista espanhola e a colonização da América... pp. 135-148.

445 GÓMARA, F. L (1511-1566). *História General de las Indias*. Madrid: s/ed., 1852, p. 181.

Pelo fato de haver também interesses materiais impulsionando a empreitada, desde o início os colonos defenderam que usar a força de trabalho do ameríndio era essencial para desenvolver as atividades voltadas ao estabelecimento dos espanhóis na terra e à exploração dos seus potenciais econômicos. Os indígenas, explica John Elliot, inicialmente foram classificados como infiéis, termo que na Península Ibérica tinha o mesmo sentido dado pelo Direito Romano ao "bárbaro": podia ser escravizado. Os teólogos, entretanto, defenderam que os habitantes do Novo Mundo se enquadravam em outra classificação. Pelo fato de não conhecerem a fé cristã, eram pagãos e, por esta razão, não podiam ser escravizados. Sua conquista, pelo contrário, enfeixava a missão civilizadora transfigurada na sua conversão ao cristianismo. Na terra dos Reis Católicos, o pagão não era simplesmente um conquistado, mas um súdito da Coroa, tanto que em 1500, Isabel I criou a primeira lei que proibia a escravização do indígena.[446]

O debate sobre a classificação do indígena não cessou em 1500. A publicação da bula *Sublime Deus* em 1537 era ainda um esforço da Santa Sé de legitimar a definição do indígena como pagão. Como a doutrina católica exigia a sua salvação, o documento assegurou que o ameríndio tinha alma, "como verdadeiros homens que são". Ainda, declarava que os silvícolas deviam gozar de sua liberdade para que fossem convidados a abraçarem a vida cristã através da pregação das coisas de Deus e do bom exemplo dos cristãos, uma alusão à necessidade de persuadir o pagão a aderir o cristianismo.[447]

A tentativa de definir o ameríndio em termos teológicos era uma prerrogativa para a sua definição jurídica que, esta sim, estabeleceria os limites da ação dos colonos para com os povos da América. O temor dos homens de negócio envolvidos na empresa ultramarina era de que a conceituação a ser dada aos nativos implicasse na completa

---

ap. ELLIOTT, J. H. A conquista espanhola e a colonização da América... p. 135. A primeira versão da obra é de 1552.

446 Ver ELLIOTT, J. H. A conquista espanhola e a colonização da América... pp. 148-158.

447 PAULO III. A Bula *Sublimis Deus* declara os índios livres e capazes para a fé cristã, proíbe sua redução à escravidão e insiste em sua conversão através da palavra de Deus e do bom exemplo. Dada em Roma, junto a S. Pedro, em 2 de junho do ano de 1537 da Encarnação do Senhor, 3º de Nosso Pontificado. *In*: SUESS, P. (coord.). *A conquista espiritual da América espanhola*. 200 documentos – Século XVI. Petrópolis: Vozes, 1992, pp. 273-274. O trecho citado consta na página 274.

proibição do uso de sua força de trabalho. A pressão que exerceram no debate com os teólogos se refletiu nas várias manobras da Coroa para conciliar os sentidos materiais e espirituais da empreitada, e a primeira delas estava já na lei de Isabel I: ela proibia a escravidão do indígena, mas a consentia nos casos de "guerra justa".[448]

A exceção da lei permitia aos colonos encontrar justificativas as invasões às tribos indígenas, à captura dos homens e à carnificina de mulheres, crianças e idosos. Como reação, em 1502 a Coroa espanhola criou o regime de *repartimiento*, que consistia na redução dos indígenas pelas autoridades régias e sua distribuição aos colonos. John Elliott explica que o regime do *repartimiento* foi empregado na *Hispaniola*. Por volta de 1519, quando os primeiros movimentos foram dados rumo à conquista do México e do Peru, esse regime apareceu com a denominação de *encomienda* e só se diferenciava do regime caribenho em um ponto: o *encomendero* não podia fazer uso da terra dos indígenas até que recebesse concessão da Coroa para este fim. Assim, em ambos os regimes, os colonos passavam a ter a expressa obrigação de "cuidar dos índios e instruí-los na fé".[449]

Como a conversão e a vida espiritual dos índios tutelados dependia da aplicação dos sacramentos católicos – e essa uma atividade reservada aos sacerdotes da Igreja –, os *encomenderos* contavam com o auxílio do clero secular. A assistência religiosa era organizada através da *Doctrina*, paróquia indígena sustentada pelo dízimo dos colonos. Os padres visitavam as fazendas e as vilas com certa regularidade, mas realizaram um trabalho pouco expressivo na conversão dos ameríndios, "em geral medíocre"[450] no parecer do historiador Alain Milhou.

As notícias sobre a estrutura espiritual da América chegavam com frequência à Europa, provavelmente através dos cristãos mais devotos ou mesmo dos padres seculares e regulares envolvidos na empresa ultramarina, já que era praxe haver clérigos nas embarcações lusas e espanholas que exploravam o além-mar. Os relatos sobre a inobservância dos *encomenderos* à sua obrigação civilizadora e do afrouxamento das

---

448 Detalhes dessa lei pode ser vistos em Ver ELLIOTT, J. H. A conquista espanhola e a colonização da América... pp. 148-150.

449 ELLIOTT, J. H. A conquista espanhola e a colonização da América... p. 152.

450 MILHOU, A. Missão, repressão, paternalismo e interação. Para um balanço de um século de evangelização na Ibero-América (1520-1620). *In*: BONILLA, H. (org.). *Os conquistados*: 1492 e a população indígena das Américas. São Paulo: Hucitec, 2006, p. 252.

práticas religiosas do clero secular levaram os dominicanos à *Hispaniola*. Em 1510, os frades rumaram ao Novo Mundo através de um movimento evangelizador que não contava com o estímulo ou anuência da Coroa, ou seja, partia da iniciativa da própria ordem religiosa.[451]

O objetivo dos dominicanos não era atuar na conversão dos indígenas, e sim trabalhar na assistência religiosa dos colonos para lhes recobrar o sentido religioso da empresa ultramarina. Mas, os sermões inflamados que condenavam a violência contra os ameríndios causou a reação dos espanhóis. O padre Antônio de Montesinos, por exemplo, foi acusado de subverter a ordem e as leis da colônia. A indisposição entre os grupos cresceu de tal modo que Montesinos retornou à Espanha em 1512 e, uma vez no reino, convenceu a Coroa a intervir naquela realidade. Do seu esforço resultou a promulgação das Leis de Burgos, que proibiam o castigo físico dos ameríndios e, ainda, estimulavam a sua cristianização. Enquanto isso, o então padre secular Bartolomé de Las Casas trabalhava na *Hispaniola* para que as leis que previam a defesa dos índios fossem respeitadas.[452]

Se os sermões de Las Casas pareciam não ressoar na colônia, na corte espanhola seus relatos sobre a violência empregada na conquista tinham sérias repercussões. As denúncias sobre a situação deplorável dos índios que viviam sob a tutela dos colonos e a brutalidade praticada com aqueles que viviam nas tribos criaram uma forte atmosfera de indignação. O frade citava as atribuições religiosas da Coroa espanhola concedidas através de inúmeras bulas e asseguradas pelo Patronato Régio para exigir dos Reis Católicos medidas que fizessem da expansão um ato de propagação e defesa da fé cristã. Entre elas, foi sugerida a definição de um estatuto jurídico do indígena que garantisse um ordenamento social baseado nos princípios universalistas do cristianismo e, também, a adoção de políticas que colocassem em prática as leis já existentes que previam a liberdade dos silvícolas.[453]

---

451 Sobre a violência praticada particularmente contra os ameríndios que habitavam a *Hispaniola* ver MORALES, S. 1492 e a população indígena do Caribe. *In*: BONILLA, H. (org.). *op. cit.*, pp. 143-159.

452 Sobre a atuação de Montesinos e Las Casas na defesa dos ameríndios ver FREITAS NETO, J. A. de. *Bartolomé de Las Casas*: a narrativa trágica, o amor cristão e a memória americana. São Paulo: Annablume, 2003, pp. 31-45; e STERN, S. J. Paradigmas da conquista, história, historiografia e política. *In*: BONILLA, H. (org.). *op. cit.*, pp. 43-57. Nesse momento, Las Casas era um padre secular. Ele só ingressou na ordem dominicana em 1523.

453 Sobre as denúncias de Las Casas ver, na íntegra, LAS CASAS, F. B. de (1474-1566).

Nessa primeira sugestão, Las Casas não conseguiu um resultado imediato, embora tenha suscitado o debate entre juristas e teólogos pela definição de uma identidade jurídica dos habitantes do Novo Mundo. Enunciar, em termos legais, os atributos essenciais que os caracterizavam era uma forma de estabelecer os limites das ações dos conquistadores para com os povos conquistados. No entanto, somente no século XVII é que os tratados jurídicos os definiram como "pessoa inferior": rústica, miserável e menor. Bartolomé Clavero explica que o rústico era aquele sujeito que não partilhava da cultura dos juristas, portanto, que se guiava na sociedade a partir de seus próprios costumes. Por isso, era permitido o seu julgamento e sentença à mercê dos princípios do Direito vigente, o que permitia aos juízes atuar sumariamente nos casos que envolvessem os ameríndios. Já o miserável era aquele que não podia garantir seu próprio sustento, portanto, que precisava de amparo especial. Essa era a mesma categoria jurídica dos órfãos e das viúvas, que recebiam assistência de instituições geridas pela Coroa, talvez para que ela própria não assumisse tal responsabilidade. Já a minoridade dizia respeito à limitação da razão. Como a lei entendia que o menor não era capacitado para o exercício de sua própria custódia, sua tutela deveria pertencer a uma família.[454]

Esse estatuto jurídico refletia os olhares correntes na Europa sobre os povos americanos desde o século XVI e pode ser dimensionado como um esforço dos europeus de compreender e definir um mundo que se abria aos seus olhos para, em seguida, nele poder agir e transformá-lo. Nesse sentido, Ronald Raminelli considerou acertadamente que a visão lançada sobre os ameríndios objetivava organizar o *modus operandi* dos conquistadores na terra recém-empossada.[455]

Brevíssima relação da destruição das Índias. Tradução de Júlio Henriques. 2 ed. Lisboa: Antígona, 1997. As sugestões estão contidas em LAS CASAS, F. B. de. Primeiro Tratado: oitavo remédio. Solução definitiva: acabar com *encomienda*, feudos e vassalagens dos índios. *In*: ________. *Liberdade e justiça para os povos da América*. Oito tratados impressos em Sevilha em 1552. Coordenação geral, instruções e notas do Frei Carlos Josaphat. São Paulo: Paulus, 2010, pp. 31-117. O documento foi redigido em 1542, mas baseado na experiência que o padre viveu na década de 1510 na *Hispaniola*, como o próprio autor menciona. Sobre o impacto das denúncias de Las Casas na corte espanhola ver ELLIOTT, J. H. A conquista espanhola e a colonização da América... pp. 153-155; e FREITAS NETO, J. A. de. *op. cit*., pp. 31-45.

454 CLAVERO, B. Espacio colonial y vacío constitucional de los derechos indígenas. *Anuario Mexicano de Historia del Derecho*. México, v. VI, 1994, pp. 65-72.

455 RAMINELLI, R. *Imagens da colonização*: a representação do índio de Caminha a Vieira.

Embora o historiador tenha analisado a colonização portuguesa no Brasil, o caso espanhol torna a assertiva bastante sugestiva, porque o regime de *encomienda* parecia resolver dois "problemas legais" da Coroa: para garantir o sustento de um ser que era, ao mesmo tempo, "miserável" e "menor", bastava transmitir sua tutela para uma família que partilhava da cultura dos juristas: o homem branco, letrado e cristão.

Não podemos perder de vista, no entanto, que o mesmo olhar etnocêntrico que deu origem à condição de minoridade do indígena não estava desassociado do intuito de justificar a sua civilização. Os ameríndios eram definidos como bárbaros e ignorantes porque não estruturavam sua sociedade em instituições como os conquistadores e, igualmente, não viviam a partir das premissas de civilização correntes na Europa.[456] Segundo Norbert Elias, "civilização" era um conceito que expressava a consciência que o Ocidente tinha de si mesmo e que caracterizava os europeus e os orgulhava, um reflexo do seu sentimento de superioridade em relação às sociedades antigas ou contemporâneas tidas como primitivas. Embora o conceito sofresse variações em cada país, de um modo geral expressava a diferença entre os povos, que era medida no sistema político e no nível de desenvolvimento tecnológico e de cultura científica. Dessa concepção nascia outra, que era a presunção na responsabilidade de minimizar as desigualdades entre os povos a partir do estabelecimento do "dever ser" ocidental ao "outro", o que dependia da imposição dos elementos que compunham a

---

Rio de Janeiro: Jorge Zahar, 1996, pp. 53-69.

456 É conhecida a vasta literatura quinhentista que, no Brasil, classificou o ameríndio como um ser bestial e selvagem e que muito contribuiu para a legitimação da evangelização como uma obra civilizadora dos habitantes da colônia. Dentre os principais escritos destacam-se GÂNDAVO, P. de M. de. *A primeira história do Brasil*: história da Província de Santa Cruz a que vulgarmente chamamos de Brasil. Modernização do texto original de 1576 e notas, Sheila Moura Hue, Ronaldo Menegaz; revisão das notas botânicas e zoológicas, Ângelo Augusto dos Santos; prefácio, Cleonice Berardinelli. Rio de Janeiro: Jorge Zahar, 2004; KNIVET, A. *As incríveis aventuras e estranhos infortúnios de Anthony Knivet*: memórias de um aventureiro inglês que em 1591 saiu de seu país com o pirata Thomas Cavendish e foi abandonado no Brasil, entre índios canibais e colonos selvagens. Organização, introdução e notas: Sheila Moura Hue; tradução: Vivien Kogut Lessa de Sá. Rio de Janeiro: Jorge Zahar, 2007; STADEN, H. *Viagem ao Brasil*. Versão do texto de Marpurgo, de 1557, por Alberto Löfgren. Revista e anotada por Theodoro Sampaio. Rio de Janeiro: Academia Brasileira de Letras, 1989; e SOUSA, G. S. de. *Tratado descriptivo do Brazil em 1587*. Rio de Janeiro: Typographia Universal de Laemmert, 1851. Disponível em http://www.brasiliana.usp.br/bbd/handle/1918/01720400#page/5/mode/1up. Acesso em 15/06/2012

forma social ocidental entendida como mais complexa e desenvolvida: instituições, costumes, valores, moral, visão de mundo e religião.[457]

Nesse sentido, a transferência da tutela de um ser "menor" e "miserável" aos colonos também revelava o compromisso régio de colocar o "rústico" aos cuidados de quem pudesse lhes transmitir os hábitos, os costumes e os valores ibéricos. Para além de representar uma manobra para explorar a mão-de-obra indígena, era uma medida que conciliava os interesses dos grupos envolvidos em uma empreitada que enfeixava sentidos materiais e espirituais.

Indício disso é que, somente a partir do momento em que os católicos mais fervorosos apontaram a ineficiência do regime de *encomienda* para a civilização do silvícola é que a Coroa trabalhou para criar outros mecanismos que, ao mesmo tempo em que permitiam a sua inserção na lide colonial, também garantiam a salvação de um ser definido como pagão. E a política adotada nesse sentido parece ter sido inspirada na militância de Las Casas: a evangelização sistemática dos ameríndios, uma proposta do frade de promover uma colonização de forma pacífica.

Las Casas esteve na Espanha em 1515 e sugeriu a Carlos V a criação de uma espécie de *pueblo* no qual viveriam apenas indígenas e sacerdotes. Eles seriam evangelizados e, eles próprios, desenvolveriam as atividades de exploração da terra conforme as necessidades do reino. O padre obteve a autorização do monarca e, em 1517, levou o projeto a cabo em um pequeno território na atual Venezuela, a chamada Terra Firme. Inicialmente, a forma de redução de Las Casas foi bem sucedida e contou com o apoio de missionários dominicanos. Porém, a indisposição dos colonos em desenvolver a proposta e a distância da comunidade dos centros administrativos e econômicos da colônia dificultaram sua sobrevivência. Em 1520, alguns franciscanos e colonos se envolveram no projeto para sustentar a forma de "colonização pacífica", mas em 1522, indígenas hostis à presença do homem branco invadiram e destruíram a organização social criada por Las Casas.[458]

---

457 ELIAS, N. *O processo civilizador*: uma história dos costumes. v. 1. Rio de Janeiro: Zahar Editora, 1994, pp. 23-27.

458 Ver LAS CASAS, F. B. de. *op. cit.*, pp. 47-82; e FREITAS NETO, J. A. de. *op. cit.*, pp. 45-47. O fracasso da empreitada levou Las Casas a ingressar na ordem dominicana em 1523, onde obteve apoio para redigir suas obras e tratados a favor da defesa dos indígenas.

A iniciativa de Las Casas, mesmo que malsucedida, apontava para a Coroa que a cristianização dava condições, aos silvícolas, de conhecer e aceitar a nova realidade imposta pelos ibéricos. Em 1523, autoridades régias sugeriram o envio de missionários da ordem franciscana para converter os povos que viviam no México alegando justamente que o território conquistado em 1519 podia ser pacificado se os povos da região fossem cristianizados.[459]

Inicialmente foram enviados doze missionários que, em 1524, aportaram no Novo Mundo como funcionários régios, isto é, atuando sob a gerência da Coroa espanhola e sob os ditames do Patronato. Eles ergueram um convento no México e se dedicaram à conversão dos nativos. A atividade parece ter se mostrado eficiente à conquista territorial e à submissão dos nativos à ordem estabelecida pelos espanhóis, uma vez que, em 1526, os dominicanos iniciaram suas atividades na América com os mesmos objetivos e sob as mesmas condições que os franciscanos. Mais tarde, em 1533, os agostinianos começaram a missionar e efetivaram a evangelização como um elemento da política ultramarina da Coroa espanhola.[460]

Três décadas depois da chegada de Colombo na América, a atividade missionária encabeçada pelo clero regular e voltada à sistemática cristianização dos ameríndios enfim se consolidou como um elemento da política ultramarina da Coroa espanhola. O Patronato lhe conferia o direito de gerenciar a Igreja em seus domínios ultramarinos, e a subordinação das ordens religiosas ao Conselho das Índias garantia aos monarcas um significativo poder sobre a evangelização, uma vez que as congregações só atuavam nas regiões indicadas pelo órgão. De qualquer modo, em função do caráter missionário que passou a revestir a colonização, as ordens mendicantes alcançaram um enorme poder na vida política do império: definiram que o fundamento da conquista fosse primariamente religioso e garantiram a criação de leis que regulavam as relações entre colonos e colonizados.[461]

---

459 Ver QUIÑONES, F. de los A. "Instrução" e "Obediência" do Ministro Geral Francisco de los Angeles Quiñones a Martín de Valência, integrante e custódio dos doze franciscanos enviados para evangelizar os habitantes de Tenochtitlan conquistado. *In*: SUESS, P. (coord.). *op. cit.*, 423.

460 Sobre a chegada das ordens religiosas e o desenvolvimento das primeiras missões na América espanhola ver MILHOU, A. Missão, repressão, paternalismo e interação. Para um balanço de um século de evangelização na Ibero-América (1520-1620). *In*: BONILLA, H. (org.). *op. cit.*, pp. 252-263.

461 Referimo-nos à atuação dos dominicanos Bartolomé de Las Casas e Francisco de Victoria

O propósito evangelizador da Coroa espanhola obedecia aos mesmos princípios salvíficos que impulsionaria, anos mais tarde, a missionação jesuítica nos domínios de Portugal. Afinal, ela refletia os fundamentos do sistema político vigente na Península Ibérica. Como sugerimos, a evangelização era uma política de Estado porque na Espanha, como em Portugal, a conversão dos ameríndios ao cristianismo era mais que um discurso legitimador da conquista: era o imperativo de uma "monarquia confessional" em processo de expansão justamente em um período em que ocorriam, também, reformas político-culturais no seio da cristandade. Nesse caso, a atividade missionária revelava a essência doutrinária de um governo capaz de integrar diferentes partes do mundo a um só império e que, neste, visava construir um corpo social homogêneo.

Serge Gruzinski entendeu que é exatamente essa essência doutrinária que define aquilo que a historiografia chama de "monarquia católica", entidade política que tem como fundamento a universalização do cristianismo e que, aliás, tem como tipo ideal justamente o império de Filipe II. Esse ambicioso projeto constituía-se como a base de uma política universalista mais ampla que previa também a imposição das leis e dos costumes ibéricos aos povos africanos, asiáticos e americanos.[462]

Muñoz-Arraco, por seu lado, entendeu que esses fundamentos refletiam a composição de uma "monarquia vicária", isto é, que consagra sua governabilidade a algo ou alguém que ofereça elementos capazes de conduzir suas atividades. No caso espanhol (e aqui podemos incluir o português), a escolha pela doutrina cristã e pela Igreja católica não se deu simplesmente em função do fervor religioso dos monarcas ou do povo ibérico, mas porque ambas ofereciam um programa moralizante e um aparelho jurídico coercitivo extremamente eficiente à normatização social, daí o Santo Ofício ser considerado pelo historiador como o organismo que fundava as bases desse governo vicário no Império espanhol. O compromisso de defender e propagar

---

na defesa dos ameríndios. Sobre os demais temas acima discutidos ver BOXER, C. R. *A Igreja militante e a expansão ibérica*: 1440-1770. São Paulo: Companhia das Letras, 2007, pp. 84-116; ELLIOTT, J. H. A Espanha e a América nos séculos XVI e XVII... pp. 283-306; e, na íntegra, GRUZINSKI, S. *A colonização do imaginário*: sociedades indígenas e ocidentalização no México espanhol, séculos XVI-XVIII. São Paulo: Companhia das Letras, 2003.

462 GRUZINSKI, S. Os mundos misturados da monarquia católica e outras *connected histories*. *Topoi*. Rio de Janeiro, v. 02, março 2001, pp. 178-183.

a fé católica tanto consolidaram a figura do rei como protetor dos seus vassalos quanto impulsionaram as ações voltadas ao fortalecimento do Patronato, premissa para a Coroa manter o controle da difusão do cristianismo e das instituições católicas pelo mundo ibérico.[463]

Mais do que classificar a monarquia espanhola, o importante é entender a função do elemento religioso na configuração do império ao qual o Brasil seria integrado em 1580 e que, certamente, passaria a definir novos ditames à atividade missionária na região. Mesmo porque, conforme indicou Muñoz-Arraco, muito mais do que Carlos V, Filipe II buscou estruturar o corpo político do seu império através do corpo religioso, ou seja, ele "dotou a monarquia espanhola de um estatismo constitucionalizado, em sua doutrina e prática de governo, sobre a base da Teologia moral católica".[464] Igualmente, Anthony Padgen explica que, pelo fato do império espanhol ter nascido como parte do Sacro Império Romano, Filipe II herdou não apenas territórios, mas uma concepção de monarquia universal. Diante das teses formuladas por teólogos e juristas que apontavam as fragilidades de um império muito extenso, uma das principais preocupações de Filipe II foi a de zelar pela integração e manutenção de um Estado que havia crescido, na ótica do monarca e de seus teóricos, rápido demais.[465]

A análise das medidas adotas pelo monarca demonstra que, de fato, é bastante evidente que a religião foi tomada como um dos principais elementos de intervenção em seu vasto império. Visando obter maior controle sobre o clero regular, mas, sobretudo, transformar a evangelização em uma ferramenta de integração e manutenção dos seus domínios, Filipe II criou mecanismos que davam à atividade missionária um sentido prático. Foi em seu reinado, por exemplo, que foram instalados tribunais do Santo Ofício no México (1570) e no Peru (1571). A Inquisição era um importante instrumento salvífico de reeducação religiosa necessária à reforma político-religiosa realizada pelas Coroas ibéricas. Particularmente para a Coroa espanhola, o tribunal

---

463 MUÑOZ-ARRACO, J. M. P. Sobre las instituciones de gobierno de la Monarquía Hispánica en la segunda mitad del siglo XVI. *Anuario Jurídico y Económico Escurialense*. Madrid, n. 43, 2010, pp. 23-40.

464 *id. ibid.,* p. 31. Tradução nossa.

465 PADGEN, A. Escuchar a Heraclides: el malestar en el imperio, 1619-1812. *In*: KAGAN, R. L.; PARKER, G. (orgs.). *España, Europa y el mundo Atlántico*. Homenaje a John H. Elliott. Madrid: Marcial Pons, 2002, pp. 419-438.

funcionava para manter a exclusividade católica no reino e, igualmente, à efetivação de seu poder nos domínios de além-mar. Isso explica porque a instituição trabalhou, na América, para garantir a prática de um catolicismo ortodoxo. O combate às heresias e idolatrias praticadas pela população local, de acordo com Serge Gruzinski, fazia parte de um processo de transmissão dos conceitos e critérios que organizavam a realidade definida pela Igreja e que era capaz, ao mesmo tempo, de transpor à América a identidade dos conquistadores.[466]

Além de levar o Santo Ofício da Inquisição para a América, Filipe II promulgou, em 1573, as *Ordenanzas de descubrimiento*, documento que definia novas diretrizes para a expansão territorial. Nele, o monarca transferia a responsabilidade das forças militares de adentrar no continente americano para as ordens religiosas. As "entradas", expedições armadas que exploravam o interior do continente, foram proibidas, mas foi reservado aos missionários o direito de levar uma pequena guarnição militar de defesa em suas campanhas. O documento também estabeleceu que as ordens religiosas deveriam transformar um grupo nômade e selvagem em uma pequena sociedade cristã sedentária. Feito isso, eles deveriam passar a responsabilidade da povoação indígena para o clero secular e avançar interior adentro. Por conta dessas diretrizes, o documento fazia das missões um mecanismo de expansão territorial e dava às ordens religiosas a função de pacificar tribos hostis, tanto que o documento orientava as autoridades civis a protegerem as atividades religiosas dos colonos a fim de se evitar a revolta dos ameríndios reduzidos.[467]

Como se observa, com a promulgação das *Ordenanzas de descubrimiento*, Filipe II deu um caráter funcional à evangelização, quase que eminentemente prático e voltado ao exercício do poder temporal. De acordo Charles Boxer, o documento está nas bases da missão como instituição de fronteira, ferramenta amplamente utilizada na América espanhola, do México e Califórnia até o Paraguai. Até meados do século XVIII, o clero regular muitas vezes substituiria as tropas militares no vasto território americano.[468]

---

466 GRUZINSKI, S. *A colonização do imaginário*... pp. 271-294.

467 Ver FILIPE II. Ordenanzas de descubrimiento, nueva población y pacificación de las Indias dadas por Felipe II, el 13 de julio de 1573, en el bosque de Segovia. *In*: PADRÓN, F. M. *Teoría y leyes de la conquista*. Madrid: Cultura Hispánica del Centro Iberoamericano de Cooperación, 1979, pp. 489-518.

468 Ver BOXER, C. R. *A Igreja militante e a expansão ibérica*... pp. 91-97.

4.3 A Companhia de Jesus nos domínios da Casa de Habsburgo

As diretrizes colonizadoras estabelecidas nas *Ordenanzas de descubrimiento* impactaram na posição dos inacianos dentro do Império espanhol. Até 1573, os padres da Assistência jesuítica da Espanha tinham um papel secundário no reino espanhol e em sua colônia americana. Os primeiros inacianos haviam chegado a Castela em 1543 e logo fundaram colégios. Sob a orientação de importantes nomes da ordem, como Francisco Villanueva e Francisco de Borja, foram abertos os colégios de Barcelona, Alcalá, Valladolid e Valência. Em 1547 foi criada a Província jesuítica da Espanha, porém, menos de um ano depois, surgiram os primeiros críticos da Companhia de Jesus no reino. Teólogos usaram o púlpito e folhetins para refutar os princípios teológicos que norteavam os fundamentos da nova congregação e os *Exercícios Espirituais* de Inácio de Loyola. Em 1553, um ano depois da promulgação das *Constituições da Companhia de Jesus*, houve uma expansão dos colégios jesuíticos no reino, uma vez que o documento indicava o colégio como a célula-base das atividades inacianas. E diante desse crescimento, importantes membros do alto clero espanhol e das ordens mendicantes (principalmente dominicanos e agostinianos) reagiram contra a presença da Companhia de Jesus na Espanha, o que talvez tenha adiado a entrada dos jesuítas na América espanhola. Por esta razão, o trabalho da ordem teria se baseado na formação religiosa (catequese), na pregação pelas cidades e vilarejos espanhóis e em trabalhos assistenciais em cadeias e hospitais.[469]

Javier Sánchez explica que os jesuítas só passaram a exercer influência significativa na Coroa espanhola no final do reinado de Felipe III (1598-1621). Isso porque, Margarida de Áustria, antes de se casar com o monarca, tinha como confessor um jesuíta. Após sua união com Filipe III, a rainha influenciou muitos nobres espanhóis a adotarem jesuítas como confessores, embora o monarca ainda não tivesse confiança na ordem religiosa. Mas, durante a Guerra dos Trinta Anos,

469 Ver ASTRAIN, A. S.J. *Historia de la Compañía de Jesús en la Asistencia de España*. Tomo I. 2 ed. Madri: Administración de Razón y Fe, 1912, pp. 259-278.

os jesuítas agiram em defesa do Rei Católico em várias regiões da Europa, o que pode ter contribuído para os padres ganharem espaço na vida política castelhana. Durante o reinado de Filipe IV (1621-1640), os inacianos passaram a atuar na formação da elite de governo da Corte através de um projeto criado para este fim e que foi denominado *Estudios Generales o Reales*.[470]

Os inacianos, porém, demoraram menos tempo para começar a atuar na porção espanhola da América. O número reduzido de missionários de outras ordens religiosas contribuiu para que, em março de 1566, Filipe II solicitasse à cúria jesuítica 24 padres para atuar nas regiões americanas a serem indicadas pelo Conselho das Índias. Em função do regime da *encomienda*, os colonos eram obrigados a converter e oferecer assistência religiosa aos ameríndios sob suas responsabilidades e, por isso, reivindicavam a ampliação da estrutura eclesiástica no Novo Mundo.[471]

Nos primeiros anos de atividade na América, os jesuítas atuaram justamente em áreas onde os colonos reclamavam a falta de escolas e de igrejas. Os padres se dedicaram ao ensino e às missões itinerantes (que visavam a pregação e a aplicação de sacramentos, principalmente da confissão) em regiões onde franciscanos, dominicanos e agostinianos não conseguiam socorrer em função do número reduzido de missionários.[472] De acordo com Charles Boxer, os jesuítas da Espanha "nunca alcançaram (...) a mesma preponderância que tiveram na Ásia portuguesa, no Brasil e no Maranhão. Na América hispânica (...) tiveram de competir com os frades das ordens mendicantes que lá estavam muito mais firmemente estabelecidos".[473]

---

470 SÁNCHEZ, J. B. La Compañía de Jesús y la defensa de la monarquía hispánica. *Hispania Sacra*. Madrid, v. 60, n. 121, junho/2008, pp. 198-218.

471 A solicitação do monarca pode ser vista na instrução que Francisco Borja, Geral da Companhia de Jesus entre 1565 e 1572, deu aos primeiros jesuítas enviados para a América espanhola em 1567: BORJA, F. Instrução de Francisco Borja, Geral da Companhia de Jesus, a Jerónimo Ruíz de Portillo, primeiro Provincial das missões jesuíticas nas Américas (1567). *In*: SUESS, P. (coord.). *A conquista espiritual da América espanhola*. 200 documentos – Século XVI. Petrópolis: Vozes, 1992, pp. 562-563.

472 Esses temas são discutidos em ASTRAIN, A. S.J. *Historia de la Compañía de Jesús en la Asistencia de España*. Tomo I... pp. 259-278, pp. 321-340 e pp. 385-437; e ASTRAIN, A. S.J. *Historia de la Compañía de Jesús en la Asistencia de España*. Tomo II. Madri: Administración de Razón y Fe, 1914, pp. 501-552.

473 BOXER, C. R. *A Igreja militante e a expansão ibérica*... p. 89.

Ao chegarem ao vice-reino do Peru em 1568, de imediato os jesuítas se dedicaram às mesmas atividades que realizavam no reino. À frente do primeiro grupo de missionários que desembarcou no Novo Mundo, os padres Bartolomé Hernández e José de Acosta orientaram os trabalhos de catequese de colonos e de indígenas que trabalhavam sob o regime da *encomienda*. Além dos colégios padrões da ordem, os padres também construíram colégios destinados exclusivamente à catequese dos filhos de caciques. Eles foram erguidos em locais estratégicos, que geralmente eram áreas onde não havia a presença do poder temporal. Já em lugares como Potosí e Juli, a evangelização foi menos limitada. Pelo fato da presença das ordens mendicantes e do clero secular ser menos marcante nessas regiões, os inacianos assumiram as funções do clero secular e realizaram missões itinerantes para socorrer os colonos que viviam longe dos centros urbanos e das paróquias.

Essa forma de ação foi semelhante à dos inacianos que iniciaram atividades apostólicas no vice-reino de Nova Espanha em 1572. Pedro Sánchez conduziu o grupo que se dedicou aos trabalhos assistenciais em hospitais. Quando o padre tomou a iniciativa de construir o primeiro colégio da ordem na região, enfrentou a reação dos dominicanos e, só depois de vencer a resistência dos mendicantes e a burocracia (uma vez que a construção de colégios no Novo Mundo dependia da aprovação do Conselho das Índias) é que foram abertos os primeiros colégios jesuíticos na região. A partir de 1575, os padres passaram a oferecer aulas regulares e catequese a filhos de colonos, mestiços e indígenas.[474]

A atuação limitada e à sombra de outras ordens religiosas, do clero secular e do Conselho das Índias só sofreu alteração após a promulgação das *Ordenanzas de descubrimiento*. A partir de 1573, os jesuítas passaram a executar o importante projeto de Estado de exploração de diversas partes do continente americano. Em expedições de reconhecimento, geralmente realizadas em duplas, os missionários percorreram regiões que hoje correspondem à Califórnia, Amazonas, Goiás e Mato Grosso. No entanto, a hostilidade ameríndia e as necessidades latentes

474 Sobre a atuação dos jesuítas no vice-reino do Peru e no vice-reino de Nova Espanha ver ASTRAIN, A. S.J. *Historia de la Compañía de Jesús en la Asistencia de España*. Tomo III. Madri: Est. Tipográfico "Sucesores de Rivadeneyra", 1909, pp. 123-176; e HERNÁNDEZ, Á. S. S.J. *Los jesuitas en América*. Madri: Editorial MAPFRE, 1992, pp. 20-95.

da Coroa espanhola levaram ao estabelecimento de missões de fronteira a leste (Andes), norte (México) e sul (Bacia do Rio da Prata) da América espanhola, sendo esta última a mais representativa.[475]

Em seu estudo daquilo que considerou uma organização política das povoações missioneiras da região, Arno Kern apontou que os jesuítas desenvolveram, com os guaranis, instituições militares frente a expansão do colonialismo luso-brasileiro. Porém, destaca que esse importante contingente nasceu, antes de tudo, de uma ação civilizadora e de evangelização, mas ao mesmo tempo política em função da ação dos bandeirantes e da ausência de representantes do poder secular no local. Por isso mesmo é que Kern entendeu que, nas povoações, os jesuítas representavam a Coroa espanhola, a Igreja e a própria Companhia de Jesus: assim eles teriam formado uma bem sucedida vida comunitária cristã que integrou a população nativa à sociedade espanhola e que se mostrou capaz, também, de estabelecer as fronteiras de dois grandes impérios.[476]

4.4 O Brasil nos domínios da Casa de Habsburgo

A existência de um projeto religioso em curso na América espanhola quando da ascensão de Filipe II ao trono português nos permite interpretar a abertura do campo missionário no Brasil como um primeiro sinal da transposição daquele programa à colônia. Mas, que razões teriam os monarcas da Casa de Habsburgo para implementá-lo na porção portuguesa da América?

Jorge Souza, em seu estudo sobre a instalação dos beneditinos no Brasil em 1581, sugeriu que a chegada dessa e de outras ordens mendicantes durante a União Ibérica representava um importante processo de institucionalização do governo filipino na região. Para o historiador, então, a abertura do campo missionário brasílico seria uma estratégia governativa de controlar as instituições religiosas por

475 Os dados relativos às "missões de fronteira" no Império espanhol podem ser vistos em BOXER, C. R. *A Igreja militante e a expansão ibérica*... pp. 91-97; e, na íntegra, HERNÁNDEZ, Á. S. S.J. *op. cit.*

476 KERN, A. A. *Missões: uma utopia política. Porto Alegre: Mercado Aberto, 1982.*

serem elas importantes focos de poder das sociedades do Antigo Regime. Significava, no plano prático, a firmação do compromisso assumido por Filipe II nas Cortes de Tomar de continuar a obra dos reis portugueses de propagar a fé cristã; no plano estratégico, a tentativa do rei de reequilibrar o poder eclesiástico da colônia concentrado nas mãos da Companhia de Jesus.[477]

A interpretação de Jorge Souza lança luz à nossa questão e a ela podemos somar outra explicação possível. Considerando a dimensão e a importância que a evangelização tinha no processo de construção e consolidação do Novo Mundo, a intervenção dos monarcas Habsburgo na atividade missionária do Brasil sugere que este domínio tinha, ou paulatinamente veio a ter, alguma importância para o desenvolvimento e a manutenção da política ultramarina em curso na América espanhola. Isso justificaria, de modo plausível, porque a Espanha se interessou em despender esforços na ingerência na evangelização em curso no Brasil Colonial.

Os interesses dos monarcas espanhóis pelo Brasil durante a União Ibérica é um tema pouco estudado pela historiografia. Desse modo, há uma ideia corrente de que pouco ou nada mudou na administração da colônia enquanto a dinastia Habsburgo governou Portugal e seus domínios ultramarinos. Não apenas os livros didáticos que circulam no Brasil, mas também obras de referência internacional sobre a história do Brasil e da América Latina divulgam a tese de que, "enquanto as duas monarquias estiveram reunidas, os Habsburgos espanhóis respeitaram o conjunto das promessas feitas em Tomar, em 1581, de tal modo que permitiram uma considerável autonomia portuguesa e mantiveram os dois impérios como entidades distintas".[478]

Para Guida Marques, esse modo de entender a administração colonial é um problema da historiografia, já que nesse período ocorreram importantes mudanças político-administrativas que deram novas feições ao Brasil e, de certo modo, fizeram dele um dos principais sustentáculos do Império português após a Restauração.[479] E é para

477 SOUZA, J. V. de A. *Para além do claustro*: uma história social da inserção beneditina na América portuguesa, c.1580-c.1690. Tese (Doutorado em História) – Programa de Pós-Graduação em História – Universidade Federal Fluminense, Niterói, 2011, pp. 51-57.

478 MAURO, F. Portugal e o Brasil: a estrutura política e econômica do Império, 1580-1750. *In*: BETHELL, L. (org.). *História da América Latina*: América Latina Colonial. v. I... p. 449.

479 MARQUES, G. L'invention du Brésil entre deux monarchies. L'Amérique portugaise et

esta direção que apontam os olhares de alguns pesquisadores que se dedicaram ao assunto: mesmo que talvez não fosse um projeto pré-concebido fazer do Brasil uma das principais colônias ultramarinas, o curso que tomou o gerenciamento Habsburgo fez da América portuguesa um domínio de fundamental importância para a manutenção de Portugal e seus domínios após a ascensão da dinastia dos Bragança em 1640.[480]

Esses estudos apontam que, ao ascender ao trono português, Filipe II se preocupou, entre outras coisas, em ajustar a economia de Portugal e em tecer alianças políticas para sua completa entronização. É sugestivo o fato do rei ter ficado dois anos em Lisboa depois de sua coroação, uma mostra de que a anexação da Coroa lusa tinha uma importância estratégica para a manutenção de seu império ameaçado pelos movimentos separatistas ocorridos na região dos Países Baixos.

Enquanto Filipe II firmava as bases de seu governo em Portugal, a administração colonial corria normalmente no Brasil. Os governadores-gerais conduziam a colônia como vinham fazendo desde o último governo da dinastia Avis, mesmo porque eles só foram avisados que Portugal tinha um novo monarca na sessão de 19 de maio de 1582 da Câmara de Salvador.

Mas, ainda 1581, Filipe II começou a dar mostras de interesse pela porção portuguesa da América. Naquele ano, o monarca enviou uma expedição para proteger o Estreito de Magalhães e impedir o acesso dos ingleses às minas do Peru pelo sul. Diego Flores de Valdés, o comandante, redigiu um relatório da empreitada e nele apontou duas

---

l'Union Ibérique (1580-1640): un état de la question. *In*: COSTA, J. P. de O. e (dir.). *Anais de História de Além-Mar*. v. VI. Lisboa: Centro de História de Além-Mar, 2005, pp. 109-117.

480 Essa ideia está presente nos seguintes estudos: ABREU, J. C. de (1853-1927). *Capítulos de história colonial*. Brasília: Senado Federal, Conselho Editorial, 2006, pp. 65-82; HEMMING, J. Os índios e a fronteira no Brasil Colonial. *In*: BETHELL, L. (org.). *História da América Latina*. A América Latina Colonial. v. II. São Paulo: Editora da Universidade de São Paulo; Brasília: Fundação Alexandre de Gusmão, 1999, pp. 423-469; MARQUES, G. *op. cit*., pp. 109-137; SCHAUB, J. *Portugal na Monarquia Hispânica (1580-1640)*. Lisboa: Livros Horizonte, 2001, pp. 25-32; SCHWARTZ, S. B. O Brasil Colonial, c. 1580-1750: as grandes lavouras e as periferias. *In*: BETHELL, L. (org.). *História da América Latina*. A América Latina Colonial. v. II... pp. 339-421; STELLA, R. S. *O domínio espanhol no Brasil durante a monarquia dos Felipes* – 1580-1640. São Paulo: Unibero/CenaUn, 2000, pp. 83-133; e WRIGHT, A. F. P. de A.; MELLO, A. R. de. O Brasil no período dos Filipes (1580-1640). *In*: HOLANDA, S. B. (dir.). *História Geral da Civilização Brasileira*. A época colonial: do descobrimento à expansão territorial. v. I. Tomo I. 16 ed. Rio de Janeiro: Bertrand Brasil, 2008, pp. 197-212.

características importantes da colônia: sua importância estratégica de defesa e seu potencial econômico. A primeira devia-se ao fato de que as capitanias mais ao sul poderiam formar "*las Espaldas del Peru*":[481] se melhor povoadas constituiriam um bloco humano e natural de proteção das vias terrestres que ligavam o Atlântico e as minas peruanas, muitas delas usadas pelos contrabandistas de metais preciosos. Além disso, serviriam como uma base de patrulhamento e controle das rotas marítimas usadas pelos corsários ingleses que contornavam o Estreito de Magalhães. Já o potencial econômico do Brasil se dava em função dos fortes indícios de existência de metal e de pedras preciosas na região, informação passada a Valdés pelos aventureiros espanhóis que o comandante encontrou em São Vicente.[482]

O monarca também recebeu de José de Anchieta as mesmas informações de que seria fundamental proteger o litoral brasileiro, principalmente a capitania do Espírito Santo, "terra alarmada, com medo dos ingleses, porque [estiveram ali e] deixaram dito que (...) viriam com três ou quatro galeões armados". A ameaça inglesa, de acordo com o padre, fazia com que os colonos pouco desenvolvessem a região, e fortificá-la seria necessário não só para a conservação do Brasil, como também para a navegação no Estreito de Magalhães, Rio da Prata e Peru, "além de outras vantagens que não são para carta que Diogo Flores tem bem entendido e creio leva determinação de praticar muito miudamente com Vossa Majestade".[483]

Não parece ter sido coincidência que Filipe II trabalhou em diferentes frentes para, de acordo com Roseli Stella, "submeter o Brasil aos desígnios (...) da monarquia espanhola, a fim de preservar as ricas conquistas americanas".[484] Agindo nesse sentido, o monarca e seus sucessores trabalharam na reestruturação do aparato administrativo da

---

481 VALDÉS, D. F. de. *Estrecho de Magalhães, 1583*. Dos cartas del general Diego Flores de Valdés, dando cuenta del vários incesos de su expedicion al Estrecho. Fechas em Bahia de Todos os Santos á 5 de agosto. Charcas 41, Documento 27. Archivo General de Indias, Sevilla. Carta 2, p. 2.

482 Ver, particularmente, a carta 2 em VALDÉS, D. F. de. *op. cit.*, pp. 01-11. O conteúdo dessa carta também é discutido por STELLA, R. S. *op. cit.*, pp. 88-91.

483 As duas citações se referem a ANCHIETA, J. de (1534-1597). Ao rei Filipe II. Da Bahia de Todos os Santos, 7 de agosto de 1583. *In*: __________. *Cartas*: correspondência ativa e passiva. Pesquisa, introdução e notas do Pe. Hélio Abranches Viotti, S.J. 2 ed. São Paulo: Edições Loyola, 1984, p. 337 e p. 338.

484 STELLA, R. S. *op. cit.*, p. 104.

colônia, no controle de suas ações religiosas e na ocupação de regiões com potenciais estratégicos de defesa e de incremento de suas atividades econômicas.

Em 1580, o Brasil era uma colônia em expansão. Seu território efetivamente ocupado pelos colonizadores estava distribuído em poucos e dispersos núcleos urbanos, todos concentrados em uma estreita faixa litorânea entre as capitanias de São Vicente e de Pernambuco. Essas, por seu turno, eram constituídas de grandes e poucas propriedades rurais que formavam a base da economia, e as fazendas eram assistidas por pouco mais de 30 vilas que exerciam funções administrativas e religiosas.[485]

Embora os dados sugiram uma ocupação incipiente, podemos considera-los expressivos se o compararmos com a área ocupada nos anos iniciais do governo de D. João III, que trabalhou sobremaneira na ocupação e incremento econômico do Brasil e de outras colônias portuguesas no Atlântico e na Ásia. Em seu aspecto geral, essa medida representava a tentativa do monarca de criar e fortalecer um império colonial baseado na territorialização em detrimento da sustentação de um império-rede fundamentado no controle de rotas marítimas que D. Manuel havia lhe deixado. Essa forma de atuação era uma clara influência das teses políticas vigentes na Península Ibérica e já em prática na vizinha Castela, que dedicava boa parte de seus esforços na criação de um império colonial na América. Lembremos, para Sanjay Subrahmanyam, esse era um reflexo de que a reestruturação promovida por D. João III em seu império se inspirava na reforma promovida pela Espanha no início do século XVI. Não obstante, no fim do reinado de D. João III, o Brasil começou a despontar como um rival do vice-reino na Ásia no que diz respeito aos investimentos régios. Esse foi o período chamado pelo historiador de "viragem atlântica", em que a "ênfase da Índia para o Brasil fazia parte de uma conjuntura global que conduziu à tomada do trono de Portugal por Filipe II, em 1580".[486]

Se o fortalecimento do Brasil contribuiu ou não para que Filipe II se interessasse pela Coroa portuguesa em 1578, o fato é que a porção portuguesa da América já havia despontado um significativo

485 Ver SCHWARTZ, S. B. O Brasil Colonial, c. 1580-1750... pp. 402-410.

486 SUBRAHMANYAM, S. *O império Asiático Português 1500-1700*. Uma História Política e Econômica. Lisboa: Difel, 1993, p. 161.

potencial para o fortalecimento de seu império colonial. Considerando-se a política expansionista herdada de seu pai, seria natural que o monarca continuasse trabalhando na ocupação e no incremento da economia de uma colônia promissora e, ao mesmo tempo, ameaça pelas incursões inglesas, francesas e holandesas que tinham o intuito de "agredir os interesses da monarquia espanhola sobre a América".[487]

Em função dos acordos firmados nas Cortes de Tomar, Filipe II não alterou o modelo governativo criado por Portugal, o Governo-Geral. No entanto, o monarca criou estratégias para, de acordo com Roseli Stella, converter o aparelho administrativo luso em "instrumento executor da política madrilena"[488] no Brasil. Filipe II tentou driblar as instituições portuguesas através da criação de uma ampla rede de informantes e de conselheiros que tinha a função de lhe garantir o controle direto da administração. Outra estratégia importante nesse sentido foi a criação, em 1582, da Corte de Portugal, órgão sediado em Madri. À primeira vista, a instituição dava mostra de respeito a um dos principais acordos firmados nas Cortes de Tomar, que era a garantia de autonomia dos portugueses nos assuntos relativos ao governo da Coroa lusa. Em tese, a Corte tinha a finalidade de permitir que os próprios portugueses governassem o Império português assessorando o rei, através desse tribunal, nos assuntos administrativos. No entanto, todas as instituições lusas eram obrigadas a consultar o Conselho de Portugal antes de tomar qualquer decisão, e todas essas consultas eram submetidas ao rei. Isso limitava significativamente o poder de decisão dos conselheiros e colocava nas mãos do monarca espanhol as principais decisões administrativas de Portugal e seus domínios.

Visando manter esse controle no Brasil e em todo o império, Filipe III foi menos sutil que seu antecessor. Além de ter nomeado ministros castelhanos para o Conselho de Portugal em 1602, um ano mais tarde promulgou as *Ordenações Filipinas* no reino luso e criou órgãos que limitavam ou anulavam a competência dos já existentes criados pelos monarcas portugueses. Em 1604, criou o Conselho da Índia e, em 1619, a Companhia de Navegação e Comércio com a Índia. No Brasil, a criação do Tribunal da Relação da Bahia em 1609 também mostrava o intuito de Filipe III de centralizar o governo do Império português

487 STELLA, R. S. *op. cit.*, p. 87.
488 *id. ibid.*, p. 133.

e de alinhar a administração da colônia à legislação espanhola mais do que às *Ordenações Filipinas*, que ainda traziam como base jurídica as *Ordenações Manuelinas*.

A atuação mais direta de Filipe III na administração colonial teria decorrido do fato dele não ter sido tão pressionado pela corte portuguesa a respeitar os acordos estabelecidos em Tomar. Em 1608, o monarca criou as Repartições Sul e Norte para dividir a administração das capitanias do Brasil, divisão que teve curta duração. Mais tarde, em 1621, ele dividiu a colônia em duas unidades administrativas: o Estado do Brasil e o Estado do Maranhão, que compreendia as capitanias do Maranhão, Pará, Piauí e Ceará.[489]

A divisão territorial era uma nítida implementação, no Brasil, da política imperial castelhana já consolidada na América que seguia a lógica de "dividir para governar". Além disso, denotava a consolidação da "viragem atlântica" que, no parecer de Andréa Doré, podia ser vista também nos mapas e nos relatos de que as autoridades régias dispunham sobre a região durante a União Ibérica. Esse material oferecia, à Coroa espanhola, as informações necessárias à construção das políticas voltadas à defesa e ao incremento da economia de um domínio que, à medida que crescia, mostrava novos potenciais. Esses dois fatores impulsionadores das ações dos Filipes no Brasil refletiam os interesses imperiais Habsburgo na América que davam à colônia maior importância do que os domínios lusos na Ásia. Esses últimos passavam a ter um valor mais simbólico para os portugueses que propriamente econômico em um momento em que "os limitados recursos [da Coroa espanhola] deveriam se concentrar em um espaço, territorial e marítimo, que (...) apontava um futuro mais lucrativo e duradouro".[490]

A intervenção nas atividades religiosas também foi uma importante estratégia de adequação da porção portuguesa da América aos interesses da Casa de Habsburgo. Em função do apoio que Filipe II recebeu do alto clero português na disputa da sucessão dinástica, o monarca não interferiu nas atividades do clero secular no Brasil. Durante a União Ibérica, não se viu retração ou ampliação da estrutura

---

489 Sobre a reforma administrativa dos Filipes no Brasil ver, além dos textos já citados, SCHAUB, J. *op. cit.*, pp. 25-32; e SCHWARTZ, S. B. *Burocracia e sociedade no Brasil Colonial*. A Suprema Corte da Bahia e seus juízes: 1609-1751. São Paulo: Perspectiva, 1979, pp. 75-187.

490 DORÉ, A. O deslocamento de interesses da Índia para o Brasil durante a União Ibérica: mapas e relatos. *Colonial Latin America Review*. v. 23, Issue 02, 2014, pp. 172-197.

eclesiástica da porção portuguesa da América, uma vez que, em 1640, a diocese da Bahia ainda era a única de toda a América portuguesa.[491]

No entanto, os Filipes usaram tanto a Inquisição quanto as ordens religiosas como instrumentos de execução de suas políticas ultramarinas, como já faziam na América espanhola. Três das quatro visitações do Santo Ofício no Brasil, por exemplo, ocorreram justamente no momento em que a colônia foi administrada pela Casa de Habsburgo: a primeira foi realizada na Bahia e em Pernambuco entre 1591 e 1595, período de reinado de Filipe II; a segunda se deu na Bahia entre 1618 e 1621 durante a administração de Filipe III, monarca que ampliou a área de atuação da Inquisição na América (instalou um tribunal do Santo Ofício na capitania-geral do Chile em 1610); e a terceira ocorreu no Rio de Janeiro em 1627, momento em que Filipe IV governava e que houve, inclusive, a tentativa de se instalar um tribunal da Inquisição no Brasil, mas a efetivação do projeto esbarrou na resistência dos inquisidores portugueses.[492]

Há, na historiografia brasileira, a concepção de que as visitações do Santo Ofício no Brasil foram uma consequência natural da política castelhana de manter a exclusividade católica na Península Ibérica e em seus domínios. Em Castela como em Portugal, o Santo Ofício havia sido restabelecido entre 1478 e 1536 para salvaguardar a religião católica diante da presença de judeus e de mouros convertidos forçadamente ao cristianismo e que manifestavam sinais de retorno às suas antigas religiões. O catolicismo, afinal, imprimia a identidade dos ibéricos, e zelar pela ortodoxia religiosa era parte de uma proposta político-religiosa que buscava a manutenção da unidade nos reinos ibéricos.[493]

---

491 Somente em fins do século XVII é que o Brasil ganhou outras dioceses. Em 1676, o papa Inocêncio XI elevou a diocese da Bahia a arcebispado e criou as dioceses de São Sebastião do Rio de Janeiro e de Olinda, seguida da de São Luís do Maranhão (1677). Sobre a estrutura eclesiástica do Brasil durante o período da União Ibérica ver ABREU, J. C. de. *op. cit.*, pp. 81-82; e IGREJA. *In*: VAINFAS, R. (dir.). *Dicionário do Brasil Colonial (1500-1808)*. Rio de Janeiro: Objetiva, 2000, pp. 292-296.

492 Ver BETHENCOURT, F. *História das Inquisições*: Portugal, Espanha e Itália – séculos XV-XIX. São Paulo: Companhia das Letras, 2000, pp. 51-66; VAINFAS, R. *Trópico dos pecados*: moral, sexualidade e Inquisição no Brasil. Rio de Janeiro: Nova Fronteira, 1997, pp. 215-224; e PIERONI, G.; MARTINS, A.; SABEH, L. A. *Boca maldita*: blasfêmias e sacrilégios em Portugal e no Brasil nos tempos da Inquisição. Jundiaí: Paco, 2012, pp. 25-28. A quarta e última visitação do Santo Ofício no Brasil ocorreu entre 1763 e 1769, no Grão-Pará.

493 Sobre a instalação e atuação do Santo Ofício da Inquisição na Península Ibérica ver, na íntegra, BENASSAR, B. (org.). *Inquisición española*: poder politico y control social. Barcelona: Editorial Critica, 1981; e NOVINSKY, A. *A Inquisição*. São Paulo: Brasiliense, 1996.

As visitações do Santo Ofício, por isso mesmo, foram entendidas como medidas que tinham a função estratégica de frear o desenvolvimento da comunidade de cristãos-novos no Brasil. Isso porque, ao agir no controle da administração do Império português a partir de 1582, Filipe II teve notícias de que havia um número expressivo de cristãos-novos em muitos domínios lusos na África e no Atlântico. No Brasil, eles chegavam a compor cerca de 20% da população da Bahia e de Pernambuco e ocupavam posições de destaque nesses locais: eram artesãos, pequenos comerciantes, mas principalmente senhores de engenho e importantes mercadores que contribuíam para a estruturação da economia daquelas que eram as principais capitanias produtoras de cana-de-açúcar. Em São Vicente, eram também os responsáveis por estabelecer o intercâmbio comercial entre São Vicente e a região do Prata que tanto incomodava a Coroa espanhola, já que eles usavam rotas terrestres clandestinas que ligavam São Paulo às cidades peruanas.

Por ser a Casa de Habsburgo a grande perseguidora dos criptojudeus, o maior fluxo de emigração de judeus de Portugal para o Brasil se deu justamente durante a União Ibérica. Provavelmente, esse grupo escolheu os trópicos por que nele não havia um tribunal do Santo Ofício instalado e, também, por ser uma terra com possibilidades de desenvolvimento de atividades econômicas.[494] No entanto, os monarcas Habsburgo acompanhavam a ação da Inquisição relativa à perseguição desse grupo em Portugal e domínios de além-mar. Em carta de 1618 enviada ao Governador do Estado do Brasil, por exemplo, Filipe III relatou que os negociantes da cidade do Porto, todos "da nação dos cristãos novos",[495] haviam sido presos após uma visitação do Santo Ofício e que alguns desses homens tinham fugido com bens. Por conta da relação que eles tinham com o Brasil, o monarca orientou que

494 Também no período em que os holandeses ocuparam parte da região Nordeste muitos judeus se instalaram na região por conta da ligação que tinham com a comunidade judaica de Amsterdã e também com as atividades gerenciadas pela Companhia das Índias Ocidentais. Ver BOXER, C. R. *Salvador de Sá e a luta pelo Brasil e Angola, 1602-1686*. São Paulo: Editora Nacional/Editora da Universidade de São Paulo, 1973, pp. 28-36; e VAINFAS, R. *Jerusalém colonial*: judeus portugueses no Brasil holandês. Rio de Janeiro: Civilização Brasileira, 2010, pp. 85-140.

495 FILIPE III. Para o Governador do Estado do Brasil. Madri, 20 de novembro de 1618. Documento LIV. *In*: MUSEU P. (org.). *Livro Segundo do Governo do Brasil*. Separata do Tomo III dos Annaes do Museu Paulista. Documentação Brasileira Seiscentista. São Paulo: Diário Oficial, 1927, p. 80.

os portos da colônia fossem vigiados. Caso algum cristão-novo neles aportasse, deveria ser preso e seus bens confiscados.[496]

Além disso, uma das funções atribuídas aos inquisidores que realizavam as visitações do Santo Ofício no Brasil era investigar minuciosamente a vida dos cristãos-novos e de toda a rede social e econômica às quais estavam ligados. A investida contra bandeirantes e peruleiros é um exemplo nítido nesse sentido, porque as autoridades civis e eclesiásticas acreditavam que o que fomentava a escravização dos indígenas era justamente o intercâmbio comercial criado por cristãos--novos na região Sul da América, principal área onde o salteamento de indígenas era praticado.[497]

Mas, evidentemente, a ação da Inquisição não estava circunscrita somente a esse papel. Quando avaliamos sua atuação de forma mais ampla fica evidente que a intenção da Coroa espanhola e da Igreja era conhecer a estrutura em que se calcava a fé praticada no ultramar, porque o percentual da ação inquisitorial foi maior no combate das heresias praticadas pelos colonos e pelos nativos: além de perseguirem os cristãos-novos e os simpatizantes do islamismo e do protestantismo, os inquisidores se preocuparam em combater crimes de fé comuns entre os colonos, como a blasfêmia, a sodomia, a bigamia, a profanação do confessionário e outros desvios doutrinários; além daqueles nascidos da confusa assimilação do cristianismo pelos ameríndios, como o gentilismo e a falsa santidade.[498]

Esse cenário amplo da atuação da Inquisição na América nos leva a entender que a presença do Santo Ofício no Brasil durante a União Ibérica representava a outra parte da transposição, à colônia, do elemento religioso da política ultramarina Habsburgo em curso no México e no Peru que se mostrava razoavelmente eficiente à efetivação do

---

496 FILIPE III. Para o Governador do Estado do Brasil. Madri, 20 de novembro de 1618... pp. 80-81.

497 Sobre a perseguição do Santo Ofício aos cristãos-novos no Brasil ver ALENCASTRO, L. F. de. *O trato dos viventes*: formação do Brasil no Atlântico Sul. São Paulo: Companhia das Letras, 2000, pp. 199-209; HEMMING, J. *op. cit.*, pp. 436-443; NOVINSKY, A. *Cristãos-novos na Bahia*: a Inquisição. 2 ed. São Paulo: Perspectiva, 2013, pp. 03-22; e WRIGHT, A. F. P. de A.; MELLO, A. R. de. *op. cit.*, pp. 197-202.

498 Ver VAINFAS, R. *Trópico dos pecados*: moral, sexualidade e Inquisição no Brasil. Rio de Janeiro: Nova Fronteira, 1997, pp. 47-186; VAINFAS, R. *A heresia dos índios*: catolicismo e rebeldia no Brasil colonial. São Paulo: Companhia das Letras, 1995, pp. 39-69; e PIERONI, G. (org.); SABEH, L. A. *et al*. *Heresias brasílicas*: Inquisição e purgatório no Brasil Colonial. Curitiba: UTP, 2008, pp. 15-65.

poder régio no além-mar. E, se aqui podemos ver indícios afirmativos da proposição de Muñoz-Arraco de que a Inquisição era o organismo que fundava as bases do governo vicário dos Filipes,[499] percebemos, igualmente, que a abertura do campo missionário e o alinhamento das atividades dos jesuítas da Província do Brasil aos ditames das *Ordenanzas de descubrimiento* eram medidas fundamentais e complementares à atuação da Inquisição na manutenção de um império ainda mais vasto do que aquele que Filipe II havia herdado em 1556.

E, se o estímulo à ação inquisitorial e das ordens religiosas implicava uma notória intervenção dos monarcas Habsburgo nas atividades religiosas da colônia, essa ingerência, ao lado da reestruturação do seu aparato administrativo, não estava desassociada de outra medida que visava submeter o Brasil aos interesses imperiais da Coroa espanhola: a ocupação de regiões com potenciais estratégicos de defesa territorial ou de incremento de suas atividades econômicas.

499 MUÑOZ-ARRACO, J. M. P. *op. cit.*, pp. 23-40.

Capítulo 5
As bases da mudança: os novos limites da missionação jesuítica

5.1 Um império com fronteiras humanas

Na América espanhola, as *Ordenanzas de descubrimiento* haviam transformado os missionários em verdadeiros agentes de expansão territorial. Ao transferir para as ordens religiosas a responsabilidade de adentrar no continente americano, Filipe II fazia com que os limites territoriais da sua imensa colônia fossem até onde os missionários pudessem chegar. Era uma estratégia menos dispendiosa materialmente e, ao mesmo tempo, cumpridora da missão salvífica da qual a Coroa estava imbuída e comprometida em função do Patronato. Nesse caso, o documento que estabelecia as diretrizes do programa religioso Habsburgo criava um império com fronteiras humanas, aquilo que Fernando Operé chamou de fronteira de corpos vivos, isto é, de zonas de encontro de culturas, de conflitos e interações de onde emergiram novas relações sociais, políticas e culturais que originaram o Novo Mundo.[500]

Diante da promissora função do elemento religioso na manutenção do império criada com as *Ordenanzas de descubrimiento*, alinhar a ação dos jesuítas da Província do Brasil aos seus interesses significava colocar os inacianos para atender a duas necessidades latentes da integração do Brasil ao Império espanhol: a defesa e a expansão da antiga porção portuguesa da América. Mesmo que a campanha antifilipina encabeçada pela Companhia de Jesus de Portugal tenha gerado um mal estar entre o monarca e a ordem religiosa, o fato é que os jesuítas tinham estabelecido uma estrutura eclesiástica considerável e

---

500 Essa tese é difundida em OPERÉ, F. *Historias de la frontera*. El cautiverio en la América hispánica. Buenos Aires: Fondo de Cultura Económica, 2001.

adquirido uma experiência significativa no trato com a Terra de Santa Cruz, com os nativos e com os colonos, fatores que não podiam ser desprezados pela Espanha. Os jesuítas haviam desempenhado, entre 1549 e 1580, um papel semelhante àquele realizado por franciscanos, dominicanos e agostinianos nos vice-reinos da Nova Espanha e do Peru entre 1523 e 1573. Certamente, esse modo de atuação, a influência jesuítica na colônia e o interesse dos missionários de explorar a terra interessavam à Coroa espanhola. Filipe II provavelmente entendeu que a ordem religiosa tinha condições primorosas para desempenhar, também, a importante atividade realizada pelos jesuítas da Província da Espanha na América espanhola: o estabelecimento de fronteiras.

Comparando as áreas de atuação dos jesuítas no Brasil antes da União Ibérica e durante todo o seu período, é possível identificar que houve uma importante dispersão dos missionários pela colônia e, igualmente, que ela se deu através de expedições de reconhecimento e ocupação territorial.[501]

Ora, desde o início de suas atividades na Terra de Vera Cruz, a Companhia de Jesus participou de campanhas que resultaram na ocupação de territórios até então inexplorados pelos portugueses. O que, então, essas expedições do período Habsburgo tinham de diferente das que ocorriam desde 1549?

A Missão do Brasil teve início no mesmo momento em que se implementou o Governo-Geral na Terra de Vera Cruz, o que garantiu a presença dos inacianos em inúmeras expedições de exploração territorial organizadas pelos primeiros governadores-gerais. Os missionários participaram, como vimos, da fundação de importantes cidades da colônia e da pacificação dos Aymorés em Porto Seguro (1560) e dos Tamoyos no Rio de Janeiro (1565).

Desde o momento em que se instalou em Salvador, a Companhia de Jesus organizou, igualmente, expedições paralelas às do poder temporal. Vimos que essas campanhas eram realizadas por duplas de jesuítas e por um pequeno grupo de ameríndios que atuavam como guias e intérpretes. O objetivo era reconhecer o território e identificar quais eram e como viviam os principais grupos indígenas que habitavam as regiões do entorno das áreas ocupadas pelos portugueses. Os relatos

501 Adiante, veremos que os aldeamentos também exerceram um papel fundamental nesse processo.

dessas expedições através das cartas ajudavam a cúria jesuítica a indicar onde os padres da Missão do Brasil deveriam fundar novas "missões".[502]

Em aproximadamente quinze anos de atividades de exploração, os padres se instalaram em Pernambuco, Bahia, Ilhéus, Porto Seguro, Espírito Santo, Rio de Janeiro e São Vicente, e tencionavam ainda estabelecerem-se no Paraguai e na atual região Sul do Brasil. Na maior parte desses locais, os padres chegaram sem o auxílio de tropas militares, ou seja, não em função de ditames políticos da Coroa portuguesa, mas sim do mesmo princípio que fomentava as expedições da ordem na Ásia e na África: a política de expansão de suas atividades no orbe.

Ao integrar a reforma político-religiosa da Coroa portuguesa, a Companhia de Jesus se instalou inicialmente na Ásia (1542) e na África (1547). Ao mesmo tempo em que procuraram executar a parte que lhes cabia da política lusa em cada uma dessas regiões, os inacianos se valeram do amparo material que recebiam da Coroa portuguesa para expandir suas atividades. De Goa e do Congo, os padres saíam em duplas e embrenhavam-se em mundos que lhes eram incógnitos em busca de novas áreas a serem convertidas à fé do Cristo. Lembremos, foi nesse processo que os jesuítas irradiaram de Goa e do Congo para a costa do Malabar (1542), Ceilão (1548), ilhas Molucas (1548), Marrocos (1548), Japão (1549), China (1552), Etiópia (1555) e Moçambique

---

502 O termo "missão" era empregado pelos jesuítas para muitas situações. Geralmente, se referia a uma atividade estabelecida em uma região, como a Missão do Brasil ou a Missão do Japão, por exemplo. Quando as atividades de uma missão se desenvolviam, ela era elevada à categoria de Província. A partir de então, era dado o nome de "missão" às atividades "extra-colégio". No Brasil, o termo era empregado às expedições, fossem as voltadas ao reconhecimento territorial, à pacificação de tribos indígenas, à criação de aldeamentos ou mesmo para a visita regular às vilas, fazendas, fortalezas e aldeamentos (as chamadas "missões rurais" e "missões regionais", como veremos). Eram chamadas de "missões" também as reduções criadas pelos jesuítas da Assistência da Espanha e os "descimentos" de indígenas em regiões onde os aldeamentos sofriam constantes esvaziamentos por conta dos salteamentos, das epidemias ou mesmo da inserção dos índios aldeados na lide colonial. Vale lembrar que o "descimento" era uma prática comum no Brasil e permitida e estimulada pelas Coroas ibéricas. Ela consistia na organização de expedições que tinham a finalidade de deslocar populações do interior do continente para os aldeamentos. Inicialmente, elas eram organizadas por colonos, mas era obrigatória a presença de um missionário que, muitas vezes, era quem as liderava. Isso porque a Coroa proibia o uso da força para "descer índios do sertão", ou seja, era permitido apenas o uso da persuasão para convencer os índios a viverem nas Aldeias. Sobre esta questão ver PERRONE-MOISÉS, B. Índios livres e índios escravos: os princípios da legislação indigenista do período colonial (séculos XVI a XVIII). *In*: CUNHA, M. C. da (org.). *História dos índios no Brasil*. 2 ed. São Paulo: Companhia das Letras, 1998, p. 118.

(1560). Essas expedições que espalharam os missionários pela Ásia e África tinham o mesmo sentido daquelas que os levaram de Salvador para as diferentes capitanias do Brasil: decorriam de um fundamento evangelizador de busca de almas para Cristo que fazia uso oportuno da estrutura oferecida pela Coroa portuguesa a favor da construção de um pretendido império cristão.[503]

A análise da documentação jesuítica produzida no Brasil durante o período da União Ibérica indica que houve uma importante mudança no sentido que impulsionava as expedições no Brasil dos Filipes. Durante o generalato de Diogo Laynez (1558-1565), foi instituído que as cartas deveriam ser escritas por todos os jesuítas uma vez ao ano. As chamadas "cartas ânuas" seguiam os mesmos padrões de redação das cartas de edificação e de negócio, mas como passaram a ser anuais, sofreram mudanças na forma como as missões eram relatadas aos seus superiores. Enquanto antes eram discutidos, carta a carta, assuntos específicos e circunstanciados de acordo com a necessidade, a instituição das ânuas transformou as cartas em verdadeiros documentos burocráticos: ofereciam informações detalhadas sobre o estado de uma missão, que iam desde o nome e ocupação de cada membro de casa jesuítica até os eventos políticos e sociais que contribuíam ou não para o andamento das atividades apostólicas. A necessidade de algumas missões pedia o detalhamento pormenorizado da situação de determinadas atividades. Daí resultaram importantes documentos chamados de "relações" ou "informações", que eram uma espécie de carta ânua para assuntos específicos.[504]

---

503 Retome, a esse respeito, as discussões feitas no Capítulo 2.

504 Ver ARAÚJO, H. P. Introdução. As cartas ânuas das missões dos jesuítas. *In*: GOUVEA, A. de (1592-1677). *Cartas Ânuas da China (1636, 1643 a 1649)*. Edição, introdução e notas de Horácio Peixoto de Araújo. Macau: Instituto Português do Oriente; Lisboa: Biblioteca Nacional, 1998, pp. 11-19. Ao se estudar a missionação jesuítica no Brasil se constata que, de fato, a quantidade de cartas do período entre 1540 e 1560 é muito superior ao de cartas da década de 1570 em diante. No entanto, o tamanho dos textos é bastante diferente. As cartas que antes tinham entre uma e dez páginas passaram a compor documentos bastante extensos, alguns com cerca de cem páginas ou mais. Os missionários nem sempre identificavam que tipo de documento estavam produzindo. Assim, essa identificação ocorre apenas com a análise da estrutura e do tipo de informações que uma carta oferece. No Brasil, há muitas relações, cartas ânuas e outros documentos normativos em coleções de cartas jesuíticas. No entanto, não há coleções de cartas ânuas da Missão do Brasil como as organizadas por institutos de pesquisa portugueses para as missões do Oriente ou por institutos de pesquisas latino-americanos para as missões da Província jesuítica do Paraguai.

No Brasil, os missionários produziram importantes relações sobre a situação das casas e dos colégios jesuíticos, dos aldeamentos e das práticas religiosas das missões, mas poucas versam especificamente sobre as campanhas de exploração territorial. No corpo documental do período entre 1580 e 1640, por exemplo, são conhecidas poucas relações que tratam exclusivamente de expedições.[505] Desse modo, as informações sobre os locais onde ocorriam as empreitadas, bem como sobre a composição e as formas de suas execuções precisam ser colhidas nas cartas ânuas ou nas relações que tratam da situação das missões das diversas capitanias.

Esses dados, quando aparecem, estão voltados a apontar o fundamento salvífico das expedições: os padres concentram-se em relatar as dificuldades em vencer os obstáculos naturais e em apontar "o favor de Deus, que queria a salvação daquelas pobres almas".[506] Trata-se, portanto, de um trabalho de mapeamento que, auxiliado pelos dados oferecidos por colonos e autoridades régias do período, assim como por estudos historiográficos, nos dá condições de traçar um panorama das campanhas ocorridas no Brasil. Mais que isso, nos permite inferir que houve uma significativa mudança do sentido que as impulsionava no período em que a Casa de Habsburgo interviu na administração da colônia.

Os dados, sistematizados e avaliados à luz dos estudos historiográficos acerca das ações colonizadoras em diferentes regiões, indicam que, coincidentemente, os missionários passaram a atuar nos

---

505 Trata-se de FIGUEIRA, L. Relação do Maranhão, 1608, pelo jesuíta padre Luiz Figueira enviada a Cláudio Aquaviva. *In*: INSTITUTO do C. (dir.). *Três documentos do Ceará Colonial*. Fortaleza: Departamento de Imprensa Oficial, 1967, pp. 76-157; RODRIGUES, J. A Missão dos Carijós – 1605-1607. Relação do P. Jerônimo Rodrigues. *In*: LEITE, S. S.J. (org.). *Novas cartas jesuíticas (de Nóbrega a Vieira)*. São Paulo: Companhia Editora Nacional, 1940, pp. 196-246; e MISSÃO dos Mares Verdes, que fez o P. João M., e por seu companheiro o P. Antonio Bellania por ordem do P. Domingos Coelho Provincial na era de 1624. Ao padre Nunho Mascareña, Assistente de Portugal da Companhia de Jesus. *In*: ARCHIVUM Romanum Societatis Iesu, Bras. 8-II, f. 360-365v. *ap*. FARIA, M. R. de. *A educação jesuítica e os conflitos de uma missão*: um estudo sobre o lugar do jesuíta na sociedade colonial (1580-1640). Tese (Doutorado em Educação) – Programa de Pós-graduação em Educação – Pontifícia Universidade Católica de São Paulo, São Paulo, 2009, pp. 306-314. O pesquisador reproduziu a carta na íntegra. Ao que tudo indica, Vieira é o seu autor, porque há trechos inteiros dessa relação de 1624 em VIEIRA, A. Carta Ânua ao Geral da Companhia de Jesus. 30 de setembro de 1626. *In*: __________. *Cartas do Brasil*. Organização e introdução de João Adolfo Hansen. São Paulo: Hedra, 2003, pp. 77-117.

506 VIEIRA, A. Carta Ânua ao Geral da Companhia de Jesus. 30 de setembro de 1626... p. 110.

locais que tinham funções estratégicas de ocupação e defesa territorial para a Coroa espanhola. Vê-se, também, que enquanto as expedições do período 1549-1580 decorriam da iniciativa da própria Companhia de Jesus, essas outras eram estimuladas e até mesmo solicitadas pela Coroa, tanto que nessas ocasiões os padres recebiam provisões, animais de carga e montaria e, em alguns casos, até embarcações para realizá-las. Portanto, as expedições jesuíticas do período filipino eram voltadas a fazer dos missionários verdadeiros desbravadores, a fronteira humana do império tal como faziam os jesuítas da Assistência da Espanha na América espanhola.

5.2 As expedições no Oeste, Norte e Nordeste da colônia

O potencial econômico e as investidas francesas e holandesas levaram os monarcas da dinastia Filipina a trabalharem na exploração da região Oeste da colônia e na promoção de intensos movimentos de abertura de caminhos internos e de expulsão dos estrangeiros ao Norte e Nordeste.

Pouco antes de se iniciar a União Ibérica, a Coroa portuguesa enviou uma expedição para explorar parte do atual território de Minas Gerais. O grupo foi chefiado pelo colono Antônio Dias Adorno e, em 1574, o jesuíta João Pereira que o acompanhava construiu uma igreja em uma aldeia tupi, que ficou conhecida como Mar Verde. No entanto, logo a missão foi abandonada pelo fato de que a campanha tinha que reconhecer a região e retornar com informações às autoridades. O grupo rumou ao Norte e chegou até o Rio São Francisco, mas a viagem foi barrada pelos índios tapuias.

Nos anos seguintes, a Coroa portuguesa não investiu na região e novas expedições só foram organizadas durante a União Ibérica. Em 1611, Marcos de Azeredo descobriu esmeraldas em Minas Gerais e, tão logo os especialistas ibéricos atestaram a qualidade das pedras, novas campanhas foram organizadas para explorar a região. No entanto, os indígenas não permitiram a entrada dos colonos e não tardou para que os jesuítas fossem enviados à região para pacificar os ameríndios e, assim, facilitar a realização de novas entradas.[507]

Antonio Vieira relata que em 1624 foi organizada uma expedição jesuítica para que enfim fosse estabelecida a Missão dos Mares Verdes, tão desejada pelos padres e pelos portugueses. Conta o jesuíta que João e Antonio Bellania saíram do Espírito Santo e, depois de um mês, se depararam com "quatrocentos e cinquenta almas, gente belicosa, valente".[508] Foram necessários três dias de prédicas para juntar os índios, premissa para a criação de um aldeamento, e inicialmente a Aldeia teve sucesso, porque os nativos davam mostra de desejo pela vida cristã e obedeciam aos padres. Porém, um surto de bexiga acometeu a tribo, que foi praticamente dizimada. Os padres, então, passaram a trabalhar para erguer a Aldeia em outro local com os poucos sobreviventes e com os índios tapuia da região persuadidos a viverem no novo aldeamento.[509]

A bexiga chegou ao novo aldeamento e, ainda em 1624, a Missão dos Mares Verdes deixou de existir. Uma nova tentativa de se restabelecê-la foi cogitada e, em 1636, a Coroa espanhola promulgou um alvará que concedia à Companhia de Jesus o direito de criar expedições que tivessem o duplo fim de converter os indígenas e de encontrar esmeraldas na região. Os inacianos, então, realizaram mais uma expedição, mas ela não foi bem sucedida por conta da hostilidade dos tapuias e outras campanhas só foram realizadas na região depois de 1640.[510]

As expedições jesuíticas rumo a Oeste desempenharam as mesmas funções de forças militares de reconhecimento de áreas ainda pouco ou mesmo não exploradas pelos colonos. Elas não resultaram na ocupação efetiva da região, mas contribuíram para revelar o seu potencial econômico. A dificuldade em estabelecer núcleos urbanos no local talvez tenha decorrido da falta de recursos humanos e materiais que a empreitada exigia e que, no período, eram empregados na ocupação das atuais regiões Norte e Nordeste do Brasil.

---

507 Ver LEITE, S. S.J. *História da Companhia de Jesus no Brasil*. Tomo VI. Livro III. Reedição da primeira edição de 1938. São Paulo: Edições Loyola, 2004, pp.. pp. 483-488.

508 VIEIRA, A. Carta Ânua ao Geral da Companhia de Jesus. 30 de setembro de 1626... p. 110.

509 *id. ibid.*, pp. 110-112. Sobre a Missão dos Mares Verdes ver, também, MISSÃO dos Mares Verdes, que fez o P. João M., e por seu companheiro o P. Antonio Bellania por ordem do P. Domingos Coelho Provincial na era de 1624... *ap*. FARIA, M. R. de. *op. cit.*, pp. 306-314.

510 Ver LEITE, S. S.J. *História da Companhia de Jesus no Brasil*. Tomo VI. Livro III... pp. 483-488.

A chegada dos espanhóis naquela imensa área fazia parte de um plano maior de ocupação efetiva do Maranhão e do Baixo Amazonas, áreas visadas por franceses e holandeses, respectivamente. O potencial econômico das regiões já tinha atraído os castelhanos que, em 1540, organizaram expedições a partir de Quito para a exploração da Amazônia. Essa primeira incursão europeia no local não foi bem sucedida e o projeto foi abandonado, principalmente por conta da densidade da mata e da hostilidade dos ameríndios. No entanto, as constantes investidas de holandeses e franceses fazia com que a ocupação do Norte e do Nordeste fosse, para a Coroa espanhola, uma necessidade urgente. Assim, as expedições foram retomadas e seguiam a lógica de ocupar a terra para defendê-la. Por isso, fazia parte de seus objetivos o estabelecimento de cidades que pudessem servir de base para futuras campanhas e garantir a presença de colonos nos locais.

Essa, aliás, era uma prática na América espanhola, inclusive prevista nas *Ordenanzas de descubrimiento*. A construção de povoados era indicada no documento como a segunda parte do processo de ocupação de um território devidamente pacificado pelas ordens religiosas, portanto, ele oferecia importantes diretrizes para a construção desses núcleos urbanos. A principal orientação era que os colonos erguessem povoados em locais estratégicos para facilitar o desenvolvimento de atividades de subsistência, de comércio, de administração e, principalmente, de defesa. Sugeria-se, por exemplo, que eles não fossem construídos em locais muito altos ou muito baixos e que não fossem litorâneos, por duas razões: por ser menor a área de plantio em cidades à beira-mar e para que sua população não ficasse vulnerável aos ataques corsários. A construção de núcleos no litoral só deveria ser feita caso houvesse a necessidade de se erguer fortalezas de defesa da colônia, e aí as povoações serviram para oferecer subsídios aos soldados.[511]

O documento de 1573 refletia os métodos de conquista empregados na América espanhola que, de certa forma, se materializaram com outra roupagem no Brasil através das diferentes estratégias utilizadas pela Casa de Habsburgo para intervir em sua administração

511 FILIPE II. Ordenanzas de descubrimiento, nueva población y pacificación de las Indias dadas por Felipe II, el 13 de julio de 1573, en el bosque de Segovia... pp. 493-495.

sem ferir os acordos firmados em Tomar. Indício disso é que, no processo de expansão ao Norte e Nordeste, os jesuítas atuaram na pacificação dos indígenas que viviam nos arredores de fortalezas onde, em seguida à atuação dos padres, ou foram erguidos núcleos urbanos ou desenvolveram-se os já existentes e esses desempenharam um papel fundamental na efetivação da ocupação, conquista ou reconquista de importantes regiões como a Paraíba (1584), o Rio Grande (1599), o Maranhão (1615), o Pará (1616) e o Amazonas (1638).[512]

Em função da hostilidade de muitos grupos indígenas, o *modus procedendi* dos missionários no Norte e no Nordeste se alinhou perfeitamente ao modelo de atuação dos jesuítas da Assistência da Espanha: os padres passaram a trabalhar na preparação de uma região para a completa instalação do poder temporal, o que fazia da pacificação dos ameríndios o ponto-chave de uma política expansionista voltada à defesa do território.

De 1600 em diante, os jesuítas usaram o colégio de Olinda para visitar regularmente a Paraíba e o Rio Grande do Norte, regiões que tinham sido ocupadas pelos ibéricos em 1584 e 1597, respectivamente, mas que ainda eram visadas pelos franceses. Inicialmente, as expedições jesuíticas tinham dois objetivos bem específicos: oferecer amparo espiritual aos soldados confinados nas fortalezas e anular a influência que os franceses haviam criado na região. O principal objetivo dos inacianos era a pacificação dos potiguares, grupo indígena aliado dos franceses. Em um primeiro momento, os jesuítas usaram o diálogo com os chefes tribais que viviam nas proximidades dos fortes. À medida que ganhavam a confiança dessas lideranças, os padres adentravam pelo interior do continente e faziam o reconhecimento geográfico e identificavam as redes de poder ameríndias do local. Essas eram as premissas da criação de aldeamentos no interior daquelas capitanias que, uma vez estabelecidas, expandiam a área de influência dos ibéricos e promovia novas pacificações, necessárias que eram ao desenvolvimento material da região. Em função delas, os próprios missionários obtiveram terras na Várzea do Rio Ceará-mirim, onde fundaram missão

512 Sobre a exploração e ocupação do Norte e do Nordeste ver ABREU, J. C. de. *op. cit.*, pp. 65-82; HEMMING, J. *op. cit.*, pp. 423-469; SCHWARTZ, S. B. O Brasil Colonial, c. 1580-1750... pp. 339-421; e WRIGHT, A. F. P. de A.; MELLO, A. R. de. *op. cit.*, pp. 197-212.

perene[513] em 1605. De lá irradiaram pelo Rio Grande e fundaram a Aldeia de Antônia e a Aldeia do Camarão em 1611.

A pacificação dos índios potiguares e a consequente instalação de missões no "sertão" paulatinamente alterou o objetivo das missões jesuíticas no Nordeste. Uma vez criadas as Aldeias de Antônia e do Camarão, as expedições organizadas do colégio de Olinda passaram a ser anuais e com o objetivo de visitar os aldeamentos, as fazendas e as vilas que nasciam ao redor dos fortes, embora os jesuítas ainda investissem na exploração de Sergipe e Paraíba. Nessa primeira região, os padres criaram aldeamentos em 1576, mas eles foram destruídos cerca de dez anos depois pelos grupos indígenas hostis à presença dos colonos. Em 1590, no entanto, os inacianos receberam sesmarias que, conforme a indicação do sargento-mor Diogo de Campos Moreno, deram origem às principais fazendas de gado que abasteciam as capitanias de Pernambuco e da Bahia com carne e animais de tração. Além disso, os padres passaram a ter a custódia dos principais grupos indígenas da região, que constituíam "a maior força (...) daquele distrito".[514] Por esta razão, de fins do século XVI em diante, os missionários visitaram Sergipe com regularidade para prestar assistência aos seus índios e aos colonos responsáveis pela atividade econômica da ordem. Os padres, portanto, não atuaram nas primeiras cidades erguidas no litoral sergipano na década de 1590, como São Cristóvão e Aracajú, já que elas receberam a assistência religiosa dos franciscanos.

Já em terras paraibanas, os inacianos criaram a Aldeia do Braço do Peixe. No entanto, por determinação régia, essa missão teve que ser cedida aos franciscanos e aos beneditinos, que também prestavam assistência religiosa aos soldados e aos poucos colonos que viviam na cidade de Nossa Senhora das Neves (atual João Pessoa). Essa autorização havia sido concedida pela Coroa espanhola entre 1585 e 1619, pe-

513 No período da União Ibérica, os jesuítas criaram inúmeros aldeamentos que tiveram vida curta. Portanto, indicamos como "missão perene" aqueles aldeamentos onde os padres construíram igrejas e casas e que conseguiram manter-se vivos diante dos inúmeros complicadores político-sociais da colônia: a hostilidade dos grupos indígenas; os ataques de salteadores de índios e de estrangeiros (franceses, holandeses e ingleses); e a dificuldade de deslocamento, comunicação e manutenção dos aldeamentos enfrentada pelos missionários, até mesmo por conta de condições climáticas e epidemias.

514 MORENO, D. de C. *Livro que dá razão do estado do Brasil – 1612*. Edição crítica, com introdução e notas de Helio Vianna. Recife: Arquivo Público Estadual, 1955, p. 164.

ríodo em que os franciscanos fundaram missões entre Alagoas e Pará e se instalaram nas principais vilas do longo litoral Norte e Nordeste do Brasil. Na Paraíba, eles receberam provisão do governador Frutuoso Barbosa para administrar os indígenas da capitania e, por conta disso, os jesuítas passaram a atuar apenas no Rio Grande e no sul da Paraíba, onde fundaram aldeamentos na rota terrestre que os levava de Pernambuco às vilas e aldeamentos rio-grandenses.[515]

A transferência das missões paraibanas a missionários de outras ordens religiosas certamente decorreu do intuito da Coroa espanhola de aproveitar a experiência inaciana de pacificar e ocupar regiões inóspitas. Isso porque, também de Pernambuco foram organizadas outras expedições de reconhecimento do Norte da colônia. Em 1607, os padres Francisco Pinto e Luiz Figueira estiveram à frente de uma das mais importantes dessas campanhas. Francisco era mais velho e mais experiente que Figueira e tinha sido o responsável pela pacificação dos índios potiguar entre 1600 e 1605. Por isso, foi indicado por Fernão Cardim, então o Provincial do Brasil, a conduzir a missão.[516]

Com o apoio de sessenta índios cristãos, os padres saíram de Pernambuco no dia 20 de janeiro com o intuito de chegar ao Maranhão. O objetivo da empreitada? De acordo com Figueira, "pregar o evangelho aaquella desemperada gentilidade, e fazermos cõ q' se lançassem da parte dos portugueses, deitando de si os frãcezes corsairos q' lá residem pera q' indo os portugueses como determinão os não avexassem nem captivassem".[517]

Os dois jesuítas percorreram rotas marítimas e terrestres, muitas delas abertas pelos próprios missionários quando do reconhe-

---

515 Os dados relativos à atuação dos jesuítas e franciscanos em Sergipe, Paraíba e Rio Grande do Norte podem ser vistos em HEMMING, J. *op. cit.*, pp. 436-452; HOLANDA, S. B. de. Conquista da costa leste-oeste. *In*: __________ (dir.). *História Geral da Civilização Brasileira*. A época colonial: do descobrimento à expansão territorial. v. I. Tomo I... pp. 213-226; LEITE, S. S.J. *História da Companhia de Jesus no Brasil*. Tomo VI. Livro III... pp. 357-367; LEITE, S. S.J. *História da Companhia de Jesus no Brasil*. Tomo I. Livro V... pp. 157-160; e WILLEKE, F. V. O.F.M. *Missões franciscanas no Brasil (1500/1975)*. Petrópolis: Vozes, 1974, pp. 33-78.

516 Ver CARDOSO, M. Carta Ânua da Província do Brasil em 1607 ao Provincial da Companhia de Jesus em Portugal, o Padre Jerônimo Dias. Assinada por Manuel Cardoso, mas feita por comissão de Fernão Cardim. Colégio da Companhia de Jesus, Bahia. 3 de Agosto de 1608. *In*: MAGALHÃES, P. A. I.; PARAÍSO, M. H. B. Cartas do padre Fernão Cardim (1608-1618). *Clio*. Revista de Pesquisa Histórica. Recife, n. 27, v. 2, 2009, pp. 240-242.

517 FIGUEIRA, L. Relação do Maranhão, 1608, pelo jesuíta padre Luiz Figueira enviada a Cláudio Aquaviva... p. 76.

cimento da Paraíba e do Rio Grande. Ao adentrarem no território do atual estado do Ceará, os padres começaram a enfrentar a hostilidade dos nativos que se aliaram aos franceses e holandeses, que haviam erguido feitorias no litoral cearense. Desse modo, a expedição se demorou em grandes aldeias da região. Por ser o Ceará um importante ponto de apoio para futuras campanhas de conquista do Maranhão, os missionários entenderam ser necessário apaziguar os tabajaras e tecer alianças com as lideranças locais antes de seguirem ao destino final. Mas, depois de mais de seis meses tentando estabelecer uma missão perene na Chapada do Ibiapaba, a aldeia onde os padres estavam instalados foi invadida por grupos indígenas rivais. O padre Francisco foi morto e Figueira retornou a Pernambuco em agosto de 1607.[518]

Mesmo não tendo atingido o objetivo principal, a expedição de Francisco Pinto e Luiz Figueira funcionou ao processo de expansão ao Norte em função dos dados que ela levantou sobre a importância estratégica do Ceará e sobre os estratos de poder das sociedades tribais locais e suas relações com franceses e holandeses. Certamente, essas informações foram úteis para o planejamento de futuras expedições religiosas e militares voltadas à expulsão dos estrangeiros e à efetiva ocupação das regiões Nordeste e Norte do Brasil.[519]

Em 1615, por exemplo, os capelães da armada de Alexandre de Moura que tomou São Luís dos franceses eram os jesuítas Manuel Gomes e Diogo Nunes. Dois anos depois, durante a Congregação Provincial do Brasil, os inacianos já davam como certa a fundação da Missão do Maranhão e discutiam quem teria sua chefia, se a Província jesuítica do Brasil ou a de Portugal.

Em 1622, Luiz Figueira e Benedito Amodei chegaram ao novo Estado para enfim estabelecer a Missão do Maranhão, mas eles enfrentaram uma enorme dificuldade: a resistência dos colonos, que viam na atividade missionária um empecilho à escravização indígena e, consequentemente, um estorvo ao desenvolvimento de seus negó-

---

518 Ver FIGUEIRA, L. Relação do Maranhão, 1608, pelo jesuíta padre Luiz Figueira enviada a Cláudio Aquaviva... pp. 76-157.

519 Além de ter contribuído para o planejamento de outras expedições de conquista do Maranhão, a campanha de 1607 também contribuiu para que Coroa portuguesa desenhasse estratégias para a ocupação do Ceará após a Restauração, bem como para o retorno da própria Companhia de Jesus à capitania no final do século XVII. Sobre a presença dos jesuítas no Ceará ver LEITE, S. S.J. *História da Companhia de Jesus no Brasil*. Tomo VI. Livro III... pp. 373-376.

cios. Esse era um problema semelhante ao ocorrido em outras capitanias e, no Maranhão, esteve presente desde a sua reconquista. A escravização dos ameríndios visava tanto fornecer a mão-de-obra da lide colonial como alimentar o lucrativo comércio escravista que andava na contramão da política ultramarina Habsburgo de usar os índios cristianizados na formação de núcleos de colonização e de milícias de defesa e expansão territorial.

Ao que parece, o poder cedido pela Coroa ao clero na defesa dos indígenas alimentou a resistência dos colonos contra os jesuítas. No Regimento de Antônio de Albuquerque de 1619, Filipe III havia ordenado que não se realizasse salteamentos na região ou mesmo guerra contra os indígenas, uma vez que essas ações geravam um estado de tensão e, por conta disso, colocavam em xeque a efetiva conquista do território. O monarca indicou que, antes de qualquer ação contra os nativos, era necessário que a causa da investida fosse avaliada pelo capitão-mor e pelos religiosos seculares ou regulares, que juntos decidiriam se se tratava ou não de uma "guerra justa".[520]

Mesmo com a resistência dos colonos, os jesuítas procuraram se estabelecer de algum modo no Maranhão, não apenas para intervir na relação entre colonos e ameríndios, como também para não perder espaço para outras ordens religiosas no campo missionário do Norte. Os franciscanos tinham se instalado no Pará em 1617 e denunciavam com veemência o tratamento dado pelos colonos aos indígenas. A proximidade do povoado de Feliz Lusitânia (futura cidade de Belém) com São Luís exigia dos inacianos medidas para controlar as atividades religiosas em território maranhense. Assim, embora a tentativa de fundar aldeamentos em 1622 tenha sido mal sucedida, em 1626 os jesuítas criaram, com a ajuda do capitão-mor, uma escola destinada à instrução dos filhos dos colonos.[521]

---

520 FILIPE III. Regimento para o capitão-mor do Maranhão Antônio de Albuquerque, e adjunto o capitão Diogo da Costa Machado. 22 de março de 1619. Documento LXIII. *In*: MUSEU P. (org.). *op. cit.*, pp. 93-94. A "guerra justa" era aquela consentida pelo governador-geral mediante licença. Se fosse um ato de defesa, portanto inesperado, ela só seria considerada justa mediante avaliação posterior das autoridades. Se julgassem não ser a defesa uma "guerra justa", os índios aprisionados deveriam ser libertos. Sobre a questão ver PERRONE-MOISÉS, B. *op. cit.*, pp. 123-126.

521 Essa e as demais informações sobre o papel das ordens religiosas na conquista do Norte do Brasil podem ser vistas em WILLEKE, F. V. O.F.M. *op. cit.*, pp. 143-154; HEMMING, J. *op. cit.*, pp. 452-459; e SCHWARTZ, S. B. O Brasil Colonial, c. 1580-1750... pp. 393-402.

A escola, de certo modo, garantiu a permanência da Companhia de Jesus na região até que houvesse um ambiente favorável à realização de novas tentativas de se fundar definitivamente a Missão do Maranhão. Uma delas ocorreu em 1636. Luiz Figueira avaliou as condições do Estado maranhense de receber missão perene e rumou à Europa para conseguir instrumentos jurídicos que driblassem a resistência dos colonos. Em 1638, a Santa Sé e a Coroa espanhola deram permissão à Companhia de Jesus para administrar os índios daquela unidade administrativa. Um ano depois, a cúria jesuítica deu licença a Figueira para fundar a missão e o nomeou seu Superior, mas a viagem só foi realizada em 1643 por conta da agitação política que culminou na Restauração.[522]

A resistência dos colonos em permitir a instalação ou o desenvolvimento das missões jesuíticas constituiu dificuldade também aos missionários que atuavam no Rio Grande do Norte e Paraíba. As expedições anuais da Companhia de Jesus nessas regiões foram interrompidas por volta de 1630, situação que levou Filipe IV a solicitar aos governadores dessas capitanias que dessem assistência e proteção aos inacianos por conta da habilidade que eles tinham em pacificar os ameríndios. O monarca destacou a atuação do padre Manuel de Morais que, ao conseguir a confiança e respeito dos indígenas, desempenhou um papel fundamental na defesa de Pernambuco e Paraíba contra a invasão estrangeira e reforçou a importância de se preservar a paz com os nativos para que eles auxiliassem nas ações de ocupação e de defesa da região.[523]

Seu pedido, no entanto, não surtiu efeito prático nesse sentido. De um lado, os colonos viram nos aldeamentos jesuíticos um nicho para a ampliação do comércio de escravos no Nordeste e intensificaram os salteamentos. Por outro lado, os holandeses perceberam a importância dos aldeamentos na formação de contingentes militares de defesa territorial e também começaram a atacar os aldeamentos, o

---

522 Luiz Figueira saiu de Portugal em 1643 com mais quatorze padres para estabelecer definitivamente a Missão do Maranhão, mas o navio naufragou. Em função desse e de outros contratempos, a missão só foi retomada em 1652, ano em que os inacianos também assumiram o controle das atividades missionárias no Pará. Ver LEITE, S. S.J. *História da Companhia de Jesus no Brasil*. Tomo IV. Livro IV... pp. 81-86.

523 Ver FILIPE IV. Ordinário que veio de Sua Majestade em 22 de março de 1632. Documentos do Governo da Índia e do Ultramar. *In*: MUSEU P. (org.). *op. cit.*, pp. 137-138.

que inviabilizou a continuidade das missões jesuítas no Rio Grande do Norte. As aldeias jesuíticas do sul da Paraíba também foram completamente destruídas pelos holandeses em 1635. Na ocasião, o padre Manuel de Morais foi preso e enviado para a Holanda, provavelmente para anular sua influência sobre os indígenas aliados aos ibéricos e para dele serem retiradas informações sobre as estratégias da colonização espanhola no Brasil.[524]

Uma primeira avaliação das expedições jesuíticas ao Norte e Nordeste poderia apontar para um grande insucesso da Companhia de Jesus em estabelecer missões perenes naquelas regiões, um reflexo da tensão causada pela invasão holandesa e da reação dos colonos à presença dos missionários. No entanto, se lidas pela ótica da intervenção da dinastia Habsburgo na atividade missionária, as campanhas missionárias surtiram resultados práticos e muito úteis à lide colonial. Como vimos, os missionários fizeram o reconhecimento de muitas regiões pouco ou nada exploradas e a pacificação de diversos grupos indígenas permitiu o avanço da colonização rumo ao Nordeste, fosse com a criação de vilas ou com a abertura de áreas de criação de gado. Ademais, os índios cristianizados formavam a força militar que fazia frente à invasão estrangeira e que constituíam as expedições oficiais de exploração de novos territórios da colônia. Desse modo, considerando que os jesuítas só voltaram a se estabelecer definitivamente nessas regiões após a Restauração, as missões do período da União Ibérica serviram mais ao desenvolvimento da política colonial Habsburgo do que da própria Companhia de Jesus no Brasil.

5.3 As expedições no Extremo Sul da América

As ações estratégicas de defesa baseada na ocupação da terra levaram os Filipes a atuar também no Extremo Sul do continente ame-

524 Por conta do domínio holandês na região, as missões jesuíticas só foram retomadas no Rio Grande e na Paraíba em 1681 e 1683, respectivamente. Ver LEITE, S. S.J. *História da Companhia de Jesus no Brasil*. Tomo VI. Livro III... pp. 357-367; e HEMMING, J. *op. cit.*, pp. 436-452. Sobre a prisão do padre Manuel de Morais e sua relação com os holandeses ver VAINFAS, R. *Traição*: um jesuíta a serviço do Brasil holandês processado pela Inquisição. São Paulo: Companhia das Letras, 2008, pp. 59-85.

ricano. Na região Sul da colônia, que atualmente corresponde ao Sudeste do Brasil, Filipe II e seus sucessores concentraram esforços para fazer da capitania de São Vicente um centro estratégico de ações de defesa das vias marítimas e terrestres que ligavam o Atlântico às regiões mineradoras do Peru. Para tanto, eles agiram em duas frentes: no estabelecimento de colonos espanhóis na região e na exploração do imenso território que separava os domínios de Portugal e da Espanha no Extremo Sul da América.

O estabelecimento de colonos espanhóis na região tinha a finalidade de fazer com que esses novos povoadores se tornassem homens influentes e hábeis em tecer alianças com portugueses e ameríndios. Havia a séria preocupação da Coroa em controlar o comércio praticado entre o Sul do Brasil e a região do Prata, tanto que as autoridades locais foram incumbidas de recolher as amostras de ouro que ali corriam para investigar o potencial minerador do Brasil ou para frear a ação dos bandeirantes que contrabandeavam ouro peruano e capturavam indígenas nas reduções jesuíticas no Sul da América espanhola.[525]

O historiador José de Vilardaga aponta que, embora já tivesse a presença de aventureiros espanhóis na região antes da União Ibérica, foi durante a administração Habsburgo que de fato acorreu um grande número de castelhanos para a capitania de São Vicente, notadamente a partir do momento em que Francisco de Souza atuou como governador-geral (1592-1602). Entre 1599 e 1605 (posteriormente entre 1608 e 1610), ele viveu em São Paulo e implementou uma cultura econômica mineradora que, pela ausência de metais na região, era baseada na integração das atividades comerciais locais com as realizadas na América espanhola, particularmente no Paraguai e Peru. No entanto, conforme destacou Vilardaga, essa população nem sempre atuou de modo homogêneo. Do mesmo modo que muitos se esforçaram para adentrar na burocracia e na chancelaria imperial, outros se embrenharam na dinâmica social em curso na região. A disparidade dos lugares que ocuparam na capitania, nesse caso, refletia a multiplicidade de

525 Ver BOXER, C. R. *Salvador de Sá e a luta pelo Brasil e Angola, 1602-1686*. São Paulo: Editora Nacional/Editora da Universidade de São Paulo, 1973, pp. 83-123; CALMON, P. *História do Brasil*. v. II. 2 ed. Rio de Janeiro: Livraria José Olympio, 1963, pp. 561-595; HEMMING, J. *op. cit.*, pp. 423-469; SCHWARTZ, S. B. O Brasil Colonial, c. 1580-1750... pp. 339-421; e WRIGHT, A. F. P. de A.; MELLO, A. R. de. *op. cit.*, pp. 197-212.

identidades e de interesses econômicos em jogo, além de rivalidades nascidas de disputas políticas e de sentimentos nativistas.

De qualquer modo, a presença dos castelhanos em São Paulo, para Vilardaga, demonstrava que a aspiração da Coroa espanhola era introduzir seu projeto imperial centralizado e baseado na identidade religiosa na capitania paulista. Assim, se a unidade e a adesão a esse programa por parte dos colonos luso-brasileiros não era uma realidade, pelo menos era a aspiração dos monarcas Habsburgo e a essência das políticas que dirigiram a São Vicente.[526]

As expedições jesuíticas realizadas na região tinham a mesma finalidade de integrar as capitanias brasileiras mais ao sul à dinâmica imperial americana. Os monarcas Habsburgo promoveram campanhas de reconhecimento das terras que hoje compreendem o Sul do Brasil, o Uruguai e partes do Paraguai e Argentina, um vasto território ainda pouco explorado por portugueses e espanhóis e que até 1580 dividia os domínios de Portugal e Espanha na América.

Filipe II não teve dificuldades para inserir os jesuítas da Província do Brasil, obedientes à Assistência de Portugal, na exploração da região. Isso porque, já no início das atividades da ordem no Brasil, Manoel da Nóbrega havia manifestado o desejo de fundar missões na região, principalmente depois da admissão de Antonio Rodrigues na Companhia de Jesus em 1553. Rodrigues era um militar espanhol que havia atuado na fundação de Buenos Aires e de Assunção e participado de expedições que exploraram o Chaco, o Rio da Prata e o Rio Paraguai, este último que o levou ao Brasil, onde trocou a vida militar pela religiosa. É provável, então, que o ex-militar tenha passado informações para Nóbrega sobre a possibilidade de conversão dos indígenas que viviam no Sul da América e no Paraguai. Porém, o projeto não foi concretizado: além dos missionários temerem a hostilidade dos indígenas, os padres não obtiveram licença da cúria jesuítica para atuar no território de Carlos V, imperador "do qual somos importunados", conforme o parecer de Nóbrega.[527]

526 Ver, na íntegra, VILARDAGA, J. C. *São Paulo na órbita do império dos Filipes*: conexões castelhanas de uma vila da América portuguesa durante a União Ibérica (1580-1640). Tese (Doutorado em História) – Faculdade de Filosofia, Letras e Ciências Humanas – Universidade de São Paulo, São Paulo, 2010.

527 NÓBREGA, M. da. A Santo Inácio de Loiola. De S. Vicente, 25 de Março de 1555. *In*: LEITE, S. S.J. (org.). *Novas cartas jesuíticas (de Nóbrega a Vieira)*... p. 59. Sobre a vida e atuação de

Em 1583, os inacianos pediram novamente para estabelecer missões no Rio da Prata, na Lagoa dos Patos e no Paraguai. Eles alegaram que a atuação em território espanhol não seria mais problema, já que a colônia estava sendo administrada pelos Habsburgo, e que as armadas de defesa do Estreito de Magalhães poderiam oferecer subsídios à empreitada. Um ano mais tarde, Cláudio Acquaviva, então Superior Geral da Companhia de Jesus, autorizou os jesuítas da Província do Brasil a executar o projeto com a ressalva de que precisavam da indicação da Coroa espanhola de quem teria a sua chefia.[528]

Ao que parece, a própria Companhia de Jesus recebeu o comando do empreendimento. José de Anchieta, na ocasião o Provincial do Brasil, enviou do Rio de Janeiro cinco missionários que percorreram a região do Prata e do Tucumã em 1587. Depois de passarem pela atual Argentina, dois deles retornaram ao Brasil e os demais se juntaram a padres da Província jesuítica do Peru e foram para o Paraguai. Lá eles ergueram a primeira casa da Companhia de Jesus em Assunção, em 1588.[529]

A maior parte dos aldeamentos criados nessa expedição teve vida curta, mas na ótica inaciana todas poderiam se desenvolver de forma satisfatória. Em 1597, Pero Rodrigues relatou ao Geral da Companhia de Jesus que as autoridades da colônia estavam contribuindo sobremaneira para que as missões ao Sul se desenvolvessem: os capitães tinham tornado público o regimento que garantia aos missionários o direito exclusivo de exploração do "sertão"; que proibia os colonos de praticarem o salteamento e de entrarem no interior do continente; e que tornava livre o índio que tivesse sido aprisionado, qualquer que fosse a razão de sua captura. De acordo com o padre, além dessa ajuda, a disposição dos índios carijós da Lagoa dos Patos de conhecerem a

---

Antonio Rodrigues na Companhia de Jesus ver LEITE, S. S.J. Antonio Rodrigues, soldado, viajante e jesuíta português na América do Sul, no século XVI. *In*: GARCIA, R. (dir.). *Annaes da Bibliotheca Nacional do Rio de Janeiro*. v. 49. Rio de Janeiro: Bibliotheca Nacional, 1927, pp. 57-62.

528 Provavelmente o padre se referia a uma ordem religiosa que teria a chefia da empreitada e a quem, consequentemente, os jesuítas estariam subordinados. Ver ACQUAVIVA, C. Respostas aos postulados da Congregação Provincial do Brasil, havida no Colégio da Bahia, a 8 de dezembro de 1583, dadas no mês de dezembro de 1584. *In*: ANCHIETA, J. de. *Cartas*: correspondência ativa e passiva... pp. 363-367.

529 Ver ACQUAVIVA, C. Cópia de uma carta de N. P. Cláudio Acquaviva para o p. Cristóvão de Gouveia, Visitador, de 27 de janeiro de 1587. *In*: ANCHIETA, J. de. *Cartas*: correspondência ativa e passiva... pp. 390-391.

fé cristã apontava que as missões da região poderiam ser as mais bem sucedidas de todo o Brasil se devidamente instaladas.[530]

Assim, do colégio do Rio de Janeiro foram organizadas expedições para a exploração do Extremo Sul americano. Entre 1605 e 1607, os inacianos percorreram os atuais estados do Paraná e Santa Catarina, cuja campanha resultou na criação da Missão dos Carijós. O padre Jerônimo Rodrigues relatou que Fernão Cardim havia estado em Roma e, em seu retorno, trouxe a ordem de Acquavia de realizar um sonho antigo de Nóbrega e Luiz da Grã: estabelecer missões entre os carijós, "por ser de muito serviço de Deus Nosso Senhor e salvação das almas".[531]

Cardim, então Provincial do Brasil, nomeou João Lobato como Superior da Missão e Jerônimo como seu companheiro. Em março de 1605, os missionários foram levados a Santos, pois tinham a promessa de Pero Vaz, capitão de São Vicente, de que na vila receberiam ajuda para a empreitada. O capitão tinha interesse que os padres lhes ajudassem a explorar rios da região e a pacificar os índios carijós, bastante hostis à presença do homem branco. No entanto, o capitão desistiu do projeto e, de Santos, os inacianos rumaram a Cananéia por terra com o objetivo de conseguir dos colonos da redondeza a ajuda material para a empreitada. Com o auxílio de doze indígenas, os padres chegaram a Cananéia, onde receberam auxílio dos colonos Diogo de Medina e Jorge Ramos para chegarem a Paranaguá. Na vila, obtiveram provisão dos flamengos e dos portugueses e, principalmente, orientações para chegar a Laguna.

Cinco meses depois da passagem por Santos, os missionários chegaram "à terra dos carijós, dando muitas graças ao Senhor e alevantando logo uma Cruz. E o padre mandou logo recado a umas quatro, ou cinco aldeias que ali estavam perto. E a cabo de três dias vieram ter conosco, entre grandes e pequenos".[532]

---

530 RODRIGUES, P. Cópia de uma carta do padre Pero Rodrigues, Provincial da Província do Brasil da Companhia de Jesus, para o padre João Alvares da mesma Companhia, assistente do Padre Geral (da Bahia a 1º de maio de 1597). *In*: MELLO, J. A. T. (dir.). *Annaes da Bibliotheca Nacional do Rio de Janeiro*. v. 20. Rio de Janeiro: Typographia Leuzinger, 1899, pp. 254-258.

531 RODRIGUES, J. A Missão dos Carijós – 1605-1607. Relação do P. Jerônimo Rodrigues. *In*: LEITE, S. S.J. (org.). *Novas cartas jesuíticas (de Nóbrega a Vieira)*... p. 196.

532 *id. ibid.*, p. 215.

João Lobato e Jerônimo Rodrigues permaneceram dois anos em Laguna. Da Aldeia que levantaram percorreram a região e identificaram as principais lideranças indígenas. Entre eles, estava o

> afamado Tubarão, o qual não é principal [cacique], nem tem gente, mas tem grande fama entre estes por ser feiticeiro e ter três ou quatro irmãos, todos feiticeiros, e todos eles são grandíssimos tiranos e vendedores, e de quem os brancos fazem muito caso, porque estes lhes enchem os navios de peças.[533]

Os padres conseguiram levar alguns indígenas para o aldeamento, mas a missão não sobreviveu a uma série de fatores. A região era muito fria, seu mar era de difícil navegação e sua mata era densa e pouco ou nada explorada pelos europeus. Somada às adversidades naturais, os dois missionários não conseguiram anular a influência dos salteadores que, com a ajuda de Tubarão, provocaram a desestabilização das sociedades tribais e, consequentemente, a hostilidade dos índios carijós para com os homens brancos.[534]

Enquanto os jesuítas da Província do Brasil se dispersavam de São Vicente, os inacianos subordinados à Assistência da Espanha organizavam expedições de Lima. De lá, os padres percorreram territórios dos atuais Paraguai, Argentina e Uruguai sob a orientação da Província jesuítica do Peru e, principalmente, sob a anuência do vice-rei do Peru. Em função do crescimento das atividades da ordem naquela unidade administrativa, em 1607 os jesuítas espanhóis passaram a ter o controle da missão do Paraguai fundada pelos padres da Província do Brasil. Naquele mesmo ano, também foi criada a Província do Paraguai.[535]

Além de visar a melhoria da gerência das missões paraguaias e argentinas, essa reestruturação administrativa da Companhia de Jesus não estava desassociada de uma política estratégica da Coroa espanhola que objetivava contornar um grave problema: a investida dos colonos paulistas aos índios aldeados. As reduções jesuíticas eram alvos dos contrabandistas de escravos de São Vicente desde a década de 1580, mas passaram a ser atacadas com muita frequência nas primeiras décadas do século XVII. Os ataques afetavam a estabili-

---

533 *id. ibid.*, p. 222.
534 RODRIGUES, J. A Missão dos Carijós – 1605-1607... pp. 196-246.
535 Ver HERNÁNDEZ, Á. S. S.J. *op. cit.*, pp. 67-95 e pp. 174-198.

dade política e social no Sul da América, porque os indígenas criavam uma resistência violenta à presença do homem branco e, consequentemente, um forte clima de insegurança por parte dos colonos e dos missionários que atuavam nas capitanias brasileiras do Sul e no vice-reino do Peru.[536]

Aliás, esse era um problema antigo e que afetava a colônia como um todo. Se nascida da carência de mão-de-obra ou simplesmente fomentada pelo lucro que gerava, o fato é que a escravização dos ameríndios ocorria desde o início da colonização e que desde 1549 os inacianos se opuseram a ela, por uma série de fatores. Em face da realidade que encontraram nos trópicos, não tardou para os missionários se oporem à escravização dos ameríndios, principalmente em função da violência praticada pelos colonos contra a população nativa e da desestabilização social que daí decorria. Os salteamentos, por exemplo, eram apontados como a causa do ódio e desconfiança que os índios tinham dos homens brancos, o que colocava em xeque a evangelização. Afinal, a atividade dependia, invariavelmente, da conquista da confiança dos indígenas.[537]

Em seu estudo sobre o papel desempenhado pelo escravismo na formação do Brasil Colonial, Luiz Felipe de Alencastro aponta que a oposição dos inacianos à escravidão indígena revelava um problema muito mais amplo e que dizia respeito aos interesses da própria ordem: incrementar o comércio de indígenas. De acordo com o pesquisador, Filipe II proibiu que os inacianos do colégio de Angola continuassem a praticar o comércio de africanos escravizados. A medida agravou o mal estar entre os jesuítas da Assistência de Portugal e a Casa de Habsburgo e, mais ainda, causou uma séria divisão entre os inacianos: os que defendiam e os que repudiavam a posse e a comercialização de escravos.

Em vista do impacto que a proibição causou nos negócios jesuíticos, Alencastro entendeu que a intensificação da política de aldeamentos no Brasil teria sido uma forma de compensar a renda perdida

536 São inúmeras as queixas dos jesuítas nesse sentido. A título de exemplo ver ANCHIETA, J. de. Ao Geral Padre Claudio Acquaviva, do Espírito Santo, a 7 de setembro de 1594. *In*: __________. *Cartas*: informações, fragmentos históricos e sermões. Belo Horizonte: Itatiaia; São Paulo: Editora da Universidade de São Paulo, 1988, pp. 301-303.

537 Retome, a esse respeito, as discussões feitas no Capítulo 3, item "males da terra".

em Angola e assegurar a posição da ordem nas atividades mercantis no Atlântico Sul. Isso porque, os jesuítas disponibilizavam os índios aldeados aos colonos e, no Sul, praticavam eles próprios os "descimentos" para manter viva a atividade comercial dos seus aldeamentos em São Vicente e no Rio de Janeiro.[538]

Seu exame é sugestivo, mas quando levamos em consideração os fatores que ditavam a lógica e a dinâmica em que a atividade missionária se processava, podemos lançar outros olhares sobre a oposição inaciana à escravização indígena, principalmente quando colocamos o tema em análise a partir de sua relação com as estratégias da Casa de Habsburgo voltadas à implementação de sua política ultramarina no Brasil. Como veremos, durante as expedições no Extremo Sul americano, os missionários levavam para os aldeamentos de São Vicente e do Rio de Janeiro os nativos de regiões onde os padres não conseguiam estabelecer aldeamentos justamente por conta da ação dos peruleiros e dos bandeirantes. Igualmente, será obervado que, embora as missões fossem alvo para os contrabandistas, funcionavam à pacificação dos indígenas. A estabilidade era uma condição essencial para o futuro povoamento de uma região, estratégia de colonização corrente na América espanhola e prevista, inclusive, nas *Ordenanzas de descubrimiento*. Assim, por mais paradoxal que parecesse, a Coroa espanhola estimulou a intensificação da atividade missionária ao Sul para tentar anular a influência dos contrabandistas e a desestabilização gerada pelos salteamentos.

Não se pode perder de vista que o intuito maior dos reis Habsburgo era fazer do Extremo Sul americano um cinturão de defesa das minas peruanas, tanto que Filipe III ordenou, em 1617, que o governador do Estado do Brasil realizasse uma nova expedição de reconhecimento e defesa do Estreito de Magalhães.[539] Nesse mesmo período, entre 1617 e 1619, os jesuítas da Província do Brasil fizeram uma nova expedição na região por ordem de Salvador Correia de Sá, governador da capitania de São Vicente. Os padres receberam provisões da Coroa e chegaram ao litoral do atual Rio Grande do Sul, mas não conseguiram estabelecer missões perenes. De acordo com os missionários, a

538 ALENCASTRO, L. F. de. *op. cit.*, pp. 155-187.

539 Ver FILIPE III. Para o Governador do Estado do Brasil. Madri, 20 de julho de 1617. Documento XIV. *In*: MUSEU P. (org.). *op. cit.*, pp. 39-40.

maior dificuldade encontrada foi a grande quantidade de mercadores de escravos e a contrastante falta de colonos e militares que pudessem lhes oferecer amparo. Por isso, a expedição se limitou a levar indígenas para viverem nos aldeamentos de São Vicente, uma prática comum desde a realização das primeiras expedições ao Sul e que tinha o apoio do Governo-Geral, que enviava navios para o traslado dos nativos.[540]

O reconhecimento de parte do Rio Grande do Sul alimentou a esperança tanto da Companhia de Jesus quanto da Coroa espanhola de criar aldeamentos na Lagoa dos Patos. As informações levantadas por João Lobato e Jerônimo Rodrigues contribuíram para o planejamento de novas campanhas, que foram organizadas em 1622 e que resultaram no estabelecimento de importantes missões: primeiramente foi criado um aldeamento com igreja na Lagoa dos Patos, de onde os padres "entraram nas terras de um grande principal chamado Tubarão",[541] e criaram as Aldeias de Laguna e Caibi em 1624.[542]

Ao mesmo tempo em que os missionários da Província do Brasil irradiaram pelo litoral de Santa Catarina e Rio Grande do Sul, os jesuítas espanhóis saíram de Assunção para fundar missões no interior dos atuais Uruguai, Bolívia e estados brasileiros do Rio Grande do Sul e Paraná. Inicialmente, algumas missões foram bem sucedidas, como as da região do Guairá. A partir de 1616, porém, começaram a sofrer inúmeros ataques. Por conta da ação violenta dos bandeirantes e da dificuldade de combatê-los, as missões foram completamente arruinadas em 1631, e até mesmo os colonos espanhóis abandonaram as cidades de Villa Rica Ciudad Real um ano depois por conta das investidas dos paulistas.[543]

O mesmo infortúnio tiveram as missões do litoral Sul. Da Missão da Lagoa dos Patos, os jesuítas portugueses tentaram estabelecer missões nas proximidades da atual cidade de Porto Alegre, em 1628. No entanto, os padres esbarraram na hostilidade dos ameríndios, já

540 Ver FRANZEN, B. V. *Jesuítas portugueses e espanhóis no sul do Brasil e Paraguai coloniais*. São Leopoldo: UNISINOS, 2003, pp. 11-21; e LEITE, S. S.J. *História da Companhia de Jesus no Brasil*. Tomo VI. Livro V... pp. 571-618.

541 VIEIRA, A. Carta Ânua ao Geral da Companhia de Jesus. 30 de setembro de 1626... p. 107.

542 Ver *id. ibid.*, pp. 106-108. A Aldeia de Caibi ficava nas proximidades da atual cidade catarinense de Tubarão, e não na cidade que hoje se chama Caibi.

543 Ver HERNÁNDEZ, Á. S. S.J. *op. cit.*, pp. 67-95 e pp. 174-198; e BARCELOS, A. H. F. *O mergulho no Seculum*: exploração, conquista e organização espacial jesuítica na América espanhola colonial. Tese (Doutorado em História) – Programa de Pós-graduação em História – Pontifícia Universidade Católica do Rio Grande do Sul, Porto Alegre, 2006, pp. 37-53 e pp. 140-145.

que os carijós estavam em estado de alerta quanto à presença do homem branco, situação gerada pelos salteamentos. A Coroa espanhola reagiu e organizou novas expedições ao local em 1635 e em 1637. Nelas, os missionários descobriram inúmeros casebres no meio da mata que serviam de abrigo aos mercadores de escravos. Como os padres não conseguiram fundar missões, tentaram levar milhares de indígenas para São Vicente, mas foram assaltados no caminho. O insucesso dessas campanhas era já um reflexo do agravamento da tensão entre os inacianos e os colonos de São Vicente envolvidos com o tráfico de escravos; tensão essa que, a partir de 1637, inviabilizou a realização de quaisquer outras expedições na região durante o século XVII.[544]

A ação intensiva dos paulistas também inviabilizou a retomada das atividades no Guairá. O grupo que lá atuava se dirigiu à ainda incipiente Missão do Itatim (atual Mato Grosso do Sul) a fim de ajudar em seu desenvolvimento. No entanto, ela sofreu severos ataques em 1632, 1638 e 1648, quando foi definitivamente arrasada por Raposo Tavares. Nesse período, os jesuítas da Assistência da Espanha também estabeleceram missões entre os rios Ijuí e Ibicuí, no Rio Grande do Sul, mas elas se tornaram alvo dos bandeirantes. Em 1641, com o aval da Coroa espanhola, os missionários e os indígenas se armaram para fazer frente às investidas e conseguiram conter os salteamentos, o que deu certa sobrevida às missões da Província jesuítica do Paraguai e, ao mesmo tempo, delimitou as fronteiras das colônias de Espanha e de Portugal ao Sul da América.[545]

Os pesquisadores que se dedicaram ao estudo da atuação da Companhia de Jesus no Extremo Sul americano entenderam que sua presença na região partia do intuito da própria ordem religiosa de expandir as missões na América. Beatriz Vasconcelos Franzen, que analisou a atividade missionária de jesuítas subordinados à Assistência de Portugal e à Assistência da Espanha no Sul da América do Sul, sugere que a chegada dos padres na região resultou de um lento processo de exploração de novas áreas evangelizadoras encabeçado pelos inacianos que fundaram a Missão do Brasil em 1549. Conforme sua análise, esse processo correu, ao longo dos séculos XVI e XVII, ao sabor de momentos de avanços e retrocessos gerados por fatores naturais

544 Ver LEITE, S. S.J. *História da Companhia de Jesus no Brasil*. Tomo VI. Livro V... pp. 571-618.
545 Ver HEMMING, J. *op. cit.*, pp. 426-436; e KERN, A. *op. cit.*, pp. 204-259.

(dificuldade de exploração da geografia local e do enfrentamento do clima e de intempéries) e sociais (ação dos salteadores e hostilidade dos indígenas).[546]

Arthur Barcelos, em seu estudo sobre as estratégias de ocupação territorial da Companhia de Jesus na América espanhola, nos apresenta uma explicação semelhante. O historiador considerou que essa característica expansionista da ordem jesuítica – que como vimos foi marcante na sua atuação nos mais distintos espaços onde atuou – decorria do conceito de vida religiosa estabelecido por Inácio de Loyola de interagir sua congregação no mundo para conquistá-lo,[547] uma alusão àquilo que Serafim Leite explicou como a identidade inaciana e seu traço distintivo perante as demais ordens religiosas: "Santo Inácio integra a sua Ordem no mundo e faz dela uma campanha para a conquista do mundo".[548]

Esses olhares nos apresentam fatores importantes da atuação jesuítica na região. Inicialmente, de fato as expedições foram motivadas pelo espírito inaciano de vida religiosa. Como vimo, esse preceito ajuda-nos a entender as expedições entre 1549 e 1580, período em que os missionários da Província jesuítica do Brasil cogitaram, inclusive, explorar os atuais estados de Santa Catarina e Rio Grande do Sul. Durante a União Ibérica, entretanto, as campanhas representavam a adaptação da ordem à política ultramarina da Casa de Habsburgo. Em função dos novos papéis que os jesuítas assumiram no Brasil dos Filipes, eles passaram a atuar em áreas que a Coroa espanhola desejava ocupar definitivamente para fazer frente à investida dos inimigos estrangeiros. O que se pode considerar, nesse caso, é que os monarcas espanhóis se valeram da disposição dos inacianos de ganhar o mundo, da sua experiência e base material na colônia para colocá-los à frente desse que era um ponto fundamental de sua política ultramarina no Brasil.

É certo também que, ao Sul, a estratégia de usar as missões como instituições de fronteira esbarrou nas dificuldades de se vencer os obstáculos naturais, a ação dos peruleiros e dos bandeirantes, bem como a hostilidade dos ameríndios, isto é, os fatores naturais e sociais de que falou Franzen. O maior desafio da empreitada certamente foi a ação dos salteadores que, na queda de braço com a Coroa espanhola,

546 Ver, na íntegra, FRANZEN, B. V. *op. cit*.

547 Ver, na íntegra, BARCELOS, A. H. F. *op. cit*.

548 LEITE, S. S.J. *História da Companhia de Jesus no Brasil*. Tomo I. Livro I... p. 07.

acabaram levando vantagem. Eles conseguiram desestabilizar a ação missionária e, ao se findar a União Ibérica, a presença dos jesuítas da Província do Brasil no Sul era insignificante se comparada à sua presença na Bahia e em Pernambuco. O atual Rio Grande do Sul, por exemplo, só voltou a ser explorado pela Coroa portuguesa em 1688 e os padres da Assistência jesuítica de Portugal só voltaram a estabelecer missões no local no decurso do século XVIII, porém não obtiveram sucesso. Por outro lado, um ano depois da Restauração, a Coroa espanhola permitiu o uso de armas de fogo nas missões do Sul gerenciadas pelos inacianos da Assistência da Espanha, e aí vemos seu intuito estratégico de defesa territorial onde os missionários e os índios aldeados faziam as vezes de uma força militar para frear a expansão portuguesa na região.

Mas, o interessante é que os jesuítas da Província do Paraguai pediram licença para usar armas de fogo nas missões do Sul em 1639, portanto, um ano antes da Restauração. Para convencer a Coroa, os padres indicavam que poderia ocorrer com as missões da Província do Paraguai o mesmo que havia acontecido com as missões do Guairá, do Itatim, do Uruguai e do Tape, já destruídas ou em vias de extinção. Nesse caso, conforme ressaltaram os missionários, o uso de armas de fogo tanto conservaria a integridade das missões como ajudaria a conter a invasão dos paulistas às cidades do Prata e do Peru.[549]

Ao usarem um argumento relativo aos interesses da Coroa espanhola no Extremo Sul da América, os inacianos deram mostra de que entendiam perfeitamente as razões que motivavam os Filipes a explorar a região e que a atividade missionária exercia, nesse processo, um papel fundamental. Revelavam, portanto, que a atividade missionária ao Sul durante a União Ibérica não estava voltada a produzir simplesmente um resultado prático e imediato à expansão dos limites territoriais do Peru ou do Brasil: visava a exploração de uma região que, uma vez ocupada, faria a integração de duas imensas colônias então geridas pela mesma Coroa. Nesse caso, tanto as missões organizadas pelos jesuítas de Portugal quanto as executadas pelos jesuítas

---

549 Ver COMPANHIA de J. Informe e justificação jurídica do uso de armas de fogo pelos índios, apresentado pelos jesuítas do Paraguai (1639). *In*: CORTESÃO, J. (org.). *Jesuítas e bandeirantes no Tape (1615-1641)*. Manuscritos da Coleção de Angelis III. Rio de Janeiro: Biblioteca Nacional, 1969, pp. 417-418; e DEFESA em forma jurídica do uso de armas pelos índios das reduções do Paraná e Uruguai (1639). *In*: CORTESÃO, J. (org.). *op. cit.*, pp. 418-419.

da Espanha estavam voltadas ao mesmo fim: a efetiva ocupação da região, uma estratégia da Coroa espanhola para defender a atividade mineradora no Peru e que era fomentada por outras iniciativas, como a criação de influência política na capitania de São Vicente e a atuação do Santo Ofício contra os bandeirantes.

Capítulo 6
A peça-chave da mudança: a reorganização administrativa da Província jesuítica do Brasil

6.1 Casas e colégios: bases das missões e da colônia

Durante a União Ibérica, as casas e os colégios jesuíticos continuaram a desenvolver, e de modo significativo, muitas das atividades que exerciam no campo social da colônia desde 1549. Porém, assumiram novos e importantes papeis na organização e funcionamento da missionação. Assim, além da atuação dos inacianos nas expedições de reconhecimento e ocupação de regiões com importância estratégica para os monarcas Habsburgo, as mudanças ocorridas nas casas e nos colégios também assinalavam à adaptação da Companhia de Jesus à nova dinâmica da evangelização, indício de que a atividade missionária exercia um papel importante na política ultramarina espanhola.

Em 1580, as missões da Companhia de Jesus tinham nas casas e nos colégios uma célula essencial de organização e execução da evangelização, tal como previam as *Constituições da Companhia de Jesus*. Não obstante, as atividades dos missionários que participavam de expedições eram ditadas por um Superior de Missão que, por seu turno, devia obediência a um Superior ou Reitor, os responsáveis pela gerência das casas e colégios, respectivamente. Ambos eram subordinados apenas ao Provincial.

Em 1549, como vimos, as atividades da Companhia de Jesus nos trópicos resumiam-se apenas à Missão do Brasil, então singela e subordinada à Província jesuítica de Portugal. Ela tinha como Superior Manoel da Nóbrega e um grupo de outros cinco missionários. Em função do amparo oferecido pela Coroa portuguesa, pela Santa Sé e pela cúria jesuítica, a missão se desenvolveu e em 1553 foi elevada a Província, cuja sede ficou no colégio da Bahia. Até 1580, ela gerenciou aproximadamente 137 jesuítas (entre padres, irmãos e noviços) dispostos em três colégios (Olinda, Salvador e Rio de Janeiro), cinco casas (Ilhéus, Porto Seguro, Espírito Santo, São Vicente e Piratininga) e inúmeros aldeamentos em Pernambuco, Sergipe, Bahia, Porto Seguro, Ilhéus, Espírito Santo, Rio de Janeiro, São Vicente, Piratininga e Itanhaém.[550]

José de Anchieta nos dá informações de que as casas jesuíticas eram construções rústicas de madeira e taipa que, como o próprio nome indica, funcionavam como a moradia dos missionários e também como local para a realização da catequese. Na ausência do clero secular, as casas também desempenhavam funções pastorais: nelas eram realizadas missas e a aplicação dos sacramentos aos colonos e seus escravos, fossem eles indígenas ou africanos. Além disso, elas exerciam funções sociais importantes: funcionavam como escola e abrigo de órfãos. Tanto as crianças indígenas ou filhas de colonos podiam assistir aquilo que os padres chamavam de "aulas de ler, escrever e contar". Os órfãos e órfãs que viviam sob a tutela dos inacianos também recebiam instrução escolar. E quando chegavam à fase adulta, os padres promoviam o casamento das moças e a formação espiritual e profissional dos rapazes.

Para serem mantidas, as casas recebiam esmola e doações de colonos e da Coroa, além da redízima do dízimo do bispado da Bahia e muitos bens em forma de herança, principalmente propriedades rurais. Por isso, o seu desenvolvimento era um reflexo do desenvolvimento material de sua região: nas capitanias mais prósperas, os casebres simples logo davam lugar a grandes edificações. Nos séculos XVI e XVII, elas costumavam ser as maiores construções de muitas vilas: tinham alas específicas para os dormitórios, para as atividades escolares e para as atividades religiosas (sacrário e capela).

Quando uma casa ganhava autonomia financeira, a Companhia de Jesus a elevava à categoria de colégio. A partir de então, suas atividades docentes eram ampliadas para atuar também como noviciado e como centro de preparação dos missionários recém-chegados ao Brasil. Na década de 1570, eles também passaram a funcionar como escolas para os filhos dos colonos.[551]

---

550 A esse respeito retome as discussões feitas no Capítulo 3.

551 Os dados relativos às casas jesuíticas podem ser vistos em ANCHIETA, J. de. Informações

As bases da colônia

Até 1580, as funções assistenciais dos colégios eram relativamente limitadas, porque a principal atividade dos jesuítas era a conversão dos indígenas, tanto que os padres se concentraram na criação de casas e aldeamentos. Como dito, eles só ofereciam assistência espiritual e social aos colonos na ausência do clero secular, mas não era nesse quesito que os missionários se especializavam. Mesmo porque, essa era uma responsabilidade do clero secular e das autoridades civis e a tentativa da Companhia de Jesus de ingressar nesse campo gerou uma séria dissensão entre Manoel da Nóbrega e o bispo da Bahia.[552]

Esse quadro começou a se alterar durante a União Ibérica. Lembremos, o elemento religioso da política ultramarina Habsburgo em curso na América espanhola era baseado na atuação massiva das ordens religiosas. A existência de diferentes congregações nos domínios espanhóis refletia as muitas funções que elas assumiam na conquista e construção do Novo Mundo. Entre elas, além da pacificação e conversão dos nativos, estava justamente a assistência religiosa e social aos colonos, condição essencial para que desenvolvessem a terra e nela se fixassem. A atuação dos missionários nesse campo era muito importante ao programa colonizador espanhol, e basta lembrarmos que a pouca quantidade de franciscanos, dominicanos e agostinianos para socorrer os colonos espanhóis foi o que levou os jesuítas da Assistência da Espanha para o vice-reino do Peru em 1568.

Também esse elemento da política ultramarina Habsburgo ressoou na atividade jesuítica no Brasil. Em 1587, José de Anchieta, então Provincial do Brasil, recebeu ordens da cúria jesuítica de que os inacianos deviam melhorar sua relação com os colonos e fazer com que os colégios desempenhassem a função de prestar assistência aos colonos, porque a informação que havia chegado a Roma era a de que "os Superiores das residências não têm sido bons com os Súditos".[553]

---

do Brasil e de suas Capitanias (1584). *In*: __________. *Cartas*: informações, fragmentos históricos e sermões... pp. 329-334; e ANCHIETA, J. de. Breve narração das coisas relativas aos Colégios e Residências da Companhia de Jesus nesta Província Brasílica, no ano de 1584. *In*: __________. *Cartas*: informações, fragmentos históricos e sermões... pp. 403-416.

552 Sobre essa querela ver NÓBREGA, M. da. Ao P. Simão Rodrigues. Da Baía, Julho de 1552. *In*: LEITE, S. S.J. (org.). *Novas cartas jesuíticas (de Nóbrega a Vieira)*... pp. 30-33.

553 COMPANHIA de J. *Brasilia ordinationes Provinciae, 1573-1614*. Documento manuscrito.

Provavelmente, a pouca atenção dada pelos inacianos aos colonos foi acusada ao Superior Geral pelo Visitador Christovão de Gouveia, que esteve no Brasil entre 1583 e 1590. E foi justamente no período da sua visitação que se assistiu a uma significativa ampliação do amparo prestado pelos missionários aos colonos, que se materializou tanto na assistência aos enfermos quanto na abertura dos colégios jesuíticos para a educação formal de leigos.

Amparar os doentes, ao que sugerem os relatos da época, significava fazer com que as casas jesuíticas se transformassem em uma referência na assistência social em suas vilas, papel semelhante ao realizado pela Santa Casa de Misericórdia, instituição que socorria pobres e enfermos nos domínios ultramarinos. Em seu *Tratado descritivo do Brasil*, Gabriel Soares de Sousa indicou que a Casa de Misericórdia estava sediada em Salvador e que ela era mantida por religiosos, mas não indicou quais. José de Anchieta, por seu lado, apontou que o colégio da Bahia atendia os enfermos, mas não fez referência à gerência da Santa Casa. De qualquer modo, é certo que, além das casas jesuíticas passarem a prestar auxílio médico, os inacianos mantinham um hospital no Rio de Janeiro e ofereciam assistência médica aos colonos também nos aldeamentos, que muitas vezes era o núcleo de povoação mais próximo ao de uma vila em determinadas regiões da colônia.[554]

Já a atuação das ordens religiosas no ensino formal não estava desassociada da função religiosa que exerciam. O mergulho do clero nesse campo era o reflexo daquilo que Daniel-Rops apontou como o lançamento de uma das pedras fundamentais da Reforma Católica: o princípio de que o ensino era o meio mais eficiente de reanimar a religião de Roma. Nascido como reação aos humanistas, foi difundido pelos teólogos partidários da escolástica que defendiam que os colégios fariam mais pelo Evangelho que todos os sermões juntos.[555]

Fondo Gesuitico 1255, Fascículo 10. Biblioteca Nazionale Centrale "Vittorio Emmanuele II", Roma, f. 32v. Adiante, adotaremos a abreviação *BoP*/BNC para a citação deste documento. Para a reprodução de seus trechos no corpo do nosso texto optamos pela tradução do espanhol e pela atualização da grafia.

554 Ver SOUSA, G. S. de. *op. cit.*, p. 89 e p. 119; ANCHIETA, J. de. Breve narração das coisas relativas aos Colégios e Residências da Companhia de Jesus nesta Província Brasílica, no ano de 1584... p. 404; e CARDOSO, M. Carta Ânua da Província do Brasil em 1607 ao Provincial da Companhia de Jesus em Portugal, o Padre Jerônimo Dias... p. 233.

555 DANIEL-ROPS. *A Igreja da Renascença e da Reforma*. A reforma católica. v. II. São Paulo: Quadrante, 1999, pp. 410-414.

A defesa desse princípio levou muitas ordens religiosas a criarem colégios para formarem seus membros. Inácio de Loyola, por exemplo, era partidário da *Devotio Moderna* e da escolástica e definiu que o objetivo primordial da Companhia de Jesus era possibilitar aos próprios missionários a conquista da salvação de suas almas e, igualmente, de dar-lhes condições de ajudar seus semelhantes a também conseguirem a redenção. E como disso dependia a doutrina eclesiástica, a vida exemplar e o progresso em virtude, seria fundamental a instrução do jesuíta, e "para isso a Companhia funda colégios e também algumas universidades".[556] Loyola, portanto, sugeriu que os colégios jesuíticos fossem núcleos de oferta de uma educação salvífica que visava instrumentalizar o homem professo a conhecer a si mesmo e a servir a Deus, reflexo de que sua congregação tinha uma posição de vanguarda na reforma político-religiosa que envolvia a Santa Sé e as Coroas ibéricas.

A concepção da educação como ferramenta salvífica também circunscreveu algumas medidas adotadas pela Igreja no Concílio de Trento. Na V sessão do encontro ecumênico foi instituído que todas as dioceses e paróquias deviam oferecer o ensino regular gratuitamente de modo que os estudantes leigos pudessem, "mediante a vontade de Deus, passar ao estudo da Sagrada Escritura".[557] O Capítulo I do *Decreto sobre a Reforma* tinha o objetivo de instituir (ou, se fosse o caso, reinstituir) a cátedra de Sagrada Escritura em todos os colégios católicos, e não o ensino formal em si. Porém, a medida absorvia a proposta dos escolásticos que fazia do ensino primário a preparação do estudante ao ensino religioso e do colégio um instrumento de difusão da doutrina de uma religião que, ameaçada, devia ser o roteiro de conduta do homem em sociedade. Lembremos, esse era o mesmo princípio que norteava a reforma educacional promovida por D. João III que, em 1555 e em 1559, respectivamente, entregou aos jesuítas a condução da Universidade de Coimbra e da Universidade de Évora. Nelas, os inacianos faziam com que a escolástica restringisse o pensamento cien-

556 LOYOLA, I. de. *Constituições da Companhia de Jesus e normas complementares*... p. 117.

557 APOSTOLADO V. S. (org.). *Documentos do Concílio Ecumênico de Trento*. 1º Período (1545-1547): Sessão V. Direção de Carlos Martins Nabeto e tradução de Dercio Antonio Paganini. Disponível em http://www.veritatis.com.br/doutrina/documentos-da-igreja. Acesso em 21/12/2012, p. 03.

tífico ao aperfeiçoamento da navegação e convertesse a mentalidade humanista ao programa político-religioso da Coroa portuguesa.[558]

A medida da Santa Sé paulatinamente popularizou o ensino formal nas sociedades católicas, e as ordens religiosas tiveram um papel importante nesse processo. As congregações que exerciam uma posição de vanguarda na Reforma Católica abriram as portas dos seus colégios aos estudantes leigos e, também lentamente, se consolidaram nesse campo. Nesse caso, a presença dos mendicantes nas colônias ultramarinas refletia tanto uma necessidade da empresa ultramarina, já que contribuía para a instalação dos colonos no Novo Mundo, quanto a execução, por parte das Coroas, de um programa político-religioso voltado à construção de uma monarquia que, se aspirava, fosse cristã e universal.

Isso quer dizer que, no Brasil, o desenvolvimento dos colégios jesuíticos no Brasil dos Filipes deveu-se aos ditames de uma educação salvífica que banhava o mundo católico. E os documentos produzidos pela Companhia de Jesus no período apontam que outro fator também concorreu para esse processo: as medidas adotadas por Cláudio Acquaviva que visavam assegurar a identidade de uma ordem dispersa em quatro continentes.[559]

Acquaviva ocupou o cargo de Geral da Companhia de Jesus entre 1581 e 1615 e, nesse período, trabalhou para assegurar que os colégios jesuíticos exercessem, com afinco, sua função de preparar os neófitos para as missões e, sobretudo, para neles infundir a identidade inaciana estabelecida por Loyola. Os colégios da ordem em Portugal e Espanha preparavam os missionários antes que eles fossem para a Ásia, África e América. Mas, pensando na formação dos novos jesuítas que eram admitidos no além-mar, a cúria jesuítica definiu regras de acordo com as especificidades de cada local.

No Brasil, a maior preocupação era com a atuação dos padres nas expedições e nas Aldeias. Os riscos a que estavam sujeitos, principalmente o de incorrerem em pecado da carne, levou Roma a estabelecer uma série de normas para os colégios da colônia entre 1594 e 1596: não podia haver mulheres nas histórias das peças teatrais, tampouco na plateia; os noviços não podiam atuar nas atividades econômicas das casas ou colégios; não podiam peregrinar ou viver nas

558 Retome a discussão realizada a esse respeito no Capítulo 1.

559 Adiante discutiremos com mais profundidade esta questão.

Aldeias até estarem preparados; quando estivessem prontos para as missões, não podiam andar sem companheiros, mantendo-se a praxe das duplas nas expedições; e, após o período inicial da formação, deveriam ser encaminhados ao colégio da Bahia para completá-la e lá serem "instruídos segundo nosso instituto".[560]

Acquaviva preocupou-se, também, em uniformizar o programa de ensino voltado à formação dos inacianos, já que não existia um padrão delineado pela cúria jesuítica quando de sua ascensão ao generalato da ordem. No Brasil, por exemplo, desde que foram criados, os colégios ofertavam aulas de Latim, Casos de Consciência (lição ordinária) e Teologia para a formação de novos jesuítas. Já os inacianos enviados da Europa assistiam aulas dos idiomas ameríndios e recebiam instruções para o procedimento nas missões.[561] Depois da formação básica, eles podiam escolher, ainda, cursos complementares: o de Artes, Letras Humanas ou Ciências, que compreendiam disciplinas como Gramática, Retórica, Poesia, História, Filosofia, Lógica, Física, Matemática e Ética. Em todas as etapas do ensino, os alunos tinham que dominar a oratória, que era testada pelos mestres aos sábados nas "disputas" cujos temas eram variados. O mau desempenho ou o desrespeito aos horários de estudo e aos mestres poderia resultar em severas punições, que iam da repreensão à reclusão e ao castigo físico.[562]

Na órbita da uniformização do ensino jesuítico gravitava a *Ratio Studiorum*, que foi publicada em 1599, ápice do generalato de Acquaviva.[563] Em linhas gerais, o documento estabelecia regras para

---

560 *BoP*/BNC, f. 34. A respeito dessas normas, ver as de 1594, 1595 e 1596 constantes entre as folhas 33v e 34. Elas não estão em ordem cronológica, mas dividas por temáticas. Sobre a finalidade e normas para o funcionamento dos colégios e universidades da Companhia de Jesus ver LOYOLA, I. de. *Constituições da Companhia de Jesus e normas complementares*... pp. 117-159.

561 Ver ANCHIETA, J. de. Informações do Brasil e de suas Capitanias (1584)... pp. 329-334; e ANCHIETA, J. de. Breve narração das coisas relativas aos Colégios e Residências da Companhia de Jesus nesta Província Brasílica, no ano de 1584... pp. 403-416.

562 Ver NEVES, L. F. B. *O combate dos soldados de Cristo na terra dos papagaios*: colonialismo e repressão cultural. Rio de Janeiro: Forense Universitária, 1978, pp. 142-153.

563 Acquaviva ordenou, em 1584, que uma comissão redigisse um conjunto de regras não previstas nas *Constituições da Companhia de Jesus* que pudesse nortear a ação dos jesuítas nos colégios. Em 1586 foi redigido o esboço de um documento que, retocado continuamente, só foi publicado em 1591. No entanto, essa primeira versão sofreu ainda alterações até a promulgação da versão definitiva em 1599. Ver FARRELL, A. P. S.J. Introduction. *In*: COMPANHIA de J. *The Jesuit* Ratio Studiorum *of 1599*. Translated into English, with an Introduction and Explanatory notes by Allan P. Farrell S.J., University of Detroit. Washington, D.C.: Conference of Major Superiors of Jesuits, 1970. Disponível em http://www.bc.edu/libraries/. Acesso em

o ensino ministrado pelos inacianos desde os *Estudos Menores* até as *Faculdades Superiores*. Além de oferecer normas para a atuação dos Reitores, professores e alunos, ditava um programa de ensino elaborado. Para os *Estudos Menores* eram indicadas as disciplinas de Retórica, Humanidades e Gramática. Já para formação nas *Faculdades Superiores* era necessário que um colégio ofertasse as disciplinas de Sagradas Escrituras, Hebraico, Teologia Escolástica, Casos de Consciência, Filosofia, Moral e Filosofia e Matemática. Ademais, assegurava que o açoite não fosse mais usado como uma ferramenta pedagógica. Para a correção do aluno, o documento indicava a persuasão, arma jesuítica por excelência, e estabelecia que o castigo físico só deveria ocorrer como último recurso. E, quando só se restasse essa possibilidade, o açoite não mais poderia ser aplicado por um padre, mas por um leigo ligado ao colégio.[564]

O documento também previa normas para a organização do ensino formal ofertado aos estudantes leigos. Em suas *Regras para os Estudantes Externos*, exigia-se que os discentes se aplicassem seriamente aos estudos, que assistissem às aulas regularmente, que nela prestassem atenção à explicação do professor e que repetissem a matéria ensinada. A disciplina também era para ser observada rigorosamente: além de respeitarem os professores, deviam primar pelo bom comportamento e pelo silêncio. Se se envolvessem em escândalos ou brigas, estavam sujeitos ao castigo físico aplicado por um corretor e até mesmo à expulsão.[565]

O estabelecimento de regras para os estudantes externos mostra que os inacianos já vinham abrindo as portas dos seus colégios para os leigos e que, pouco a pouco, os colégios mistos começavam a se tornar uma realidade para a ordem. E esta levou a cúria jesuítica a se preocupar em firmar o ensino formal nos mesmos princípios da educação salvífica definida no Concílio de Trento, tanto que a *Ratio* expressava que "aqueles que frequentam as escolas da Sociedade de Je-

---

18/07/2011, pp. i-ii. Adiante, as citações de trechos ou títulos desse documento serão feitas em português com tradução nossa.

564 Ver, na íntegra, COMPANHIA de J. *The Jesuit* Ratio Studiorum *of 1599*... Para o tema relativo ao "corretor", isto é, o funcionário leigo do colégio responsável pela punição dos estudantes ver o item 38 das *Regras dos Prefeitos de Estudos Inferiores*, p. 55.

565 Ver, particularmente, as regras 7 a 10 das 15 previstas para os estudantes externos em *id. ibid.*, pp. 101-102.

sus em busca de aprendizagem devem estar convencidos de que, com a ajuda de Deus, faremos um grande esforço tanto para promovê-los no amor de Deus e todas as outras virtudes quanto para aperfeiçoá-los nas artes liberais".[566] Não é de se estranhar, portanto, que as regras subsequentes ordenavam que, além de estudarem o livro didático do programa regular, os alunos leigos estavam obrigados a se confessarem no mínimo uma vez por mês, a assistirem às missas diárias e aos sermões nos dias de festas e a comparecerem às aulas semanais da *Doutrina Cristã*. Ademais, não podiam participar de jogos; se envolver em brigas e discussões públicas; andar na companhia de pessoas de má reputação; e assistir à execução de criminosos, espetáculos públicos e peças teatrais (principalmente comédias), exceto as encenadas nos colégios ou aquelas consentidas pelos professores e prefeitos de estudos. Em suma, "eles não devem fazer tudo o que é contrário à boa moral"[567] e, principalmente,

> 14. Devem se esforçar para preservar a sinceridade de alma e pureza de consciência e de ser especialmente exigente em sua observância da lei divina. Devem frequentemente e sinceramente recomendar-se a Deus, à Santíssima Mãe de Deus, aos outros santos, e sinceramente implorar a proteção dos anjos, em particular de seu anjo da guarda. Eles devem se comportar bem em todos os momentos e em todos os lugares, mas especialmente na igreja e na sala de aula.
> 15. Finalmente, deixe-os assim se conduzem em palavra e ação que todo mundo pode entender facilmente que eles não são menos sério na aquisição de virtude e integridade da vida do que em fazer progressos na aprendizagem.[568]

A *Ratio Studiorum* ditava um programa de ensino bastante lógico para seu tempo e sociedades que pretendiam construir ou reformar: as disciplinas eram dispostas de modo a preparar o aluno para a educação religiosa e para fazer dos colégios um instrumento de difusão das verdades da fé, daí Daniel-Rops considerar que o documento dava corpo à Reforma Católica e estabelecia diretrizes para o ensino que, entre as que surgiram no mesmo período, eram as mais próximas

---

566 COMPANHIA de J. *The Jesuit* Ratio Studiorum *of 1599*... p. 101. Tradução nossa.
567 *id. ibid.*, p. 101. Tradução nossa.
568 *id. ibid.*, p. 102. Tradução nossa.

dos princípios tridentinos. Isso explica porque a *Ratio* serviu de referência para muitas das ordens religiosas e para o clero secular que, no século XVII, dedicaram-se ao ensino formal na Europa.[569]

E não foi diferente na colônia. À medida que novas ordens religiosas chegavam, aumentava-se a preocupação dos inacianos em reforçar a atuação nessa e em outras áreas assistenciais para não perderem terreno no campo missionário, principalmente no momento em que o amparo aos colonos era uma realidade da política ultramarina Habsburgo.

A criação da escola no Maranhão em 1626 é um indício que reforça a nossa proposição, mesmo que a documentação jesuítica não revele um temor ou desconforto dos inacianos com a chegada dos mendicantes na região. Talvez, os padres entendiam que sua base material e experiência no trato com os colonos e com os nativos não ameaçaria sua posição privilegiada no campo missionário do Brasil. Porém, os jesuítas entendiam, igualmente, que os frades também tinham larga experiência na área assistencial e pastoral. Quando chegavam, as congregações eram instaladas nas principais cidades da colônia onde já havia colégios da Companhia. Nelas, os frades atuavam na assistência aos colonos, fosse por conta da indisposição da ordem jesuítica com os ibéricos ou em função do reduzido efetivo jesuítico que devia ser empregado nas expedições de reconhecimento e pacificação das novas áreas colonizadoras.

Uma vez instaladas, as ordens mendicantes paulatinamente ganhavam espaço atuando nas vilas que se desenvolviam ao redor das fortalezas das regiões Norte e Nordeste. Como se viu, a Coroa espanhola orientava que elas oferecessem amparo aos colonos para que os jesuítas continuassem trabalhando na pacificação dos indígenas, estratégia semelhante à empregada na América espanhola, com a diferença de que lá os inacianos transferiam a terra pacificada para o clero secular. Os carmelitas, por exemplo, se estabeleceram em Olinda e de lá irradiaram para a Bahia, Rio de Janeiro e São Paulo, locais onde ergueram conventos e, com o passar do tempo, também fazendas e aldeamentos nos moldes dos gerenciados pelos jesuítas. Já os beneditinos, entre 1581 e 1598 se concentraram apenas na assistência aos

569 DANIEL-ROPS. *A Igreja da Renascença e da Reforma*. A reforma católica. v. II... pp. 410-414.

colonos e ergueram conventos e fazendas na Bahia, Rio de Janeiro, Pernambuco, Paraíba e São Paulo.

Os franciscanos, em contrapartida, atuavam no Brasil entre os indígenas de maneira tímida desde 1503. Há poucos registros sobre esse período. O historiador da ordem, Frei Venâncio Willeke, apontou que é conhecido da historiografia que dois frades resolveram viver entre os indígenas quando da instalação dos portugueses em Porto Seguro, mas a congregação não tinha conhecimento de quem eram eles e porque resolveram ficar na América. A informação que se tem é que eles continuaram vivendo na região, conforme atestaram os jesuítas. Anchieta indicou que esses padres "aportaram a Porto Seguro não muito depois da povoação daquela capitania, e fizeram sua habitação com zelo da conversão do gentio".[570] Nóbrega conheceu os dois frades e mencionou que eram italianos e viviam entre os nativos. Eles morreram afogados em 1550 ao tentarem fazer a travessia de um rio que recebeu o nome de um deles. Portanto, a ordem franciscana passou a atuar de modo oficial na colônia somente a partir de 1585, ano em que a Coroa espanhola solicitou a organização de missões franciscanas no Brasil. Inicialmente os frades se instalaram em Olinda, na Custódia de Santo Antônio, e de lá ergueram conventos e aldeamentos na Bahia, Paraíba, Alagoas, Pará, Espírito Santo e Rio de Janeiro.[571]

Embora os inacianos tenham erguido somente a escola do Maranhão durante e União Ibérica, eles se preocuparam em fortalecer, por razões evidentes, os colégios já existentes e que estavam nas principais cidades da colônia. José de Anchieta informa que, já na década de 1570, os colégios da ordem abriram suas portas para "os de

---

570 ANCHIETA, J. de. Informações do Brasil e de suas Capitanias (1584)... p. 320.

571 Ver NÓBREGA, M. da. Ao Padre Simão Rodrigues (1550). *In*: __________. *Cartas do Brasil, 1549-1560*. Belo Horizonte: Itatiaia; São Paulo: Editora da Universidade de São Paulo, 1988, pp. 108-109. Com o passar do tempo, a atuação dessas ordens ganhou outras características. No século XVIII, os carmelitas se destacaram na administração de importantes aldeamentos no Norte e Nordeste do Brasil, o que consolidou a permanência da congregação em Pernambuco, Paraíba, Maranhão, Pará e Amazonas. Os beneditinos, por seu lado, concentrados na assistência aos colonos, tiveram presença marcante no atual estado de São Paulo no século XVIII. Já os franciscanos consolidaram a atuação na conversão dos indígenas e na assistência aos colonos em todo o Brasil durante o período colonial. Ver HOORNAERT, E. *A igreja no Brasil-colônia (1550-1800)*... pp. 28-65; HOORNAERT, E. A Igreja Católica no Brasil Colonial. *In*: BETHELL, L. (org.). *História da América Latina*: América Latina Colonial. v. I... pp. 553-568; WILLEKE, Fr. V. O.F.M. *Missões franciscanas no Brasil (1500/1975)*. Petrópolis: Vozes, 1974, pp. pp. 19-78; e, na íntegra, SOUZA, J. V. de A. *op. cit.*

fora", isto é, passaram a funcionar como escola para filhos de colonos e autoridades régias, a quem eram ofertadas aulas de "ler e escrever" e de algarismos. Mas, a atuação nesse campo era limitada e, ainda em 1584, o padre mencionou que pouco podia dizer dos seus estudos, "visto que é diminuto o número de alunos".[572]

Nesse processo de fortalecimento dos colégios, certamente os inacianos contaram com a experiência adquirida no ensino formal desde que D. João III os inseriu no campo educacional lusitano na década de 1550. Além disso, embora o programa de ensino da *Ratio Studiorum* estivesse voltado ao aperfeiçoamento da formação teológica dos jesuítas, o documento oferecia diretrizes sólidas para a construção de um modelo de ensino regular, além de importantes orientações para a organização e o desenvolvimento das atividades docentes para o ensino formal voltado aos leigos.

Na análise dos estudiosos da história da Educação no Brasil, foi a condução de um ensino baseado na *Ratio Studiorum* que originou o primeiro sistema de ensino formal com vertente pedagógica definida em nosso país.[573] Em parecer análogo, Charles Boxer entendeu que a educação baseada na *Ratio* permitiu à Companhia de Jesus suplantar a atuação das outras ordens religiosas nesse campo e nele se consolidar. Mesmo com a instabilidade social causada pelas investidas estrangeiras no século XVII, os filhos de colonos passaram a estudar também Humanidades, Filosofia e Artes. Os que se destacavam nos estudos e demonstravam vocação religiosa também podiam estudar Latim. Assim, pelo fato do programa de ensino jesuítico transcender a simples alfabetização e o ensino dos princípios elementares da matemática, os padres passaram a instruir não apenas os indígenas e os filhos dos colonos, mas principalmente as elites coloniais. Eram, portanto, os responsáveis pela formação dos filhos das autoridades régias que, na fase adulta, também passavam a atuar na administração dos domínios ultramarinos, tanto é que os principais colégios da Companhia de Jesus eram o de Goa, Macau e Salvador, importantes bases do Império português.[574]

---

572 ANCHIETA, J. de. Breve narração das coisas relativas aos Colégios e Residências da Companhia de Jesus nesta Província Brasílica, no ano de 1584... p. 412. Ver, também, Ver ANCHIETA, J. de. Informações do Brasil e de suas Capitanias (1584)... pp. 332-334.

573 Ver SAVIANI, D. *História das idéias pedagógicas no Brasil*. 3 ed. Campinas: Autores Associados, 2010, pp. 23-59; e, na íntegra, FRANCA, L. *O método pedagógico dos jesuítas*: o "Ratio Studiorum". Rio de Janeiro: Agir, 1952.

574 BOXER, C. R. *Salvador de Sá e a luta pelo Brasil e Angola, 1602-1686*... pp. 24-26. Boxer se

A fim de ampliar ainda a assistência aos colonos, foi durante a administração Habsburgo que os inacianos implementaram no Brasil aquilo que Serafim Leite chamou de "missões rurais" ou "missões periódicas", ou seja, a visita regular às vilas, fazendas, engenhos e fortalezas a fim de oferecer amparo espiritual aos colonos e seus escravos.[575] José de Anchieta e Fernão Cardim indicam que o Visitador Christovão de Gouveia ordenou que todo ano fossem realizadas essas visitas. Para executar a nova política, a Província do Brasil fazia das casas e dos colégios centros ordenadores das missões. Em suas regiões, elas eram obrigadas a promover viagens regulares: os inacianos saíam em pares e passavam por todos os núcleos urbanos e comunidades rurais para realizar funções pastorais: faziam a leitura de sermões, realizavam missas e confissões, além de cerimônias para a realização do batismo aos recém-nascidos. No caminho entre uma vila e outra, eles podiam visitar os aldeamentos, embora existissem expedições com essa finalidade.[576]

Ora, a assistência religiosa aos colonos era uma prática comum dos jesuítas da Assistência da Espanha que atuavam nos Vice-reinos do Peru e da Nova Espanha. Até 1573, a atuação limitada e à sombra de outras ordens religiosas, do clero secular e do Conselho das Índias permitia aos inacianos apenas prestar serviços pastorais e sociais nas povoações onde os franciscanos, dominicanos e agostinianos não haviam chegado, daí Charles Boxer considerar que os inacianos tiveram um papel secundário e menos expressivo do que o desempenhado pelas ordens mendicantes na América espanhola. Somente depois da promulgação das *Ordenanzas de descubrimiento* é que os jesuítas da Assistência da Espanha passaram a atuar na conversão dos ameríndios com o fim de instituir fronteiras com suas missões.[577]

---

referiu aos colégios da Assistência de Portugal. A Companhia de Jesus tinha outros importantes colégios no México, Peru, Cuba e Filipinas, bem como na Europa. Allan P. Farrell indica que no século XVI existia três colégios em Portugal, dois na França, dois na Alemanha e um na Itália. Ver FARRELL, A. P. S.J. Introduction. *In*: COMPANHIA de J. *The Jesuit* Ratio Studiorum *of 1599*... pp. i-x.

575 Ver LEITE, S. S.J. *História da Companhia de Jesus no Brasil*. Tomo V. Livro II... pp. 337-339.

576 ANCHIETA, J. de. Breve narração das coisas relativas aos Colégios e Residências da Companhia de Jesus nesta Província Brasílica, no ano de 1584... pp. 407-416; e CARDIM, F. Narrativa epistolar de uma viagem e missão jesuítica. Da Bahia, a 1 de maio de 1590. *In*: __________. *Tratados da terra e gente do Brasil*. Introdução de Rodolfo Garcia. Belo Horizonte: Itatiaia; São Paulo: Editora da Universidade de São Paulo, 1980, pp. 158-159.

577 BOXER, C. R. *A Igreja militante e a expansão ibérica*... pp. 84-91.

Esse novo modo de atuação dos jesuítas da Província do Brasil, então, expressa uma perfeita adaptação ao programa religioso que circunscrevia a política ultramarina da Casa de Habsburgo. Como ele não se pautava na exclusividade de ação de uma única ordem religiosa, a abertura do campo missionário do Brasil para outras congregações levou os inacianos a ampliar a assistência aos colonos, e para isso eles buscaram referência tanto no trabalho realizado pela própria ordem na América espanhola quanto na experiência em curso nesse âmbito no Brasil desde 1549.

As bases das missões

Talvez pensando justamente em melhor aproveitar seus recursos humanos para não perder campo missionário, e ao mesmo tempo atender aos desígnios régios de atuar na abertura de novas frentes colonizadoras, é que a Companhia de Jesus deu outras funções aos colégios além a de serem centros de assistência social e pastoral aos ibéricos instalados no Brasil. Uma delas era a de ser a fonte de gerência financeira da atividade apostólica da ordem.

A renda advinda das fazendas e dos engenhos da Companhia de Jesus era revertida aos colégios. Seus Reitores, então, ficavam encarregados de manter as atividades assistenciais e pastorais, além das casas e dos aldeamentos cujas esmolas e doações eram insuficientes para seu pleno funcionamento.[578]

A participação dos inacianos em atividades econômicas, como vimos, foi alvo de crítica de muitos colonos e até mesmo da historiografia que analisou o papel desempenhado pela ordem religiosa na colonização do Brasil. Para muitos historiadores, o fato dos jesuítas terem fazendas de gado, engenhos, arrendamentos de terra ou mesmo oferecerem índios aldeados à lide colonizadora mostrava-se como um contrassenso dos princípios que norteavam a evangelização.[579]

---

578 A este respeito ver ordem de Roma de 1611 para que os colégios garantissem o sustento das casas e aldeamentos, com a ressalva de que não se envolvessem no comércio de pau-brasil: *BoP*/BNC, f. 37.

579 Entre os estudos que vêm na participação dos inacianos em atividades econômicas um contrassenso da atividade religiosa podemos destacar ALENCASTRO, L. F. de. *op. cit.*; ASSUNÇÃO, P. de. *Negócios jesuíticos...*; e MONTEIRO, J. M. *Negros da terra*: índios e

Ao que pese essas críticas, o fato é que a participação dos padres nos assuntos temporais era justificada pelos missionários como uma necessidade de manter as missões em terras com poucos recursos materiais. Baseando suas investigações historiográficas nesse argumento, Célio Juvenal Costa concluiu que as atividades econômicas da Companhia de Jesus encontravam respaldo no regime do Padroado e refletiam a própria racionalidade mercantil que impulsionava a expansão ibérica. No parecer do pesquisador, elas constituíram-se como um dos principais fundamentos administrativos da ordem jesuítica que permitiu o funcionamento de suas atividades na Ásia, África e América.[580]

Este princípio de manutenção da atividade apostólica era empregado por outras ordens religiosas que atuavam no Brasil. Os beneditinos, por exemplo, contaram com as doações dos colonos para se instalarem na colônia. As terras e engenhos que recebiam, bem como isenções fiscais nas atividades comerciais, visavam dar condições para a congregação desenvolver suas atividades religiosas, tendo em vista que "o auxílio da Coroa (...) não cobria os gastos nem com a manteiga usada pelo mosteiro do Rio de Janeiro".[581]

Havia, por parte da cúria jesuítica, a preocupação que a participação dos padres em assuntos temporais fosse causa de escândalos ou argumento para seus adversários. Para regular a ação nesse âmbito, as *Constituições* previam que a renda dos negócios jesuíticos não podia ser usada para outros fins que não a manutenção das casas e dos colégios.[582] As ordens enviadas de Roma para o Brasil eram claras nesse sentido e proibiam que os bens doados a uma casa ou colégio fossem negociados, salvo se fosse para "gastar o preço desses bens com os Sujeitos das mesmas residências".[583]

Desse modo, a renda das casas e dos colégios era gasta na manutenção de suas atividades e, principalmente, investida na organização e financiamento de missões, o que fez dos colégios não só centros de ge-

bandeirantes nas origens de São Paulo. São Paulo: Companhia das Letras, 1994.

580 Ver, na íntegra, COSTA, C. J. *A racionalidade jesuítica em tempos de arredondamento do mundo*: o império português (1540-1599). Tese (Doutorado em Educação) – Programa de Pós-Graduação em Educação – Universidade Metodista de Piracicaba, Piracicaba, 2004.

581 SOUZA, J. V. de A. *op. cit.*, p. 52.

582 Ver LOYOLA, I. de. *Constituições da Companhia de Jesus e normas complementares*... pp. 40-41.

583 *BoP*/BNC, f. 34.

rência material como núcleos de coordenação das atividades apostólicas de suas regiões, ou seja, eles se transformaram em centros ordenadores das missões regionais. Seus Reitores organizavam expedições periódicas com a função específica de visitar as casas e os aldeamentos de suas circunscrições a fim de solucionar possíveis problemas e de ter o controle de todas as atividades ocorridas naqueles espaços. Os inacianos chamavam essas expedições de "missões", já que elas ocorriam com certa regularidade e tinham um padre nomeado como Superior de Missão para sua chefia. Elas duravam semanas ou meses, tendo em vista que os missionários tinham que resolver conflitos entre as tribos ou entre os indígenas e os salteadores. Mas, tão importante quanto isso, eles se demoravam nos aldeamentos para aplicar os sacramentos e reconduzir os índios já cristãos à prática de um catolicismo ortodoxo.[584]

As novas funções que as casas e os colégios jesuíticos assumiam na organização e no funcionamento da prática missionária apresentavam-se como um dos principais termômetros da importante reorganização administrativa que a Província jesuítica do Brasil passava na década de 1580. Os pesquisadores que estudaram a atuação da Companhia de Jesus no Brasil no período entre 1580 e 1640 entenderam que essas mudanças visavam a resolução de problemas internos da própria atividade missionária e que suas bases estavam no Regimento de Cristóvão de Gouveia, de 1586. Charlotte de Castelnau-L'Estoile e Marcos Roberto de Faria concordam que a partir de 1580, a Missão do Brasil enfrentou uma crise gerada por uma série de fatores que se confluíram no mesmo período: os inacianos haviam se estabelecido no campo missionário da colônia em função do poder que a Coroa portuguesa havia concedido à Companhia de Jesus na conversão dos ameríndios. Na década de 1580, porém, intensificou-se a ação dos salteadores e, consequentemente, a discussão sobre a inserção do indígena na lide colonial. O debate aflorou a contestação da proteção excessiva dada pelos inacianos aos nativos, realidade que teria causado o agravamento da dissensão entre os missionários e os colonos em curso desde 1549.

---

584 Esses padres faziam retratos minuciosos do andamento das atividades e, a partir deles, a cúria jesuítica traçava novas estratégias para a evangelização. A exemplo ver VIEIRA, A. Carta Ânua ao Geral da Companhia de Jesus. 30 de setembro de 1626... pp. 110-112.

Esse e outros problemas da evangelização, explicam os estudiosos, foram apontados por Cristóvão de Gouveia, jesuíta que esteve no Brasil entre 1583 e 1589 na condição de Visitador. Por conta de seu cargo, ele tinha a incumbência de identificar e resolver os problemas da evangelização. Durante sua visitação, o padre expôs à cúria jesuítica os problemas que a sociedade local enfrentava e quais eram seus reflexos na Província jesuítica do Brasil. Gouveia relatou que os aldeamentos, a especificidade da atividade missionária local, era a causa dos conflitos entre os inacianos e os colonos. Mas, além desse problema, a disputa pelo poder entre os membros da Província gerava uma série de denúncias mútuas, portanto, a completa desordem na evangelização: uns acusavam o comportamento rígido dado por alguns padres aos indígenas e outros apontavam os pecados da carne que missionários cometiam com as índias aldeadas. Esse quadro geral era agravado, ainda, pela má relação dos padres com o governador-geral Manuel Teles Barreto (1582-1587), o que comprometia a manutenção da atividade missionária em termos materiais e a proteção dos padres nos aldeamentos.[585]

A situação apresentada pelo Visitador levou Cláudio Acquaviva, então o Geral da Companhia de Jesus, a considerar que os missionários da Província do Brasil eram "operários de uma vinha estéril". Diante dos problemas relatados por Gouveia, a cúria jesuítica trabalhou no sentido de rever o lugar dos inacianos na sociedade colonial, principalmente no que dizia respeito à administração dos aldeamentos e à participação dos padres em assuntos temporais, o que gerou um sério conflito entre os missionários da Província do Brasil e os jesuítas de Roma. Na disputa pela definição dos lugares de poder que daí decorreu, a reorganização administrativa da década de 1580 emanada de Roma e das penas de Gouveia tinha o objetivo de promover a "unidade de um corpo disperso", ou seja, resgatar na Província do Brasil a identidade inaciana prevista nas *Constituições da Companhia de Jesus* de que a evangelização era o meio de salvação da alma do próximo

---

585 Os pesquisadores se basearam no documento produzido pela cúria jesuítica a partir da visitação de Gouveia: CONFIRMAÇÃO que de Roma se enviou à Província do Brasil de algumas cousas que o p. Christóvão de Gouvêa Visitador ordenou nela o ano de 1586. *In*: ARCHIVUM Romanum Societatis Iesu, ARSI, Bras. 2, ff. 140-149v. *ap*. CASTELNAU-L'ESTOILE, C. de. *op. cit.*, pp. 129-141. A historiadora citou o documento de forma fragmentada em seu estudo.

(indígena), mas principalmente do próprio missionário. Era, pois, uma reforma de ordem prática (no âmbito administrativo) e teórica (reconfiguração dos fundamentos teológicos da evangelização).[586]

Os pesquisadores aludem à tentativa de Acquaviva de zelar pelos princípios religiosos e funcionais da ordem definidos por Loyola nas *Constituições*. O documento faz uma analogia do governo da ordem ao corpo humano: a cúria, em Roma, representa a cabeça; as Províncias, por sua vez, constituem os demais membros de um corpo que está disperso no mundo para trabalhar na vinha do Cristo.[587] Nesse caso, as mudanças ocorridas na organização e funcionamento da atividade missionária da Província do Brasil na década de 1580 foram interpretadas como o reflexo da consolidação do governo de Claudio Acquaviva na Companhia de Jesus que se iniciou, por coincidência, no momento em que Filipe II anexou a Coroa portuguesa.

Não há relação entre o início da União Ibérica e a eleição de Acquaviva ao governo da Companhia de Jesus. As *Constituições* determinavam que o Superior Geral fosse "eleito por toda a vida"[588] pelos membros da ordem em assembleia criada para este fim. Com o falecimento do Geral Everardo Mercuriano em 1580, os inacianos convocaram a Congregação Geral que elegeu Acquaviva em 1581.

O novo Geral precisou realizar importantes reformas na Companhia de Jesus porque sua ascensão havia sido turbulenta, tanto no

586 Esses estudiosos não analisam uma mudança em si no funcionamento da ordem, mas simplesmente as formas de organização das atividades da Província jesuítica do Brasil durante o generalato de Cláudio Acquaviva (1581-1615). Nesse caso, eles não relacionam essa organização administrativa aos ditames da política ultramarina das Coroas ibéricas dirigidas ao Brasil. Outro fato importante é a escolha dos fatos que justificam as balizas temporais de seus estudos. Para Castelnau-L'Estoile, 1580-1620 representa o *corpus* documental nascido do generalato de Acquaviva e a análise de um documento de 1620 que, de acordo com ela, demonstra o compromisso que os inacianos assumiram de rever seu lugar na sociedade colonial depois das ações de Acquaviva. Já Marcos Roberto de Faria menciona que o recorte 1580-1640 não representa a União Ibérica, mas também a análise do *corpus* documental decorrente do governo de Acquaviva e aqueles que dão inteligibilidade à expulsão dos jesuítas da capitania de São Vicente, caro que este evento é para seu objetivo de entender a "pedagogia da vigilância" empregada pelos jesuítas na colônia. Sobre suas escolhas do recorte temporal e análises da organização e funcionamento da missionação jesuítica ver CASTELNAU-L'ESTOILE, C. de. *Operários de uma vinha estéril*: os jesuítas e a conversão dos índios no Brasil – 1580-1620. Bauru: Edusc, 2006, pp. 17-21 e pp. 49-150; e FARIA, M. R. de. *op. cit.*, pp. 12-20 e pp. 111-269.

587 LOYOLA, I. de. *Constituições da Companhia de Jesus e normas complementares*... pp. 71-73.

588 *id. ibid.*, p. 227.

plano interno quanto no externo. No intervalo entre a morte de Mercuriano e a realização da Congregação Geral, alguns de seus membros passaram a questionar algumas obrigações religiosas que sugeriam um alinhamento da ordem ao monasticismo que, como vimos, era o contrário da identidade impressa por Inácio de Loyola. Além disso, enquanto os jesuítas se organizavam para eleger o novo Geral, a Coroa portuguesa, importante escudo que promoveu o fortalecimento e a dispersão da ordem pelo mundo, foi anexada pela Coroa espanhola. Sem essa importante proteção, a Companhia foi alvo de agentes externos: a Inquisição espanhola começou a investigar os fundamentos teológicos das *Constituições da Companhia de Jesus*; os católicos contrários à proposta de vida religiosa da ordem religiosa e ao imenso poder que os jesuítas haviam alcançado na sociedade portuguesa passaram a questionar publicamente os métodos de conversão dos inacianos; e nobres e mercadores passaram a pedir o fim dos benefícios fiscais da ordem, coro engrossado por Filipe II, que pressionou o papa a rever essas vantagens cedidas pela Coroa portuguesa e que, por conta do Padroado, somente a cúria romana poderia anular.[589]

Diante desses ataques, Cláudio Acquaviva trabalhou para assegurar a identidade inaciana definida pelo fundador da ordem, assim como para assegurar as posições que os jesuítas haviam alcançado no campo missionário da Ásia, África e América com o amparo da Coroa portuguesa. E suas ações nesse sentido levaram a historiografia a interpretar a reforma administrativa da missionação jesuítica no Brasil como um reflexo desse quadro mais amplo de mudanças, mesmo porque, o discurso das fontes se baseia em argumentos dessa natureza. No entanto, a tipologia desses documentos precisa ser considerada quando da análise do seu conteúdo e teor. Estamos tratando de documentos normativos que revelam apenas um de outros universos que lançam luz às mudanças administrativas ocorridas na Província do Brasil.

589 Ver ASSUNÇÃO, P. de. *Negócios jesuíticos*... pp. 49-52; WRIGHT, J. *Os jesuítas*: missões, mitos e história. Rio de Janeiro: Ediouro, 2006, pp. 137-174; e FRANCO, J. E.; TAVARES, C. C. *Jesuítas e Inquisição*: cumplicidades e confrontações. Rio de Janeiro: EdUERJ, 2007, pp. 33-48. Sobre as ações de Acquaviva no governo da Companhia de Jesus ver CANTÙ, F. Il generalato di Claudio Acquaviva e l'identità missionaria della Compagnia di Gesù. Note e prospettive sulle missioni americane. *In*: *A Companhia de Jesus na Península Ibérica nos sécs. XVI e XVII*: espiritualidade e cultura. Actas do Colóquio Internacional. v. I. Porto: Universidade do Porto, 2004, pp. 151-170.

Em função das enormes diferenças sociais, culturais, políticas e até geográficas das diferentes áreas de atuação dos inacianos, a cúria jesuítica promovia as Visitações. Elas tinham a finalidade primordial, como dito, de resolver conflitos internos e de criar regras que norteassem a ação dos padres perante as situações não previstas pelas *Constituições*. Os Visitadores tinham o poder de legislar regras internas e administrar a Província, já que era praxe ele assumir a chefia da Província durante a visitação. Dela, então, normalmente resultavam um regimento que ditava regras peculiares à Província visitada. E, além desses regimentos, havia também as normas complementares de cada Província ditadas nas Congregações Provinciais, que eram convocadas de acordo com a necessidade, ou por ordens enviadas pela cúria jesuítica.[590]

Por serem documentos normativos, a cúpula inaciana precisava justificar suas posições (e imposições) por meio de argumentos sólidos, e esses eram tirados dos problemas enfrentados pelos padres no campo missionário e na realidade que viviam na sociedade em que estavam inseridos. Isso não quer dizer que esses argumentos fossem, mesmo que importantes para implicar mudanças, os únicos motivadores das reformas. Mesmo porque, havia temas que, como Anchieta observou, "não são para carta".[591] De onde vinha, por exemplo, a súbita preocupação de uma ordem que havia se consolidado no campo missionário na Ásia e no Brasil por sua dedicação à conversão de populações autóctones com a "caridade e amor"[592] para com os colonos que desde o início colocaram entraves à evangelização? Que orientações os Visitadores enviados por Acquaviva levavam ao Brasil e que escapam às fontes normativas em um momento turbulento "em que se ordena que as cartas de negócios se escrevam somente ao Geral, e não a outros"?[593]

590 As regras nascidas nas Congregações Provinciais só entravam em vigor após a aprovação da cúria jesuítica. Partes desses documentos normativos estão presentes nas coleções de cartas de José de Anchieta, nos Anais da Biblioteca Nacional do Rio de Janeiro ou transcritos em estudos historiográficos como o de Serafim Leite e de Charlotte Castelnau-L'Estoile. Em nosso estudo contamos também com documentos manuscritos conhecidos como "ordens romanas" que abreviamos como *BoP*/BNC.

591 ANCHIETA, J. de. Ao rei Filipe II. Da Bahia de Todos os Santos, 7 de agosto de 1583... p. 338.

592 *BoP*/BNC, f. 32v. Esta ordem foi dada por Acquaviva aos padres da Província do Brasil em 1587.

593 *BoP*/BNC, f. 36. Esta ordem é de 1610.

O que se quer dizer é que as mudanças administrativas ocorridas no Brasil podem, sem dúvida, ser lidas sob o prisma da reforma interna da Companhia de Jesus. Mas, é preciso considerar que esta era apenas uma dimensão dessas transformações que precisam ser colocadas em exame com outros fatores que não estão expressos nos documentos normativos da ordem. Se colocarmos o discurso dessas fontes em confronto com a relação que a evangelização tinha com o poder temporal, podemos complementar o entendimento dos dados que elas oferecem. Em 1581, teve início não apenas uma nova administração na cúria jesuítica, mas, sobretudo, uma importante mudança na fonte que detinha o poder de ditar regras à atividade missionária e a ela estabelecer novas funções. Assim, podemos considerar que, na década de 1580, os documentos normativos da ordem religiosa manifestavam a preocupação de Acquaviva não apenas com os problemas internos da Província do Brasil, mas principalmente com o *modus procedendi* que seus missionários assumiram, no Brasil, para se alinhar aos poderes que ditavam a nova dinâmica da evangelização, condição essencial que essa manobra apresentava para a Companhia de Jesus se manter viva em um campo missionário em profunda transformação.

Lidas sob este prisma, é bastante evidente que as mudanças na organização e funcionamento das atividades jesuíticas visavam atender aos novos ditames da evangelização e, ao mesmo tempo, manter a posição de proeminência da congregação frente às novas ordens que chegavam à colônia. Considerando que Acquaviva trabalhava para restabelecer a identidade inaciana na Província do Brasil, a lógica seria a cúria jesuítica trabalhar para fazer das casas e dos colégios centros de formação dos novos jesuítas, como rezavam as *Constituições*. Como vimos, de fato foi durante o generalato de Acquaviva que os colégios fortaleceram suas atividades docentes para melhorar a formação de seus missionários. Agindo nesse sentido, o Geral ordenou que os Reitores dos colégios da Bahia, Pernambuco e Rio de Janeiro fossem eleitos não mais pela Província do Brasil, mas pela cúria em Roma; e que padres seculares fossem retirados dos colégios porque "sem saberem nem ainda Latim suficientemente" neles estavam lecionando.[594]

594 Citação e informações contidas em *BoP*/BNC: f. 37v. As ordens datam, respectivamente, de 1609 e 1612, e estão contidas em *BoP*/BNC, f. 35v e f. 37v. Nesta última, o Geral orientou o Provincial do Brasil a tomar medidas necessárias para se retirar um padre secular da cadeira

As demais funções que as casas e os colégios assumiram durante a União Ibérica dão mostra de que, na mesma medida em que se apresentaram como a peça-chave do restabelecimento da identidade inaciana, também se revelaram como centros executores da política Habsburgo no Brasil. Se a estratégia era ocupar a terra para protegê-la e dela fazer um cinturão de defesa da grande colônia americana produtora de metais preciosos, a atuação das casas e dos colégios na assistência aos colonos contribuía para a efetiva permanência dos ibéricos no Novo Mundo.

Por isso, talvez a função mais significativa assumida pelas casas e colégios no sentido de executar a política ultramarina da Coroa espanhola tenha sido a de se portarem como centros ordenadores das expedições de reconhecimento e pacificação. Embora elas não tenham ocorrido apenas durante a administração Habsburgo, a forma sistematizada com que ocorreram e o incentivo da Coroa espanhola demonstravam a importância das empreitadas. A necessidade de frear as investidas estrangeiras ao Norte e Nordeste, e de integrar os domínios espanhóis e lusos ao Sul, fizeram com que as campanhas se tornassem um elemento chave da integração do Brasil ao Império espanhol. Para os Filipes, somente "não (...) havendo os Religiosos da Companhia e em sua falta"[595] é que outros padres regulares e seculares poderiam atuar nas "doutrinas dos índios" das terras em processo de conquista. Essa predileção fez com que as expedições se tornassem uma atividade prioritária da Companhia de Jesus. Justamente por isso, elas exigiram a realização de importantes mudanças na organização e funcionamento da atividade missionária no Brasil, que se materializaram na atribuição de novas funções às casas e aos colégios (e, veremos, também aos aldeamentos) jesuíticos.

Além de organizar e financiar as missões rurais e as missões regionais, extensão da atividade assistencial aos colonos e aos ameríndios, os colégios subsidiavam as campanhas que ajudavam a transformar os limites territoriais e as bases econômicas da colônia. Lembremos, as expedições de reconhecimento e ocupação do Extremo Sul da América foram organizadas do colégio do Rio de Janeiro, enquanto as do Norte e Nordeste da colônia saíram dos colégios de Olinda e Salvador.

---

de Artes do colégio da Bahia.

595 FILIPE III. Para o Governador e Capitão Geral do Brasil. Madri, 23 de março de 1619. Documento LXV. *In*: MUSEU P. (org.). *op. cit.*, p. 106.

Essa interpretação sobre o papel realizado pelos colégios jesuíticos está em harmonia com o entendimento de Arthur Barcelos. Em *O mergulho no Seculum*, o historiador concluiu que os colégios, assim como as reduções, desempenharam um papel fundamental na organização das expedições de exploração e conquista da porção espanhola do continente americano. Esses organismos, então, foram usados como instrumentos-chave da estratégia de ocupação e organização do espaço americano.[596]

A diferença entre sua análise e a nossa já foi explicada. Barcelos entende que as estratégias de ocupação territorial foram criadas e executadas pela ordem inaciana, e nelas os colégios e as reduções funcionavam como peças-chave de uma expansão que decorria do novo conceito de vida religiosa estabelecido por Inácio de Loyola à sua congregação. Nesse caso, a identidade missionária da Companhia de Jesus, para o historiador, teve um profundo impacto na definição do Império espanhol.[597]

Barcelos tem razão em entender o papel dos colégios e das reduções na expansão da Companhia de Jesus na América espanhola porque lá, diferente do que ocorreu no Brasil dos Filipes, as expedições de reconhecimento promoveram uma significativa ampliação das missões. No Brasil, em contrapartida, embora as casas e os colégios tenham também desempenhado um papel fundamental na execução das expedições de reconhecimento territorial, essas não promoveram a expansão da ordem religiosa na Terra de Santa Cruz. Em 1626, Antônio Vieira apresentou um quadro que pouco se alterou até o fim da União Ibérica: a ordem contava com os mesmos três colégios já existentes em 1580 (Olinda, Salvador e Rio de Janeiro); com seis casas (apenas foi criada a do Maranhão, onde residiam quatro padres) e com 120 padres (em 1580 havia 137).[598]

Se compararmos também os locais onde os inacianos conseguiram criar missões perenes, percebemos que ocorreu apenas a dispersão da ordem, e não a sua expansão. A tentativa de se estabelecerem no Sul não foi bem sucedida por conta das investidas dos salteadores de indígenas da capitania de São Vicente. Os padres conseguiram apenas manter,

596 BARCELOS, A. H. F. *op. cit.*, pp. 97-173.

597 *id. ibid.*, pp. 97-173.

598 VIEIRA, A. Carta Ânua ao Geral da Companhia de Jesus. 30 de setembro de 1626... p. 77.

com certa dificuldade, os aldeamentos da Lagoa dos Patos, de Laguna e do Caibi, que eram visitados pelos missionários do colégio do Rio de Janeiro com certa regularidade. Do mesmo modo, os ataques promovidos aos aldeamentos por franceses, holandeses e grupos indígenas hostis não permitiu a completa instalação de missões em Minas Gerais, Paraíba, Rio Grande e Ceará. Em alguns desses locais, os jesuítas também perderam campo para outras ordens religiosas que passaram a atuar, a mando da Coroa espanhola, nas vilas e fortalezas pacificadas pelos inacianos. Assim, a Companhia de Jesus continuou com missões perenes nas capitanias onde já estavam instalados em 1580.

6.2 As aldeias jesuíticas: a ponta-de-lança das missões e do império

A ação dos contrabandistas e dos salteadores ao Sul, as investidas dos estrangeiros ao Norte e Nordeste e a hostilidade indígena em toda a colônia não permitiram que muitas e novas missões jesuíticas se estabelecessem de modo definitivo no Brasil dos Filipes. Porém, as expedições de reconhecimento territorial e de pacificação contribuíram para que a zona de conquista e colonização da antiga porção portuguesa da América fosse significativamente ampliada entre 1580 e 1640. Assim, diferente do que ocorreu na América espanhola, onde as expedições inacianas possibilitaram a sua ampliação e a expansão das atividades da própria Companhia de Jesus, no Brasil ocorreu apenas a dispersão da ordem religiosa.

A *dispersão* em contrapartida à *expansão* não é apenas um dado geográfico da missionação jesuítica no Brasil durante o período da União Ibérica: é o indicativo de que, no interior da política ultramarina da Casa de Habsburgo, os aldeamentos paulatinamente se transformaram em um elemento de fundamental importância à manutenção dos novos papéis que a evangelização assumia na construção e manutenção do Brasil. E diante da difícil realidade vivida pelos inacianos, aquele antigo núcleo salvífico concomitantemente começou a se despontar como uma célula de conservação da própria atividade missionária nos trópicos.

Desde o início, as Aldeias, ao lado das casas e dos colégios, constituíram a principal área de atuação dos jesuítas no Brasil. Nas Américas, elas conferiam a especificidade do empreendimento missionário de muitas ordens religiosas, sobretudo da Companhia de Jesus. Conforme foi discutido, no período de privilégio na evangelização, os aldeamentos nasceram como espaço de controle de condutas dos catecúmenos e dos índios cristãos, fosse para afastá-los da influência dos pajés, dos caraíbas e dos colonos ou mesmo para controlar a inconstância dos indígenas. Esses eram os "males da terra" que, na ótica dos jesuítas, precisavam ser eliminados para tornar possível a vinha do Cristo em terras brasílicas.

Vimos, igualmente, que tão logo foram criadas as primeiras experiências de aldeamento em 1549, Manoel da Nóbrega passou a defender que os jesuítas deveriam ter o governo temporal dos índios aldeados. E o agravamento da tensão entre colonos e ameríndios levou a Coroa portuguesa a conceder proteção jurídica aos aldeamentos em 1558 com a promulgação do Estatuto da Aldeia de Mem de Sá.[599]

A subjugação dos indígenas em um núcleo com proteção jurídica possibilitou a criação de um espaço de controle efetivo dos jesuítas sobre a conduta dos nativos, a Aldeia. Há um consenso historiográfico de que, embora a intenção dos inacianos fosse a de proteger os ameríndios da escravização, a sua redução teve resultados funestos para suas culturas: ao se ensinar a doutrina cristã nesses espaços, ocorreu aquilo que alguns estudiosos chamaram de aculturação,[600] hibridismo cultural[601] ou a reconstrução simbólica e prática do mundo, onde a religião era o elemento de tradução utilizada por indígenas e missionários.[602]

---

599 A origem dos aldeamentos e a ideia de subjugação dos indígenas são discutidas no Capítulo 3.

600 Destacam-se nessa forma de entender a evangelização e o aldeamento COUTO, J. *A construção do Brasil*: ameríndios, portugueses e africanos, do início do povoamento a finais de quinhentos. Lisboa: Edições Cosmos, 1998, pp. 315-320; VAINFAS, R. *Trópico dos pecados*... pp. 17-25; e SCHWARTZ, S. B. *Segredos internos*: engenhos e escravos na sociedade colonial, 1550-1835. São Paulo: Companhia das Letras, 1988, pp. 49-51.

601 Nesta perspectiva de análise, a evangelização é entendida como um meio que originou uma nova e híbrida cultura, que mesclava elementos da cultura europeia e indígena. Ver SOUZA, L. de M. e. *O diabo e a terra de Santa Cruz*: feitiçaria e religiosidade popular no Brasil colonial. São Paulo: Companhia das Letras, 1986, pp. 86-97; e BOSI, A. Anchieta ou as flechas opostas do sagrado. *In*: __________. *Dialética da colonização*. São Paulo: Companhia das Letras, 1992, pp. 64-93.

602 Sustenta essa tese POMPA, C. *Religião como tradução*: missionários, Tupi e Tapuia no

Ainda como resultado da subjugação, há a consideração de que a política de aldeamento visava a inserção do silvícola na lide colonizadora. Na catequese, além dos indígenas serem educados para serem cristãos, recebiam valores ibéricos, e um deles era a noção de trabalho.[603] Com esta aculturação, os missionários transferiam o controle sobre a terra e sobre o trabalho indígena para o poder temporal, atendendo aos interesses tanto da Coroa quanto dos colonos: respectivamente, porque podiam utilizar os índios "amansados" nas expedições de combate à ação corsária ou como uma reserva de mão-de-obra livre na agricultura.[604]

Essas, evidentemente, são análises dos *resultados* da redução dos silvícolas em um espaço onde eram articulados os interesses dos homens de fé, de salvar suas almas; dos nativos, de se inserirem em um espaço de proteção, negociação e aceitação de novas normas de conduta;[605] e da própria Coroa portuguesa, que tinha à sua disposição os nativos como súditos na lide colonial.

Mas, independentemente destes sentidos *a posteriori* que os aldeamentos ganharam, muito importantes para a compreensão do papel que exerceram na sociedade colonial, interessa ao nosso exame os seus sentidos *a priori*: para os missionários, funcionavam como um espaço voltado à salvação da alma ameríndia. Como bem observou Guilherme Amaral Luz, as ações de Mem de Sá que protegeram o al-

---

Brasil colonial. Bauru: EDUSC/ANPOCS, 2003.

603 Deve-se considerar que muitos desses valores eram profundamente orientados pela religiosidade católica. Jorge Couto observa que incutir a noção de trabalho nos ameríndios era uma forma de combater o ócio, entendido pelos missionários como um momento de descuido em que o demônio operava na mente do indivíduo. Ver COUTO, Jorge. *op. cit.*, pp. 317-318.

604 Têm-se, nesta perspectiva de análise dos aldeamentos, MONTEIRO, J. M. *Negros da terra*... pp. 42-44; e SCHWARTZ, S. B. *Segredos internos*... pp. 45-51. Este último não usa o termo aldeamento, mas "campesinato indígena".

605 Moacyr Flores explica que os tupis-guaranis se sujeitavam aos aldeamentos porque os relacionavam com os elementos da sua cosmologia religiosa. O historiador explica que muitas tribos da América consideravam seu espaço sagrado: o plano físico estava interligado com o sobrenatural e, quando o meio natural não lhes dava condições de sobrevivência, buscavam a *Ivy Maray* (Terra sem Mal). Essa, por sua vez, podia ser construída por Monan, o deus da criação, ou por Tupã, o deus da destruição. Assim, muitas tribos acreditavam que o espaço destruído e reconstruído pelos europeus fosse a Terra sem Mal; e os homens brancos, os enviados de Tupã para tal fim. Ver FLORES, M. Deus e o Diabo na fronteira com os gentios. *Estudos Ibero-Americanos/PUCRS*. Edição Especial (Brasil 500 anos), n. 1, 2000, pp. 57-58. Lembremos que os missionários usavam o termo "tupã" para apresentar o deus cristão aos indígenas, o que poderia contribuir para os nativos associarem os aldeamentos com a Terra sem Mal.

deamento foram inspiradas no "direito de guerra justa" teorizado por Francisco de Vitória. O teólogo castelhano dizia que a maior de todas as justificativas da guerra contra os indígenas era para se estabelecer, com eles, a convivência pacífica para, com argumentos, bons exemplos e milagres, e não com a força, convertê-los à fé de Cristo. Nesse caso, para o poder temporal, combater aqueles que ameaçavam a estabilidade e a paz era uma obra de caridade, isto é, a salvação da alma ameríndia era entendida como ação recíproca entre a vontade do homem e de Deus. Para os missionários, então, era uma premissa da conversão, uma vez que permitiria o controle dos costumes e dos hábitos dos indígenas com o rigor que a tarefa exigia.[606]

Em parecer análogo, Moacyr Flores considerou que, antes de tudo, "a evangelização nas reduções é um modelo de experiência mística na formação de uma nova cristandade, sem a preocupação de inserir o índio na sociedade dos brancos. Bastava salvar a alma".[607] Ou seja, subjugar os ameríndios significava, para os padres, deixar de exercer apenas influência nas aldeias e passar a controlá-las de fato. Este era o ponto de partida para protegê-los não apenas da ação dos colonos, mas de quaisquer outros indivíduos e hábitos que suscitavam a inconstância indígena e que colocava em risco a conversão. Estamos falando daquilo que os missionários viam como os "males da terra" que impediam a colheita de bons frutos na vinha do Cristo, lógica evangelizadora que os impulsionavam.

Cristina Pompa, em análise dos princípios que motivavam a evangelização jesuítica, resume com maestria a Aldeia como lugar de salvação. A citação é longa, porém fundamental:

> Importante notar que a teologia que sustenta a proposta das aldeias se expressa em termos perfeitamente ortodoxos: se é difícil a conversão dos índios, não é posta em discussão a sua humanidade, definitivamente reconhecida pela Bula de 1537. A teoria monogenista, da qual Nóbrega era adepto, faz dos índios os descendentes de Cam, o filho amaldiçoado de Noé: sua condição 'bestial' é fruto da maldição de sua origem e de sua degeneração em virtude da falta de educação. A instituição

606 LUZ, G. A. A antropofagia e o problema da alteridade no século XVI na América portuguesa. *Estudos Ibero-Americanos/PUCRS*. Edição Especial (Brasil 500 anos), n. 1, 2000, pp. 261-268.
607 FLORES, M. *op. cit.*, p. 67.

das aldeias, portanto, é a solução para proceder à necessária educação que conduzirá à conversão. Trata-se da ideia, expressa magistralmente por Acosta, de tornar os índios 'homens' (civis) para fazê-los cristãos depois, ideia que acompanhará todo o processo de evangelização no Brasil e será também apropriada por outras ordens (...). E esse trabalho só pode ser realizado em lugares específicos, as aldeias, cidadelas de Deus, onde exercer o 'bom governo', a educação dos corpos e das almas, em uma palavra, a redução, no duplo sentido em latim de 'reducere': 'conduzir' (para a humanidade civil) e 'retirar', 'afastar' (os índios do convívio com os colonos).

Tal é, a meu ver, o sentido profundo da utopia jesuítica, que não renuncia ao sonho escatológico de construir a 'Cidade de Deus'. Uma vez que nos *Exercícios* e nas *Constituições* a salvação do 'próximo' acompanha a santificação pessoal, não se tratava de uma questão de pouca importância: as aldeias constituíam a única possibilidade, ou único lugar, de realização do ideal jesuítico no Brasil, mediante um esforço de adaptação à situação econômica, política e religiosa da Colônia.[608]

Por ser o ideal salvífico partilhado também por homens leigos comprometidos com a política ultramarina das Coroas ibéricas no Brasil, a proteção que as autoridades régias concederam aos aldeamentos contribuiu significativamente para o florescimento desse organismo evangelizador. Na década de 1560, eles se transfiguraram como o principal meio de expansão da atividade missionária. À medida que as casas jesuíticas se desenvolviam, expedições eram organizadas com o fim de se criar novos aldeamentos no interior do continente ou no litoral. Em muitas capitanias, eram eles que assinalavam a presença de um núcleo de colonização, como em São Vicente e no Rio de Janeiro, onde as aldeias jesuíticas se desenvolveram a tal ponto que se transformaram em importantes vilas e onde surgiram, também, novas casas ou colégios.[609]

---

608 POMPA, C. O lugar da utopia: os jesuítas e a catequese indígena. *Novos Estudos CEBRAP*. São Paulo, n. 64, novembro 2002, p. 90.

609 São Paulo e São Pedro da Aldeia são exemplos de cidades que nasceram ao redor dos aldeamentos. As Aldeias erguidas ao redor de povoações ou de fortes já existentes também contribuíram sobremaneira para o desenvolvimento de importantes núcleos urbanos da colônia, tais como Rio de Janeiro, Santos, Olinda e Salvador. A esse respeito retome a leitura do Capítulo 3 e do Capítulo 5.

Conforme crescia o número de Aldeias, intensificava-se a relação de conflito entre os jesuítas e os colonos, por uma série de razões: o aldeamento colocava sérios impedimentos ao desenvolvimento de atividades econômicas, principalmente ao comércio de escravos; muitos colonos passaram a reclamar as terras abandonadas pelos indígenas que saiam de suas aldeias para viver nas aldeias jesuíticas; e, agravando o quadro, tanto a investida dos colonos contra as tribos tidas como "bárbaras" quanto a presença de franceses e ingleses no litoral desencadeou a reação violenta dos silvícolas à colonização ibérica em diferentes partes da colônia. O estado de tensão daí gerado levou muitos indígenas a buscarem abrigo nos aldeamentos. Não tardou, então, para os colonos saltearem-nos alegando o "resgate" de seus índios escravos, mesmo argumento usado para justificar as expedições de captura de "índios do sertão".[610]

O agravamento da crise reacendeu o debate sobre a administração dos indígenas, que logo ressoou em Portugal. Ao receber as denúncias dos jesuítas e as justificativas dos colonos, D. Sebastião escreveu a Mem de Sá para dizer que tinha sido "informado que geralmente nessas partes se fazem captiveiros injustos, e correm os resgates com titulo de extrema necessidade, fazendo-se os vendedores pais dos que vendem, que são as causas com que as taes vendas podiam ser licitas".[611] Porém, ele estava ciente de que os nativos eram facilmente enganados "por ser gente Barbara e ignorante".[612]

Recobrando que o desenvolvimento das obras temporais muitas vezes era impedido por Deus pelo pouco zelo das espirituais, o monarca orientou o governador-geral a se reunir com o bispo da Bahia, o ouvidor-geral, o Provincial da Companhia de Jesus e com os padres Ignácio de Azevedo e Manoel da Nóbrega para que estudassem um "modo que se pôde e deve ter para se atalhar aos taes resgates e capti-

---

610 Ver ANCHIETA, J. de. Informação dos primeiros aldeamentos da Baía (1584). *In*: __________. *Cartas*: informações, fragmentos históricos e sermões... pp. 359-373. Inicialmente, o "resgate" significava a compra, nas aldeias, de índios adversários que haviam sido capturados em guerras intertribais. Esses, evidentemente, passavam para a categoria de "índios escravos" depois de serem adquiridos. Com o tempo, o termo ganhou outra roupagem. Sobre a questão ver PERRONE-MOISÉS, B. *op. cit.*, pp. 127-128.

611 SEBASTIÃO, D. *Carta Del-Rei a Mem de Sá*. s/d. *ap*. VARNHAGEN, F. A. de (1816-1878). *Historia Geral do Brazil*... Tomo Primeiro. Madri: Imprensa da V. de Dominguez, 1854, p. 259.

612 *id. ibid.*, p. 259.

veiros, e me escrevaes miudamente como correm, e as desordens que nelles ha, e o remédio que pode haver para se atalhar e os taes injustos captiveiros se evitarem".[613]

A resposta foi imediata. Porque havia "muitos Índios mal resgatados e salteados, a quem o senhor governador pola obrigação que tem de conservar e defender em justiça",[614] as autoridades régias ordenaram, em 1566, que a justiça secular não devesse entregar os índios reclamados pelos colonos sem antes ser feita minuciosa investigação. O documento, entretanto, simplificava a devolução de índios refugiados: bastava uma simples confissão do nativo de que ele era cativo antes da fuga e ele seria devolvido ao seu senhor sem a necessidade de investigação. Ainda, caso algum índio aldeado desejasse trabalhar para os portugueses, principalmente para prestar serviços domésticos, poderia ir sem impedimento algum, mas não poderia ser levado a força. Ficou ordenado, também, que devesse ser nomeado um Procurador dos Índios. Este deveria receber salário e garantir que os índios aldeados tivessem a devida assistência religiosa dos missionários, assim como os índios devolvidos para os colonos.[615]

Atendendo aos anseios dos inacianos, D. Sebastião também promulgou, em 1570, uma lei que proibia definitivamente o "resgate". Ela declarava livres todos os índios aldeados e proibia o aprisionamento de índios do "sertão" que não fosse feito em caráter de "guerra justa". Seguida a essa medida, Mem de Sá promulgou, um ano depois, uma resolução que devolvia terras de aldeias e de aldeamentos invadidos por colonos, muitos deles recém-chegados ao Brasil. Além da devolução, ela previa também o pagamento de multa e a perda dos investimentos feitos pelos colonos na terra quando da ocupação.[616]

---

613 SEBASTIÃO, D. *Carta Del-Rei a Mem de Sá*. s/d.... p. 259.

614 SÁ, M. de; FRAGOSO, B. Ordens de 30 de julho de 1566. *ap*. ANCHIETA, J. de. Informação dos primeiros aldeamentos da Baía (1584)... p. 368. Anchieta reproduziu esse e outros documentos relativos aos aldeamentos, segundo ele, com a permissão do governador-geral e do bispo da Bahia, na ocasião Braz Fragoso. Afrânio Peixoto, organizador de *Cartas*: informações, fragmentos históricos e sermões, contou com o apoio dos pesquisadores do Instituto Histórico e Geográfico Brasileiro para atestar a veracidade desses documentos. Ver PEIXOTO, A. Nota preliminar. *In*: ANCHIETA, J. de. *Cartas*: informações, fragmentos históricos e sermões... pp. 17-23.

615 *id. ibid.*, pp. 368-370.

616 SEBASTIÃO, D. Lei de 20 de março de 1570. *ap*. MONTEIRO, J. M. *Negros da terra*... pp. 41-42.

Vendo na posição da Coroa e das autoridades coloniais um aumento do poder dos jesuítas, os colonos novamente reagiram, fato que ressoou na cúria jesuítica e na corte portuguesa. Em 1572, o então Geral da Companhia de Jesus, padre Francisco de Borja, argumentou que a ausência de um estatuto que previa os crimes e as respectivas penas e a consequente intromissão dos missionários na aplicação da justiça nas Aldeias era causa de escândalos. Por isso, proibiu os inacianos de terem o governo temporal dos indígenas para evitar maiores conflitos, o que implicava na extinção do cargo de meirinho.[617] Dois anos depois, D. Sebastião promulgou uma nova lei que revogava alguns pontos da lei de 1570: ela reinstituía o "resgate", ou seja, considerava escravo o índio capturado pelos próprios indígenas em guerras intertribais e aqueles resgatados ou comprados pelos colonos; e permitia a escravização dos ameríndios maiores de 21 anos que vendiam a si mesmos.[618]

As duas medidas deixaram os aldeamentos bastante vulneráveis. A ausência da figura do meirinho abria precedentes para que os capitães-gerais, com a licença dos governadores-gerais, administrassem os aldeamentos ao sabor de seus interesses. Na ausência de um meirinho, os capitães tinham o poder de nomear um juiz. Caso não houvesse um, qualquer homem português poderia ser indicado para julgar os casos relativos aos aldeamentos. Entretanto, muitos desses capitães estavam à frente do tráfico de escravos, principalmente em São Vicente, onde o comércio de indígenas era a base da economia local.[619]

União Ibérica: um ponto de confluência do aldeamento

Os reflexos da lei de 1574 se fizeram sentir de modo mais acentuado nos primeiros anos da União Ibérica. John Manuel Monteiro explica que entre 1580 e 1590, os bandeirantes deixaram de estabelecer uma relação de trocas e permutas com os silvícolas e passaram

---

617 Ver LEITE, S. S.J. *História da Companhia de Jesus no Brasil*. Tomo II. Livro II... pp. 287-298.

618 SEBASTIÃO, D. Treslados dos capítulos da carta de sua alteza (1574). *ap*. ANCHIETA, J. de. Informação dos primeiros aldeamentos da Baía (1584)... pp. 374-375.

619 Ver BOXER, C. R. *Salvador de Sá e a luta pelo Brasil e Angola, 1602-1686*... pp. 17-54; e MONTEIRO, J. M. *Negros da terra*... pp. 42-56.

a usar a força para integrá-los à lide colonial como peça da economia mercantilista, nem que da dominação forçada resultasse a desintegração das sociedades tribais. São desse período, lembra o historiador, as mais graves "guerras justas" decorrente da reação violenta dos ameríndios à dominação ibérica. Em todas as capitanias se assistiu a graves conflitos que resultaram ou no esvaziamento de muitos aldeamentos ou no abandono de algumas missões jesuíticas.[620]

O quadro de violência e tensão social nascidos da discussão sobre a Aldeia certamente eram impedimentos para Filipe II implementar os elementos religiosos de sua política ultramarina no Brasil. Enquanto núcleo evangelizador, os aldeamentos da colônia eram idênticos às chamadas *reducciones*, organismos que nasceram na América espanhola a partir da publicação das *Ordenanzas de descubrimiento, nueva población y pacificación de las Indias* em 1573. O próprio nome do documento deixava explícita a política que norteava a criação de *pueblos*, a célula que deu origem às reduções, como um instrumento tanto de conquista territorial quanto de integração pacífica dos indígenas à lide colonial.

Desde a chegada à América, os espanhóis usaram a violência para integrar o silvícola à lide colonial. A necessidade apontada pelos colonos de usar a força de trabalho do ameríndio para o desenvolvimento da colônia levou as autoridade régias a orientar, já em 1502, o agrupamento dos indígenas para que eles pudessem ser "domesticados". Em seguida, como vimos, o *repartimiento* deu origem à *encomienda*, regime de relação de trabalho que garantia o uso da mão-de-obra indígena desde que os *encomenderos* promovessem a cristianização dos índios sob sua tutela. Na prática, entretanto, eles eram explorados, em geral, até a invalidez ou mesmo à morte.[621]

Essa relação começou a ser alterada com a chegada das ordens religiosas na década de 1520. Os franciscanos, assim como os dominica-

620 MONTEIRO, J. M. *Negros da terra*... pp. 42-56. Esse quadro de tensão entre os colonos e os ameríndios também é discutido em CASTELNAU-L'ESTOILE, C. de. *op. cit.*, pp. 123-129.

621 Sobre as diferentes formas de violência praticadas contra o ameríndio na conquista e colonização da América espanhola ver BELTRÁN, H. J. A. *La congregación civil de Tlacotepec (1604-1606)*. Cidade do México: CIESA, 1984, pp. 41-44; e FLORESCANO, E. A conquista e a transformação da memória indígena. *In*: BONILLA, H. (org.). *Os conquistados*: 1492 e a população indígena das Américas. São Paulo: Hucitec, 2006, pp. 67-101. Sobre o regime de *encomienda* ver ELLIOTT, J. H. A Espanha e a América nos séculos XVI e XVII... pp. 300-306.

nos e os agostinianos, se opuseram ao regime de *encomienda* como forma de conversão dos ameríndios e passaram a denunciar com veemência a violência praticada contra os nativos da América hispânica. O esforço de missionários como Bartolomé de Las Casas levou a Igreja Católica a intervir na relação dos ibéricos com os povos americanos, porque a conquista do Novo Mundo se dava também sob a égide da propagação do cristianismo e, aliás, era consentida e até protegida da concorrência europeia pelo Patronato Régio, tanto que o papa Paulo III reconheceu a liberdade dos ameríndios e proibiu sua escravização.[622]

A base da exploração do Novo Mundo era a concessão de títulos e benefícios aos colonos para minimizar os gastos da Coroa. Quando o clero regular passou a denunciar a violência praticada contra os ameríndios, as atividades de mineração e a agricultura de subsistência estavam em franco desenvolvimento, e retirar aquela força de trabalho da empresa ultramarina já não era mais uma possibilidade. Mesmo porque, a intervenção no fornecimento de mão-de-obra poderia comprometer a manutenção da colônia americana. A partir de então, a Coroa espanhola criou mecanismos para garantir a proteção dos povos americanos e, ao mesmo tempo, viabilizar sua participação na lide colonial. Em 1538, por exemplo, foram criadas as primeiras *Ordenanzas* que previam a concentração dos indígenas em *pueblos* que teriam a administração feita pelos *cabildos*, ou seja, nos mesmos moldes das vilas e cidades coloniais.[623]

Mas, o documento de 1538 não previa regras para a resolução de problemas que nasceriam com a formação de *pueblos* indígenas, tal como a indisposição dos nativos de viverem nesses espaços e até mesmo a reação violenta à subjugação. Por conta disso, e das necessidades

---

622 Ver, na íntegra, LAS CASAS, F. B. de. *Brevíssima relação da destruição das Índias*. Tradução de Júlio Henriques. 2 ed. Lisboa: Antígona, 1997; e PAULO III. O Breve *Pastorale Officium*, dirigido ao cardeal Tavera, reconhece a liberdade dos índios que devem ser convertidos com pregações e exemplos, e excomunga seus escravizadores. Dada em Roma, junto a S. Pedro, sob o anel do Pescador, em 29 de maio do ano de 1537, 3º do Nosso Pontificado. *In*: SUESS, P. (coord.). *op. cit.*, pp. 268-269. É do mesmo ano a conhecida Bula *Sublimis Deus* que novamente declarou os índios livres e sua escravização proibida. Ver PAULO III. A Bula *Sublimis Deus* declara os índios livres e capazes para a fé cristã, proíbe sua redução à escravidão e insiste em sua conversão através da palavra de Deus e do bom exemplo. Dada em Roma, junto a S. Pedro, em 2 de junho do ano de 1537 da Encarnação do Senhor, 3º de Nosso Pontificado. *In*: SUESS, P. (coord.). *op. cit.*, pp. 273-275.

623 Ver BELTRÁN, H. J. A. *op. cit.*, pp. 43-44.

de seu governo, Filipe II publicou as *Ordenanzas de descubrimiento* em 1573. Na análise da criação desta lei, Charles Boxer entendeu que o monarca passou a responsabilidade de estabelecer fronteiras às ordens religiosas porque precisava aplicar os recursos gastos com exércitos de conquista e exploração da América em campanhas militares no Mediterrâneo, Itália e Flandres.[624] Já Hilda Béltran deixou subentendido que a lei nasceu para corrigir as leis anteriores que não conseguiram promover a integração pacífica do ameríndio à sociedade colonial.[625]

Esses olhares se complementam e dão mostra da dimensão da política ultramarina de Filipe II expressa no documento. A integração violenta do silvícola se mostrava contraproducente à empresa ultramarina e a disposição das ordens religiosas de atuar entre os povos americanos apresentava-se como uma boa saída para o emprego dos escassos recursos materiais e humanos na conquista dos domínios espanhóis na América. As *Ordenanzas de descubrimiento*, por isso mesmo, visavam tanto estimular a conquista territorial quanto promover a integração pacífica dos indígenas à lide colonial, e o modelo adotado por Filipe II para a empreitada foi a adaptação de um já existente: a fundação de *pueblos*. Gravitando na órbita de sua imagem como Rei Católico, mas principalmente no estímulo e proteção das povoações indígenas como peça-chave de sua política ultramarina, Filipe II decretou que

> havendo frades e religiosos das ordens que se permitem passar para as Índias com o desejo de se empregar em servir ao nosso Senhor quiserem ir a descobrir terras e publicar nelas o santo evangelho antes a eles do que aos outros se encarregue o descobrimento e seja outorgada licença para isto e sejam favorecidos e providenciados de tudo o que for necessário para tão santa obra aos nossos custos.[626]

O monarca também ordenou os governadores de Província a identificarem todos os grupos indígenas existentes em suas terras e a ter bom trato com eles. A orientação era para que tecessem aliança com nativos antes de juntá-los. Em seguida, indicariam a tribo aos mis-

---

624 BOXER, C. R. *A Igreja militante e a expansão ibérica*... pp. 91-97.

625 BELTRÁN, H. J. A. *op. cit.*, pp. 41-44.

626 FILIPE II. Ordenanzas de descubrimiento, nueva población y pacificación de las Indias dadas por Felipe II, el 13 de julio de 1573, en el bosque de Segovia... p. 492. Tradução nossa.

sionários para que, obedecendo aos princípios teológicos da salvação católica, "os persuadam para que de sua própria vontade deixem aquilo que é contrário à nossa santa fé católica e doutrina evangélica".[627] A ordem era para que se criassem núcleos urbanos com índios passíveis de conversão, "pois este é o principal fim para que mandamos fazer os novos descobrimentos e povoações".[628] A finalidade dessa conversão?

> Estando a terra em paz e os senhores e nativos dela reduzidos a nossa obediência o governador com o seu consentimento tente de reparti-la entre os moradores para que cada um deles se encarregue dos indígenas de sua repartição de defendê-los e amparar e fornecer ministro que lhes ensine a doutrina cristã e administrem os sacramentos e lhes ensine a viver em polícia e façam com eles tudo ao que estão obrigados a fazer os *encomenderos* com os indígenas da sua repartição segundo o disposto no título que disto se refere.[629]

Como se observa, o documento de 1573 fazia da atividade missionária um instrumento colonizador baseado na fundação de núcleos urbanos. Arthur Barcelos explica que essa era uma prática corrente desde o início do século XVI. Ela havia sido utilizada na exploração e conquista da Região Platina, mas inicialmente o projeto teve pouco sucesso porque a Coroa colocou a empreitada a cargo de colonos que não tinham recursos suficientes para levá-lo a cabo. Além disso, não havia ainda uma infraestrutura que interligasse as povoações recém-construídas com os centros administrativos do Peru e do México, e os grupos indígenas se mostravam hostis à presença do invasor europeu.

No parecer do historiador, portanto, os *pueblos* indígenas seriam um prolongamento dessa política de ocupação territorial, com a diferença que passou a ser executada pelas ordens religiosas. Os franciscanos já haviam defendido a ideia de que era necessário segregar os indígenas dos espanhóis para se preservar sua pureza, mas a proposta ficou no âmbito do debate porque dependia da interferência da Coroa espanhola em um ponto central da exploração do Novo Mundo, que era o fornecimento de mão-de-obra. Por outro lado, os jesuítas

---

627 FILIPE II. Ordenanzas de descubrimiento, nueva población y pacificación de las Indias dadas por Felipe II, el 13 de julio de 1573, en el bosque de Segovia... pp. 506-507. Tradução nossa.
628 *id. ibid.,* p. 494. Tradução nossa.
629 *id. ibid.,* p. 508. Tradução e grifo nossos.

da Província do Brasil já haviam ensaiado os primeiros modelos de aldeamento, o que de certo modo deu aos jesuítas da Assistência da Espanha uma relativa vantagem na criação dos *pueblos*.[630]

De acordo com Barcelos, entre os primeiros *pueblos* controlados pelos jesuítas espanhóis estava o da cidade de Juli. Ele havia sido criado pelos dominicanos, que já tinham convento na Província de Chucuito, mas em 1577 a Coroa espanhola transferiu sua administração aos inacianos. Mais tarde, no início do século XVII, os jesuítas passaram a usar os colégios de Assunção, Córdoba e Buenos Aires para organizar expedições de reconhecimento da Região Platina. Em duplas, os padres faziam um levantamento da geografia da região e identificavam os grupos indígenas ali existentes, suas estruturas de poder e formas de organização social. Em seguida, escolhiam a aldeia principal e estabeleciam relações com suas lideranças. Quando conseguiam a conversão dos caciques, erguiam uma capela e uma cruz e, com a ajuda da tribo, atraíam os indígenas das aldeias da região para viverem na povoação.[631]

Barcelos explica que o jesuíta Antonio Ruiz de Montoya, que liderou a maior parte dessas expedições, ao que tudo indica foi o primeiro missionário a usar o termo *reducción* para se referir aos *pueblos* indígenas criados pela Companhia de Jesus na América espanhola. Desde que o empregou, ele virou sinônimo de *pueblo* e passou a ser recorrente na documentação jesuítica. De acordo com o historiador, a redução nascia quando a cruz era erguida na aldeia. A partir desse momento, os padres impunham um novo ritmo de trabalho e de sociabilidade aos ameríndios e se esforçavam para configurar a aldeia a partir da lógica da urbanização e da civilização, porque "os jesuítas congregavam os guaranis em nome da Coroa espanhola. A perspectiva era de constituição de *cabildos* indígenas e da institucionalização dos povoados".[632]

Como vimos, as expedições de reconhecimento da América espanhola tinham as mesmas características daquelas realizadas no Brasil, bem como na África e na Ásia. Já as formas de criação das reduções, como veremos, eram idênticas às praticadas na criação dos alde-

630 BARCELOS, A. H. F. *op. cit.*, pp. 117-173.
631 *id. ibid.*, pp. 120-121 e pp. 140-173.
632 *id. ibid.*, p. 159.

amentos no Brasil dos Filipes. Ademais, formar as povoações e institucionalizá-la era uma determinação das *Ordenanzas de descubrimiento, nueva población y pacificación de las Indias*, que indicava também a necessidade do clero regular transferir a tutela do *pueblo* ao poder temporal quando ele estivesse estável. Feito isso, os missionários deveriam trabalhar na criação de novos povoados.[633]

E era exatamente o que acontecia na prática. Conforme indicação de Barcelos, quando uma redução alcançava estabilidade política, ela era transferida para as autoridades régias. Seu estatuto jurídico era semelhante ao dos povoados de colonos, mas sua administração e policiamento ficavam a cargo de um *cabildo* indígena. Já a assistência religiosa passava a ser de responsabilidade do clero secular. No momento em que o *pueblo* era transferido ao poder secular, ele passava a integrar as dioceses e paróquias. Transformava-se, então, em uma *Doctrina*, que era visitada pelos padres seculares com certa regularidade para a realização de missas e aplicação de sacramentos. O historiador lembra que os *pueblos* foram criados em praticamente toda a América espanhola: no vice-reino do Peru, na capitania-geral do Chile e nas demais regiões que mais tarde formaram o vice-reino do Rio da Prata. As experiências mais bem sucedidas ocorreram no Extremo Sul americano, justamente nos locais onde foram realizadas expedições jesuíticas de reconhecimento e ocupação nos atuais territórios do Paraguai, Argentina e Uruguai, além dos estados brasileiros do Rio Grande do Sul, Paraná e Mato Grosso do Sul.[634]

Os velhos problemas e os novos sentidos da Aldeia no Brasil dos Filipes

As reduções jesuíticas se mostraram ferramentas eficientes de conquista e ocupação territorial na América espanhola desde a promulgação das *Ordenanzas de descubrimiento*. Assim, para fazer dos aldeamentos do Brasil um instrumento de implementação de sua política ultramarina no Brasil, bastava Filipe II alinhar seu estatuto jurídico

633 FILIPE II. Ordenanzas de descubrimiento, nueva población y pacificación de las Indias dadas por Felipe II, el 13 de julio de 1573, en el bosque de Segovia... pp. 489-518.
634 BARCELOS, A. H. F. *op. cit.*, pp. 123-173.

ao da *reducción*, tendo em vista que esses organismos se diferenciavam dos aldeamentos apenas nesse aspecto. Nos *pueblos*, os missionários não tinham o governo temporal dos indígenas, apenas o espiritual. No entanto, a ordem de Filipe II era para que "nos lugares em que estiverem os pregadores do evangelho para pacificar os índios e lhes converter e lhes trazer pacificamente não se permita que entrem outras pessoas que possam estorvar na conversão e pacificação",[635] o que dava aos evangelizadores bastante poder sobre os índios aldeados.

O problema é que a completa transformação dos aldeamentos em *reducciónes* esbarrava nos problemas da colônia. Quando Filipe II passou a intervir na administração do Brasil, precisou protagonizar em um palco onde diversos atores formavam um cenário de tensão: os jesuítas da Província do Brasil lutavam desde 1549 pela liberdade dos indígenas; os colonos reclamavam ostensivamente que a proibição da escravização do silvícola ameaçava seriamente a empresa ultramarina; a cúria jesuítica, em Roma, resistia em permitir que seus missionários atuassem na administração temporal dos índios aldeados; a Coroa portuguesa, e posteriormente a espanhola, precisava conciliar os interesses de missionários e de colonos porque compromissada com os dois grupos na empresa ultramarina.

Desse modo, para Filipe II colocar a política de aldeamento a favor de seu projeto religioso, era necessário intervir, invariavelmente, na relação entre colonos, indígenas e jesuítas. A primeira medida nesse sentido foi adotada em 1587 como decorrência da negociação entre as partes. Castelnau-L'Estoile comenta que, em 1583, os jesuítas se reuniram com o governador-geral Manuel Telles Barreto e o bispo da Bahia para discutir a nomeação de capitães que substituíssem os meirinhos na administração temporal dos índios aldeados. Os padres sugeriam que eles fossem portugueses e indicados pelo governador, mas resolveu-se pela não nomeação de capitães de Aldeia. A fim de amenizar o contragosto jesuítico, Telles Barreto lançou pregão para anunciar que os índios aldeados não podiam mais ser cedidos aos colonos, assim como os aldeamentos não podiam mais dar refúgio a índios cativos.[636]

---

635 FILIPE II. Ordenanzas de descubrimiento, nueva población y pacificación de las Indias dadas por Felipe II, el 13 de julio de 1573, en el bosque de Segovia... p. 509.

636 Ver CASTELNAU-L'ESTOILE, C. de. *op. cit.*, pp. 123-129.

Os inacianos insistiram na questão e, após um ano de negociações infrutíferas, reagiram. Em 1584, o padre Cristóvão de Gouveia escreveu a Filipe II ameaçando abandonar as Aldeias caso ele não resolvesse o problema da sua jurisdição. A resposta veio em 1587: o monarca republicou a lei de 1570 e a incrementou. Além de proibir novamente o "resgate" e o aprisionamento que não fosse feito através de "guerra justa", também instituiu a obrigatoriedade de haver um padre nas expedições de "descimento". Mais do que ceder a uma chantagem, o rei encontrou uma boa oportunidade para alinhar ainda mais a realidade brasileira ao seu projeto religioso em curso na América espanhola.[637]

A lei de 1587 foi, certamente, um duro golpe aos bandeirantes e peruleiros e, por outro lado, uma injeção de ânimo para os jesuítas da Província do Brasil. Mas, por ser uma especificidade das missões americanas, os aldeamentos foram causa de inquietação da cúria jesuítica desde a sua formação porque as *Constituições* não estabeleciam regras para a atuação nesse espaço e, como vimos, os padres de Roma temiam que a interferência dos missionários na aplicação da justiça fosse causa de escândalos.

Desse modo, ao mesmo tempo em que negociaram a gerência temporal dos índios aldeados com a Coroa espanhola, os missionários da Província do Brasil também tiveram que negociá-la com Roma, e para isso contaram com o apoio de Cristóvão de Gouveia. Em razão de sua visitação, Gouveia participou dessas negociações com ambos os poderes e, ainda, trabalhou na criação de normas que concedesse ao aldeamento um governo fundamentado nas *Constituições* e que, ao mesmo tempo, atendesse às especificidades político-sociais da colônia.

Essa institucionalização do aldeamento se materializou no Regimento de 1586. Esse documento, no parecer de Charlotte de Castelnau-L'estoile, norteou a ação dos missionários da Província do Brasil até a sua expulsão da colônia em 1759, uma vez que previa regras específicas para a atuação nas Aldeias. Explica a historiadora que o Visitador estabeleceu vinte regras importantes para este núcleo evangelizador. Entre elas, ficou obrigatória a visita anual aos aldeamentos, conforme já discutimos; instruiu-se que os padres não castigassem os índios aldeados a fim de não causarem escândalos entre os nativos e

637 Ver LEITE, S. S.J. *História da Companhia de Jesus no Brasil*. Tomo II. Livro II... pp. 287-298.

entre os colonos; orientou-se a não receber índios fugidos das casas dos portugueses para evitar mais conflitos; em vista do alto custo para a aquisição de "escravos da Guiné", sugeriu o fornecimento de índios cristãos aos colonos mais pobres para suprir a carência de mão-de-obra e, assim, colocar fim aos salteamentos; orientou os padres a não participarem dos "descimentos" e de discussões públicas sobre a liberdade indígena; e aconselhou os missionários a prestarem assistência religiosa apenas aos índios aldeados e aos colonos e seus escravos durante "missões rurais".[638]

É possível perceber que algumas das normas estabelecidas por Gouveia contribuiu para que os colégios assumissem novas funções, principalmente a de serem centros ordenadores das "missões rurais". E parece ser daqui que a historiografia retira a explicação sobre o funcionamento da missionação jesuítica no Brasil na década de 1580, bem como o crédito dado às mudanças propostas pelo Visitador diante do cenário de crise que ele encontrou na Província jesuítica do Brasil. De fato, era nesses argumentos que o Regimento fundamentava as novas regras para o funcionamento da missionação no Brasil que, como vimos, tinham o objetivo primordial de rever o lugar dos inacianos na sociedade colonial, tal como desejava Acquaviva.

No entanto, consideremos que não era conveniente para Gouveia expor, em um documento normativo, a cumplicidade dos jesuítas da Província do Brasil com a Coroa espanhola, o que certamente incomodava um generalato que trabalhava para reinstituir a identidade de uma ordem que não havia previsto, em suas *Constituições*, regras para a atuação dos missionários nas Aldeias. Os relatos feitos sobre os aldeamentos a partir da década de 1580 revelam a dimensão e importância que esses núcleos de evangelização tomaram na exploração de novas frentes colonizadoras, mesma função exercida pelos *pueblos* da América espanhola. José de Anchieta e Fernão Cardim nos dão indícios de que a criação de novos aldeamentos passou a ser a segunda etapa da exploração ou da pacificação de uma região, isto é, estava voltada à efetivação da influência ibérica nas áreas pacificadas, condição *sine qua non* para a sua colonização.

638 CASTELNAU-L'ESTOILE, C. de. *op. cit.*, pp. 129-150.

Contam os missionários que eram escolhidas tribos que exerciam grande influência em sua região. Os padres, então, se concentravam na conversão do seu "principal" para, em seguida, se estabelecerem em sua tribo. Depois do batismo da liderança tribal, o passo seguinte era fazer um pequeno sítio para plantação, erguer uma igreja com capela e construir uma residência para os padres, que também funcionava como escola. Os jesuítas que passavam a viver no aldeamento eram assistidos pelos missionários das casas ou colégios mais próximos, que passavam a ter a tutela daquele núcleo evangelizador. Em expedições periódicas, a Aldeia era visitada pelo Superintendente da Aldeia, "cujo ofício [era] visitar de contínuo as Aldeias, e ver como se guardam as regras, e o que toca à conversão".[639] Quando da chegada do Superintendente, era comum haver a troca dos missionários que residiam no aldeamento a fim de se evitar o aprofundamento das relações entre os padres e os nativos.

Uma vez estabelecido, o aldeamento passava a ser ponto de apoio às visitas de aldeias circundantes, onde os padres colhiam almas para a conversão. A principal responsabilidade dos missionários era persuadir os nativos a viverem na Aldeia e controlar a conduta dos catecúmenos e dos índios batizados que nela viviam. Para isso, eles criavam confrarias e afastavam os ameríndios aldeados dos colonos e das tribos não convertidas. Essa não era uma tarefa fácil, tendo em vista que os aldeamentos variavam de tamanho: os menores eram compostos por duzentas pessoas e os maiores chegavam a ter vinte mil.[640]

A inobservância das leis que protegiam os aldeamentos por parte dos salteadores e as investidas estrangeiras ao Norte e Nordeste apresentavam aos missionários certa dificuldade para a manutenção dos núcleos evangelizadores criados durante a União Ibérica. As regras estabelecidas por Gouveia refletiam esse problema e claramente objetivavam minimizar o desgaste entre os inacianos e os colonos.

---

639 *BoP*/BNC, f. 34. A ordem foi dada em 1599 e determinava que cada colégio tivesse um Superintendente da Aldeia e que este ficasse subordinado aos seus Reitores.

640 ANCHIETA, J. de. Informação dos primeiros aldeamentos da Baía (1584)... pp. 357-402; ANCHIETA, J. de. Informação da Província do Brasil para nosso Padre. Da Baía de Todos os Santos, o último de Dezembro de 1585. *In*: __________. *Cartas*: informações, fragmentos históricos e sermões... pp. 426-427; CARDIM, F. Narrativa epistolar de uma viagem e missão jesuítica. Da Bahia, a 1 de maio de 1590... pp. 149-156; e CARDOSO, M. Carta Ânua da Província do Brasil em 1607 ao Provincial da Companhia de Jesus em Portugal, o Padre Jerônimo Dias... p. 239.

A tensão entre esses diferentes grupos foi agravada com a promulgação da lei de 1587. Mas, pelo fato dela oferecer amplos poderes aos inacianos, não podemos lê-la simplesmente como uma tomada de partido de Filipe II à causa jesuítica de defesa do ameríndio, e sim como uma estratégia que visava alinhar os aldeamentos à sua política ultramarina. Indício disso é que, agindo nesse sentido, o monarca promulgou uma nova lei em 1596 que era enfática: somente o rei estava autorizado a declarar uma guerra como justa; os colonos estavam proibidos de praticarem o "descimento" e somente os membros da Companhia de Jesus passavam a ter esse direito; somente os jesuítas podiam adentrar o interior do continente para criar novas povoações de indígenas e nelas declarar aos nativos que todos eram livres (e caso algum leigo quisesse ir a essas povoações, deveria ter ele licença do governador e consentimento dos religiosos, tal como previa as *Ordenanzas de descubrimiento*); aqueles que tinham índios cativos deveriam torná-los livres e, se desejassem, podiam usar sua força de trabalho mediante pagamento de salário durante um prazo máximo de dois meses; cada povoação deveria ter um Procurador para defender os direitos de seus indígenas perante a justiça secular; estava obrigatória a nomeação de um juiz particular para resolver as causas envolvendo indígenas; e seria sentenciado a trinta dias de prisão qualquer indivíduo que desobedecesse ao Regimento.[641]

Charlotte de Castelnau-L'Estoile observou que a lei de 1596 era um reflexo do novo olhar que a Coroa espanhola passava a ter sobre a liberdade indígena em um momento importante da colônia: o florescimento da produção de açúcar. Intervir com a criação de leis era necessário para garantir a vida da atividade, já que ela dependia do franco fornecimento de mão-de-obra.[642] Podemos acrescentar nessa análise que Filipe II tentava trazer ao Brasil sua política já em vigor em seus domínios de integração pacífica do ameríndio como premissa para a utilização da sua força do trabalho na empresa ultramarina. Ainda mais, o monarca visava usar os aldeamentos como peça de ocupação territorial, tal como havia feito em seus domínios americanos, uma vez que essa era uma premissa defensiva contra as investidas estran-

641 FILIPE II. Lei de 26 de julho de 1596 sobre a liberdade dos índios. *In*: LEITE, S. S.J. *História da Companhia de Jesus no Brasil*. Tomo II. Apêndice D... p. 418.

642 CASTELNAU-L'ESTOILE, C. de. *op. cit.*, pp. 274-282.

geiras. Pelo fato das Aldeias serem as peças fundamentais na abertura de novas frentes de colonização no Norte, Nordeste e no Extremo Sul, a lei foi promulgada não apenas para favorecer a atividade agrícola ou os jesuítas em detrimento dos colonos, mas também e principalmente para consolidar, definitivamente, sua política ultramarina no Brasil.

É certo que os jesuítas foram beneficiados na disputa pelo governo temporal dos aldeamentos com a lei de 1596. No entanto, o monarca espanhol incluiu cláusulas que subordinavam os inacianos ao governador-geral e que proibia os religiosos de oferecer indígenas a particulares e de usarem os índios como escravos em suas casas e colégios, desde que pagassem pelos serviços prestados que não deveriam ultrapassar dois meses, assim como estabelecido para os colonos.[643] E se a medida pode parecer uma estratégia para minimizar o contragosto dos colonos, à luz do projeto religioso Habsburgo elas são perfeitamente lidas como estratégias que transformavam, de modo evidente, os jesuítas em agentes executores da sua política ultramarina que dependia da inserção do indígena na sociedade colonial não apenas com a finalidade de uma integração humanista, mas também de aproveitamento de sua força de trabalho: sua proteção e cristianização, pois, eram recursos de "amansamento" que excluía a necessidade de uma guerra de conquista.

Não parece ter sido por outra razão que uma das especificidades mais marcantes dos aldeamentos jesuíticos do período da União Ibérica tenha sido o local onde eles foram criados: em regiões indicadas pela Coroa. Os monarcas Habsburgo apontavam, conforme a necessidade, o local onde era preciso ser erguido um aldeamento. O contrabando de pau-brasil realizado por estrangeiros na atual região Sudeste do Brasil, por exemplo, levou Filipe III a ordenar, em 1616, que fosse erguido um aldeamentos na região. O rei indicou que a Aldeia deveria ser composta por cem ou duzentos índios já convertidos e que os padres da Companhia de Jesus devessem residir com eles. Orientou, igualmente, que Gonçalo Correia de Sá, capitão-mor de São Vicente, deveria favorecer os padres na empreitada oferecendo soldados e a provisão necessária.[644]

---

643 FILIPE II. Lei de 26 de julho de 1596 sobre a liberdade dos índios... p. 418.

644 FILIPE III. A Dom Luís de Souza (...), Capitão Geral do Estado do Brasil. S/l, 31 de outubro de 1616. Documento VII. *In*: MUSEU P. (org.). *op. cit.*, pp. 33-34.

Em outros casos, a Coroa indicava quais tribos precisavam ser pacificadas para que os colonos se estabelecessem em uma região. Em 1618, por exemplo, Filipe III enviou uma ordem ao governador do Estado do Brasil para que os padres Coelho de Sousa e Antonio Affonso, exímios intérpretes, fossem levados para o Maranhão e para o Pará. O intuito? Reduzir e pacificar os indígenas "porque conuem que as ditas conquistas vão em aumento e aja nellas quietação pera effeito dese conseruarem".[645]

No documento, o monarca não só deixou evidente sua predileção pela Companhia de Jesus nessa atividade, como também demonstrou que os padres estavam, de certo modo, subordinados ou no mínimo compromissados com as autoridades régias em encabeçar empreitadas daquele porte. E os relatos jesuíticos revelam a atuação da ordem nesse sentido e apontam que, geralmente, o trabalho de pacificação de um grupo indígena se iniciava nos arredores de uma fortaleza para garantir a segurança dos próprios missionários. À medida que ganhavam a confiança das lideranças indígenas locais, os padres adentravam no interior do continente para pacificar as demais tribos do grupo. Feita a pacificação, outras ordens religiosas assumiam as funções pastorais dos fortes e das vilas que começavam a ser erguidas pelos colonos e, em seguida, os inacianos saíam em expedição interior adentro a fim de criar novos aldeamentos.[646]

Essa forma de atuação da Companhia de Jesus no Brasil estava, como é possível observar, em perfeita sintonia com o *modus procedendi* dos missionários que atuavam na América espanhola sob os ditamos das *Ordenanzas de descubrimiento*. E, de certo modo, ela explica porquê os Habsburgo não privilegiavam apenas uma ordem religiosa na evangelização, o que também nos dá explicações razoáveis à abertura do campo missionário brasílico: a atividade missionária como ferramenta de conquista dependia de um número expressivo de missionários.

Por conta do papel prático que a evangelização assumia na política expansionista da Coroa espanhola no Brasil, o fundamento dos aldeamentos passava a ser o de estabelecer a aliança entre colonizadores e as lideranças indígenas, uma vez que disso dependia a permanência dos

---

645 FILIPE III. Para o Governador-Geral do Brasil. Lisboa, 31 de março de 1618. Documento XXXV. *In*: MUSEU P. (org.). *op. cit.*, p. 61.

646 A exemplo ver FIGUEIRA, L. Relação do Maranhão, 1608, pelo jesuíta padre Luiz Figueira enviada a Cláudio Aquaviva... pp. 76-157.

ibéricos nas novas áreas exploradas. Ocorre que, por estarem voltadas a uma necessidade prática da lide colonial e pelo fato da ordem jesuítica não contar com um efetivo suficiente à demanda, duas medidas foram tomadas. Uma partiu da cúria jesuítica em 1601 e era tácita: as casas e as residências jesuíticas estavam proibidas de criar novas Aldeias até que tivessem efetivo suficiente para manter a atividade das casas e dos aldeamentos ao mesmo tempo.[647] A medida, ao que tudo indica, foi tomada para impor o que dez anos antes tinha sido manifestado como uma sugestão da cúria de que "não se multipliquem as aldeias, pois há falta de Sujeitos".[648] A norma de 1601 era justificada exatamente pelo fato de que os padres estavam deixando as casas e residências para atuar nos aldeamentos e, quando voltavam, encontravam-nas sem catecúmenos. Portanto, a ordem era para que ficassem no mínimo dois inacianos nas casas e, na falta de missionários para acudir os aldeamentos, a demanda desses núcleos evangelizadores deveria ser suprida pelos colégios a quem eles estivessem subordinados.[649]

Outra medida tomada pelos missionários acabou originando uma nova forma de aldeamento no Brasil, também comum na América espanhola: as Aldeias administradas pelos próprios indígenas, ou seja, onde não residiam jesuítas.

Durante as expedições de reconhecimento, os inacianos levantavam uma enorme cruz nas aldeias pacificadas. Eles se demoravam alguns meses no local e se dedicavam a uma série de atividades: pregavam, ensinavam os "rudimentos" da fé católica (doutrina, orações, práticas religiosas, etc.), resolviam conflitos intertribais, ensinavam a prática da agricultura se fosse o caso, e pediam para os indígenas anunciarem os padres e a fé de Cristo nas tribos aliadas. Os missionários também realizavam o batismo dos moribundos e dos adultos mais inclinados aos ensinamentos cristãos. Quando julgavam ser o momento oportuno, deixavam a aldeia, mas antes escolhiam dentre os batizados aqueles que pudessem conduzir as atividades religiosas cotidianas e deixavam alguns índios cristãos da expedição para fazer o

647 *BoP*/BNC, f. 35. O Geral isentou a residência do Rio Grande da proibição, tendo em vista que ela tinha um número suficiente de missionários para socorrer os aldeamentos e, ao mesmo tempo, manter as atividades da residência.

648 *BoP*/BNC, f. 33.

649 *Bop*/BNC, f. 35.

policiamento da nova Aldeia e o controle da conduta dos novos cristãos. Em seguida, continuavam a campanha a fim de tecer novas alianças, notadamente com outras tribos da mesma região.[650]

Depois que os missionários partiam, a Aldeia ficava sob os cuidados dos próprios ameríndios e dos Superintendentes das Aldeias, que saíam das casas e colégios em expedições periódicas. Isso demonstra que a ação da Companhia de Jesus de atribuir novas funções aos colégios representava, além de uma estratégia para suprir a carência do seu quadro humano, uma necessidade da ordem de se adaptar à nova realidade política do Brasil Filipino e ao quadro de tensão gerado pelos constantes salteamentos e pelas investidas de franceses e holandeses, que se tornaram mais intensas na década de 1630.

Nesse processo, as cruzes erguidas pelas expedições de reconhecimento exerciam funções práticas e simbólicas. Práticas para os jesuítas em missões periódicas, para missionários de outras ordens religiosas e para soldados e colonos, já que as cruzes indicavam a existência de uma Aldeia e de um grupo pacificado e aliado, o que determinava o modo de ação desses grupos com os indígenas do local.

Para os indígenas do próprio aldeamento, porém, a cruz tinha um efeito simbólico, porque ela representava não a conversão em si, mas a possibilidade de conversão de todo o grupo e de receber os benefícios daí advindos. Ao tecer aliança com uma tribo, os missionários demonstravam as vantagens que ela teria com a conversão, como a de não ser atacada por inimigos e pelos próprios portugueses, por exemplo. Mas, por mais que os índios pedissem o batismo, os padres só davam o sacramento àqueles que abandonavam os "costumes gentílicos" e só erguiam a cruz na aldeia quando o seu "principal" pedia. Quando isso acontecia, havia festa com pompa, cantoria e prédicas no dia escolhido para a cerimônia, geralmente, o dia em que se realizavam os batismos.[651]

---

650 São vários os relatos dessa forma de atuação e dos novos sentidos dos aldeamentos durante o período da União Ibérica. A exemplo, ver FIGUEIRA, L. Relação do Maranhão, 1608, pelo jesuíta padre Luiz Figueira enviada a Cláudio Aquaviva... pp. 76-157.

651 O relato feito pelo padre Pero de Castilho sobre uma dessas cerimônias realizada em um aldeamento do Rio Grande do Norte é bastante sugestivo. Ver CASTILHO, P. de. Dêste Colégio de Nossa Senhora da Graça de Pernambuco, e de Maio, dez de 1614, ao Padre Geral. *In*: LEITE, S. S.J. *História da Companhia de Jesus no Brasil*. Tomo V. Livro III... pp. 363-366. Barcelos também identificou o efeito prático das cruzes nas reduções jesuíticas da América

Tão logo surgiu, essa nova forma de aldeamento virou alvo de crítica dos colonos. Diogo de Campos Moreno, por exemplo, considerava que a ausência dos padres nas Aldeias e o fato deles ficarem pouco tempo entre os nativos durante as visitas regulares fazia com que os aldeamentos não criassem índios úteis às necessidades militares e econômicas da colônia. E justamente por conta dessa deficiência, esses núcleos, em seu parecer, serviam apenas para causar desordem, porque os "índios mansos" atraíam a cobiça dos salteadores.[652]

A crítica do sargento-mor refletia a ideia corrente na colônia de que as atividades dos jesuítas tinham princípios muito mais econômicos do que propriamente religiosos: os padres eram os principais comerciantes de indígenas, como também os mais importantes arrendatários de terra, produtores de açúcar e criadores de gado por conta dos benefícios fiscais que tinham. Em seu *Livro que dá razão do Estado do Brasil*, Moreno defendeu que os aldeamentos serviam apenas para gerar desordem na colônia e prejuízo ao bem público. Ele deixou claro que "ninguém ignora que a saúde das almas e a liberdade natural e real nos vassalos são os fundamentos com que Sua Majestade (como Católico Monarca) manda que se proceda em suas conquistas". No entanto, objetou que a máxima não podia ser interpretada de modo "que a superstição não confunda a forma do bom governo".[653]

Moreno se referia ao regime de *encomienda* da América espanhola. Ele entendia que se os nativos vivessem nas fazendas dos colonos aprendendo não só o cristianismo, como também os ofícios e a disciplina do homem branco, seriam melhor civilizados e aproveitados na lide colonial,

> (...) pois lemos que as repúblicas em si contrárias e diferentes hão de ser governadas por máximas contrárias e diferentes, pelo que parece que o doutor La Gasca [inquisidor enviado por Carlos V ao Peru em 1546], lugar-tenente do Imperador no Peru, não só livrou dos Pizarros o estado dos índios, mas também dos outros inconvenientes, dando aos conquistadores em tal forma parte do serviço pessoal destas gentes (que outra cousa não possuíam), que, ficando livres, ficaram jun-

espanhola. Ver BARCELOS, A. H. F. *op. cit.*, p. 154.

652 Ver MORENO, D. de C. *op. cit.*, pp. 210-211.

653 As duas citações se referem a *id. ibid.*, p. 109.

tamente sujeitos a uma razão que serve a Deus, ao Rei e ao povo, e todos tiram de bem fundadas povoações um fácil e justo proveito (...).[654]

Para Moreno, os aldeamentos impediam o desenvolvimento daquela realidade vivida no vice-reino do Peru no Estado do Brasil, "porque não somente (...) o gentio é variável, incapaz e fora de todo o governo e razão por si só, mas ainda debaixo de tutores incompetentes fica de menos préstimo, porque, como no espiritual, temporal e pessoal vive entregue a religiosos". Em seu parecer, enquanto os padres tinham a responsabilidade de ajudar no desenvolvimento material da colônia trabalhando na "domesticação" dos nativos para a lide colonial, eles "tão religiosamente defendem esta posse [os indígenas]"[655] que acabavam por atravancá-lo.

Os jesuítas viam nesse argumento a justificativa para os constantes salteamentos, que se intensificavam a cada determinação régia relativa à proteção jurídica dos índios aldeados e que ameaçavam a manutenção das atividades apostólicas baseadas nas Aldeias.[656] De qualquer modo, os inacianos mantiveram esse tipo de núcleo evangelizador, que parecia refletir tanto a pouca quantidade de missionários para atender as determinações régias de ocupar áreas estratégicas da colônia quanto uma manobra para minimizar os impactos que a definição do estatuto jurídico do aldeamento causava na relação dos padres com os colonos e com a própria cúria jesuítica. Como reação à promulgação da lei de 1596, por exemplo, Cláudio Acquaviva se manifestou, um ano depois, ordenando que seus padres deixassem o governo temporal dos aldeamentos:

> Que os padres das aldeias não façam contrato comprando, vendendo, etc. nem se façam depositários dos pagamentos dos índios que trabalham para os portugueses, nem os obriguem a pagar, nem os coloquem em troncos, nem em ferros os [índios] cristãos, apenas queremos que os padres atendam ao bem espiritual dos índios, e o temporal deixem para os ministros do Rei, porque se não se fizer isso, não haverá paz.[657]

---

654 *id. ibid.*, p. 109.

655 As duas citações se referem a MORENO, D. de C. *op. cit.*, p. 109.

656 Ver ANCHIETA, J. de. Carta ao Geral P. Cláudio Acquaviva. Espírito Santo, 7 de setembro de 1594. *In*: __________. *Cartas*: correspondência ativa e passiva... p. 417.

657 *BoP*/BNC, f. 35.

Os jesuítas, entretanto, elaboraram uma série de argumentos para convencer Roma a permitir a Província do Brasil a usufruir dos benefícios que leis régias lhes concediam. O debate perdurou até 1604, ano em que foi realizada uma Congregação Provincial para decidir a questão. O principal argumento defendido pelos missionários da colônia era de que os indígenas, por costume, só reconheciam a autoridade espiritual daqueles que também detinham sua autoridade temporal. Acquaviva aceitou o argumento e o utilizou para embasar a permissão dos inacianos administrarem os aldeamentos, desde que o governador-geral e o bispo da Bahia organizassem um estatuto que regulasse a aplicação da justiça nas Aldeias.[658]

A medida do Geral parece ter nascido da pressão exercida pelos padres da Província do Brasil, porque Acquaviva continuou manifestando preocupação com a política de aldeamento. Ao invés de esperar que as autoridades régias redigissem o sugerido estatuto, Acquaviva enviou à colônia o padre Manuel de Lima como Visitador em 1607. A visitação durou dois anos e, assim como Gouveia, o padre se preocupou em definir a ação dos jesuítas nos colégios e nas aldeias jesuíticas. Seu Regimento, que pouca coisa alterou o de Gouveia, manifestou a preocupação da cúria jesuítica com o distanciamento que o aldeamento provocava entre o missionário e a identidade inaciana. O documento sugere que, do mesmo modo que a Aldeia se mostrava como um espaço privilegiado de salvação da alma ameríndia, apresentava-se também como um local de perdição do missionário: expunha-o aos escândalos gerados com a punição dos índios infratores; à crítica por conta do endividamento dos colégios e da participação em atividades econômicas voltadas à manutenção das Aldeias; e ao pecado da carne em razão da proximidade com as ameríndias. Não sem razão, o Regimento determinou que os Superintendentes das Aldeias, que passavam a se chamar Visitadores das Aldeias, investigassem a conduta dos missionários e punissem aqueles que atendessem as mulheres indígenas a sós, que com elas conversasse pela Aldeia ou fora dela, e que as recebessem para tomar recado durante a noite, mesmo que fosse à porta da residência ou na varanda.[659]

658 Ver CASTELNAU-L'ESTOILE, C. de. *op. cit.*, pp. 299-301.

659 TERCEIRA visita do padre Manuel de Lima, visitador geral desta província do Brasil. Documento manuscrito. Fondo Gesuitico 1255, Fascículo 10. Biblioteca Nazionale Centrale

As regras estabelecidas pelo padre Lima baseavam-se no discurso da renovação espiritual e no restabelecimento da identidade inaciana à Província do Brasil, ou seja, fazer com que a evangelização cumprisse o propósito definido por Loyola de salvar a alma do próximo e do próprio jesuíta. Era uma mostra, portanto, da indecisão da cúria jesuítica de lidar com essa especificidade das missões do continente americano: ora definia o modo de atuação dos inacianos na Aldeia ora sugeria a sua extinção.

Mas, antes que os inacianos pudessem se adequar ao Regimento de Manuel de Lima, a relação dos missionários com a Aldeia foi profundamente abalada com a promulgação da lei régia de 1609, que declarava livres todos os indígenas da colônia. Embora a liberdade dos nativos fosse o que os jesuítas desejavam, e a lei visava justamente colocar fim aos salteamentos, os missionários não puderam se valer das suas prerrogativas na evangelização: sob a ameaça de morte feita pelos colonos da Bahia, os padres foram obrigados a declarar publicamente a renúncia ao Regimento.[660]

Na tentativa de evitar problemas mais graves, a Coroa espanhola publicou uma nova lei em 1611 que anulava a de 1609. Ela assegurou a liberdade dos indígenas, mas reinstituiu o direito de escravidão através da "guerra justa" ou do "resgate". A lei previa que o silvícola resgatado podia trabalhar 10 anos para seu senhor como forma de pagar por sua liberdade. Ainda, reinstituiu o cargo de Capitão da Aldeia e deu a ele o direito de também promover "descimentos"; e tirou dos jesuítas o governo temporal e espiritual dos aldeamentos e os transferiu ao clero secular.[661]

No mesmo ano, Cláudio Acquaviva mais uma vez manifestou a indecisão da cúria jesuítica sobre o destino dos aldeamentos e enviou uma ordem aos padres da Província do Brasil para que eles obedecessem a nova lei, ou seja, entregassem as Aldeias aos capitães seculares.

"Vittorio Emmanuele II", Roma, f. 14. *ap*. CASTELNAU-L'ESTOILE, C. de. *op. cit.*, pp. 311-320. O documento tem apenas uma página, mas a pesquisadora o reproduziu de modo fragmentado entre as páginas indicadas do seu referido estudo.

660 Ver PERRONE-MOISÉS, B. *op. cit.*, pp. 115-118; LEITE, S. S.J. *História da Companhia de Jesus no Brasil*. Tomo II. Livro II... pp. 245-251; e CASTELNAU-L'ESTOILE, C. de. *op. cit.*, pp. 342-345.

661 FILIPE III. Registo da ley de Sua Magestade sobre os Índios em que há para bem que não sejão cativos. *In*: MINISTÉRIO das R. E. (org.). *Livro Primeiro do Governo do Brasil, 1607-1633*. Rio de Janeiro: Seção de Publicações do Serviço de Documentação, s/d, pp. 71-75.

Na ocasião, o Geral ainda orientou os inacianos a não contradizerem a determinação régia, "nem que por isso abramos agora mão do meneio espiritual dos índios".[662]

Em vista disso, a manobra para anular a lei, e igualmente burlar a determinação da cúria jesuítica, foi dos inacianos: eles ameaçaram abandonar todas as Aldeias da colônia e, dessa vez, foi o bispo da Bahia quem a renunciou publicamente. Ele admitiu a falta de estrutura material e de preparo teórico do clero secular para assumir a tarefa. Seus padres, ele alegou, não tinham sequer o domínio dos idiomas indígenas. Além disso, reconheceu que não levaria vantagem em uma possível disputa de força com os inacianos caso obedecesse a determinação régia: um bispo contra uma ordem presente em todas as capitanias, protegida pelo papa, responsável pela formação do clero e da elite local e, principalmente, os executores de um importante programa político de expansão territorial no Sul, Norte e Nordeste.[663] Traduzindo: do mesmo modo que a lei de 1609 não surtiu efeito prático contra os colonos, a de 1611 nada alterou o trabalho da Companhia de Jesus.

Um novo e derradeiro episódio dessa longa querela ocorreu nas capitanias do Sul. Pelo fato dos contrabandistas terem a proteção de muitos governadores de capitania, também envolvidos no tráfico de escravo, as leis régias sempre foram desrespeitadas na região. E como as medidas de Madri lá não surtiam efeito prático, os inacianos recorreram à Santa Sé para frear a ação dos salteadores. Em 1639, o papa Urbano VIII publicou o Breve *Commissum Nobis*, que previa a liberdade dos indígenas e a excomunhão daqueles que tirassem sua liberdade. O documento vedava a captura, compra, venda ou troca e nativos, bem como a separação de famílias e qualquer outro ato que ferisse a sua liberdade.[664]

Porém, o episódio ocorrido na Bahia em 1609 se repetiu no Rio de Janeiro. A notícia de que o comissário da Companhia de Jesus, o padre Francisco Dias Taño, havia desembarcado na cidade para fazer a leitura do Breve papal causou grande agitação. Em maio de 1640, os colonos

662 *BoP*/BNC, f. 37.

663 Sobre a ameaça dos jesuítas e a reação do Bispo da Bahia ver CASTELNAU-L'ESTOILE, C. de. *op. cit.*, pp. 345-349.

664 URBANO VIII. Breve *Commissum Nobis* de 22 de abril de 169, sobre a Liberdade dos Índios da América. *In*: LEITE, S. S.J. *História da Companhia de Jesus no Brasil*. Tomo VI. Apêndice B... pp. 624-625.

iniciaram um motim para impedir a promulgação da Bula: começaram a hostilizar os padres nas ruas e promoveram um quebra-quebra geral no convento do Carmo, onde seria feita a leitura do documento. Como os inacianos se recolheram no seu colégio e lá decidiram tornar pública a letra apostólica no dia 19 de junho, os moradores da cidade invadiram o edifício e ameaçaram os padres de morte caso eles lessem o Breve papal e relatassem a ameaça ao rei da Espanha. Os inacianos pediram ajuda a Salvador Correia de Sá e Benevides, então capitão-mor de São Vicente, mas não tiveram seu apoio. Assim, no mesmo dia se viram obrigados a assinar um documento elaborado por Antônio Sampaio, vereador da Câmara do Rio de Janeiro, que declarava a desistência formal dos jesuítas de defender os índios da capitania fluminense.[665]

Sabendo do ocorrido, e que a agitação política na Península Ibérica retardaria uma possível represália da Coroa, os colonos de São Vicente se anteciparam a uma tentativa dos inacianos de lerem o Breve papal e expulsaram os membros da Companhia de Jesus da cidade de São Paulo e, posteriormente, de toda a capitania em julho de 1640. Eles só retornaram 13 anos depois.[666]

Em toda a colônia, os avanços e retrocessos da definição do estatuto jurídico dos aldeamentos podem ser apontados como a principal causa de falência desse núcleo evangelizador. Enquanto ocorria a disputa pela gerência temporal dos indígenas, os aldeamentos continuavam sendo alvos dos bandeirantes e peruleiros. E do mesmo modo que os salteamentos colocaram fim às aldeias jesuíticas na região Sul da colônia, também foram a causa da bancarrota daqueles existentes nas atuais regiões Norte e Nordeste do Brasil. Lá, a situação foi agravada pela investida dos franceses e dos holandeses e muitos aldeamentos deixaram de existir, principalmente aqueles gerenciados por índios cristãos.

---

665 Ver SEGURO, V. de P. Relaçion de lo sucedido enel Rio Janeiro con la publicaçion de las bullas. 22 de junho de 1640. *In*: GALVÃO, B. F. R. (dir.). *Annaes da Bibliotheca Nacional do Rio de Janeiro*. v. 4. Rio de Janeiro: Typ. G. Leuzinger & Filhos, 1878, pp. 41-42; e TANO, F. D. Carta de retratação pelo padre Francisco Dias Tano da desistência imposta por ameaças, de publicar os breves de proteção aos índios contra os moradores de São Paulo. Rio de Janeiro, 22 de junho de 1640. *In*: CORTESÃO, J. (org.). *op. cit*., pp. 423-424.

666 O episódio da expulsão dos jesuítas da capitania de São Vicente é narrado em BOXER, C. R. *Salvador de Sá e a luta pelo Brasil e Angola, 1602-1686*... pp. 141-167; e FARIA, M. R. de. *op. cit*., pp. 173-185.

Ao findar a União Ibérica, os missionários conseguiram manter com alguma dificuldade as Aldeias ligadas ao colégio da Bahia. De qualquer modo, o fato é que o aldeamento se manteve, em todo o período, como uma peça-chave à manutenção dos interesses da Companhia de Jesus e da Coroa espanhola no Brasil. E se lermos a sua função prática em sua estreita e irrompível ligação com as novas funções que os colégios assumiram no funcionamento da evangelização e com a ocorrência sistemática de expedições de reconhecimento entre 1580 e 1640, percebemos que esse conjunto de mudanças não só revelava o reposicionamento da ordem religiosa ao projeto religioso Habsburgo, como também refletia os principais problemas da sociedade que ele mesmo pretendia (re)construir.

Capítulo 7
Salvação de almas, formação de súditos: a evangelização como ferramenta de entronização da Casa de Habsburgo no Brasil

7.1 A interferência da Santa Sé na gerência da evangelização e seus reflexos na prática missionária

As formas que a missionação jesuítica tomou durante a União Ibérica sugerem que a dinastia Filipina deu um caráter funcional à evangelização, quase que eminentemente político e voltado às ações de conquista territorial. Visto em seu sentido prático, o programa religioso espanhol parecia extrair o teor dogmático da atividade missionária, porque colocada a favor da construção e manutenção de um vasto império.

Seria apenas a disposição dos missionários de explorar regiões inóspitas e de atuar entre povos tidos como bárbaros e selvagens que fazia da evangelização um elemento-base da política ultramarina dos monarcas ibéricos? Esse fator é o suficiente para explicar a insistência das Coroas católicas em manter a atividade missionária mesmo quando ela provocava um quadro de tensão social e até mesmo colocava em xeque o desenvolvimento das atividades econômicas de seus domínios ultramarinos?

Considerar que a evangelização se limitava a exercer um papel prático de expansão territorial, e que os monarcas Habsburgo valeram-se das ordens religiosas simplesmente para transferir os recursos gastos com exércitos de conquista da América às ações militares de defesa de seus domínios na Europa, seria desconsiderar que a colonização do Novo Mundo era impulsionada por fundamentos político-religiosos, bem como que este processo guardava uma profunda relação com outro mais amplo de construção de uma sociedade regida por princípios religiosos.

Isso quer dizer que não podemos perder de vista que, para os ibéricos dos séculos XVI e XVII, o caráter prático da missionação jesuítica não estava desassociado da sua função salvífica: os papéis de construção da colônia e de salvar almas eram as faces de uma mesma moeda da evangelização que a transformava em um instrumento de efetivação do poder político Habsburgo no Brasil dos Filipes.

Por isso mesmo, é fundamental também fazermos o exercício de compreender como a atividade missionária da Companhia de Jesus se apresentava como uma ferramenta de construção de uma *societas perfecta*, o propósito de uma "monarquia confessional" em processo de consolidação e que baseava suas ações na moralidade católica e nas instituições da Igreja Católica. E essa tarefa nos leva a examinar os fatores externos que passaram a condicionar a evangelização no período da União Ibérica.

A criação da Sagrada Congregação *de Propaganda Fide*[667]

As prerrogativas evangelizadoras cedidas pela Igreja à Portugal e Espanha as permitiam levar as ordens religiosas para todos os continentes então conhecidos e a ela estabelecer atribuições bem definidas, como trabalhar na conversão dos povos de além-mar. Mas, as formas que a prática missionária tomavam no Oriente e no Novo Mun-

667 Em uma tradução literal, *de Propaganda Fide* quer dizer "para a propagação da fé". A instituição existe até os dias de hoje, porém com a denominação de Congregação para a Evangelização dos Povos. Ela concentra uma vasta documentação relativa às suas diretrizes evangelizadoras e às missões que organizou e organiza no Arquivo da *Sacrae Congregationis de Propaganda Fide* sediado em Roma. Os dados relativos à criação, aprovação e características fundamentais da congregação, temas que discutiremos a seguir, estão contidos em ALMEIDA, C. J. D. *Uma infelicidade feliz*: a imagem da África e dos africanos na literatura missionária sobre o Kongo e a região mbundu (meados do séc. XVI – primeiro quartel do séc. XVIII). Dissertação (Doutorado em Antropologia) – Faculdade de Ciências Sociais e Humanas – Universidade Nova de Lisboa, Lisboa, 2009, pp. 181-182; DANIEL-ROPS. *A Igreja da Renascença e da Reforma*. A reforma católica. v. II. São Paulo: Quadrante, 1999, pp. 264-343; HOORNAERT, E. A Igreja Católica no Brasil Colonial. *In*: BETHELL, L. (org.). *História da América Latina*: América Latina Colonial. v. I... pp. 553-558; e TAVARES, C. C. da S. *Jesuítas e inquisidores em Goa*: a cristandade insular (1540-1682). Lisboa: Roma Editora, 2004, pp. 204-212.

do suscitou, em meados do século XVI, uma série de debates entre teólogos, juristas e pensadores humanistas. A empreitada ocorria no mesmo período em que a Santa Sé passava por uma profunda reforma que consista na defesa e imposição de seus dogmas como a única verdadeira e o único caminho para a redenção da humanidade. Assim, ao mesmo tempo em que esses homens viam nas proporções mundiais da evangelização o nascimento de um novo tempo para a Igreja de Roma, muitos viam como um aspecto negativo a sua dependência às Coroas ibéricas e sua associação aos seus projetos colonizadores.

Não tardou, então, para que surgissem propostas para que as missões fossem gerenciadas pela cúria romana, pelo que a Igreja respondeu: de um lado, trabalhou para reaver a gerência da evangelização e, de outro, para preparar seu corpo sacerdotal para conduzir aquele empreendimento de proporções globais.

Em 1560, um professor de Direito em Lovaina delineou os primeiros passos da Santa Sé rumo ao controle da evangelização. Jean de Vendeville sugeriu a criação de um centro de formação de evangelizadores católicos e defendeu que o papado fosse o responsável pelo preparo e envio de missionários a todas as partes do mundo. O papa Pio V (1566-1572) designou uma comissão de cardeais para estudar a proposta e materializá-la, mas o projeto não se concretizou. Seu sucessor, Gregório XIII (1572-1585), manteve a comissão e a incumbiu de novos papéis: fomentar o trabalho apostólico no Oriente voltado à conversão e ampliar o espectro da evangelização estimulando o desenvolvimento de missões voltadas à reconquista dos territórios perdidos para o protestantismo na Europa.

Os primeiros esforços da comissão foram empregados na integração da Igreja asiática, nascida da atividade missionária, à hierarquia romana. Além das medidas voltadas à padronização das atividades católicas no Oriente, foram criados seminários na Ásia e impressos catecismos nos mais diversos idiomas orientais. No papado de Clemente VIII (1592-1605), a comissão foi ampliada significativamente com a criação de um secretariado-geral responsável por fomentar e fiscalizar as missões de todas as partes do mundo. Nos primeiros anos do século XVII, esse órgão já havia elaborado relatórios completos sobre a ação missionária na Índia, nas Filipinas e no México, bem como intermediado a solução de conflitos entre franciscanos e jesuítas na América espanhola.

Um novo impulso às atividades do grupo foi dado na década de 1610, período em que Tomás de Jesus assumiu a chefia da comissão. Teólogo influente, o padre carmelita enviou membros de sua ordem religiosa para o Congo, América espanhola e Pérsia. Além disso, publicou em 1613 *Para levar a salvação a todas as nações*, um volumoso tratado latino que nortearia, pelos dois séculos seguintes, a ação missionária da Igreja Católica.

No momento da publicação da obra, a manutenção da Igreja em algumas regiões esbarrava na ligação do clero com o poder temporal das Coroas ibéricas. A Inquisição já tinha firmado seu campo de atuação na Europa e além-mar. Porém, essa consolidação se dava através do entrelaçamento dos seus dispositivos jurídicos aos de Portugal e Espanha, o que reduzia significativamente o controle do papado sobre os rumos que a instituição tomava. Além disso, no Oriente e no Novo Mundo, quando havia dissensão entre os poderes políticos locais e os europeus, a Igreja perdia terreno, fator que suscitava o antigo debate sobre a dependência da evangelização ao Padroado luso-espanhol. Para completar o quadro, nesses espaços as ordens religiosas rivalizavam poder entre si, com os inquisidores e com o clero secular, e a interferência da cúria romana muitas vezes esbarrava nos privilégios religiosos dos monarcas ibéricos.

Diante desse cenário, e considerando que a reforma religiosa assinalava também uma reforma política da Santa Sé, Gregório XV (1621-1623) viu na proposta de Tomás de Jesus um meio de centralizar a Reforma Católica em suas mãos. Em janeiro de 1622, o papa aprovou o funcionamento da Congregação *de Propaganda Fide* e, em junho, promulgou a bula *Inscrutabili divinae*, documento que estabelecia as bases canônicas da nova instituição. Ela nascia com a função primordial de separar a evangelização da tutela de Portugal, Espanha e qualquer outro Estado, o que lhe permitia gerenciar e ampliar os mecanismos de propagação da fé católica pelo mundo. Para isso, Gregório XV orientou que bispos fossem nomeados com a função de trabalhar pela criação de novos colégios voltados à formação de missionários e pela formação de cleros nativos. Eles deveriam se ocupar, também, da distribuição das ordens religiosas pelo mundo a fim de evitar atrito entre elas e, principalmente, melhor aproveitar seu corpo sacerdotal e experiência. Os prelados, igualmente, estavam encarregados de realizar o debate e a definição dos princípios da missão católica e da eficácia de suas ferramentas práticas.[668]

Avaliada em sua essência, a Congregação *de Propaganda Fide* limitava significativamente o poder eclesiástico de Portugal e Espanha relativo à gerência da evangelização e permitia à Igreja conduzir a ampliação do campo missionário católico pelo mundo. As mesmas bases antes empregadas à conversão dos povos de além-mar passavam a ser utilizadas, em larga escala, na reeducação religiosa das comunidades católicas europeias e na tentativa de reintegração dos protestantes. Baseada na experiência evangelizadora em curso no Oriente e no Novo Mundo, a Congregação estabeleceu regras para a organização das missões e métodos evangelizadores que foram, paulatinamente, acatados pelas diferentes ordens religiosas. Não se tratava de inovações: a medida parecia ser mais uma tentativa de partilhar o conhecimento e as técnicas acumuladas por franciscanos, dominicanos, agostinianos e jesuítas com as ordens religiosas que não haviam conquistado campo missionário e mostravam interesse em atuar dentro ou fora da Europa.

Justamente por estabelecer novas diretrizes à evangelização, a Congregação para a Propagação da Fé precisou de alguns anos para se efetivar no mundo católico, mesmo período que perdurou a resistência de algumas ordens religiosas em reconhecer formalmente a sua competência. Os jesuítas, por exemplo, foram obedientes às Coroas de Portugal e Espanha até 1645, ano em que o papa Inocêncio X (1644-1655) decretou, em carta aberta, que "estos Padres como todos los demás (...) estén obligados a seguir las órdenes y facultades establecidas por la (...) Congregación *De Propaganda Fide*".[669]

Embora o período em que os inacianos organizaram suas missões a partir das diretrizes da Congregação *de Propaganda Fide* não seja abarcado em nossa pesquisa, a intransigência dos jesuítas em reconhecer a autoridade da instituição muito bem revela a tentativa da Companhia de Jesus de manter uma posição privilegiada na empresa evangelizadora, principalmente no Oriente. Lá, os movimentos que le-

---

668 Ver GREGÓRIO XV. Bula *Inscrutabili divinae providentiae* de 22 de junho de 1622. *ap.* DANIEL-ROPS. *A Igreja da Renascença e da Reforma*. A reforma católica. v. II... p. 343.

669 INOCÊNCIO X. Carta aos padres congregados. Documento constante na Acta da VIII Congregação Geral da Companhia de Jesus de 1645. *ap.* ASTRAIN, A. S.J. *Historia de la Compañía de Jesús en la Asistencia de España*. Tomo V. Madri: Administración de Razón y Fe, 1916, p. 269.

varam à criação e o funcionamento da Congregação tiveram um impacto muito maior na missionação jesuítica do que teve no Brasil.

Na Ásia e na África, os missionários obtiveram o controle da atividade apostólica durante o reinado de D. João III, e a aprovação da Congregação apresentava-se, ao lado da ascensão de Filipe II, como mais uma grande ameaça ao privilégio que haviam adquirido na conversão dos domínios lusos. Em 1608, Filipe II já havia conseguido derrubar uma das principais barreiras do Padroado português, que era a exclusividade dos missionários subordinados à Coroa portuguesa de atuar em qualquer região do Oriente, fosse ela um domínio luso ou não. Naquele ano mesmo, o monarca espanhol enviou missionários espanhóis e italianos para a Ásia. Mas, antes de disputar poder com os padres recém-chegados, os jesuítas se preocuparam em assegurar sua posição de privilégio.[670]

O confronto direto com a Coroa espanhola não parecia ser a estratégia mais apropriada. Os inacianos, então, trabalharam para criar e difundir uma identidade entre a Companhia de Jesus e o Estado da Índia. Além de agirem a favor da retomada dos processos de canonização de Inácio de Loyola e de Francisco Xavier, o que ressaltaria o trabalho realizado pelos jesuítas na região, os inacianos iniciaram a redação de obras que versavam sobre a história da Ásia. Sempre dedicadas aos reis Habsburgo, elas destacavam o esforço dos missionários na construção do Estado da Índia. No parecer do historiador Rafael Valladares, era uma tentativa dos padres de confessionalizar a história da expansão portuguesa na Ásia. Para tanto, eles incluíram nesse conjunto de publicações obras que apresentavam, aos espanhóis, os mártires portugueses que atuaram no Oriente sob a sombra das insígnias da Companhia de Jesus e da Coroa portuguesa. Os inacianos ligados à Província de Portugal também se empenharam sobremaneira para traduzir para o castelhano e publicar, na Espanha, as cartas dos seus pares que eles mesmos transformaram em mártires.[671]

Mas, no momento em que a Congregação para a Propagação da Fé enviou os franciscanos e os capuchinhos para as missões asiáti-

670 Sobre as ações de Filipe II de Portugal contra a Companhia de Jesus ver VALLADARES, R. *Castilla y Portugal en Asia (1580-1680)*. Declive imperial y adaptación. Lovaina: Leuven University Press, 2001, pp. 29-35.

671 *id. ibid.*, pp. 30-36.

cas e africanas, não tardou para surgirem severas dissensões entre os missionários. As mais significativas ocorreram na China e na costa do Malabar, sob a designação de "querela dos ritos malabares e chineses", e no Congo, onde os jesuítas criaram indisposição com capuchinhos italianos enviados para o reino africano em 1645.[672]

Não por coincidência, esse foi o momento em que se intensificaram as expedições jesuíticas de exploração da Ásia. A composição e os métodos eram semelhantes àqueles utilizados no Brasil e na América espanhola: os padres saíam em duplas e se embrenhavam em regiões que ainda lhes eram incógnitas. Depois do reconhecimento geográfico, faziam o levantamento das estruturas de poder e estabeleciam contato com as autoridades locais e trabalhavam pela sua conversão. Agindo assim, os inacianos estabeleceram missões em diferentes regiões da China em 1603 e em 1637, e também no Tibete em 1624.[673] No entanto, diferentemente do que ocorria no Brasil, as campanhas partiam da iniciativa da própria Companhia de Jesus e estavam voltadas à criação de novas áreas de evangelização, certamente por conta do terreno perdido para as outras ordens religiosas.

No Brasil, vimos que a chegada das ordens mendicantes se deu bem antes da criação da Congregação de *Propaganda Fide*. É provável que o Padroado português não previa, para o colônia, a exclusividade de atuação de evangelizadores subordinados à Coroa portuguesa, o que explicaria a facilidade com que os monarcas Habsburgo implementaram seu programa religioso na região já em 1580. Ao contrário do que ocorreu na África e na Ásia, a presença das ordens mendicantes não provocou sérios conflitos. Este era um reflexo de que os padres da Província jesuítica do Brasil não se preocuparam em disputar poder com franciscanos e dominicanos, certamente porque tinham consciência de que sua estrutura material e experiência consolidada na evangelização da colônia eram elementos caros aos interesses imediatos da Coroa espanhola na região.

Os jesuítas do Brasil também só sentiram a interferência direta da Congregação *de Propaganda Fide* em 1645, ano em que a ordem foi

672 A esse respeito retome o Capítulo 2.

673 Ver ARAÚJO, H. P. de. Expansão missionária no Oriente. *In*: CRISTÓVÃO, F. (coord.). *Condicionantes culturais da literatura de viagem*: estudos e bibliografias. Lisboa: Edições Cosmos, 1999, pp. 355-389.

obrigada a reconhecer a instituição como a nova gerenciadora da evangelização; e um ano mais tarde com a chegada dos capuchinhos franceses que, orientados pela Congregação, se instalaram em importantes áreas evangelizadoras, como o sertão de Pernambuco, a Bahia e a Paraíba.[674]

Enquanto os jesuítas da Assistência de Portugal tentavam se adaptar à nova realidade imposta pela Congregação *de Propaganda Fide* (e também pela Coroa espanhola) na Ásia e na África, os missionários do Brasil gozavam de uma situação que parecia ser privilegiada. Isso mostra, também, que os interesses da Coroa espanhola em fazer do Brasil um cinturão de defesa de suas colônias na América davam à Terra de Santa Cruz uma maior importância em relação aos domínios lusos na Ásia e na África.

As instituições de salvação, seus agentes e ferramentas

Mesmo que a nova congregação não tenha interferido diretamente na missionação jesuítica no Brasil dos Filipes, seu nascimento revelava a dimensão que a Reforma Católica tomava e a importância que a evangelização assumia no interior do processo reformista. É nesse ponto que precisamos ter a atenção voltada, porque a tentativa da Santa Sé de reaver o controle da evangelização impactou, mais do que a Congregação *de Propaganda Fide* em si, na prática missionária dos inacianos em terras brasílicas.

Ao mesmo tempo em que a cúria romana trabalhava na criação da Congregação para a Propagação da Fé, ela agia também para reafirmar os dogmas da salvação católica, bem como para preparar os agentes salvíficos e a eles oferecer instrumentos de atuação. Isso porque, as ações da Igreja no âmbito evangelizador (entendido aqui em seu sentido amplo, isto é, de conversão e reeducação religiosa), decorriam de um mesmo processo de reforma político-religiosa que Portugal e Espanha engendravam. Tratava-se de uma tentativa das monarquias católicas e da "monarquia papal" de que falou Paolo Prodi de invalidar as novas propostas oferecidas por humanistas e protestantes de preceitos que pudessem reger o comportamento do homem e a vida em sociedade.

674 Sobre a chegada dos capuchinhos ao Brasil ver HOORNAERT, E. A Igreja Católica no Brasil Colonial... pp. 557-558.

Igualmente, representava o esforço de normatizar a sociedade tendo como referência um programa moral de conduta baseado nos dogmas católicos e em instituições da Igreja, porque entendiam e defendiam que só elas podiam oferecer a salvação à humanidade.

No momento em que Lutero defendeu que os indivíduos não precisavam dos sacramentos da Igreja para serem salvos, a cúria romana embasou suas ações em argumentos de negação daquilo que entedia ser pernicioso à humanidade e que a afastava de Deus, tanto que o primeiro período do Concílio de Trento foi dedicado inteiramente à reafirmação dos princípios teológicos da salvação católica. Em sua quinta sessão foi instituído o decreto sobre o pecado original "para que não flutue no povo cristão todos os ventos de novas doutrinas".[675] Neste documento, foi declarado que seria excomungado aquele que não acreditasse que o pecado original era uma herança do pecado de Adão, uma evidente refutação à ideia luterana de que o nascimento marcava a presença de Deus na Terra. Para a Igreja, a histórica bíblica do Éden era uma alegoria da perdição que justificava a conseguinte alegoria da sua salvação: porque o homem nascia pecador, o corpo místico de Deus na Terra, a Igreja Católica Apostólica Romana, oferecia-lhe o batismo, que foi reafirmado em Trento como o único meio pelo qual o homem é tirado do seu estado de pecado original, ou seja, "não existe outro nome entre os homens da terra, em que se possa obter a salvação".[676]

Na sessão seguinte, foi divulgado o decreto sobre a salvação, ou a justificação dos pecados. Baseados no apóstolo Paulo, mesma fonte de inspiração de Lutero quando de sua redação da doutrina da justificação, os conciliares definiram que a justiça de Cristo não se dava pela fé, mas através dos *sacramentos* da Igreja, uma evidente manobra de legitimação destes como as instituições salutares dos homens. Novamente o batismo é mencionado como o sacramento da "primeira justificação", e a confissão como a reconciliação do pecador com Deus: tendo o justo recebido a graça da salvação e caído em pecado, poderia

---

675 APOSTOLADO V. S. (org.). *Documentos do Concílio Ecumênico de Trento*. 1º Período (1545-1547): Sessão V. Direção de Carlos Martins Nabeto e tradução de Dercio Antonio Paganini. Disponível em http://www.veritatis.com.br/doutrina/documentos-da-igreja. Acesso em 21/12/2012, p. 01.

676 *id. ibid.*, 1º Período (1545-1547): Sessão V... p. 01. Sobre o sentido teológico da história bíblica do Éden ver PIRES, J. H. *O Reino*: venha a nós o teu reino. São Paulo: EDICEL, s/d., pp. 46-60.

"novamente salvar-se pelos méritos de Jesus Cristo, procurando, estimulados com o auxílio divino, recobrar a graça perdida, mediante o sacramento da Penitência".[677] Na sétima sessão, por fim, foi instituído o decreto sobre os sacramentos com a expressa finalidade

> de dissipar os erros e extirpar as heresias, que atualmente apareceram acerca dos Santos Sacramentos, em parte devido às antigas heresias já condenadas pelos Padres, e em parte por aquelas que foram inventadas recentemente, que são ao máximo perniciosas à pureza da Igreja Católica, e à salvação das almas.[678]

Como se observa, as primeiras sessões do Concílio de Trento foram dedicadas à invalidação das teorias perniciosas aos seus preceitos e, ao mesmo tempo, à reafirmação dos dogmas que legitimavam a Igreja como o único instrumento salvífico dos homens. E, na contenda que se seguiu entre católicos e protestantes, o que se assistiu foi uma tentativa de imposição da hegemonia de instituições religiosas que acreditavam ter a chave da salvação da humanidade.

É bastante sugestiva, nesse sentido, a tese sustentada por Natalie Zemon Davis em seu estudo sobre as guerras religiosas da França Quinhentista. Nele, a historiadora defendeu que os conflitos entre católicos e protestantes não decorriam simplesmente de motivações políticas ou econômicas, como muitos historiadores sugeriram. Os embates entre os dois grupos religiosos ocorriam em dias de santos católicos e nos espaços reservados aos rituais religiosos; os agentes envolvidos no planejamento e execução dos ataques pertenciam tanto à elite quanto às massas; e os alvos eram humanos e materiais, isto é, sacerdotes, templos, imagens e objetos sacros. Todos esses elementos eram fortes indícios, segundo Davis, de que a guerra religiosa era motivada pela defesa de doutrinas que ambos os grupos entendiam ser as únicas verdadeiras e capazes de garantir a redenção da humanidade.[679]

---

677 APOSTOLADO V. S. (org.). *Documentos do Concílio Ecumênico de Trento*. 1º Período (1545-1547): Sessão VI... p. 06.

678 *id. ibid.*, 1º Período (1545-1547): Sessão VII... p. 01.

679 DAVIS, N. Z. *Culturas do povo*: sociedade e cultura no início da França moderna. Rio de Janeiro: Paz e Terra, 1990, 132-156.

Do mesmo modo que a Santa Sé refutou as ideias ou as práticas sociais tidas como heterodoxas, ela criou ações que objetivavam compelir os homens a abraçarem uma vida católica. Portugal e Espanha, tridentinos antes do Concílio de Trento, já se valiam de agentes e instituições religiosas para garantir a imunidade do catolicismo como o elemento definidor da identidade do povo ibérico e como o fundamento político de suas monarquias. Mas, na maior parte de uma Europa dividida pelas religiões cristãs, a Igreja agiu no sentido de preparar seu corpo sacerdotal para assegurar a verdade de seus dogmas e conduzir a humanidade à redenção.

Na sessão XXIII do Concílio de Trento, a cúria romana estabeleceu rigorosas regras para a ordenação. As mais importantes recaíam sobre os modos da formação e educação moral dos novos clérigos, um reflexo também de sua preocupação com as críticas relativas à ineficiência de seu clero de conduzir os fiéis à vida pregada pelo Evangelho. Enquanto autores como Rabelais usavam a sátira para ironizar a hipocrisia dos sacerdotes, Erasmo de Roterdã a fazia em termos bem definidos:

> É dessa forma que pretendem ser, como dizem eles, os nossos apóstolos, com toda a sua imundície, toda a sua ignorância, toda a sua grosseria, todo o seu descaramento (...). O mais ridículo, a meu ver, são os que se horrorizam ao verem dinheiro, como se se tratasse de uma serpente, mas não dispensam o vinho nem as mulheres. Não podeis, enfim, imaginar quanto se esforçam por se distinguirem em tudo uns dos outros. Imitar Jesus Cristo? É o último dos seus pensamentos.[680]

No *Método de erigir um seminário de Clérigos e educá-los nele* ficou estabelecido que os noviços imediatamente recebessem a tonsura e o hábito clerical; que estudassem gramática, canto e cálculo; e fossem instruídos na disciplina eclesiástica e no aprendizado das Sagradas Escrituras, homilias de santos e formas de administração dos sacramentos.[681] A conduta moral reta dos homens professos também

---

680 ROTERDÃ, E. de (1465-1536). *Elogio da Loucura*. 8 ed. São Paulo: Atena, 1959, pp. 129-130.

681 Ver APOSTOLADO V. S. (org.). *Documentos do Concílio Ecumênico de Trento*. 3º Período (1562): Sessão XXIII... p. 09.

foi suscitada em diversas sessões do Concílio de Trento, que chamavam a atenção à necessidade dos padres e dos bispos organizarem suas vidas e costumes de um modo que não causassem escândalos e, principalmente, que dessem exemplo de modéstia e religião aos fiéis.[682]

Mas, talvez a principal preocupação da Santa Sé tenha sido a de preparar bons pregadores e missionários para acudir às necessidades mais urgentes que a realidade do Velho Continente e do Novo Mundo lhes impunha. A pregação havia sido o principal recurso usado pelos mendicantes que atuaram nos séculos XIII e XIV. Diferentemente de todos os processos evangelizadores anteriores, o encabeçado pelos frades no século XIII se caracterizou por seu rigor científico. No século XVI, a Igreja se fundamentou nessas obras para fazer da pregação mais um instrumento de reforma da cristandade. No *Decreto sobre a reforma* da sessão V do Concílio de Trento, se determinou que a pregação passava a ser, a partir daquele momento, o principal ministério do clero; que era obrigação dos bispos escolher as pessoas mais hábeis para este fim; que seriam severamente punidos aqueles que não pregassem quando ordenados; que as pregações deveriam ser realizadas no mínimo aos domingos para ensinar, aos cristãos, tudo aquilo que fosse necessário para a salvação de suas almas; e que os padres das ordens religiosas somente poderiam pregar se tivessem licença de seus superiores, licença essa que seria concedida mediante a avaliação de suas vidas, costumes e instrução.[683]

O decreto tridentino absorvia tanto as orientações teológicas dos séculos XIII e XIV quanto o espírito reformista dos cristãos humanistas que desde o século XV propunham novas funções e métodos à preleção religiosa. Segundo a pesquisadora Marina Massimi, antes mesmo de o Concílio de Trento ocorrer, já existia a cadeira de Retórica Sagrada nas universidades ibéricas. Durante a realização do encontro ecumênico e depois, ela foi levada para várias universidades da Europa e, até 1700, foram publicadas cerca de duzentas obras dedicadas ao tema. Em todo esse período, a disciplina era voltada à formação de pregadores sob uma inspiração teórica que conciliava retórica e teo-

---

682 A exemplo ver o *Decreto sobre a Reforma* constante na *Doutrina sobre o Sacrifício da Missa* em *id. ibid.,* 3º Período (1562): Sessão XXII... pp. 05-10.

683 APOSTOLADO V. S. (org.). *Documentos do Concílio Ecumênico de Trento.* 1º Período (1545-1547): Sessão V... pp. 03-04. A sessão foi realizada no dia 17 de junho de 1546.

logia: ao mesmo tempo em que se ensinavam os recursos da oratória clássica (com base em Cícero, Tito Lívio e Lucrécio), definiam-se os princípios teológicos em que a pregação deveria residir. A opção foi pela retomada dos escritos dos Padres da Igreja (principalmente Cipriano e Agostinho) para fundamentar a Retórica Sagrada, mas ela absorvia, invariavelmente, as ideias renovadoras de Cisneros e de Erasmo, um o grande ícone da *Devotio Moderna* e o outro do pensamento humanista. O resultado dessa conjugação entre teorias eclesiásticas e seculares, bem como da filosofia antiga com a teologia clássica, foi o estabelecimento de um princípio de que a pregação deveria ser voltada ao refazimento da sociedade cristã e à composição de uma vida interior individual.[684] Observemos, era exatamente essa a finalidade indicada por Loyola à ordem religiosa que havia criado: "o fim da Companhia não é somente ocupar-se, com a graça divina, da salvação e perfeição das almas próprias, mas, com esta mesma graça, esforçar-se intensamente por ajudar a salvação e perfeição das do próximo".[685]

Nas universidades, os sacerdotes eram instrumentalizados para recuperar o rebanho perdido para os protestantes, para converter os pagãos e para assegurar a prática de um catolicismo ortodoxo nas comunidades católicas. Eles recebiam aulas de retórica e oratória e, quando da formação espiritual, acessavam obras teológicas que os especializavam na realização de pregações voltadas a despertar, na audiência, o desejo pelo cristianismo. O intuito era tornar os pregadores hábeis na arte da persuasão, que incluía a redação de sermões, a execução das pregações com postura impecável e gestos bastante característicos e, principalmente, fazer do púlpito uma janela pela qual os cristãos pudessem vislumbrar o modelo de sociedade idealizado pela Igreja e pelas monarquias católicas.[686]

Manuel Morán e Andrés-Gallego explicam que havia diferentes tipos de sermão, cada um voltado a uma audiência específica: aos fiéis nas igrejas; à audiência ampla das solenidades públicas, fossem elas políticas ou religiosas; às cortes; ao próprio corpo sacerdotal da

---

684 MASSIMI, M. *Palavras, almas e corpos no Brasil colonial*. São Paulo: Edições Loyola, 2005, pp. 77-84.

685 LOYOLA, I. de. *Constituições da Companhia de Jesus e normas complementares*. Anotações da Congregação Geral XXXIV (1995). São Paulo: Edições Loyola, 1997, p. 40.

686 Ver MORÁN, M.; ANDRÉS-GALLEGO, J. O pregador. *In*: VILLARI, R. (dir.). *O homem barroco*. Lisboa: Presença, 1995, pp. 115-142.

Igreja; entre outros. No entanto, o discurso era elaborado de uma forma que atingisse desde o homem mais comum aos mais importantes monarcas com uma prédica fundamentada na seguinte base: reavivamento do medo pelo pecado, apresentação da felicidade no além-túmulo e demonstração da necessidade de salvação adotando-se a doutrina católica como roteiro de conduta.[687] Era este último ponto que fazia da evangelização um eficiente recurso de ordenamento social.

A Santa Sé chamou a atenção para a responsabilidade dos bispos e dos cardeais de executarem e estimularem o ministério da pregação "em benefício da salvação dos fiéis cristãos".[688] Mas, entendendo que nem todos os seus membros podiam receber a formação necessária para tal nas universidades, a cúria romana estimulou a impressão de materiais auxiliares para a realização da evangelização.

Nos séculos XVI e XVII, houve uma intensa republicação de obras correntes na Europa desde a Época Medieval. As "leituras piedosas", de acordo com Peter Burke, eram textos que traziam hinos de oração, histórias sobre a vida dos santos e propostas de prática da fé baseadas na imitação da vida do Cristo. Mas, entre eles, os mais importantes eram os catecismos, porque ensinavam os preceitos básicos do catolicismo. Eles eram muito semelhantes às chamadas *Doutrinas*, material utilizado na instrução das crianças e de adultos que não conheciam o cristianismo e que, geralmente, também traziam orientações de práticas religiosas aos sacerdotes, principalmente para a realização da confissão.[689]

O esforço da Igreja era fazer dessas obras uma coletânea de textos que estimulassem a renovação teológica, uma vez que as publicações decorriam, também, de mudanças advindas do pensamento humanista e da revolução da imprensa. Como sensivelmente observou Natalie Davis, essas publicações eram voltadas para os poucos europeus letrados, mas, sobretudo ao clero, que fazia o elo entre a doutrina da Igreja tridentina e o povo comum. A literatura doutrinária, portanto, chegava aos mais simples súditos.[690]

---

687 MORÁN, M.; ANDRÉS-GALLEGO, J. *op. cit.*, pp. 121-127.

688 APOSTOLADO V. S. (org.). *Documentos do Concílio Ecumênico de Trento*. 3º Período (1562): Sessão XXIV, p. 09.

689 BURKE, P. *Cultura popular na Idade Moderna*: Europa, 1500-1800. São Paulo: Companhia das Letras, 2010, pp. 299-313. A respeito da impressão desse material ver, também, AGNOLIN, A. *Jesuítas e selvagens*: a negociação da fé no encontro catequético-ritual americano-tupi (séculos XVI-XVII). São Paulo: Humanitas Editorial, 2007, pp. 41-45.

690 DAVIS, N. Z. *op. cit.*, pp. 157-185.

Os teólogos das Universidades de Alcalá e de Salamanca na Espanha, de Coimbra e de Évora em Portugal, e da Universidade Gregoriana em Roma tiveram uma atuação destacada nesse processo. Francisco de Vitória (1480-1546), Luís Molina (1536-1600), Francisco Suárez (1548-1617), entre muitos outros teólogos influentes, participaram direta ou indiretamente do encontro ecumênico e estiveram à frente da análise, crítica literária, alteração ou republicação desses textos doutrinários. Além disso, trabalharam para renovar os métodos de ensino da Teologia e para que as obras teológicas publicadas contivessem os princípios da teologia moral, que consistia em fazer dos ensinamentos de Deus e da Igreja um roteiro de conduta da vida, portanto, um instrumento prático de ordenamento social.[691]

Os textos que apresentavam os princípios fundamentais do catolicismo e de suas práticas religiosas tinham uma atenção especial. Os catecismos, por exemplo, deviam ser escritos a partir de um padrão delineado pela cúria romana. O elaborado pelo papa Pio V, a grande referência, já no preâmbulo lembrava o clero, o público alvo da publicação, da eleição que Deus havia feito dos católicos para defender a fé de Cristo perante a ameaça moura ou protestante. Igualmente, suscitava o dever do leitor para com seu rebanho e oferecia instruções de uso do catecismo. Na sequência, apresentava os artigos da fé que deviam ser respeitados em todas as paróquias e oferecia uma série de orações e sermões que deviam conter nas missas e outras práticas religiosas.[692]

A análise de catecismos publicados em Portugal antes e depois do Concílio de Trento, e a comparação destes com o texto-referência da cúria romana, demonstra que, de um modo geral, essas obras formavam um compêndio doutrinário com poucas variações na estrutura, forma de escrita e temas abordados. O catecismo de Diego Ortiz de Villegas, publicado em 1504, e o de Bartolomeu dos Mártires, publicado em 1566, trazem a chamada *Doutrina* (também referenciada como *Suma da Fé* ou *Rudimentos da Fé* em outros catecismos da época), que versa sobre os dogmas do credo, do Pai Nosso, dos dez

691 Ver AGNOLIN, A. *Jesuítas e selvagens*... pp. 140-149; e ROPS-DANIEL. *A Igreja da Renascença e da Reforma*. A reforma católica. v. II... pp. 374-379.

692 Ver, na íntegra, PIO V (1566-1572). *Catechismo romano do papa Pio Quinto de gloriosa memória*. Nouamente tresladado de latim em lingoagem pello padre doctor Christouão de Mattos. Lisboa: Antonio Aluarez, 1590. Disponível em http://purl.pt/14262/2/. Acesso em 10/11/2010.

mandamentos e dos sacramentos. Nesse aspecto, o catecismo de Pio V é muito semelhante aos textos de 1504 e de 1566.[693]

Ambos também ofereciam orientações para as práticas espirituais mais comuns da vida religiosa do catolicismo, como a celebração de missas, por exemplo. No entanto, nesse quesito, apresentam diferenças significativas. O catecismo de 1566 trazia orações e formas de pregação para todas as missas dominicais do ano, além de sermões para as datas religiosas mais importantes, o que demonstra o esforço de padronização dos ritos e, principalmente, de reforçar os dogmas católicos questionados pelos reformados. Já o material de 1504 preocupava-se em oferecer orientações mais abrangentes ligadas tanto a questões temporais quanto teológicas: ao mesmo tempo em que previa as situações adequadas para o pedido de esmola, por exemplo, orientava o sacerdote a realizar a confissão.[694]

Em termos de forma, o catecismo publicado em 1566 estava mais próximo do padrão oferecido pela cúria romana. O texto de Bartolomeu dos Mártires também está dividido em duas partes (*Da Doutrina* e *Das Práticas*), enquanto o material de Ortiz de Villegas não define espaços específicos para tratar de assuntos doutrinários e os relativos às práticas religiosas. De qualquer modo, os dois eram importantes manuais de conduta e de renovação espiritual do clero. Eram, portanto, manuais de formação e/ou aperfeiçoamento do corpo sacerdotal de uma instituição em pleno processo de reforma.

A ausência de orientações relativas à prática da confissão no catecismo de 1566 e no da cúria romana não implica considerar a despreocupação da Santa Sé com a penitência. Pelo contrário, indica que este sacramento assumiu, como veremos adiante, uma importante função de controlar a vida dos católicos no século XVI, tanto que a doutrina do confessionário passou a constituir obra à parte.

---

693 Ver ORTIZ DE VILLEGAS, D. (14??-1519). *Cathecismo pequeno da doctrina e instruçam que os xpaãos ham de creer e obrar pera conseguir a benauenturança eterna*. Feito e copilado pollo reuerendissimo señor dom Dioguo Ortiz bispo de çepta. Lixboa: Valenti[m] Fernãdez alemã e Iohã Pedro Boõhomini de Cremona, 1504. Disponível em http://purl.pt/14885/2/. Acesso em 10/11/2010; e MÁRTIRES, B. dos (1514-1590). *Catechismo ou doutrina christaã & praticas spirituaes*. Ordenado por Dom Frey Bartholameu dos Martyres. Braga: António de Mariz, 1566. Disponível em http://purl.pt/14727/2/. Acesso em 10/11/2010.

694 Ver MÁRTIRES, B. dos. *op. cit.*, pp. 148-323; e ORTIZ DE VILLEGAS, D. *op. cit.* ff. 74-78v.

Diferente do que ocorria com os catecismos, não havia um padrão romano para os manuais de confissão. Jean Delumeau explica que no século XV circulavam inúmeros tratados de confissão na Europa. Eram textos tão comuns que muitos não tinham autoria ou eram assinados pelas ordens religiosas. No século XVI, Martín Azpilcueta baseou-se em um manual franciscanos para redigir o *Manual de Confessores e Penitentes*, editado em Coimbra em 1552. Seu livro foi traduzido para o latim e serviu de referência para a redação desse material na Europa. Na França, Espanha e Portugal, o texto de Azpilcueta era o mais utilizado ou a base dos manuais que surgiram depois dele.[695]

O *Manual de Confessores e Penitentes* estava estruturado da seguinte forma: apresentava os fundamentos teológicos da penitência e a importância da confissão; trazia um rol de perguntas que os padres podiam fazer aos fieis para persuadi-lo no ato confessional e conhecer as circunstâncias que o conduziam ao pecado; indicava as respostas mais prováveis que receberiam; e, enfim, estabelecia as penas espirituais que poderiam ser atribuídas aos pecadores.[696] Por isso, tratava-se de um instrumento pedagógico voltado à prática penitencial para o uso do clero.

Esse e os demais textos doutrinários impressos nos séculos XVI e XVII eram as principais ferramentas dos evangelizadores. Em um mundo em efervescência política e cultural, as lanças da fé católica estavam apontadas para tipos humanos bem definidos: o pagão, o herege e o próprio cristão, porque em um momento em que a Igreja definia o ser a partir da sua religião, ou ausência dela, não bastava ser católico: era preciso mostrar-se católico.

O esforço de muitos homens de trabalhar pela reeducação religiosa dos cristãos e pela conversão dos pagãos fortaleceu na Europa a *missio*, movimento iniciado na América que, na explicação de Adriano Prosperi, consistia no "envio, por parte de quem possuía essa autori-

---

695 DEMUMEAU, J. *A confissão e o perdão*: as dificuldades de confissão nos séculos XIII a XVIII. São Paulo: Companhia das Letras, 1991, pp. 73-79.

696 Ver, na íntegra, AZPILCUETA, M. de (1492-1586). *Manual de confessores & penitentes que clara & breuemente contem a vniuersal decisam de quasi todas as duuidas q[ue] em as confissões soem ocorrer dos peccados, absoluições, restituyções, censuras & irregularidades.* Composto por ho muyto resoluto & celebrado Doutor Martim de Azpilcueta Nauarro. Acrecentado agora por ho mesmo Doutor. Coymbra: por Ioam de Barreyra, 1560. Disponível em http://purl.pt/14550/4/. Acesso em 10/11/2011.

dade, de pregadores que tinham por objetivo restaurar (e instaurar) o modelo ortodoxo de vida religiosa".[697] Por conseguinte, ele deu um *status* privilegiado ao missionário que, no parecer de Castelnau-L'Estoile, "por definição [era] aquele que se ocupa[va] em buscar a salvação de seu próximo".[698] Como vimos, esse era o agente que atuava a partir do princípio de que a pregação deveria ser voltada à reconstrução da sociedade cristã e à composição de uma vida interior individual. O missionário, pregador por excelência, conseguia a própria salvação dedicando-se às atividades religiosas, à disciplina e ao aperfeiçoamento moral, mas só garantia a salvação de seu próximo se o persuadisse a receber os sacramentos da Igreja de Roma.

Na Europa, os missionários percorriam as cidades, as vilas e as comunidades rurais realizando a pregação. À maneira do que faziam os evangelizadores do Novo Mundo e do Oriente, usavam os catecismos, os manuais de confissão, além dos sermões e peças de teatro que convidavam os "selvagens dos bosques"[699] a aderir ou retornar ao catolicismo. Porém, do mesmo modo que ostentavam as festas e os ritos católicos para uma persuasão suave, recorriam, onde podiam, à queima de livros, ao policiamento dos comportamentos através da confissão e à penitência em público para eliminar costumes e práticas religiosas que traziam reminiscências pagãs, judaicas ou protestantes.[700]

Já a prática missionária em curso no Oriente e no Novo Mundo, ao mesmo tempo em que oferecia referências para a Igreja estabelecer novas diretrizes para a evangelização e os instrumentos com os quais seu corpo sacerdotal nela atuaria, precisava também ser ajustada ao espírito da Reforma Católica: a missionação, mesmo que ditada pelo poder temporal, deveria efetivar-se como um instrumento através do qual se instituía e se zelava pela ortodoxia da religião reafirmada no Concílio de Trento.

---

697 PROSPERI, A. O missionário. *In*: VILLARI, R. (org.). *op. cit.*, p. 162.

698 CASTELNAU-L'ESTOILE, C. de. *Operários de uma vinha estéril*: os jesuítas e a conversão dos índios no Brasil – 1580-1620. Bauru: Edusc, 2006, p. 141.

699 PROSPERI, A. O missionário... p. 164.

700 A respeito das "missões de interior" ou "missões rurais" na Europa ver BURKE, P. *Cultura popular na Idade Moderna*... pp. 280-299; PROSPERI, A. O missionário... pp. 161-171; e, na íntegra, CHÂTELLIER, L. *A religião dos pobres*: as missões rurais na Europa e a formação do catolicismo moderno. Séc. XVI-XVII. Lisboa: Estampa, 1995; e PALOMO, F. *Fazer dos campos escolas excelentes*: os jesuítas de Évora e as missões do interior em Portugal (1551-1630). Lisboa: Fundação Calouste Gulbenkian, 2003.

7.2 A nova dinâmica da evangelização, suas ferramentas e função prática no ordenamento social da colônia

A interferência da Santa Sé na evangelização e as formas que a atividade missionária tomou no interior da política ultramarina Habsburgo promoveram sensíveis mudanças na missionação jesuítica no Brasil. Sensíveis porque não se assistiu, durante a União Ibérica, alterações nos sentidos teológicos e na lógica da atividade apostólica, mas sim inovação de suas práticas e ferramentas.

Sendo o batismo o sacramento que oferecia a primeira salvação, a Igreja se preocupou em preservá-lo de qualquer mácula. O *Decreto sobre a Salvação* do Concílio de Trento exprimia o significado desta instituição para os católicos: a salvação através do batismo significava a completa conversão dos indivíduos, porque "com aquele arrependimento que devem ter antes de serem batizados e enfim se propõe a receber este sacramento, [devem] começar uma vida nova e observar os mandamentos de Deus".[701]

De um lado, o documento reforçava a necessidade da catequese, porque era o meio através do qual o batizado aprenderia a viver a partir dos preceitos da Igreja, daí o capítulo VI do mesmo decreto, intitulado *Modo desta preparação* [da salvação através do batismo], apontar que "as pessoas dispõem-se para a salvação, quando movidos e ajudados pela Graça Divina, e trocando o ódio pela fé, se inclinam deliberadamente a Deus, crendo ser verdade o que sobrenaturalmente Ele revelou e prometeu".[702] Por outro, apontava a necessidade do catecúmeno se desfazer de seus costumes antigos, porque uma vez preparado, receberia o batismo "que não só é o perdão dos pecados mas também a satisfação e renovação do homem interior, pela admissão voluntária da graça e dons que a seguem".[703]

Esses dons, evidentemente, eram obtidos com o modo de vida cristão baseado nos mandamentos de Deus e da Igreja. No capí-

---

701 APOSTOLADO V. S. (org.). *Documentos do Concílio Ecumênico de Trento.* 1º Período (1545-1547): Sessão VI... p. 02.

702 *id. ibid.,* 1º Período (1545-1547): Sessão VI... p. 02.

703 *id. ibid.,* 1º Período (1545-1547): Sessão VI... pp. 02-03.

tulo X, *Do incremento da salvação obtida*, é mencionado que aqueles que obtiverem a salvação devem caminhar em virtude dia-a-dia porque, com sua fé em Cristo e boas obras, "se salvam cada vez mais".[704]

Isso quer dizer que o ideal aspirado pela Santa Sé era de que o indivíduo ficasse obrigado a agir de acordo com os princípios do catolicismo, porque voltar a ter uma vida em pecados representava o rompimento da fidelidade estabelecida com Cristo e sua Igreja através do batismo, tanto que o cânon XX deste sacramento decretava a excomunhão daquele que dissesse que "o homem salvo (...) não é obrigado a observar os mandamentos de Deus e da Igreja, (...) como se o Evangelho fosse mera e absoluta promessa de salvação eterna sem a condição de guardar os mandamentos".[705]

A preocupação da Santa Sé em preservar o fundamento teológico do batismo, exigindo a exímia preparação do catecúmeno ao batismo e a conduta reta dos novos cristãos, acabava por transformar a conversão religiosa em uma completa conversão individual e social, o que conferia um caráter prático à evangelização de promover um ordenamento social. Isso explica porque os missionários exigiam a exímia preparação ao batismo através da catequese, bem como a criação de estratégias que impedissem o retorno dos novos cristãos aos seus antigos costumes condenados pela ortodoxia da religião. Na ótica dos jesuítas, no Brasil essa era uma necessidade maior em função da inconstância dos silvícolas e dos seus muitos "apetites" que, frequentemente, os levavam a macular o batismo e a vida cristã.

Vimos que as circunstâncias em que a atividade missionária se desenvolveu no período de privilégio permitiam aos inacianos trabalharem na preparação bastante apurada dos catecúmenos antes de lhes oferecer o batismo. A catequese durava o tempo necessário para os nativos se mostrarem aptos a receber o sacramento, isto é, até o momento em que abandonassem seus "maus costumes" e davam mostra, mesmo que exteriores, de viverem a partir dos preceitos de Deus e da Igreja. Até 1580, os inacianos também se valeram de sua exclusividade na atividade missionária e de sua estreita relação com a Coroa portuguesa para buscar, na política ultramarina dirigida à colônia, algumas das ferramentas que viabilizassem a evangelização. Entre

704 APOSTOLADO V. S. (org.). *Documentos do Concílio Ecumênico de Trento*. 1º Período (1545-1547): Sessão VI... p. 04.

705 *id. ibid.,* 1º Período (1545-1547): Sessão VI... p. 09.

elas, o governo temporal dos aldeamentos foi de fundamental importância, já que esses núcleos evangelizadores foram criados justamente para afastar os catecúmenos e os novos cristãos dos "males da terra".

Durante a União Ibérica, entretanto, ao mesmo tempo em que a atividade missionária passava pela interferência de Roma, refletia as necessidades latentes da política ultramarina Habsburgo no Brasil e, mais ainda, os intensos problemas que a colônia vivia no período. A atuação dos inacianos na pacificação das tribos indígenas como forma de abrir frentes colonizadoras e de anular a influência dos inimigos estrangeiros levou à criação de aldeamentos onde não residiam missionários e onde viviam índios cristãos e ainda pagãos.

Essa nova realidade não permitia aos missionários fazerem a preparação que a doutrina exigia para o oferecimento do batismo. As cartas jesuíticas nos mostram que o clima de tensão na colônia, agravado com a intensificação das investidas estrangeiras, exigia mais intensamente o trabalho de pacificação ou de expansão da área de influência dos ibéricos entre os nativos das regiões visadas por franceses e holandeses. A necessidade que os padres tinham de deixar os aldeamentos nascidos desse processo fez com que a preparação ao batismo fosse simplificada. Ao relatar a campanha que resultou na criação da Aldeia da Lagos dos Patos no atual Rio Grande do Sul, em 1624, Antônio Vieira explicou que com os "índios mais duros e menos tratáveis (...) fez um dos padres uma *prática* sobre a importância do Santo Batismo e do que para ele se requer". Ainda, instituíam o medo "mostrando-lhe também de uma parte as penas do Inferno, da outra os bens da Glória, e como depois da sua partida ficaram arriscados a, morrendo, perder estes a ser condenados àquelas, pois não teriam ordem nem ocasião de ser batizados, ainda que muito o quisessem".[706]

A informação do padre Vieira revela que, nas Aldeias, as prédicas eram construídas naquela estrutura que fazia da evangelização um eficiente recurso de ordenamento social: reavivava-se o medo pelo pecado, apresentava-se a felicidade no além-túmulo e demonstrava-se a necessidade de salvação com a adoção da doutrina católica como

---

706 As duas citações se referem a VIEIRA, A. Carta Ânua ao Geral da Companhia de Jesus. 30 de setembro de 1626. *In*: __________. *Cartas do Brasil*. Organização e introdução de João Adolfo Hansen. São Paulo: Hedra, 2003, pp. 106. Grifo nosso. O termo *prática* se referia a uma prelação, um sermão.

um roteiro de conduta. E a persuasão mostrava-se eficiente, de acordo com o missionário, porque assim os nativos, "com desejo no coração e lágrimas nos olhos, começaram a pedir que os fizessem cristãos, de modo que em oito dias foram suficientemente catequizados, e receberam a água do Sagrado Batismo perto de duzentas almas".[707]

Nesse modo de agir, entretanto, paulatinamente o batismo passava a representar mais um ato simbólico de adesão ao cristianismo do que propriamente a transformação comportamental necessária à conversão religiosa. E os missionários tinham consciência disso, mas eles não viam problema em aplicar o sacramento sem um preparo acurado porque, mesmo nessas condições, segundo Anchieta, os novos cristãos tinham "algumas coisas notáveis e a primeira é que são *tanquam tabula rasa* para imprimir-lhes todo o bem".[708] Vieira, indicando a realidade dessa prática, relatou que mesmo havendo em uma tribo muitos índios reticentes em se desvencilhar das dificuldades "que nestes contra a lei natural reina", eles administravam o sacramento aos que o pediam, porque "a pertinácia que se vê nuns não é impedimento à conversão dos outros". Nesse ambiente, os padres recorriam frequentemente à antiga estratégia de conversão dos "principais da terra", porque neles "claramente se vê que tem Deus em Sua mão a chave dos corações dos homens, para os abrir e entrar neles quando é servido".[709]

Por se tratar uma ação consciente, conclui-se que essa nova forma de aplicação do batismo era uma estratégia jesuítica de levar a atividade missionária a cabo quaisquer que fossem as particularidades que a administração Habsburgo, ou os problemas que ela gerava na sociedade colonial, imprimia à evangelização. Mas, como compensar o esvaziamento doutrinal da catequese de forma a conseguir uma conversão religiosa tal como definia a Santa Sé, principalmente em um momento em que a cúria romana trabalhava para que a missionação levasse aos cantos mais remotos uma doutrina reformada que devia

---

707 VIEIRA, A. Carta Ânua ao Geral da Companhia de Jesus. 30 de setembro de 1626... pp. 106-107.

708 ANCHIETA, J. de. Informação da Província do Brasil para nosso Padre (1585). Informação da Província do Brasil para nosso Padre (1585). *In*: __________. *Cartas*: informações, fragmentos históricos e sermões. Belo Horizonte: Itatiaia; São Paulo: Editora da Universidade de São Paulo, 1988, p. 443.

709 As três citações se referem a VIEIRA, A. Carta Ânua ao Geral da Companhia de Jesus. 30 de setembro de 1626... p. 107.

ser a base não só da religião, mas também do programa moral e comportamental do súdito das monarquias confessionais?

Diante desse novo quadro evangelizador, os jesuítas estruturaram a atividade apostólica em duas atividades primordiais: na catequese, que assumia uma função bastante específica, e nas atividades de reeducação religiosa dos cristãos (indígenas ou colonos) e de doutrinação dos novos cristãos que haviam aderido ao cristianismo através de um ato simbólico.

A catequese e a formação de agentes leigos da religião

Fernão Cardim produziu um documento que nos oferece um bom quadro da catequese durante a União Ibérica. O padre havia chegado ao Brasil em 1583 na condição de secretário do Visitador Cristóvão de Gouveia. Em 1590, um ano depois da visitação, escreveu a extensa *Informação da Missão do P. Christovão Gouvêa às partes do Brasil*, onde narrou a empreitada e, nela, ofereceu detalhes das práticas jesuítica nas casas e nos aldeamentos, assim como nas "missões rurais".

Seu relato, corroborado pelos demais jesuítas, demonstra que embora não houvesse um trabalho propriamente de preparação ao batismo nos aldeamentos onde não residiam missionários, a catequese seguia o mesmo princípio da atividade em curso desde 1549 nas casas, nos colégios e nas Aldeias onde os padres residiam: baseava-se no esforço de eliminar as práticas culturais ameríndias tidas como heterodoxas e de infundir, na população nativa, os preceitos morais da religião católica.

Já vimos quais métodos eram usados pelos padres para se instalarem em uma aldeia principal de uma região e como a transformavam em aldeamento. Feito isso, os jesuítas erguiam uma igreja e escola e passavam a visitar as aldeias menores dos arredores, preferencialmente das tribos aliadas. Nelas, usavam a pregação para persuadir os nativos a abraçarem o cristianismo e, aqueles que manifestavam a intenção, eram levados à Aldeia.[710]

---

710 Trata-se de CARDIM, F. Narrativa epistolar de uma viagem e missão jesuítica. Da Bahia, a 1 de maio de 1590. *In*: ________. *Tratados da terra e gente do Brasil*. Introdução de Rodolfo Garcia.

Os inacianos davam preferência para as crianças, como ocorria desde 1549. No entanto, a necessidade de ampliar a influência nos novos modelos de aldeamento e de trabalhar na doutrinação daqueles que eram batizados sem a devida formação religiosa levou-os a se concentrarem com afinco na formação doutrinal desse público. Nas escolas, ensinavam o idioma português às crianças, que também eram alfabetizadas e aprendiam os princípios da matemática, a cantar e a tocar instrumentos (flauta, viola, cravo e órgão).[711]

As formas que a catequese jesuítica tomou no período da União Ibérica, por seu objetivo bastante específico e pelas ferramentas com que era desenvolvida, revelam que o princípio tridentino do ensino como instrumento de renovação da religião ressoava nos recônditos do Novo Mundo. Enquanto na Europa as ordens religiosas abriam seus colégios para a formação das crianças, nas Aldeias do Brasil se primava pela formação dos meninos indígenas. A alfabetização desse público era um processo que visava sua instrumentalização para a instrução no "diálogo da fé, confissão e comunhão",[712] que se dava a partir de materiais auxiliares da evangelização.

Os jesuítas produziam sermões, peças de teatro, poesias, catecismos e manuais de confissão que visavam oferecer, aos padres, um acervo bibliográfico que tornasse a prática religiosa mais eficiente. Igualmente, constituíam coleções de textos doutrinários destinados ao ensino dos preceitos da religião católica aos catecúmenos e ao policiamento da conduta dos índios cristãos para que praticassem um catolicismo ortodoxo.

O uso desse material na evangelização não foi uma inovação dos inacianos. Na década de 1530, os franciscanos começaram a utilizar textos manuscritos no México e Peru. Eram obras em castelhano e nas línguas locais como catecismos, sermões, manuais de confissão e livros que versavam sobre as vidas dos santos. Três décadas mais tarde, esses textos foram impressos e tinham como público alvo os autóctones. Naquele momento, já se ensinava canto gregoriano aos catecúmenos, que também cantavam poemas e encenavam as peças teatrais franciscanas durante as festas religiosas. De acordo com Serge

Belo Horizonte: Itatiaia; São Paulo: Editora da Universidade de São Paulo, 1980, pp. 141-198.
711 CARDIM, F. Narrativa epistolar de uma viagem e missão jesuítica.... pp. 155-156.
712 *id. ibid.*, p. 156.

Gruzinski, aliados a outras táticas de conversão, os textos eram instrumentos auxiliares da transmissão, para os ameríndios, dos conceitos e critérios que organizavam a realidade definida pela Igreja. Por isso mesmo, eram capazes de promover mudanças na percepção indígena do real e do imaginário, porque infundiam, nas culturas locais, elementos da cultura ocidental que permitiam às sociedades indígenas se ajustarem à ordem imposta pelos espanhóis, daí Gruzinski considerar que se tratava de ferramentas que faziam da evangelização um processo do sistema colonial que conduzia a

> processos mais profundos e mais determinantes, como a evolução da representação da pessoa e das relações entre os seres, a transformação dos códigos figurativos e gráficos, dos meios de expressão e de transmissão do saber, a mutação da temporalidade e da crença e, finalmente, a redefinição do imaginário e do real, no qual os índios deviam expressar-se e sobreviver, entre a obrigação e o fascínio.[713]

Os jesuítas, como vimos, começaram a utilizar catecismos e manuais de confissão em alguns domínios lusos na Ásia em meados do século XVI, mas a utilização desse material no campo missionário brasílico se tornou uma realidade somente no final do século XVI, momento em que a Santa Sé interferia na gerência da evangelização para que o conteúdo desses textos estivesse o mais próximo possível da doutrina definida em Trento. Porém, a referência da cúria romana na definição de um material padrão era justamente aquele nascido da experiência vivida pelas ordens religiosas na América, Ásia, África e Europa, processo no qual os jesuítas exerciam um papel de vanguarda. Portanto, o material que circulava no Brasil refletia a confluência desses dois grandes processos estruturais: da experiência missionária em curso e da intervenção da Igreja Católica na prática missionária.

Na catequese, o material primordial era o catecismo, texto que apresentava os princípios básicos do cristianismo. Nas missões jesuíticas, porém, circulavam dois tipos de catecismos: aqueles dirigidos especificamente aos missionários e os que eram voltados a atingir um público amplo.[714]

---

713 GRUZINSKI, S. *A colonização do imaginário*: sociedades indígenas e ocidentalização no México espanhol, séculos XVI-XVIII. São Paulo: Companhia das Letras, 2003, p. 410.

714 Alguns elementos da discussão que se seguirá sobre os catecismos jesuíticos estão

O catecismo utilizado pelos inacianos no Japão, por exemplo, era dirigido aos evangelizadores e não aos catecúmenos nipônicos, tanto que foi escrito em latim. Ele seguia o mesmo modelo dos catecismos romanos destinados ao clero: seu texto se confunde com um manual dedicado a oferecer informações sobre a estrutura social, política e religiosa dos japoneses, bem como estratégias para os missionários introduzirem os preceitos cristãos na complexa sociedade japonesa. Lembremos, esse era o modelo dos catecismos correntes em Portugal.[715]

Por outro lado, havia os catecismos voltados para um público amplo porque tinham o objetivo de apresentar os princípios da fé católica. O livro escrito em guarani por Antonio Ruiz de Montoya, que era utilizado nas missões jesuíticas do Paraguai, é um bom exemplo. Seu texto era estruturado em forma de perguntas e respostas e seu conteúdo era de fácil entendimento.[716] Essas eram as mesmas características do *Resumo da Doutrina Cristã*, texto do influente pregador jesuíta Pedro Canísio (1521-1597) que circulou no Sacro Império Romano-Germânico. Para que os preceitos do catolicismo chegassem às crianças e aos adultos mais cultos, Canísio produziu três versões da obra: o catecismo *maior*, o *menor* e o *mínimo*, textos que apresentavam a preocupação de invalidar as doutrinas protestantes tão presentes na região, o que lhes conferiu grande importância no processo de embates políticos e religiosos que levaram territórios como a Bavária e a Áustria a tomarem partido do catolicismo.[717]

Os catecismos que fundamentavam as atividades de catequese no Brasil eram justamente os voltados a atingir um público amplo. A autoria do primeiro texto escrito em tupi, o *Catecismo Brasílico*, é atribuída a José de Anchieta. O pesquisador Armando Cardoso entende que

---

presentes em DORÉ, A.; SABEH, L. A. A educação humanista e a catequese no Brasil. *In*: TOLEDO, C. de A. A. de; RIBAS, M. A. de A. B.; SKALINSKI JUNIOR, O. (orgs.). *Origens da educação escolar no Brasil Colonial*. v. 2. Maringá: Eduem, 2013, pp. 69-93.

715 Referimo-nos a VALIGNANO, A. *Catechismus christianae fidei in quo veritas nostrae religionis ostenditur & sectae Iaponenses confutantur*. Editus à patre Alexandro Valignano Societatis Iesu. Olyssipone: Antonius Riberius, 1586. Disponível em http://purl.pt/15107/2/. Acesso em 10/11/2010.

716 Ver MONTOYA, A. R. de. *Catecismo de la lengua guaraní (1640)*. Introdução, tradução e notas de Bartolomeu Melià S.J. Asunción: CEPAG, 2008.

717 Sobre a obra de Canísio ver DANIEL-ROPS. *A Igreja da Renascença e da Reforma*. A reforma católica. v. II... p. 413; e MULLETT, M. *A Contrarreforma e a Reforma Católica nos princípios da Idade Moderna europeia*. Lisboa: Gradiva, 1985, pp. 52-53.

o *Catecismo Brasílico* pode ter sido escrito por vários jesuítas ainda no calor das primeiras experiências catequéticas. O que se sabe, no entanto, é que seu texto foi revisado e aprovado por Manoel da Nóbrega e Luiz da Grã e traduzido para o tupi por Anchieta. Em 1592, os manuscritos foram encaminhados a Portugal para impressão, mas não foram publicados. Cardoso supõe que a Companhia de Jesus não dispunha de recursos para imprimi-lo, porque havia a necessidade de se imprimir, também, a *Arte de Grammatica Brasilica*. E a preferência foi dada a ela, que foi impressa em 1595, talvez porque seu texto era mais longo que o do catecismo, portanto, mais difícil de circular em manuscrito.[718]

Há indícios que reforçam a proposição de Cardoso. A *Arte de Grammatica Brasilica* provavelmente tinha maior prioridade de impressão porque era, para os missionários, um manual de estudo do idioma tupi, atividade da qual dependia o próprio ensino do catecismo. Lembremos que Luiz da Grã, quando exerceu o cargo de Provincial do Brasil, exigiu em 1560 o estudo do idioma tupi que, como vimos, era baseado nos manuscritos da *Arte de Grammatica Brasilica*, então conhecida pelos missionários como *Arte da língua brasílica que compoz o irmão Joseph*. Em 1585, a ordem de Roma ainda era enfática nesse sentido: não se devia fazer um homem sacerdote sem antes ter ele aprendido o idioma tupi "porque depende disto muito a saúde de muitas almas, e edificação das outras províncias".[719]

De qualquer modo, o *Catecismo Brasílico* circulou em manuscrito na colônia, e a observação de Cardim nos dá certeza desse fato. E, independente de sua autoria, o fato é que ele subsidiou a escrita de outro catecismo em língua tupi que foi publicado na Europa em 1618: o *Catecismo*, livro editado pelo jesuíta Antônio de Araújo.[720]

---

718 CARDOSO, A. Origens da Doutrina Cristã na língua brasílica. *In*: ANCHIETA, J. de. *Doutrina Cristã*: Catecismo Brasílico. Tomo I. Texto em Tupi e Português. Introdução, tradução e notas de Armando Cardoso S.J. São Paulo: Edições Loyola, 1992, pp. 25-31. O texto de Anchieta só foi impresso em 1992 e integra o conjunto de textos do Tomo I da *Doutrina Cristã*.

719 COMPANHIA de J. *Brasilia ordinationes Provinciae, 1573-1614*. Documento manuscrito. Fondo Gesuitico 1255, Fascículo 10. Biblioteca Nazionale Centrale "Vittorio Emmanuele II", Roma, f. 32v. Adiante, adotaremos a abreviação *BoP*/BNC para a citação deste documento. Para a reprodução de seus trechos no corpo do nosso texto optamos pela tradução do espanhol e pela atualização da grafia.

720 ARAÚJO, A. *Catecismo*. Na lingoa brasilica, no qual se contem a summa da doctrina christã. Composto a modo de Dialogos por Padres Doctos, & bons lingoas da Companhia de Jesu; agora novamente concertado, ordenado & acrescentado pello Padre Antonio d'Araujo.

Entre este e o texto do século XVI, as diferenças são significativas na forma. Além do texto que apresenta os fundamentos da doutrina católica, o livro de Araújo traz uma série de orientações para a atuação dos missionários: reforça a necessidade de estudo do idioma tupi e estabelece diretrizes para a realização de batismos, casamentos, enterros e a unção dos enfermos. Para a prática confessional há um capítulo específico, algo muito semelhante ao *Confessionário* de Anchieta, texto que compunha obra à parte da sua coleção da *Doutrina Cristã*.[721] Por esta razão, o *Catecismo* de Araújo bem se confunde com um manual destinado tanto para os catecúmenos quanto para os inacianos, uma mescla dos catecismos romanos dirigidos ao clero com aqueles que apresentavam a "suma da fé".

No que diz respeito ao conteúdo, as diferenças entre o *Catecismo* de 1618 e o de Anchieta são poucas. O padre Araújo praticamente reproduziu a "suma da fé" constante no material atribuído a Anchieta, porque essa era uma prática comum na compilação dos materiais auxiliares da evangelização. Dentre os demais catecismos brasílicos do século XVII conhecidos, por exemplo, temos um que é apenas uma edição revisada do catecismo de 1618. Sua autoria é atribuída aos "Padres Doutos da Companhia de Jesus", que se basearam no catecismo "aperfeiçoado, & dado a luz pelo Padre Antonio de Araujo da mesma Companhia".[722] Além desse, conhece-se também o catecismo escrito por Luís Mamiani, que atuou na Missão do Maranhão entre 1684 e 1701. Seu livro, embora siga o mesmo padrão estrutural e aborde os mesmos temas que os demais catecismos brasílicos, tinha uma importante diferença: o idioma. O padre o produziu na língua falada pelos índios cariris e em castelhano, seu idioma, a fim de aprimorar as atividades apostólicas dos inacianos na atual região Nordeste brasileira. É de sua autoria, também, a talvez única gramática escrita nesse extinto

---

Lisboa: Pedro Crasbeeck, 1618. Disponível em http://purl.pt/22940. Acesso em 10/11/2010.

721 Trata-se de ANCHIETA, J. de. *Doutrina Cristã*: Doutrina Autógrafa e Confessionário. Tomo 2. Texto em Tupi e Português. Introdução, tradução e notas de Armando Cardoso S.J. São Paulo: Edições Loyola, 1992.

722 COMPANHIA de J. *Catecismo brasilico da doutrina christãa*. Com o Ceremonial dos Sacramentos, & mais actos Parochiaes. Composto por Padres Doutos da Companhia de Jesus; aperfeiçoado, & dado a luz pelo Padre Antonio de Araujo da mesma Companhia; emendado nesta segunda impressão pelo P. Bertholameu de Leam da mesma Companhia. Lisboa: Officina de Miguel Deslandes, 1686. Disponível em http://purl.pt/14250/2/. Acesso em 10/11/2010.

idioma indígena.[723] Isso explica, enfim, porque os catecismos da Época Moderna formavam um compêndio doutrinário com pouca variação na forma de escrita e temas abordados, principalmente depois que a Santa Sé estipulou um padrão para a sua redação.

São os textos dirigidos aos catecúmenos que revelam o potencial dos catecismos de infundir os valores necessários à transformação comportamental que a conversão religiosa exigia. A "suma da fé" não era apresentada em um texto dissertativo fundamentado em teses teológicas e políticas, mas sim seguindo o princípio da compreensibilidade e em forma de perguntas e respostas:

> 1.*P* Só Deus é coisa grande, é o nosso criador, é o criador de todas as coisas. Tu crês firmemente em teu coração?
> *R* Eu creio.
> 2. *P* O mesmo Deus aos batizados que foram bons os levará para o céu para sempre. Mas aos não batizados, os mandará ao fogo do diabo para sempre; e aos batizados que foram pecadores também os lançará ao fogo do diabo. Tu crês?
> *R* Eu creio.[724]

A forma de diálogo foi adotada correntemente pelos escritores humanistas. O estilo dialógico foi retomado diretamente de Cícero e era empregado na redação dos tratados que visavam tornar acessíveis os pensadores da Antiguidade. Nos catecismos brasílicos, a forma dialógica foi mantida, mas seu conteúdo foi esvaziado do confronto de ideias, como faziam os catecismos destinados aos missionários. Aí podemos observar pelos menos duas estratégias: o recurso persuasivo da retórica que oferece um pressuposto de verdade que impede o estudante de questionar o dogma. O texto não pergunta o que é Deus. Ele apresenta Deus e induz o indivíduo a afirmar que Nele crê.

Esta metodologia era reforçada por outra estratégia retórica que levava o catecúmeno a introjetar o conteúdo através da repetição,

---

723 Trata-se de MAMIANI, L. *Catecismo da doutrina christãa na Brasilica língua da Nação Kiriri*. Lisboa: Miguel Deslandes, 1698. Disponível em http://biblio.etnolinguistica.org/mamiani-1698-catecismo. Acesso em 08/05/2012; e MAMIANI, L. *Arte de grammatica da lingua Brasilica da Nacam Kiriri*. Lisboa: Miguel Deslandes, 1699. Disponível em http://biblio.etnolinguistica.org/mamiani-1699-arte. Acesso em 08/05/2012.

724 ANCHIETA, J. de. *Doutrina Cristã*: Catecismo Brasílico. Tomo I... p. 131.

método de ensino previsto na *Ratio Studiorum*.[725] O catecismo trazia várias perguntas com a mesma resposta, geralmente curtas para facilitar a memorização do conteúdo. E é provável que os missionários lessem repetidas vezes a mesma lição durante a aula, porque o material trazia também várias respostas que, mesmo diferentes, serviam para confirmar um mesmo pressuposto enunciado de diferentes formas:

> 1. *M* Como é que a gente irá para o céu?
> *D* Crendo em Deus; no batismo da gente feito outrora por Deus, santificando-se, vivendo segundo a lei de Deus também.
> 2.*M* E credes em Deus?
> *D* Creio.
> 3.*M* A que coisa chamamos Deus?
> *D* Ao criador de todas as coisas.[726]

As estratégias retóricas eram construídas de um modo que, ao mesmo tempo em que apresentavam os elementos do universo cristão, fossem capazes de eliminar crenças que, na ótica dos missionários, eram a fonte do modo de vida bárbaro, pecaminoso. No *Diálogo da Doutrina Cristã*, por exemplo, percebe-se a tentativa de se refutar a crença na existência de vários deuses e, ao mesmo tempo, de se incutir a noção monoteísta do catolicismo:

> 1.*M* De que modo vivendo a gente se livra do demônio, procurando elevar-se ao céu?

---

725 A análise da *Ratio Studiorum* demonstra que a repetição, assim como a disputa, eram exercícios fundamentais da pedagogia inaciana. O documento estabelece orientações para todos os componentes da hierarquia dos colégios para que a repetição fosse um exercício diário. Citar aqui todas elas demandaria elencar regras estabelecidas para os professores de todas as disciplinas de todos os níveis do ensino (estudos menores e faculdades superiores). Para termos apenas uma ideia dessa importância, basta indicarmos as regras estabelecidas para os cargos de ordem administrativa: os Provinciais deviam exigir dos professores a prática da repetição e da disputa inclusive nas férias. Já os Reitores ficavam obrigados a punir alunos que não valorizassem esses exercícios. Os Prefeitos de Estudos, por fim, deviam prescrever um plano de estudo que previsse diariamente a repetição e a disputa para os estudantes jesuítas e para os alunos leigos do internato. Ver, respectivamente, COMPANHIA de J. *The Jesuit* Ratio Studiorum *of 1599*. Translated into English, with an Introduction and Explanatory notes by Allan P. Farrell S.J., University of Detroit. Washington, D.C.: Conference of Major Superiors of Jesuits, 1970. Disponível em http://www.bc.edu/libraries/. Acesso em 18/07/2011, pp. 13-14 (item 39 das Regras do Provincial); p. 15 (item 4 das Regras do Reitor); e p. 24 (item 27 das Regras para os Prefeitos de Estudos).

726 ANCHIETA, J. de. *Doutrina Cristã*: Catecismo Brasílico. Tomo I... p. 133.

D Crendo em Deus, batizando-se e vivendo segundo sua lei.
2. *M* Mas credes vós nesse Deus?
D Creio.
3. *M* Quantos são esses deuses?
D Um só.[727]

Essa estratégia era potencializada com a imersão dos missionários no universo mental, social e religioso dos silvícolas. Eles buscavam no idioma local palavras análogas para referenciar os elementos do imaginário católico. Os inacianos usavam, por exemplo, a palavra Tupã, que designava o trovão, a manifestação de uma divindade tupi-guarani, para designar o Deus da tradição judaico-cristã. E, quando essas palavras não existiam, eles usavam comportamentos que explicassem, alegoricamente, a doutrina católica. A comunhão, sacramento no qual os católicos acreditam trazer para si Jesus Cristo sob a aparência do pão e do vinho (alegoria de seu corpo e sangue) para com ele comungar, transformou-se em *Tupã rára*, "comer Deus" em tupi.[728]

Nesse aspecto, essa estratégia era semelhante à adotada pelos inacianos nos locais onde a cristianização representava a tentativa da Coroa portuguesa de criar um parentesco espiritual, a via nodal ao estabelecimento de alianças que sustentavam um império-rede. No Japão, por exemplo, os jesuítas apresentavam o Deus da tradição judaico-cristã como *Dainichi*, termo que os nipônicos usavam para fazer referência à divindade que personificava o conceito budista de vazio.[729] Para uma ordem religiosa que atuava no interior das sociedades dos seus catecúmenos, mas que não admitia uma conversão religiosa superficial que denotasse simplesmente o estabelecimento de alianças entre os locais e os poderes políticos ibéricos, o mergulho no imaginário do seu público-alvo era uma estratégia persuasiva que substituía métodos violentos de conversão que poderiam romper com tais alianças. E se considerarmos que a integração dos ameríndios à lide colonial era um dos fundamentos da política ultramarina Habsburgo em curso na América espanhola e no Brasil, o uso dessa estratégia na

727 ANCHIETA, J. de. *Doutrina Cristã:* Catecismo Brasílico. Tomo I... p. 157.

728 Ver ANCHIETA, J. de. *Doutrina Cristã*: Catecismo Brasílico. Tomo I... p. 157.

729 Ver HICHMEH, Y. S. S. *O cristianismo no Japão*: do proselitismo jesuíta à construção ideológica da perseguição (1549-1640). Dissertação (Mestrado em História) – Programa de Pós-Graduação em História – Universidade Federal do Paraná, Curitiba, 2014, pp. 49-50.

colônia denotava a substituição de métodos empregados no período de privilégio que se baseavam na violência física e na punição pública para fazer com que os nativos abandonassem suas práticas sociais tidas como contrárias à doutrina católica. E isso explicaria, talvez, porque os materiais auxiliares da catequese só começaram a ser usados no Brasil em fins do século XVI, durante a União Ibérica, enquanto em meados daquele século a Companhia de Jesus já os utilizava na costa da Pescaria e no Japão.

Adone Agnolin entendeu que o mergulho no imaginário dos catecúmenos representava uma mediação simbólica, uma estratégia consciente e, considerando-se os objetivos da catequese, até uma necessidade. Tendo em vista que em termos teológicos e ideológicos a essência da catequese era a "apresentação da fé", os tratados teológicos de tradição romana correntes na Europa desde o século IV orientavam os missionários a primeiro converter o Evangelho segundo a cultura local para, só depois, converter o gentio. Era, portanto, um pressuposto da missão que refletia os princípios do Império Romano que os ibéricos usavam como referência para a construção de uma monarquia universal cristã.[730]

Em parecer análogo, Cristina Pompa entendeu que se tratava de uma estratégia de tradução no sentido antropológico do termo, ou seja, de aculturação: os missionários dominavam o idioma dos catecúmenos, adentravam no seu imaginário, identificavam os sistemas de crenças que estruturavam sua cosmogonia e estabeleciam novos significados aos elementos desse universo simbólico de modo que dessem condições de apresentar o mundo dos conquistadores. E como o universo simbólico dos ibéricos era sustentado pela doutrina católica, o instrumento-chave dessa tradução era a religião.[731]

Esses olhares partem do pressuposto de que a evangelização era um processo de imposição de um colonizador que se julgava superior e responsável pela civilização de um povo tido como bárbaro e selvagem. Afinal, Alfredo Bosi já havia explicado que, frente ao modo de vida "inspirador do demônio" dos silvícolas, os missionários que se dedicavam a convertê-los eram difusores do salvacionismo ibérico.

730 AGNOLIN, A. *Jesuítas e selvagens*... pp. 237-335.

731 POMPA, C. *Religião como tradução*: missionários, Tupi e Tapuia no Brasil colonial. Bauru: EDUSC/ANPOCS, 2003, pp. 57-97.

Para Bosi, então, a propagação deste ideal nos trópicos deu origem a técnicas de conversão baseadas em textos escritos, na língua tupi, que promoviam a aculturação dos indígenas. Nesse caso, a atividade missionária inspirada na redenção das almas era uma ferramenta de poder da colonização, um processo ao mesmo tempo material e cultural, religioso e político.[732]

Justamente pelo fato da evangelização ser um processo de imposição é que, no entendimento de Agnolin e Pompa, ela promovia o rompimento de práticas sociais e culturais milenares que estruturavam as sociedades tribais. Por isso, a atividade missionária é vista por eles como um veículo de mediação cultural através da qual é possível se compreender as formas de negociação simbólica que representavam ou a acomodação ou a reação dos nativos à colonização europeia.

Aqui podemos nos valer dos conceitos de "estratégia" e de "tática" de Michel de Certeau para entender a posição desses estudiosos. A estratégia, para Certeau, é uma ação definida por uma instituição/grupo que, por deter o poder, a estabelece como algo próprio, como um lugar de onde é gerida as relações de força com grupos exteriores e que ao mesmo tempo define um lugar desse poder, seja ele representado por um lugar teórico (sistemas e discursos totalizantes) ou um lugar físico. Em contrapartida, a tática é reação do "outro", do inimigo em relação à estratégia. É, portanto, um movimento de astúcia, a "arte do fraco"[733] para se acomodar e sobreviver em seu próprio espaço, já que ele não tem poder para fazer com que seu projeto se torne global, referência. Em suma, "a tática é determinada pela *ausência de poder*, assim como a estratégia é organizada pelo postulado de um poder".[734]

Nessa perspectiva, podemos dizer que Agnolin e Pompa buscaram nas estratégias (a ação missionária) as explicações das táticas (reação ou acomodação dos indígenas à evangelização). E podemos acrescentar que também podemos ver nesse processo os mecanismos que davam corpo e vida às metodologias evangelizadoras capazes de as definirem como estratégia no sentido certeauniano do termo. Bus-

---

732 BOSI, A. Anchieta ou as flechas opostas do sagrado. *In*: __________. *Dialética da colonização*. São Paulo: Companhia das Letras, 1992, pp. 64-93.

733 CERTEAU, M. de. *A invenção do cotidiano*: artes de fazer. Petrópolis: Vozes, 1994, p. 95.

734 *id. ibid.*, p. 95. O destaque do texto consta no original.

cando na própria atividade missionária os elementos que a explicam, encontramos na doutrina da salvação católica os faltores que faziam da evangelização uma ferramenta capaz de transformar as estruturas sociais e culturais das sociedades nela envolvidas.

Se lermos o mergulho no universo simbólico ameríndio a partir dos princípios teológicos dos sacramentos e de sua relação com os demais recursos de retórica dos catecismos, fica evidente que se tratava de uma manobra de transformação das bases culturais dos catecúmenos tal como a conversão religiosa exigia, o que refletia lógica da vinha que fundamentava a evangelização: era preciso eliminar as ervas daninhas e plantar boas sementes para se colher bons frutos na seara do Cristo. Em função da capacidade dos inacianos de se adaptarem às realidades sociais e culturais dos locais onde estavam inseridos para nelas buscar um meio de operar e desenvolver suas atividades, percebemos que os textos auxiliares da evangelização permitiam aos missionários adentrar nas culturas indígenas para alterá-las a partir de seu interior. Isso porque, uma vez povoando o imaginário ameríndio, os padres estabeleciam novos significados aos seus elementos e, principalmente, nele inseriam novos componentes. Era, portanto, um movimento que visava fazer com que os nativos abandonassem seus costumes, crenças e valores e, ao mesmo tempo, abraçassem o programa de conduta e valores estabelecido pela Igreja Católica aos súditos de uma "monarquia confessional".

Essa *estratégia* explica porque a evangelização fundamentava as políticas ultramarinas das Coroas ibéricas: o padrão de conduta que os inacianos exigiam dos novos cristãos era o mesmo que definia o súdito da monarquia católica. Assim, na medida em que a evangelização infundia os valores do ser ibérico e o conjunto de comportamentos que definiam o bom cristão, acabava por ser útil à transformação do ameríndio em súdito *Del-Rei*, em civilizar o pagão e integrá-lo à nova ordem social imposta pelos europeus: tratava-se de uma política materializadora de uma colonização salvífica.

Melhor se compreende este papel da catequese quando consideramos o seu público alvo: as crianças indígenas. Vimos que, desde 1549, os inacianos visavam a instrução religiosa dos pequenos pela maior aptidão que tinham em aderir as crenças cristãs e os valores ibéricos. Tratava-se de uma estratégia que, na ótica missionária, trazia grandes benefícios, e um deles era a garantia de que os novos cristãos viveriam conforme a moralidade católica. Isso porque, diferente dos pais, as crianças eram mais "constante" na vivência da fé, isto é, estavam menos propensas a voltarem aos "bárbaros costumes" depois de batizadas. E aqui podemos acrescentar a preocupação dos inacianos em impedir, ou pelo menos minimizar, a ocorrência de sublevações nascidas da confusa assimilação da doutrina católica pelos nativos, uma realidade na colônia. A "santidade de Jaguaripe" e as "heresias gentílicas" demonstravam a forma como alguns silvícolas adultos apreendiam e se relacionavam com o cristianismo: mesclavam os ritos e os elementos dos dogmas católicos com os das religiões indígenas e usavam essa forma híbrida de religiosidade para se rebelarem contra a colonização branca. Em alguns casos, associavam os sacramentos do batismo, da comunhão e da extrema-unção com a morte e causavam alvoroço nos aldeamentos durante as práticas religiosas do catolicismo ou quando os missionários entravam nas ocas dos índios moribundos.[735]

Mas, para os jesuítas, a dimensão dessa estratégia era muito mais ampla, porque o objetivo da educação formal e religiosa das crianças era, também, transformá-las em agentes leigos da religião, algo comum na racionalidade que estruturava a ação da Companhia de Jesus nos mais distintos espaços. Quando noviços ingressavam na ordem, eram submetidos à instrução e provação espiritual durante um período de dois anos. Aprovados nesta etapa, os candidatos faziam votos de castidade, pobreza e obediência e tinham que escolher entre ser um irmão ou um escolástico. Se optassem pelo primeiro, passavam a se dedicar aos trabalhos temporais (jardinagem, carpintaria, entre outros) nos colégios ou nas missões.[736]

No Brasil, muitos leigos adultos foram admitidos na ordem como irmãos, mas o trabalho realizado pelas crianças ia além dos ser-

735 Sobre a santidade de Jaguaripe e as heresias gentílicas ver, respectivamente, VAINFAS, R. *A heresia dos índios*: catolicismo e rebeldia no Brasil colonial. São Paulo: Companhia das Letras, 1995, pp. 151-197; e PIERONI, G. (org.); SABEH, L. A. *et al. Heresias brasílicas*: Inquisição e purgatório no Brasil Colonial. Curitiba: UTP, 2008, pp. 32-61.

736 Como já foi dito no Capítulo 2, se decidissem ser um escolástico, os noviços iniciavam longos períodos de estudos em filosofia e teologia. Terminada a formação, realizavam os *Exercícios Espirituais* completos (quatro semanas) para, então, fazer novamente o voto de castidade, pobreza e obediência. Nesse momento, o candidato ainda tinha que escolher entre ser um coadjutor espiritual ou um jesuíta. Se escolhesse a segunda opção, faria mais um voto de obediência ao papa para poder atuar nas missões.

viços cotidianos. A intenção dos jesuítas não era transformá-los em clérigos, mas em missionários sem batina: nas Aldeias onde viviam, "canta[va]m à noite a doutrina pelas ruas, e encomendam as almas do purgatório",[737] isto é, estimulavam a sensibilidade religiosa dos demais indígenas numa espécie de catequese informal. Depois da missa matinal celebrada pelos padres, que era diária, os pequenos ensinavam "orações em português e na língua" para todos da tribo, adultos e crianças, homens e mulheres. Em seguida, quando os adultos passavam a se dedicar às suas atividades cotidianas, os meninos eram enfim "instruídos no diálogo da fé, confissão e comunhão".[738]

Pesquisadoras que analisaram o papel dos inacianos nos domínios lusos na Ásia nos dão mostra de que a catequese das crianças nativas era uma estratégia comum da Companhia de Jesus. Maria de Deus Manso destacou que tanto os órfãos quanto as crianças das famílias de todos os grupos sociais do Malabar eram educadas nos colégios da ordem, mesmo quando havia resistência de seus pais. Por conta da tenra idade, os padres não encontravam dificuldade em eliminar valores e crenças firmadas pelo hinduísmo e demais religiões locais. Assim, doutrinados no catolicismo e na moralidade ibérica, quando adolescentes atuavam como intérpretes "cantando de dia a doutrina pelas ruas e à noite ensinando a doutrina aos seus familiares e escravos",[739] ou seja, auxiliavam na doutrinação dos adultos, um público menos propenso à adesão ao cristianismo.[740]

Ângela Barreto Xavier, que se aprofundou no entendimento acerca do papel que os nativos cristianizados assumiam em suas sociedades, apontou que a conversão das crianças permitia criar, nas sociedades asiáticas, indivíduos capazes de compreender a ideologia que justificava a presença dos portugueses na Ásia. E por poderem transitar entre conquistadores e conquistados, atuavam como agentes de integração dos asiáticos ao poder luso: na complexa sociedade hinduísta estruturada por regras religiosas rígidas e por agentes que tinham fun-

737 CARDIM, F. Narrativa epistolar de uma viagem e missão jesuítica. Da Bahia, a 1 de maio de 1590... p. 155.

738 As duas citações se referem a *id. ibid.*, p. 156.

739 MANSO, M. de D. B. *A Companhia de Jesus na Índia (1542-1622)*. Actividades religiosas, poderes e contactos culturais. Macau: Universidade de Macau; Évora: Universidade de Évora, 2009, pp. 165-166.

740 *id. ibid.*, pp. 164-169.

ções político-religiosas, como os brâmanes, os nativos cristianizados tinham uma permeabilidade capaz de semear os valores ibéricos em um terreno pouco aberto à adesão a um conjunto de ideias e religião que estabeleciam não só uma nova visão de mundo e crenças religiosas, mas um bem definido programa de vida a ser adotado pelos hindus na sociedade colonial.[741]

Encontramos explicações para o poder da catequese de criar elementos de integração entre os nativos e os agentes da colonização justamente no ensino dos princípios do cristianismo, porque a instrução no "diálogo da fé, confissão e comunhão" não promovia simplesmente uma conversão religiosa: atuava, também, na formação moral das crianças indígenas. Os catecismos brasílicos traziam coleções de orações católicas e textos didáticos que versavam sobre os mandamentos de Deus e da Igreja e sobre os sacramentos e os pecados. Além disso, ofereciam instruções para os catecúmenos levarem uma vida cristã plena, isto é, baseada no desenvolvimento de virtudes teologais (fé, esperança e caridade), de virtudes cardiais (prudência, justiça, temperança e fortaleza), das potências da alma (memória das coisas, inteligência e vontade delas), dos sentidos (visão, audição, olfato, tato e paladar) e dos dons do Espírito Santo (sabedoria, entendimento, conselho, fortaleza, ciência, compaixão e honra e amor a Deus).[742]

Compêndio doutrinário, se quisermos. Entretanto, considerando os objetivos para os quais eram redigidos, não se tratava de simples elementos que compunham uma obra instrucional do catolicismo. Partindo do pressuposto de que as crianças estavam mais aptas a absorver valores e novas identidades, os autores dos catecismos pretendiam que essas instruções funcionassem como um programa moral a ser abraçado já que, na ótica dos missionários, ele era capaz de estabelecer a única realidade considerada como a verdadeira e, principalmente, redentora.

Isso explica porque a doutrina católica da salvação fazia da evangelização uma ferramenta de transformação de comportamentos e valores, aquilo que Ângela Barreto Xavier entendeu como uma atividade capaz de promover uma "conversão cultural" além da religiosa. A historiadora apontou que a atividade missionária era um processo

741 XAVIER, Â. B. *A invenção de Goa*... pp. 205-270 e pp. 381-440.

742 Ver ANCHIETA, J. de. *Doutrina Cristã*: Catecismo Brasílico. Tomo I... pp. 139-154.

que causava "a transformação mais ou menos completa, mais ou menos gradual, dos modos de pensar, de fazer e de estar, de conceber o tempo e o espaço, o presente e a memória, dos membros de uma determinada sociedade".[743] Ou seja, por ser o cristianismo mais uma forma de conceber a vida e o mundo, de ditar o comportamento e a moral dos indivíduos daquele momento histórico, a cristianização causava a conversão cultural que permitia as populações locais dos domínios ultramarinos entenderem, aceitarem ou submeterem-se ao poder imperial ibérico.[744] Como se observa, essa é uma forma semelhante de se compreender a evangelização tal como propôs Serge Gruzinski. O historiador a percebeu como uma "colonização do imaginário". Em seu parecer, os franciscanos utilizavam catecismos e pregações, na América espanhola, para interromper a realidade ameríndia e, ao mesmo tempo, transmitir os conceitos e os critérios que organizavam a realidade definida pela Igreja romana, como dissemos. Esse processo, por fim, acabava por promover a ocidentalização da cultura ameríndia, o que facilitava a efetivação da conquista europeia.[745]

Pelo fato da transformação comportamental ser uma exigência da doutrina católica para o oferecimento dos sacramentos, a evangelização representava uma colonização salvífica: para os missionários, era uma condição para que a conversão religiosa se cumprisse. Para a Coroa, transfigurava-se como uma medida prática capaz de fazer os nativos se acomodarem na sociedade conquistada. Funcionava, portanto, como um poderoso recurso de entronização que dispensava o uso da força militar de conquista e que, ao mesmo tempo, cumpria o dever salvífico de um monarca cristão: os índios cristãos viviam na condição de homens livres aptos a aceitarem a nova realidade política e social imposta pelos conquistadores e, principalmente, a participarem da lide colonial.

Conforme apontou Anchieta, as crianças que passavam pela catequese jesuítica, além de atuarem nas Aldeias onde viviam, na fase adulta atuavam como guias das expedições de exploração da colônia e

---

743 XAVIER, Â. B. *A invenção de Goa*... p. 26.

744 *id. ibid.*, pp. 17-31.

745 GRUZINSKI, S. *A colonização do imaginário*... pp. 271-294. Gruzinski define o conceito de ocidentalização também em GRUZINSKI, S. *O pensamento mestiço*. São Paulo: Companhia das Letras, 2001.

como intérpretes na evangelização. Ainda, por terem o traquejo para lidar com as demais tribos e com meio natural rude, e ao mesmo tempo por serem formados pela moralidade cristã e pelos valores ibéricos, formavam um pelotão de soldados da fé que estabelecia a conexão entre os poucos jesuítas e a imensa população ameríndia que não era atingida pela catequese e que não assimilava o cristianismo em sua essência. E eram justamente esses indígenas que formavam uma reserva de mão-de-obra livre na agricultura e nos trabalhos domésticos dos colonos, e que ainda compunham a força militar que fazia frente às investidas de tribos hostis e às incursões inglesas, francesas e holandesas. Os agentes leigos da evangelização, nesse sentido, contribuíam para que poucos convertidos garantissem a adesão de todo o seu grupo ao cristianismo, que traduzia a nova ordem estabelecida pelos conquistadores, daí Anchieta considerar que as crianças indígenas eram verdadeiras obreiras do Cristo: "compreendem mui bem a doutrina cristã e os mistérios de nossa Fé, o catecismo e aparelho para a confissão e comunhão e sabem estas cousas tão bem ou melhor que muitos Portugueses".[746]

As atividades de educação e reeducação religiosa e a modelação da grande massa

As condições impostas pela política ultramarina Habsburgo à evangelização exigia dos inacianos um trabalho de educação religiosa que compensasse a falta de catequese aos indígenas adultos que aceitavam a conversão religiosa e que eram batizados sem a devida preparação doutrinal. Igualmente, a partir do momento em que começou a trabalhar para reaver a gerência da evangelização, a Igreja tridentina exigia que a atividade missionária desempenhasse sua função de constante reeducação religiosa da cristandade, fosse para preservar o teor salvífico dos sacramentos questionados pelos protestantes fosse para fazer dessas instituições de salvação a pedra fundamental de uma reforma político-religiosa de construção de uma *societas perfecta*.

746 ANCHIETA, J. de. Informação da Província do Brasil para nosso Padre (1585)... p. 443.

Os inacianos não colocavam a responsabilidade dessas funções apenas nas mãos das crianças formadas pela catequese. Recorreram, também, ao uso intensivo dos muitos mecanismos de persuasão que, mais do que no período anterior, deveriam funcionar à conversão dos ameríndios e ao policiamento dos novos cristãos. E esses recursos eram executados através das muitas atividades previstas nas missões periódicas criadas durante a União Ibérica.

Quando os aldeamentos eram visitados pelos Superintendentes das Aldeias, as atividades de educação religiosa não podiam se basear em um elemento muito utilizado entre 1549 e 1580: o castigo físico. Nos primeiros anos da atividade missionária, os jesuítas podiam submeter os indígenas aldeados à justiça secular como forma de criar um ambiente favorável à evangelização. Porém, o cuidado para não romper com a aliança estabelecida com as lideranças indígenas das tribos pacificadas, ou mesmo as limitações na gerência temporal dos aldeamentos que a dissensão entre jesuítas e colonos havia imposto, exigia a substituição das ferramentas persuasivas violentas.

A necessidade de evitar escândalos com a punição dos nativos levou à criação do cargo de meirinho, indígena que castigava aqueles que maculavam os sacramentos, que desrespeitavam as regras de conduta dos aldeamentos ou que neles causavam a desordem. As punições que aplicavam eram menos brutas do que aquelas dadas pelo poder temporal: no máximo "os manda meter em tronco um dia ou dois, como ele quer, não tem correntes, nem outros ferros da justiça".[747]

Fernão Cardim também nos dá pistas de outras estratégias adotadas nesse sentido. Uma delas era o policiamento realizado pelos meninos catequizados. No dia-a-dia, repreendiam os "maus costumes" com ladainhas ou, se fosse o caso, indicavam os malfeitores aos meirinhos. Além disso, conduziam as atividades das confrarias criadas nos aldeamentos, outra medida adotada pelos jesuítas. Cardim informa que as mais comuns eram as confrarias do Santíssimo Sacramento, que estimulavam o culto à Ressurreição de Cristo (eucaristia); e de Nossa Senhora dos Defuntos, que transformava, através da devoção a Nossa Senhora, a relação dos ameríndios com a morte que se expressava nas formalidades de enterro e nas crenças relativas ao pós-morte. Em seu

---

747 ANCHIETA, J. de. Informação dos primeiros aldeamentos da Baía (1584). *In*: ________. *Cartas*: informações, fragmentos históricos e sermões... p. 390.

parecer, "os mordomos são os principaes e mais virtuosos (...); servem de visitar os enfermos, ajudar a enterrar os mortos, e ás missas, levando a seus tempos os círios acesos, o que fazem com modesta devoção e muito a ponto". Pelos frutos que produziam, "consola ver esta nova christandade"[748] que daí nascia.

Os jesuítas também procuraram compensar o castigo físico com a persuasão moral. Nesse processo, a ostentação dos rituais católicos e a utilização dos materiais auxiliares da evangelização passaram a ser comuns no cotidiano das Aldeias durante a União Ibérica.

Seguindo o preceito de que era preciso exteriorizar a fé como forma de devoção a uma espiritualidade defendida como a única legítima e o verdadeiro caminho de redenção, os padres transformaram as missões em uma verdadeira festividade religiosa. Esse, aliás, era um princípio corrente na Europa, Ásia, África e na própria colônia desde 1549. Porém, tanto quanto a atenção às determinações de uma religiosidade em vias de reforma, a ostentação dos cerimoniais era um recurso de persuasão eficiente porque ia ao encontro do costume indígena de realização de rituais festivos para as mais variadas ocasiões. No que dizia respeito às visitas,

> têm certo modo de chorar quando chega algum parente de fora e é que a parenta se lança a seus pés e as mãos postas nele ou os braços no pescoço do parente, choram em voz alta, de maneira que parece que lhe morreu o marido ou filho, e isto fazem de contentamento por festa e regalo. Acabado o pranto, limpa logo as lágrimas e se põe muito alegre a falar, comer e beber como se não houvera lágrimas.[749]

Vimos que, no período de privilégio, a ostentação da fé era uma estratégia persuasiva amplamente utilizada pela Companhia de Jesus que, no Brasil e no Oriente, objetivava despertar o desejo dos não-cristãos pela conversão. Inês Zupanov, em seu estudo sobre o papel desempenhado pelo elemento religioso na formação do império luso na Ásia, sugere que as festas religiosas e as procissões também tinham o objetivo de fortalecer a solidariedade comunitária criada pelos

---

748 As duas citações se referem a CARDIM, F. Narrativa epistolar de uma viagem e missão jesuítica. Da Bahia, a 1 de maio de 1590... p. 156.

749 ANCHIETA, J. de. Informação da Província do Brasil para nosso Padre (1585)... pp. 443-444.

missionários e, igualmente, ser um espaço de integração dos atores sociais ao novo modelo de sociedade criado pelos colonizadores. A longa duração das festas (geralmente o dia todo), as músicas, o entusiasmo dos nativos cristãos que dela participavam e o trajeto das procissões (que passavam pelas principais ruas das cidades até afluírem aos colégios jesuíticos, onde eram ofertados banquetes dos quais só participavam os cristãos) não eram simples elementos de um fausto religioso: era estratégia para forçar os não-cristãos a participarem das festividades, nem que fosse como espectadores. Isso porque, era geralmente ao final das festividades que essa audiência procurava os inacianos para pedir a conversão ao cristianismo.[750]

Naquela nova realidade das missões periódicas, os hábitos indígenas permitiam fundir a essa estratégia evangelizadora também o objetivo de estimular os cristãos à devoção aos padres e às práticas religiosas do catolicismo. A força desse recurso persuasivo era tamanha que é raro não encontrar em uma carta jesuítica um relato de realização de festa ou de práticas religiosas com pompa durante as visitas às Aldeias, fazendas ou vilas onde não havia igreja. Fernão Cardim, que não esperava encontrar "taes festas de gente tão barbara", narrou com riqueza de detalhes as festividades: antes de chegarem a um aldeamento, os padres encontravam as veredas com "altissimos e frescos arvoredos, dos quais saiam uns cantando e tangendo a seu modo". À chegada dos padres, começavam "os frautistas tocar suas frautas com muita festa". Depois que o "principal" beijava as mãos dos padres, todos os seguiam no gesto com devoção, enquanto os jovens,

> com muitos molhos de frechas levantadas para cima, faziam seu motim de guerra e davam sua grita, e pintados de várias cores, nusinhos, vinham com as mãos levantadas para receber a benção do padre, dizendo em portuguez, 'louvado seja Jesus Cristo'. Outros sairam [da mata] com uma dança d'escudos á portugueza, fazendo muitos trocados e dançando ao som da viola, pandeiro e tamboril e frauta, e juntamente representavam um breve diálogo, cantando algumas cantigas pastoris.[751]

---

750 ZUPANOV, I. G. A Religião e as Religiões. *In*: *História da expansão portuguesa*: o Império Oriental, 1458-1665. Capítulo de livro não publicado, mas socializado pela autora em seu sítio eletrônico. Disponível em http://www.ineszupanov.com/publications/index.htm. Acesso em 25/08/2010, pp. 21-24.

751 As citações se referem a CARDIM, F. Narrativa epistolar de uma viagem e missão jesuítica.

A emoção exacerbada com que os indígenas recebiam os missionários era semelhante àquela com que recebiam os seus aliados nas tribos. Isso quer dizer que os missionários compreendiam que não se tratava de uma demonstração de que os nativos tinham assimilado perfeitamente os princípios do catolicismo e se tornado cristãos fervorosos, mas sim que passavam a vê-los como importantes aliados e mesmo como uma nova liderança político-espiritual capaz de os livrarem dos infortúnios que, acreditavam, eram aplacados pelos maus espíritos. Os jesuítas tinham, nesse sentido, assumido o papel dos pajés e dos caraíbas, cuja influência na organização da vida tribal foi tão combatida desde 1549. E os padres tinham consciência disso, tanto que na defesa pelo poder temporal dos aldeamentos, um dos argumentos utilizados, como vimos, era a de que os ameríndios só reconheciam a autoridade política daquele que detinha a sua autoridade espiritual. A forma como eram recebidos nas Aldeias, então, era interpretada como uma imprescindível submissão dos nativos aos padres, tendo em vista que a atividade missionária ocorria no interior das sociedades tribais que os inacianos visavam transformar.

Desse modo, o dia da chegada dos padres ficava dedicado às festividades da recepção, nas quais se assistia a danças, cantos e teatros com temática religiosa. De noite, fazia-se orações e os "principais" pregavam na língua sobre uma temática religiosa ou sobre os padres que visitavam a Aldeia. Narrava-se, por exemplo, as dificuldades que eles haviam enfrentando para chegar à tribo e falava-se de sua vida e importância. No dia seguinte, realizava-se a missa e confissões e, se fosse o caso, batismos e casamentos em massa e sempre com muita pompa.[752]

Além das missas e da aplicação dos sacramentos, outra atividade importante das missões periódicas era a pregação, recurso evangelizador que desempenhou papel relevante na definição de políticas que incidiram na construção do Novo Mundo. A redação de sermões e a desenvoltura nas prédicas tornaram alguns jesuítas bastante conhecidos. Missionários como José de Anchieta e Antônio Vieira entraram para o rol das notáveis personagens da História justamente pela pro-

---

Da Bahia, a 1 de maio de 1590... p. 145.

752 Ver CARDIM, F. Narrativa epistolar de uma viagem e missão jesuítica. Da Bahia, a 1 de maio de 1590... pp. 145-146.

dução literária e pela atuação oratória de defesa dos povos indígenas e, este último, também de ideias teológicas e políticas que inflamaram Portugal e o Brasil do seu tempo.

A atuação de Vieira como orador foi marcante no Portugal Restaurado, onde exerceu cargos diplomáticos entre 1641-1652; e no Maranhão e Grão-Pará, onde atuou com veemência na defesa dos escravos indígenas e africanos entre 1652 a 1661.[753] Presumimos, então, que os aldeamentos tenham sido boas escolas para o padre se aprimorar na arte da pregação, já que ele missionou entre os ameríndios de 1625 a 1641. Infelizmente, as cartas jesuíticas não reproduzem na íntegra o conteúdo das prédicas realizadas entre os silvícolas, mas o inaciano nos deu pistas, como vimos, de que elas seguiam as estruturas discursivas daquelas correntes na Europa.

De qualquer modo, o teor das pregações dirigidas às Aldeias pode ser apreendido, como veremos, nas peças teatrais escritas por José de Anchieta. Isso porque, os autos condensavam sermões, poesias e conteúdos dos catecismos e dos manuais de confissão. E por permitirem agregar diferentes ferramentas persuasivas, se apresentavam como um eficiente recurso evangelizador no palco missionário da colônia.

Leandro Karnal aponta que a arte cênica era um elemento comum nas atividades da Companhia de Jesus. Onde havia um colégio jesuítico, havia a encenação de alguma peça sacra. Da Índia ao Japão, do Brasil ao México, de Lisboa a Madri, os inacianos comprovavam o gosto dos ibéricos pelo teatro latino reavivado por Gil Vicente (c. 1465-c.1536) e que se tornou elemento intrínseco à cultura ibérica. O uso do teatro sacro, então, não era especificidade jesuítica e foi muito utilizado também pelos franciscanos na atividade missionária, principalmente na América espanhola.

Na Companhia de Jesus, a arte cênica era um instrumento pedagógico voltado à formação dos jesuítas e uma ferramenta evangelizadora. De um lado, o teatro neolatino, baseado no latim clássico de

---

753 Vieira ingressou na Companhia de Jesus em 1623 e concluiu seu noviciado em 1625. Atuou no colégio de Olinda, onde foi encarregado da cadeira de Teologia, cargo que exerceu até 1641, quando compôs a comissão que rumou a Lisboa que jurou obediência a D. João IV. Nesse período não redigiu sermões, apenas a carta ânua de 1626. Ver LEITE, S. S.J. Introdução. *In*: __________ (org.). *Novas cartas jesuíticas (de Nóbrega a Vieira)*. São Paulo: Companhia Editora Nacional, 1940, pp. 12-15; e HANSEN, J. A. Cronologia de Antônio Vieira. *In*: VIEIRA, A. *op. cit.*, pp. 671-673.

Virgílio e na oratória de Cícero, era utilizado como exercício de retórica nos colégios e dava corpo às grandes pregações que os inacianos realizavam em cerimônias religiosas e políticas. Por outro, mesclando os elementos do teatro greco-romano com a narrativa bíblica e hagiográfica, os padres produziam o teatro em vernáculo.[754]

As peças teatrais produzidas e encenadas pelos inacianos no Brasil são atribuídas a José de Anchieta. Armando Cardoso aponta que o teatro anchietano era uma realidade já na década de 1570, mas se tornou comum nas duas décadas seguintes, porque não era usado apenas na catequese: era um divertimento popular, embora de cunho sagrado e sempre voltado à educação religiosa dos indígenas e dos colonos. Isso porque, as peças eram escritas para serem encenadas nos adros das igrejas durante as festividades da colônia, como os dias santos ou a chegada de autoridades régias.[755]

Fernão Cardim atesta que, de fato, as datas festivas eram o momento em que as peças eram encenadas. Nas vilas ou nos aldeamentos, colonos e indígenas assistiam aos espetáculos da fé, porque muitas vezes as Aldeias eram os núcleos de povoamento mais próximos de muitas fazendas onde os ibéricos buscavam assistência religiosa e social e, também, celebravam os dias santos.[756]

A análise dos autos anchietanos revela que, em sua maior parte, eles seguiam um padrão bem definido. Geralmente eram iniciados com procissões, que eram seguidas da trama principal. Nela, quase sempre havia a disputa entre o bem, representado pelas personagens do catolicismo, pela conduta cristã ou por autoridades régias e religiosas; e o mal, geralmente personificado no diabo, nos pecados ou nos inimigos do cristianismo. Praticamente todas as falas eram construídas na forma de poemas dramáticos e normalmente o enredo era quebrado com a aparição de alguma personagem que pregava um sermão. Aliás, quase sempre era uma pregação que encerrava as peças: ela trazia o fundo moral das histórias, o que dava ao teatro público o caráter pedagógico de que falou Armando Cardoso.[757]

---

754 KARNAL, L. *Teatro da fé*: representação religiosa no Brasil e no México do século XVI. São Paulo: HUCITEC, 1998, pp. 83-102.

755 CARDOSO, A. Introdução histórico-literária. *In*: ANCHIETA, J. de. *Teatro de Anchieta*. Originais acompanhados de tradução versificada, introdução e notas pelo P. Armando Cardoso S.J. São Paulo: Edições Loyola, 1977, pp. 49-58.

756 CARDIM, F. Narrativa epistolar de uma viagem e missão jesuítica. Da Bahia, a 1 de maio de 1590... pp. 150-152.

757 A maior parte das poesias e dos sermões de Anchieta que hoje constituem obra à parte

Isso explica porque as peças condensavam sermões, poesias e conteúdos dos catecismos e dos manuais de confissão: representavam a concentração, em um único lance de festividade e ostentação dos ritos religiosos, da doutrinação, uma espécie de catequese informal de amplo alcance (daí a presença do conteúdo dos catecismos); da reprimenda aos desvios doutrinários e sociais; do fomento à contrição; e do convite à correção, todas essas ações de reeducação religiosa (daí a presença dos sermões e do conteúdo dos manuais de confissão). Justamente por isso, o teatro se apresentava como um dos mais eficientes recursos de doutrinação daqueles que haviam se tornado cristãos através de um ato simbólico e, igualmente, de reeducação religiosa dos colonos e indígenas cristãos que se distanciavam dos preceitos morais da religião.

O terceiro ato de *Na festa do Natal ou pregação universal* é um exemplo peculiar nesse sentido. O texto é narrado em português, o que atingia colonos e muitos indígenas catecúmenos ou já cristãos, e apresenta o desfile de doze pecadores brancos presos em uma longa corda. Cada um recita um verso que explica a simbologia da corrente:

> A Luís Fernando mesquinho valei, Mãe c'o Filho amado!
> Ando sempre embriagado ensopando-me no vinho do deleite do pecado.
> Mas estou muito espantado pelo inferno tragador, e pecando a meu sabor, nunca vivo descansado, pois sempre vivo em temor.
> (...)
> Pois que temo o mal eterno, porque me prendo c'o laço do pecado que é baraço a me arrastar para o inferno, que é dos diabos o paço?
> Ao pobre Pedro Colaço salvai-o, Virgem clemente!
> Pois quem tanto a pena sente desse tenebroso espaço, como se prende à corrente?
> (...)

são textos reproduzidos dos seus autos. É o que se constata quando da análise de sua coleção de peças teatrais e das coleções de sermões e poesias, como ANCHIETA, J. de. *Sermões*. Pesquisa, introdução e notas do Pe. Hélio Abranches Viotti, S.J. São Paulo: Edições Loyola, 1987; ANCHIETA, J. de. *Cartas*: informações, fragmentos históricos e sermões...; e ANCHIETA, J. de. *Poesias*. Manuscrito do século XVI, em português, castelhano, latim e tupi. Transcrição, tradução e notas de M. de L. de Paula Martins. São Paulo: Comissão do IV Centenário da Cidade de São Paulo, 1954.

> A consciência me aguilhoa pelos males em que jaz, nem me deixa gozar paz, porque ela nunca perdoa ao servo do Satanás. Ao triste Sérvio Forjaz vinde vós, Mãe, ajudar a que se possa aquietar: pois se vivo qual me apraz, paz não me posso forjar.[758]

Além do aspecto de disciplinamento de consciência, o teatro anchietano dava a conhecer as autoridades religiosas que visitavam a colônia: além de exaltarem seus títulos e função, apontavam a importância, para o bem comum, da atividade que estas iriam realizar. Momentos antes da visita do Provincial do Brasil ao Espírito Santo, em 1589, os catecúmenos da casa jesuítica encenaram a chegada do padre. No primeiro ato de *Recebimento do Padre Marçal Beliarte*, um cacique recepcionava o ilustre jesuíta exaltando-o em português:

> Vinde, pastor desejado, visitar vosso curral; pois, por ordem divinal, para nós sois cá mandado do reino de Portugal.
> A majestade real do Senhor onipotente ordenou, mui sabiamente, que, com peito paternal, venhais ver tão pobre gente.
> Vinde ver, pai amoroso, os filhos que tanto amais, cuja salvação buscais, e com peito piedoso a vida lhes procurais.
> Por mar e terra passais trabalhos, por causa nossa, sem que a caridade vossa, com que tão aceso estais, em vós apagar-se possa.[759]

Em tupi, o mesmo cacique apresenta o visitante à sua tribo:

> Este é o grão sacerdote que representa Jesus, criador da nossa luz, nosso amor e nosso dote, Senhor que ao bem nos conduz.
> Expulsa seja a maldade de nossa terra querida!
> Acabe a malignidade, para só a Divindade dominar por toda vida![760]

---

758 ANCHIETA, J. de. Na festa do Natal ou pregação universal. Ato III. *In*: __________. *Teatro de Anchieta*... pp. 134-135.

759 ANCHIETA, J. de. Recebimento do Padre Marçal Beliarte. *In*: __________. *Teatro de Anchieta*... p. 238.

760 *id. ibid.*, p. 240. O texto da coleção é bilíngue. Armando Cardoso reproduziu literalmente as traduções que aparecem em alguns originais e, quando elas não ocorrem, Cardoso traduz os textos em tupi e em castelhano.

O uso de vários idiomas nas peças, para Armando Cardoso, era uma influência do teatro de Gil Vicente que se refletia também na composição dos cenários e dos figurinos das obras de Anchieta. Porém, podemos pensar que, tanto quanto a presença de elementos da obra vicentina nas peças jesuíticas, essa era a expressão de uma estratégia que visava atingir os diferentes grupos da colônia presentes na plateia. Seria, então, o reflexo do caráter pedagógico do teatro inaciano que, no parecer de Leandro Karnal, fazia com que as peças fossem dirigidas a um público amplo e diversificado.[761] Funcionavam, portanto, como um instrumento de catequese superficial que atingia a grande massa de indígenas que, assim como os poucos meninos que frequentavam as escolas jesuíticas, também tinha que ser doutrinada.

Observemos, esse era o mesmo princípio de compreensibilidade presente nos sermões que circulavam na Europa e na maior parte dos catecismos jesuíticos. O teatro, assim como estes outros materiais, exprimia uma das pedras fundamentais da Reforma Católica: a difusão e a defesa da fé. Era, nesse perspectiva, também um instrumento de apresentação dos princípios de uma doutrina que, em um momento de reforma político-religiosa, devia fundamentar as bases do ser e dever ser político e moral e, mais ainda, ser defendida das "seitas" que a maculavam.

Não por outra razão, as peças teatrais eram voltadas também a apresentar, aos ameríndios, as personagens que compunham o universo dos dogmas católicos, e o auto *Na aldeia de Guaraparim* é um exemplo característico. Foi escrito por Anchieta para que fosse encenado na festa de inauguração da igreja da Aldeia de Guaraparim, no Espírito Santo. Na ocasião, o padre exercia o cargo de Provincial do Brasil e ele mesmo havia ordenado a construção da igreja que, como o texto da peça aponta, foi dedicada à Santa Ana. Provavelmente, a peça foi encenada pela primeira vez quando da abertura do templo, que ocorreu em 1585.[762]

A peça narra a tentativa de quatro diabos de dominar a Aldeia. Um deles lastima os ensinamentos dados pelos inacianos que ameaçavam as leis que ele havia imposto no local. A ele se juntam mais três companheiros, que confabulam a destruição do povoado. Eles deci-

761 Ver CARDOSO, A. Introdução histórico-literária... pp. 53-57; e KARNAL, L. *op. cit.*, pp. 76-83.

762 Ver o preâmbulo de Armando Cardoso feito à peça em ANCHIETA, J. de. Na aldeia de Guaraparim. *In*: __________. *Teatro de Anchieta*... pp. 203-204.

dem escolher almas para levar ao inferno e resolvem persuadir o espírito de um indígena recém-falecido, Pirataraca, que aparece na forma de um anjo. Os diabos tentam seduzi-lo e levá-lo às trevas alegando que sua alma estava condenada por conta dos erros que havia cometido no passado. O espírito se defende dizendo que tinha sido perdoado por Deus através do batismo, do arrependimento e da confissão, mas os diabos foram insistentes e investiram contra ele para enfim levá-lo. Nesse momento, Pirataraca evoca a mãe de Deus e seu anjo da guarda, que aparece e afugenta os diabos. O espírito salva a aldeia e prega aos indígenas, e dez meninos fecham o auto com coro e dança.[763]

Os cinco atos da peça estão em tupi, o que sugere que foi redigida para uma audiência exclusivamente composta por indígenas, provavelmente porque ainda não havia vilas ou fazendas nos arredores do aldeamento. O objetivo do auto era enaltecer Maria e Santa Ana, respectivamente a quem os padres ofereceram a Aldeia e a sua igreja. O primeiro ato é marcado por uma procissão formada por dez meninos que carregam a imagem de Nossa Senhora da Conceição e de Santa Ana e entoam canto de louvor às santas:

> Ave, formosa Maria, sobre os anjos soberana!
> Ninguém contigo porfia: concebeu-te, neste dia, em seu ventre, mãe Sant'Ana.
> (...)
> O meu peito apaixonado aspira à tua beleza.
> Odiarei o pecado, e, imitando-te a grandeza, fugirei do que é errado.
> Guarda-me com mão amiga e não me deixes cair.
> Afaste eu a vida antiga, não queira viver em briga, mas a lei de Deus seguir.
> Com o seu rosto de luz, a lua em verdade é bela.
> Porém mais formosa que ela te fez o Senhor Jesus: tu foste feita mais bela![764]

Ao mesmo tempo em que anunciava a posição que Maria e Santa Ana ocupavam na doutrina cristã, a peça estimulava a piedade religiosa e a devoção às santas apresentando-as como redentoras, tal

763 ANCHIETA, J. de. Na aldeia de Guaraparim... pp. 205-234.
764 *id., ibid.*, p. 313.

como Jesus. Era o reflexo, então, de que o apego dos europeus católicos pelas relíquias e pelo culto aos santos chegava ao Novo Mundo. Como explicou Jacob Burckhardt, a adoração às personagens bíblicas e às santificadas, resgatada e renovada pela Europa do Renascimento, representava uma via salvífica dentre as outras disponíveis, tais como os sacramentos, indispensáveis, e as boas ações. Enquanto essas últimas livravam da perdição causada pelos pecados, os santos ofereciam a libertação dos males e dos infortúnios que a vida lhes impunham e que eram interpretados como castigo divino, tanto que a devoção estava associada à demonstração pública da contrição.[765]

Nesse caso, não se tratava de uma simples característica das práticas da fé, mas de um elemento de fundamental importância em sua estruturação porque a representação do papel que a religião exercia nas formas pelas quais os indivíduos se manifestavam e agiam: era crença que ordenava os seus mundos. Não por outra razão, o segundo ato da peça é voltado a ressaltar a importância que a mãe e a avó do Messias exerciam no conjunto dos princípios que regem o catolicismo. Na trama dos demônios, um deles lastima:

> Ai! Tenho andado sem paz, à procura dum abrigo.
> Ai! Sempre sair me faz, expulso bem para trás, o sacerdote inimigo.
> Infelizmente ele ensina a seguir a voz do céu.
> Proclama que a Mãe divina desgraçou a minha sina e a cabeça me rompeu.
> Humilha, sem me matar, o nome dessa Senhora.
> Ouvindo-o, vou-me ocultar, fugindo para o meu lar, grande noite sem aurora.
> Outrora todo o aldeão vivia na minha graça.
> Agora, à sua ameaça, escapa de minha mão quanto meu engano enlaça.[766]

765 Burckhardt analisa o papel da religião no cotidiano da Itália Renascentista, mas explica como a devoção aos santos e o apego às relíquias foram resgatados e renovados na Itália do século XV e difundidos pela Europa. Explica, igualmente, que o culto mariano ganhou força justamente durante a Contrarreforma, dada a rejeição dos protestantes à veneração dos santos. Ver BURCKHARDT, J. *A cultura do Renascimento na Itália*: um ensaio. São Paulo: Companhia das Letras, 2009, pp. 427-436.

766 ANCHIETA, J. de. Na aldeia de Guaraparim... pp. 208-209.

Além de levar o culto mariano às Aldeias, o auto também apresentava os elementos que povoavam o universo simbólico do homem católico, isto é, dava a conhecer, aos índios aldeados, os costumes cristãos e suas identidades ligadas às estruturas de poder ali estabelecidas pelos ibéricos. No terceiro ato, os diabos tentavam persuadir Pirataraca a ir para o inferno com eles. Os argumentos usados pela alma em sua defesa são bastante sugestivos:

> *D2* Como viveu entre os seus, para assim vós o prenderdes?
> Tinha ele uns costumes verdes...
> Os que detestam a Deus é um dever de os reterdes.
> Pois nunca foi batizado e prezava o antigo nome, como pagão abusado.
> Pois seja precipitado nesse fogo que consome.
> *Alm* Eles mentem, os malditos: o padre me batizou.
> Depus os vícios proscritos, seguindo os sagrados ritos: batizado, cristão sou!
> Minha fé não foi mesquinha, pois meu coração encheu.
> *D1* Quem foi a tua madrinha?
> *Alm* Foi Ana, velha rainha, estimada lá do céu.
> *D1* Dize-nos de que maneira o padre teu nome lê.
> *Alm* O de Francisco Pereira, chefe branco da fronteira, que habitou Querimurê.
> Mas após, o bispo também me impôs o do antigo senhorzinho, Vasco Fernandes Coutinho.
> Este nome que me pôs, morri com ele sozinho.[767]

O aldeamento de Nossa Senhora da Conceição tinha sido criado por volta de 1584 por Anchieta. Tratava-se, antes da chegada dos missionários, de uma aldeia de índios temiminós que, por seu tamanho e localização, tinha grande importância para o desenvolvimento da atividade missionária no Espírito Santo. Feita a conversão do seu "principal", os inacianos passaram a viver na então Aldeia. Dada a sua posição estratégica, Fernão Cardim conta que Cristóvão de Gouveia nela rezou missa quando de sua visita à capitania ainda em 1584. De acordo com o padre, no núcleo "terão três mil almas christãs, afora outras aldêas que estão ao longo da costa, as quaes visitam algumas vezes, que terão algumas duas mil pessoas entre pagãos e christãos".[768]

---

767 ANCHIETA, J. de. Na aldeia de Guaraparim... p. 223.

768 CARDIM, F. Narrativa epistolar de uma viagem e missão jesuítica. Da Bahia, a 1 de maio

Pelo fato da Aldeia de Nossa Senhora da Conceição ser um núcleo evangelizador recente, a peça anunciava, em um só movimento, a necessidade que os seres humanos tinham do batismo, dos batizados receberem um nome cristão e de terem padrinhos. Igualmente, apresentavam os colonizadores, tendo em vista que Francisco Pereira tinha sido o primeiro donatário da capitania da Bahia, enquanto Vasco Fernandes Coutinho tinha sido o primeiro donatário da capitania do Espírito Santo. E se considerarmos que é impossível dissociar poesia de sermão nos autos de Anchieta, e que eles se confundiam com uma grande e fastuosa pregação, vemos no movimento analisado que as peças desempenhavam o mesmo papel que Marina Massimi identificou nos sermões jesuíticos: davam a conhecer a realidade definida pela Igreja e pela Coroa e ensaiada pelos missionários, agentes que representavam ambas as instituições. Para a pesquisadora, a apresentação de elementos do universo simbólico ibérico aos nativos era condição essencial para, através da metáfora (elemento central dos sermões), a audiência conceber o corpo político e social que nascia nos trópicos, ou melhor, "os corpos sociais animados pela vida do espírito de Deus – que ao mesmo tempo cria a comunidade eclesial (o corpo místico) e a comunidade política (a *Res publica*: corpo do Rei e corpo do povo)".[769]

A associação entre os elementos da identidade política aos dogmas da salvação também revela que os inacianos transmitiam a ideia de que o fim da conquista era a redenção de suas almas, fundamento de uma colonização salvífica. O nome cristão que Pirataraca recebeu presumia que o indígena tinha recebido o *batismo*, sinal primeiro da sua salvação que o impediu de ser levado ao inferno. Essa graça era uma concessão de Deus, mas o agente que a intermediava, o *padre*, havia chegado à Aldeia através da ação de um agente da colonização, o *senhorzinho*, homem benevolente compromissado com o projeto de um rei herdeiro da tradição da *persona mixta* que, por ser o guardião natural da Igreja e o defensor da doutrina cristã, executava sua missão de construir um reino cristão no orbe e de garantir a salvação dos seus súditos.

---

de 1590... p. 166. Anchieta explica que vivia dois jesuítas na Aldeia. Dela assistiam outras na região, como a Aldeia de São João, que "visitam quase cada dia". Ver ANCHIETA, J. de. Informação da Província do Brasil para nosso Padre (1585)... p. 427.

769 MASSIMI, M. *op. cit.*, p. 262.

O compromisso religioso dos governantes, já vimos, não era uma criação jesuítica: povoava o imaginário do homem europeu desde o século VI e fornecia a base da identidade política dos monarcas do Velho Continente nos séculos XVI e XVII. Por isso mesmo, os inacianos apresentavam aos nativos também o rei como salvador. E pelo fato *Del-Rei* estar no topo da escala hierárquica dos mortais que podiam intermediar a salvação dos homens, ele não podia aparecer como coadjuvante no teatro: deveria ser personagem central.

A peça *Na vila de Vitória ou de S. Maurício*, escrita em 1595 por Anchieta, narra o diálogo entre a Vila de Vitória e o Governo. No terceiro ato, a primeira personagem aparece como uma matrona triste com a situação moral de seu povo. A segunda, um velho honrado, entra em cena depois de ouvir o pranto de Vitória:

> *G* Senhora, vossos gemidos me fizeram cá chegar: quisera-vos consolar, que não sofrem meus sentidos deixar-vos tanto penar.
> Vosso honesto parecer, vossa grave honestidade, me dão mui claro a entender que deveis princesa ser de mui alta dignidade.
> Dizei-me vosso apelido, que muito saber desejo.
> Não vos torve meu despejo, porque em mim tenho entendido que em vós há mais do que vejo.
> *V* Graças vos dou, meu senhor, pois me quereis consolar.
> Eu creio, sem duvidar, que é grande vosso valor, digno de se venerar.
> Pois que isso querei saber, sou a Vila de Vitória, cuja dignidade e glória, penso, já deve de ser chegada à vossa memória.
> Sou antiga no Brasil. Meus filhos e moradores sempre foram vencedores com esforço varonil contra os índios tragadores.
> Em mim se plantou a lei de Deus que tudo criou.
> Com sua fé alumiou Jesus Cristo, sumo rei, aos Brasis que a si chamou.
> *G* Não de balde, cá em meu peito, e no ponto em que vos vi, grão crédito concebi, tendo-vos um tal respeito qual sinto dentro de mim.
> Mas não me tenhais a mal perguntar-vos, sem engano (não vos virá disso dano): pois que sois de Portugal, como vestis outro pano?
> *V* Porque quero dar-lhe glória a Filipe, meu Senhor, o qual sempre é vencedor; com ele terei vitória de todo perseguidor.
> Eu sou sua sem porfia, ele é meu rei de verdade, a quem a

> suma bondade quer confiar a monarquia da universal cristandade.
>
> *G* Sei que por essa razão pretendia vosso povo com mui leal coração, dar-vos um título novo com nova governação.
>
> *V* Não! Que isso foi desconforto, mas de bom zelo causado, querendo com grão cuidado, vendo meu senhor já morto, subir-me a melhor estado.
>
> Quem quer a seu rei honrar deve em tudo obedecer ao que rege em seu lugar.
>
> Isto só é acertar, tudo mais é ofender.
>
> *G* Quem o contrário disser é digno de pena eterna, pois Jesus nos manda ser sujeitos, e obedecer como a Deus, a quem governar.[770]

Roseli Stella, partindo do pressuposto de que é impossível desassociar qualquer relação entre a dramaturgia e a historicidade das peças de Anchieta, interpretou este movimento do auto como a demonstração do engajamento político do padre ao domínio filipino. Seria, para a historiadora, uma estratégia de um missionário que exercia o cargo de Provincial do Brasil para garantir que a Coroa espanhola continuasse a obra de construção de um império cristão iniciada pelos reis portugueses.[771]

Quando consideramos a diversidade da audiência, e principalmente o lugar do ato no discurso que estrutura toda a peça e sua relação com os demais atos que a compõem, percebemos que o seu significado era mais profundo: encenava a salvação de Deus e *Del-Rei* imbuído de atribuições salvíficas. Para os indígenas, a peça apontava quem eram os inimigos do bom governo e, em contrapartida, apresentava Filipe II como o salvador, tanto por ser ele o construtor da "monarquia da universal cristandade" quanto por ser o protetor de uma colônia ameaçada. Desde 1592, o Espírito Santo enfrentava uma séria dificuldade nascida, conforme apontou Anchieta, da desordem social promovida pelos ingleses, que saquearam parte da capitania; pelos índios goitacás, que na mesma época fizeram guerra contra os nativos do litoral e constantemente "desciam do sertão" e invadiam as tribos,

---

770 ANCHIETA, J. de. Na vila de Vitória ou de S. Maurício. *In*: __________. *Teatro de Anchieta*... pp. 304-307.

771 STELLA, R. S. *O domínio espanhol no Brasil durante a monarquia dos Felipes* – 1580-1640. São Paulo: Unibero/CenaUn, 2000, pp. 99-102.

fazendas e vilas do litoral; e pelos portugueses, que aproveitaram o estado de sítio para capturar e escravizar índios cristãos. Anchieta redigiu o auto para encená-lo durante as festividades do dia de São Maurício (santo a quem era encomendada a confraria da igreja da vila de Vitória) e louvava aqueles que trabalhavam em nome de Deus e do rei para restabelecerem a paz na capitania.[772]

Por outro lado, a peça fazia sim uma apologia do governo de Filipe II, mas perante outra parte da audiência: a dos colonos. Desde que Vasco Fernandes Coutinho tinha falecido, em 1589, sua esposa D. Luísa Grimaldi governava o Espírito Santo com certa dificuldade. Não havia um sucessor legítimo (pessoa do sexo masculino) para herdar a donataria e os parentes mais próximos de Coutinho reivindicaram sua posse. Nesse embate, os inacianos da casa do Espírito Santo (que eram confessores de D. Luísa) trabalharam para que a capitania fosse governada pela viúva, que tinha o apoio do seu cunhado, o capitão Miguel de Azevedo. Da Baía, Anchieta acompanhava a situação política da região e buscava o apoio do governador-geral, Francisco de Sousa (de quem Fernão Cardim era confessor), para que a soberania de D. Luísa fosse respeitada, "mas é vagar nisto imenso" por conta das investidas dos ingleses em Santos e no Estreito de Magalhães.[773]

Em fins de 1592, porém, D. Luísa adoeceu e um pleito decidiu pela nomeação de Francisco Aguiar Coutinho ao governo do Espírito Santo. O discurso do diálogo entre a Vila de Vitória e o Governo, nesse caso, representava um recurso persuasivo voltado a recobrar de Coutinho e dos colonos favoráveis ao novo donatário a necessidade que tinham de reproduzir, na escala regional, o projeto de universalização do cristianismo que Filipe II engendrava numa escala global. Além dis-

---

772 Anchieta vivia na casa da Companhia de Jesus na vila de Vitória desde 1593, ano em que foi eleito seu Superior. A situação da capitania do Espírito Santo em 1594 é relatada em ANCHIETA, J. de. Ao Geral P. Cláudio Acquaviva. Espírito Santo, 7 de setembro de 1594. *In*: __________. *Cartas*: correspondência ativa e passiva. Pesquisa, introdução e notas do Pe. Hélio Abranches Viotti, S.J. 2 ed. São Paulo: Edições Loyola, 1984, pp. 415-420. Os detalhes da redação da peça e de sua primeira encenação são apontados por Armando Cardoso no seu preâmbulo em ANCHIETA, J. de. Na vila de Vitória ou de S. Maurício... pp. 285-287. Sobre o período em que o padre esteve no Espírito Santo, onde faleceu em 1597, ver MACHADO, A. de A. Vida do Padre Joseph de Anchieta. *In*: __________. *Cartas*: informações, fragmentos históricos e sermões... pp. 559-562.

773 ANCHIETA, J. de. Ao Capitão Miguel de Azevedo, da Baía, a 1 de dezembro de 1592. *In*: __________. *Cartas*: informações, fragmentos históricos e sermões... p. 291.

so, enquanto a peça apontava para a audiência que o capitão Azevedo representava o bom governo, porque envolvido na guerra contra os índios goitacás, chamava a atenção dos colonos, principalmente dos portugueses salteadores, para os fundamentos que levavam Filipe II a colonizar o Brasil:

> *V* Oxalá quisessem todos os mandamentos guardar!
> Puderam bem governar suas almas por lindos modos e lá nos césus aportar!
> *G* Por que escusa não ficasse, quis o sumo Deus Jesus nascer e morrer na cruz, para que participasse o mundo de sua luz.
> Ele nos comunicou sua fé, com luz inteira, abrindo larga carreira c'o exemplo, que nos deixou, para a vida verdadeira.
> *V* É tão grande obrigação a fé, que Deus nos há dado, que fazem maior pecado cristãos que são de nação, vivendo tão sem cuidado.
> *G* Mui bem haveis apontado, porque a verdadeira fé é governo descansado.
> Quem quer ser bem governado faça nele fincar-pé.[774]

Em seguida, apresentava os instrumentos político-religiosos com os quais o monarca efetivava a construção da "monarquia da universal cristandade" e que deviam ser utilizados no governo do Espírito Santo:

> *G* E não cure de doutrinas que inventa a maldade humana, com opiniões peregrinas, mas apegue-as às divinas, que ensina a Igreja Romana.
> Ela, por Deus governada, nos diz o que crer devemos; e, bem obrando, esperemos será nossa alma levada aonde sempre a Deus gozemos.
> *V* Quem tiver um tal governo sempre será vencedor.
> *G* Queira Deus, nosso Senhor, que escapem do fogo eterno, não perdendo seu amor.
> *V* Tendes, velho-bemfasejo, algo mais a me avisar?
> *G* Ainda está por declarar, segundo vosso desejo, governo particular.
> Toda a humana criatura guarde as regras de seu estado: o religioso encerrado, o sacerdote e o cura, o solteiro e o casado, o juiz, o vereador, ouvidor e capitão, o meirinho e o escrivão, o escravo e o senhor, o fidalgo e o peão.

774 ANCHIETA, J. de. Na vila de Vitória ou de S. Maurício... p. 311.

> Porque estas são leis humanas que dependem da divina.
> *V* Quadra-me vossa doutrina: torna as almas soberanas com tão boa medicina.
> Deste modo, que diríeis, sobre todo de nossas Ordenações, que são causa de questões e de caírem no lodo dos homens com dissensões?
> *G* As Ordenações são boas, mas muito mal entendidas. Por isso são mal regidas por elas muitas pessoas, e perdem almas e vidas.
> Porque o ignorante e o mau pouco cura da verdade; por fazer sua vontade, vos fará da pedra pau, inda que a Deus desagrade.[775]

Embora a Vila Vitória tenha demonstrado aflição pelo pouco zelo e, principalmente, pela ingratidão dos seus para com os instrumentos governativos do monarca cristão, o "velho-bemfasejo" finda seu diálogo com a velha matrona consolando-a:

> *V* Governo de minha vida, conselheiro sem suspeita, quero ser por vós regida, porque a alma está perdida do homem que não vos respeita.
> E pois que me vem de vós vitória contra o inimigo, peço para meu abrigo queirais aqui entre nós ficar como bom amigo.
> *G* Isso não, ficai embora, que só não posso durar nem fazer muita demora, pois lançaram daqui fora quem me ajuda a governar.
> Esperai, logo vereis uma velha aqui chegar, que m'há de fazer calar, e por aqui sabereis como está este lugar.[776]

A consolação da Vila Vitória certamente era um aviso aos colonos do poder que a Companhia de Jesus tinha de se valer da política ultramarina da Coroa para combater os "males da terra" a fim de criarem um ambiente favorável à evangelização. Afinal, na lógica da missionação jesuítica, tanto quanto eliminar os costumes ameríndios tidos como bárbaros era preciso frear a conduta dos colonos que seguiam um caminho oposto àquele voltado à construção da *societas perfecta*: o homem ibérico devia, com o exemplo dos seus atos, servir de modelo aos pagãos e atestar que o Evangelho era um roteiro seguro de conduta que os levava à salvação.

---

775 ANCHIETA, J. de. Na vila de Vitória ou de S. Maurício... pp. 311-313.
776 *id., ibid.*, p. 313.

Nesse aspecto, o sermão contido na peça de Anchieta é muito semelhante aos sermões de Antônio Vieira. De acordo com Alcir Pécora, que se preocupou em compreender o efeito coletivo dos sermões de Vieira, percebeu que os textos produzidos pelo padre passavam pelo eixo exegese da salvação/mistério sacramental para chegar à definição da nação como o lugar da fraternidade universal de uma religião coletiva e como a responsável por aproximar os homens de Deus. Os sermões, portanto, consolidavam a imagem de uma "nação-instrumento" que constituía um "domínio em que se prepara a comunhão humano-divina", isto é, uma organização política com finalidades salvíficas porque nascida "de um ato de eleição divina no qual se determina o agente institucional mais eficaz da Providência".[777] Lembremos, os sermões de Vieira eram voltados aos luso-brasileiros envolvidos na lide colonial de um Maranhão pertencente ao Portugal Restaurado para recobrar-lhes a identidade religiosa da monarquia portuguesa e os objetivos salvíficos que envolviam os lusitanos na construção do V Império. Sua atuação nesse sentido foi *sui generis* se comparada a de outros inacianos, uma vez que suas pregações contribuíram tanto para definir o modelo de sociedade em que a sua audiência vivia quanto para ditar os papeis que cada um de seus membros deveria nela ocupar.

Parece que foi justamente o entrelaçamento da doutrina católica com o universo simbólico dos ameríndios como via persuasiva à conversão político-religiosa destes últimos que deu ao teatro jesuítico a sua especificidade. Isso porque, as peças teatrais utilizadas na evangelização do México pelos franciscanos eram mais objetivas no que dizia respeito ao anúncio dos dogmas da religião. Leandro Karnal explica que elas eram voltadas à ilustração do que era ensinado na catequese, como a encenação de passagens bíblicas, por exemplo. Os elementos nativos, quando apareciam, eram apenas os adereços do cenário e do figurino e nunca como fusão das cosmogonias católica e asteca, porque os franciscanos trabalhavam para evitar a mestiçagem da religião católica: na ausência de um termo náuatle para apresentar o catolicismo, infundia-se no idioma dos nativos os correspondentes latinos. Nesse caso, o Deus da tradição judaico-cristã era apresentado aos astecas simplesmente como *Dios*.[778]

---

777 As citações se referem a PÉCORA, A. *Teatro do sacramento*: a unidade teológico-retórico-política dos sermões de Antônio Vieira. São Paulo: Edusp; Campinas: UNICAMP, 1994, p. 262.
778 KARNAL, L. *op. cit.*, pp. 103-113.

Essa diferença das peças teatrais parecia refletir a situação das colônias: a Casa de Habsburgo dava uma relativa soberania às ordens religiosas e ao clero secular para controlar as reduções ou qualquer outro núcleo evangelizador, o que minimizava a interferência dos colonos na conversão dos nativos. Ademais, havia na América espanhola um tribunal do Santo Ofício instalado que agia também como um instrumento evangelizador que cuidava da reeducação religiosa dos batizados e dos colonos. A coerção e o medo, nesse caso, garantiam a prática de um catolicismo ortodoxo por parte de ambos os grupos. Era, como se observa, o oposto do que ocorria no Brasil e o que os Filipes tiveram dificuldade de implementar como política ultramarina na colônia por conta, entre outros, da intervenção dos colonos na atividade missionária e da interferência dos jesuítas na colonização.

As estratégias persuasivas do teatro jesuítico que fundiam elementos do catolicismo com os do universo religioso dos indígenas, também presentes nos demais materiais da evangelização, refletiam bem esse quadro. No entanto, contradiziam alguns dos princípios do teatro religioso resgatado pela Santa Sé como instrumento de renovação do catolicismo.

A arte cênica era utilizada pela Igreja desde o século XIV como uma ferramenta de catequese antijudaica. O ataque aos judeus, conforme explicou Jean Delumeau, expressava o medo que a Europa cristã tinha de satã e dos seus agentes no mundo terreno que, convenientemente, eram aqueles que professavam uma religião que não fosse a católica. Uma das maneiras de se combater os israelitas, então, era encenando publicamente os mistérios, dramas que versavam sobre a vida de Cristo e de Maria e que tinham como objetivo refutar as ideias judaicas de negação de Jesus enquanto Messias e da santidade de sua mãe, a Virgem Maria.[779]

Nesse mesmo período, gêneros latinos como a tragédia e a comédia pouco a pouco eram retomados na Europa e davam corpo ao teatro, principalmente ao laico que, comumente, era encenado em festividades voltadas a ostentar o esplendor econômico de famílias ou nações. As tragédias versavam sobre os valores e as aspirações da nobreza, enquanto a comédia se popularizou nas ruas. Com uma linguagem

---

779 DELUMEAU, J. *História do medo no Ocidente (1300-1800)*: uma cidade sitiada. São Paulo: Companhia das Letras, 2009, pp. 423-435.

simples, geralmente em prosa, satirizava os costumes e os valores dos grupos sociais mais privilegiados e, quase sempre, trazia um conteúdo considerado imoral. Daí Mikhail Bakhtin considerar que o riso, naquele momento, não era uma manifestação individual de apresso à comédia: era uma sensação social que manifestava o escárnio a uma ordem moral e social rigorosamente estabelecida, portanto, o rompimento com tudo aquilo que oprimia e limitava o homem em sociedade.[780]

Mesmo assim, esse gênero também era utilizado nos autos religiosos que visavam ridicularizar os agentes de satã no mundo, como os judeus, por exemplo. Porém, faziam uso de uma linguagem e de adereços vulgares. Assim, os autores dessas peças, mesmo sem intenção, acabavam transformando o teatro religioso em teatro profano, reflexo do lento processo de secularização que ocorria na cultura da Europa do Renascimento. De acordo com Peter Burke, a cultura tendia a ser secular, mesmo que seus contemporâneos não fizessem uma nítida distinção entre o que era sagrado e profano, isto é, "estavam continuamente santificando o profano e profanando o sagrado. Missas tinham por base as melodias de canções populares (...). Deus e seu vigário, o Papa, podiam ser mencionados como 'Júpiter' ou 'Apolo'".[781]

Antes mesmo da convocação do Concílio de Trento, o Santo Ofício limitou sobremaneira o uso da comédia no teatro na Península Ibérica e na Itália. Quando aparecia era nas peças leigas e praticamente não foi mais usado no teatro religioso. No momento em que a Igreja intensificou o movimento contrarreformista, qualquer forma de arte, literária ou pictórica, precisava definir exatamente aquilo que era sagrado e o que era profano.[782]

A cúria jesuítica, atenta aos princípios reformistas, se preocupou também em estabelecer regras para o teatro. A *Ratio Studiorum* de 1599 limitava o uso dos autos e da poesia ao exercício acadêmico. A fim de evitar que os inacianos se ligassem às coisas mundanas, os noviços da ordem e os estudantes leigos não podiam assistir a espetá-

---

780 BAKHTIN, M. *A cultura popular na Idade Média e no Renascimento*: o contexto de Rabelais. São Paulo: Hucitec, 2010, pp. 78-80.

781 BURKE, P. *O Renascimento italiano*: cultura e sociedade na Itália. São Paulo: Nova Alexandria, 1999, pp. 33-34.

782 Sobre a retomada da tragédia e da comédia na Europa Moderna e seu uso no teatro leigo e religioso ver BURCKHARDT, J. *op. cit.*, pp. 282-302; e DELUMEAU, J. *História do medo no Ocidente (1300-1800)*... pp. 423-435.

culos públicos e peças teatrais sem o consentimento de seus mestres, e estes não podiam permitir que assistissem comédias. O item 41 das *Regras Comuns dos Professores de Estudos Menores* instruía que os professores investigassem a ausência dos alunos e a castigá-los caso a razão da falta não fosse justa. Nesse particular, o documento é enfático: "não deve desculpar a participação em espetáculos públicos e peças de teatro".[783]

Os jesuítas podiam assistir ou participar de teatros apenas no interior dos colégios. Os estudantes de Retórica e Humanidades podiam escolher entre redigir um poema ou escrever tramas em formas de diálogo ou tragédia para desenvolver a oratória e a eloquência em sala de aula. Caso não tivessem a habilidade de produzi-los, podiam "imitar um discurso ou um poema de um orador ou poeta famoso".[784] O documento também orientava que as tragédias e as comédias podiam ser produzidas somente em casos excepcionais e, se fossem a única alternativa pedagógica, deviam ser escritas em latim e versar sobre um tema espiritual e edificante. Além disso, estava expressamente proibido o uso de maquiagens ou trajes femininos nas peças.[785]

Em 1585, um ano antes de ser redigido o esboço do documento que originaria a *Ratio Studiorum*, o generalato da Companhia de Jesus fez menção ao uso do teatro na colônia. Para estimular o aprendizado dos idiomas ameríndios nos colégios jesuíticos, ordenou que "nos atos Escolásticos se meta alguma coisa na língua vulgar". O documento, no entanto, orientava o Provincial do Brasil que era preciso cautela na escolha da ferramenta, "e parece-me que nos diálogos somente se pode fazer isso, mas não em tragédias, e comédias por serem mais graves".[786]

Como se nota, a cúria jesuítica já tinha a preocupação de que, também no Brasil, o teatro fosse utilizado apenas como um instrumento da formação dos missionários, uma vez que seu emprego na catequese, e a consequente fusão de elementos doutrinais, podia causar a seculari-

---

783 COMPANHIA de J. *The Jesuit* Ratio Studiorum *of 1599*... p. 70. Tradução nossa. Para as regras impostas aos estudantes externos nesse sentido ver o item 13 das *Regras para os Estudantes Externos* (p. 102).

784 *id. ibid.*, p. 110. Tradução nossa. Ver, especificamente, o item 3 das *Regras Acadêmicas para os Estudantes de Retórica e Humanidades*.

785 *id., ibid.*, p. 17. Ver o item 13 das *Regras do Reitor*.

786 As duas citações se referem a *BoP*/BNC, f. 32.

zação do teatro religioso ou, mais grave ainda, a profanação dos dogmas católicos. Não por outra razão, em 1596, novamente o Geral da ordem se manifestou, enfaticamente, sobre o tema: "encarregamos VR a observância da regra (...) de seu oficio no tocante às comédias, e tragédias, e atacar o abuso dessas festas onde há mulheres (do auditório) e nos espantamos que isso seja tolerado sem sermos avisados".[787]

Acquaviva se referia às sanções que a *Ratio Studiorum* impunha ao teatro jesuítico: tragédias e comédias só podiam ser encenadas como recurso didático dentro dos colégios da ordem e em latim, sendo igualmente proibida a presença de elementos femininos nas peças, mesmo que o tema fosse "espiritual e edificante". E o teatro voltado à catequese, como vimos, feria essas regras na medida em que era encenado em tupi, português e castelhano e que era dirigido a um público amplo formado por colonos e nativos, homens e mulheres, crianças e adultos.

Isso explica porque José de Anchieta foi o único jesuíta da Província do Brasil que produziu peças teatrais e porque os inacianos que atuaram na colônia foram omissos quanto a encenação dos autos religiosos na catequese. Na análise das cartas do período entre 1549 e 1640, há menção da representação de autos religiosos apenas na *Narrativa epistolar de uma viagem e missão jesuítica* de Fernão Cardim. O padre estava preocupado em narrar, para o Geral da ordem, como tinha sido a visitação. Desse modo, descreveu como foram acolhidos ele e Gouveia nas casas, colégios e aldeias jesuíticas por onde passaram. Cardim menciona que, em todas as Aldeias, eram recebidos com festa: os meninos tocavam seus instrumentos, os adultos dançavam e todos se ajuntavam para a missa. Quando ela se iniciava, havia "pregação na língua, e depois procissão solemne com danças e outras invenções".[788]

Provavelmente, os padres recém-chegados não estavam acostumados com o teatro dirigido à catequese, o que para eles se tratava de "invenção" de Anchieta. E pela forma como eram descritos, pareciam ser novidades, também, as encenações feitas nas procissões dos "offícios divinos" da colônia: os catecúmenos "traziam uma verônica de Christo mui devota, em panno de linho pintado (...) e dous se disciplinavam (...). E como a dança se fazia ao som de cruéis açoutes,

787 *BoP*/BNC, f. 34.

788 CARDIM, F. Narrativa epistolar de uma viagem e missão jesuítica. Da Bahia, a 1 de maio de 1590... p. 151.

mostrando a verônica ensanguentada, não havia quem tivesse as lagrimas com tal espetáculo". Certamente, Cardim e Gouveia estavam mais acostumados com os dramas religiosos que, em forma de diálogo, faziam louvor aos santos católicos, tal como presenciaram quando passaram pela Aldeia de Nossa Senhora da Conceição, no Espírito Santo. Lá houve festa, missa e procissão, ocasião em que os meninos "representaram um breve diálogo e devoto sobre cada palavra da Ave Maria, e esta obra dizem compoz o padre Alvaro Lobo e até ao Brasil chegaram suas obras e caridade".[789]

Álvaro Lobo foi um jesuíta português que ingressou na Companhia de Jesus em 1566 e atuou apenas em Portugal. Foi professor de Filosofia na Universidade de Évora, antigo colégio jesuítico do Espírito Santo, e nunca esteve no Brasil. Sua obra literária é pouco conhecida pelos historiadores, uma vez que seus originais não foram encontrados. No entanto, seus escritos foram, muito provavelmente, a referência de Anchieta para a escrita dos diálogos que embalavam seus autos.[790]

Certamente, os diálogos de Lobo não infundiam elementos de outras religiões à doutrina católica, pois que voltados à audiência lusa, diferente do que ocorria nos autos de Anchieta. Embora a intenção deste último fosse criar estratégias eficientes para a conversão dos ameríndios, Roma inquietava-se com os riscos que o teatro público podia trazer para os missionários, para os nativos e para a doutrina católica: propensão ao pecado para os primeiros; má assimilação dos preceitos da religião para os segundos; e a associação da doutrina católica com elementos de outras religiões ou "seitas", exatamente o que a Santa Sé combatia na Europa.

Entretanto, isso não significa que as peças de Anchieta foram encenadas apenas enquanto o missionário viveu. Em 1610, Acquaviva novamente reagiu ao uso do teatro na colônia alertando Henrique Gomes, então Provincial, que "o padre visitador proibiu bem as tragédias de modo que as mulheres as pudessem ouvir [e] estranhamos o que se fez pelo passado, e muito mais saírem no teatro figuras de mulheres havendo disto proibição".[791]

As advertências feitas por Roma sugerem que as peças de An-

789 As duas citações se referem a *id. ibid.*, p. 159 e p. 166.

790 Indicação feita em LEITE, S. S.J. *História da Companhia de Jesus no Brasil*. Tomo II. Lisboa: Livraria Portugália; Rio de Janeiro: Civilização Brasileira, 1938, p. 609.

791 *BoP*/BNC, f. 36.

chieta, ou mesmo outras de que não se tem conhecimento, continuaram sendo encenadas nas festas religiosas e nas missões periódicas. Indica, igualmente, que elas exerciam um papel fundamental em um processo evangelizador que atendia a uma nova necessidade: a constante reeducação religiosa da cristandade, já que a conversão já não ocorria mais com a apurada preparação doutrinal, tal como ocorria no período de privilégio. E porque combinavam diferentes instrumentos doutrinários e recursos persuasivos, os autos tinham o poder de difundir para um público amplo e variado os elementos necessários para a transformação comportamental que a doutrina católica exigia para a conversão religiosa e para a manutenção da ortodoxia da fé. Era o momento, então, em que os inacianos recobravam dos colonos e dos indígenas que a doutrina católica era um princípio moral a ser observado com muito zelo.

7.3 O sentido religioso-social dos sacramentos

Na construção de uma *societas perfecta*, a doutrina católica apresentava-se como um programa moral de conduta que foi fortemente reforçado no movimento contrarreformista. Como consequência, os sacramentos da Igreja se apresentaram como instituições salutares e, sobretudo, como ferramentas de ordenamento social: suas doutrinas conduziam o homem à salvação e moldavam as suas formas de pensamento e de ação na sociedade.

Entre os sete sacramentos reafirmados no Concílio de Trento, o batismo, a penitência (ou confissão) e o matrimônio tinham maior preponderância nesse sentido.[792] Pelo fato da doutrina exigir uma transformação comportamental para a conversão religiosa assinalada pelo batismo, este sacramento representava a primeira salvação e, ao mesmo tempo, a formação do súdito de uma "monarquia confessional". No entanto, considerando que na Europa era comum o batismo de recém-nascidos (que só eram catequizados quando atingiam a "idade da razão", momento em que recebiam o sacramento da confirmação,

792 No Concílio de Trento foram reafirmados os dogmas do batismo, da confirmação, da comunhão, da penitência ou confissão, da extrema-unção, do matrimônio e da ordem.

ou crisma), e que no Brasil dos Filipes o batismo passou a ser ofertado a adultos sem a preparação doutrinal necessária, os sacramentos da penitência e do matrimônio despontaram-se como ferramentas privilegiadas da evangelização: a primeira porque tinha o poder de controlar as consciências; a segunda porque trazia um programa definido de conduta no âmbito familiar e social que definia o "bom cristão".

Desse modo, para garantir que as atividades de doutrinação e de educação religiosa exercessem um papel efetivo na formação moral e no policiamento das sociedades cristãs, os conteúdos dos sermões, das peças teatrais, dos catecismos e dos manuais de confissão eram estruturados de uma forma que conduzissem os cristãos a uma nova salvação através da penitência e do matrimônio. De um certo modo, esses materiais auxiliares da evangelização retomavam e aprimoravam uma experiência em curso onde os sacramentos exerciam uma função prática de moldar os comportamentos dos cristãos nos espaços de influência dos jesuítas no período de privilégio.[793] A diferença é que, durante a União Ibérica, revestir as instituições de salvação da Igreja com um papel disciplinador era uma necessidade crucial à manutenção da evangelização em função dos novos elementos que incidiam no seu desenvolvimento e que não mais permitiam que a catequese oferecesse a preparação necessária à conversão religiosa-social, essencial que esta era na construção e manutenção de um império cristão.

A penitência: uma nova possibilidade de salvação e a conservação do súdito

Era nas missões periódicas que esse princípio evangelizador se materializava nas Aldeias do Brasil. De acordo com José de Anchieta,

> o método que se adota nestas missões, é ensinar e explicar a doutrina cristã aos Índios e Africanos reunidos em um lugar, batizar, ouvir-lhes as confissões, separá-los das concubinas e sujeitá-los às leis do matrimônio: o que nesta província é trabalho cotidiano, necessário e utilíssimo à salvação das almas.[794]

---

793 A esse respeito retome a leitura do Capítulo 3.

794 ANCHIETA, J. de. Breve narração das coisas relativas aos Colégios e Residências da Companhia de Jesus nesta Província Brasílica, no ano de 1584. *In*: __________. *Cartas*: informações, fragmentos históricos e sermões... p. 407.

Nas atividades religiosas que os inacianos desenvolviam nas missões, os jesuítas disseminavam a concepção de que a penitência era um poderoso remédio para a alma. O *Livro V* do *Catecismo Brasílico*, dedicado aos sacramentos, firmava esse princípio e apontava o que fazia o espírito cristão adoecer:

> 1.*M* Quantos são os remédios da Santa Madre Igreja para a nossa alma?
> *D* Sete.
> 2.*M* Quem o fez?
> *D* Nosso Senhor Jesus Cristo.
> 3.*M* Por que a eles a gente chama remédios da gente?
> *D* Porque com eles Deus cura a nossa alma.
> 4.*M* Mas adoece nossa alma?
> *D* Adoece.
> 5.*M* Que é ela adoecer?
> *D* É pecar.
> 6.*M* Como Nosso Senhor os cura?
> *D* Perdoando os pecados dos que tomam estes remédios.[795]

Depois de associar o pecado à doença da alma, o livro apresentava os seus remédios:

> 1.*M* Anunciai o primeiro!
> *D* Batismo (santificar-se).
> (...)
> 13.*M* Ela [a água do batismo] tira inteiramente os pecados da gente?
> *D* Inteiramente.
> (...)
> 19.*M* A gente se batiza várias vezes?
> *D* Não: como a gente nasce uma só vez de sua mãe, assim uma só vez a gente se batiza.[796]

Ensinando que o batismo oferecia a redenção do pecado original, e que o cristão só podia recebê-lo uma vez, os padres declaravam o fundamento da confissão:

> 1.*M* E depois que a gente se batiza, quando a gente transgri-

795 ANCHIETA, J. de. *Doutrina Cristã*: Catecismo Brasílico. Tomo I... p. 199.
796 *id. ibid.*, pp. 200-202.

de a lei de Deus, Deus não perdoará mais a gente?
D Perdoará ainda: sendo muito amante dos homens, Nosso Senhor Jesus Cristo criou outro remédio de nossa alma.
2.*M* Qual seu nome?
D Confissão.
3.*M* Para que a fez?
D Para que Deus perdoe os pecados da gente.
4*M* Como procede a gente querendo que Deus perdoe?
D A gente tem contrição.
5*M* Como procede a gente para ter contrição?
D Arrepende-se muito bem de seus pecados, não querendo voltar a eles.
(...)
10.*M* Como procede a gente tendo contrição?
D Afasta-se de tudo o que a faz pecar.
11.*M* Como ainda?
D Querendo satisfazer por seus pecados passados.
12.*M* Como ainda?
D Querendo confessar-se segundo manda a Santa Madre Igreja.
(...)
14.*M* A quem a gente se confessa?
D Ao sacerdote.[797]

O catecismo não era um instrumento evangelizador que chegava a todos os indígenas da Aldeia. Assim, para que esse preceito atingisse um público amplo, ele era veiculado também nos autos e nas pregações. A peça *Na festa do Natal ou pregação universal*, por exemplo, narra a história de um moleiro que teve sua veste de domingo roubada, e transmite a ideia de que ele será um desventurado enquanto seu neto não reaver sua vestimenta tão especial. Trata-se de uma alegoria para narrar a história do pecado: o moleiro representa Adão, a roupa é a graça de Deus, o ladrão é o diabo e o neto do moleiro é Jesus. No primeiro ato, o moleiro é furtado. No segundo, dois demônios entram na aldeia para destruí-la. Guaixará e Aimbirê dialogam em tupi apontando quais pecados poderiam causar deleite entre os habitantes para que a aldeia fosse destruída: o incesto, a guerra, o vício da bebida e do fumo, entre outros:

797 ANCHIETA, J. de. *Doutrina Cristã*: Catecismo Brasílico. Tomo I... pp. 209-210.

> *Aim* Oh! É assim? Que alegria! Arrasto comigo a todos ao inferno de mil modos, para a nossa companhia. Gosto dos índios daqui, dos que em Pernambuco estão. Os de Aritiguá bons são, bem como os de Inhambuti e os que moram na região.[798]

No entanto, o anjo da guarda da aldeia entra em cena para protegê-la:

> *Anj* Mas existe a confissão, remédio de toda a cura. Os índios que enfermos são com ela se curarão, e a comunhão os segura. Quando o pecado lhes pesa, vão-se os índios confessar. Dizem: 'quero melhorar'...
> O padre sobre eles reza para ao seu Deus aplacar.[799]

Demonstrando o valor dos sacramentos, o anjo expulsa os demônios e prega aos indígenas admoestando-os a viverem de acordo com os princípios da religião e louvando Jesus e Maria. A trama se repete no ato seguinte e é narrada em português para atingir também os colonos. Trata-se da já comentada cena em que entram doze pecadores brancos acorrentados, que só são libertos após entenderem o valor dos remédios da alma. No último ato, Jesus e Maria tecem uma nova veste ao moleiro, que é revestido com ela com festa e alegria.[800]

Tanto a catequese quanto o trabalho de reeducação religiosa dos cristãos absorviam a concepção da penitência corrente na Europa desde o século XIII, período em que o ato confessional se tornou não só uma prática comum, mas um ideal a ser seguido. O reconhecimento do erro perante o sacerdote era considerado um ato de submissão a Deus e à sua Igreja, mas acima de tudo representava a condição *sine qua non* para a obtenção do perdão através da penitência. Era uma representação, pois, de que a tradição definida por Tertuliano (155-222), Ambrósio (340-397) e Agostinho (354-430) havia chegado à Idade Média quase que intocada. Os teólogos haviam instituído a *confessio* como a aceitação da penitência, o que fez do ato confessional a *mea culpa* do pecador diante daquele que podia dispensar o perdão de Deus à sua falta. Seguindo este preceito, o IV Concílio de Latrão, de

798 ANCHIETA, J. de. Na festa do Natal ou pregação universal... p. 130.
799 *id., ibid.,* p. 131.
800 *id. ibid.,* pp. 115-140.

1215, destacou a confissão como uma graça salvadora e a penitência como o bálsamo que o sacerdote derramava sobre as chagas provocadas pelo pecado.[801]

Nascia, então, a concepção da penitência como uma medicina da alma, que foi definitivamente consolidada quando Tomás de Aquino definiu os sacramentos como instrumentos doutrinais que, por serem vias salvíficas, tinham uma dupla finalidade: "aperfeiçoar o homem no que diz respeito ao culto de Deus, segundo a religião da vida cristã, e depois ser remédio para as deficiências causadas pelo pecado".[802] Lembremos, esta foi a referência para os conciliares de Trento reafirmarem a doutrina católica da salvação: afirmou-se que, tendo o justo recebido a graça da redenção através do batismo e caído em pecado, poderia "novamente salvar-se pelos méritos de Jesus Cristo, procurando, estimulados com o auxílio divino, recobrar a graça perdida, mediante o sacramento da Penitência".[803] Entretanto, essa nova salvação só seria possível, conforme apontou a *Doutrina do Santo Sacramento da Penitência*, se ocorresse a contrição (arrependimento) e a confissão para, enfim, ser estabelecida a absolvição do cristão mediante a prática da penitência imposta pelo padre.[804]

Jean Delumeau demonstrou que a doutrina católica da penitência não servia para nortear apenas as ações da Igreja no âmbito de suas práticas ritualísticas. Transcendendo a simples religiosidade, entre os séculos XIII e XVIII, a confissão exerceu um papel fundamental na estruturação da vida individual e coletiva dos europeus. Em dois de seus importantes estudos, o historiador demonstrou que o medo do fim do mundo e da perdição eterna fez com que o pecado se tornasse o veículo para a culpa que, por sua vez, fazia do confessionário o lugar do perdão, do abrandamento das penas futuras a serem pagas no purgatório ou, até mesmo, a absolvição completa do inferno.[805]

---

801 Ver PIERONI, G.; MARTINS, A.; SABEH, L. A. *Boca maldita*: blasfêmias e sacrilégios em Portugal e no Brasil nos tempos da Inquisição. Jundiaí: Paco, 2012, pp. 79-91.

802 AQUINO, T. de. *Suma Teológica*. Tomo III. São Paulo: Edições Loyola, 2003, q. 65, a. 1. Sobre sua definição dos sacramentos, ver q. 84, a. 1, ad. 1, 2, 3.

803 APOSTOLADO V. S. (org.). *Documentos do Concílio Ecumênico de Trento*. 1º Período (1545-1547): Sessão VI... p. 06.

804 *id. ibid.*, 2º Período (1551-1552): Sessão XIV... pp. 01-07.

805 DELUMEAU, J. *História do medo no Ocidente (1300-1800)*... pp. 302-353; e DELUMEAU, J. *A confissão e o perdão*... pp. 07-21.

Delumeau explica que a Igreja anunciava o fim dos tempos, tema contido na Sagrada Escritura. A sensação de medo daí gerada era agravada por uma visão de mundo pessimista estabelecida pela doutrina do pecado original e pela gravidade que os pecados subsequentes ao batismo teriam no pós-morte. Mas, ao mesmo tempo, ela coagia os fiéis a encontrarem a redenção no sacramento da penitência, que começou a se transformar em uma ferramenta de exame de consciência que aliviava o sentimento de culpa do ser humano.

O Concílio de Trento reforçou a determinação do Concílio de Latrão IV de que a prática confessional deveria ser obrigatória e, no mínimo, anual. Além disso, orientou os padres a atuarem com prudência para que não corrompessem os cristãos durante o ato em que deveriam dispensar a graça divina. A partir de então, multiplicaram-se as obras que ofereciam orientações seguras para o clero intermediar a salvação dos mortais. E, no momento em que católicos e protestantes passaram a lutar para definir quais eram os verdadeiros caminhos da salvação, a literatura da penitência convidava os padres a "serem leões no púlpito e cordeiros no confessionário":[806] a pregação deveria despertar o cristão pecador a enxergar suas faltas e dela se arrepender. No confessionário, entretanto, deveriam atuar como um médico, um juiz e um pai benevolente: médico, porque o sacramento era um remédio para alma; juiz, porque não poderia se deixar enganar no momento de avaliar a gravidade do pecado; pai, porque precisava ser caridoso e benevolente a conceder o perdão, mesmo que o remédio fosse amargo para o pecador.[807]

É certo que a confissão se tornou, com o tempo, uma prática estereotipada e formal, tanto que não eram raros, a partir do século XVII, os casos de *Sollicitatio ad turpiam*, isto é, a "solicitação a atos torpes", crime de profanação do confessionário cometido pelo clero que não passava despercebido pelos inquisidores. Em muitos "tribunais de penitência" de Portugal, por exemplo, havia o orifício que permitia o padre ouvir a confissão e, abaixo dele, outro por onde o(a) fiel pudesse passar a mão e alcançar as partes íntimas do clérigo. Quando desco-

806 DELUMEAU, J. *A confissão e o perdão*... p. 27.
807 *id. ibid.*, pp. 22-33.

bertos, os padres libidinosos caiam nas teias do Santo Ofício, que os punia com a suspensão dos direitos eclesiásticos e até mesmo com a condenação às galés, o degredo e o banimento.[808]

Porém, o ato confessional só se tornou prática comum porque, de um lado, o temor dos europeus da perdição eterna era tamanho que, conforme explicou Lucien Febvre, fazia-os se apegarem aos sacramentos e demais cultos religiosos, como as novenas, as procissões e as peregrinações. Esses elementos, de acordo com o historiador, eram entendidos como remédios espirituais para os males físicos que acometiam o homem e a natureza e, principalmente, o único recurso à salvação de suas almas.[809]

Por outro lado, a confissão se consolidou como prática porque a Igreja foi hábil em coagir o fiel ao confessionário e no confessionário, isto é, a Santa Sé exercia esse poder porque tinha a chave da salvação em um momento em que essa era uma crença que estruturava a vida individual e coletiva.

Daí se depreende porque as monarquias católicas buscavam na doutrina religiosa os seus princípios governativos. Na "monarquia papal" que a Igreja pretendia criar, a penitência foi uma das principais ferramentas de manutenção da ordem social. Adriano Prosperi explica que o papado, no momento em que iniciou o seu programa de construção de uma sociedade cristã (processo que se intensificou quando Lutero questionou seus dogmas), trabalhou para fazer do sacramento um instrumento de disciplinamento individual das consciências, recurso que levava a uma doutrinação coletiva necessária à construção de uma sociedade regida por princípios religiosos.

Nesse processo, explica Prosperi, de um lado os inquisidores usaram a inquirição e o tormento para conduzir os indivíduos a se arrependerem de seus pecados. Eram recursos de persuasão moral e física que levavam a uma confissão "espontânea" das faltas, tal como exigia a doutrina. Os tribunais eclesiásticos impunham o suplício como penitência e, como geralmente a expiação era feita em público, o sacramento tinha o poder de operar na normatização da sociedade na medida em que instituía o medo. Por outro lado, os missionários utili-

808 Ver PIERONI, G.; MARTINS, A.; SABEH, L. A. *Boca maldita*... pp. 93-128.

809 FEBVRE, L. *O problema da incredulidade no século XVI*: a religião de Rabelais. São Paulo: Companhia das Letras, 2009, pp. 291-304.

zavam o sermão para estimular a contrição, o que fazia do ato confessional uma terapêutica: a penitência reservada ao foro íntimo era um remédio para a alma que funcionava, para os missionários, como uma ferramenta de controle das consciências; para o fiel funcionava como a disciplina do seu *ethos* que o identificava como um membro de uma monarquia cristã.[810]

O mesmo pôde ser visto nas Coroas ibéricas, as "monarquias confessionais" que trabalhavam com a Igreja na construção da *societas perfecta*. Mesmo que de forma independente, criaram um aparato jurídico-religioso voltado à formação do súdito em um bom cristão que refletisse a identidade política cristã da monarquia. A Inquisição, os tribunais episcopais e as ordens religiosas utilizavam-se da estrutura dos corpos jurídicos dos reinos e das dioceses e paróquias para chegar até as partes mais remotas da Península Ibérica. As visitas pastorais realizadas nas missões de interior, bem como as visitações do Santo Ofício, aliavam à assistência religiosa do nobre e do mais simples camponês a pregação, a confissão e a penitência como dispositivos de controle das consciências e de modelação dos padrões de conduta. Como bem observou Ângela Barreto Xavier, o vulto dessa política entre os séculos XVI e XVIII mostrava a obsessão das Coroas pela extirpação dos desvios políticos, religiosos e sociais através da cristianização e salvação dos ibéricos, o que acabava por reinventá-los como "súditos fiéis e cristãos perfeitos".[811]

Esse processo em curso na Península Ibérica se materializava nos domínios ultramarinos através da evangelização, a ferramenta de integração das populações de além-mar ao império cristão que as Coroas ibéricas e a Igreja romana trabalhavam para construir. Assim, en-

---

810 PROSPERI, A. *Tribunali della coscienza*. Inquisitori, confessori, missionari. Turim: G. Einaudi, 1996, pp. 211-399 e pp. 549-684. Prosperi analisa a atuação da Inquisição, do clero secular e regular na definição na Itália. Porém, Paolo Prodi explica que esse não foi um evento particular: circunscreveu também a construção das monarquias confessionais da Europa e das sociedades coloniais na América e na Ásia. Ver PRODI, P. *Christianisme et monde moderne*. Cinquante ans de recherches. Paris: Seuil/Gallimard, 2006, pp. 323-328. Observemos, também, que a função do sermão de estimular a contrição justificava a sua estrutura discursiva baseada no reavivamento do medo pelo pecado, na apresentação da felicidade no além-túmulo e na demonstração da necessidade de salvação através dos sacramentos e, sobretudo, da adoção de um comportamento fundamentado na doutrina católica, tal como apontaram Manuel Morán e Andrés-Gallego.

811 XAVIER, Â. B. *A invenção de Goa*... p. 61. Sobre a atuação da Inquisição em Portugal e Espanha, e das ordens religiosas nas missões de interior em Portugal ver BETHENCOURT, F. *História das Inquisições*: Portugal, Espanha e Itália – séculos XV-XIX. São Paulo: Companhia das Letras, 2000; e PALOMO, F. *Fazer dos campos escolas excelentes*...

quanto a atividade iniciada em 1523 na América espanhola oferecia a referência para a atuação das ordens religiosas nas missões de interior europeias, a eficiência dessa última na entronização das monarquias confessionais contribuía para que a atividade missionária no além-mar começasse a assumir uma nova dinâmica: a de se valer da pregação e da confissão como medicina da alma e de conservação do súdito de um império cristão.

A Companhia de Jesus tinha uma atuação marcante nesse processo, porque os exercícios espirituais que os jesuítas eram obrigados a praticar faziam da penitência a pedra fundamental da espiritualidade inaciana. Os *Exercícios Espirituais* de Inácio de Loyola foram redigidos em um momento em que os católicos devotos estimulavam a renovação da piedade religiosa, a base da Reforma Religiosa em curso desde o século XIV e que foi fortemente intensificada nesse mesmo alicerce com o início da Reforma Protestante. A defesa da concepção Renascentista de que os homens deveriam desenvolver suas virtudes, assim como a crise moral do clero, abriu precedentes para que surgissem críticas sobre a eficácia dos meios oferecidos pela Santa Sé à salvação dos mortais. Além das críticas, apareceram também novas propostas para o homem buscar sua salvação estimulando suas virtudes. Lutero e Loyola apresentaram as suas, mas a forma e a intensidade com que defenderam essas propostas definiram os lugares que eles ocuparam nas reformas religiosas em curso no Velho Continente: enquanto a defesa de Lutero da salvação pela graça causou o seu rompimento com a Igreja de Roma, a proposta de Loyola absorvia o princípio tomista da penitência como remédio da alma que norteou a redação do decreto relativo a este sacramento no Concílio de Trento. Seus exercícios espirituais, escritos com a finalidade de "vencer a si mesmo e ordenar a própria vida", asseguravam:

> Para que mais se ajudem tanto quem dá os exercícios como que os recebe, é necessário pressupor que todo bom cristão deve estar mais pronto a salvar a afirmação do seu próximo do que a condená-la. Não a podendo salvar, pergunte como ele a entende. Se a entende mal, corrija-o com amor. Se isto não bastar, recorra a todos os meios convenientes para que, entendendo-a bem, ela seja salva.[812]

812 As duas citações se referem a LOYOLA, I. de. *Exercícios Espirituais*. Apresentação, tradução e

Inácio de Loyola acreditava que, durante as quatro semanas de prática religiosa, baseadas no exame diário de consciência, o indivíduo conseguiria identificar suas imperfeições e desenvolveria as virtudes necessárias para corrigi-las, porque vivendo em virtude, não mais pecaria. No entanto, ele deveria ajudar seu semelhante a conquistar sua salvação, "o fim para o qual é criado".[813] E como a doutrina católica estabelecia que apenas os sacramentos podiam oferecer essa redenção, os exercícios espirituais orientavam que os inacianos deviam estimular o próximo a encontrar por si mesmo a salvação, o que fazia da catequese e da pregação os meios convenientes para ajudá-los nesse sentido, e do sacramento da penitência o lugar da nova salvação depois que o batizado voltava a pecar.

Para Adriano Prosperi, aqui estaria a explicação do porquê a Companhia de Jesus se tornou a principal instituição responsável pela propagação da ideia da prática penitencial como remédio para o pecador: diferente da Inquisição, que adotava o modelo do juiz no confessionário, os inacianos adotavam o do médico das almas. Com sensibilidade, o historiador identificou nos *Exercícios espirituais* de Inácio de Loyola um eficiente recurso de exame de consciência que, pelas razões expostas acima, faziam da confissão a consolação e o auxílio aos enfermos da alma. Do mesmo modo, a penitência se transformava na busca pela perfeição espiritual. De acordo com Prosperi, essa foi a marca deixada pela Companhia de Jesus na prática da confissão e uma das razões que faziam dessa atividade um eficiente instrumento de conservação de bons súditos.[814]

De fato, quando se coloca o conteúdo do material auxiliar da evangelização em exame a partir dos temas debatidos nas cartas, fica evidente que o discurso da catequese e das pregações era voltado a estimular os cristãos a obterem uma nova salvação através da penitência, porque o sacramento exercia a função prática de completar ou

---

notas do Centro de Espiritualidade Inaciana de Itaici. 2 ed. São Paulo: Edições Loyola, 2002, p. 21.

813 LOYOLA, I. de. *Exercícios Espirituais*... p. 23. Dada a importância dos exercícios espirituais no exercício do exame de consciência, a cúria jesuítica se preocupou em criar mecanismos para que sua prática não perdesse o fundamento estabelecido por Loyola. Em 1579, por exemplo, o Geral da ordem advertiu José de Anchieta, na ocasião o Provincial do Brasil, que os exercícios espirituais não fossem impostos como penitência para as faltas cometidas pelos missionários, "porq' será desacreditalos, y haserẽse cõ poco fruto". Ver *BoP*/BNC, f. 32.

814 PROSPERI, A. *Tribunali della coscienza*... pp. 485-507.

conservar a transformação comportamental que assinalava o nascimento do súdito convertido ao cristianismo. Mas, para que essa via salutar exercesse sua função prática de fato, era preciso que os missionários convencessem os cristãos a procurarem espontaneamente o "tribunal da consciência", tal como indicava os *Exercícios Espirituais* e a doutrina da penitência.

José de Anchieta corrobora a afirmativa através dos seus escritos. Em uma carta enviada a Roma relatou as dificuldades que os inacianos encontravam na evangelização. De acordo o padre, eram os "costumes inveterados" dos indígenas "os impedimentos que há para a conversão" e, igualmente, de preservar na vida cristã os que tinham sido batizados. Entre esses costumes estavam o hábito de terem muitas mulheres. Além do "apetite sensual", havia o apetite pelos "vinhos em que são muito contínuos e em tirar-lhos há ordinariamente mais dificuldade que em todo o mais, por ser como seu mantimento, e assim não lhos tiram os Padres de todo, senão o excesso que neles há, porque assim moderado quasi nunca se embebedam nem fazem outros desatinos". Outro desassossego dos missionários eram "as guerras em que pretendem vingança dos inimigos, e tomarem nomes novos, e títulos de honra". Por fim, "ajunta-se a isto que são de uma natureza tão descansada que, se não forem sempre aguilhoados, pouco bastará para não irem à missa nem buscarem outros remédios para a sua salvação".[815]

Em suas peças, então, Anchieta demonstrava como a confissão e a penitência poderiam ser estes outros remédios para a sua salvação. No terceiro ato de *Na aldeia de Guaraparim*, os diabos persuadem Pirataraca para levá-lo ao inferno fazendo menção aos erros que ele havia cometido no passado: justamente os "costumes inveterados" que Anchieta havia relatado na carta. Pirataraca, seguro, se defende:

> *Alm* Sim, perfeito! Essas ações tenho feito: mas delas me arrependi; ao padre eu as repeti, e, segundo o seu preceito, a penitência eu cumpri.
> *D4* (...) Cambaleando de bebida, tu cochicaste aos colegas: 'eia, tolos, minha vida será a todos guarida'! E fizeram coisas cegas. Assim os tristes vieram a se queimar no meu fogo.
> *Alm* Eles não se arrependeram, Deus meu pai não conhece-

815 Todas as citações referem-se a ANCHIETA, J. de. Informação do Brasil e de suas Capitanias (1584). *In*: ________. *Cartas*: informações, fragmentos históricos e sermões... p. 341.

ram, a quem rezo em desafogo.

O céu futuro visando e chorando meus pecados, e os afastando e matando, meu Senhor morto invocando, eles me foram perdoados.

D4 Em teu impuro caminho, tu sempre encontraste entrada. Tu roubaste certo vinho, fazendo feio carinho a certa mulher casada.

De roubos, maledicências, mentiras estás coberto. Em brincar com indecências, em cauinar com pendências, em briga e flecha és esperto.

Ficamos-te sempre ao lado para pecares. Tu mudo o que tinhas ocultado na areia, não tens falado... pois nós numeramos tudo!

Da força de nossa mão queres em vão escapar: aqui te vim destroçar. Os fogos te guardarão e neles te vais assar.

Alm Não! Todos os meus pecados lamentando, os repeli: foram todos confessados e em penitência pagados, que integralmente cumpri.

Eu fiz os jejuns prescritos, guardei a divina lei, pratiquei atos bonitos com meus parentes benditos. Muito me disciplinei.

O pecado me manchou e me tirou toda luz; mas o Senhor Jesus em seu sangue me lavou e absolveu com sua cruz.[816]

Como se observa, os inacianos preocupavam-se em demonstrar que alguns dos costumes indígenas eram, em si, atos condenatórios ou os caminhos que os levavam a cometer tais pecados, como ocorria com o consumo de "vinhos". É sugestivo que o espírito de Pirataraca aparece na forma de anjo porque tinha se desvencilhado de todos os hábitos indesejados através do arrependimento e da contrição, enquanto seus amigos que não procederam assim foram condenados ao inferno.

Aqui vemos que as peças teatrais realizavam a mesma função terapêutica que Marina Massimi identificou nos sermões jesuíticos. A pesquisadora percebeu que as pregações eram capazes de enraizar, na colônia, o conceito de pessoa da teologia cristã: um ser composto pelas dimensões do corpo, da alma e do espírito. Por isso, instituía concepções, no âmbito individual, que davam condições aos nativos de se reconhecerem como criação divina para, enfim, com-

816 ANCHIETA, J. de. Na aldeia de Guaraparim... pp. 224-225.

preenderem o programa salvífico que Ele instituiu à sua criação. E era exatamente nesse processo que, para Massimi, nascia a terapêutica psíquica da pregação: "a palavra eloquente não apenas veicula a coisa, mas induz também comportamentos diante dela, associando a razão à verdade e à moralidade e chamando em causa a liberdade como condição de tal associação".[817]

Outro detalhe interessante é que a penitência, para Piratararaca, foi um remédio prescrito pelos padres e a graça salvadora concedida por Cristo, exatamente o que geralmente os penitentes ouviam nos confessionários dos aldeamentos. A *Repreensão breve e mui proveitosa* do *Confessionário* de Anchieta, manual que estabelecia diretrizes para os missionários ministrarem o sacramento penitencial, sugeria como repreensão aos penitentes os seguintes dizeres:

> 12. Derrama tuas lágrimas, de teres tua alma tornado doente lamentando. Detesta teus pecados! Derramando tuas lágrimas, pela detestação deles, a Deus procura voltar a amar.
> (...)
> 14. A passagem desta água à sujeira do íntimo lava até o sumo. Enquanto tu te detesta, essas lágrimas a teus pecados passados apagarão.
> 15. Tu te arrependes na lavagem deles, e o Sr. Padre te porá consigo perto de Deus pela absolvição a ti, e cortará esse teu passado.
> 16. Detesta-te, escarmenta-te, arrepende-te de tantos atos passados, converte-te a Deus, teu salvador, ó meu filho, minha filha![818]

Nesse processo de estimular os índios cristãos a buscarem o confessionário, os sermões realizavam um papel essencial, daí Massimi atribuir às pregações uma função terapêutica. Dado o imenso potencial de educação moral da pregação, Anchieta relatou que ela era uma prática que se realizava em todas as festas religiosas, fossem elas missões periódicas ou dias santos.[819] Em carta remetida à cúria jesuítica, o padre relatou os frutos que ela produzia:

---

817 MASSIMI, M. *op. cit.*, pp. 260-261.

818 ANCHIETA, J. de. *Doutrina Cristã*: Doutrina Autógrafa e Confessionário. Tomo 2... pp. 112-113.

819 Ver ANCHIETA, J. de. Informação da Província do Brasil para nosso Padre (1585)... p. 444.

> Pregando certo padre e vindo a tocar com bastante eficácia, no terrível juízo de Deus e nas penas futuras, uma mulher, enredada de ódio mortal, de tal maneira se impressionou com suas palavras, que, arrependida, resolveu mudar inteiramente de vida. Concluído o sermão, foi ter com o padre; debulhada em lágrimas e com voz embargada de soluços, prorrompeu nessas palavras: 'compaixão padre, compaixão de mim, infeliz e a mais miserável das criaturas. Aponte-me, suplico, o caminho com que, submetendo-me às leis de Deus, possa viver e livrar a minha alma dos tormentos'.[820]

O caminho apresentado pelo padre foi a penitência. Depois que a mulher se ajoelhou aos seus pés em súplica,

> acolheu o padre benignamente a mulher, admoestando-a a não desprezar essa visita divina, e a render infinitas graças a Deus, por tão grande benefício. E assim se reconciliou imediatamente com seu inimigo. Donde resultou igualmente que, com alegria dos penitentes, fossem ouvidas trinta e três confissões gerais, em que se acusaram pecados gravíssimos, que por muitos anos haviam ficado ocultos.[821]

A mesma estratégia de levar os índios cristãos ao confessionário era empregada para conduzir também os colonos ao mesmo reduto de salvação. A preocupação que Anchieta demonstrou com a presença dos ingleses no litoral do Espírito Santo em 1594[822] se materializou, um ano mais tarde, na peça *Na vila de Vitória ou de S. Maurício*. No segundo ato, narrado em castelhano, Satanás e Lúcifer tentam provocar a tentação em São Maurício, que reage:

> *S* Não te digo que te entregues sem mais consideração, senão que, na adoração, só com a boca renegues, mas co'a fé no coração.

820 ANCHIETA, J. de. Carta ânua de 1584, ou breve narração das coisas atinentes aos colégios e residências, existentes nesta província do Brasil. Bahia, 27 de dezembro de 1584. *In*: __________. *Cartas*: correspondência ativa e passiva... p. 372.

821 *id., ibid.,* p. 372.

822 Ver ANCHIETA, J. de. Ao Geral P. Cláudio Acquaviva. Espírito Santo, 7 de setembro de 1594... pp. 415-420.

> *Maur* Tens razão! Porque a fé do coração faz ao justo vida ter. Porém para a salvação, a boca com confissão há também de responder.[823]

A fala de São Maurício é uma nítida refutação da doutrina protestante de que a fé em Cristo, uma graça cedida aos homens, bastaria para salvá-lo. Bastante presente no auto, o combate aos dogmas protestantes recobrava da audiência que a investida dos estrangeiros não representava apenas a tentativa dos ingleses de se apossarem das terras *Del'Rei*, mas sobretudo de macular a única e verdadeira religião que o monarca propagava pelo orbe. E nesse aspecto, a evangelização em curso no Brasil se alinhava perfeitamente àquele processo missionário em curso na Europa que buscava na reeducação religiosa o estabelecimento de uma identidade dentre os súditos de uma monarquia católica, uma necessidade em um continente que se dividia politicamente através da religião, e mesmo uma política para o enfrentamento das transformações socioculturais em curso.

Atuando nesse sentido, além de ressaltar que o súdito de um império cristão precisava recorrer à confissão para obter a salvação eterna, a peça os lembrava das consequências que a negação do confessionário causava. O *Sermão do temor de Deus ao povo*, pregado pelo Governo no penúltimo ato, era tácito:

> Pecador, feito escravo, de senhor, se do pecado não temes, do fogo por que não tremes?
> É coisa para pasmar, homem cego e desalmado, como dormes descansado, sem quereres despertar desse sono do pecado!
> Como és tão insensível, que não sentes o furor da morte que é tão terrível, pois és homem corrutível e cativo pecador?!
> Não sentes que vais descendo ao inferno, de corrida. Homem, fantasma sem vida, não vês que vives morrendo, pois tens a graça perdida?
> Ó mofino, de penas eternas digno, pois te fazes servidor do pecado, tão sem tino, deixando o valor divino, feito escravo, de senhor.
> Temes a dor corporal, foges de qualquer afronta; e daquele eterno mal, do bravo fogo infernal, não fazes nenhuma conta?

823 ANCHIETA, J. de. Na vila de Vitória ou de S. Maurício... p. 299.

> Se cometes o pecado e nada te dois nem gemes, teme que serás queimado, sempre vivo e sempre assado, se do pecado não temes!
> A cama, em que hás de jazer, há de ser de fogo ardente, bichos que te hão de roer, os quais nunca hão de morrer, com bravo ranger de dentes.[824]

Os inacianos persuadiam os cristãos a procurarem o confessionário porque o "tribunal da penitência" oferecia, aos padres, o quadro dos pecados mais cometidos que, por sua vez, norteava a criação de estratégias para a eliminação dos "crimes de fé" da colônia. Essa, aliás, era a mesma preocupação da Santa Sé no tocante à atuação do clero secular. O catecismo de Bartolomeu dos Mártires alertava que o Concílio de Trento havia ordenado que os padres deveriam viver entre suas ovelhas e conhecê-las. Cada paróquia devia ter um registro de seus moradores indicando a quantidade de casas, nomes das famílias, sexo, idade e ocupação de seus integrantes. Mas, igualmente, precisava indicar onde viviam os mancebos, onde estavam as casas de jogos, quais eram os hábitos dos seus fiéis e os pecados que cometiam com mais frequência, pois o principal "he a vigia que ha de ter sobre as casas de sua freguesia em que Deos he ofendido".[825]

Ao mesmo tempo em que os missionários persuadiam os cristãos a irem *ao* confessionário, adotavam estratégias para persuadi-los *no* confessionário. À semelhança dos manuais de confissão correntes na Europa, o *Confessionário* de Anchieta oferecia instruções para os inacianos acolherem o penitente e a estimularem a completa confissão dos fiéis:

> 7. Como a nós, Deus todas as coisas claramente vê: tu ainda não (fizeste) e as coisas que farás Ele sabe.
> 8. Isto sabendo nuamente, o que está dentro do teu coração tira

---

824 ANCHIETA, J. de. Na vila de Vitória ou de S. Maurício... pp. 333-334.

825 MÁRTIRES, B. dos. *op. cit.*, p. 318. Bartolomeu dos Mártires se referia aos *Cânones do Sacramento da Ordem* estabelecidos no Concílio de Trento, que reconstruía o papel a ser exercido pelos bispos e pelos padres. Os primeiros deveriam utilizar a estrutura das dioceses e paróquias para aperfeiçoar a formação intelectual e moral dos curas, que instrumentalizados, vigiados e orientados por seus superiores deveriam fazer com que os princípios da fé tridentina chegassem aos mais remotos cantos da Europa católica. Ver APOSTOLADO V. S. (org.). *Documentos do Concílio Ecumênico de Trento*. 3º Período (1562): Sessão XXIII... pp. 02-12.

fora, para Ele, o que, sob poder do mal, às escuras, tu fizeste.
9. Em vão seria tua cura: o teu remédio de antes acabará fazendo-te mal, meu N., minha N.
10. Há muito te confessaste? Rp...
11. Tu esconde então algum pecado teu antigo envergonhando-te dele? Rp...[826]

O manual de confissão de Anchieta trazia, na sequência, um rol de perguntas relativas a cada um dos dez mandamentos de Deus e dos cinco da Igreja Católica Apostólica Romana. Assim, conforme o teor da culpa delatada, o padre identificaria quais dessas leis o cristão havia infringido e usaria o seu conjunto de perguntas para arguir o penitente. Se ele tivesse transgredido o terceiro mandamento de Deus (guardar domingos e festas), por exemplo, ouviria do padre:

2. Fostes à roça no domingo ou em algum dia de festa?
(...)
5. Entraste em dia de festa na igreja para ouvir missa?
(...)
9. Passeaste à toa descansando, sem também ouvir missa?
10. Entraste na igreja, querendo na verdade ver algumas mulheres?
11. Entraste na igreja querendo ver alguns homens deveras?
12. Ouvia o padre enquanto dizia o sermão?[827]

As questões eram elaboradas de um modo que, num primeiro momento, induzissem o penitente a indicar as circunstâncias que o haviam levado a pecar. O intuito era estimular o penitente a fazer um exame de consciência para que enxergasse, ele próprio, os comportamentos, hábitos e vícios que danavam sua alma. Num segundo momento, as questões levantadas pelo padre levavam o contrito a fazer a delação da sua culpa relativa à infração das leis de Deus e da Santa Sé. Agindo desse modo, os missionários acreditavam que o cristão despertaria, verdadeiramente, a consciência dos seus erros e a gravidade dos mesmos.

Era exatamente nesse processo que a confissão exercia o seu papel de aprimorar a formação dos cristãos que haviam sido batizados

---

826 ANCHIETA, J. de. *Doutrina Cristã*: Doutrina Autógrafa e Confessionário. Tomo 2... pp. 77-78.
827 *id., ibid.,* p. 85.

sem a devida preparação doutrinal ou na conservação daqueles que há algum tempo já haviam sido batizados. A prática penitencial agia na conservação do súdito do império cristão porque o confessionário coagia os ameríndios a agirem a partir dos valores e dos hábitos ibéricos que eram fundamentados na doutrina católica e indicados como o roteiro de uma conduta segura e reta. Tanto que o *Confessionário* também estimulava os nativos a abandonarem os hábitos que os inacianos consideravam serem falsos e a fonte de pecados. Quando o penitente delatava um crime de fé relativo ao quinto mandamento de Deus (não matarás), ouviria do confessor questões que o compeliria a confessar a tentativa de suicídio ou de aborto, algo comum entre os nativos, ou mesmo o assassinato de presos de guerra:

> 10. Comeste terra ou coisa ruim? Desejando morrer?
> 11. Assassinaste gente, depois de acabada a guerra, matando, sem mais, os que foram presos?
> (...)
> 15. Tomaste veneno, querendo abortar teu filho?[828]

As cartas jesuíticas revelam que, levada a cabo a partir desses instrumentos persuasivos, a penitência assumia, de fato, uma importante função prática no controle da fé e na normatização da sociedade. Fernão Cardim sugeriu que o maior fruto que se fazia era justamente com os indígenas que viviam nos aldeamentos. Comentando aquilo que podemos entender como um efetivo controle das consciências, o padre apontou que

> é muito para ver e louvar Nosso Senhor a grande devoção e fervor, que se vê nestes índios, (...) porque os homens quase todos se disciplinam à noite antes por espaço de um *Miserere*, precedendo ladainha e sua exortação espiritual na língua: dão em si cruelmente; nem têm necessidade de esperar pela noite, porque muitos por sua devoção, acabando-se de confessar ainda que seja de dia, se disciplinam na igreja, diante de todos, e quase todos tem disciplina, que sabem fazer muito boas.
> As mulheres por sua devoção jejuam dois ou três dias antes, e todos ao comungar têm muita devoção, e choram alguns

828 ANCHIETA, J. de. *Doutrina Cristã:* Doutrina Autógrafa e Confessionário. Tomo 2... pp. 87-88.

> muitas lágrimas: confessam-se de cousa mui miúdas, e ao dia da comunhão se tornam a reconciliar, por levíssima que seja a matéria da absolvição. Se lhe dizem que não é nada, que vão comungar, respondem: pai, como hei de comungar sem me absolveres?[829]

E pelo fato do sacramento penitencial funcionar como um eficiente instrumento de controle das condutas, acabava se mostrando útil na transformação dos indígenas devotos em bons súditos, isto é, em sujeitos que, além de abandonarem seu modo de vida tradicional, eram obedientes a uma nova ordem estabelecida: "enxergam-se entre elles os que commungam no exemplo de boa vida, modéstia e continuação das doutrinas; têm extraordinário amor, crédito e respeito aos padres, e nada fazem sem seu conselho, e assim pedem licença para qualquer cousa por pequena que seja, como se fossem noviços".[830]

É de igual teor o parecer de Anchieta sobre os resultados que a confissão, aliada à pregação, surtiam nas Aldeias:

> Não se deve omitir (...) um excelente resultado, alcançado amiúde pelos nossos, quando movem, seja com os sermões, seja com as confissões, a muitos dos ouvintes a restituir o que, sem injustiça, não poderiam reter ou possuir; conciliam os que estavam separados pelo ódio; obtém o perdão das injúrias; socorrem, com as esmolas recolhidas, mulheres, cuja pureza e virtude estavam em perigo; apaziguam demandas e inimizades antigas; livram a outros do perigo de morte e praticam muitas outras ações de não menor louvor de Deus e proveito dos próximos, que todos derivam, como da fonte, das pregações e confissões.[831]

Já o silêncio dos inacianos sobre os resultados práticos da confissão entre os colonos é tão sintomático quanto é sugestiva a repreensão dada em 1606 pela cúria jesuítica a Fernão Cardim, na ocasião o Provincial do Brasil. Acquaviva apontou que

829 CARDIM, F. Narrativa epistolar de uma viagem e missão jesuítica. Da Bahia, a 1 de maio de 1590... p. 151.

830 *id. ibid.*, p. 156.

831 ANCHIETA, J. de. Carta ânua de 1584, ou breve narração das coisas atinentes aos colégios e residências, existentes nesta província do Brasil. Bahia, 27 de dezembro de 1584... p. 372.

> fui avisado com muita pena minha, que o dar conta da consciencia cousa tam necessaria e encomendada de N B P. se vai esfriando em algũas provincias, donde se seguirão grandes inconvenientes spirituais do bẽ comũm. pello q' exhortamos os Subditos a fazerem o que devem, e da mesma maneira aos superiores pª que ajudem mostrandose amorosos, e verdadeiros pais, e os subditos tenham confiança pª se descobrir.[832]

O Geral ordenou que os inacianos oferecessem o sacramento da penitência aos colonos com a dedicação que a doutrina exigia e, ainda, que guardassem com absoluto sigilo aquilo que os padres ouviam no confessionário sob pena de castigo aos Superiores de Missão.[833]

A severidade com que o tema foi tratado sugere que os inacianos só ofereciam a medicina da alma através dos sacramentos aos colonos que viviam nas fazendas, fortalezas e pequenas vilas que eram visitadas durante as missões periódicas; e que aos ibéricos que viviam nas principais cidades do Brasil, os jesuítas limitavam a assistência à educação formal e à medicina do corpo. Talvez, porque a do espírito já estivesse a cargo do clero secular, de outras ordens religiosas e até do Santo Ofício, que realizou três visitações entre 1591 e 1627 com o objetivo, entre outros, de verificar a estrutura em que se calcava a fé praticada na colônia. Nelas, o "tempo da graça" representava, para os cristãos, a possibilidade de terem suas penas amenizadas com a delação de seus pares, o que fazia da própria cristandade colonial a sua polícia.

Para esta realidade, poderíamos pensar como explicação razoável que o acesso dos jesuítas aos "tribunais de penitência" visitados pelos colonos estaria restrito por conta da tensão entre ambos os grupos, que se agravava à medida que acirravam a disputa pelo poder temporal das Aldeias. A delação de uma culpa religiosa, no confessionário, poderia ser usada pelos inacianos na disputa pelos aldeamentos, e é sugestivo o fato de Acquaviva ter sido austero ao obrigar que seus padres guardassem o absoluto sigilo das confissões.

Ainda, pode-se destacar que esse quadro era o reflexo de que outras ordens religiosas passavam a assumir o papel de confessores dos colonos das principais cidades para que o baixo efetivo da Com-

832 *BoP*/BNC, f. 35v.

833 Ver *BoP*/BNC, f. 35v.

panhia de Jesus desempenhasse seu papel na pacificação das tribos indígenas, principalmente no momento em que as investidas estrangeiras se intensificaram ao Norte e Nordeste e, na mesma medida, as ações dos salteadores ao Sul. É o que se observa, por exemplo, na extensa carta ânua de 1626 escrita por Antônio Vieira. Nela, o padre relata como os inacianos tiveram que concentrar esforços para levar adiante a Missão dos Patos, no Sul. Igualmente, aponta que, no Nordeste, mesmo antes dos holandeses iniciarem a invasão de fato, os inacianos tiveram que intensificar as campanhas que visavam desfazer a aliança que os inimigos estrangeiros haviam estabelecido com tribos do litoral: era o conhecido trabalho de pacificação. E, no momento em que os holandeses iniciaram as incursões por mar e por terra, as expedições jesuíticas passaram a ter a finalidade de guerra propriamente dita: os padres formavam grupos de índios flecheiros, todos cristãos que viviam nos aldeamentos. Esses verdadeiros pelotões, formado geralmente com quatrocentos indígenas, engrossavam o contingente militar de defesa da colônia que lutava tanto contra as tribos aliadas aos holandeses quanto na contenção dos estrangeiros por terra. Nas batalhas navais, os inacianos eram solicitados pelas autoridades régias para estimular os soldados: "no tempo da briga acudia o padre no espiritual a todos, confessando-os e animando-os com um crucifixo nas mãos",[834] e também acudia os enfermos com suas habilidades em operações cirúrgicas.[835]

Certamente, todos esses fatores contribuíram, em maior ou menor grau, para criar um campo missionário, no Brasil dos Filipes, onde a Companhia de Jesus exercia um papel preponderante na formação e conservação de novos súditos. E essa característica da missionação jesuítica era reforçada sobremaneira com as estratégias que persuadiam os nativos a buscarem o altar com o mesmo temor da perdição com que recorriam ao confessionário.

834 VIEIRA, A. Carta Ânua ao Geral da Companhia de Jesus. 30 de setembro de 1626... p. 117.
835 Ver, na íntegra, *id. ibid.*, pp. 77-117.

O matrimônio: caminho da salvação, programa de vida do bom súdito

> 1.*M* Qual é o outro remédio de nossa alma?
> *D* Casar (matrimônio).
> 2.*M* Quem é o criador dele?
> *D* Nosso Senhor Jesus Cristo.[836]

O matrimônio, assim como a penitência, era apresentado aos ameríndios como outro remédio para sua alma que acabava por originar a célula que então formava a base da sociedade ocidental: a família cristã derivada da instituição do casamento.

A função de formação moral atribuída à família fazia do sacramento matrimonial uma ferramenta que atendia perfeitamente aos propósitos da Igreja romana e das Coroas ibéricas de construírem uma sociedade regida por princípios cristãos. No entanto, a doutrina católica estabelecia que a família só podia ser erigida através do matrimônio em um momento em que a união conjugal era um tema de controvérsia que movimentava e dividia opiniões no meio letrado europeu.

Muitos clérigos defendiam que o casamento representava a perdição das almas, porque a mulher era vista, desde a Idade Média, como um agente de satã no mundo. No século XIII, a visão hostil sobre a figura feminina deu corpo a uma teologia que se baseava em relatos bíblicos para justificar que a mulher era imperfeita porque fazia menos uso da razão e do discernimento do que o homem. Jean Delumeau explica que, resgatando os Doutores da Igreja, Tomás de Aquino consolidou a ideia de que a fêmea era um macho deficiente, concepção que, no século XVI, oferecia o alicerce das obras teológicas que promoviam a diabolização da mulher.

Segundo Delumeau, os pensadores que partilhavam desse olhar difundiram, no século XVI, a ideia de que casar-se significava envolver-se com o instrumento do diabo no mundo, daí a literatura cortesã apregoar que o amor no lar era impossível e a comédia satirizar o matrimônio associando-o ao purgatório, quando não ao inferno terreno. Esta concepção, então, foi o ponto de partida dos humanistas e reformadores que se esforçaram para fazer uma reavaliação da união

---

836 ANCHIETA, J. de. *Doutrina Cristã*: Catecismo Brasílico. Tomo I... pp. 225-226.

conjugal. Mesmo que Lutero, Calvino e Zwinglio ainda associassem o casamento a uma necessidade física que expunha os cristãos ao pecado, eles aboliram os votos religiosos e instituíram o sacerdócio universal. A iniciativa das Igrejas reformadas abriu precedentes para que os humanistas apresentassem novas leituras para a instituição matrimonial, e Erasmo de Roterdã foi o mais representativo dentre eles. O teólogo defendia que a união entre os seres era o laço que reforçava o amor, que se tornava mais profundo e duradouro quanto mais cristão fosse, o que fazia do casamento um fundamento que aproximava o casal de Deus.

Partilhadas por outros humanistas, suas ideias também ganharam terreno entre os humanistas cristãos, que redigiam obras literárias que exaltavam o valor da união monogâmica e da família e que inseria um novo elemento no universo católico: o reconhecimento, por parte do homem, da importância da mulher, que passava a ser cortejada como forma de enaltecimento do seu valor. Assim, ao lado da literatura que hostilizava a mulher – e de um corpo doutrinário teológico, jurídico e médico que se preocupava em atestar sua inferioridade e imperfeição – aparecia outra que apresentava o casamento como via de construção da família e da felicidade.[837]

Foi no bojo desse embate conceitual que a Igreja Católica, no *Decreto de Reforma do Matrimônio* do Concílio de Trento, reforçou seu teor dogmático de união legítima, monogâmica e indissolúvel onde os esposos ficavam obrigados a imitar o ato simbólico de submissão da Igreja a Cristo. Como já foi dito, ficou proibido, entre outros, o casamento entre parentes sob a alegação de que eles eram contraídos por ignorância do casal e vedou-se o casamento daqueles que haviam tido relações sexuais antes de receber o sacramento, bem como daqueles que tivessem demonstrado a união ilegítima em público, ou seja, que não tiveram "pública honestidade".[838]

Conforme dissemos, Ronaldo Vainfas entendeu que a medida da Santa Sé visava eliminar os ritos populares de casamento na Europa ou, pelo menos, padronizá-los de acordo com a doutrina católica. Mais

---

837 Ver DELUMEAU, J. *História do medo no Ocidente (1300-1800)*... pp. 462-507; e DELUMEAU, J. *A civilização do Renascimento*. Lisboa: Edições 70, 2004, pp. 362-365.

838 APOSTOLADO V. S. (org.). *Documentos do Concílio Ecumênico de Trento*. 3º Período (1562): Sessão XXIV... pp. 01-20.

que isso, a gradativa secularização das práticas que firmavam as uniões conjugais, que ganhou coro com a ideia luterana de que a união conjugal era mera necessidade física, levou o papado a reafirmar o matrimônio como sacramento e, igualmente, transformá-lo num poderoso instrumento de reforma dos costumes e da moralidade vigentes na Europa Ocidental. Ao instituir o casamento cristão como o único verdadeiro e legítimo, portanto, a Igreja Católica revelava sua intenção de exercer um rígido controle dos fiéis em níveis muito profundos: "preocupou-se, como jamais o fizera, com a vida das famílias, as relações entre pais e filhos, maridos e esposas, os sentimentos domésticos, a convivência diária nos mais variados aspectos".[839]

Mas, como bem observou Maria Luiza Andreazza, o sacramento do matrimônio já desempenhava, desde antes, um papel importante na modelação do comportamento social e familiar do homem ocidental. De acordo com a historiadora, desde os primórdios, a Igreja romana se envolveu em um projeto político voltado a universalizar sua doutrina que estabelecia referências, entre outros, para a constituição da família.

A Igreja primitiva, explicou Andreazza, trabalhou para erradicar os costumes que regulavam a organização familiar de modo a impor um modelo baseado nos dogmas cristãos. Porém, a partir do século XI, momento em que o Cisma do Oriente (1054) definiu o campo de atuação da Igreja de Roma e que o catolicismo começou a penetrar as camadas populares da Europa Ocidental, o padrão de família cristã passou a ser delineado a partir da absorção ou reconstrução dos muitos códigos culturais de origem romana e germânica correntes no Velho Continente. Desde então, a doutrina católica do matrimônio passou a modelar, moral e juridicamente, uma instituição familiar bastante específica: a família cristã, que os concílios daquele período estabeleceram como instituição monogâmica e indissolúvel regida por leis canônicas que responsabilizavam os cônjuges pelos filhos que gerassem e pelas faltas cometidas contra um sacramento nascido para ser uma via salvífica dos cristãos.[840]

---

839 VAINFAS, R. *Trópico dos pecados*... pp. 11-12.

840 ANDREAZZA, M. L. Cultura familiar e registros paroquiais. *In*: BASSANEZZI, M. S. C. B.; BOTELHO, T. R. (orgs.). *Linhas e entrelinhas*: as diferentes leituras das atas paroquiais dos setecentos e oitocentos. Belo Horizonte: Veredas & Cenários, 2009, pp. 137-157.

Isso quer dizer que, no Concílio de Trento, a Igreja Católica trabalhou para reforçar o matrimônio como um sacramento que desempenhava um importante papel na educação moral dos súditos cristãos, porque oferecia um programa de conduta adequado à conservação da salvação obtida através dos demais sacramentos. Portanto, funcionava à manutenção da ordem social em um momento de reforma dos costumes, o que nos ajuda a compreender porque os catecismos, além de apresentar o matrimônio como mais um dos remédios da alma que somente a Santa Sé podia oferecer, também transmitiam os fundamentos dogmáticos do sacramento: explicava que Deus realizou o primeiro casamento no paraíso, unindo em matrimônio Adão e Eva. Em seguida expunha:

> 7.*M* E agora onde alguém se casa?
> *D* Na casa de Deus (igreja).
> 8.*M* Quem os casa?
> *D* O sacerdote.
> 9.*M* O homem se casa diante de todas e quaisquer pessoas?
> *D* Diante de todas e quaisquer pessoas.
> 10.*M* O homem se casa conforme sua inteira vontade?
> *D* Conforme sua inteira vontade.[841]

A preocupação dos inacianos era infundir como valor, aos ameríndios, as regras relativas ao matrimônio que o Concílio de Trento reafirmou. O primeiro capítulo do *Decreto de Reforma do Matrimônio* versava justamente sobre as formas da contração do sacramento: somente na igreja e na presença do pároco (ou de outro sacerdote com licença do pároco ou do ordinário) e de duas ou três testemunhas, e "os que tentarem contrair (...) de outro modo (...) ficam absolutamente inábeis por disposição deste Santo Concílio para contrai-lo e, além disso, decreta que sejam indignos e nulos semelhantes contratos".[842] Oito capítulos adiante, o mesmo documento estabelecia que os nubentes deviam contrair o matrimônio livremente:

841 ANCHIETA, J. de. *Doutrina Cristã*: Catecismo Brasílico. Tomo I... p. 226.

842 APOSTOLADO V. S. (org.). *Documentos do Concílio Ecumênico de Trento*. 3º Período (1562): Sessão XXIV... p. 03.

> Chegam a cegar muitas vezes em alto grau, a cobiça e outros males terrenos os olhos da alma dos senhores temporais e magistrados, que forçam com ameaças e penas aos homens e mulheres que vivem sob sua jurisdição, em especial aos ricos, ou aqueles que esperam grandes heranças, para que contraiam matrimônio, ainda que repugnantes, com as pessoas que os mesmos senhores ou magistrados os destinam. Portanto, sendo em extremo detestável tiranizar a liberdade do Matrimônio, e que provenham as injúrias dos mesmos de quem se espera a justiça, ordena o Santo concílio a todos, de qualquer grau, dignidade ou condição, que sejam, sob pena de excomunhão que hão de incorrer *ipso facto*, que de nenhum modo violentem direta ou indiretamente a seus súditos, nem a nenhum outro, em termos de que deixem de contrair com toda a liberdade seus Matrimônios.[843]

Embora a reforma do sacramento visasse eliminar práticas de união conjugal correntes no Velho Continente, as regras estabelecidas em Trento depunham contra as práticas da poligamia e do incesto, comuns entre os ameríndios, que infringiam tanto a doutrina do matrimônio quanto o sexto mandamento de Deus: "não pecar contra a castidade". Na sua *Informação dos casamentos dos índios do Brasil*, José de Anchieta apontou que os inacianos se esforçavam para eliminar aquele "mal", porque

> os índios do Brasil parece que nunca têm ânimo de se obrigar, nem o marido à mulher, nem a mulher ao marido, quando se casam: e por isso a mulher nunca se agasta porque o marido tome outra ou outras, reste com elas muito ou pouco tempo, sem ter conversação com ela, ainda que seja a primeira; e ainda que a deixe de todo, não faz caso disso, porque se é ainda moça, ela toma outro, e se é velha assim fica sem esse sentimento, sem lhe parecer que o varão lhe fez injúria nisso, sobretudo se isso o serve e lhe dá de comer, etc. E de ordinário tem paz com suas comborças, porque tanto as têm por mulheres de seus maridos como a si mesmas.[844]

---

843 APOSTOLADO V. S. (org.). *Documentos do Concílio Ecumênico de Trento*. 3º Período (1562): Sessão XXIV... p. 05.

844 ANCHIETA, J. de. Informação dos casamentos dos índios do Brasil. s/d. *In*: ___________. *Cartas*: informações, fragmentos históricos e sermões... p. 456.

A preocupação dos missionários com aquela realidade se materializou no conteúdo do *Catecismo Brasílico*, que apresentava os conceitos fundamentais do matrimônio de um modo sutil: infundia a monogamia e a indissolubilidade como valores que, uma vez absorvidos, seriam capazes de eliminar as práticas sociais ameríndias que, na ótica dos missionários, precisavam ser eliminadas para que a conversão político-religiosa se efetivasse:

> 13.*M* Quantas serão as esposas do homem?
> *D* Uma apenas.
> 14. *M* Quantos serão os maridos das mulheres?
> *D* Um apenas.
> 15. *M* Separar-se-ão algum dia um do outro?
> *D* Não se separarão.
> 16. *M* Não terá o homem outra esposa, enquanto viver sua esposa?
> *D* Não terá.
> 17. *M* Fazem pecado grave os casados, furtando-se um ao outro?
> *D* Fazem pecado grave.[845]

Anchieta explicou que não havia entre os nativos um rito que simbolizasse a união dos casais. Comumente, os mancebos se relacionavam com as mulheres sem com elas viver em comunhão, isto é, "com as tais andam às escondidas (como se faz em todo o mundo)".[846] Os "principais", no entanto, tinham muitas mulheres, alguns até vinte. A poligamia nascia, para Anchieta, do fato de que os homens se julgavam donos das mulheres de sua família e, por costume, delas se serviam para serem providos com alimentos, instrumentos de caça e com as armas que elas confeccionavam.

O problema, para o padre, é que os ameríndios usavam-nas também para os prazeres da carne: quando não tinham relações sexuais com suas filhas, irmãs, cunhadas ou sobrinhas, as vendiam para que servissem a outros homens da tribo ou de outra. Também, era comum os indígenas entregarem suas mulheres a outrem para manifestar admiração, respeito ou como forma de firmar alianças. É por isso que, de acordo com o missionário, os colonos tinham tantos filhos com

845 ANCHIETA, J. de. *Doutrina Cristã*: Catecismo Brasílico. Tomo I... pp. 226-227.
846 ANCHIETA, J. de. Informação dos casamentos dos índios do Brasil. s/d... p. 458.

as nativas, uma vez que uma das formas dos portugueses se apadrinharem com as lideranças indígenas era tendo filhos com as irmãs, filhas ou sobrinhas do cacique. Além disso, o costume explica porque os "principais" das aldeias, assim como os indígenas que se destacavam em combate, tinham tantas mulheres quanto coubessem em sua oca.

Além dos homens comprarem ou receberem mulheres de seus aliados, também levavam para suas ocas as mancebas das tribos que atacavam, "as quais tinham por mulheres como as suas próprias de sua nação". Era tão arraigado o costume que até mesmo os índios cristãos as tinham às escondidas por "não as terem recebido na igreja".[847] Essa era uma das razões que levavam os inacianos a ensinarem que as guerras intertribais só podiam ocorrer como defesa e, do mesmo modo, a impedirem os índios cristãos de visitarem as aldeias vizinhas, porque nelas se embebedavam e escondiam suas mancebas.

Entretanto, não era apenas o comportamento dos homens que alimentava a prática da poligamia e o incesto. De acordo Anchieta, "se a mulher acerta ser varonil ou virago [outro homem], também elas deixam o marido, e toma outro",[848] principalmente se fosse um membro da tribo que se sobressaia nas guerras intertribais. Mas, o fato dos homens manifestarem ira pela traição ou abandono era indício, para Anchieta, de que os inacianos conseguiriam fazê-los adotar a prática monógama e evitar a violência que os maridos abandonados praticavam contra as ex-companheiras.[849]

Desse modo, o *Catecismo Brasílico* valia-se da retórica para intervir nas uniões conjugais e, apoiado na estratégia de elaborar várias perguntas voltadas à confirmação de um mesmo pressuposto, no mesmo movimento reforçava a monogamia como valor:

> 11.*M* Com qual mulher o homem não se casará?
> *D* Pergunte-o ao sacerdote.
> 12.*M* Não se casará sem também perguntar?
> *D* Não se casará (assim).
> 13.*M* Quantas serão as esposas do homem?
> *D* Uma apenas.

---

847 As duas citações se referem a ANCHIETA, J. de. Informação dos casamentos dos índios do Brasil. s/d... p. 458.

848 *id. ibid.,* p. 457.

849 *id. ibid.,* pp. 456-464.

14.*M* Quantos serão os maridos da mulher?
D Um apenas.[850]

Os inacianos persuadiam os nativos a escolherem seus esposos e esposas para evitar que, nos aldeamentos, fossem selados casamentos que ferissem os decretos tridentinos que proibiam a união de pessoas que não fossem batizadas e daquelas que tivessem parentesco de primeiro e segundo grau, "a não ser entre grandes Príncipes, e por uma causa pública".[851]

Mais uma vez, é Anchieta quem nos oferece explicações de como os inacianos agiam nesse sentido. O padre explica que os ameríndios chamavam suas mulheres de *Temirecô* e usavam o termo *etê* para se referirem àquilo que era verdadeiro, legítimo, original, ou ainda àquilo que era bom, estimado. Seus vinhos, por exemplo, chamavam de *cãyo etê*, enquanto que se referiam ao vinho português como *cãyo áyà*, isto é, vinho azedo, amargo, agro. Já uma floresta rica em víveres e madeira chamavam de *caâ etê*, assim como identificavam uma boa madeira, rija e fina, como *igbîra etê*. Por isso, quando batizavam um "principal", os inacianos orientavam-no a escolher entre suas mulheres que não fossem filhas, irmãs ou sobrinhas a sua preferida, a sua *Temirecô etê* para que pudesse com ela se casar na igreja e viver em matrimônio. Era permitido que as parentes continuassem vivendo em sua oca, porque era costume e motivo de honra para os nativos zelar por elas. Os padres, então, ensinavam que com as *Temirecô* não podiam ter relações sexuais, apenas com a *Temirecô etê*. Igualmente, instruíam o homem indígena a não deixar sua *Temirecô etê* quando quisesse, já que era comum eles simplesmente abandonarem suas *Temirecô* quando elas envelheciam ou quando sentiam atração por outra mulher.[852]

O discurso do catecismo era estruturado de uma forma que, ao mesmo tempo em que sugeria aos nativos abandonar a poligamia, confluía à apresentação da família como uma instituição reservada à procriação, à educação moral dos filhos gerados pelo casal e à assistência mútua na subsistência física e assistência espiritual de todos os seus membros:

---

850 ANCHIETA, J. de. *Doutrina Cristã*: Catecismo Brasílico. Tomo I... p. 226.

851 APOSTOLADO V. S. (org.). *Documentos do Concílio Ecumênico de Trento.* 3º Período (1562): Sessão XXIV... p. 04.

852 ANCHIETA, J. de. Informação dos casamentos dos índios do Brasil. s/d... pp. 456-464.

18.*M* Para que o homem se casa?
D Para dizer: 'Tenha eu filhos, para viverem segundo a lei de Deus e irem para o céu'.
19.*M* Para que mais?
D Para dizer: 'Não viva eu com a que não é minha verdadeira esposa'.
20.*M* Mas não transgride o homem a lei de Deus, convivendo com sua verdadeira esposa?
D Não transgride.
(...)
23.*M* Para que mais o homem se casa?
D Para dizer: 'Ajudemo-nos mutuamente com minha esposa, para nossa comida, e para criar nossos filhos'.[853]

A família, como se observa, era apresentada como um espaço dedicado a uma vivência pautada na moralidade cristã, aquilo que Baeta Neves apontou como o núcleo que estabelecia, no plano moral, um comportamento do "ser cristão", o mesmo significado que o sacramento da ordem tinha para um eclesiástico.[854] Tratava-se, enfim, dos fundamentos para a constituição da família cristã que foram estabelecidos pela Santa Sé com tamanha força que, como bem observou Maria Luiza Andrezza, moldou a organização da cultura familiar inclusive no plano laico e que se firmou no longo prazo: até os dias de hoje, o seio familiar é, no Ocidente, "monógamo, estabelecido pela livre escolha dos cônjuges e responsabiliza[...] pais e mães pela criação de seus filhos".[855]

Assim, além de dar a conhecer aos nativos esse reduto salvífico, os inacianos orientavam como os casais deviam agir para preservar a instituição da família:

24.*M* Igualmente preocupar-se-ão em levar seus filhos para a virtude?
D Igualmente.
25.*M* E quando eles pecarem, que farão?
D Eles os apartarão dos seus pecados.
26.*M* Como?
D Repreendendo-os muito, açoitando-os muito.[856]

853 ANCHIETA, J. de. *Doutrina Cristã*: Catecismo Brasílico. Tomo I... p. 227.
854 NEVES, L. F. B. *O combate dos soldados de Cristo na terra dos papagaios*: colonialismo e repressão cultural. Rio de Janeiro: Forense Universitária, 1978, pp. 73-77.
855 ANDREAZZA, M. L. *op. cit.*, p. 142.
856 ANCHIETA, J. de. *Doutrina Cristã*: Catecismo Brasílico. Tomo I... p. 227.

As últimas treze questões que constituíam o ensino do significado do sacramento matrimonial ainda ofereciam importantes orientações para o casal viver a partir dos preceitos estabelecidos pela Igreja: deviam tratar um ao outro com respeito; não podiam brigar, mas podiam repreender o cônjuge quando este ferisse os princípios cristãos com atos ou palavras; e, por fim, instruía as mulheres a serem gentis com seus esposos e a terem ciúme deles:

> 33.*M* Terá ciúme a mulher para com seu marido?
> *D* Terá ciúme, para ele não querer viver com outra mulher.
> 34. *M* Irá, irá separar-se do seu marido por ele assim proceder?
> *D* Não irá: isso dirá só a ele, ou o declarará ao padre, para repreendê-lo.
> 35. *M* Como procederá a mulher, para seu marido a amar?
> *D* Serão modestas suas palavras para homens, olhando para eles, sem dela suspeitar mal o seu marido.
> 36. *M* Que mais fará?
> *D* Atenta, para não lhe esconder o que sucede.
> 37. *M* Que mais?
> *D* Não lhe pese de servir bem a ele, não replicando às palavras dele.[857]

Ensinar as mulheres indígenas a ter ciúme certamente era uma estratégia para que elas atuassem no policiamento dos seus esposos. Percebe-se, aqui, como os inacianos criavam situações que ajudavam a combater a poligamia e o incesto. Em razão disso, o catecismo se confundia com um manual de formação moral que transformava os próprios cristãos em agentes de conservação da cristandade que nascia nas Aldeias.

Todo esse esforço em introduzir a família cristã nos aldeamentos estava em perfeita sintonia com as ações colonizadores que recorriam aos sacramentos católicos para resolver problemas práticos da construção do Império português. No momento em que agentes leigos e religiosos de colonização se esforçaram para ocupar efetivamente regiões com importância estratégica para a Coroa portuguesa, o casamento foi apontado como peça-chave. Nos movimentos iniciais do estabelecimento definitivo do Estado da Índia, como vimos, Afonso de Albuquerque (c. 1460-1515) trabalhou para que a Coroa enviassem

857 ANCHIETA, J. de. *Doutrina Cristã:* Catecismo Brasílico. Tomo I... p. 228.

homens casados porque, segundo ele, assim estariam moldados pela moral católica oferecida pelo matrimônio e evitariam escândalos e desordens. Além disso, o governador entendia que, indo com suas famílias, esses casados teriam apego à região, nela se fixariam e construiriam o Estado da Índia para Portugal, fundamental que era a medida para a permanência dos lusitanos no Oriente.

Vimos, igualmente, que três décadas depois da conquista de Goa e em um cenário cultural e social completamente distinto do asiático, Manoel da Nóbrega utilizou os mesmos argumentos de Albuquerque para convencer a Coroa portuguesa a efetivar a colonização do Brasil. Missionário fervoroso, Nóbrega entendia que era necessário o envio de colonos casados, como vimos, para se efetivar o povoamento dos trópicos. Na sua concepção, se a colônia fosse habitada por pessoas com um padrão de conduta baseado na moralidade cristã, ela teria um ambiente favorável à salvação da alma ameríndia.[858]

Colonizador apóstolo e apóstolo colonizador, Albuquerque e Nóbrega viam no casamento um elemento que funcionava à construção das sociedades coloniais e à preservação da harmonia social, ideia que era partilhada por outros agentes da empresa ultramarina. Daí se depreende porque a política de casamentos foi uma realidade na manutenção do Império português. Já vimos que a Coroa portuguesa estimulava o casamento das órfãs para assegurar a presença de famílias portuguesas em seus domínios. Igualmente, estimulava a formação de famílias através dos casamentos mistos, isto é, da união entre lusitanos solteiros que se aventuravam no ultramar com as mulheres nativas convertidas ao cristianismo. Conforme explicou Andréa Doré, embora essas famílias fossem classificadas como uma categoria social inferior, os *casados* conquistavam um *status* que lhes permitiam assumir funções administrativas, comerciais e militares que, mesmo subalternas, eram essenciais ao desenvolvimento da empresa ultramarina. Além disso, esses homens passavam a gozar de privilégios, algo típico de uma sociedade de Antigo Regime: recebiam terras, podiam navegar livremente em determinadas áreas, estavam isentos de algumas taxas, não podiam ser presos em cadeias públicas, entre outros benefícios.

---

858 A esse respeito retome o Capítulo 3 ou ver, na íntegra, SABEH, L. A. O sacramento do matrimônio: salvação e povoamento dos domínios de Portugal na Ásia e América (século XVI). *Ars Historica*. Rio de Janeiro, v. 1, n. 2, julho/dezembro 2010, pp. 71-84.

Em outras palavras, ser casado, no além-mar, significava pertencer a um grupo social privilegiado que, embora não tenha sido o elemento central da construção do império, foi muito útil na medida em que atendia às necessidades da fidalguia e da Coroa.[859]

Dada a importância atribuída ao matrimônio como instituição salvífica e de modelação dos comportamentos sociais, e considerando que os catecismos circulavam entre um público minoritário nas Aldeias, era função das pregações e do teatro jesuítico associar as práticas indígenas de relações conjugais com a perdição da alma, como obra do demônio. No segundo ato de *Na aldeia de Guaraparim*, os diabos confabulam como destruir a aldeia. Em seguida, passam a escolher entre os indígenas aqueles que iriam levar ao inferno:

> *D1* E tu, que nos vais dizer, Cauçu, Caumondá?
> *D3* Pois eu, gosto de prender certos beberrões de cá, que só procuram mulher.
> Transviada mocidade eu tenho em minha chefia, e velhos de muita idade, se eu os deixasse à vontade, a aldeia não pecaria.
> As velhas eu não desprezo, e esse mulherio vão eu ato, eu arrasto preso. As moças, que aqui eu prezo, guardo no meu coração.
> Não creem nos sacerdotes, renegam a Deus de dia, de noite sorvem seus potes, querem mulheres aos lotes, dizendo: 'eu desejaria'...
> Deste jeito, passando noites a eito, entram no lar atrevidos, contra esposas destemidos, e forçando-as a seu leito, mulheres traem maridos.
> Ou, mandando-as em seu rasto, os maridos não reparam, quando fogem para o pasto. No esconso do mato vasto mil sujidades se amparam.
> Mesmo sabendo, os maridos nada falam censurando. Sem esforços meus renhidos, continuam os traídos sujeitos de Deus ao mando!
> *D1* E os maridos co'as mulheres não se exaltam protestando?
> *D3* Até brincam com dizeres! Mesmo alguns têm seus prazeres em as ficar espreitando!

859 DORÉ, A. Os *casados* na Índia portuguesa: a mobilidade social de homens úteis. *In*: MONTEIRO, R. B. *et al* (orgs.). *Raízes do privilégio*: mobilidade social no mundo ibérico do Antigo Regime. Rio de Janeiro: Civilização Brasileira, 2011, pp. 509-533.

D2 Para nós isso é um gozo: vamos depressa buscar nosso quinhão venturoso![860]

A instituição do medo, já sabemos, era recurso para persuadir os cristãos a buscarem o remédio para suas almas no confessionário. E quando recorriam ao "tribunal de penitência", os missionários extraíam a delação de suas faltas cometidas contra o sexto mandamento de Deus. Se o penitente fosse do sexo masculino, ouviria do padre:

2. Com quantas mulheres vives?
3. Vives (com uma) que é casada (com outro) ou que foi casada (com outro)?
4. Vives com uma não-violada?
5. Forçaste alguma menina, violentando-a, estuprando-a?
6. Vives com alguma sem nome (não-batizada)?
(...)
11. Tocaste nas virilhas de alguma, brincando com ela?
12. Olhaste com mau desejo teu para as virilhas de alguma também?
(...)
21. Dirigiste tuas palavras a alguma mulher?
22. Piscaste também os olhos para alguma?
(...)
26. Tocaste-lhe os seios brincando com ela?
(...)
34. Andaste pelo mato com mulher?
35. Deste alguma mulher a homem?
(...)
39. Viveste com a que era tua irmã?
(...)
48. Tens manceba? Tens namorada?[861]

Em contrapartida, se fosse mulher, seria questionada da seguinte forma:

68. Estiveste como alcoviteira de teu próximo?
69. Tu te enfeitaste, querendo que homem te desejasse sensualmente?

---

860 ANCHIETA, J. de. Na aldeia de Guaraparim... pp. 217-218.

861 ANCHIETA, J. de. *Doutrina Cristã*: Doutrina Autógrafa e Confessionário. Tomo 2... pp. 89-93.

> 70. Foste com alguém, deixando a casa de teu senhor?
> (...)
> 78. Tocastes nas virilhas do teu próximo, olhando-vos, provocando-vos a coisas más?
> 79. Anseaste por passear, desejando que homens te olhassem?
> 80. Acenaste com a mão a algum homem?
> 81. Tu te pintaste os lábios, sorrindo para homens?
> 82. Tu te espremeste, após homem ter relação contigo, não querendo ter filho?
> (...)
> 91. Consentiste com teu marido de ele ter relações com mulheres?
> 92. Foste muito ciumenta do teu marido por causa de alguma mulher?[862]

Atuando no controle das consciências e alterando profundamente o modo de vida tradicional dos ameríndios, os inacianos reforçavam os ensinamentos sobre o matrimônio oferecidos na catequese. Igualmente, preparavam os nativos para os casamentos, que geralmente eram realizados durante as missões periódicas. No intervalo entre uma e outra, os missionários combatiam a poligamia e o incesto para torná-los aptos a receber o sacramento durante as festividades religiosas realizadas por ocasião das visitações: no dia eram realizados batismos, confissões e podia-se assistir ao casamento de até cinquenta casais.[863]

Os padres se preocupavam, também, em utilizar o sacramento como remédio para as moças mestiças, filhas de portugueses com as nativas. Embora algumas vezes fossem acolhidas nas tribos de suas mães e se integrassem à sociedade tribal, podiam ser rejeitadas se fruto de uma traição. Eram, então, marginalizadas, porque também não eram aceitas nas vilas coloniais, onde muitas vezes mendigavam. Acolhidas pelos padres, esses buscavam uma solução para suas des-

---

862 ANCHIETA, J. de. *Doutrina Cristã*: Doutrina Autógrafa e Confessionário. Tomo 2... pp. 95-98.

863 São inúmeros os relatos, nas cartas jesuíticas, sobre a realização de casamentos durante as missões periódicas. A exemplo ver CARDOSO, M. Carta Ânua da Província do Brasil em 1607 ao Provincial da Companhia de Jesus em Portugal, o Padre Jerônimo Dias. Assinada por Manuel Cardoso, mas feita por comissão de Fernão Cardim. Colégio da Companhia de Jesus, Bahia. 3 de Agosto de 1608. *In*: MAGALHÃES, P. A. I.; PARAÍSO, M. H. B. Cartas do padre Fernão Cardim (1608-1618). *Clio*. Revista de Pesquisa Histórica. Recife, n. 27, v. 2, 2009, p. 234 e p. 236.

ditas promovendo o seu casamento com colonos ou índios cristãos, como relatado por Anchieta. De acordo com o padre, "por motivo de extrema pobreza, estava exposta a grande perigo de sua honra uma jovem infortunada que, com o auxílio de alguns fidalgos, se pôde unir em matrimônio. Outra de vida assaz licenciosa, – pela solicitude e intervenção dos nossos, se casou e dá hoje notável exemplo da mais honesta vida".[864]

A função de assistência social do casamento não estava desassociada, como observa, do seu papel salvífico e de ordenamento social. E a ausência de menção, nas cartas jesuíticas, de que os índios casados recebiam algum privilégio nas Aldeias não nos permite inferir se a adesão ao matrimônio resultava de algum tipo de interesse por parte dos nativos. No entanto, a análise da documentação produzida pelos inacianos não nos deixa dúvidas de que o casamento dos ameríndios gravitava na órbita da seguinte lógica: por oferecer um programa de vida para o fiel, sua aceitação, mesmo que fruto da persuasão, moldava seu comportamento na nova sociedade que os ibéricos trabalhavam para construir, tanto no Novo Mundo quanto na Europa. Funcionava, portanto, perfeitamente à construção de uma sociedade regida por princípios religiosos. O matrimônio, assim como o batismo e a penitência, tinha a importante função de formar e conservar os novos súditos *Del-Rei*.

864 ANCHIETA, J. de. Carta ânua de 1584, ou breve narração das coisas atinentes aos colégios e residências, existentes nesta província do Brasil. Bahia, 27 de dezembro de 1584... p. 373.

Conclusão

Ao longo de três séculos, a Coroa portuguesa estabeleceu diferentes relações com o Brasil, e essas ditadas por políticas ultramarinas variáveis e ajustadas aos interesses e necessidades de Portugal, o centro ordenador do império marítimo. Pode-se considerar, nesse sentido, que houve diferentes colônias no tempo e no espaço, assim como diferentes colonizações empreendidas pela Coroa e por seus agentes, nem sempre com interesses confluentes.

A Companhia de Jesus foi apenas um dos muitos elementos envolvidos nessas colonizações, e por isso este estudo não teve a pretensão de nos oferecer uma visão totalizante da construção da colônia. A ele escapa o papel desempenhado por outras ordens religiosas, pelo Santo Ofício da Inquisição portuguesa e pelo clero secular, assim como o papel desempenhado pelos próprios jesuítas entre 1640 e 1759; as relações entre colonos e a administração portuguesa; o protagonismo das mulheres indígenas, africanas e luso-brasileiras; as relações de força e de poder entre diferentes grupos sociais e etnias; o papel da escravidão e da resistência a ela; e as negociações de indígenas, africanos e luso-brasileiros com os poderes políticos e religiosos. Todos esses são universos instrínsicamente ligados entre si e de onde emergem ricas dinâmicas que contribuíram significativamente para a consolidação das bases políticas, sociais, culturais e econômicas do Brasil Colonial.

Por outro lado, este estudo nos permite perceber uma das ideologias que entre 1549 e 1640 envolveu a Companhia de Jesus e as Coroas ibéricas em um projeto colonizador e, mais ainda, que circunscreveu práticas efetivas da construção do Brasil. Em outras palavras, revela que, em parte, a colônia foi fruto de um programa político de construção de uma sociedade regida por princípios religiosos, mesmo que esse projeto tenha sido retrabalhado diante das tensões e choques de interesses dos diferentes agentes envolvidos na colonização.

Por isso mesmo, este livro tomou a evangelização como um elemento capaz de criar realidades, como um motor formador de um mundo novo. Afinal, ela era fruto de um dos componentes essenciais da formação e manutenção dos impérios ibéricos da Época Moderna: a religião.

Lembremos, o elemento religioso esteve presente no fenômeno expansionista desde os primeiros movimentos dos lusitanos no ultramar no século XIII. Porém, à época ele se caracterizava por um sentimento de Cruzada medieval e se transformou paulatinamente nos séculos XV e XVI. No momento em que as reformas científicas, culturais e religiosas em curso no Velho Continente atingiram seu ápice, e diante das reformas político-culturais promovidas por D. João III, a reconquista dos lugares sagrados do cristianismo deu lugar à evangelização, uma expressão dos novos imperativos em matéria de religiosidade baseados na salvação dos pagãos e na vigilância dos hereges e, sobretudo, votados a proteger as estruturas das sociedades católicas que tinham as suas bases políticas calcadas na religiosidade.

Envoltos nessa espiritualidade, os jesuítas atuaram como instrumento de uma ampla reforma política e cultural promovida por D. João III em seu império, o que fez da atividade missionária também um elemento constituinte e transformador da expansão no século XVI. Atuando nas posses lusas sob a lógica do Padroado, os inacianos eram dependentes do poder secular e eclesiástico, conferidos ao monarca, para levar a cabo o trabalho de evangelização na Ásia, África e América. E até 1580, a Companhia de Jesus foi a única ordem religiosa autorizada pela Coroa portuguesa a trabalhar na conversão das populações autóctones do vasto império de Portugal.

Nesse processo amplo de evangelização, verificou-se que a salvação católica, para além de um simples ideal que motivava os missionários, foi uma força motriz da construção de estratégias de conversão. No entanto, constatou-se, também, que a execução desses planos evangelizadores dependia, fundamentalmente, das relações político-administrativas que a Coroa portuguesa estabelecia com um espaço de atuação da Companhia de Jesus. Nesse caso, enquanto os princípios católicos da salvação estabeleciam uma lógica à missionação, a maior ou menor presença de Portugal em uma região ditou as dinâmicas em que as missões jesuíticas se processaram: onde não vigorava a legislação lusitana, os missionários usavam a persuasão e a mediação cultural para converter os nativos. Já onde a legislação portuguesa vigorava, os jesuítas faziam uso do poder temporal para eliminar os "males da terra", ou seja, pecados ou pecadores que, na ótica dos missionários, impediam a colheita de bons frutos na vinha do Cristo.

Inserida neste processo maior de evangelização, a missionação jesuítica no Brasil nesse período de privilégio articulou esses elementos que condicionaram a atividade missionária no Império português. Uma vez nos trópicos, os inacianos entenderam que a conversão dos ameríndios dependia da correção da fé praticada pelos colonos e da eliminação dos demais entraves colocados à conversão dos indígenas: a pobreza e o povoamento incipiente da terra, a conduta desviante do clero secular, a influência exercida pelos "feiticeiros" nas tribos e os "costumes indígenas", isto é, seu modo de vida tradicional que, aos olhos dos missionários e da Igreja, eram graves pecados.

Por ser um Brasil uma colônia de Portugal, os inacianos se valeram do domínio político efetivo português para recorrer à justiça a fim de criarem um ambiente favorável à salvação de almas. Embora a relação de Portugal com o Brasil tenha permitido aos jesuítas subjugar algumas tribos e estabelecer a pedagogia do medo como recurso evangelizador, o reduzido contingente militar luso e a necessidade de se criar alianças com as lideranças indígenas levou-lhes a utilizar, também, métodos de conversão comuns aos espaços de atuação da Companhia de Jesus onde a Coroa portuguesa não havia dominado politicamente, ou seja, a persuasão e a mediação cultural.

Mas, a situação de privilégio na conversão dos ameríndios entre 1549 e 1580 permitia à ordem também buscar na política ultramarina dirigida ao Brasil as "boas sementes" que, na lógica da doutrina católica da salvação, visavam produzir bons frutos na vinha do Cristo em terras brasílicas. Isso quer dizer que os inacianos buscaram nos interesses da Coroa na região (como o povoamento para sua ocupação efetiva), e mesmo nas políticas delineadas ao domínio americano, os elementos necessários para levar a cabo a evangelização. Nesse caso, foi a capacidade da Companhia de Jesus de se alinhar às realidades político-sociais de sua área de atuação que lhe permitiu, por exemplo, sugerir o perfil dos colonos que deveriam ser enviados à colônia, bem como o envio de mulheres para o casamento com os colonos, entre outras políticas de desenvolvimento material e de recursos humanos voltados a uma colonização pautada na moralidade religiosa, necessária que ela era à conversão dos ameríndios.

O privilégio da Companhia de Jesus na evangelização e a condição de domínio político de Portugal sobre o Brasil, portanto, caracterizaram a sua atuação como uma colonização salvífica: as ações voltadas à salvação das almas ameríndias foram legitimadas pelo poder temporal e transfiguraram-se em medidas colonizadoras que, ao mesmo tempo em que contribuíam para a construção da colônia incipiente, viabilizavam também o trabalho apostólico voltado a estabelecer, no além-mar, uma sociedade alicerçada nos dogmas do catolicismo.

Ao se iniciar o período ibérico, entretanto, os inacianos perderam a exclusividade na evangelização. Em 1580, Filipe II enviou outras ordens religiosas para o Brasil e, coincidentemente, foi a partir daí que os missionários da Companhia de Jesus passaram a desenvolver missões em áreas ainda pouco ou nada exploradas pelos ibéricos; a promover uma importante reorganização administrativa na Província jesuítica do Brasil; e a incrementar seus métodos evangelizadores com o uso de materiais auxiliares.

Seria, então, a abertura do campo missionário brasílico o fim da colonização salvífica?

Este questionamento foi o ponto de partida para a investigação das formas que a missionação jesuítica tomou no Brasil da União Ibérica. Tomando as mudanças mais evidentes do modo de ação inaciano como indícios de investigação historiográfica, os movimentos iniciais da pesquisa se deram no sentido de perceber se a reacomodação da ordem jesuítica era uma tentativa sua de suprir a perda do privilégio na conversão dos indígenas, que lhes permitia buscar nas políticas de Portugal dirigidas ao Brasil os elementos capazes de levar a cabo a evangelização.

No entanto, o mergulho no corpo documental jesuítico revelou que a abertura do campo missionário representava a inserção, no Brasil, de elementos governativos empregados pela Coroa espanhola na colonização da América. No momento em que a colônia despontou importância para o Império espanhol, os monarcas Habsburgo trabalharam para nela introduzir o elemento religioso de sua política ultramarina em curso no continente americano. E diferente do que ocorria no Brasil até 1580, o programa evangelizador da América espanhola não se baseava na predição de uma única ordem religiosa. Pelo contrário, combinava diferentes poderes eclesiásticos (clero secular, Inquisição e clero regular) que trabalhavam na construção de um império cristão: ofereciam assistência religiosa e social para os ibéricos se fixarem no além-mar, trabalhavam na integração dos nativos à nova ordem social e política estabelecida e, acima de tudo, garantiam a prática de um catolicismo ortodoxo, fosse por parte dos colonos fosse por parte da população ameríndia.

A experiência missionária em curso na América espanhola nos ajudou a perceber que a reacomodação da ordem inaciana representava seu perfeito alinhamento à política ultramarina que a Casa de Habsburgo dirigia à colônia. Isso quer dizer que os jesuítas se valeram também dos interesses da Coroa espanhola pela porção portuguesa da América para desenvolver a atividade missionária em regiões que ainda não tinham sido exploradas. Os Filipes, do mesmo modo, valiam-se da cultura expansionista da Companhia de Jesus para fazer da evangelização uma peça de conquista e ocupação de áreas estratégicas que auxiliavam na conservação do seu vasto império americano. As casas, os colégios e os aldeamentos ganharam novos sentidos justamente para oferecer amparo a esse novo modelo de missionação que começava a se assemelhar àquele encabeçado pelos missionários da Assistência jesuítica da Espanha e que era regido por regras estabelecidas pelo poder temporal.

As formas que a missionação jesuítica tomou no Brasil dos Filipes representa, de forma singular, uma que pode ser destacada como a principal característica da Companhia de Jesus: sua plasticidade, isto é, sua imensa capacidade de se adaptar às realidades sociais e culturais dos locais onde estavam inseridos para nelas buscar um meio de operar e desenvolver suas atividades. Representa, também, uma perfeita habilidade da ordem de se alinhar à realidade política de um campo missionário para executar um programa salvífico de proporções globais que, na época, era o mesmo que fundava a identidade das Coroas ibéricas e que legitimava a execução da evangelização.

Isso quer dizer que, no período da União Ibérica, a missionação jesuítica ainda era operada a partir dos mesmos princípios que a norteavam desde 1549: enquanto a doutrina da salvação estabelecia uma lógica para a construção de estratégias evangelizadoras, a dinâmica em que a atividade apostólica se processava era ditada pela situação política impressa pelas Coroas ibéricas nos locais onde ela ocorria, situação que caracterizou a missionação jesuítica no Brasil pelo menos até 1645, momento em que a Companhia de Jesus passou a ser obediente à Congregação *de Propaganda Fide*.

Mas, se a situação de privilégio na conversão permitia à ordem buscar na política ultramarina dirigida por Portugal ao Brasil as "boas sementes" para a execução da evangelização, durante o período em que a colônia foi administrada pela Casa de Habsburgo, diferentes elementos passaram a confluir à missionação: do mesmo modo que ela visava solucionar os problemas colonizadores gerados pela ação de agentes internos e externos, a intensificação dos salteamentos e das investidas estrangeiras causaram interferência na dinâmica evangelizadora. Os jesuítas, então, já não conseguiam usar, como no período anterior, a realidade político-social da terra para resolver os problemas da atividade missionária, uma vez que eles eram causados justamente por esse cenário político e social de instabilidade que tentavam solucionar com o próprio trabalho apostólico.

Além disso, a atuação da Companhia de Jesus no Brasil da União Ibérica refletia o início de uma política arguta de interferência da Santa Sé na evangelização, bem como as prerrogativas da Coroa espanhola, que se valia do Patronato para utilizá-la como ferramenta governativa de suas colônias. Nesse elemento de sua política ultramarina, as ordens religiosas desempenhavam papéis bem definidos, e quando levamos em conta os lugares onde os jesuítas atuaram e associamos as expedições aos intentos colonizadores dos Filipes, sobressai uma impressão de que o sentido espiritual parecia ser menos preponderante na missionação ditada pelos monarcas Habsburgo. O aldeamento, nessa política, parecia ser uma ferramenta de expansão dos limites territoriais de uma colônia que, do mesmo modo que América espanhola, ia até onde os inacianos conseguissem chegar.

Esse uso político da religião explicaria porque a Coroa espanhola tentava conciliar os interesses conflitantes de missionários e colonos no Brasil: não só porque comprometida com os dois grupos na empreitada, mas porque a evangelização era peça fundamental no governo de suas colônias ultramarinas. indício disso é que, na disputa pela administração dos aldeamentos e nos embates jurídicos relativos às formas de inserção dos ameríndios na lide colonial, ora os monarcas Habsburgo fizeram a balança pender para o lado dos colonos ora para o lado dos missionários. E essa intervenção indecisa na relação entre os grupos envolvidos na construção do Brasil parece, muitas vezes, a revelação de que o elemento religioso era mero discurso de legitimação da conquista.

No entanto, o mergulho no cotidiano da evangelização nas Aldeias nos revelou que o sentido eminentemente religioso da missionação não estava desassociado daquele que motivava a realização das campanhas que expandiam os limites territoriais da colônia. Nos séculos XVI e XVII, momento em que o Renascimento, a Reforma Protestante e a expansão ultramarina promoviam profundas transformações no mundo ocidental, a evangelização foi tomada como um instrumento de reforma política que visava preservar a identidade das monarquias católicas e garantir a construção de um império cristão, isto é, uma sociedade regida por princípios religiosos. Pelo fato da doutrina católica da salvação oferecer um método e as ferramentas para que a missionação fosse executada, a crença na redenção dos ameríndios não se apresentava simplesmente como um discurso de legitimação da conquista, como um véu de hipocrisia que encobria os interesses materiais da colonização. Era, pelo contrário, um ideal que motivava a implementação da atividade missionária como instrumento de homogeneização e integração dos povos conquistados ao pretendido império cristão que as Coroas ibéricas trabalhavam para construir.

A doutrina católica instituía que a salvação da alma pagã dependia de uma profunda transformação comportamental, consequentemente, da resignificação do universo simbólico ameríndio: os missionários nele mergulhavam e atribuíam novos significados aos elementos que o compunham de um modo que pudessem apresentar o mundo imaginário e real do homem ibérico. Uma vez apresentada a realidade definida pela Igreja e pelas Coroas ibéricas, os inacianos faziam os indígenas temê-la para que buscassem, pela "própria vontade", sua salvação nos sacramentos católicos. Seus costumes, então, eram transformados em pecados que os condenava eternamente no além-túmulo, mas a perdição tinha remédio se os novos cristãos adotassem o modelo de conduta estabelecido pelos evangelizadores.

Nesse processo nasceu o que talvez tenha sido a mudança mais significativa da dinâmica evangelizadora do período filipino: a preocupação com a constante doutrinação e reeducação religiosa dos cristãos. Nos novos modelos de aldeamentos que nasceram por conta da implementação da política ultramarina Habsburgo no Brasil, o batismo passava a representar muito mais o estabelecimento de uma aliança social do que propriamente a adesão ao cristianismo. Conscientes disso, os inacianos permitiam a conversão simbólica para, em seguida, trabalharem na formação religiosa dos nativos.

Essa atividade era realizada com o auxílio de materiais nascidos da renovação do catolicismo, o que representava a interferência da Santa Sé no processo evangelizador. No entanto, mais do que limitar a missionação jesuítica, essa intervenção ajudava a fazer com que a atividade missionária fosse capaz, em si mesma, de solucionar os seus problemas e tornar-se eficiente na construção de uma sociedade regida por princípios cristãos, a sua finalidade maior. Os catecismos, os manuais de confissão, os sermões e as peças teatrais, afinal, tinham a função de oferecer aos indígenas os elementos necessários para a transformação moral e comportamental que a conversão religiosa exigia. Semelhantes aos materiais correntes na Europa, visavam acender o medo pelo pecado e recobrar o valor salvífico dos sacramentos, que se apresentavam como um instrumento de controle das consciências (no caso da penitência) e como um programa de conduta (no caso do matrimônio) a ser assumido pelos súditos de uma monarquia cristã universal. Suas estratégias discursivas, nesse sentido, refletiam muito bem o potencial que os inacianos atribuíam aos seus materiais na transformação de valores e crenças, porque instituíam um modo de ser ibérico necessário à acomodação das sociedades indígenas à ordem política e social imposta pelos colonizadores. A evangelização, nesse caso, definia tanto uma nova identidade religiosa quanto social.

Não foi a nossa intenção medir a eficiência dessa conversão religiosa-social, mas compreender como as crenças dos nossos agentes históricos incidiram na transformação de uma realidade, de um tempo e de uma situação históricas, porque da própria tentativa de se criar cristãos perfeitos e súditos fieis nasceu um tipo de cultura nos trópicos que, pela acomodação ou reação dos nativos à evangelização, era híbrida.

Desse modo, podemos afirmar que os aldeamentos do Brasil dos Filipes funcionavam não apenas como peça-chave da exploração e ocupação de territórios, mas como um lugar de inserção dos ameríndios na sociedade que os monarcas Habsburgo construíam além-mar. Era no espaço onde os missionários buscavam a salvação dos nativos que ocorria a sua submição, aliança ou negação ao projeto colonizador. A evangelização no Brasil dos Filipes continuava a ser, portanto, uma colonização salvífica, concepção que expressa o uso da conversão religiosa como elemento de um projeto político-religioso capaz de produzir uma realidade política nas monarquias católicas e em seus domínios ultramarinos. Outrossim, que pode ser entendida também como a completa transformação do "outro", do seu tempo e espaço, inspirada na crença da salvação de sua alma, ou seja, como um princípio de ação que, fundamentado em doutrinas e teorias de sua época, foi capaz de se transformar em um motor para a construção de um Novo Mundo.

Fontes

ACADEMIA Real das Sciencias de Lisboa. *História do Congo (Documentos)*. Lisboa: Typographia da Academia, 1877.

ALBUQUERQUE, Afonso de (1462-1515). *Cartas para El-Rei D. Manoel I*. Selecção, prefácio e notas de António Baião. Lisboa: Sá da Costa, 1942.

ANCHIETA, José de (1534-1597). *Cartas*: correspondência ativa e passiva. Pesquisa, introdução e notas do Pe. Hélio Abranches Viotti, S.J. 2 ed. São Paulo: Edições Loyola, 1984.

____________. *Cartas*: informações, fragmentos históricos e sermões. Belo Horizonte: Itatiaia; São Paulo: Editora da Universidade de São Paulo, 1988.

____________. *Doutrina Cristã*: Catecismo Brasílico. Tomo I. Texto em Tupi e Português. Introdução, tradução e notas de Armando Cardoso S.J. São Paulo: Edições Loyola, 1992.

____________. *Doutrina Cristã*: Doutrina Autógrafa e Confessionário. Tomo 2. Texto em Tupi e Português. Introdução, tradução e notas de Armando Cardoso S.J. São Paulo: Edições Loyola, 1992.

____________. *Poesias*. Manuscrito do século XVI, em português, castelhano, latim e tupi. Transcrição, tradução e notas de M. de L. de Paula Martins. São Paulo: Comissão do IV Centenário da Cidade de São Paulo, 1954.

____________. *Sermões*. Pesquisa, introdução e notas do Pe. Hélio Abranches Viotti, S.J. São Paulo: Edições Loyola, 1987.

____________. *Teatro de Anchieta*. Originais acompanhados de tradução versificada, introdução e notas pelo P. Armando Cardoso S.J. São Paulo: Edições Loyola, 1977.

APOSTOLADO Veritatis Splendor (org.). *Documentos do Concílio Ecumênico de Trento*. 1º Período (1545-1547); 2º Período (1551-1552); 3º Período (1562): Bula Convocatória do Concílio e Sessões de I a X; Bula de Reinstalação do Concílio e Sessões de XI a XVI; Bula de Reinstalação do Concílio, Sessões de XVII a XXV, Finalização do Concílio, Admoestações aos Padres, Confirmação do Concílio e Apêndices. Direção de Carlos Martins Nabeto e tradução de Dercio Antonio Paganini. Disponível em http://www.veritatis.com.br/doutrina/documentos-da-igreja. Acesso em 21/12/2012.

AQUINO, Tomás de. *Suma Teológica*. Tomo III. São Paulo: Edições Loyola, 2003.

ARAÚJO, António de (1566-1632). *Catecismo*. Na lingoa brasilica, no qual se contem a summa da doctrina christã. Composto a modo de Dialogos por Padres Doctos, & bons lingoas da Companhia de Jesu; agora novamente concertado, ordenado & acrescentado pello Padre Antonio d'Araujo. Lisboa: Pedro Crasbeeck, 1618. Disponível em http://purl.pt/22940. Acesso em 10/11/2010.

AZPILCUETA, Martín de (1492-1586). *Manual de confessores & penitentes que clara & breuemente contem a vniuersal decisam de quasi todas as duuidas q[ue] em as confissões soem ocorrer dos peccados, absoluições, restituyções, censuras & irregularidades*. Composto por ho muyto resoluto & celebrado Doutor Martim de Azpilcueta Nauarro. Acrecentado agora por ho mesmo Doutor. Coymbra: por Ioam de Barreyra, 1560. Disponível em http://purl.pt/14550/4/. Acesso em 10/11/2011.

BRÁSIO, António (org.). *Monumenta Missionaria Africana*. África Ocidental (1532-1569). v. II. Lisboa: Agência Geral do Ultramar, 1955.

___________ (org). *Monumenta Missionaria Africana*. África Ocidental (1500-1569). v. II. Lisboa: Agência Geral do Ultramar, 1963.

CARDIM, Fernão (1549-1625). *Tratados da terra e gente do Brasil*. Introdução de Rodolfo Garcia. Belo Horizonte: Itatiaia; São Paulo: Editora da Universidade de São Paulo, 1980.

CARDOSO, Manuel. Carta Ânua da Província do Brasil em 1607 ao Provincial da Companhia de Jesus em Portugal, o Padre Jerônimo Dias. Assinada por Manuel Cardoso, mas feita por comissão de Fernão Cardim. Colégio da Companhia de Jesus, Bahia. 3 de Agosto de 1608. *In*: MAGALHÃES, Pablo Antonio Iglesias; PARAÍSO, Maria Hilda Baqueiro. Cartas do padre Fernão Cardim (1608-1618). *Clio*. Revista de Pesquisa Histórica. Recife, n. 27, v. 2, 2009.

COMPANHIA de Jesus. *Brasilia ordinationes Provinciae, 1573-1614*. Documento manuscrito. Fondo Gesuitico 1255, Fascículo 10. Biblioteca Nazionale Centrale "Vittorio Emmanuele II", Roma.

___________. *Catecismo brasilico da doutrina christãa*. Com o Ceremonial dos Sacramentos, & mais actos Parochiaes. Composto por Padres Doutos da Companhia de Jesus; aperfeiçoado, & dado a luz pelo Padre Antonio de Araujo da mesma Companhia; emendado nesta segunda impressão pelo P. Bertholameu de Leam da mesma Companhia. Lisboa: Officina de Miguel Deslandes, 1686. Disponível em http://purl.pt/14250/2/. Acesso em 10/11/2010.

___________. *The Jesuit* Ratio Studiorum *of 1599*. Translated into English, with an Introduction and Explanatory notes by Allan P. Farrell S.J., University of Detroit. Washington, D.C.: Conference of Major Superiors of Jesuits, 1970. Disponível em http://www.bc.edu/libraries/. Acesso em 18/07/2011.

CORTESÃO, Jaime (org.). *Jesuítas e bandeirantes no Tape (1615-1641)*. Manuscritos da Coleção de Angelis III. Rio de Janeiro: Biblioteca Nacional, 1969.

FIGUEIRA, Luiz. Relação do Maranhão, 1608, pelo jesuíta padre Luiz Figueira enviada a Cláudio Aquaviva. *In*: INSTITUTO do Ceará (dir.). *Três documentos do Ceará Colonial*. Fortaleza: Departamento de Imprensa Oficial, 1967.

FILIPE II. Ordenanzas de descubrimiento, nueva población y pacificación de las Indias dadas por Felipe II, el 13 de julio de 1573, en el bosque de Segovia. *In*: PADRÓN, Francisco Morales. *Teoría y leyes de la conquista*. Madrid: Cultura Hispánica del Centro Iberoamericano de Cooperación, 1979.

FRÓIS, Luís S.J. *Historia de Japam*. Edição anotada por José Wicki, S.J. v. I e II. Lisboa: Biblioteca Nacional, 1976.

GALVÃO, Benjamin Franklin Ramiz (dir.). *Annaes da Bibliotheca Nacional do Rio de Janeiro*. v. 4. Rio de Janeiro: Typ. G. Leuzinger & Filhos, 1878.

GALVÃO, Duarte (1435-1517). *Chronica DelRey D. Affonso Henriques*. Transcrita do original por Miguel Lopes Ferreyra. Lisboa: Officina Ferreyriana, 1726. Disponível em http://purl.pt. Acesso em 04/07/2008.

GÂNDAVO, Pero de Magalhães de. *A primeira história do Brasil*: história da Província de Santa Cruz a que vulgarmente chamamos de Brasil. Modernização do texto original de 1576 e notas, Sheila Moura Hue, Ronaldo Menegaz; revisão das notas botânicas e zoológicas, Ângelo Augusto dos Santos; prefácio, Cleonice Berardinelli. Rio de Janeiro: Jorge Zahar, 2004.

___________. *Tratado da terra do Brasil e história da província de Santa Cruz*. Belo Horizonte: Itatiaia; São Paulo: Editora da Universidade de São Paulo, 1980.

GARCIA, José Manuel (org.). *Cartas dos jesuítas do Oriente e do Brasil, 1549-1551*. Edição fac-similada. Lisboa: Biblioteca Nacional, 1993.

___________ (org.). *Cartas que os padres e irmãos da Companhia de Iesu escreuerão dos Reynos de Iapão & China aos da mesma Companhia da India, & Europa, des do anno de 1549 atè o de 1580*. Edição fac-similada da edição de Évora, 1598. Tomo I. Maia: Castovila Editora, 1997.

GARCIA, Rodolfo (dir.). *Annaes da Bibliotheca Nacional do Rio de Janeiro*. v. 49. Rio de Janeiro: Bibliotheca Nacional, 1927.

GOUVEA, António de (1592-1677). *Cartas Ânuas da China (1636, 1643 a 1649)*. Edição, introdução e notas de Horácio P. Araújo. Macau: Instituto Português do Oriente; Lisboa: Biblioteca Nacional, 1998.

HUE, Sheila Moura (org.). *Primeiras cartas do Brasil (1551-1555)*. Rio de Janeiro: Jorge Zahar, 2006.

INÁCIO, Inês Conceição; LUCA, Tânia Regina de (orgs.). *Documentos do Brasil Colonial*. São Paulo: Ática, 1993.

IPARRAGUIRRE, Ignacio; DALMASES, Candido de (orgs.). *Obras Completas de San Ignacio de Loyola*. Edicion Manual. Madrid: La Editorial Catolica, 1952.

KANT, Immanuel (1724-1804). *A religião nos limites da simples razão*. São Paulo: Escala, s/d.

KNIVET, Anthony. *As incríveis aventuras e estranhos infortúnios de Anthony Knivet*: memórias de um aventureiro inglês que em 1591 saiu de seu país com o pirata Thomas Cavendish e foi abandonado no Brasil, entre índios canibais e colonos selvagens. Organização, introdução e notas: Sheila Moura Hue; tradução: Vivien Kogut Lessa de Sá. Rio de Janeiro: Jorge Zahar, 2007.

LAS CASAS, Frei Bartolomé de (1474-1566). *Brevíssima relação da destruição das Índias*. Tradução de Júlio Henriques. 2 ed. Lisboa: Antígona, 1997.

___________. *Liberdade e justiça para os povos da América*. Oito tratados impressos em Sevilha em 1552. Coordenação geral, instruções e notas do Frei Carlos Josaphat. São Paulo: Paulus, 2010.

LEITE, Serafim S.J. (org.). *Novas cartas jesuíticas (de Nóbrega a Vieira)*. São Paulo: Companhia Editora Nacional, 1940.

LÉRY, Jean de (1534-1611). *Viagem à Terra do Brasil*. Rio de Janeiro: Biblioteca do Exército, 1961.

LOYOLA, Inácio de (1491-1556). *Constituições da Companhia de Jesus e normas complementares*. Anotações da Congregação Geral XXXIV (1995). São Paulo: Edições Loyola, 1997.

___________. *Exercícios Espirituais*. Apresentação, tradução e notas do Centro de Espiritualidade Inaciana de Itaici. 2 ed. São Paulo: Edições Loyola, 2002.

MACHADO, Diogo Barbosa (org.). *Noticias das sagradas missioens Executadas por Varões Apostolicos na China, Japaõ e Etiopia*. Collegiadas por Diogo Barbosa Machado, Abbade da Igreja de Santo Adriaõ de Sever, e Academico da Academia Real. Tomo I. Compreende do anno de 1555, até 1693.

MAMIANI, Luís Vincencio S.J. (1652-1730). *Catecismo da doutrina christãa na Brasilica língua da Nação Kiriri*. Lisboa: Miguel Deslandes, 1698. Disponível em http://biblio.etnolinguistica.org/mamiani-1698-catecismo. Acesso em 08/05/2012.

___________. *Arte de grammatica da lingua Brasilica da Nacam Kiriri*. Lisboa: Miguel Deslandes, 1699. Disponível em http://biblio.etnolinguistica.org/mamiani-1699-arte. Acesso em 08/05/2012.

MÁRTIRES, Bartolomeu dos (1514-1590). *Catechismo ou doutrina christaã & praticas spirituaes*. Ordenado por Dom Frey Bartholameu dos Martyres. Braga: António de Mariz, 1566. Disponível em http://purl.pt/14727/2/. Acesso em 10/11/2010.

MELLO, José Alexandre Teixeira (dir.). *Annaes da Bibliotheca Nacional do Rio de Janeiro*. v. 20. Rio de Janeiro: Typographia Leuzinger, 1899.

MINISTÉRIO das Relações Exteriores (org.). *Livro Primeiro do Governo do Brasil, 1607-1633*. Rio de Janeiro: Seção de Publicações do Serviço de Documentação, s/d.

MONTOYA, Antonio Ruyz de. *Catecismo de la lengua guaraní (1640)*. Introdução, tradução e notas de Bartolomeu Melià S.J. Asunción: CEPAG, 2008.

MORENO, Diogo de Campos. *Livro que dá razão do estado do Brasil – 1612*. Edição crítica, com introdução e notas de Helio Vianna. Recife: Arquivo Público Estadual, 1955.

MUSEU Paulista (org.). *Livro Segundo do Governo do Brasil*. Separata do Tomo III dos Annaes do Museu Paulista. Documentação Brasileira Seiscentista. São Paulo: Diário Oficial, 1927.

NAVARRO, Azpilcueta *et al*. *Cartas avulsas, 1550-1568*. Belo Horizonte: Itatiaia; São Paulo: Editora da Universidade de São Paulo, 1988.

NÓBREGA, Manoel da (1517-1570). *Cartas do Brasil, 1549-1560*. Belo Horizonte: Itatiaia; São Paulo: Editora da Universidade de São Paulo, 1988.

OROZCO, Cobarruvias. *Tesoro de La Lengua Castellana, o Española*. Madri: Luís Sanchez, impressor del Rey N.S., 1611. Disponível em http://fondosdigitales.us.es/fondos/libros/765/819/tesoro-de-la-lengua-castellana-o-espanola/. Acesso em 22/09/2013.

ORTIZ DE VILLEGAS, Diego (14??-1519). *Cathecismo pequeno da doctrina e instruçam que os xpaãos ham de creer e obrar pera conseguir a benauenturança eterna*. Feito e copilado pollo reuerendissimo señor dom Dioguo Ortiz bispo de çepta. Lixboa: Valenti[m] Fernãdez alemã e Iohã Pedro Boõhomini de Cremona, 1504. Disponível em http://purl.pt/14885/2/. Acesso em 10/11/2010.

PIO V (1566-1572). *Catechismo romano do papa Pio Quinto de gloriosa memória*. Nouamente tresladado de latim em lingoagem pello padre doctor Christouão de Mattos. Lisboa: Antonio Aluarez, 1590. Disponível em http://purl.pt/14262/2/. Acesso em 10/11/2010.

ROTERDÃ, Erasmo de (1465-1536). *Elogio da Loucura*. 8 ed. São Paulo: Atena, 1959.

SOUSA, Gabriel Soares de. *Tratado descriptivo do Brazil em 1587*. Rio de Janeiro: Typographia Universal de Laemmert, 1851. Disponível em http://www.brasiliana.usp.br/bbd/handle/1918/01720400#page/5/mode/1up. Acesso em 15/06/2012.

STADEN, Hans. *Viagem ao Brasil*. Versão do texto de Marpurgo, de 1557, por Alberto Löfgren. Revista e anotada por Theodoro Sampaio. Rio de Janeiro: Academia Brasileira de Letras, 1989.

SUESS, Paulo (coord.). *A conquista espiritual da América espanhola*. 200 documentos – Século XVI. Petrópolis: Vozes, 1992.

VALDÉS, Diego Flores de. *Estrecho de Magalhães, 1583*. Dos cartas del general Diego Flores de Valdés, dando cuenta del vários incesos de su expedicion al Estrecho. Fechas em Bahia de Todos os Santos á 5 de agosto. Documento manuscrito. Charcas 41, Documento 27. Archivo General de Indias, Sevilla.

VALIGNANO, Alessandro S.J. (1539-1606). *Catechismus christianae fidei in quo veritas nostrae religionis ostenditur & sectae Iaponenses confutantur*. Editus à patre Alexandro Valignano Societatis Iesu. Olyssipone: Antonius Riberius, 1586. Disponível em http://purl.pt/15107/2/. Acesso em 10/11/2010.

VIEIRA, Antônio (1608-1697). *Cartas do Brasil*. Organização e introdução de João Adolfo Hansen. São Paulo: Hedra, 2003.

VOLTAIRE (1694-1778). *Tratado sobre a tolerância*: a proposito da morte de Jean Calas. 2 ed. Introdução, notas e bibliografia de Rene Pomeau. São Paulo: Martins Fontes, 2000.

ZURARA, Gomes Eannes de (1410-1474). *Chronica do descobrimento e conquista de Guiné, escrita por mandado de ElRei D. Affonso V, sob a direcção scientífica, e segundo as instruções do ilustre infante D. Henrique*. Introdução, ilustração e notas de Visconde de Santarém. Paris: J. P. Aillaud, 1844. Disponível em http://www.purl.pt. Acesso em 29/11/2007.

Referências

ABREU, J. Capistrano de (1853-1927). *Capítulos de história colonial*. Brasília: Senado Federal, Conselho Editorial, 2006.

AGNOLIN, Adone. *Jesuítas e selvagens*: a negociação da fé no encontro catequético-ritual americano-tupi (séculos XVI-XVII). São Paulo: Humanitas Editorial, 2007.

____________. Religião e política nos ritos do Malabar (séc. XVII): interpretações diferenciais da missionação jesuítica na Índia e no Oriente. *Clio*. Revista de Pesquisa Histórica. Recife, n. 27, v. 1, 2009.

ALENCASTRO, Luiz Felipe de. *O trato dos viventes*: formação do Brasil no Atlântico Sul. São Paulo: Companhia das Letras, 2000.

ALMEIDA, Carlos José Duarte. A primeira missão da Companhia de Jesus no reino do Congo (1548-1555). In: *D. João III e o Império*. Actas do Congresso Internacional comemorativo do seu nascimento. Lisboa: Centro de História de Além-Mar, 2004.

____________. *Uma infelicidade feliz*: a imagem da África e dos africanos na literatura missionária sobre o Kongo e a região mbundu (meados do séc. XVI – primeiro quartel do séc. XVIII). Dissertação (Doutorado em Antropologia) – Faculdade de Ciências Sociais e Humanas – Universidade Nova de Lisboa, Lisboa, 2009.

ANDERSON, Perry. *Linhagens do Estado absolutista*. São Paulo: Brasiliense, 2004.

ANDREAZZA, Maria Luiza. Cultura familiar e registros paroquiais. *In*: BASSANEZZI, Maria Silvia C. Beozzo; BOTELHO, Tarcísio R. (orgs.). *Linhas e entrelinhas*: as diferentes leituras das atas paroquiais dos setecentos e oitocentos. Belo Horizonte: Veredas & Cenários, 2009.

ARAÚJO, Horácio Peixoto de. Expansão missionária no Oriente. *In*: CRISTÓVÃO, Fernando (coord.). *Condicionantes culturais da literatura de viagem*: estudos e bibliografias. Lisboa: Edições Cosmos, 1999.

ARAÚJO, Maria Benedita. O “Pay dos Christãos”: contribuição para o estudo da cristianização da Índia. *In*: *Actas do Congresso Internacional de História Missionação Portuguesa e encontro de culturas*. v. II. Braga: CNCDP, 1993.

ASSUNÇÃO, Paulo de. *A terra dos brasis*: a natureza da América portuguesa vista pelos primeiros jesuítas (1549-1596). São Paulo: Annablume, 2000.

____________. *Negócios jesuíticos*: o cotidiano da administração dos bens divinos. São Paulo: Editora da Universidade de São Paulo, 2004.

ASTRAIN, Antonio S.J. *Historia de la Compañía de Jesús en la Asistencia de España*. 5 Tomos. 2 ed. Madri: Administración de Razón y Fe, 1912.

AZZI, Riolando. *A cristandade colonial*: um projeto autoritário. São Paulo: Paulinas, 1987.

BAKHTIN, Mikhail. *A cultura popular na Idade Média e no Renascimento*: o contexto de Rabelais. São Paulo: Hucitec, 2010.

BALLONG-WEN-MEWUDA, Joseph B. La politique africaine de D. João III, roi de Portugal (1521-1557). Le Regimento de São Jorge da Mina et la Lettre au roi du Congo (1529). *In*: *D. João III e o Império*. Actas do Congresso Internacional comemorativo do seu nascimento. Lisboa: Centro de História de Além-Mar, 2004.

BARCELOS, Arthur Henrique Franco. *O mergulho no Seculum*: exploração, conquista e organização espacial jesuítica na América espanhola colonial. Tese (Doutorado em História) – Programa de Pós-graduação em História – Pontifícia Universidade Católica do Rio Grande do Sul, Porto Alegre, 2006.

BARRETO, Luís Filipe. O orientalismo conquista Portugal. *In*: NOVAES, Adauto (org.). *A descoberta do homem e do mundo*. São Paulo: Funarte/Companhia das Letras, 1998.

___________. *Os descobrimentos e a ordem do saber*: uma análise sociocultural. Lisboa: Gradiva, 1987.

BARUQUE, Julio Valdeón. *La Reconquista*. El concepto de España: unidad y diversidad. Madrid: Espasa Calpe, 2006.

BELTRÁN, Hilda J. Aguirre. *La congregación civil de Tlacotepec (1604-1606)*. México: CIESA, 1984.

BENASSAR, Bartolomé. Dos mundos fechados à abertura do mundo. *In*: NOVAES, Adauto (org.). *A descoberta do homem e do mundo*. São Paulo: Funarte/Companhia das Letras, 1998.

___________ (org.). *Inquisición española*: poder politico y control social. Barcelona: Editorial Critica, 1981.

BETHENCOURT, Francisco. *História das Inquisições*: Portugal, Espanha e Itália – séculos XV-XIX. São Paulo: Companhia das Letras, 2000.

BÍBLIA. Português. *Bíblia Sagrada*. 126 ed. São Paulo: AVE-MARIA Edições, 1999.

BLOCH, Marc. *Los reyes taumaturgos*. Estudio sobre el carácter sobrenatural atribuido al poder real, particularmente en Francia e Inglaterra. 2 ed. México: FCE, 2006.

BOSCHI, Caio C. Espaços de sociabilidade na América portuguesa e historiografia brasileira contemporânea. *Varia Historia*. Belo Horizonte, v. 22, n. 36, julho/dezembro 2006.

BOSI, Alfredo. Anchieta ou as flechas opostas do sagrado. *In*: ___________. *Dialética da colonização*. São Paulo: Companhia das Letras, 1992.

BOURDON, Léon. *La Compagnie de Jésus et le Japon*: la fondation de la mision japonaise par François Xavier (1547-1551) et les premiers résultats de la prédication chrétienne sous le supérioritat de Cosme de Torres (1551-1570). Lisbonne: Fondation Calouste Gulbenkian; Paris: Centre Culturel Portugais, 1993.

BOUZA, Fernando. *D. Filipe I*. Lisboa: Círculo de Leitores, 2005.

BOXER, Charles R. *A Igreja militante e a expansão ibérica*: 1440-1770. São Paulo: Companhia das Letras, 2007.

___________. *O império marítimo português, 1415-1825*. São Paulo: Companhia das Letras, 2002.

___________. *Salvador de Sá e a luta pelo Brasil e Angola, 1602-1686*. São Paulo: Editora Nacional/Editora da Universidade de São Paulo, 1973.

BUESCU, Ana Isabel. *D. João III (1502-1557)*. Lisboa: Círculo de Leitores, 2005.

BURCKHARDT, Jacob. *A cultura do Renascimento na Itália*: um ensaio. São Paulo: Companhia das Letras, 2009.

BURKE, Peter. *A fabricação do rei*: a construção da imagem pública de Luís XIV. 2 ed. Rio de Janeiro: Zahar, 2009.

BURKE, Peter. *Cultura popular na Idade Moderna*: Europa, 1500-1800. São Paulo: Companhia das Letras, 2010.

____________. *O Renascimento italiano*: cultura e sociedade na Itália. São Paulo: Nova Alexandria, 1999.

CALDAS, José. *História da origem e estabelecimento da Bula da Cruzada em Portugal, desde a sua introdução no Reino em 1197, até a data da última reforma do seu Estatuto Orgânico em 20 de setembro de 1851*. Coimbra: Coimbra Editora, 1923.

CALMON, Pedro (1902-1985). *História do Brasil*. 7 volumes. 2 ed. Rio de Janeiro: Livraria José Olympio, 1963.

CAMPOS, Pedro Moacyr; HOLANDA, Sérgio Buarque de. As etapas dos descobrimentos portugueses. *In*: HOLANDA, Sérgio Buarque de (dir.). *História Geral da Civilização Brasileira*. A época colonial: do descobrimento à expansão territorial. v. I. Tomo I. 16 ed. Rio de Janeiro: Bertrand Brasil, 2008.

CANTÙ, Francesca. Il generalato di Claudio Acquaviva e l'identità missionaria della Compagnia di Gesù. Note e prospettive sulle missioni americane. *In*: *A Companhia de Jesus na Península Ibérica nos sécs. XVI e XVII*: espiritualidade e cultura. Actas do Colóquio Internacional. v. I. Porto: Universidade do Porto, 2004.

CARDIM, Pedro. A diplomacia portuguesa no tempo de D. João III. Entre o império e a reputação. *In*: *D. João III e o Império*. Actas do Congresso Internacional comemorativo do seu nascimento. Lisboa: Centro de História de Além-Mar, 2004.

____________. Religião e ordem social. Em torno dos fundamentos católicos do sistema político do Antigo Regime. *Revista de História das Ideias*. Coimbra, v. 22, 2001.

CARVALHO, Laerte Ramos de. Ação missionária e educação. *In*: HOLANDA, Sérgio Buarque de (dir.). *História Geral da Civilização Brasileira*. A época colonial: do descobrimento à expansão territorial. v. I. Tomo I. 16 ed. Rio de Janeiro: Bertrand Brasil, 2008.

CASTELNAU-L'ESTOILE, Charlotte de. *Operários de uma vinha estéril*: os jesuítas e a conversão dos índios no Brasil – 1580-1620. Bauru: Edusc, 2006.

CERTEAU, Michel de. *A invenção do cotidiano*: artes de fazer. Petrópolis: Vozes, 1994.

CHÂTELLIER, Louis. *A religião dos pobres*: as missões rurais na Europa e a formação do catolicismo moderno. Séc. XVI-XVII. Lisboa: Estampa, 1995.

CLAVERO, Bartolomé. Espacio colonial y vacío constitucional de los derechos indígenas. *Anuario Mexicano de Historia del Derecho*. México, v. VI, 1994.

COATES, Timothy J. *Degredados e órfãs*: colonização dirigida pela Coroa no império português, 1550-1755. Lisboa: CNCDP, 1998.

COSTA, Afonso. As órfãs da Rainha. *Revista do Instituto Histórico e Geográfico Brasileiro*. v. 190, 1946.

COSTA, Célio Juvenal. *A racionalidade jesuítica em tempos de arredondamento do mundo*: o império português (1540-1599). Tese (Doutorado em Educação) – Programa de Pós-Graduação em Educação – Universidade Metodista de Piracicaba, Piracicaba, 2004.

____________. A racionalidade jesuítica na educação dos índios brasileiros (século 16). *Em aberto*. Brasília, v. 21, n. 78, dezembro 2007.

COSTA, João Paulo de Oliveira e. A diáspora missionária. *In*: MARQUES, João Francisco; GOUVEIA, Antônio Camões (orgs.). *História religiosa de Portugal*: Humanismo e Reformas. v. 2. Lisboa: Círculo de Leitores, 2000.

___________; RODRIGUES, Victor Luís Gaspar. *Portugal y Oriente*: el proyecto indiano del Rey Juan. Madri: Editorial MAPFRE, 1992.

COUTO, Jorge. *A construção do Brasil*: ameríndios, portugueses e africanos, do início do povoamento a finais de quinhentos. Lisboa: Edições Cosmos, 1998.

CRUZ, Maria Arlete Pereira da; LUCENA, Maria Margarida Geada Coutinho de. O antigo Reino do Congo. Tradição e mudança. *In*: VITORIANO, José Manuel; CRUZ, Maria Arlete Pereira da; LUCENA, Maria Margarida Geada Coutinho de. *História da África Ocidental*. Lisboa: ISCSP, 1998.

DANIEL-ROPS. *A Igreja da Renascença e da Reforma*. A reforma protestante. v. I. São Paulo: Quadrante, 1996.

___________. *A Igreja da Renascença e da Reforma*. A reforma católica. v. II. São Paulo: Quadrante, 1999.

___________. *A Igreja das catedrais e das Cruzadas*. São Paulo: Quadrante, 1993.

___________. *A Igreja dos apóstolos e dos mártires*. São Paulo: Quadrante, 1988.

___________. *A Igreja dos tempos bárbaros*. São Paulo: Quadrante, 1991.

DAVIS, Natalie Zemon. *Culturas do povo*: sociedade e cultura no início da França moderna. Rio de Janeiro: Paz e Terra, 1990.

DELUMEAU, Jean. *A civilização do Renascimento*. Lisboa: Edições 70, 2004.

___________. *A confissão e o perdão*: as dificuldades de confissão nos séculos XIII a XVIII. São Paulo: Companhia das Letras, 1991.

___________. *História do medo no Ocidente (1300-1800)*: uma cidade sitiada. São Paulo: Companhia das Letras, 2009.

DIAS, José Sebastião da Silva. *Os descobrimentos e a problemática cultural do século XVI*. 3 ed. Lisboa: Editorial Presença, 1988.

DORÉ, Andréa. As atuações no Reino do Congo e na Costa da Pescaria: aproximações para o estudo do Império Português no século XVI. *In*: DORÉ, Andréa; LIMA, Luís Filipe Silvério; SILVA, Luiz Geraldo (orgs.). *Facetas do Império na história*: conceitos e métodos. São Paulo: Hucitec, 2008.

___________. O deslocamento de interesses da Índia para o Brasil durante a União Ibérica: mapas e relatos. *Colonial Latin America Review*. v. 23, Issue 02, 2014.

___________. Os *casados* na Índia portuguesa: a mobilidade social de homens úteis. *In*: MONTEIRO, Rodrigo Bentes *et al* (orgs.). *Raízes do privilégio*: mobilidade social no mundo ibérico do Antigo Regime. Rio de Janeiro: Civilização Brasileira, 2011.

___________. *Sitiados*: os cercos às fortalezas portuguesas na Índia (1498-1622). São Paulo: Alameda, 2010.

___________; SABEH, Luiz Antonio. A educação humanista e a catequese no Brasil. *In*: TOLEDO, Cezar de Alencar Arnaut de; RIBAS, Maria Aparecida de Araújo Barreto; SKALINSKI JUNIOR, Oriomar (orgs.). *Origens da educação escolar no Brasil Colonial*. v. 2. Maringá: Eduem, 2013.

DUPRONT, Alphonse. A religião: antropologia religiosa. *In*: LE GOFF, Jacques; NORA, Pierre (dir.). *História*: novas abordagens. Rio de Janeiro: Francisco Alves, 1976.

EISENBERG, José. *As missões jesuíticas e o pensamento político moderno*: encontros culturais, aventuras teóricas. Belo Horizonte: Editora UFMG, 2000.

ELIAS, Norbert. *O processo civilizador*: uma história dos costumes. v. 1. Rio de Janeiro: Zahar Editora, 1994.

ELLIOTT, John H. A conquista espanhola e a colonização da América. *In*: BETHELL, Leslie (org.). *História da América Latina*: América Latina Colonial. v. I. 2 ed. São Paulo: Editora da Universidade de São Paulo; Brasília: Fundação Alexandre de Gusmão, 2008.

____________. A Espanha e a América nos séculos XVI e XVII. *In*: BETHELL, Leslie (org.). *História da América Latina*: América Latina Colonial. v. I. 2 ed. São Paulo: Editora da Universidade de São Paulo; Brasília: Fundação Alexandre de Gusmão, 2008.

FAORO, Raymundo. *Os donos do poder*: formação do patronato político brasileiro. v. 1. 13 ed. São Paulo: Globo, 1998.

FARIA, Marcos Roberto de. *A educação jesuítica e os conflitos de uma missão*: um estudo sobre o lugar do jesuíta na sociedade colonial (1580-1640). Tese (Doutorado em Educação) – Programa de Pós-graduação em Educação – Pontifícia Universidade Católica de São Paulo, São Paulo, 2009.

FEBVRE, Lucien. *O problema da incredulidade no século XVI*: a religião de Rabelais. São Paulo: Companhia das Letras, 2009.

FELICIANO, José Fialho. Os encontros e desencontros das Missões. Uma leitura sociológica sobre o Leste Africano no século XVI. *In*: *Actas do Congresso Internacional de História Missionação Portuguesa e encontro de culturas*. v. II. Braga: CNCDP, 1993.

FIGUEIREDO, Cândido de. *Dicionário da língua portuguesa de Cândido de Figueiredo*. v. I. 14 ed. Lisboa: Livraria Bertrand; Rio de Janeiro: Mérito, 1949.

FLORES, Moacyr. *Reduções jesuíticas dos guaranis*. Porto Alegre: EDIPUCRS, 1997.

FLORESCANO, Enrique. A conquista e a transformação da memória indígena. *In*: BONILLA, Heraclio (org.). *Os conquistados*: 1492 e a população indígena das Américas. São Paulo: Hucitec, 2006.

FRANCA, Leonel. *O método pedagógico dos jesuítas*: o "Ratio Studiorum". Rio de Janeiro: Agir, 1952.

FRANCO, José Eduardo. *O mito dos jesuítas em Portugal, no Brasil e no Oriente (séculos XVI a XX)*. Das Origens ao Marquês de Pombal. v. I. Lisboa: Gradiva, 2006.

____________; TAVARES, Célia Cristina. *Jesuítas e Inquisição*: cumplicidades e confrontações. Rio de Janeiro: EdUERJ, 2007.

FRANZEN, Beatriz Vasconcelos. *Jesuítas portugueses e espanhóis no sul do Brasil e Paraguai coloniais*. São Leopoldo: UNISINOS, 2003.

FREITAS NETO, José Alves de. *Bartolomé de Las Casas*: a narrativa trágica, o amor cristão e a memória americana. São Paulo: Annablume, 2003.

FREYRE, Gilberto. *Casa-grande & senzala*. Introdução à história da sociedade patriarcal no Brasil. 46 ed. Rio de Janeiro: Record, 2002.

GAMBINI, Roberto. *O espelho índio*: os jesuítas e a destruição da alma indígena. Rio de Janeiro: Espaço e Tempo, 1988.

GARCIA, José Manuel. *Ao encontro dos Descobrimentos*: temas de História da Expansão. Lisboa: Editorial Presença, 1994.

GEERTZ, Cliford. *A interpretação das culturas*. Rio de Janeiro: Jorge Zahar, 1978.

GINZBURG, Carlo. *O queijo e os vermes*: o cotidiano e as ideias de um moleiro perseguido pela Inquisição. São Paulo: Companhia das Letras, 2006.

GIUCCI, Guillermo. *Sem fé, lei ou rei*: Brasil 1500-1532. Rio de Janeiro: Rocco, 1993.

GOMES, Plínio Freire. *Um herege vai ao paraíso*: cosmologia de um ex-colono condenado pela Inquisição (1680-1744). São Paulo: Companhia das Letras, 1997.

GRAMSCI, Antônio. *Cadernos do cárcere*. v. III. 3 ed. Rio de Janeiro: Civilização Brasileira, 2002.

GROSSI, Vitorino; SESBOÜÉ, Bernard S.J. Graça e justificação: do testemunho da Escritura ao fim da Idade Média. *In*: SESBOÜÉ, Bernard S.J. (dir.). *História dos dogmas*: o homem e sua salvação. Tomo 2. São Paulo: Edições Loyola, 2003.

____________; ____________. Graça e justificação: do concílio de Trento à época contemporânea. *In*: SESBOÜÉ, Bernard. S.J. (dir.). *História dos dogmas*: o homem e sua salvação. Tomo 2. São Paulo: Edições Loyola, 2003.

GRUZINSKI, Serge. *A colonização do imaginário*: sociedades indígenas e ocidentalização no México espanhol, séculos XVI-XVIII. São Paulo: Companhia das Letras, 2003.

____________. *O pensamento mestiço*. São Paulo: Companhia das Letras, 2001.

____________. Os mundos misturados da monarquia católica e outras *connected histories*. *Topoi*. Rio de Janeiro, v. 02, março 2001.

GUEDES, João Alfredo Libânio; RIBEIRO, Joaquim. *História administrativa do Brasil*: A União Ibérica; Administração do Brasil holandês. v. 3. Tomo I e II. 2 ed. Brasília: Universidade de Brasília, 1983.

GUZMÁN, Ana Arranz. El episcopado y la guerra contra el infiel en las Cortes de la Castilla Trastámara. *In*: SORIA, José Manuel Nieto (dir.). *La monarquía como conflicto en la Corona Castellano-leonesa (c. 1230-1504)*. Madrid: Sílex, 2006.

HALE, John. *A civilização europeia no Renascimento*. Lisboa: Presença, 2000.

HANSEN, João Adolfo. A escrita da conversão. *In*: COSTIGAN, L. H. (org.). *Diálogos da conversão*: missionários, índios, negros e judeus no contexto ibero-americano do período barroco. Campinas: UNICAMP, 2005.

____________. O nu e a luz: cartas jesuíticas do Brasil. Nóbrega, 1549-1558. *Revista do Instituto de Estudos Brasileiros*. São Paulo, n. 38, 1995.

HAYASHI, Maria Cristina P. Innocentini; HAYASHI, Carlos Roberto Massao; SILVA, Márcia Regina da. Panorama da educação jesuítica no Brasil colonial: síntese do conhecimento em teses e dissertações. *Em aberto*: educação jesuítica no mundo colonial ibérico (1549-1768). Brasília, v. 21, n. 78, dezembro 2007.

HERCULANO, Alexandre. *História de Portugal*: desde o começo da monarchia até o fim do reinado de Affonso III. Tomo I. 2 ed. Lisboa: Em casa da viuva Bertrand e Companhia, 1853.

HEMMING, John. Os índios e a fronteira no Brasil Colonial. *In*: BETHELL, Leslie (org.). *História da América Latina*. A América Latina Colonial. v. II. São Paulo: Editora da Universidade de São Paulo; Brasília: Fundação Alexandre de Gusmão, 1999.

HERMANN, Jacqueline. História das Religiões e Religiosidades. *In*: CARDOSO, Ciro Flamarion; VAINFAS, Ronaldo (orgs.). *Domínios da História*: ensaios de teoria e metodologia. Rio de Janeiro: Campus, 1997.

____________. *No reino do desejado*: a construção do sebastianismo em Portugal (séculos XVI e XVII). São Paulo: Companhia das Letras, 1998.

HERMANN, Jacqueline. Um rei indesejado: notas sobre a trajetória política de D. Antônio, Prior do Crato. *Revista Brasileira de História*. São Paulo, v. 30, n. 59, 2010.

HERNÁNDEZ, Ángel Santos S.J. *Los jesuitas en América*. Madri: Editorial MAPFRE, 1992.

HESPANHA, António Manoel. A constituição do Império português. Revisão de alguns enviesamentos correntes. *In*: FRAGOSO, João; BICALHO, Maria Fernanda; GOUVÊA, Maria de Fátima (orgs.). *O Antigo Regime nos trópicos*: a dinâmica imperial portuguesa (séculos XVI-XVIII). Rio de Janeiro: Civilização Brasileira, 2001.

___________. Da "Justitia" à "Disciplina": textos, poder e política no Antigo Regime. *In*: *Boletim da Faculdade de Direito de Coimbra*. Estudos em homenagem ao professor doutor Eduardo Correia. Coimbra: Universidade de Coimbra, 1989.

___________. Depois do Leviathan. *Alamanack braziliense*. São Paulo, n. 05, maio 2007.

___________. Os bens eclesiásticos na época moderna. Benefícios, padroados e comendas. *In*: MATOS, Artur Teodoro de (dir.). *Anais de História de Além-Mar*. n. 1. Lisboa: Centro de História de Além-Mar, 2000.

HICHMEH, Yuri Sócrates Saleh. *O cristianismo no Japão*: do proselitismo jesuíta à construção ideológica da perseguição (1549-1640). Dissertação (Mestrado em História) – Programa de Pós-Graduação em História – Universidade Federal do Paraná, Curitiba, 2014.

HOLANDA, Sérgio Buarque de. A Instituição do Governo-Geral. *In*: __________ (dir.). *História Geral da Civilização Brasileira*. A época colonial: do descobrimento à expansão territorial. v. I. Tomo I. 16 ed. Rio de Janeiro: Bertrand Brasil, 2008.

___________. *Caminhos e fronteiras*. Rio de Janeiro: José Olympio, 1957.

___________. Conquista da costa leste-oeste. *In*: __________ (dir.). *História Geral da Civilização Brasileira*. A época colonial: do descobrimento à expansão territorial. v. I. Tomo I. 16 ed. Rio de Janeiro: Bertrand Brasil, 2008.

___________. O descobrimento do Brasil. *In*: __________ (dir.). *História Geral da Civilização Brasileira*. A época colonial: do descobrimento à expansão territorial. v. I. Tomo I. 16 ed. Rio de Janeiro: Bertrand Brasil, 2008.

___________. *Raízes do Brasil*. 26 ed. São Paulo: Companhia das Letras, 1995.

___________. *Visão do paraíso*: os motivos edênicos no descobrimento e colonização do Brasil. 6 ed. São Paulo: Brasiliense, 1996.

___________; PRADO, João Fernando de Almeida; CARVALHO, Laerte Ramos de. Livro Terceiro: o advento do homem branco. *In*: HOLANDA, Sérgio Buarque de (dir.). *História Geral da Civilização Brasileira*. A época colonial: do descobrimento à expansão territorial. v. I. Tomo I. 16 ed. Rio de Janeiro: Bertrand Brasil, 2008.

HOORNAERT, Eduardo. A evangelização do Brasil durante a primeira época colonial. *In*: __________ *et al*. *História da Igreja no Brasil*: ensaios de interpretação a partir do povo. Primeira época. v. 1. Tomo II. 3 ed. São Paulo: Paulinas; Petrópolis: Vozes, 1983.

___________. A Igreja Católica no Brasil Colonial. *In*: BETHELL, Leslie (org.). *História da América Latina*: América Latina Colonial. v. I. 2 ed. São Paulo: Editora da Universidade de São Paulo; Brasília: Fundação Alexandre de Gusmão, 2008.

___________. *A Igreja no Brasil-colônia (1550-1800)*. São Paulo: Brasiliense, 1982.

HOORNAERT, Eduardo. *Formação do catolicismo brasileiro (1550-1800)*. Ensaio de interpretação a partir dos oprimidos. Petrópolis: Vozes, 1974.

HOUAISS, Antônio; VILLAR, Mauro de Salles. *Dicionário Houaiss da língua portuguesa*. Rio de Janeiro: Objetiva, 2009.

HUIZINGA, Johan. *El concepto de la historia y otros ensayos*. México: FCE, 1992.

JULIA, Dominique. A religião: história religiosa. *In*: LE GOFF, Jacques; NORA, Pierre (dir.). *História*: novas abordagens. Rio de Janeiro: Francisco Alves, 1976.

KANTOROWICZ, Ernest. *Os dois corpos do rei*: um estudo sobre teologia política medieval. São Paulo: Companhia das Letras, 1998.

KARNAL, Leandro. *Teatro da fé*: representação religiosa no Brasil e no México do século XVI. São Paulo: Hucitec, 1998.

KERN, Arno Alvarez. *Missões*: uma utopia política. Porto Alegre: Mercado Aberto, 1982.

KLEIN, Hebert S. A demografia do tráfico atlântico de escravos para o Brasil. *Estudos Econômicos*. v. 17, n. 2, maio/agosto 1987.

KOK, Glória. *Os vivos e os mortos na América portuguesa*. Da antropofagia à água do batismo. Campinas: Editora da UNICAMP, 2001.

KONINGS, Johan SJ (org.). *Anchieta e Vieira*: paradigmas da evangelização no Brasil. São Paulo: Edições Loyola, 2001.

LACOMBE, Américo Jacobina; CARVALHO, Laerte Ramos de. Livro Segundo: vida espiritual. *In*: HOLANDA, Sérgio Buarque de (dir.). *História Geral da Civilização Brasileira*. A época colonial: administração, economia, sociedade. v. II. Tomo I. 10 ed. Rio de Janeiro: Bertrand Brasil, 2003.

LADARIA, Luis-F. A criação do céu e da terra. *In*: SESBOÜÉ, Bernard S.J. (dir.). *História dos dogmas*: o homem e sua salvação. Tomo 2. São Paulo: Edições Loyola, 2003.

LARA, Silvia Hunold. Introdução. *In*: __________ (org.). *Ordenações Filipinas*: livro V. São Paulo: Companhia das Letras, 1999.

LATOURELLE, René; FISICHELLA, Rino (dir.). *Dicionário de Teologia Fundamental*. Petrópolis: Vozes; Aparecida: Santuário, 1994.

LEITE, José Guilherme Reis. Aspectos da política joanina com reflexos nos Açores. *In*: *D. João III e o Império*. Actas do Congresso Internacional comemorativo do seu nascimento. Lisboa: Centro de História de Além-Mar, 2004.

LEITE, Serafim S.J. *História da Companhia de Jesus no Brasil*. 10 Tomos. Lisboa: Livraria Portugália; Rio de Janeiro: Civilização Brasileira, 1938.

___________. *História da Companhia de Jesus no Brasil*. 10 Tomos. Reedição da primeira edição de 1938. São Paulo: Edições Loyola, 2004.

LEVI, Giovani. *A herança imaterial*: trajetória de um exorcista no Piemonte do século XVII. Rio de Janeiro: Civilização Brasileira, 2000.

LIMA, Elda Cassia. *A correspondência jesuítica na construção de um novo mundo*: evangelizar, classificar, informar (1553-1596). Dissertação (Mestrado em História) – Programa de Pós-graduação em História – Universidade Federal de Goiás, Goiânia, 2010.

LIMA, Luís Filipe Silvério. *O Império dos sonhos*: narrativas proféticas, sebastianismo & messianismo brigantino. São Paulo: Alameda, 2010.

LOURDUSAMY, A. S.J. Characteristics of the portuguese missionary activity in the meeting of cultures. *In*: *Actas do Congresso Internacional de História Missionação Portuguesa e encontro de culturas*. v. III. Braga: CNCDP, 1993.

LUNA, Joaquim G. de. *Os monges Beneditinos no Brasil*. Rio de Janeiro: Lumen Christi, 1947.

LUZ, Guilherme Amaral. *Carne humana*: canibalismo e retórica jesuítica na América portuguesa (1549-1587). Uberlândia: EDUFU, 2006.

MAGALHÃES, Pablo Antonio Iglesias; PARAÍSO, Maria Hilda Baqueiro. Cartas do padre Fernão Cardim (1608-1618). *Clio*. Revista de Pesquisa Histórica. Recife, n. 27, v. 2, 2009.

MANSO, Maria de Deus Beites. *A Companhia de Jesus na Índia (1542-1622)*. Actividades religiosas, poderes e contactos culturais. Macau: Universidade de Macau; Évora: Universidade de Évora, 2009.

MARCÍLIO, Maria Luiza. A população do Brasil Colonial. *In*: BETHELL, Leslie (org.). *História da América Latina*. A América Latina Colonial. v. II. São Paulo: Editora da Universidade de São Paulo; Brasília: Fundação Alexandre de Gusmão, 1999.

MARQUES, Guida. L'invention du Brésil entre deux monarchies. L'Amérique portugaise et l'Union Ibérique (1580-1640): un état de la question. *In*: COSTA, João Paulo de Oliveira e (dir.). *Anais de História de Além-Mar*. v. VI. Lisboa: Centro de História de Além-Mar, 2005.

MARTINS, José V. de Pina. Descobrimentos portugueses e Renascimento europeu. *In*: NOVAES, Adauto (org.). *A descoberta do homem e do mundo*. São Paulo: Funarte/Companhia das Letras, 1998.

MARTINS, Manuel Alfredo de Morais. *Contacto de culturas no Congo português*: achegas para o seu estudo. Lisboa: Junta de Investigações do Ultramar, 1958.

MARTINS, Maria Odete Soares. *A missionação nas Molucas no século XVI*: contributo para o estudo da acção dos jesuítas no Oriente. Lisboa: Centro de História de Além-Mar, 2002.

MASSIMI, Marina. *Palavras, almas e corpos no Brasil colonial*. São Paulo: Edições Loyola, 2005.

MATOS, Artur Teodoro de; PINHEIRO, Luís da Cunha. A ilha de São Tomé no reinado de D. João III. *In*: *D. João III e o Império*. Actas do Congresso Internacional comemorativo do seu nascimento. Lisboa: Centro de História de Além-Mar, 2004.

MATTOSO, José (dir.). *História de Portugal*. A monarquia feudal (1096-1480). v. II. Lisboa: Editorial Estampa, 1997.

____________(dir.). *História de Portugal*. No alvorecer da Modernidade (1480-1620). v. III. Lisboa: Editorial Estampa, 1997.

MAURO, Frédéric. Portugal e o Brasil: a estrutura política e econômica do Império, 1580-1750. *In*: BETHELL, Leslie (org.). *História da América Latina*: América Latina Colonial. v. I. 2 ed. São Paulo: Editora da Universidade de São Paulo; Brasília: Fundação Alexandre de Gusmão, 2008.

MELO, Antonio Alves de. *A evangelização no Brasil*: dimensões teológicas e desafios pastorais. O debate teológico e eclesial (1952-1995). Roma: Pontifícia Università Gregoriana, 1996.

MILHOU, Alain. Missão, repressão, paternalismo e interação. Para um balanço de um século de evangelização na Ibero-América (1520-1620). *In*: BONILLA, Heraclio (org.). *Os conquistados*: 1492 e a população indígena das Américas. São Paulo: Hucitec, 2006.

MONTERO, Paula. Índios e missionários no Brasil: para uma teoria da mediação cultural. *In*: __________ (org.). *Deus na aldeia*: missionários, índios e mediação cultural. São Paulo: Globo, 2006.

MONTEIRO, John Manuel. As populações indígenas do litoral brasileiro no século XVI: transformação e resistência. *In*: PAULINO, Francisco Faria (coord.). *Brasil*: nas vésperas do mundo moderno. Lisboa: CNCDP, 1991.

____________. *Negros da terra*: índios e bandeirantes nas origens de São Paulo. São Paulo: Companhia das Letras, 1994.

MORALES, Salvador. 1492 e a população indígena do Caribe. *In*: BONILLA, H. (org.). *Os conquistados*: 1492 e a população indígena das Américas. São Paulo: Hucitec, 2006.

MORÁN, Manuel; ANDRÉS-GALLEGO, José. O pregador. *In*: VILLARI, Rosario (dir.). *O homem barroco*. Lisboa: Presença, 1995.

MORSE, Richard M. *O espelho de próspero*: cultura e ideias nas Américas. São Paulo: Companhia das Letras, 1988.

MULLETT, Michael. *A Contrarreforma e a Reforma Católica nos princípios da Idade Moderna europeia*. Lisboa: Gradiva, 1985.

MUÑOZ-ARRACO, José Manuel Pérez-Prendes. Sobre las instituciones de gobierno de la Monarquía Hispánica en la segunda mitad del siglo XVI. *Anuario Jurídico y Económico Escurialense*. Madrid, n. 43, 2010.

NEVES, Luiz Felipe Baêta. *O combate dos soldados de Cristo na terra dos papagaios*: colonialismo e repressão cultural. Rio de Janeiro: Forense Universitária, 1978.

NIETO SORIA, José Manuel. Las monarquías castellana y portuguesa a fines del medievo: algunas perspectivas para una historia comparativa. *História*: Questões & Debates. Curitiba, n. 37, 2002.

NOVINSKY, Anita. *A Inquisição*. São Paulo: Brasiliense, 1996.

____________. *Cristãos-novos na Bahia*: a Inquisição. 2 ed. São Paulo: Perspectiva, 2013.

O'MALLEY, John W. *Os primeiros jesuítas*. São Leopoldo: Editora UNISINOS; Bauru: EDUSC, 2004.

OPERÉ, Fernando. *Historias de la frontera*. El cautiverio en la América hispánica. Buenos Aires: Fondo de Cultura Económica, 2001.

PADGEN, Anthony. Escuchar a Heraclides: el malestar en el imperio, 1619-1812. *In*: KAGAN, Richard L.; PARKER, Geoffrey (orgs.). *España, Europa y el mundo Atlántico*. Homenaje a John H. Elliott. Madrid: Marcial Pons, 2002.

PALOMO, Federico. *Fazer dos campos escolas excelentes*: os jesuítas de Évora e as missões do interior em Portugal (1551-1630). Lisboa: Fundação Calouste Gulbenkian, 2003.

____________. Para el sosiego y quietud del reino. En torno a Felipe II y el poder eclesiástico en el Portugal de finales del siglo XVI. *Hispania*. Revista Española de Historia. Madri, v. 64, n. 216, 2004.

PAIVA, José Pedro. "Católico sou e não luterano": o processo de Damião de Góis na Inquisição (1571-1572). *In*: SERRÃO, José Vicente (coord.). *Damião de Góis*: um humanista na Torre do Tombo. Lisboa: IAN/TT, 2002.

PÉCORA, Alcir. *Teatro do sacramento*: a unidade teológico-retórico-política dos sermões de Antônio Vieira. São Paulo: Edusp; Campinas: UNICAMP, 1994.

PEDRO, Juliana de Castro. *Embates pela memória*: narrativas de descoberta nos escritos coloniais da Amazônia ibérica. Dissertação (Mestrado em História) – Programa de Pós-graduação em História Social – Pontifícia Universidade Católica de São Paulo, São Paulo, 2006.

PEDRO, Lívia. *História da Companhia de Jesus no Brasil*. Biografia de uma obra. Dissertação (Mestrado em História) – Programa de Pós-Graduação em História – Universidade Federal da Bahia, Salvador, 2008.

PÉREZ, Antolín Abad. *Los franciscanos en América*. Madri: Editorial MAPFRE, 1992.

PERRONE-MOISÉS, Beatriz. Índios livres e índios escravos: os princípios da legislação indigenista do período colonial (séculos XVI a XVIII). *In*: CUNHA, Manoela Carneiro da (org.). *História dos índios no Brasil*. 2 ed. São Paulo: Companhia das Letras, 1998.

PIERONI, Geraldo. *Os excluídos do Reino*: a Inquisição portuguesa e o degredo para o Brasil Colônia. Brasília: Editora da Universidade de Brasília; São Paulo: Imprensa Oficial do Estado, 2000.

____________. *Vadios e ciganos, heréticos e bruxas*: os degredados no Brasil-colônia. 3 ed. Rio de Janeiro: Bertrand Brasil, 2006.

____________(org.); SABEH, Luiz Antonio *et al*. *Heresias brasílicas*: Inquisição e purgatório no Brasil Colonial. Curitiba: UTP, 2008.

____________; MARTINS, Alexandre; SABEH, Luiz Antonio. *Boca maldita*: blasfêmias e sacrilégios em Portugal e no Brasil nos tempos da Inquisição. Jundiaí: Paco, 2012.

____________; PALAZZO, Carmen Lícia; SABEH, Luiz Antonio. *Entre Deus e o diabo*: santidade reconhecida, santidade negada na Idade Média e Inquisição portuguesa. Rio de Janeiro: Bertrand Brasil, 2007.

PIRES, José Herculano. *O Reino*: venha a nós o teu reino. São Paulo: EDICEL, s/d.

POLITO, Ronald. *A história no Brasil (1980-1989)*: elementos para uma avaliação historiográfica. Ouro Preto: UFOP, 1992.

POLÓNIA, Amélia. A construção do Império começa na Metrópole. Estratégias joaninas de consolidação de infraestruturas comerciais e navais. O caso de Vila do Conde. *In*: *D. João III e o Império*. Actas do Congresso Internacional comemorativo do seu nascimento. Lisboa: Centro de História de Além-Mar, 2004.

POMPA, Cristina. O lugar da utopia: os jesuítas e a catequese indígena. *Novos Estudos CEBRAP*. São Paulo, n. 64, novembro 2002.

____________. Para uma antropologia histórica das missões. *In*: MONTERO, Paula (org.). *Deus na aldeia*: missionários, índios e mediação cultural. São Paulo: Globo, 2006.

____________. *Religião como tradução*: missionários, Tupi e Tapuia no Brasil colonial. Bauru: EDUSC/ANPOCS, 2003.

PRADO JÚNIOR, Caio. *Evolução política do Brasil*: Colônia e Império. 16 ed. São Paulo: Brasiliense, 1987.

____________. *Formação do Brasil Contemporâneo*: Colônia. 6 ed. São Paulo: Brasiliense, 1961.

PRODI, Paolo (a cura di). *Disciplina dell'Anima, Disciplina del Corpo e Disciplina della Società tra Medievo Ed Eta Moderta*. Bolonha: Il Mulino, 1994.

____________. *Christianisme et monde moderne*. Cinquante ans de recherches. Paris: Seuil/Gallimard, 2006.

____________. *The Papal Prince*. One body and two souls: the papal monarchy in early modern Europe. Cambridge: CUP, 1987.

PROSPERI, Adriano. O missionário. *In*: VILLARI, Rosario (org.). *O homem barroco*. Lisboa: Presença, 1995.

____________. *Tribunali della coscienza*. Inquisitori, confessori, missionari. Turim: G. Einaudi, 1996.

RAMINELLI, Ronald. *Imagens da colonização*: a representação do índio de Caminha a Vieira. Rio de Janeiro: Jorge Zahar, 1996.

REALE, Giovanni; ANTISERI, Dario. *História da filosofia*: do humanismo a Kant. v. II. São Paulo: Paulus, 1990.

RIBAS, Maria Aparecida de Araújo Barreto. *O leme espiritual do navio mercante*: a missionação calvinista no Brasil holandês (1630-1645). Tese (Doutorado em História) – Programa de Pós-graduação em História – Universidade Federal Fluminense, Niterói, 2007.

RIBEIRO, Darcy. *Os índios e a civilização*: a integração das populações indígenas no Brasil moderno. São Paulo: Companhia das Letras, 1996.

RIBEIRO, Madalena Teotónio Pereira Bourbon. *A nobreza cristã de Kyûshû*. Redes de parentescos e acção jesuítica. Dissertação (Mestrado em História) – Programa de Pós-Graduação em História dos Descobrimentos e da Expansão Portuguesa (séculos XV-XVIII) – Universidade Nova de Lisboa, Lisboa, 2006.

RODRIGUES, José Honório. *História da história do Brasil*. Historiografia colonial. São Paulo: Companhia Editora Nacional; Brasília: Instituto Nacional do Livro, 1979.

RÖWER, Frei Basílio O.F.M. *A Ordem Franciscana no Brasil*. Petrópolis: Vozes, 1942.

____________. *Páginas de história franciscana no Brasil*. Esboço histórico e documentado de todos os conventos e hospícios fundados pelos religiosos franciscanos da Província da Imaculada Conceição do Sul do Brasil, desde 1591 a 1758, e das aldeias de índios administradas pelos mesmos religiosos desde 1692 a 1803. 2 ed. Petrópolis: Vozes, 1957.

SABEH, Luiz Antonio. Missionação jesuítica: reflexões para a definição de um quadro teórico e de um método de análise historiográfica. *Revista História e Cultura*. Franca, v. 3, n. 2, 2014.

____________. O sacramento do matrimônio: salvação e povoamento dos domínios de Portugal na Ásia e América (século XVI). *Ars Historica*. Rio de Janeiro, v. 1, n. 2, julho/dezembro 2010.

SAHLINS, Marshall David. Estrutura e História. *In*: ____________. *Ilhas de História*. Rio de Janeiro: Jorge Zahar, 2003.

SANCEAU, Elaine. *A vida e a época de Afonso de Albuquerque*. Lisboa: Verbo, 1976.

SÁNCHEZ, Javier Burrieza. *Jesuitas en Indias*: entre la utopía y el conflicto. Trabajos y misiones de la Compañía de Jesús en la América Moderna. Valladolid, Universidad de Valladolid, Secretariado de Publicaciones e Intercambio Editorial, 2007.

____________. La Compañía de Jesús y la defensa de la monarquía hispánica. *Hispania Sacra*. Madrid, v. 60, n. 121, junho/2008.

SAVIANI, Dermeval. *História das ideias pedagógicas no Brasil*. 3 ed. Campinas: Autores Associados, 2010.

SCHAUB, Jean-Frédéric. *Portugal na Monarquia Hispânica (1580-1640)*. Lisboa: Livros Horizonte, 2001.

SCHWARTZ, Stuart B. *Burocracia e sociedade no Brasil Colonial*. A Suprema Corte da Bahia e seus juízes: 1609-1751. São Paulo: Perspectiva, 1979.

SCHWARTZ, Stuart B. O Brasil Colonial, c. 1580-1750: as grandes lavouras e as periferias. *In*: BETHELL, Leslie. (org.). *História da América Latina*. A América Latina Colonial. v. II. São Paulo: Editora da Universidade de São Paulo; Brasília: Fundação Alexandre de Gusmão, 1999.

__________. *Segredos internos*: engenhos e escravos na sociedade colonial, 1550-1835. São Paulo: Companhia das Letras, 1988.

SERRÃO, Joaquim Veríssimo. *Do Brasil Filipino ao Brasil de 1640*. São Paulo: Companhia Editora Nacional, 1968.

SILVA, Ana Cristina Nogueira da; HESPANHA, António Manuel. A identidade portuguesa. *In*: MATTOSO, José (dir.). *História de Portugal*. O Antigo Regime (1620-1807). v. 4. Lisboa: Editorial Estampa, 1997.

SILVA, Janice Theodoro da. *Descobrimentos e colonização*. São Paulo: Ática, 1987.

SILVA, Maria B. N. da (dir.). *Dicionário da história da colonização portuguesa no Brasil*. Lisboa: Editorial Verbo, 1994.

SKINNER, Quentin. *As fundações do pensamento político moderno*. São Paulo: Companhia das Letras, 1996.

SOUZA, Jorge Victor de Araújo. *Para além do claustro*: uma história social da inserção beneditina na América portuguesa, c.1580-c.1690. Tese (Doutorado em História) – Programa de Pós-Graduação em História – Universidade Federal Fluminense, Niterói, 2011.

SOUZA, Laura de Mello e. Aspectos da historiografia da cultura sobre o Brasil Colonial. *In*: FREITAS, Marcos Cezar (org.). *Historiografia brasileiras em perspectiva*. 4 ed. São Paulo: Contexto, 2001.

__________. *O diabo e a terra de Santa Cruz*: feitiçaria e religiosidade popular no Brasil colonial. São Paulo: Companhia das Letras, 1986.

SOUZA, Marina de Mello e. *Reis negros no Brasil escravista*: história da festa de coroação de Rei Congo. Belo Horizonte: Editora UFMG, 2002, pp. 71-76.

__________. Reis do Congo no Brasil colonial. *In*: VENTURA, Maria da Graça A. Mateus (coord.). *Os espaços de sociabilidades na Ibero-América (sécs. XVI-XIX)*. Lisboa: Edições Colibri, 2004.

SOUZA, Teotónio R. de. Carreira, escalas e o serviço penal ao serviço do Império. *In*: *A carreira da Índia e as rotas dos estreitos*. Actas do VIII Seminário Internacional de História Indo-Portuguesa. Lisboa: Centro de História de Além-Mar, 1998.

STELLA, Roseli Santaella. *O domínio espanhol no Brasil durante a monarquia dos Felipes* – 1580-1640. São Paulo: Unibero/CenaUn, 2000.

STERN, Steve J. Paradigmas da conquista, história, historiografia e política. *In*: BONILLA, Heraclio (org.). *Os conquistados*: 1492 e a população indígena das Américas. São Paulo: Hucitec, 2006.

SUBRAHMANYAM, Sanjay. *O império Asiático Português 1500-1700*. Uma História Política e Econômica. Lisboa: Difel, 1993.

TAVARES, Célia Cristina da Silva. *Jesuítas e inquisidores em Goa*: a cristandade insular (1540-1682). Lisboa: Roma Editora, 2004.

TAVARES, Cristiane. *Ascetismo e colonização*: o labor missionário dos beneditinos na América portuguesa (1580-1656). Dissertação (Mestrado em História) – Programa de Pós-graduação em História – Universidade Federal do Paraná, Curitiba, 2007.

THOMAZ, Luís Filipe F. R. A "política oriental" de D. Manuel I e suas contracorrentes. *In*: __________. *De Ceuta a Timor*. 2 ed. Lisboa: Difel, 1998.

__________. A evolução da política expansionista portuguesa na primeira metade de quatrocentos. *In*: __________. *De Ceuta a Timor*. 2 ed. Lisboa: Difel, 1998.

__________. A ideia imperial manuelina. *In*: DORÉ, Andréa; LIMA, Luís Filipe Silvério; SILVA, Luiz Geraldo (orgs.). *Facetas do Império na história*: conceitos e métodos. São Paulo: Hucitec; Brasília: CAPES, 2008.

__________. Estrutura política e administrativa do Estado da Índia no século XVI. *In*: __________. *De Ceuta a Timor*. 2 ed. Lisboa: Difel, 1998.

__________. Expansão portuguesa e expansão européia – reflexões em torno da gênese dos Descobrimentos. *In*: __________. *De Ceuta a Timor*. 2 ed. Lisboa: Difel, 1998.

__________. O projecto imperial joanino (tentativa de interpretação global da política ultramarina de D. João II). *In*: __________. *De Ceuta a Timor*. 2 ed. Lisboa: Difel, 1998.

__________. Os portugueses nos mares da Insulíndia no século XVI. *In*: __________. *De Ceuta a Timor*. 2 ed. Lisboa: Difel, 1998.

__________; ALVES, Jorge Santos. Da cruzada ao Quinto Império. *In*: BETHENCOURT, Francisco; CURTO, Diogo Ramada (orgs.). *A memória da nação*. Lisboa: Livraria Sá da Costa Editora, 1991.

THORNTON, John. The development of an African catholic church in the kingdom of Kongo, 1491-1750. *Journal of African History*. n. 25, 1984.

TODOROV, Tzvetan. *A conquista da América*: a questão do outro. São Paulo: Martins Fontes, 1982.

VAINFAS, Ronaldo. *A heresia dos índios*: catolicismo e rebeldia no Brasil colonial. São Paulo: Companhia das Letras, 1995.

__________. *Jerusalém colonial*: judeus portugueses no Brasil holandês. Rio de Janeiro: Civilização Brasileira, 2010.

__________. *Traição*: um jesuíta a serviço do Brasil holandês processado pela Inquisição. São Paulo: Companhia das Letras, 2008.

__________. *Trópico dos pecados*: moral, sexualidade e Inquisição no Brasil. Rio de Janeiro: Nova Fronteira, 1997.

__________ (dir.). *Dicionário do Brasil Colonial (1500-1808)*. Rio de Janeiro: Objetiva, 2000.

VALLADARES, Rafael. *Castilla y Portugal en Asia (1580-1680)*. Declive imperial y adaptación. Lovaina: Leuven University Press, 2001.

VARNHAGEN, Francisco Adolfo de (1816-1878). *Historia Geral do Brazil*; Isto é, do descobrimento, colonisação, legislação e desenvolvimento deste Estado, hoje império independente, escripta em presença de muitos documentos autênticos recolhidos nos arcbivos do Brazil, de Portugal, da Hespanha e da Hollanda, por um socio do Instituto Historico do Brazil, natural de Sorocaba. Tomo Primeiro e Tomo Segundo. Madri: Imprensa da V. de Dominguez, 1854.

VILARDAGA, José Carlos. *São Paulo na órbita do império dos Filipes*: conexões castelhanas de uma vila da América portuguesa durante a União Ibérica (1580-1640). Tese (Doutorado em História) – Faculdade de Filosofia, Letras e Ciências Humanas – Universidade de São Paulo, São Paulo, 2010.

VIVEIROS DE CASTRO, Eduardo. O mármore e a murta: sobre a inconstância da alma selvagem. In: __________. *A inconstância da alma selvagem* – e outros ensaios de antropologia. São Paulo: Cosac Naify, 2002.

WEBER, Max (1864-1920). Religião. *In*: __________. *Ensaios de Sociologia*. Rio de Janeiro: Zahar Editores, 1963.

WILLEKE, Frei Venâncio O.F.M. *Missões franciscanas no Brasil (1500/1975)*. Petrópolis: Vozes, 1974.

WRIGHT, Antônia Fernanda P. de Almeida; MELLO, Astrogildo Rodrigues de. O Brasil no período dos Filipes (1580-1640). *In*: HOLANDA, Sérgio Buarque de (dir.). *História Geral da Civilização Brasileira*. A época colonial: do descobrimento à expansão territorial. v. I. Tomo I. 16 ed. Rio de Janeiro: Bertrand Brasil, 2008.

WRIGHT, Jonathan. *Os jesuítas*: missões, mitos e história. Rio de Janeiro: Ediouro, 2006.

XAVIER, Ângela Barreto. *A invenção de Goa*: poder imperial e conversões culturais nos séculos XVI e XVII. Lisboa: Imprensa de Ciências Sociais, 2008.

____________. Aparejo e disposición para se reformar y criar otro nuevo mundo. A evangelização dos indianos e a política imperial joanina. *In*: *D. João III e o Império*. Actas do Congresso Internacional comemorativo do seu nascimento. Lisboa: Centro de História de Além-Mar, 2004.

ZUPANOV, Inês G. Do sinal da cruz à confissão em Tâmul: gramáticas, catecismos e manuais de confissão missionários na Índia Meridional (séculos XVI-XVII). *In*: HESPANHA, Antônio Manoel (org.). *Os construtores do Oriente português*. Porto: CNCDP, 1998.

____________. A Religião e as Religiões. *In*: *História da expansão portuguesa*: o Império Oriental, 1458-1665. Capítulo de livro não publicado, mas socializado pela autora em seu sítio eletrônico. Disponível em http://www.ineszupanov.com/publications/index.htm. Acesso em 25/08/2010.

Anexos

Anexo I: Lista dos reis de Portugal entre 1383 e 1640

Dinastia de Avis

D. João I (1385-1433)
D. Duarte I (1433-1438)
D. Afonso V (1438-1477) – Primeiro reinado
D. João II (1477-1477) – Primeiro reinado
D. Afonso V (1477-1481) – Segundo reinado
D. João II (1481-1495) – Segundo reinado
D. Manuel I (1495-1521)
D. João III (1521-1557)
D. Sebastião I (1557-1578)
D. Henrique I (1578-1580)
Conselho de Governadores do Reino de Portugal (1580-1581)

Dinastia Filipina (Casa de Habsburgo)

Filipe I (1581-1598) – também Filipe II de Espanha (1556-1598)
Filipe II (1598-1621) – também Filipe III de Espanha (1598-1621)
Filipe III (1621-1640) – também Filipe IV de Espanha (1621-1665)

FONTE: PORTUGAL. *In*: VÁRIOS colaboradores. *Nova Enciclopédia Barsa*. v. 11. São Paulo: Encyclopaedia Britannica do Brasil Publicações, 1999, pp. 464-466.

Anexo II: Ornanograma da hierarquia administrativa da Companhia de Jesus (séculos XVI, XVII e XVIII)

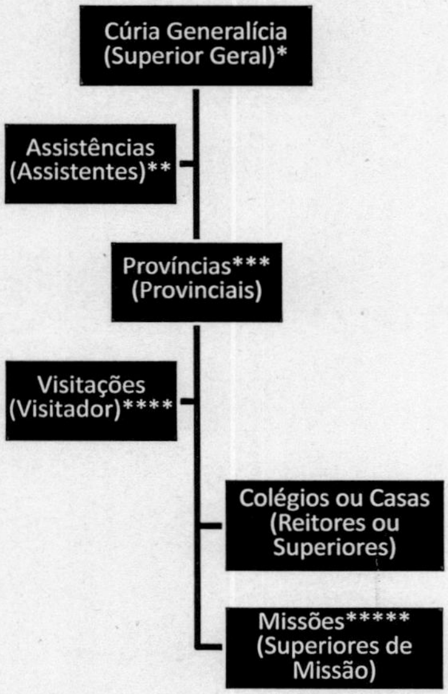

* O Superior Geral da Companhia de Jesus residia em Roma, sede da Cúria Generalícia. Apesar de ter o governo da ordem, não era ele que legisla, e sim a Congregação Geral composta pelos Delegados das Províncias. Quando convocada, a Congregação tinha o poder de criar normas complementares às *Constituições da Companhia de Jesus*.[865]

** Os Assistentes também viviam em Roma e eram apenas consultores do Superior Geral para os assuntos relativos às Assistências que representavam. Eles não tinham poder de administração sobre as Provinciais que compunham suas Assistências. Os Provinciais, nesse caso, deviam obediência direta ao Superior Geral.

*** Quando uma Província crescia e passava a governar muitas casas e colégios, ela era dividida. No entanto, enquanto uma nova Província não tivesse recursos para sustentar-se, ela ficava na condição de Vice-província.

865 Até hoje a Companhia de Jesus mantém essa estrutura hierárquica baseada nas Congregações Gerais. Desde a fundação da ordem até 2008 foram realizadas 35 Congregações Gerais.

**** A visitação ocorria conforme a necessidade das atividades de uma Província. Conforme apontado na Introdução, sua finalidade essencial era dirimir conflitos internos e criar regras que norteassem a ação dos missionários diante de situações não previstas pelas *Constituições da Companhia de Jesus*. Quando iniciada, ela tinha dois anos para terminar, mas o prazo podia ser estendido conforme a necessidade. O Visitador era nomeado pelo Geral da ordem e, por conta de seu cargo, ele tinha o poder de legislar. As regras por ele redigidas, depois de aprovadas pela cúria, viravam um Regimento complementar e específico à Província à qual era dirigida. Quando em atividade, o Visitador também assumia a chefia da Província em visitação. Veja no Anexo IV a relação dos padres Visitadores do Brasil no período entre 1549 e 1640.

***** Uma missão poderia ser uma simples expedição de reconhecimento territorial, mas ela tinha sempre um Superior de Missão. Se ela tivesse sucesso, logo os missionários construíam uma Casa, que teria um Superior indicado pelo Provincial ao qual a missão estava subordinada. Se crescesse e tivesse condições de sustentar-se, a casa era elevada a colégio e seu Superior passava a ser um Reitor.

FONTE: LOYOLA, I. de. *Constituições da Companhia de Jesus e normas complementares*. Anotações da Congregação Geral XXXIV (1995). São Paulo: Edições Loyola, 1997, pp. 205-251; e LEITE, S. S.J. *História da Companhia de Jesus no Brasil*. Tomo I. Livro I. Reedição da primeira edição de 1938. São Paulo: Edições Loyola, 2004, pp. 03-07.

Anexo III: Relação das Assistências da Companhia de Jesus e das Províncias da Assistência de Portugal e da Assistência da Espanha (séculos XVI, XVII e XVIII)

Assistências da Companhia de Jesus

Assistência de Portugal
Assistência da Espanha
Assistência da Itália
Assistência da Alemanha
Assistência da França
Assistência da Polônia

Assistência de Portugal

Província de Portugal
Província do Brasil
Vice-província do Maranhão (ligada à Província do Brasil)
Província de Goa (antiga Província da Índia)
Província do Malabar (antiga Província da Índia)
Província do Japão
Vice-província da China (ligada à Província do Japão)

Assistências da Espanha

Província da Espanha
Província das Filipinas
Província do México
Província do Peru
Província de Quito
Província do Novo Reino (Nova Granada)
Província do Chile
Província do Paraguai

FONTE: LEITE, S. S.J. *História da Companhia de Jesus no Brasil*. Tomo I. Livro I... p. 06; e HERNÁNDEZ, Á. S. S.J. *Los jesuitas en América*. Madri: Editorial MAPFRE, 1992, pp. 07-12.

Anexo IV: Lista dos padres Gerais da Companhia de Jesus (1540-1640), dos Provinciais da Província do Brasil e dos Visitadores do Brasil (1549-1640)

Gerais da Companhia de Jesus entre 1540 e 1645

Inácio de Loyola (1540-1558)
Diogo Laynez (1558-1565)
Francisco Borja (1565-1572)
Everardo Mercuriano (1573-1580)
Cláudio Acquaviva (1581-1615)
Múcio Vitelleschi (1615-1645)

Provinciais da Província do Brasil entre 1553 e 1645

Manoel da Nóbrega (1553-1559) – foi Superior da Missão do Brasil entre 1549 e 1553
Luiz da Grã (1559-1571)
Antônio Pires (1571-1572)
Gregório Serrão (1572)
Inácio Tolosa (1572-1577) – Primeiro governo
José de Anchieta (1577-1587)
Marçal Beliarte (1587-1594)
Pero Rodrigues (1594-1603)
Inácio Tolosa (1603-1604) – Segundo governo
Fernão Cardim (1604-1609)
Henrique Gomes (1609-1615)
Pero de Toledo (1615-1618)
Simão Pinheiro (1618-1621)
Domingos Coelho (1621-1628) – Primeiro governo
Antônio de Matos (1628-1632)
Domingos Coelho (1632-1638) – Segundo governo
Manuel Fernandes (1638-1645)

Visitadores do Brasil entre 1549 e 1640

Inácio de Azevedo (1566-1568)
Cristóvão de Gouveia (1583-1589)
Manuel de Lima (1607-1610)
Henrique Gomes (1622)
Pedro de Moura (1639-1640)

FONTE: ASSUNÇÃO, P. de. *Negócios jesuíticos*: o cotidiano da administração dos bens divinos. São Paulo: Editora da Universidade de São Paulo, 2004, pp. 46-55; e LEITE, S. S.J. *História da Companhia de Jesus no Brasil*. Tomo VII. Apêndice H... p. 178.

Anexo V: Transcrição dos documentos normativos da Companhia de Jesus relativos à Província do Brasil (1573-1614)

Fonte para citação:

COMPAHIA de Jesus. *Brasilia ordinationes Provinciae, 1573-1614*. Documento manuscrito. Fondo Gesuitico 1255, Fascículo 10. Biblioteca Nazionale Centrale "Vittorio Emmanuele II", Roma.

Transcrição[866]:

[f. 32]

Ordens de Roma tiradas do livro, onde estaõ copiadas, das quais se naõ acharaõ originais no Cartorio.

Quanto al repicar las campanas, y q' los nuestros vaian a las processiones solennes, y ajudar a cantar al cura, supuesto q' esto es nesseçario pª ajudar essas nuevas plantas, puedese dispensar por hora, q' los nuestros lo hagan, donde se ve necessidad, y entendan los capases, q' es contra nuestro instituto, e ordenará VR. hũ libro, em que se escrivan las causas, que movieron a la Compª a haser semejantes officios.

Segun la informacion de VR. no vemos acá escrupulo, ni difficultad alguna acerca de cortar el palo, attento q' se haze por necessidad, y q' no aí escandalo, negociacion, ni superfluidad.

Deseo, q' VR. mire mucho no se receba alguno en essas partes, q' no tenga mas prendas que ordinarias pª ser de la Compª, y me inclino mucho, q' no se admittan los naturales del Brasil, ni los nacidos de portugueses, e indias, que son mistos en essa tierra hasta q' se entienda, q' la fee, y religion se perficionó tanto, q' se pueda esperar de-

866 Transcrição realizada por André Akamine Ribas, pesquisador do Centro de Documentação e Pesquisa de História dos Domínios Portugueses (CEDOPE) da Universidade Federal do Paraná. Foi feita a transcrição literal dos manuscritos respeitando a pontuação, grafia, abreviações e vocabulário originais, além das anotações feitas às margens do documento (aqui inseridas em nota de rodapé). As palavras ou termos entre colchetes são aquelas de difícil compreensão em função da letra, falha na tinta ou avaria no papel.

lhos aptitud p^{a} exercitar los ministerios de la Comp^{a} etc. [mor mẽte], q' aí decreto de otras religiones p^{a} que no sean admitidos. p^{a} o p^{e} Ignacio Tolosa provincial. 12. de dezẽbro. 1573.

Por partes extraordinarias de los nacidos de padre, y madre portugueses en el Brasil, que piden la Comp^{a}, se entiende lo pr^{o} q' aian dado larga prueva de su constancia en los desseos; y lo 2° que tengan grande habilidad, y disposicion p^{a} las virtudes, y aun que tener la lengua, es buena parte, pero no se deve tener por parte extraordinaria; y q^{to} a los hijos de Brasiles, o misticos, por hora no se reciba nĩguno.

Es necessario procurar, q' tengan los Subditos buen concepto de nuestro instituto á cerca de las Scindicationes, y todavia los Superiores no las crean de ligero, y hagan Scyndicos a personas provadas, informãdose cõ gran pas antes de dar la Sentencia. p^{a} el p^{e} Ignacio Tholosa provincial 12. de dezẽbr. 1574.

Q^{to} a la licencia, q' el p^{e} Tolosa pide p^{a} la confradia de los Studiantes de las onze mil virgines, y fiesta solenne en su dia, se la conceda VR. Si despues de consultarlo le pareciere convenir, que se haga

Entendiendo q' en una Capitania nos mandan las limosnas de noche por moças de servicio, VR haga q' de noche vengan dos de los nuestros a las recibir, no permittiendo, que venga uno solo. p^{a} o p^{e} pvincial Joseph Anchieta. 15. de Janeiro 1579.

No entendemos, que sea contra la ^{re}gla de no tocar halagar los hijos de los indios poniendole las manos sobre la cabeca etc. Mas aviẽdo en esto excesso, o incõveniente, podran prover los superiores.

Advirtire algunas cosas á VR. La pr^{a} q' no conviene em ninguna manera, q' los exercicios spirituales de la Companhia se den en essa provincia a los nuestros en penitencia de sus faltas, porq' será desacreditalos, y haserẽse cõ poco fruto. La 2^{a}, que aia uso de los Scindicos nec^{os}, pues las constituiciones assi lo ordenan, pero con la moderacion, que conviene p^{a} no mostrar desconfiança de los Subditos etc. p^{a} el p^{e} Anchieta. 19. de Agústo. 1579.

[f. 32v.]

pediose licencia a Su Santidad p^{a} emplazar nuestras tierras a fin perpetuũ, y puesto que hizo difficultad, todavia por la informacion, que le dimos la concedió absolute, e entendiese delas, que son nuestras hasta el dia de la cõcession, y aun que va ^{en} el breve absoluta ni VR, ni sus Successores usaran delha, sino quando no pudiessen comodam^{te} arrẽdar las dichas tierras por ciertos anños. p^{a} o p^{e} Joseph Anchieta. 19. de Agosto de 79

No es impedimiento p^{a} hũ ser admittido en la Companhia auer dado pelotas, polvora, y auer bolido cõ las bonbardas en el cerco de Marsegan, si la guerra fue justa, porque assí lo explico nuestro p^{e} Ignacio. p^{a} o p^{e} Luis da gram 22 de dezẽbro de 1572. do p^{e} polanco vigario geral.

Daqui por diãte tudo he do p^{e} Claudio de boa memoria

He conveniente, q' en la Congregacion provincial tengan suffragio allen de los que ia lo tienen segun la formula, los Superiores de las residencias de los Ilheos, puerto Seguro, Sp^{to} Santo, y de .S. Vicente, aunque por la incerteza de las navegaciones entiendo, que no dexa de ser legitima la Congregacion, quãdo los tales no viniessen, ni lhegassen sus suffragios por escrito al tiempo determinado.

No conv^{i}ene introdusirse que los consultores por razon deste off.^{o} tengan arca, ou escritorio fechado con lhave en su camara con licencia del Sup.^{or} p^{a} o p^{e} Joseph. 6. de Agosto. 1582.

Los Superiores de las Capitanias lhevan maior peso, e por isso desseo q' VR tẽga gran cuẽta de consolarlos, y provea las de Superiores sufficientes p^{a} consolar a los de casa, y satisfaser a las dubdas de los [p] de fuera. p^{a} el p^{e} Christoval de Gouvea visit. 15. de hebrero 1584.

No se ordenen de sacerdotes los nuestros sin saber alguna lengua de los naturales, ni se promuevan á mas altos estudios. s. ni los philosophos à la Theologia, ni los Latinos a la philosophia, y aia maestros ~~q̃~~ delha; los del 3° anno no la han de tomar de proposito, sino p^{a} conservar lo deprẽdido, sálvo ẽ algũ particular se dispensasse. p^{a} a provĩcia del Mexico 24. de Maio 1583.

Mui grata cosa me sera entẽder siempre, que ai fervor en las missiones, y cõversion de los gentiles. por lo qual VR exhorte. y anime mucho a todos etc. procurando, $^{\text{y haciendo}}$ que nĩguno sea promovido al Sacerdotio, ni a mas altos Studios, sin primeiro deprender la lengua, porque depende desto mucho la salud de muchas almas, y edificacion de las otras provincias.

p^{a} que cessen los incõvenientes de escrivir a Su Magestad, o ^{a} alguna persona de importancia menos consideradamente, será bien dexar orden, que se embie la copia de semejantes cartas p^{a} que acá se vea, o por lo menos en portugal, si cõviene darse, ó no. Ao p^{e} xpão de Gouvea. 15. de julho de 1585.

Ser me a cosa grata, que los Superiores tengan siempre por mui encomendados los nuestros, que alhá se occupan en la ajuda de la Christiandad, y los muden a sus tiempos, y los estudiantes teniendo partes p^{a} esso los promuevan.

pide VR q' en los actos Scolasticos se meta alguna cosa en lengua vulgar. pareceme q' en los dialogos solam^{te} se pu^{e}da esso haser, pero no en tragedias, y comedias por seren mas graves. p^{a} o mesmo. 10. de Agosto de 85.

Concedese lo que VR pide de poderse cantar en canto de organo la noche de Navidad Maitines, y missa en nuestra casa, como se haze en la Semana Santa.

Los Sup^{es} pueden vender las cosas mobles de las rentas, como assucar, bues, algodon etc ~~Sin el ver~~ sin consultarlo, ni el verbo del Compendio se ent^{i}ende deste genero de bienes muebles.

Soi tãbien informado, q' los Superiores de las residencias no se han bien p^{a} con los Subditos, VR ha$_{ga}$ q' los traten cõ mucha charidad, y amor; porque alioqui siẽpre aura amarguras; y los Collegios

[f. 33]

collegios provean bien las residencias, q' le pertenecen. p^{a} o mesmo 27. de Jan.^{ro} de 87.

Duda VR como se averá con la visita, a lo qual respondo, q' los provinciales no tinen autoridad sobre la visita, ni pueden mudar algo delha sin avisar al general auditis consultoribus y encomendo á VR q' la haga guardar, y lerla quando visita es ahorrar tiempo. No se quita que puede VR dispençar en casos particulares delha segũ la regla .7. de su off^{o}, pero en cosas de mom^{to} quãto fuere possible lo haga con parecer de sus consultores.

En la bendicion de la meza se guarde el costũbre de la Comp^{a} aunque no este en el breviario, el jube domines no lo ha de diser el Letor no prĩcipio, ni en el fin Tu autem Domine miserere nobis / y tãben se dexe de bater en la meza p^{a} acabar; VR haga q' se digan en essa provincia las Letanias comunes. p^{a} o p^{e} Marçal de Biliarte. 5. de Setiembre de 1588.

pergunta VR, Si el provincial es obligado a dezir las missas de obligacion en el Collegio, onde reside. Respondo q' no tiene tal obligation, poren es bien de quãdo ẽ quãdo desir algunas pª exemplo de los subditos. pª o mesmo. 31. de Oitubro de 88.

Observese el orden de [de]prender la lengua aun en los q' vienen de Portugal, y quando alguno oviesse leido algunos anhos, q' esta es la maior difficultad, que se puede offrecer, en tal caso julgando VR que cõviene, podrá dispensar, y promovelo: y procure VR q[to] en si fuere, q' se attienda con particular cuidado a la conversión exhortãdo a todos etc. pª el mismo 20. de hebrero de 89.

Avisanos que los Superiores de las residencias, y aldenas estan mucho tienpo sin se mudar, remedee VR esto q[to] lo sufriere la falta de los Sugetos; y tanbien procure de consolar a algunos escolares, que ha mucho estan en las residencias como olvidados, promoviéndolos, si dieron edificacion, y tienen talento de letras. pª o mesmo. 20. de hebrero de 89.

No cõviene, q' los Superiores en las platicas de los viernes particularizen en las faltas de modo que cuiden lo dije[n] por este, o por aquel. pª o mesmo 22. de Janero de 90.

La media hora destas platicas se entiende desq' comiença, y no desde que se comiençan ajuntar los hermanos.

Supposta la necessidad dessa provĩcia, y no fuiendo inconveniente, damos licencia pª se hazeren canaverales cõtanto q' no aia inquietud de los nuestros. pª o mesmo. 8. de julho de 90.

Puedese recebir en la Compª Joseph Adorno por sus buenas partes aũque passe de 50 annos, y damos licencia a los provinciales q' quãdo Sugetos de semejãtes partes pedieren la Compª, si pareciere a sus Consultores los puedan admittir. Tãbien deseamos, q' no se multipliquen las aldenas, pues ha falta de Sugetos; y supposta la necessidad de los Collegios, es bien [Seja] ajuden los delhas de limosnas, mas de los indios naturales ninguna cosa se reciba, aunque elhos la ofrescan.

La abstinencia, q' el p[e] visitador ordenó en vispera de la circuncision se entiende, q' se transffira la ordinaria pª aquel dia, y si fuere [dia] de carne, se puede comer esta al jantar, y a la noche haserse la abstinencia.

Parecenos bien, q' mientras VR está en los coll[os], q visita, se comience a executar lo q' ordena. pª el mismo 10. de Oitubr. de 91.

Desseamos se despidan pocos, y pª esto no se pongan en lugares peligrosos los fracos y será mas sufrible, quando sin danho de algũ Sugeto no se puede acodir al exercicio de nuestro ministerio aver falta en elho; y pª esto es necº conocer mui bien el Sup^{or} los Subditos, pª lo q' es necº comunicarles mucho, y mostrarle affecto paternal, y no desir palabras en la exhortacion, que ^{les} puedan causar desconsuelo.

[f. 33v.]

Somos informados, que falta el segredo de las consultas. Avise VR mui seriamẽte a todos los consultores, y quando alguno faltare en elho, sera bien suspenderle à tẽpos del off.º

La poca cuenta, que muestran tener los que van del Reino de los que son del Brasil,+[867].

VR. entienda quales son estos, y los avise, y de penitencias. pª o mismo. 7. de julho de 92.

permittimos, que los de las Aldeas recibiessen limosnas etc. Aora se nos escrive q' usan de tratos de harinas, carnes etc. encargamos à VR le procure conveniente remedio. pª el mismo Oitubre de 91.

No convene despedirse uno en medio de la mar; por lo q' nos parece mas suave q' aviendose alguno de despedir, q' no convenga ser en el Brasil, se embie al Reino cõ un pliego cerrado, en que vienga su patente pª el preposito de la casa, que en lhegando sin admitirlo á comunidad, le despida etc.

Parecenos inconveniente traher los procuradores, o otros dessa provincia bogios, o papagaios, y quando pª personas de obligacion fuesse necessario, sean cosas mas acomodadas á nuestra professsion.

procure VR de ajudar a la necessidad de los viejos, y cançados, y no les falte esse poco de vino nel refitorio, aun q' la valia del sea maior de la q' quedó assentada en la visita del p^{e} Gouvea. Tãbien porq' no carece de inconvenientes pedirẽ los nuestros limosnas pª sus parientes, nos parece ordenar, que quando algun deudo de los nuestros estuviere en tal necessidad, q' paresca deverse ajudar, hagalo el Superior no por medio del pariente, mas por via de otro p^{e} cõ la limosna cõveniente a su necessidad, y estado.

De VR. orden cõ que en ninguna manera se permitta ir a casa de Seglares ^{los} nuestros pª cõvalecer, pues la Compª no suele faltar $^{cõ\ lo}$ ^{neco} pª el mismo. 5. de julio de 93.

867 Anotação à margem: + no se deve permitir.

No se deve sufrir en ninguna manera, que los Sup^{es} de las Capitanias, quãdo se mudan vendan quanto tienen en casa, y la dexen desecha etc.

El provincial passado lhamando todos los professos de la Congregacion les leió una carta nuestra, en que disia se descargasse e^{l} p^{e} Cardin del retorado, y se diesse a o~~u~~tro; y todos elegieron el retor por votos secretos in scriptis; esto fue mas forma de capitolo, q' consulta de la Comp^{a}; y ansi entienda VR. el erro p^{a} que nos guardemos de semejantes modos de eleciones.

Entre las cosas, que se tienen de remediar en el noviciado es q' los novicios no vaian por companheros del procurador, ni de los otros del Collegio á negociar etc. Ni tan poco a estar en las Aldenas, ni nos contenta, que este sea el modo de complir cõ lo peregrinar; y vea VR si ha modo p^{a} se cõprir esta experiencia; y aviendo inconvenientes, como halhô q' avia el p^{e} Gouvea, no vaian a las Aldenas en recõpensa. p^{a} o mesmo p^{e} p^{o} Roíz 15. de fevreiro de 95.

Em materia de Castid^{e} não nos avemos de fiar de nos nas occasioens, nem de annos de religião, nem de idade, porq' algũs tinhão tudo, e depois cairão miseravelm.^{te} pello q' nessas Aldeas [ultra] da eleição de pessoas, cõvem estarẽ m^{to} bem acompanhados; e não sairẽ sẽ companheiro, e façase antes menos, porq' mais se desfaz cõ hũ caso real, ou levantado na Companhia, que tẽ esta virtude por lustre, e em cuja quebra a todos se da escandalo. p^{a} o mesmo p^{e} p^{o} Roiz do p^{e} Assistente Joam Alvres mãdato patris Claudis 28. de Agosto de 94.

O que na India tem danado m^{to}, e dado m^{to} trabalho á Comp^{a} he dar de mão aos biscainhos, de modo que elles o entendão, o que tẽ seus descontos, e occasiaõ de cõtraminas: e ainda q' não convem geralm^{te} encadeiralos, ha de ser cũ dexterit^{e}, et caritate; o mesmo digo cõ mais rezão dos estrãgeiros, que á Comp^{a} manda a essas provĩcias, porq' posto q' o governo geral he bem seja natural, com tudo do particular he bem q' todos participem revesados etc. E eu deseio q' os estrangeiros la max^{e} sintão em nos m^{to} amor. do mesmo p^{a} o mesmo. 11. de fevreiro de 95.

[f. 34]

Encargamos á VR la observancia de la regla 58 de su off^{o} en lo tocante a las comedias, y tragedias, y quitese el abuso de se hazeren estas fiestas donde las mujeres+[868] y espantamonos q' se aia esto tollerado sin advertirnos etc. aia por fiesta un buen sermon, y muchas confessiones.

No se deve quitar el buen costumbre de la limosna, q' los novicios piden acabados los dos anhos, pª haser sus votos, porq' no aí inconveniente etc.

Como de la buena creacion de los novicios depiende el buen spirito, encomẽdamos, q' todos los recebidos en essa provincia hagan, y acaben su noviciado en el Collegio de La Bahya, pues en el está la casa, e aí puedẽ ser instruidos segun nuestro instituto etc. pª o mesmo 13. de fevreiro de 96.

Esta Consulta, que se hizo Se se avia de embiar este triennio procurador, se avian de sentar los professos por orden de sus anteguedades; [Sy] seria loable enbiarnos la noticia de las cosas, de que habla el § 32. de la formula pª o mesmo 27. de Agosto de 96.

pergunta VR si puede el provincial dar licencia pª se vendieren, o comutaren los bienes, que se dexan [a esses] Collegios, o residencias, sin recurso á Roma. Dezimos q' en lo de los collᵒˢ es necessario consultar al general tanto que elhos lo adquiren, por qᵉ lo pueden retener; pero no en lo de las residencias, porq' no son capases de posseer semejãtes bienes, y assim deve el provincial [gastar] el precio dessos bienes cõ los Sugetos de las mismas residencias.

Si es conveniente pª los negocios mandar hũ companhero ao pᵉ [Soero], remetemos á VR que lo mande si pareciere bien auditis consultoribus. pª o mesmo pᵉ pº Roiz 25. de Agosto de 603. Bernardo de Angelis.

Sabemos que trahiendo los nuestros pᵉˢ algunos hijos de los principales de los Carijõs pª firmar mas las pazes, uno de los mancebos se cazõ en el Rio de Enero con una esclava del Collegio contra la visita de VR; merece quien lo hyzo una buena penitẽcia, demas de ser necº pª evitar el escandalo dar libertad a la esclava pª que el marido pueda tornarse cõ elha a su tierra, lo q' sirvira de aviso pª casos semejãtes. pª o mesmo 22. de setẽbro de 603.

A la duda q' VR nos pergũta que se ha de haser quãdo algunos nos dexan en sus testamientos por herederos, y testamẽteros? Dezi-

868 Anotação à margem: + sean del auditório.

mos q' se puede aceptar, porq' en semejante caso no se encuentra la constituicion, que per accidens est, que cũpramos algunos legados, y obras pias siendo herederos. Lo que veda la constituicion es sermos meros exequtores de los testamiẽtos cõ el assumpto de los pleitos, y otros encargos etc. Ao p^{e} Manoel doliveira. 22. de setembro de 603.

A la duda, q' VR tiene de como se ha de aver el Superintendente de las Aldeas en la provision de los Subditos, dizimos que en lo nec^{o} avise ao Retor del Coll^{o}, pues la superintendencia del dicho p^{e} no exime los q' estan en las Aldeas del Retor del Coll^{o}, antes el esta en lugar del Retor; y assi' siẽpre los retores fican Sup^{es} de las Aldeas. p^{a} o p^{e} p^{o} Roiz. 20. de setẽbro de 99.

El superintendente se puede lhamar visitador, y p^{e} provĩcial si halhare inconveniẽte en la authoridad, y poderes del dicho Superintendẽte, los poderá moderar, como le pareciere. p^{a} o mesmo [31] de Agosto de 600.

A lo que se dize, que ninguno de los p^{es}, que attienden ex professo a los indios sea Sup^{or}, no se quita la potestad á VR p^{a} en algũ caso raro con parecer de sus cõsultores, poner, si fuere nec^{o}, alguno destos p^{es} por Sup^{or} en las Aldeas, mas esto sea cõ mucha mira etc.

[f. 34v.]

A lo q' VR p^{r}egunta Si $^{los\ de}$ las residencias son obligados $^{a\ disir\ las}$ missas, q' se distribuen en ~~de~~ los Collegios, y casas segun el n° 6.7. y .8. del Catalogo, dizimos q' no son obligados, sino a las que se disen por la Comp^{a}, y por los defuntos. p^{a} o mesmo p^{e} [p^{o}] Roiz' .20. de Agosto de 600.

Si las relecciones de .N. estan sufficientemẽte verificadas, como parece, pues dizen aver testigos de vista, no avia p^{a} que consultarnos, pues siendo el caso tal, y no secreto, antes en boca de forasteros, era urgente, por lo qual devia ser luego despedido, e sealo luego, ni el Ser gran lengua es de consideracion en honbre, de quien no se deve fiar la Cop.^{a} p^{a} o mesmo 19. de Agosto de 95.

Hiso VR bien en despedir a .N., al qual cremos daria VR las penitencias nec^{as} p^{a} satisfaser al escandalo, como siempre se deve haser cõ los tales p^{a} su emenda, y exẽplo dotros, sino oviere inconveniente. p^{a} o mesmo. 27. de Agosto de 96.

Damos licencia á VR p^{a} se dar el grado de maestro en artes daqui en delãte á qualquiera, que huviere de ler el curso; ni p^{a} dar el tal grado es nec° tenerlo los nuestros, y assí se pratica. Sobre, el sitio de la iglesia nueva del Collegio de la Bahya consulte VR los officiales, y architectos, y alhi se haga, onde concordaren ser mas acomodada, de manera q' la traça del pᵉ Gouvea quede antes mejorada, q' con detrimento.

Qᵗᵒ a las condiciones, con q' se pueden dar las capilhas á persona de fuera, parecenos q' basta pagaren la fabrica, retablo, y ornato delhas al modo que alla conviene a la costũbre de la tierra; ni se obliguen a los paramientos del altar etc. salvo si de sua propria voluntad quisieren dar algo desto, o qual no se deve aceptar pª servir solamẽte en la capilha, mas en elha, y en otras partes, porq' no es nuestro obligarnos a tales subjeciones; y vuestra R. emiende lo que en pernambuco se hizo contra esto. Pero si estas personas quisieren dexar algo, o todo lo que tienen, liberalmᵗᵉ, y sin condicion alguna al Coll° de pernãbuco, podiase aceptar la caridad, mas no cõ peligro de visitaren los prelados las dichas capilhas. y cõ esto le podemos gratificar en lo que podieremos dandoles sepulturas juntamᵗᵉ cõ sus hijos, y nietos, y haziendoles participantes de los suffragios de la provincia, con tanto q' no acquiran dominio en la sepultura, ni en las [patentes] sean llamados hermanos, porq' el pr° es contra el can. de la pʳᵃ cõgregacion, y el 2° es contra ᵉˡ costumbre de la Compª; y nos maravilhamos que se usasse, alha esto.

He bem q' aja sermoens aos domĩgos sem dispendio dos mestres. pª o mesmo. 4. de Oitub. de 97.

Á duvida se a bulla da cruzada revogava nossos privilegios respondeo o Cardeal Superintendente da bulla que não tirava os privilegios, nem as faculdades cõcedidas ás religioens ainda pª os externos, y assí escreveo N.P. Geral q' podiamos usar delles como dãtes. Esta resolução mãdou o pᵉ Joam Soeiro no anno de 97.

Aja hum superintendente das Aldeas em cada Collegio, cujo officio será visitar de continuo as Aldeas, e ver como se guardam as regras, e o que toca á cõversaõ, ao qual serão sogeitos os Supᵉˢ das Aldeas como a Seus imediato superior, mas não os podera mudar sem ordem do provincial tirãdo ẽ caso urgente, aos mais Subditos poderá mudar, ou trazer ao coll°, e pedir outros, e escrever ao provĩcial como faz o Reitor, e vĩdo o provĩcial ao Coll°, vir lhe ha dar cõta etc. pª o mesmo 30. de junho de 98.

La licencia, q' VR dio ao p.ᵉ N. pª se venir al Reino, por virtude de una carta nuestra no tiene ja remedio, pero sepa VR que semejantes cartas, patentes, o licencias no es intention nuestra q' valgan despues de un anno passado desde que se recebieron, como tenemos avisado por toda la Comp.ª pª o mesmo p^{e} pº Roiz Bernardo de Angelis excomissione etc. 25. de Agosto de 603.

Irẽ os nossos buscar ao certão salitre, e ouro não cõvẽ pella prohibição gravissima do can. 12. da .5. Congregação. 4. de Oitubro de 98.

Holgariamos, que assí como no cõviene q' los Sup^{es} de las residencias, quãdo se van,

[f. 35]

van, deshagan la caza vendiendo etc) ~~que~~ se observe lo mismo en los libros de los que alli mueren, y queden alli pª uso de los que ai residen, ni Se lheven sin orden del provincial. pª o mesmo p^{e} pº Roiz 20. de Oitubro de 97.

Occurre algunas vezes, como los indios son faciles en infamar, y particularm^{te} si el p^{e} de la Aldea les ha dado algun desgusto, como es facil acontecer, q' noten al dicho p^{e} de alguna infamia, o cosa grave. y porque si no se hase diligencia teniendo tudo por falso, o pello contrario se hase, puede divulgarse, con infamia de la Compª, y del p^{e} por ventura iñocente) es necº usar de grande cautela pª saber la verdad; y como es cosa de prudencia, no se podra dar regla cierta, mas solamente encomendar á VR, que prim^{ro} que se hagan inquisiciones publicas examinando los indios, vea bien a que persona se comete esto, q' por si no puede, ó nó conviene hazerlo el provincial. Assí que importa ponderar la persona acusada, y si la cosa, q' se [oppone], es grave, donde manõ, como se creiô, si es publica, o secreta; y se se descobriere sospecha probable remedeese en secreto mostrando en publico, que no es tan verdadero, y no se de occasion a se disir mas de lo q' es, antes ^{se} defienda siempre la fama del p^{e}, cõ tanto q' no se [se le de] a el occasion de continuar. Esto se entende no siendo el caso tan publico (lo que esperamos nũca acaessera) que sea necº darle publico castigo, y aun sacarle de su occupacion cõ nota. pª o mesmo 20. de Oitubro de 97.

Con la venida de los procuradores me parecio avisar á VR. dos cosas. La una es q' se acuerde de enbiarnos los actos de la Congregacion escriptos en pliego, como tanbien se enbian los votos, y no en menor forma. La otra es de los despedidos, cuja lista deseamos q' se nos embie de todas las provincias, poniendo en ella la qualidad de los despedidos, y tanbien el año, mes, y dia; y en adelante nel suplimiento del Catalogo será bien poner el anno, mes, y dia. pª o mesmo. 7. de fevreiro de 1600. Bernardo de Angelis.

Los pes de las aldeas no hagan contratos comprando, vendiendo etc. ni se hagan depositarios de los jornales de los indios, q' sirven a los portugueses, ni les obliguen a la paga dante mano, ni metan en tronco, ni hierros a los Christianos, solamente q'remos que los pes attiendan al bien spiritual de los indios, y lo temporal dexen a los ministros del Rei, porq' si no se hisiere esto, no aura pas. pª o mesmo. 20 de oitubro de 97.

A las difficuldades, que VR nos representa sobre ~~so~~ las Aldeas responderemos en esta. 1º q' las casas, o residencias, en que ja estan los nuestros de ninguna manera se larguen, pues los indios se retirarian a los montes perdiendo la fee, y nos les dimos palabra en el certon, q' no les faltariamos, ni los nuestros se pueden retirar a alguna residencia grande, donde les acudan. 2º q' de ªqui en delante no se tomen nuevas Aldeas, pues faltan Sugetos, y no es bien cargarnos de obligacion sobre nuestras fuerças. 3º que si en estas residencias se no pudieren poner mas de dos por algũ caso urgẽte, no es nuestra intencion, que el provincial con grande incomodidad del Collº, o de otra parte supla luego, y mucho menos [no] teniendo persona segura, mas bastará prover en la primera buena occasion, peró los dos sean de mui probada virtud, e de tal cõfiança, que no corran peligro. 4º que la dicha prohibicion de no aceptar nuevas Aldeas no conprehende la residencia del Rio grande, pª la qual lheva nuestra licencia el pe procurador, y deve de ser de buen nº de obreros. Y advirtimos á VR que quando mandamos algũ orden a las provincias principalmente a essas tan distantes, no es intencion nuestra obligar al impossible, mas holgamos q' se nos representen las difficultades etc. Qto a la licencia pª dar en emphyteusí essas possessiones, de q' VR trata, confirmase la cõcession del pe Everardo de buena memoria segun el breve de Gregor. 13. pª o mesmo 16. de Abril de 601.

[f. 35v.]

Se as cousas de .N. se souberão somẽte pella conta, que elle deu, não se devẽ os superiores [de] servir dellas mais q' pª o encaminhar, e não o por em perigo. pª o pe Fernão Cardĩ 16. de julho de 604.

Dia da comẽmoracam dos defuntos se fassa officio por todos os defuntos: e tambem pellos nossos, que morrem nas Aldeas se fará o officio nos Collegios.

Os pareceres dos exames ad gradum ha de dar cada hũ em carta separada, e selada p^{a} o p^{e} Geral, e não venha nestas cartas outra cousa differente. p^{a} o p^{e} Cardim. 27. de junho de 605. Claudius.

Fui avisado com muita pena minha, que o dar conta da consciencia cousa tam necessaria e encomendada de N B P. se vai esfriando em algũas provincias, donde se seguirão grandes inconvenientes spirituais do bẽ comũm. pello q' exhortamos os Subditos a fazerem o que devem, e da mesma maneira aos superiores p^{a} que ajudem mostrandose amorosos, e verdadeiros pais, e os subditos tenham confiança p^{a} se descobrir. Assí que lhe ordenamos seriamente que naõ se ajudem da noticia da conta em modo, q' os Subditos se persuadam, que ficão infamados, ou serão maltratados por ella, e guardem o segredo natural com suma observancia, que do da Confissão claro esta etc. naõ manifestando algua cousa da conta a outros, e m^{to} menos propondo em consulta p^{a} ver quid agendũ, porq' se retirarião os Subditos, e acharião mil theologias p^{a} se desobrigarem de dar conta. Encarregamos pois com todo encarecim^{to} possivel á VR, que cõ diligencia inquira nessa provinçia dos Superiores como se haõ neste ponto, e achãdo algũ menos observãte dẽselhe as peni^{t}encias ^{coveniẽtes}, e sendo nec^{o} avisenos p^{a} o tirar do off.^{o} Os Subditos tenhão noticia desta ordẽ, e saibão que ham de ser ~~g~~^{c}astigados os Superiores, q' a não guardarem, mas tanbẽ convẽ que deponhão hũs assombramentos pouco fundados etc. VR nos avise do que faz nisto; e tornolhe a lembrar q' he cousa de grandissima importancia, e que pede mais que mediocre diligencia. p^{a} o p^{e} Cardim. 2. de Maio de 606.

Os tactos, e osculos impudicos são peccado. m. e o contrario tem Sua Santid^{e} condenado: quem ensinar esta doutrina assim condenada seja levado ao Santo officio, e avisense disto os lentes. p^{a} o p^{e} Fernaõ Cardim provincial. 10. de Janeiro de 606 / Claudius.

Os ordinarios naõ podem visitar as nossas confrarias, pois naõ tem rendas, e contribuicoẽns etc. como declarou a Sagrada congregação dos Cardeais; e querendo o fazer comtudo os ditos ordinarios, pesase tempo p^{a} avisar a Roma, e não querendo esperar, suspendaose os ajuntamẽtos tee outra ordẽ nossa. e guardese a regra .8. do prefeito da Congregacão, e a .10. comũa de não permitterem espesas extraordinarias, e tambem as imposiçoens, q' se fasem, fasemse som^{te} em cousas necessarias, e não por via de contribuicaõ; e m^{to} mais se deve observar, q' naõ se aceitẽ legados, nem rendas, nem bens staveis, por ser isto cõtra o nosso instituto. p^{a} o mesmo. 10. de setembro de 605.

Depois de bem considerado o negocio nos resolvemos em reservar á nos a eleição dos Reitores dos Collegios da Bahya, pernambuco, e Rio de Janeiro correndo tambẽ o mesmo estilo nas provincias das indias de Castella; e desta ordem fique assento; e p^{a} exequçaõ será bem ~~será~~ mandarenos sempre as informaçoens de aptis ad gubernandũ, como q' se não tira, q' os provinciais possão tirar, e prover de Reitores dos tais collegios nos casos, em q' podẽ em Europa, avisando ao Geral. p^{a} o mesmo. 23. de junho de 609. Claudius.

perguntão nos, se os Superiores das Capitanias, ou residencias dessa provincia, que estaõ subordenados aos Collegios tem poder p^{a} usar dos nossos privilegios? Respondemos, q' infavorabilibus os tem, e assim lho declare VR, e fassa disto assento. p^{a} o p^{e} Visit. Manoel de Lyma 23. de junho de 609. Claudius.

Essa Confraria he a mesma, q' esta primaria, á qual deve de estar añexa, e aggregada, e conforme a isto a ordene VR. p^{a} o mesmo 21. de julho de 609. Claudius.

[f. 36]

As informaçoens ad gradus ham de vir em latim, e tambem as cartas do provĩcial, e consultores sobre o mesmo, e as cartas não ham de conter nenhũa outra cousa. p^{a} o p^{e} [pvinci] Anrique Gomez. 2. de fevreiro de 610. Ant^{o} Mascarenhas.

Acerca da procissaõ das virgens na Bahya p^{a} evitar inconvenientes temos ordenado, q' não aja danças, nem vão figuras, nem aja passos, nem vão os nossos nella, porem naõ he nossa intençaõ prohibir, que não vão na procissão algũs poucos acompanhando as reliquias com suas sobrepelises, e com a decencia religiosa, mas naõ vaõ acompanhando figuras, nem fazendo representar passos.

O p^{e} visitador prohibio bẽ as tragedias em modo que as molheres as podessem ouvir estranhamos o que se fez pello passado, e m^{to} mais sairem no theatro figuras de molheres avendo disto prohibiçaõ.

Faça VR tirar as colheres de prata, com q' se come na enfermaria por naõ ser cousa decente á pobreza Religiosa.

No cobicolo do procurador naõ podem entrar, senaõ os q' tiverem, q' negocear cõ elle; e seu companheiro he obrigado a dar conta ao Superior, quãdo vir q' o caso o requerẽ todas as vezes, q' for fora com elle.

Tambem nos propoem, que se duvida [há] sobre o decreto [38.] da 6ª Congregaçam §.7. q' dis / Statuitur nostris eo maxime nomine etc. perguntase, se quem está em hũa Capitania, ou casa professa pobre, ou cosa semelhante, e tem necessidade dalgũa cousa. Se neste caso, e semelhantes o pode pedir, e aceitar? Respondemos que sí, nem o decreto se entende destas cousas, e nestes casos, porq' somente quis atalhar a outros excessos.

Escrevenos, q' ha difficuldade nessa provincia em tomar os exercicios spirituais por a terra ser quente. Ao que respondemos, q' não deminuindo nos dias, que ordena á Congregaçam, se poderaõ moderar no tempo, e horas de oracaõ pª q' fiquẽ cõportaveis. pª o pe Anrique Gomes. 22. de junho de 610. Claudius.

Quando na 6ª Congregaçam se fez a moderaçam do 3º decreto de genere da 5ª por graves inconvenientes, que em alguas provincias se tinhão experimentado, se reprensẽtou por parte dos dessa Assistencia, que a tal moderaçam não so não lhe era necessaria, mas que lhe seria de mto dano, e assim a intenção da Congregaçam foi, q' da tal moderaçam se podia usar onde, e somẽte, e quando a necessidade obrigasse, de q' nos pareceo avisar à VR. pª que saiba senão pode a tal moderaçam praticar nessa pvĩcia. Ocorrẽdo cõtudo algum caso particular, que deve ser mui raro VR nos avise, pª q' vistas as rezoens, e circunstancias ordenemos o q' nos parecer mor serviço de Ds. Esta comunicará aos superiores, e cõsultores, e mandará assentar no Livro das obediencias: mas nos q' ja estaõ recebidos naõ se fassa nova inquirição com o dito de qualquer pessoa, porq' se deve dar mais credito ás diligencias, que fasem primro, que os recebaõ etc. pª o pe Anrique Gomez. 8. de Novẽbro de 610. Claudius.

Pª q' se não de mais trabalho ao Assistente, e não seja necessario sabermos as cousas por cartas escritas a outros, nos pareceo avisar à VR se guarde a regra 14. de formula scribendi, em q' se ordena, q' as cartas de negocios se escrevão somte ao Geral, e não a outros, ainda que naõ se tira cõ isto o que dis a mesma regra, q' se hum quer avisar ao Assistente ou a outro, q' solicite o despacho de algũ negocio particular, se não [o] possa faser. Da mesma data pª o mesmo pe. Claudius.

Pergunta VR se o q' fez os votos hum dia ante expletũ bienniũ he vere religioso?

[f. 36v.]

Respondemos q' naõ, porq' pª o ser he necessario, q' fassa os votos expleto biennio segundo as bullas dos sumos pontifices, que confirmaõ nosso instituto; e ultimamte o can. 10 da 5ª Congregaçam tira toda a duvida julgando por nullos os votos, que se fizessem antes de cõpridos os dous annos; e assim o pe visitador fez bem em mandar que esse noviço os tornasse a fazer pª suprir este defeito. Mas porque de lá nos allegão hũa reposta nossa, q' cuidaõ encontra esta doutrina, em que disiamos / q' quãdo se renovassem os votos, como se faz cada seis meses, e acontecesse acabar hum o noviciado, q' naõ fizesse os votos naquelle dia com os renovantes, mas hũ dia dantes, ou depois da renovacão / declaramos q' não foi nũca nossa intencaõ q' o noviço podia faser os votos antes de acabar os dous annos, mas ordenar não votasse no dia da renovacão suppondo q' devia ter os dous annos acabados em qualquer outro dia, que votasse. pª o mesmo pe 14. de Setembro de 610.

pergunta VR mais se pella clausula da bulla da cea de paulo .5. ficaõ revogados nossos privilegios? Respondemos, que Sua Sua[869] Santidade nos faz graça de nolos confirmar com a moderaçam, q' VR lá vera na bula, e interpretassaõ della, q' cõ esta mãdamos.

Item se podem os nossos benzer calices praesente episcopo? Respondemos por hora, q' VR se acomode ao q' se ordena em nossos privilegios.

Item se pretender ser ministro na Companhia he pretender dignidade? Respondemos, que não, porque dignidade dis jurdição ordinaria, o que não ha no officio de ministro.

Item q' numero menor de dez basta pª Segundo as regras Se aver de diser hũa missa no Collegio, e q' numero maior de des he necº pª se averem de diser duas? Respondemos q' qualquer nº de des pª baxo basta pª se aver de diser hũa, e qualquer nº de des pª sima basta pª se averem de diser duas.

869 Repetido no original.

Item Se o q' novamente feito professo, o fasem juntamente Reitor, he obrigado por rezaõ dos dous titulos faser a doutrina por 80 dias? Respondemos, q' basta fazela por espasso de .40.

Item Se a ordem da .5.ª instrução pro Scollasticis, q' antes da renovação se retirem por .3. dias, se entende dos q' actualmente estudaõ, ou tambem dos que ja acabaraõ seus estudos? Respondemos, que so se entende dos estudãtes actuais, e naõ dos outros. pª o mes p^{e} Anrique Gomez; 14. de Setembro de 610. Claudius.

Supposto q' o p. Visitador tirou o costume de irem os noviços pedir esmolla antes dos votos, no q', como VR dis, naõ viamos inconveniente, com tudo naõ nos parece q' se fassa nova mudança.

Naõ nos parece mal a licença, q' o p^{e} Visitador deixou pª os Reitores poderem em ausẽcia do provincial conceder Sepultura nessa provĩcia, em que o provincial anda ás vezes tam distante. Tambem a phibição, q' o mesmo p^{e} deixou aos Reitores, q' naõ possaõ dispensar em os nossos andarem soos se observe: porem com isto está que num caso urgente (o q' he mui raro) possa o Reitor faser o que a prudencia lhe ditar, e a necessid^{e} pedir. 14. de Setẽbro de 610. pª o mesmo p^{e}. Claudius.

Em Outubro de 601, e Setembro de 602 se ordenou cõ proeceito de obediencia a todas as provincias, q' nenhũ dos nossos murmurasse, ou fallasse com detracçaõ de maneira, que pusesse mancha em a doutrina, vida, e costumes ~~em~~ ^{d}os Religiosos de S. Domingos, nem tratasse

[f. 37]

tasse por palavra, ou escrito de quem fosse a opinião de confessione per litteras e ainda q' encarrego pª o diante se guardem estas duas cousas á letra, comtudo por rezão de escrupulos me pareceo abrogar estes dous preceitos, etc. 15. de Setembro de 610 pª o mesmo p^{e}. Claudius.

No q' toca aos noviços irem pedir esmolla pella cidade nos parece q' naõ vaõ os em q' ouver algum inconveniente, os outros poderão ir a seu tempo, e depois de terem estado algũs meses na Compª, como se faz em outras partes com seu aproveitamento spiritual. pª o mestre dos noviços. 7. de dezẽbro de 610. Claudius.

No q' toca á provisaõ das Aldeas la nuã do 1º de fevreiro escrevemos, q' se VR não tem Sogeitos de confiança, acuda as q' poder, e das mais veja o q' se poderá faser e nos avise; e entretanto va dispondo o Senhor Bispo p[a] Se entregar dellas, e de novo acrecentamos, q' pois ha essa falta de sogeitos será necessario unir huãs a outras, ou deixalas ao prelado, e VR va dispondo as cousas de maneira, q' isto tenha effeito, pois ve as quebras, que do contrario recebemos; e faça VR q' os collegios sustentem os das Aldeas ainda que sejão professos, pois naõ vemos nisso materia de escrupulo; e tenha mão com fortaleza na ordem dos nossos andarem acompanhados dando penitencias aos Superiores, que em algũas partes faltão nisto etc.

Avise VR á todos os Superiores, e consultores dessa provincia escrevaõ em cifra tudo o que não convem saberem os seculares, ou outros etc.

Na patente do pao Brasil não pretendemos prohibir sub praecepto obedientiae, senão os contratos, q' El Rei phibe, e não outros a saber o vender pao aos contratadores, porem compralo p[a] vender, he specie de negoceaSsaõ, que naõ convẽ a Religiosos.

Na nota das recreaçoens naõ entendemos, q' se naõ façaõ ás 4as feiras em lugar da 5ª, quando se não vai a ella. e no q' toca aos Domingos pois ha essa rezaõ p[a] tabẽ se concederem algũas horas o remetemos á VR cõ tanto q' não seja antes de jantar.

Disemos, q' pode aver caso, em q' hum Reitor principalmente nessas partes possa usar de Epicheia, e licencear hum da bibliotecha, mas raram[te] poderá isso acõtecer.

Representei a Sua Santidade a necessidade de serem os p[es] das Aldeas dispensados p[a] sem perigo de irregularidade poderem aconselhar os indios, que vaõ á guerra, cõcedeo Sua Santid[e] a dispensação, sendo todavia a guerra justa, como Suppomos, q' será.

Na ida dos nossos ao certaõ encarregamos á VR m[to] não aja perigo de cativeiro dos indios em todo, ou em parte, porque doutra maneira sendo elle injusto, e cõcorrendo nos directe, ou indirecte ficaremos obrigados em consciencia a lhes procurar liberdade, q' será bem difficultosa depois deles espalhados. 19. de julho de 611. p[a] o mesmo p[e]. Claudius.

Com o Engenho se poderão vender as terras visinhas no Camamu, que p[a] a venda delle saõ necessarias.

pois ha difficuldade de irẽ aí na procissão com Sobrepelises, poderão deixar de ir nella tirando o Reitor, e algũs p^{es}, q' poderão ir com manteos acompanhãdo o Governador.

pella lei nova se entregão essas Aldeas á Capitaens Seculares p^{a} as governarem no temporal, não he bem, q' contradigamos, nem q' por isso abramos agora maõ do meneio spiritual dos indios; se todavia pretenderem algũa novidade VR nos avise. p^{a} o mesmo p^{e} Anrique Gomez. 31. de janeiro de 612. Claudius.

[f. 37v.]

Disem estes p^{es} Theologos não tem duvida em que esses indios devaõ os dizimos, pelo q' será necessario conforme á sua pobreza procurar outra provisaõ del Rei, e q' aja por bem perdoarlhe o atrazado, e assim o escrevemos ao p^{e} Simão de Souza, e VR o solicite mandandolhe informaçaõ. 1. de fevreiro de 611. p^{a} o mesmo p.^{e} Claudius.

Não vimos em que os estudantes da Bahya se distribuaõ pellos outros Collegios affim de se desindividar o Coll^{o} da Bahya, mais asinha vimos em q' contribuaõ os outros Collegios p^{a} que Se Sostentem os da Bahya, e VR poderá fazer esta distribuiçam p^{a} que cõ effeito se desendivide o Collegio, o que desejamos se faça mui presto ainda que padeção por isso os nossos algũa pobreza. 28 de março de 612. p^{a} o mesmo. Claudius.

Fisemos estudar por pessoas doctas as duvidas, que VR nos propoem acerca dos privilegios [pudicos] concedidos por Sua Santid^{e}; o q' resolverão he, que por esta prorogaçaõ não deroga, nem limita paulo .5º. o que pellos outros Sumos pontifices seus antecessores se nos tinha cõcedido in perpetuũ. Mas o privilegio p^{a} dispensar nas denunciassoens he tẽporario pellos annos, que se estende a prorogaçam, e naõ perpetuo ~ No que toca á duvida de Sum'endis fragmentis Eucharistiae, não he p^{a} isso nec^{o} privilegio. 11. de Setembro de 612 p^{a} o mesmo. p. Claudius.

Temos entendido, que se admittem algũs Sogeitos Seculares p^{a} mestres em artes no Coll^{o} da Bahya sem saberem nem ainda Latim sufficientemente, ordene VR q' daqui ẽ diãte se ponha nisto remedio efficas. 17. de julho de 612. p^{a} o mesmo p^{e}. Claudius.

Continue VR em ter m^{to} delecto nos que se ham de admittir a profissão de .4. porq' no passado ouve notavel frouxidão; tambem o tenha in suo genere nos que ham de ouvir artes. 4. de dezẽbro de 612. p^{a} o mesmo p^{e} / Claudius.

Quando o p^{e} Reitor do Rio se ausenta do Collegio por tempo notavel Seria melhor ficar hũ dos p^{es} mais antigos em Seu lugar sendo o ministro moderno, e o mesmo se deve tambem faser nos outros Collegios. 9. de oitubro de 612. p^{a} o mesmo p^{e} Anrique Gomez. Claudius.

[Ca] naõ parece licença pella qual VR. pudesse trocar essas casas, porq' somente se dá á VR licença p^{a} vender, e aforar terras, e porq' no tempo passado ouve descuido nessa provĩcia e o há noutras partes, determinamos ao diante de proceder com rigor por rezão das [uma palavra ilegível] desfasendo os contratos etc. da mesma data p^{a} o mesmo p^{e}. Claudius.

Naõ nos parece que se pode escusar faser VR as diligencias tocantes ao Santo officio todas as vezes, que de portugal lhe forem cometidas. 7. de Setembro de 612. p^{a} o mesmo p^{e}. Claudius.

Quando se manda ordem p^{a} algum faser profissão de .4. votos, sempre entendemos, que hade preceder o exame costumado, e o 3° anno na forma, que se dis na instrucaõ a saber, que nos que saõ m^{to} antigos, e trabalharão, bastará faser parte delle, mas os mais o devẽ faser por enteiro. 4. de dezembro de 612. p^{a} o mesmo. Claudius.

Como El Rei está tam fechado a que os religiosos não possaõ comprar bens de rais sem Sua licença, a qual difficilmente dará ao diante, tendo por bem feito tudo o que te equi se vendeo no Rio de janeiro, nos pareceo revogar todas as licenças, e faculdades, que se tem dado aos Superiores dessa provincia Sejão quaisquer que forem p^{a} alienar qualquer Sorte de bens de rais, como fasemos por esta: somente avisamos, q' nos avisem das terras do Camamu, quando o Engenho estivesse p^{a} vender, e fosse in utilitatem evidentem, ou quãdo ouvesse a mesma utilidade em dar as terras in emphyteusi por alguas vidas, e naõ perpetua, e tudo venha per informação em Latĩ. 5. de novẽbro de 613. p^{a} o mesmo p^{e}. Claudius.

[f. 38]

Vistas as rezoens, que VR, e o p^{e} Reitor aponta nos contentamos, que [álem] dos assucres, que lhes pagaõ da ordinaria, e mandaõ á Lisboa, possaõ mandar tambem á portugal os que lhe forem dados, ou de esmola, ou em pagamento de dividas, mas naõ os mandem á

Lisboa, senaõ ao porto, ou a algũa outra parte por naõ dar que diser. 1. de fevreiro de 614. p^{a} o mesmo p.^{e} Claudius.

Vimos os estatutos, que VR fez á irmandade de NSenhora da pas, isto remetemos á VR mandandolhe o q' aqui se observa em semelhantes congregaçoens, ao que VR poderá acrecentar o q' lhe parecer mais conforme á terra. Somẽte lhe lembramos, q' dos exercicios de devoçam, e frequencia de Sacramẽtos se tira mais fruito, que de apparatos exteriores. 7. de Oitub. de 614. p^{a} o mesmo p^{e} Anrique Gomez. Claudius.

Vemos, que VR. Seria forçado a conceder mesa á confraria dos mecanicos. So lhe lembramos o que outras vezes temos escrito, que se V^{as} R^{as} querem tirar fruito destas confrarias, naõ façam tanto cabedal de apparatos exteriores, como de mesas na igreja, opas etc. mas de instruir esses confrades em oraçam, liçaõ, frequencia de Sacramẽtos, como por ca fasẽ cõ grãde fervor. 12. de Agosto de 614. p^{a} o mesmo p^{e}. Claudius. Na mesma carta dis assim. Desejamos q' o 3º anno tenha mais forma sem dispensaçoens, e que se tire delle, o fruito, que as constituiçoens apontaõ, porq' escrevem, que ha nisto falta, ~ He nec^{o} deputar algũ, ou alguns+[870] irmaõs d' lingoa de Angola p^{a} ajudar aos m^{tos} escravos dessas partes. ~ Entendemos que nos empedem [lá] o privilegio de altar portatil, mandamos huã citassaõ, de que lá se poderão servir p^{a} conservassão de nossos privilegios. ~ Disenos, que os Reitores em geral deveraõ de tratar mais de spirito, porq' os meneos temporais os distrahem m^{to} por serem mui trabalhosos; e torno a encomẽdar o q' m^{tas} vezes tenho feito, que procure VR. em todas as maneiras, q' os das Aldeas se retirem a seus tempos aos Collegios a se refaser em Spirito p^{a} q' não vejamos as quebras etc.

Pois ha essas rezoens nos parece bem, que as terras do Camamú se possaõ dar em phateosim perpetuo, e quanto a ellas som^{te} levãtamos a prohibicaõ, q' mãdamos em .5. de novẽbro de 613.; e assí se poderão ir dando, pois doutra maneira naõ se acha quem as queira cultivar, avisandonos do q' se faz. 7. de Oitubr. de 614. p^{a} o mesmo. Claudius.

Pode o Provincial despedir hum sub conditione, que naõ se detenha em tal ou tal lugar, e cõvem q' elle prometa de assí o faser, e

870 Anotação à margem: + p^{es}, ou.

isto fique in Scriptis pª o poderem depois obrigar, e assí se pratica em diversas partes. 24 de fevreiro de 615. pª o pᵉ pvincial pº de Toledo. Fernaõdo Albero.

Pergunta VR a declaraçaõ do q' se lhe escreveo, q' visse se hũ, que tinha denunciado doutro paterne em certo caso o queria faser noutra forma? Respondese, q' se entendia, q' denũciasse em modo, que a Companhia se podesse servir da tal noticia pª o poder licencear, e penitencear, se assí se julgasse, necº pª bem da religiam. 24. de fevreiro de 615 pª o mesmo pᵉ pº de Toledo. Fernando Albero.

[f. 38v.]

Algũas ordens mais gerais pª toda á Comp.ª

Entre estas está ao principio huã carta de .N. Sto pᵉ Ignacio pª o pᵉ doutor Torres de 17. de dezembro de 1552, cuja copia sustancial he a seguinte /. He entendido, que aí falta notable entre algunos, y no pocos de los nuestros en aquelha virtud, q' mas necessaria es, y mas essencial, que ninguna otra en esta Companhia etc. yo os [mãdo] a vos in virtute Sanctae obedientiae, que me hagais observar esto acerca delha, q' si alguno uviesse, que no quiera obedecer nõ digo a vos solamente, sino á qualquiera de los prepositos, o retores locales, que hagais de dos cosas una, o que le despidais de la Compª, o le embieis ca á Roma, si os pareciere tal Sugeto, que com tal mutacion se aja de ajudar pª Ser verdadero Siervo de .N. Senhor, y desto dad parte, si es menester á Sus Altezas, q' no dudo sino que seran contentos, porque tener alhá quien no sea verdadero hijo de obediencia no conviene pª el bien de Sú Reino.

Ainda que com varias ordens, e instruçoens tenhamos diligentemᵗᵉ procurado, q' na institituiçam [sic] de nossos irmaõs estudantes se consiga o intento, q' N.R.P. nas constituiçoens particularmᵗᵉ na 3ª, e 4ª pᵉ declara, todavia a multidão de Sogeitos, e huã persuasaõ perjudicial, que algũs Superiores poderiaõ ter de em mancebos se naõ requerer tanta perfeiçam, me tem mᵗᵒ Solicito. pello que me sinto mᵗᵒ estimulado á efficásmente lẽbrar á VR a vigilancia neste particular sumamente necessaria pª que a corrente nos não trasporte, e no nº se atenda a ter gente escolhida, e a criala em Spirito, que grave erro sería contẽtarse de huã virtude fraca com tº, que depois a alcançarão. Lembremonos pᵉˢ meus, q' estes irmaõs se criaõ pª vocassaõ mui alta, e pª serem grandes operarios na igreja etc. Não queria, q' os nossos irmaõs estudantes por naõ serem com tempo advertidos, e avisados, fisessem depois [callo] em m^{tas} imperfeiçoens, e com difficuldade pudessem achar no meio das occupaçoens aquelle uso da oraçam, e exercicios da virtude, que naõ alcançaraõ no tempo dos estudos. pello q' não sem causa disse o [.N.R.P.] q' era m^{to} necessario ter m^{to} cuidado de os promover em spirito etc. Do que se ve bem quam necessario seja naõ deixar nũca o estudo de os avisar, adestrar, penitencear, e amoestar etc. pello q' encomẽdo m^{to} primeiro, que se guardem as ordens, q' ha na ^{re}creaçam, p^{a} que não cause distraçaõ. 2º q' se attenda com diligencia ás cousas, que promovẽ o Spirito a saber, á oração, meditaçam etc. 3º q' o tomar conta da Consiencia naõ seja de passajem e p^{a} isso se fação amar os Superiores, ouvĩdo com paciencia, e caridade, e guardando Segredo etc. 4º que procurem se entenda quam perjudicial doutrina he naõ descobrir tambem os defeitos alheos contra o q' se tem decretado na 6ª Congregação etc. e inquirase se ha quem ensine esta doutrina, porq' seremos forçados mandalos viver a outra parte disendo a escritura / Eyce derisorem. Alem disto não ajuda nada ao Spirito sofrer amisadinhas particulares, as quais ainda que não passem á cousa indecente, o demonio começa de longe, e são mui perjudiciais á religião etc. nem o tocarse contra á regra se deve ter por cousa tam ligeira, que se naõ devão dar por isso disciplinas etc. Desejo tambem, q' não se deixe introdusir o abuso de dar, e tomar escritos, imagens, relicarios, e outras cousas. E devense negar as licenças p^{a} isto, onde se não ve causa m^{to} racionavel, e ^{de} edificassão, nem quero deixar como cousa de m^{to} momento lembrar q' se guarde acerca dos Livros phibidos a ordem do p^{e} Everardo de boa memoria, porq' debaxo de titulo de lingua se lem ás vezes com notavel perjuiso dos animos religiosos. 24. de Maio de 611. p^{a} o p^{e} pvinc Anrique Gomez. Claudius.

pedionos VR licença $^{[}$~~e bens copi~~$^{]}$ pera se venderem alguãs terras desses Collegios, de que naõ recebem fruito por não aver cultivadores, e de que ha murmuraçam sem diser q' terras ~~e~~ são, e

[f. 39]

e tambem p^{a} se vender o Engenho etc. fallouse a Sua Santid^{e}, o qual nos remeteo o negocio p^{a} que fisessemos o que fosse in evidentem utilitatem. pello q' VR com o p^{e} Visitador, e cõ outros p^{es}, e pessoas inteligentes faça as consultas necessarias p^{a} se ver a evidente utilidade dessas vendas; e achandose esta fação o contrato embora mas dependente de nossa confirmaçam, e feito nos mandem a informaçam das terras ~~em latim~~ m^{to} exacta conforme a formula estãpada em tudo o que della se poder guardar, p^{a} vermos se he bem cõfirmar a venda. Advirtão, que a utilidade evidẽte ha de ser permanente, e não basta p^{a} isso o pagarẽse as dividas. E quanto ao Engenho convem ir devagar, e levarlhe os inconvenientes por algũ bom feitor, te ese poder tirar proveito da venda delle; e sempre avemos de por os olhos nos vendouros, a quem pertence a utilidade etc. E lease esta nas consultas quando, e todas as vezes, que se tratar destas materias. 16. de Oitubro de 607. p^{a} o p^{e} Cardĩ. Claudius.

Emos entendido algunas vezes, q' en muchas partes se ha dudado, se los novicios de la Companhia estan obligados a los casos reservados, como los demas religiosos della. Pero hasta aora no lo emos definido. Aora despues de larga, y madura consideracion y oido el parecer de los p^{es} Assistentes temos [niegado], que em todo o caso se determine, y prohiba, como em virtud desta expressamente queremos, que sea prohibido, y vedado a todos los nuestros, que nĩguno p^{a} adelante defienda la opinion cõtraria / a saber q' no estan los novicios obligados a los reservados / ni en modo alguno lá [acõseie], pues aviendo los novicios de la Companhia de ser Sugetos a algum ordinario, mientras estan en el noviciado, nadie dirá q' lo sean mas a otro, que a su proprio Superior etc. Esto queremos q' se registre en el libro de los ordenes, y se observe inviolablem^{te}. 12. de Agosto de 614. p^{a} o p^{e} Anrique Gomez. Claudius.

p^{a} que los tratados de las licencias p^{a} alienar, o trocar algo de lo temporal se hagan alhá con maior consideracion, y se despachen aca mas presto, somos de parecer, que en adelante se nos embien en latin, y assí encargamos à VR que lo avise a los Superiores imediatos dessa provincia; y este nuestro orden se note en el Libro etc. 12. de Agosto de 614. p^{a} o p. Anrique Gomez. Claudius.

Ordenes copiadas das cartas em Latim.

Et si longe plura scripta sunt hactemus etc. Comẽndabinius regulas, et instructiones deformãdis rerũ spiritualiũ praefectis, et fatis nũc erit indicare idam satis amplam instructionem, quae est ord^{e} .20.

inter ordinationes generaliũ, de inde .§. 2. et .4. cap. 15. inter easdem ordinationes, itẽ cap. 2. instruct. 8ª Congregationis 6ae Generalis, ipsis uº praefectis comendandus est propriarũ regularum usus, et ut se amabiles exhibere studeant. Instruendi, item qui novi assumuntur ad gubernationem jux' §.3. dti cap. 15. et cap. [14] dictae instructionis 8ae, et §.3. ut per duos minimũ menses de gubernãd. modo instruatur. Quin et hoc in super addendum putauimus, ut si forte novus rector proe infirmite, L, alia ratione n' poesset dictos duos menses explere, et collegiũ nihilo minus illius opera indigeret, alius collegio proeficiatur tantis per donec duos mẽses omnino novus ille expleverit. Rectores etiã pluris facians horam considerationis instruct.es industrias, [lectionẽque] ordinationũ, et regularũ, [earũque] exequutionem, [curentque] praecipue vivare domesticos, tũ postea extraneos; et Item qui creduntur futuri idonei ad gubernãdũ probentur in ministerio. Servetur itẽ formula 3a de promovẽdis, [declareturque] in informatione qtú

[f. 39v.]

quantum temporis quisque posuerit in 3º probationis anno, et qua satisfactione, [et] nũ quam huc scribatur id nesciri etc. 16. de julho de 613. pa o pe Anrique Gomez. Claudius.

Visum scilicet operae pretium fore, si cum ad nos alique mittitur recognoscenda fabricae cuiuscumque nostrorum domiciliorum [ideo], duplex omnino in urbem mittatur, nẽpe, ut hic altera asservetur, altera recognita, et si opus fuerit correcta in provĩcia remittatur. da mesma data pa o mesmo pe. Claudius.

Cum indies experiamur consultores, et Superiores aliquos litteras prolixiores texere etc. [ideo] hac significare vae Rae visum est, ut per suam provinciam diligentius servari caret quae alias non semel indicavimus; et quidem servãda imprimis erit formula scribendi, quaterque in anno scribendum de occurrentibus iuxta capita posita in instructione 18. pro consultoribus etc. neque curiosius investiganda materia, imo q' a provĩciali expediri possunt, [Deum] scribenda sunt, quod si ille non provideat, significandum nobis erit, qua in re fidelitas, et charitas necessa est, et conscientiae consulendũ, neque exaggerationes adhibendo sunt, item que bene scribant, et distincte nomina, cognomina etc. neque omittant locum, et diem. 4. Aprilis 16ous. mãdato p. Claudis. Bernardo de Angelis.

Applicatis ad hanc rem aliquot Sacrificiis, et orationibus hoc nobis digna sunt visa, quae Superioribus iterum, atque iterum comendarentur. 1° provinciales in obeũda provincia exacte servent instructionem pro visitatione, q' est 13. in libello ordinationum 6ae Congregationis generalis. Quin etiam magno pere propter Deũ caveant, [nequas] cursim, et perfunctorie visitationem instituant etc. praesentes curent ordinationum praxim, et absentes officiant, ut vigeat earũ usus. Qre nune arbitramur statuere, ut provincialis in singulis collegys coram restore, et consultoribus instructionem .10. q' est pro exequutione per currant etc. 2° comendatur observatio 2ae instructionis de aptis ad gubernandum, de que modo eos formãdi, atque exercendi etc. 3º instruere, atque formare praefectos rerũ spiritualiũ, legereque 20. instructionem, q' tota ae hoc argumento disserit. 4° iusdem praefectis incumbit singulos ad studium orationis, examinis etc. excitare, tempus item lectionis, et longioris orationis proscribere. ~ 5º Laborare, viribusque contendere, ut ad praxim revocetur § ultimum illius instructionis nempe ut nõ solum scyndici in recreationibus ad hibeantur, qui comissa superioribus indicent, verum etiam probi sub inde viri, ac spirituales submittantur, qui Sermones Religiosae recreationi convenientes moveant. 6º Charitas, et unio fraterna interdum hoc ditur, neque tamen Superiores seper id curat ut statim redeatur in gratiam iux' regulam 33 praepositi, et 3° rectoris, sed praecipua discordiarum causa, et origo est ipsius linguae imoderata licentia, in qua graviter omnino peccatur etc. Qre inter casus reservatos, complectitur textus detractionem famae, bonaeque existimationis ahorum, et discordiarũ seminationem inter fratres. Ideo visum nobis est necessarium ad tempus remedio utendũ, quod inviti ad hibere cõpellimur, nempe, ut quã vis in aliis casibus reservatis ad scrupulos excludendos fiat confessoriis potestas absolvendi abeo, quod [an. m. sis] bona fide dubitatur, in hoc tamen contrariũ statuamus, hoc est, ut in casibus detractionis, et seminationis discordiarũ, si de mortali sint dubiis, ab iis ordinariis confessariis nequeant absolvere. 7º Considerationis hora tanto pere inculcata, [vista] est adeo necessaria, ut iam duxerimus joutare nos cam in virtute Sanctae obedientiae praecipi merito posse. provĩciales igitur rectorum conscientias ad eius accuratam observationem diligenter extimulent. 8º Maximum per inde damnum experimur, quod tantũ sibi assumant Superiores mediati, ut pro arbitratu Sepos, seputent in regulis, et ordinationibus dispensare, eas ne habere neglectui etc. Qre duo specta

[f. 40]

tare debet Superior nimirũ non quid vis a suo arbitrio prorsus pendere etc. Alterum nequid fiat praeter directionem instituti, et ad hoc sibi familiares reddat ordinationes percurrendo identidem Glenchum a 6ª Congreg. Generali confectũ. 8. octobris 1613. pª o pᵉ Anrique Gomez. Claudius.

Confectus est hoc tempore in Hispania ab inquisitione index librorũ expurgatorius, vellent que inquisitores in eo referre aliqua loca nostrorũ, quibque carpuntur liberius alis scriptores Catholici; impeditũ hoc fuit, acquieueruntque, si nostre moneantur, ut modeste de Scriptoribus Catholicis loquãtur, et quando recudentur libri, ea loca expurgentur, nec authores Catholici gravius in posterum perstringantur, quod R. vª diligenter in Sua provĩcia observari curabit, nosque de hoc monebit etc. naõ tem data parece pouco mais, ou menos da passada.

Quando quidem Societatis Scriptoribus, ac Theologis, et operariis ñ satis est videre quid in aliorum libris reperitur, sed apprime considerandũ, sin ne opiniones validis nixae fundamentis, tutae, pbatoe, scandalis, et incomodis non obnoxiae. Ideo justissimas ob causas praesenti decreto praecipinius in virtᵉ Sanctae obedientiae sub poena excomunicationis, et inhabilitatis ad quoenis officia, suspensionis á Divinis, et alys arbitrio nostro reservatis nequis de inceps nostrae societatis religiosus publice, aut privatim praelegendo, seu consulendo, multo etiam minus libros conscribendo affirmare praesumat licitũ esse cuicũque personae quocũque praetextu tyranidis; Reges, aut principes occidere, seu mortẽ eis machinari, ne vi delicet isto praetextu ad perniciem prĩcipũ, quos potuis ex Dei mandato revereri oportet, aperiatur via. Provinciales aut, qui aliquid horũ resciverĩt, nec emmendaverint, aut non praevenerint, efficiendo, ut hoc decretũ Sancte observater volumus eos non modo praedictas poenas incurrere, sed etiam offº privari. Volumus praeterea ut provinciales de hoc accepto certiores nos faciant, et quisque per suam pvĩciam pmulgandũ, et in singulis domibus, de Collegiys in lib. ordinationũ referẽdu curent. 1. Augusti 1614. pª o mesmo Claudius.

Esta se achou agora nũa carta, que esqueceo, e naõ se deitou no Livro.

O Breve, que Sua Santid^{e} passou sobre os dizimos á instancia das igrejas de portugal, toca somente àquelle Reino, nem delle resulta prejuizo a essa provĩcia. pello q' V^{as} R^{as} procurem conservarse em sua antiga posse, que delles tem. 20. de Maio de 614. p^{a} o p^{e} Anrique Gomez. Claudius.

[f. 40v.]

Ordens tiradas do livro das obediencias (...). E faltão aqui as que vão nestroutos papeis, que são originais, in treslados, q' se acharam etc.

Brasilia
Ordinationes Provinciae